Catherine Jinks

# Der Notar von Avignon

EUROPA
VERLAG

Aus dem Englischen von Michael Haupt

CATHERINE JINKS

# DER NOTAR VON AVIGNON

HISTORISCHER ROMAN

Europa Verlag
Hamburg · Wien

Für ihre Hilfe danke ich
John O. Ward sowie Kate und Toby Cole

Originalausgabe:
»The Notary«
Pan Macmillan Australia 2000


Deutsche Erstausgabe


Umschlaggestaltung: Kathrin Steigerwald, Hamburg
Satz: Pinkuin Satz und Datentechnik, Berlin
Druck und Bindung: Wiener Verlag, Himberg bei Wien
ISBN 3-203-78570-7

Informationen über unser Programm erhalten Sie beim
Europa Verlag, Neuer Wall 10, 20354 Hamburg
oder unter www.europaverlag.de

*In memoriam Beryl Jean Dickings*
*1918–1999*

# INHALT

# I

# Ballade vom abgetrennten Penis

# ERSTER GESANG

Ihr Damen, Euch sprech' ich an – was macht einen Mann zum Mann? Der HErr, werdet Ihr sagen, und das mit Recht, denn als Mann und Frau erschuf Er sie. Aber wie kann ein Mann von den Fischen im Meer unterschieden werden und von den Vögeln in der Luft und vom Vieh und von allem, was da kreucht und fleugt? Was zeichnet ihn aus als Mann? Seine Kraft, könntet Ihr sagen, wäre ein Ochse nicht kräftiger. Sein Verstand, könntet Ihr sagen, wäre der Eure (meine schönen Gefährtinnen) nicht um so vieles schärfer. Seine Schönheit, könntet Ihr sagen, wäre die der Engel nicht in jeglicher Hinsicht größer.

Meine Freundinnen, *ich* werde Euch sagen, wodurch ein Mann sich her*vor*tut – durch jenes untere Horn nämlich, das von unseren profansten Leidenschaften kündet! Es ist jene fleischige Flöte, der Eure zarten Finger, schöne Damen, so süße Melodien entlocken! Dies wertvolle Instrument zu verlieren (das mir, so versichr' ich Euch, teurer ist als die Viole, die sanft singt unter meinem Bogen), diesen Schatz entbehren zu müssen, heißt, aller Männlichkeit verlustig zu gehen. Darum sage ich Euch: Guillaume Monier war als Toter besser dran.

Man hatte ihn in seinem Bett aufgefunden, doch ohne seine edlen Teile. Sie waren ihm, wie sein Leben, genommen worden, wobei – gern werdet Ihr's hören – deren Raub an zweiter Stelle kam. Der Tod durch Ersticken ging der Kastration voraus. Man hatte ihn in seinem Bett gefunden, in seinem Haus, in der Stadt Avignon, zu deren Bewohnern auch ich damals gehörte, und ich wohnte im Schatten der Residenz des Heiligen Vaters. Ach! werdet Ihr sagen – war Raymond Maillot ein Bürger am Hofe Roms? Ward ihm erlaubt, jenes makellose Heiligtum zu besudeln? Durfte er mit den Schlüsseln von St. Petri herumspielen? Duldete man seine trunkenboldige Anwesenheit? Ja, man duldete sie, wie man die Maden auf einem Misthaufen duldet, die unwillkommen und zugleich unvermeidlich sind. Ich bin nämlich – das dürfte Euch überraschen – ein Sohn Avignons. Ich bin dort ausgetragen und nicht, wie so viele, die im Troß des Papstes anlangten, hingetragen worden. Ich kannte mich dort schon aus, lange bevor der Rocher des Doms – jener große Steilhang inmitten der Stadt – zum Neuen Felsen wurde, auf den der HErr Seine Kirche baute. Mit eignen Augen sah ich den Einzug von Papst Clemens. Ein kränkliches Männchen auf einem Esel. Als Kind hörte ich, wie die Leute über seinen Stuhlgang tratschten, der hellgelb sein sollte und gern von Ärzten untersucht wurde, die aus allen Teilen der Welt hierherkamen.

O ja, es kamen viele nach Avignon. Sie kamen von Rom her und umschwirrten den Pontifex wie Fliegen einen Leichnam: Bäcker und Metzger, Goldschmiede und Kürschner, Juristen und Künstler, unzählige Priester. Sie brandeten heran, eine Woge nach der andern, und alle mußten, wie Gäste auf einer Hochzeit, beherbergt und bewirtet werden. Wißt Ihr, teuerste Freundinnen, daß in meines Vaters Haus ein Kardinal weilt? Es ist ein großes und schönes Haus mit einem Ziegeldach, drei Schlafräumen, Innenhof, Diele, Küche, Koppel, Stallungen und Lagerräumen, in denen es nach Gewürzen riecht (mein Vater, Gott hab ihn selig, war Pfefferhändler). Welche Reichtümer! Welche Freude! Und jetzt, da ich zu Euch spreche, für fünf Florin im Monat vermietet, aber was hat meine Familie davon? Was nützt ihr das zusätzliche Einkommen, wenn sie sich auf drei Zimmer plus Küche beschränken muß? Wo sie jetzt wohnt, hatte früher ein Handschuhmacher seinen Laden, doch ziemt sich dessen Behausung nicht für solche, die mit einem Chorrock oder einer Mitra gesegnet sind und dem Hl. Kardinalskollegium angehören. Ach, man kann sich des Tribunals der *taxatores domorum* nicht erwehren! Es verteilt die Behausungen in Avignon nach eigenem Gutdünken – läßt räumen wie ein Mietsherr und teilt zu wie ein König –, und duldet keinen Widerspruch. Ein Kardinal muß schließlich nicht so bescheiden wohnen wie ein Kerzengießer.

Schlagt einen Bogen um Avignon, meine Freundinnen! Würdet Ihr daselbst ein Zimmer mit Gold füllen, so langte das nicht hin, diese Räumlichkeit für eine Woche zu mieten.

Und denkt nur, wie es *mir* dabei erging! Ich, ein öffentlicher Notar, mußte in einem Wandschrank leben, in einer Holzschachtel, wie ich Euch versichere. Ein Seitenraum (und kein besonders geräumiger) der Küche meiner Mutter, wobei ich gestehen muß, daß meine Verpflegung nicht mit absoluter Regelmäßigkeit bezahlt wurde. Ach, ich war eine herbe Enttäuschung. Stumpf geworden der Glanz meiner Aussichten, verschleudert (so mein Bruder) die Gaben, die ich besaß, ich selbst dem Trunk und der Wollust ergeben, eine Schande für die Familie, der Grammatikunterricht und eine dreijährige Lehrzeit vergebens, fruchtlose Bemühungen, die, verdorrten Obstbäumen gleich, selbst den Heiligen Tränen in die Augen treiben müßten.

Ich lag also, müßt Ihr Euch vorstellen, in tieftrunknem Schlaf, halb bekleidet und stinkend. Mein Haar war ungepflegt, mein Atem faulig, meine Haut von schlechter Farbe (denn wie Grünspan entsteht, wenn man Kupfer mit Weinstein behandelt, fängt grünlich an zu schimmern, wer viel Wein durch die Kehle rinnen läßt). In solcher Verfassung erwachte ich an vier von fünf Tagen und wurde oftmals von meinem mitleidlosen Bruder, der, wie ich erwähnen sollte, Arnaud heißt, aus dem Bett geworfen. An jenem Morgen nun, als Guillaume Moniers Leichnam gefunden wurde, war ich in einem besonders trostlosen Zustand, hatte ich doch die Nacht zuvor wahrhaft titanisch getrunken. Aber was soll's? Wenn ein Mann nicht den Becher Zug um Zug leeren kann, darf er sich dann wohl einen Mann nennen? Ich war in die Gesellschaft von Milord Etienne Soundso geraten, einem Ritter vom Lande, der zum Wein ein geradezu dionysisches Verhältnis pflegte. Wir hatten (Ihr glaubt es nicht!) über kirchliche Besitzrechte diskutiert, wobei besagter Ritter, dessen Charakter nicht durch Fürsorglichkeit, Mitleid oder Rücksichtnahme gehemmt schien, sich zu dem Versprechen hinreißen ließ, er werde, sollte jemals wieder ein Priester ihm die Stirn bieten, ebendiesem einen flammendheißen Speer ins Rektum jagen.

Ist es unter diesen Umständen nicht verständlich, daß ich mich bemüßigt fühlte, meine eigene unzähmbare Männlichkeit zu beweisen, indem ich Wein in mich hineingoß, bis ich zu platzen drohte?

Folglich war ich am nächsten Morgen eher tot als lebendig, als mein Neffe mich weckte – ein Junge, der ganz nach seinem Vater geraten war.

»Raymond!« brüllte er, eine Handbreit von meinem Ohr entfernt. (Ihr bemerkt die umstandslose Anrede; mein Bruder hatte seinen Abkömmlingen nicht beigebracht, ihren Onkel respektvoll zu behandeln, ganz im Gegenteil.) »Raymond, wach auf!«

»Wa–?« murmelte ich. Mein Schädel schmerzte wie eine übervolle Blase.

»Wach auf, Raymond! Da ist ein Priester!«

Ein Priester? Was für ein Priester? Ich drehte mich um.

»*Raymond!* Er will dich *sprechen!*«

Ich werde nichts über die Pein, den Schrecken, das Elend jenes Augenblicks sagen, werde Euch Schmerz und Ekel, den Geschmack im Mund und all die höllischen Gaben, mit denen ein solches Erwachen den sterblichen Leib bedenkt, verschweigen. O ja, der Leib ist ein schwaches Gefäß! Ich richtete, so gut ich's vermochte, meine Kleider und schlurfte halbblinden Augs aus dem Zimmer, wobei ich mich, zitternd von Kopf bis Fuß, an den Wänden abstützen mußte.

In der Küche wartete ein Mönch. Sein Habit war grau, kurz und sehr einfach und verriet mir nicht, welchem Orden er angehörte.

»Das ist Pater Barthélemy«, verkündete meine Mutter, auf ihren Besen gelehnt. Doch der Gast erwiderte: »Nein, Frau, ich bin kein Pater. Ich habe kein Gelübde abgelegt.«

»Seid Ihr ein Laienbruder?« fragte ich und brachte die Worte nur mühselig hervor.

»Ja, das bin ich. Ich gehöre zur dritten Regel des Hl. Franziskus.«

»Aha.« Ein Tertiarier also. Die Tertiarier in Avignon, die mit allem möglichen Handel treiben und gerne vielköpfige Familien gründen, stechen nur selten durch besondere Bekleidung hervor. Aber der Besucher sprach nicht gerade fließend Provenzalisch und war vom Staub einer Reise bedeckt. »Von woher seid Ihr des Wegs?«

»Von Lazet.«

»Tatsächlich?« Jedes Wort ließ meinen Kopf fast zerspringen. Ich rieb mir die Stirn und bemerkte, daß Barthélemy mich mit zweifelndem Blick ansah. Ich bot wohl keinen vertrauenerwekkenden Eindruck.

»Lazet ist ’n hübsches Städtchen«, murmelte ich.

»Ja.«

»Ich bin da noch nicht gewesen, aber … man sagt, es sei … sehr hübsch.«

Fraglos keine geistreiche Bemerkung. Aber ich war in nicht eben glänzender Verfassung. Wahrscheinlich wollte mein Besucher weiteren unbeholfenen Komplimenten zuvorkommen und ging medias in res.

»Ein Wachmann im Palast hat Euch empfohlen«, meinte er. Ich kniff die Augen zusammen. Da ich mit weltlichen Gütern nicht gerade gesegnet war, konnte ich nur hin und wieder mal diesen oder jenen päpstlichen Pförtner bestechen. Der Tertiarier war glücklicherweise wohl an einen von ihnen geraten.

»Der Wachmann sagte, ich müsse eine Petition vorweisen, wenn ich den Heiligen Vater um etwas bitten will.«

»Ich verstehe.«

»Er sagte auch, daß die Petition im korrekten Kanzleistil abgefaßt sein muß. Von einem Notar. Er nannte Euren Namen.«

»Ah ja.«

»Könnt Ihr mir helfen?«

»Natürlich. Bitte – tretet näher.« Obwohl mein Zimmer kaum bewohnbar war, eignete es sich zur Erörterung wichtiger Dinge besser als die Küche voller Schinken, schnüffelnder Hunde, lärmender Kinder und neugieriger Erwachsener. Mit einem Gefühl der Erleichterung schloß ich die Tür und ließ meine Mutter, meine Schwägerin, deren Milchamme sowie die Kusine der Schwägerin in der Küche zurück.

Dann sorgte ich dafür, daß mein Besucher inmitten der Unordnung einen Platz fand, wo er sich niederlassen konnte.

Wie soll ich ihn beschreiben, diesen Ratsuchenden aus dem Süden? Wie soll ich Euch einen lebendigen Eindruck verschaffen? Seine Erscheinung war so unscheinbar, daß ich ihn nur mit einem gewöhnlichen Haushaltsgerät, einem Schemel vielleicht oder einem Butterfaß, vergleichen kann. Er war groß, sein Rükken gerundet, sein Schädel fast kahl, sein Gesicht pockennarbig, sein Antlitz länglich, bläßlich und melancholisch. Sein Betragen war ernst und unterwürfig, seine Sprache stockend; er hatte wohlbeschnittene Fingernägel und ordentlich geflickte Kleider. In meinem Zimmer häufte sich die schmutzige Wäsche, verstaubten die Akten und breiteten sich die Pergamentrollen aus. Das verursachte ihm, wie ich seinen Augen ablesen konnte, Unbehagen, ja, helle Aufregung.

Dennoch ließ er sich nicht von seinem Vorhaben abbringen. Er war nicht von den Ausläufern der Pyrenäen hierhergekommen, um sich durch die bei mir herrschende Unordnung ablenken zu lassen.

»Eigentlich geht es um jemand anderen«, begann er und erzählte sodann die traurige Geschichte seines Vetters, Isoard Calverie geheißen. Isoard war offensichtlich alt und sehr krank. Bald würde der Tod ihn heimholen – gnädigerweise, wie es aussah. Aber in diesem Fall könnte er die Pilgerfahrten, zu denen ihn die Inquisitoren ketzerischer Verderbtheit verurteilt hatten, nicht vollenden.

»Neun Pilgerfahrten haben sie ihm zugemessen«, erklärte Barthélemy, während ich neben ihm auf dem Bett saß und mich zu konzentrieren suchte. »Bis jetzt hat er sieben geschafft. Wenn er noch einmal fort muß, wird er sterben, das ist völlig klar. Ich habe an den Inquisitor von Lazet appelliert und ihn gebeten, das Urteil zu mildern, aber er hat jeglichen Gnadenerweis verweigert. Jetzt muß ich mich an den Heiligen Vater wenden.«

Armer Kerl. Was für eine Aufgabe! Ich rieb mir die Augen (sie schmerzten, wie Zähne schmerzen können) und antwortete: »Nein.«

»Nein?«

»Ihr müßt Euch *nicht* an den Heiligen Vater wenden, sondern an den Großpönitentiar.«

»Den Großpönitentiar?«

»Wenn Ihr ein Urteil revidieren lassen wollt, müßt Ihr die Apostolische Pönitentiarie aufsuchen. Sie wird von einem Kardinalbischof geleitet. Er ist der Großpönitentiar und hat die Befugnis, selbst Ketzern Straferleichterung zu verschaffen.«

»Oh.«

»Ich kann für Euch eine Petition abfassen. Ich kann Euch zeigen, wo Ihr hingehen müßt. Aber an Eurer Stelle würde ich mir einen Anwalt nehmen.« Ich hatte nichts zu trinken da, die einzige Flüssigkeit befand sich in einem profanen Gefäß, das unter dem Bett stand und seit einiger Zeit nicht mehr geleert worden war. Um meinem Besucher eine Erfrischung anzubieten, mußte ich in die Küche zurückkehren. »Wenn es um die Inquisition – das Heilige Amt – geht, wenn es sich also um Ketzerei handelt, braucht man jede erdenkliche Hilfe. Entschuldigt mich einen Moment. Ich bin gleich wieder da.«

Dennoch blieb ich länger fort als beabsichtigt, weil meiner (völlig vernünftigen) Forderung nach Glühwein ablehnend begegnet wurde. Zwar wies ich auf die Bedürfnisse meines Besuchers hin, mußte mir indes lange Tiraden über meine Trinkgewohnheiten, meinen Geldmangel und mein schlampiges Aussehen anhören. Wenn ich Wein haben wollte, sollte ich ihn, wie jeder gute Sohn es tut, bezahlen.

Folglich kehrte ich mit leeren Händen zu Barthélemy zurück.

»Anwälte sind teuer«, sagte er, bevor ich noch ein Wort äußern konnte. »Zu teuer für mich. Ich habe nur wenig Geld.«

»Dann solltet Ihr auf der Stelle nach Hause zurückkehren.« Zweifellos war ich in meiner Wortwahl äußerst direkt, aber schließlich bleibt, was wahr ist, wahr. »Das Heilige Amt kennt keine Gnade, solange kein Geld im Spiel ist. Sehr viel Geld. Und das Geld sollte dem Papst zukommen, nicht den Inquisitoren. Einer der päpstlichen Kapellen vielleicht oder einem der pontifikalen Kriege. Dann spricht der Papst ein Wort mit dem Großpönitentiar, und der Großpönitentiar spricht ein Wort mit den Inquisitoren. *So* bittet Ihr das Heilige Amt um Gnade.«

Ich erwähnte bereits, daß Barthélemys Verhalten von Unterwürfigkeit zeugte. Er machte den bei ungebildeten Männern, die ein Leben im Dienste der Heiligkeit erstreben, häufig anzutreffenden Eindruck, daß er eher die andere Wange hinhalten als sich vom Zorn fortreißen lassen würde. Um so mehr erstaunte mich der Gefühlsausbruch, der meiner unschuldigen Bemerkung folgte. Barthélemy war von der Reise erschöpft, von den vergeblichen Versuchen, dem Pontifex seine Petition zu überreichen, enttäuscht von den Steuern, Zöllen und Gebühren, die man ihm in Avignon abknöpfte (wo selbst ein Bett in einem Dunghaufen Geld kostete, weil Johannes XXII. zu den Nachbarn zählte), verärgert und schockiert und begann nun, gegen die »Kaufleute, die sich Priester nennen« vom Leder zu ziehen. Stammelnd und spuckend beschuldigte er sie, dem Mammon als Gott zu huldigen und die Absolution höchst gewinnträchtig zu erteilen. Er erinnerte mich daran, daß Christus die Geldwechsler aus dem Tempel vertrieben hätte. Mit rauher Stimme und in abgerissenen Sätzen bemerkte er, daß die Luft in Avignon nicht vom Singen der Psalmen, sondern vom Klingklang der Silberlinge erfüllt sei. Er sagte: »Avignon ist ein Sündenpfuhl.«

Das stimmte natürlich, und ich wäre der letzte, es zu leugnen. Geld setzt vieles in Gang: Es bringt Bischöfe und Äbte hervor, verschafft den Unwissenden Würde, macht Ritter aus Bauern, rettet Seelen und stürzt sie in Verdammnis, befiehlt Königen und sichert die Freiheit, baut hohe Mauern und reißt sie wieder ein. Manche behaupten, man könne heutzutage sogar das Paradies kaufen, wo man sich doch schon die Erlösung erwerben kann. Und zweifellos ist Avignon eine Jauchegrube, die vor Habgier stinkt – hier zählt Gold mehr als Verstand, Gelehrsamkeit oder edles Geblüt. Doch ach! Ich hatte dieses Wehklagen satt!

Wer immer nach Avignon kommt, weil er hoffnungsvoll ein Anliegen oder zornig eine Beschwerde vortragen möchte, verdammt mit unverblümten Worten die Gier derer, die ihn abweisen. Wer auf Reichtum und einen hohen Posten bedacht ist, gerät in Wut, wenn andere ihm Geld abnehmen, weil sie ähnlich ehrgeizig sind. Wie oft schon mußte ich die Leute daran erinnern, daß wir alle (selbst die niederen Funktionäre) essen wollen. Zugegebenermaßen scheinen einige übermäßig dem Zucker zuzusprechen, statt gutes, einfaches Brot zu verspeisen, aber was würdet *Ihr* bevorzugen, wenn Ihr die Wahl hättet?

Seufzend enthielt ich mich eines Kommentars, während Barthélemy weiterschimpfte.

»Mein Vetter ist arm – *ich* bin arm!« rief er aus. »Ich bin zu Fuß hergekommen und hab in Gräben geschlafen. Wer kann sich schon unterwegs eine Herberge leisten? Und mein Vetter – er ist zu krank, um zu laufen! Zu krank, um in Gräben zu schlafen! Er wird auf der Reise sterben, ohne seine Pflicht erfüllt zu haben. Mein Bruder wird das Haus verkaufen müssen, um die letzte Pilgerfahrt zu bezahlen, und meine Familie werden sie vor die Tür setzen –«

»Einen Moment.« Aus dem Gärschlamm meines Hirns tauchte eine brillante Idee auf. »Da ist Hausbesitz?«

»Das Haus gehört meinem Bruder. Nachdem Isoard als Ketzer verurteilt worden war, wurde sein Eigentum konfisziert und seine Kinder enterbt. Mein Bruder nahm sie auf und –«

»Wenn es Hausbesitz gibt, kann ich Euch vielleicht helfen.«

Ich bot ihm an, gegen ein mäßiges Entgelt eine Eingabe an den Großpönitentiar abzufassen. Und ich bot ihm mein Bett für die Nacht an. Jedes Hospiz würde für einen Strohsack im Hof das Doppelte verlangen. O ja, die Brüder würden von einer »Gabe« oder einem »Almosen für die Armen« sprechen, aber ihm auf die eine oder andere Weise ein paar Münzen aus der Nase ziehen, notfalls durch Dieberei, an der natürlich die anderen Gäste schuld wären.

»Besser als hier könnt Ihr's nicht haben«, versicherte ich ihm. »Nirgendwo. Meine Dienste sind so billig, wie's nur geht.«

Er überlegte und zupfte dabei an seiner Unterlippe.

»Ihr habt gesagt, ich würde Geld brauchen«, erwiderte er schließlich. »Viel Geld.«

»Vielleicht geht es auch ohne. Wenn wir ihnen den Besitz eines Toten versprechen können.«

»Was meint Ihr damit?«

Bedenkt meinen Scharfsinn. Vielleicht würde Papst Johannes ein guterhaltenes Haus lieber im Besitz der Kirche sehen als in den Klauen von Schankwirten und Zolleintreibern. Würde Isoard jedoch gezwungen, weiterhin zu pilgern, müßte das Haus verkauft werden, denn anders waren die Reisen eines kranken alten Mannes nicht bezahlbar.

»Wie alt ist Euer Bruder? Der Hausbesitzer?«

»Oh, äh – zwei Jahre älter als ich.«

»Ein kräftiger Mann? Bei guter Gesundheit?«

»Daran fehlt es nicht.«

»Und er hat noch viele Jahre zu leben, so Gott will?«

»Darum bete ich.«

»Nun, dann haben wir eine Lösung!« rief ich aus. Eine Schmerzwelle pulsierte durch meine Schläfen, und ich fuhr mit leiserer Stimme fort: »Sagt Eurem Bruder, daß er sein Haus den dortigen Kanonikern testamentarisch vermachen muß. Oder vielleicht dem Heiligen Vater höchstselbst. Ich erledige dann das übrige.«

Langes Schweigen. Barthélemy zögerte und sah verwirrt drein. Schließlich meinte er: »Aber die Kinder. Die meines Bruders und die meines Vetters. Wenn sie das Haus verlieren, wo sollen sie dann hin?«

»Sie werden das Haus aufgeben müssen, mein Bester. Das habt Ihr doch selbst bereits gesagt. Aber bedenkt – sollen sie es jetzt gleich verlieren oder vielleicht erst in zehn Jahren?«

Dieses Argument überzeugte meinen Besucher. Er kapierte nicht sehr schnell, war aber nicht dumm. Er begriff, daß es keine andere Möglichkeit gab, die Schwierigkeiten aus dem Weg zu räumen.

Er seufzte und nickte, und damit war mein Vorschlag angenommen. Dann blickte er auf meine zerschlissenen Gänsekiele, das leere Tintenfaß, das Siegelwachs, das Messer, den Bimsstein.

»Und Ihr schreibt das alles auf? Im korrekten Kanzleistil?«

»Ich werde es so abfassen, daß die Beamten in Tränen ausbrechen«, antwortete ich mit einer gewissen Eitelkeit. »Ich werde ihre Herzen bewegen und ihre Sehnen entkrampfen.«

»Aber –«

»Habt Vertrauen. Gebt mir Zeit. Ihr werdet es nicht bereuen, zu mir gekommen zu sein, Barthélemy.«

# ZWEITER GESANG

Allmählich werdet Ihr Euch fragen: Wo bleibt die Leiche? Wie Raben wollt Ihr Euch am Geschmack des Blutes laben, und ich bestehe darauf, Euch mit den weltlichen Angelegenheiten eines kranken alten Mannes zu behelligen. Geduld, liebe Freundinnen! Die Anredeformel eines Briefs enthält noch nicht das Wesentliche. Ihr müßt dasitzen und warten, wie Barthélemy warten mußte, während ich die Petition ein ums andere Mal neu formulierte. Wie alle guten Petitionen folgte sie in ihrer Gestaltung den Lehren eines Alten namens Cicero. Es gibt, wißt Ihr, die Kunst, das Herz eines Menschen gnädig zu stimmen. Bevor man zur eigentlichen Sache kommt, muß man die Worte so wählen, daß der Empfänger geneigt wird, das Geschriebene wohlwollend zu betrachten. (Das nennt man die *benevolentiae captatio*.) Sodann ist der Gegenstand der Erörterung zu umreißen. Dazu bedient man sich eines Stils, der reinste Logik zusammen mit der anmutigsten Ansammlung von Argumenten in einer Sprache darbietet, die nicht nur Solözismen in der Konstruktion und Vulgarismen im Vokabular vermeidet, sondern die Seele mit moralischen Reflexionen, eleganten Metaphern, ausgewogenen Schlüssen und pathetischen Ausrufen anrührt. Erst nach Vollendung dieser *narratio* darf man das Ersuchen vortragen, das nun so natürlich erscheinen muß wie die Bewegung der himmlischen Sphären. Es muß eine überzeugende Folgerung sein. Sie darf nicht erschrecken, sondern soll befriedigen.

Sie muß, kurz gesagt, ihr Ziel erreichen.

Nun bot der Fall Isoard Calverie einige günstige Aspekte. Sein ursprüngliches Vergehen war kein besonders schweres gewesen. Er hatte vor etwa zwanzig Jahren auf Bitten eines Freundes einen Ketzer zu einem anderen Ort geleitet, ohne zu wissen, in was für einer Gesellschaft er sich befand, wiewohl die Reden des Fremden seinen Verdacht erregten. Ich bin der Ansicht, daß es sich bei diesem Ketzer um einen Priester der katharischen Sekte gehandelt hat, also um einen jener Männer, die *perfecti* oder Vollkommene genannt werden. Sie wandern gern in den Bergen umher und stiften Unheil. Aber fragt nicht weiter, denn ich weiß wenig von der Ketzerei; vor Euch steht ein guter Sohn der alleinseligmachenden Kirche. Doch, das schwöre ich! Seit meiner Geburt bin ich der frömmsten Katholiken einer gewesen. Ich trinke am Sonntag nur den besten Wein und rufe laut den süßen Namen unseres Heilands, wenn ich in der Kammer meiner Liebsten zum Höhepunkt komme (was bisweilen gar sechsmal in einer Nacht geschehen kann). Was? Ihr zweifelt? Beim Barte des Hl. Josephus, ich bin so inbrünstig wie ein Priester – vor allem unter dem Bettuch.

Doch zurück zu Isoard Calverie. Er hatte sich nicht der Ketzerei im strengen Sinne schuldig gemacht, sondern war als Verberger von Ketzern verurteilt worden. Das ging aus den Dokumenten hervor, die mir sein Vetter vorlegte, der zwar des Lesens und Schreibens nicht kundig war, den Wert des geschriebenen Wortes jedoch kannte. Barthélemy hatte aus Lazet alle Briefe mitgebracht, die die Priester von St. Marie de la Roche-amour, St. Rufus d'Alyscamps, St. Gilles de la Vauverte, St. Guillaume du Désert, Santiago de Compostela und anderen von Isoard aufgesuchten Kirchen ausgestellt und damit bestätigt hatten, daß viele der geforderten Pilgerfahrten tatsächlich unternommen worden waren. Außerdem war er im Besitz der Kopie eines alten Inventariums, in dem sich die konfiszierten Besitztümer Isoards verzeichnet fanden. Das Original war für den örtlichen

Seneschall erstellt worden. Ferner hatte Barthélemy zwei Briefe dabei, die der Inquisitor von Lazet, ein gewisser Pierre-Julien Fauré, an den Priester von Isoards Gemeinde gerichtet hatte. Im einen wurde Isoard vor das Tribunal des Heiligen Amtes zitiert, um sich für seinen Glauben zu verantworten. Im anderen, der jüngeren Datums war, weigerte sich Fauré, Gründe für die Milderung des Urteils in Erwägung zu ziehen. Der Gemeindepriester hatte eine kurze Notiz verfaßt, in der er bestätigte, daß Isoard bis zu seiner Krankheit regelmäßig die Gottesdienste besucht hatte. Die noch kürzere Notiz eines Arztes teilte mit, daß Isoard tödlich erkrankt sei.

»Keiner wollte uns helfen«, klagte Barthélemy, als er mir alle diese Dokumente überreichte. »Viele Leute wußten, daß mein Vetter ein guter Katholik ist, hatten aber Angst, das schriftlich zu bestätigen. Und wenn sie mutiger gewesen wären, hätten die Notare in Lazet sich geweigert, ihre Aussagen niederzuschreiben. Alle fürchten den Inquisitor! Er ist noch mächtiger als der Bischof.«

»Vielleicht in Lazet«, erwiderte ich. Aus der Notiz des Priesters ging einwandfrei hervor, daß Isoard nicht vom rechten Glauben abgefallen war, sondern es nur einmal versäumt hatte, einen Ketzer den dafür zuständigen Behörden anzuzeigen. Seine ansonsten unbefleckte Vergangenheit würde ihm sicher zum Vorteil gereichen. »Habt Ihr irgendwelche Aufzeichnungen über das Haus Eures Bruders bei Euch?« fragte ich. »Testamente vielleicht, oder Verträge?«

»Nein.«

»Schade.« Ich fragte nach einer genaueren Beschreibung von Isoards Krankheit und wurde mit greulichen Schilderungen von grüner Galle, offenen Geschwüren, vereiterten Augen, Muskelschwund und Anfällen von Delirium belohnt. Da ich mich selbst, Ihr wißt es, nicht eben gesund fühlte, war mein Magen argen Anfechtungen ausgesetzt. Dennoch verwandte ich viel Mühe darauf, die ekelerregenden Details für die Darstellung von

Isoards elender Lage zu nutzen. Ich beschrieb, wie er voller Verzweiflung stöhnte und betete, sich mühsam zur Kirche schleppte, ein schmerzgeläuterter Hiob ohne Hoffnung, sein Atem ein Pesthauch, sein Fleisch ein Festmahl für die Würmer. Ich erlaubte mir anzudeuten, daß Isoards Krankheit eine Strafe Gottes sein könne und weitere Pilgerfahrten sich somit erübrigten.

Mein Kopf schmerzte, aber ich arbeitete hart. Irgendwann am frühen Nachmittag, als Barthélemy vor sich hin döste, hatte ich den endgültigen Entwurf der Petition vollendet.

»Hier«, sagte ich und weckte ihn auf, »habt Ihr Euer Gesuch.«

»Wie? Was –«

»Wollt Ihr es hören? Es sind mehrere Seiten geworden.«

»Ihr – Ihr seid fertig?«

»Wenn Ihr wollt, lese ich es Euch laut vor.«

Mit flatternden Augenlidern blickte Barthélemy sich um. Sein Gesicht war fleckig, sein Haar gesträubt. Schließlich murmelte er, leicht verwirrt: »Gibt's hier 'n Schluck Wasser?«

Ich nahm ihn mit, um welches aufzutreiben. Auch meine Lippen waren trocken, und meine Eingeweide grollten: Wie ein Hund folgte ich dem Essensgeruch. Und was sah ich da? Um den Küchentisch versammelt meine Familie vor den Überresten einer anständigen Mahlzeit. Während ich frönte, hatten meine geliebten Verwandten sich die Bäuche mit geröstetem Brot, gestowtem Fleisch und Zwiebeln vollgeschlagen. Keiner hatte daran gedacht, mich zu Tisch zu rufen.

»Du warst doch so beschäftigt«, entgegnete meine Mutter auf die Vorhaltungen, die ich ihr machte.

»Ich *war* beschäftigt. Essen können hätte ich trotzdem.«

»Du kommst doch sonst immer, wenn's nach Essen riecht«, setzte mein Bruder hinzu. »Wann hätte man dich jemals rufen müssen?«

»Möge Gott verhüten, daß ich in meinem Zimmer jemals tot umfalle, Arnaud. Vielleicht schaust du eines Tages nach mir. Wenn du dem Geruch folgst.«

»Mögt Ihr etwas Brot, Herr Barthélemy?« fragte meine Mutter, die dem Gespräch eine Wendung geben wollte. »Käse ist auch da. Kommt – setzt Euch zu uns.«

»Je nun …« Barthélemy zögerte und blickte mich an, wartete auf eine Anweisung. Der Blick, mit dem ich die schmierigen Reste von Schweinefleisch bedachte, wirkte wohl nicht gerade ermunternd.

»Nehmt, was Ihr kriegen könnt, mein Bester«, forderte ich ihn auf. »Ihr müßt Euch in diesem Haus schon selbst bedienen, ein anderer nämlich tut's nicht.«

»Ich bin wirklich sehr hungrig«, bekannte mein Besucher. »Aber Herr Raymond will mir den Brief vorlesen …«

»Das tu ich, während Ihr Euch stärkt. Setzt Euch.«

Ich ging in mein Zimmer, um den Entwurf für die Petition zu holen. Meine Familie sollte erfahren, wie eifrig ich mich der Aufgabe gewidmet hatte, meinen Lebensunterhalt zu verdienen. Zudem machte es mir Spaß, meinen Bruder so oft wie möglich auf seine mangelnden (eigentlich so gut wie nicht vorhandenen) Lateinkenntnisse hinzuweisen. (Er hatte Lesen und Schreiben nur gelernt, um seine kaufmännischen Bücher führen zu können.) Ich hatte es mir zur Gewohnheit gemacht, mich an ihn zu wenden, wenn ich, um meiner Mutter dienlich zu sein, eine elegante Klausel übersetzte: »Wie würdest du das ausdrücken, Arnaud? So oder vielleicht anders?«

Das ärgerte ihn über die Maßen!

»Verdauungsfördernd ist das nicht gerade«, muffelte er, erhob aber, aus Rücksicht auf meinen Besucher, keine weiteren Einwände. Sollte ich, bevor ich fortfahre, meine Familie beschreiben, würde ich von einer kleinen Gruppe in einer verräucherten Küche singen, von fettglänzenden, geröteten Gesichtern, von meinem Bruder zuoberst am Tisch, krähenfinster und Ingwergeruch verströmend, die Hände gelblich vom Safran. Er betreibt das Geschäft meines Vaters und ist sehr von sich eingenommen. Neben ihm sitzt meine Mutter, die den Verlust ihres Gatten und vieler Kinder nicht verkraftet hat. Mit Trauermiene und geschwächtem Verstand schlurft sie durchs Leben, mit sanfter und dünner (bisweilen auch gereizter) Stimme und einer durch kein Netz noch Kopftuch zu bändigenden Haarpracht. Und nicht sie hat das Sagen, sondern ihre Schwiegertochter Alazais, denn Alazais ist unbeugsam, stark und tüchtig – ein Eheweib ohne Fehl und Tadel. Drei gesunde Kinder hat sie Arnaud bereits geschenkt, ein viertes ist unterwegs. Ihre Milchamme säugt das jüngste, während die beiden anderen sich gerade unterm Tisch balgen wie die Hunde.

Dann ist da noch Alazais' Kusine Jeanne, unfruchtbar, durch Armut versäuert, häufig zu Gast in unserm Haus (auch wegen der Kinder, wie ich vermute), unduldsam gegenüber Verschwendern, Faulpelzen und Trinkern. Sie ist sehr fromm und runzelt die Stirn, wenn sie meiner ansichtig wird. Sie hätte vielleicht, lang ist's her, meinen ältesten Bruder geheiratet, wäre der nicht Mönch geworden. Darum auch taucht er in diesem Gesang und in dieser Küche nicht auf: Fern der Welt lebt er in einem Kloster. Und doch ist er anwesend wie ein stillschweigender Vorwurf; wäre er zugegen gewesen an jenem Tag, er hätte mein Latein korrigiert.

Dazu war Jeanne nicht in der Lage und versuchte deshalb, meine Petition inhaltlich anzugreifen.

»Dieser Mann – dieser Isoard Calverie«, bemerkte sie nach einigem Zuhören, »ist doch ein *Ketzer*, nicht wahr?«

»Nein«, gab ich zurück.

»Nicht?« fragte sie erstaunt. Es war mir gelungen, sie zu verwirren. »Wie kann das sein? Er wurde vom Heiligen Amt verurteilt.«

»Aber nicht als Ketzer, sondern als *Verberger* von Ketzern. Vor vielen Jahren hat das Konzil zu Tarragona definiert, was ein Verberger ist, nämlich jemand, der Ketzer kennt, sie jedoch nicht anzeigt.«

Sogar Jeanne war von dieser Bemerkung, die profunde Kenntnisse zu verraten schien, höchst beeindruckt. Allerdings hatte ich mir dieses Wissen nicht durch das Studium des kanonischen Rechts angeeignet, sondern bei der Durchsicht von Barthélemys Dokumenten erworben, in denen das Konzil von Tarragona zweimal erwähnt wurde.

»Aber Ketzerei war es *doch*«, meinte Jeanne schließlich. Irgendwie fand diese Frau immer Widerworte. Sie hatte kein Gespür dafür, was sich ziemt und was nicht. »Isoard *kannte* Ketzer.«

»Nicht besonders gut«, erwiderte Barthélemy. »Der Mann war ein Fremder –«

»Der Ketzer?«

»Ja.«

»Aber Euer Vetter hätte ihn beim Heiligen Amt anzeigen müssen!« erklärte Jeanne triumphierend. »Es nicht zu tun, war ketzerisch. Raymond, du verteidigst einen Ketzer. Das schadet der Familie. Du solltest niemals Ketzer verteidigen.«

Barthélemy wurde rot. »Mein Vetter ist ein guter Katholik. Er hat einmal einen Fehler gemacht. Aber wie hätte er wissen sollen, daß der Mann ein Ketzer war? Es ist nicht immer leicht, sie zu erkennen.«

»Tatsächlich?« fragte Arnaud, der Nüsse knackte. »Ich dachte, das wäre ziemlich einfach. Jemand hat mir erzählt, daß sie blaue Kleidung tragen, kein Fleisch essen und sich nicht im Schatten einer Kirche aufhalten.«

»Einige von ihnen sind so«, erwiderte Barthélemy und runzelte die Stirn. »Aber nicht alle. Viele würdet Ihr nicht als Ketzer erkennen, bis sie im Sterben liegen. Dann kommen die blaugekleideten Männer und erteilen ihnen den Segen des Bösen.«

»Es gibt verschiedene Arten von Ketzern«, warf ich ein und konnte diesmal sogar mit echtem Wissen aufwarten. Ich hatte nämlich vor längerer Zeit am Gerichtshof eines Kardinals gearbeitet, wo ein Fall verhandelt wurde, in dem es um eine unerlaubte Schenkung ging: Papst Gregor XI. hatte einer Person, die später als Ketzer verurteilt wurde, einen Garten überlassen. Während des Prozesses waren die unterschiedlichen Arten und Abstufungen der Ketzerei zur Sprache gekommen. »Die Männer in Blau sind katharische Priester und dienen dem Satan auf ihre Weise. Andere Ketzer haben andere Anschauungen, wie jene Klosterbrüder, die vor drei Jahren nach Avignon gekommen waren und sich weigerten, dem Papst Folge zu leisten. Erinnert ihr euch? Sie wurden verbrannt.«

»Waren das Ketzer?« fragte Arnaud.

»Aber sicher.«

»Es waren doch Mönche.«

»Auch Mönche können Ketzer sein«, betonte ich, woraufhin Barthélemy erneut rot wurde und (soweit ich ihn verstand) bekundete, daß Priester und sogar Päpste gleichfalls Ketzer sein könnten. Zwar sprach er mit gedämpfter Stimme, in der mir jedoch ein gewisser Zorn mitzuschwingen schien. Folglich dünkte es mir besser, das Thema jenen zu überlassen, die (wie mein klösterlicher Bruder) sich am besten auf dessen Erörterung verstehen.

»Wir müssen gehen«, verkündete ich und stand auf. »Wir müssen die Petition überbringen.«

Meine Mutter schien das nicht gehört zu haben. Sie blickte auf und bemerkte mit einiger Verwirrung: »Aber Klosterbrüder tragen braune Kutten.«

»Wie?«

»Klosterbrüder tragen braune oder weiße Kutten. Keine blauen.«

Arnaud schnaubte verächtlich. »Zerbrich dir darüber nicht den Kopf. Ketzerei ist für dich zu hoch.«

»Man sollte über so etwas gar nicht sprechen«, bekräftigte Jeanne. »Nicht in der Familie.«

»Erst recht nicht als Frau«, meinte Barthélemy mit einigem Nachdruck. Offenbar hatte Jeanne seinen Gleichmut erschüttert, und so geleitete ich ihn, bevor es zu einem Schlagabtausch kam, aus der Küche und steckte mir nebenbei noch etwas Brot ein. Draußen schien die Sonne; ihr Licht tropfte zwischen den überkragenden Dächern auf die schmale Gasse und verwandelte das Wasser der Pfützen in geschmolzenes Silber. Viele Straßen in Avignon sind mit Steinen aus dem Flußbett gepflastert und mit Rinnen versehen, in denen der Dreck, wenn es regnet, abfließen kann. Dagegen scheint unsere Gasse der Aufmerksamkeit der Straßeninspekteure entgangen zu sein, denn sie ist ein einziger Schlammpfuhl, und wir mußten darauf achten, uns die Schuhe nicht fortwährend mit Dung und Kot zu besudeln.

»Jeanne kann sich einfach nicht benehmen«, bemerkte ich. »Sie würde auch dann den Mund aufmachen, wenn lauter Priester anwesend sind. Ach, was sage ich, sie würde nicht einmal in Gegenwart von Bischöfen schweigen!«

»Ist sie Eure Schwester?«

»Gottlob nicht. Ich habe keine Schwestern. Nur eine Schwägerin.«

»Ich habe viele Schwestern«, bekannte Barthélemy. »Zu viele. Immer wieder war eine Mitgift fällig. Das Familienerbe wurde aufgezehrt. Früher waren wir wohlhabender. Mein Vater war Bäcker, besaß jedoch zwei Weinberge. Bevor meine Schwestern heirateten.«

»Und das Haus Eures Bruders?«

»Gehörte vordem meinem Vater.«

»Aha.«

Da gerade von Häusern die Rede ist, sollte ich Euch vielleicht erzählen, daß der Papst, als er in Avignon Einzug hielt, zunächst in der Priorei der Dominikaner sein Lager aufschlug. Aber zu der Zeit, da sich die hier geschilderten Ereignisse zutrugen, bewohnte er den alten Bischofspalast (samt Hospital, Garten und Wohnung des Almoseniers), zwei Privathäuser und die Pfarrkirche von St. Etienne – mithin eine ganze Reihe von Gebäuden, die den Felsen des Doms bekrönen. Sein Neffe, Bischof Arnaud de Via, ließ dann für sich nördlich vom Wohnsitz des Papstes einen neuen Palast errichten. Und in diesem Teil der Stadt, wo man jene Ritter und Beamten trifft, die dem Heiligen Stuhl am nächsten stehen, wo die Kanzleigebäude sich befinden und der Audienzsaal, die Kasernen der Ordnungshüter und alle Arten von Tribunalen und Kapellen, wo die Boten und das Küchenpersonal beschäftigt sind – in diesem Teil der Stadt lag auch die Apostolische Pönitentiarie.

Sie umfaßte zwei Häuser, die ziemlich alt und mithin niedrig, dunkel und feucht waren und düster wirkten wie der Gesichtsausdruck meines Bruders. Beim Eingang zum ersten Haus mußte man den Kopf einziehen, wenn man über die Schwelle in den Warteraum trat, wo üblicherweise schon viele Bittsteller gelangweilt auf Bänken herumsaßen. Es roch nach Katzenpisse. Manche warteten länger als andere; der Anwalt eines Kardinals mußte sich dort natürlich nicht niederlassen, im Gegensatz zu den zahllosen Priestern – alten und jungen, dicken und dünnen, gebildeten und ungebildeten –, denen nach kanonischem Recht die Ausübung ihrer seelsorgerischen Pflichten untersagt worden war. Von überall her waren sie gekommen, um die Aufhebung ihres Urteils zu beantragen.

Auch einige Laien traf man dort an (gewissermaßen die Hefe im Teig), die sich um die Annullierung ihrer Ehe oder eine Art von Schlichtung bemühten; zumeist jedoch wartete man in Gesellschaft von Männern, die sich leise auf lateinisch unterhielten, den Rosenkranz klicken ließen und mit großer Leichtigkeit Gebete rezitierten, dabei jedoch geistesabwesend wirkten wie jemand, der das Knie beugt, bevor er eine schmale Brücke betritt. Alle warteten auf den Distributor. Der aber hielt sich hinter einer gelben Tür versteckt und war im übrigen befugt, die Anträge und die damit einhergehenden Gebühren in Empfang zu nehmen. Mit diesen Gebühren wurden die zahlreichen Personen bezahlt, die in der Apostolischen Pönitentiarie Beschäftigung gefunden hatten. Soweit ich weiß, wirkten dort (und daran dürfte sich nichts geändert haben) neben dem Großpönitentiar fünfzehn Schreiber, ein Doktor des kanonischen Rechts, mehrere Korrektoren (die die Arbeit der Schreiber überprüften), ein Siegler (der die Anträge mit dem Siegel des Großpönitentiars versah) sowie ein Mann, dessen Titel ich nicht kenne und der die Aufgabe hatte, jede Petition, die in die Hände des Distributors gelegt wurde, zu inspizieren.

Wie sich erwarten läßt, fielen die Gebühren oftmals geradezu wucherisch aus.

»Wenn ich weiterhin so viel zahlen muß, werde ich Hunger leiden«, seufzte Barthélemy nach unserem (sehr kurzen) Gespräch mit dem Distributor, der uns zugesichert hatte, die Petition noch an diesem Tag weiterzuleiten. Wir waren jetzt auf dem Weg zu einem weniger teuren Pflaster. »Hier muß man sogar fürs Atmen Geld ausgeben.«

»Seid guten Muts. Meine Mutter wird für Euch kochen.«

»Was ist das hier nur für ein Sodom! Angetan mit Purpur und Scharlach, geschmückt mit Gold und Edelsteinen und Perlen, in der Hand aber einen Pokal voller Abscheulichkeiten –«

»Wie wär's mit etwas Wein, Barthélemy?«

»– wie die Große Babylon, die Mutter der Huren –«

»Kommt«, sagte ich. Ich wollte nicht noch eine Tirade gegen Avignons Habgier über mich ergehen lassen. »Wir werden unsere Sorgen im Schwarzen Hahn ertränken. Habt Ihr zufällig mein Honorar dabei?«

»Euer Honorar? Ja, sicher, aber –«

»Gebt es mir, und ich werde Euch einen Krug Burgunder vom Feinsten auftischen lassen. Den haben wir nach diesem priesterreichen Nachmittag redlich verdient.«

Barthélemy öffnete den Mund, doch bevor er antworten konnte, sprach ein anderer Mann – ein Mann hoch zu Roß, ein Herold, dessen Stimme erscholl wie Hörnerklang. Welche Lungenkraft! Er wandte sich an alle Bewohner und Passanten in und auf der Straße, und er sprach im Namen von Arnaud de Trian, dem Justizmarschall. Ohne weiteren Umschweif verkündete er, es habe in der Rue de Fourbisseurs einen Mord gegeben. Guillaume Monier, der Kämmerer des Kardinals Gentile di Vico, sei an diesem Morgen tot und ohne Genitalien in seinem Bett aufgefunden worden.

Wer den Verursacher dieser heimtückischen Tat kenne oder über sachdienliche Informationen verfüge, die zur Aufklärung des Verbrechens beitragen könnten, solle sich sofort melden.

# DRITTER GESANG

Guillaume Monier!« rief ich aus. »Ermordet! Und entwurzelt!« Ich konnte es kaum fassen.

»Was?« fragte Barthélemy in ziemlicher Verwirrung. Um uns herum Stimmengewirr. »Kennt Ihr ihn? Könnt Ihr –«

»Einer meiner Freunde gehört zu den Knappen von Kardinal di Vico. Vielleicht weiß er Genaueres.«

»Diese Stadt ist von Gott verflucht«, stammelte mein Begleiter schreckensbleich. »Autsch!« Er war in eine Gruppe aufgeregt schnatternder Priester gestolpert. »Bitte um Vergebung. Raymond, wohin gehen wir überhaupt?«

»Zum Schwarzen Hahn, wie ich schon sagte.«

»Aber –«

»Mein Freund ist dort Stammgast. Er dürfte alles über Monier wissen.« Mir selbst war der Tote nicht persönlich bekannt. Mein Freund, Gaillard mit Namen, hatte ihn einmal als »fette Laus« bezeichnet, aber er hegte ohnehin eine Abneigung gegen wohlgenährte Priester. »Kastriert im Bett! Ob sie da wohl noch jemanden gefunden haben?«

»Schämt Euch. Diese Sache ist nicht komisch.«

»Nein, aber es gibt würdigere Möglichkeiten, das Zeitliche zu segnen.«

Wenn man Avignon von Osten her betritt, kommt man (unweit der Komturei von St. Jean de Jerusalème) an einer aus Steinen errichteten, zwei Stockwerke hohen Taverne vorbei, die in alten

Zeiten als Bad diente. Sie genießt einen guten Ruf, ist keine Hafenspelunke, in der Fährleute und Hetären sich herumtreiben, sondern eine saubere, geräumige, angenehme Gaststätte, in der man von morgens bis abends warme Mahlzeiten zu sich nehmen kann. Ihr Name – *Zum Schwarzen Hahn* – hat viele Besitzer überdauert und könnte von den Generationen von Geflügelzüchtern herrühren, die nebenan ihr Geschäft betrieben. Sie ist über einer uralten Krypta oder Höhle oder Katakombe erbaut, einem Gewölbe jedenfalls, das sich hervorragend zur Lagerung von Wein, Milch und Käse eignet. Zudem befindet sich der nächste öffentliche Brunnen keine fünfzehn Schritt vom Vordereingang entfernt. Alles in allem also eine günstige Lage für eine Taverne.

Zu der Zeit, von der ich erzähle, wurde das Wirtshaus von einer Witwe namens Béatrice Rascas geführt. Zusammen mit ihrer Tochter und einer Dienerin, Sibylle geheißen, arbeitete sie hart daran, dem Schwarzen Hahn seinen guten Ruf zu erhalten: Der Boden wurde regelmäßig gefegt, das Herdfeuer ging nicht aus, und die Getränke waren wohlbemessen. Kaum jemals kam es zu Streitigkeiten, denn Na Béatrice hatte unter ihren Kunden viele Freunde und unter diesen viele kräftige Männer, die nicht zögerten, auf ihr Geheiß hin Trunkenbolde und Raufllustige an die Luft zu setzen. Sie taten es gern, weil Na Béatrice großzügig und ehrlich und vermögend war und eine hübsche Tochter hatte, die ihren Blick nur hob, wenn die Mutter es erlaubte, vor allem aber taten sie es, weil Na Béatrice eine respektheischende Person war. Wie soll ich es Euch erklären? Wenn sie nicht schwieg, sprach sie mit sehr lauter und rauher Stimme, sie hatte keine Bildung genossen, weil ihr Vater kaum mehr gewesen war als ein Hausierer, ihre Hände waren rot und rissig, sie war dreiunddreißig Jahre alt und sah älter aus. Aber sie lachte gern, und ihre Zunge war so flink wie ihr Verstand, und ihre schlechten Zähne machte ein bezauberndes Lächeln wett. Und ich weiß aus eigener Erfahrung, daß sich unter der rauhen Schale von Na Béatrice ein weicher Kern verbarg.

Mithin kann es nicht verwundern, daß ich im Schwarzen Hahn ein und aus ging. In mancherlei Hinsicht war er mein eigentliches Zuhause. Dort fand ich immer einen freien Platz, guten Wein und einen warmherzigen Willkommensgruß. Dort versammelten sich meine Freunde und lobten die Lieder, die meiner Familie abgeschmackt und frech dünkten. Bisweilen fand ich hier sogar ein Bett und darin einen warmen Leib (und dann, Ihr schönen Damen, krähte der Schwarze Hahn tatsächlich in der Morgenfrühe!). Aber ich schweife ab. Was oben geschah, in Béatrices Schlafkammer, werde ich an anderer Stelle berichten; hier geht es um die Ereignisse im Schankraum, wo die Trinkenden saßen, die mich mit großer Freude begrüßten.

»He, seht mal! Da ist Raymond!«

»Bei Gott, und er hat einen Mönch dabei!«

»Der HErr sei uns gnädig.«

»Ist das dein Bruder, Raymond?«

»Nein«, erwiderte ich. »Nicht mein Bruder und auch kein Mönch. Er ist mein Klient, und er heißt Barthélemy. Er braucht was zu trinken – und ich ebenso. Wir haben den ganzen Nachmittag in einem Raum voller Priester gewartet.«

»Gott bewahre. Du arme Seele.«

»Schnell, bringt Wein! Bevor sie zusammenklappen!«

»Rück mal 'n bißchen, Othon. Kommt, setzt euch!«

Oh, was für ein Duft hing hier in der Luft! Normalerweise roch es nach gebratenem Fleisch und vergorenen Trauben und Talgkerzen, ganz selten auch einmal nach Erbrochnem. Der Boden war weingetränkt wie die Tische, und schon das Atmen, ich schwör's, konnte einen trunken stimmen. Aber mit Barthélemys Honorar in der Tasche mußte ich nicht die Pfützen von den Holzbänken schlecken. Vielmehr bestellte ich einen großen Krug vom Besten, den Na Béatrice zu bieten hatte, und sie brachte ihn höchstselbst an unseren Tisch. Sie begrüßte meinen Klienten mit großer Höflichkeit, so wie sie es immer mit neuen Gästen tat. In dieser (wie auch manch anderer) Hinsicht war sie überaus geschäftstüchtig, obwohl es mir so vorkam, als wäre sie Edelleuten gegenüber etwas zu unterwürfig, wofür ich sie oft verspottete.

Ich ergriff auch diesmal gleich die Gelegenheit beim Schopf: »Na, kein Herr Etienne heut zugegen?«

»Nein«, gab sie zurück. »Kein Herr Etienne.«

»Das überrascht mich. Ich dachte, du hättest ihm dein Bett, deine Tochter und dein Vermögen überlassen. Wo ist er hin?«

»Wohl auf sein *château* zurückgekehrt. Liegt doch irgendwo bei St. Gilles, nicht wahr? Gaillard wird's wissen. Die beiden kennen sich.«

»Barthélemy hier kommt aus Lazet«, fügte ich hinzu und gab dem Tertiarier einen kleinen Stoß.

»Aha, Lazet!«

»Er gehört zur dritten Regel des Hl. Franz.«

»Ach, tatsächlich?« meinte Gaillard. »Dann müssen wir ihm einen ausgeben. Franziskanische Tertiarier sind doch arm wie Kirchenmäuse.«

»Ja, ja, ja, Wein für den heiligen Mann«, erklang es im Chor. Barthélemy wurde rot und warf unsichere Blicke umher. Nun wurde über gute Mönche und schlechte Mönche palavert: Die guten waren arm und fromm und keusch, die schlechten genau das Gegenteil davon. Schon bald jedoch drehte sich das Gespräch, wen wundert's, wieder um Guillaume Monier. Gaillard wurde gedrängt, sein Wissen preiszugeben.

»Ich sagte ja schon, und mehr weiß ich auch nicht, daß er von seinem Schreiber gefunden wurde. Ohne seine edlen Teile. Die fehlten einfach.«

»Fehlten!« rief ich aus.

»Genau. Alles weg.«

»Hat sie jemand *gestohlen*?«

»'ne Nonne«, bemerkte Othon mit kurzem, bellendem Lachen.

Othon war (und ist) ein verheirateter Mann mit vier Kindern, weshalb er sich recht häufig im Schwarzen Hahn verkroch. Ein großspuriger und lebenslustiger Kerl, der als päpstlicher Kurier arbeitete und in dieser Eigenschaft Botschaften der Kurie in alle möglichen Städte der Christenheit beförderte. Vielleicht deshalb interessierte er sich, mehr als jeder andere, den ich kannte, für die Leidenschaften des Fleisches und war mit den Gewohnheiten, Neigungen und Gelüsten von Frauen aus unterschiedlichsten Ländern vertraut wie kaum ein zweiter. Er hatte (so behauptete er jedenfalls) auf seinen vielen Reisen bei zahllosen geneigten Jung- und anderen Frauen Maß genommen und war gern bereit, seinen reichen Erfahrungsschatz mit Wißbegierigen zu teilen. In der Lombardei etwa, berichtete er, zögen die Männer eine Stellung vor, wie man sie auf Pferdeweiden während der Paarungszeit beobachten kann, wenn Hengste rossige Stuten decken. In Katalonien wiederum sei es möglich, eine Jungfrau zu beglükken, ohne sie ihrer Blüte zu berauben, indem man sein Mittelbein auf jenen Weg führt, den die Natur für die Zwecke der körperlichen Entleerung vorgesehen hat.

Es gibt, ich schwör's, in dieser Welt Sünden, die selbst ich mir auszumalen nicht gewagt hätte.

»Es *muß* 'ne Nonne gewesen sein«, beharrte Othon, nachdem das Gelächter abgeklungen war. »Wer sonst würde ein männliches Instrument brauchen?«

»Ein Mann, der selbst keins hat?« schlug Gaillard vor, woraufhin sein Freund Bérengar betonte, daß Priester bekanntlich besonders gut behängt seien – wie Maulesel –, während der Dieb vielleicht schlechter ausgestattet war.

»Hat wahrscheinlich versucht, seine Braut damit in der Hochzeitsnacht zu beeindrucken«, spekulierte Bérengar. »In der Dunkelheit konnt' sie nicht merken, was sie da zwischen die Beine bekam.«

»Aber warum das Gemächt eines Priesters?« wandte ich mit gespielter Ernsthaftigkeit ein. »Warum nicht das eines Maulesels? Oder einen kräftigen Knochen?«

»Warum nicht ein Tischbein?«

»Warum nicht eine Turnierstange?«

»Na ja ... weiß überhaupt jemand, wie groß das abhanden gekommene Ding tatsächlich war?« fragte Bérengar. Er war, wie Gaillard, ein Knappe, stand jedoch in Diensten der *bullatores*, zweier Laienbrüder aus dem Orden der Zisterzienser, die das päpstliche Siegel bewahrten. Der arme Bérengar schleppte den lieben langen Tag Säcke voller Blei von einem Ende der Stadt zum andern. »Vielleicht war es wirklich so groß wie eine Turnierstange. Oder wie ein Kirchturm.«

»Dann dürfte es nicht schwer zu finden sein«, scherzte ich. Woraufhin Bernard, ein kleiner, rundlicher Kerzengießer, der seine spärlichen Einnahmen in Wein umsetzte, mich darüber belehrte, daß das doch törichtes Geschwätz sei. Natürlich habe ein eifersüchtiger Ehemann diese schreckliche Tat verübt. Ehebruch, das müsse der Anlaß gewesen sein.

»Quatsch!« entgegnete Gaillard.

»Aber Monier war Priester.« Bérengar wirkte schon halb überzeugt. »Und wir wissen doch, was die so anstellen ...«

»Nicht Monier.« Gaillard blieb standhaft. »Das kann ich euch versichern.«

»Du bist jung, mein Freund«, sagte ich gönnerhaft und strich über sein lockiges Haar. »Zeig mir einen keuschen Priester, und ich führe dich zu einem glücklichen Aussätzigen.«

»Hab' ich behauptet, daß er keusch war?« bemerkte Gaillard bissig und stieß meine Hand weg. Er schätzte es gar nicht, an sein zartes Alter erinnert zu werden. »Guillaume war kein Kostverächter, Raymond, aber er trieb es nicht mit Frauen.«

»Was du nicht sagst!«

»Ist das wahr?«

»Völliger Unsinn.«

»Wenn Gaillard das behauptet, wird's schon wahr sein«, schnaubte Othon verächtlich. »Vermutlich hat Monier auch ihm den Arsch aufgerissen.«

Daraufhin kam es fast zu einer Rauferei, und Gaillard mußte mit Gewalt auf die Bank zurückgestoßen werden. Solche Szenen waren nichts Neues. Glücklicher- oder unglücklicherweise war der Knappe von der Natur mit den blonden Kringelhaaren, den vollen Lippen und den blauen Augen eines gemalten Engels bedacht worden und zog deshalb häufig obszöne Bemerkungen auf sich.

»Ich hab ihn abgewiesen, Othon!« rief er empört. »Ich hab ihm gedroht, das Ding abzuschneiden, wenn er noch mal damit nach mir wedelt!«

»Und, hast du's getan?« forschte ich nach.

»Was?«

»Es abgeschnitten.«

»Nein, natürlich nicht!« Als Gaillard merkte, was er da gerade gesagt hatte, verschwand der Ärger schlagartig aus seinem Gesicht. »Nein, natürlich nicht«, wiederholte er ruhiger. »So was würde ich niemals tun. Das war nur eine Drohung, sonst nichts.«

»Ich würde das aber nicht weiter herumerzählen, sonst fangen die Leute an, Fragen zu stellen.«

»Jetzt weiß ich's wieder«, warf Bérengar plötzlich ein. Er hatte seit einiger Zeit seinen Gedanken nachgehangen. »War Guillaume Monier der, von dem du mir mal erzählt hast, Gaillard? Der mit dem Lieblingsschreiber?«

»Genau der.« Gaillard atmete immer noch schwer, doch allmählich schwand die Röte aus seinem Gesicht. »Er hatte immer einen hübschen kleinen Schreiber in seinem Gefolge. Wir rissen Witze darüber. Alle Knappen lachten sich eins.«

»Aber warum denn?« fragte ich mit feierlichem Ernst. »Schließlich muß ein Priester jemanden haben, der seine Feder schärft.«

»Ja, genau, und er muß sie irgendwo eintauchen!«

»Und damit schreiben, auf und nieder, auf und nieder…«

»Über sein Pult gebeugt –«

»›Nimm dies auf, Ganymed, und mach mir zwei Kopien!‹«

»Haltet ein! Wartet!« Bérengar lachte bereits Tränen. »Ich weiß, was passierte! Guillaume – wißt ihr – er – er –«

»Schob den Teufel in die Hölle?«

»Ja, und – und er schrieb so heftig, daß das Ding immer stumpfer und kleiner wurde –«

»Wie deine Zunge, Bérengar.«

»Und dann *ist es abgebrochen*!« Bérengar schlug mit der Faust auf den Tisch. »Und der arme kleine Schreiberling trägt es jetzt immer noch hinten drin!«

Allgemeines heulendes Gelächter. Gaillard verkündete, es gebe keinen besseren Ort, um einen Penis zu verstecken. Ich wandte ein, daß wir über Priester und Mönche redeten – würde ein solcher Schatz dort wirklich sicher sein? Othon bekräftigte erneut, daß sich für ein großes, starkes Instrument immer Käufer finden lassen würden. Zum Beispiel die Nonnen.

»Nonnen, Nonnen, Nonnen!« rief ich aus. »Du und deine Nonnen, Othon. Sprich doch mal über was anderes!«

»Ja, wie denn? Träum' ich doch von ihnen jede Nacht.«

»Gott behüte.«

»Wenn du von einer Nonne träumst«, mischte sich Bernard ein, »bedeutet das den Tod.«

»Nicht, wenn du davon träumst, eine zu beschälen«, gab ich zurück. »Ist das dein Traum, Othon? Eine Nonne zu beschälen?«

Er stöhnte auf. »Eine Nonne beschälen!« Und er hob den Kelch. »Der Traum meines Lebens! Wenn der sich erfüllt, kann ich glücklich sterben.«

»Sterben wirst du auf jeden Fall«, meinte Bernard. »Du weißt, wie die Priester über die Verletzung der Jungfräulichkeit denken.«

»Ach, die Priester!« spottete Othon. »Die wollen die Nonnen für sich selber haben. Ewig huren sie mit ihnen herum. Und warum auch nicht? Nönnchen sind so frisch und saftig, bevor sie eintrocknen –«

»Ich hab mal eine Tertiarierin durchgefegt«, warf Bérengar ein. »Sie war allerdings kein Garten himmlischer Lüste.«

»Na ja, das ist was ganz anderes. Tertiarierinnen kann jeder besteigen, die sind nicht wählerisch. Eine Nonne ist 'ne richtige Festung.«

Als die Rede auf die Tertiarierinnen kam, bemerkte ich, daß Barthélemy verschwunden war. Die Unterhaltung hatte wohl nicht seinem Geschmack entsprochen. Ich hoffte, er würde auch ohne meine Hilfe zu seiner Schlafstatt finden, denn mich zog nichts nach Hause. Ich mußte noch etwas loswerden.

»Für dich ist 'ne Nonne halt 'ne Herausforderung«, sagte ich Othon ins Gesicht. »Du hast noch nie so 'n Klosterfrüchtchen vernascht, darum gelüstet es dich danach.«

»Klar doch.«

»Und wenn du es vernascht hast? Was dann? Was kommt als nächstes? Vielleicht Heilige.«

»Oder Männer.«

»Oder Hunde.«

»Oder alle drei auf einmal!«

»Othon will 'ne Nonne, weil die nie 'n Mann zu sehn kriegt«, verkündete Gaillard, schon ziemlich betrunken. »Da hamse keinen Vergleich, und halten seinen Schwanz für was ganz Besonderes – *he! Was soll* –«

Diesmal mußte Othon zurückgehalten werden. Hätte er Gaillard zwischen die Finger bekommen, hätte er aus dem armen Kerl Hackfleisch gemacht. Othon war nämlich, wie ich schon sagte, ziemlich kräftig gebaut. Es bedurfte der vereinten Anstrengung von fünf Männern, ihn auf die Bank zu drücken, während ich Gaillard eine gemurmelte Entschuldigung entlockte.

Doch schon bald darauf hatten sich die Gemüter, dank weiterem Zufluß von Wein, wieder beruhigt, und die Runde verlangte nach einem Lied, so daß ich zum Haus meiner Mutter eilen und die Viola holen mußte. Dort fand ich Barthélemy vor, der sich gerade entkleidete, um das Nachtlager aufzusuchen; er grüßte mich freudlos, und seine Gesichtszüge drückten äußerstes Mißfallen aus. Ich ließ mich davon jedoch nicht stören, wünschte ihm mit herzlichem Tonfall eine gute Nacht, schnappte mein Musikinstrument und eilte zurück in den Schwarzen Hahn. Ich unterhielt die erwartungsvolle Menge zunächst mit Liedern, die von Leidenschaft und Liebe kündeten, wobei ich manchem Aug' eine Träne entlockte, als mein Bogen die tiefste Saite streichelte; dann wieder ward Gelächter laut, wenn ich mit einem Pferdehaar Töne hervorbrachte, die an das Kreischen und Bellen von Welpen in einem Sack erinnerten. Danach spielte ich einen *rabardel*, eine *estampida* und andere Tänze, während mein Publikum dazu pfiff, mit den Füßen aufstampfte und rhythmisch klatschte – und meine Melodien, ich schwör's, klangen so klar und rein, als wären es Perlen, zu einer Kette aufgereiht, und mein Arm bewegte sich mit nimmermüder Geschmeidigkeit.

Ich hörte erst auf, als meine Rippen vom Druck der Viola schmerzten, das Griffbrett schweißdurchtränkt und meine Stimme heiser war. Mittlerweile war ich nicht mehr nüchtern und meine Zechkumpanen gar noch betrunkener – und dieser Rausch sollte Folgen zeitigen. Othon war nämlich nach wie vor von dem Gedanken besessen, mit einer Nonne fleischlich zu werden, und als wir vier (neben Othon und mir noch Gaillard und Bérengar) auf dem Heimweg am Kloster der Karmeliterinnen vorbeikamen, warf dieser Mensch sich gegen die dicken, zinnenbekrönten Mauern, die den Konvent umschlossen.

»Liebe, süße Schwestern!« rief er. »Öffnet doch! Laßt mich ein!«

»Othon, komm da weg.«

»Mein Hähnchen möchte aus eurem Brunnen trinken.«

»Othon!« kicherte Bérengar, »hör auf damit, sonst kommt der Nachtwächter.«

»Ich muß da rein!« stöhnte Othon und packte mich am Kragen. »Raymond, du mußt mich da reinbringen. Denk dir was aus.«

»Laß mich los.«

»'ne Nonne! 'ne Nonne! Ein Königreich für 'ne Nonne!«

»Sei endlich *ruhig*!«

»Sing was, Raymond. Sing ihnen was vor, das wird sie herauslocken. Mach schon.«

»Othon –«

»*Verdammt noch mal, sing jetzt*!«

Er schüttelte mich, daß meine Zähne wackelten. Bei Gott, war das ein Goliath! Ich dagegen – nun ja, man nannte mich Spinnenbein, nennt mich immer noch so, und damals war ich wirklich dünn und hätte leichter durch ein Nadelöhr gepaßt als das Kamel unseres Herrn Jesu Christi.

»Warte«, sagte ich, »warte, Othon.«

»*Singen! Singen!*«

»Ich hab 'ne bessre Idee.«

»Wie? Was?«

»Laß mich doch mal los – ich krieg keine Luft mehr –«

Endlich lockerte er den Griff. Mit Othon zu trinken, war immer ein gefährlicher Zeitvertreib, riskierte man doch, von ihm geschlagen oder gar in den Fluß geworfen zu werden. Ich indes hatte normalerweise nichts zu befürchten, denn er hielt mich für klug, achtunggebietend und schwächlich.

Nur wenn die Leidenschaft ihn entflammte, konnte er vergessen, daß ich nicht so stabil war wie der Papstpalast.

»Barthélemy schläft schon«, keuchte ich. »Seine Kleider – sein Habit – was er vorhin anhatte –«

»Was ist damit?«

»Wir könnten es ausborgen.«

»Wozu?«

»Weil es aussieht wie eine Kutte!«

Im flackernden Licht der Fackel, die Gaillard hielt, blickte Othon mich verständnislos an. Erst als die beiden anderen Knappen in Gelächter ausbrachen, glomm in seinen blutunterlaufenen Augen ein Funke auf.

»Jesusmaria!« fluchte er. »Das ist es!«

»Komm. Hier entlang.«

»Mein Freund, du bist ein Weiser.«

»Ich weiß.«

»Dreimal hurra für Raymond Maillot!«

»Pst! Du weckst die Nonnen auf.«

»Die Nonnen! Ach, die Nohonnen. Geduld, süße Schwestern! Bald könnt ihr euren Durst stillen! Bald werdet ihr aus meinem Weinschlauch trinken!«

»Othon –«

»Der Himmel ist euch nahe, schöne Jungfraun! Ich werde euch die Flötentöne lehren!«

»*Othon* –«

»Süßer Jesus, heut nacht gibt's einen Turm, da werden die Glocken klingen!«

# VIERTER GESANG

Der erste Teil meines Plans war leicht vollbracht. Ich betrat das Haus durch die Küche, nachdem ich die Milchamme meiner Schwägerin geweckt hatte. Barthélemy schnarchte, in Decken eingehüllt, vor sich hin und bewegte sich auch nicht, als ich mich verstohlen seiner Kleider bemächtigte. Am heikelsten war es, die Fensterläden zu öffnen, die in den Angeln quietschten. Aber Barthélemy murmelte nur vor sich hin und drehte sich um, ohne zu erwachen. Ich warf die Kutte aus dem Fenster und kletterte hinterher, um die Milchamme nicht noch einmal wecken zu müssen.

Und all dies, erinnert Euch, vollbrachte ich im Zustand der Dreivierteltrunkenheit. Eine beeindruckende Leistung, wie ich heute noch finde, obwohl der Zweck höchst unehrenhaft war.

»Wird sie passen?« keuchte ich, als ich meine Zechkumpanen hinter einem Stall wiedertraf. »Eigentlich müßte sie's. Barthélemy ist ziemlich groß.«

»Nicht so groß wie Othon«, wandte Bérengar ein. »Außerdem kann Othon kein Latein.«

»Wir haben beschlossen, daß du es machst, Raymond«, verkündete Gaillard. »Du sprichst Latein und bist so mager. Du siehst eher wie ein Mönch aus.«

»Ich? O nein.«

»Doch«, meinte Othon. »Du mußt nur reinkommen. Dann öffnest du die Tür zur Rue de Carreterie.«

»Nein!« protestierte ich, doch verlor sich meine Stimme in den Falten des Umhangs, den sie mir bereits auszogen. »Das kann nicht klappen!«

»Doch, das geht. Du verläßt das Kloster, wenn ich es betrete. Und jetzt …« – mit jäher Gebärde zog Othon sein Messer aus der Scheide – »… werde ich dir eine Tonsur verpassen.«

»Nein!«

»Doch, Raymond, das muß sein«, beharrte Gaillard und fiel mir wortwörtlich in den Rücken, während Bérengar, ständig kichernd, die Fackel hochhielt.

»Alle Mönche tragen eine Tonsur.«

»Halt ein – so warte doch –«

»Beweg dich nicht, sonst ist dein Ohr ab!«

»Othon! Halt ein! Hör mir doch zu! Du brauchst dazu ein Rasiermesser! Und eine Schere – du brauchst eine Schere –« Mit einiger Anstrengung entledigte ich mich Gaillards und sprang zur Seite. Othon packte mich am Handgelenk. »Autsch! Othon, das mit der Tonsur dauert viel zu lange – ich weiß was Besseres –«

»Und was?« fragte Othon stirnrunzelnd.

»Ich könnte mich als Tertiarier ausgeben.«

»Die haben kein Gelübde geschworen«, wandte Gaillard ein. »Sie müssen nicht keusch sein.«

»Genau.« Othon riß mich an sich und nahm mich in den Schwitzkasten. »Das mit dem Mönch ist sicherer.«

»Du Narr!« Ich schnappte nach Luft. »Morgen weiß es die ganze Stadt! Die Leute werden mich anschaun und sagen: Das ist der Kerl, der sich ins Kloster gemogelt hat, damit sein Freund die Nonnen schwängern konnte!«

Othon lockerte seinen Griff. Ich konnte mich befreien und meine Haarpracht in Sicherheit bringen. Meine Kumpanen dachten, soweit das möglich war, nach.

»Hört zu«, sagte ich schließlich. »Wir müssen folgendes tun: Wir töten einen Vogel oder einen Hund, und benutzen das Blut als Tarnung. Ich werde die Kutte damit beschmieren und so tun, als wär ich verwundet. Ja, ich könnte sogar den Kastrierten spielen! Nicht einmal die Nonnen würden einem Sterbenden, der eine Kutte trägt, die Tür weisen. Vor allem, wenn er keinen Penis mehr hat.«

Die anderen waren begeistert. Othon grinste, wedelte mit dem Messer vor meinen Lenden herum und machte einen Vorschlag, der uns der Notwendigkeit, ein Tier aufzutreiben, enthoben hätte. Ob er des Mordes an Monier verdächtigt werden wolle, fragte ich ihn und lehnte dankend ab.

Statt dessen gingen wir zu seinem Haus und massakrierten eins von seinen Hühnern.

O Schimpf und Schande! Diese Ballade, meine Freundinnen, ist eine Beichte. Mein Tun und Treiben in jener Nacht erfüllt mich nicht mit Stolz. Ränke schmiedete ich wie ein unehrenhafter Kaufmann, und Täuschung bracht' ich hervor wie ein vergifteter Brunnen. Und obwohl ich, meiner Berauschtheit halber, mich nicht mehr an alles erinnere, was damals geschah, so weiß ich doch, daß der Besuch bei Othon zu den widerwärtigsten Dingen gehörte, die auf mein Betreiben hin in die Tat umgesetzt wurden. Denn vier betrunkne Männer sind nicht gerade leise, wenn sie ein Huhn umbringen, und natürlich wurden Othons Frau und Töchter wach. Möge Gott mir gnädig sein! Sie kauerten sich in einer Zimmerecke nieder, während Othon dem Vogel den Kopf abtrennte und dabei eine ziemliche Scharte auf dem Küchentisch hinterließ. Blut spritzte an die Wand. Die fünf im Halbschatten schwiegen, aber die jüngste barg ihr Gesicht an der Brust der Mutter, und die älteste fuhr jedesmal zusammen, wenn wir laut wurden.

Ihr Vater hielt sich nicht mit Erklärungen auf. Er war der Herr im Haus und schien seine Frau erst zu bemerken, nachdem er mich und die Kutte mit dem Blut besudelt hatte. Er warf ihr das geköpfte Huhn vor die Füße und wies sie an, es zu rupfen und eine Suppe daraus zu kochen.

Dann gingen wir, und ich entleerte noch schnell meine Blase

an der Wand des Hühnerstalls. Ich habe die Familie nie wiedergesehen, ich hätte den Kindern nicht in die Augen schauen können. Möge Gott mir Sünder gnädig sein! Meine Seele ist eine Jauchegrube und meine Tugend nur Spreu im Wind.

Damals jedoch schämte ich mich durchaus nicht. Der Trank hatte mich kühn gemacht, und ich kicherte unaufhörlich, als wir uns dem Kloster näherten, denn Othon hatte mir noch den seiner Federn beraubten Hals zugesteckt, der, blutig wie er war, als abgetrennter Penis Dienst tun sollte. So schwankte ich, des Weines voll, behängt mit schweren, blutgetränkten Kleidern, lachtränenblinden Augs dem Klosterportal entgegen. Ein paar Schritte davon entfernt ließen meine Freunde mich zurück.

Da sie die Fackel mitgenommen hatten, mußte ich mich, immer noch von Lachanfällen geschüttelt, wie ein Blinder vorwärtstasten.

»Zu Hilfe«, schrie ich, als ich endlich vor der großen Holztür stand. »Zu Hilfe! Mord! Gewährt Einlaß!«

Was kümmerte es mich, daß die Menschen in den umliegenden Häusern in tiefem Schlaf lagen! Was scherte es mich, daß vielleicht ein Nachtwächter um die Ecke biegen könnte! Ich schlug gegen die Tür und brüllte, und wenn mir die Stimme versagte, dann nur, weil ich mich so köstlich amüsierte. Erst als mein Flehen Gehör fand, blieb mir das Lachen im Halse stecken. Als ein unwirsches »Was ist da los?« hinter der Tür erklang, fühlte ich jählings unerträgliche Spannung in mir aufsteigen. Ich dachte: »Das ist völlig verrückt.« Die Nüchternheit kehrte wieder, als hätte jemand eimerweise eiskaltes Wasser über mich ausgegossen.

Aber nun gab's kein Zurück mehr. Ich mußte weitermachen.

»Hilfe!« keuchte ich. »Bitte helft mir! Mord! Helft mir!«

Ein kleines Sprechgitter öffnete sich, und Licht fiel nach draußen. Ich war auf die Knie gesunken und wirkte unter den Flekken geronnenen Bluts zweifellos leichenblaß. Zudem war ich schweißgebadet.

»Wer seid Ihr?« fragte eine alte Frau. »Was wollt Ihr?« Soviel ich sehen konnte – viel war es nicht –, war sie krötenhäßlich und betagt wie Methusalem. Die Pförtnerinnen von Nonnenklöstern sind unweigerlich reizlos und müssen es sein, weil sie auch mit Männern Gespräche führen.

»Bitte«, krächzte ich mit zitternder Stimme. »Öffnet mir die Tür. Ich bin ein Diener Gottes. Ein Laienbruder. Ich sterbe! Sie haben mich – entmannt.«

»Wer? Wie?« stammelte die Alte. Ich aber fiel aufs Gesicht und regte mich nicht mehr. Lieber eine Ohnmacht vortäuschen, sagte ich mir, als Verdacht erregen. Ich traute mir nicht zu, den Sterbenden überzeugend spielen zu können. Das Blut sollte für sich sprechen.

Ich bekenne, daß ich, im Staub liegend, zu Gott betete. Ich bat nicht etwa darum, eingelassen zu werden – im Gegenteil. Wenn man mich hier liegenließ, würde Othon, wenn er irgendwo im Dunkeln alles beobachtete, erkennen, daß unser Plan ohne mein Zutun gescheitert war. Feigheit würde er mir nicht vorwerfen können.

Die Zeit verging, und ich hoffte schon, meine Gebete wären erhört worden. Die Tür blieb zu, die Pförtnerin schwieg. Gerade wollte ich mich erheben und davonstehlen, als ich ein Kratzen, Klicken und Quietschen und gleich darauf Frauenstimmen vernahm.

»Da liegt er.«

»O Himmel!«

»Könnt ihr ihn hochheben? Dreht ihn zur Seite.«

»Ich glaube, wir müssen ihn hineinbringen.«

Ich nahm ihren Geruch wahr und spürte ihre weichen Hände, wagte es aber nicht, die Augen zu öffnen. Es waren ihrer drei, eine davon die Pförtnerin; die Stimmen der beiden andern klangen jünger. Die Furcht machte sie ungeschickt und die Hast achtlos. Ein paarmal glitt ich ihnen fast aus den Händen, und bei dem Gehieve und Gezerre lockerte sich der Hühnerhals und fiel zu Boden.

Ein Aufkreischen ging mir durch Mark und Bein.

»Pst, Schwester. Leise.«

*»Schau doch nur. Schau dir das an!«*

»Der HErr sei unserer Seele gnädig.«

»Ist das – ist das –?«

»Heb es auf. Schnell.«

»Nein, ich –«

»Nimm ein Tuch. Hast du kein Tuch dabei?«

»Ich – ich – es ist –«

»Ach, geh, laß *mich* machen.«

Sanfte Haut berührte meine Fußsohlen und Schläfen, schlanke Finger griffen mir unter die Arme. Keuchend und stöhnend schleppten die Frauen mich ins Innere des Gebäudes. Es roch nach Rauch, Schmutzwasser und feuchten Steinen. Die kurze Reise fand ihr Ende, als ich auf ein niedriges Bett gelegt wurde, das unter meinem Gewicht aufseufzte.

»Hol die Äbtissin. Sie muß es wissen.«

»Du holst sie. Wir beide bleiben hier.«

»Lebt er noch? Atmet er?«

»Sicher doch. Und nimm das – das Ding da mit.«

»O nein.«

»Doch. Nimm es mit. Ich will es hier nicht haben.«

Offenbar befand ich mich in der Zelle der Pförtnerin unweit vom Haupteingang. Mein Herz pochte ohrenbetäubend. Ich mußte hier unbedingt raus. Auf Hasenfüßen hatte mein Mut mich verlassen. Warum war ich so blöd gewesen? Welcher Teufel hatte mich geritten? Nur allzugern hätte ich ein bißchen umhergeblinzelt und meine Umgebung in Augenschein genommen, einen Fluchtweg erkundet. Ich mußte entwischen, um der Entlarvung zu entgehen, und für diesen Zweck dünkte es mir am besten, einen Überraschungsmoment herbeizuführen.

»Sollten wir die Blutung nicht hemmen?« flüsterte eine ängstliche Stimme nahe an meinem Ohr.

»Nein.« Das war die Pförtnerin. »Rühr ihn nicht an.«

»Aber –«

»Die Patres werden wissen, was zu tun ist. Es ziemt sich nicht … eine solche Wunde … an einem solchen Ort …«

Sie meinte wohl, wie mir einfiel, die Mönche des nahe gelegenen Augustinerklosters. »Wird die Äbtissin den Bruder Infirmarius holen?«

»Vielleicht.«

»Ich hoffe es. Was meinst du, wird er sterben?«

»Das weiß Gott allein.«

»Er ist kein Mönch, nicht wahr? Er hat keine Tonsur.«

»Er nannte sich einen Laienbruder.«

»Aber von welchem Orden?«

»Ich weiß es nicht.«

»Vielleicht wird er jetzt auch ein Mönch, wie Abälard –«

»Schweig jetzt. Wir sollten nicht reden. Wir sollten für seine Seele beten.«

Die Zeit verging, ich durft' nicht länger warten. Die Nonnen schwiegen, ich spannte die Muskeln an, verlagerte unmerklich das Gewicht, atmete tief ein, öffnete die Augen und –

»*Ahijahijahijahijahii*!«

Die beiden Frauen, möge Gott mir vergeben, kamen fast um vor Schreck. Mit wahrem Drachengeheul schoß ich empor und sprang aus dem Bett. Die Tür stand offen, ich rannte nach draußen, einen Korridor hinunter, einen Kreuzgang entlang, und alles blindlings, denn mir fehlte jegliche Orientierung. Wo befand sich die Straße? Wo der Eingang? Ich hatte die falsche Richtung eingeschlagen.

An vielen Türen lief ich vorbei, doch nicht an der, die ich suchte. Fliehend passierte ich Fenster und flackernde Lämpchen und kannelierte Säulen, stieß auf ein überraschtes Gesicht, dem ein Schrei entfuhr. Sofort machte ich kehrt und knallte dabei gegen einen Kerzenständer, der umfiel und dröhnte wie eine Glokke. Mein Atem rauschte mir in den Ohren. Stimmen verfolgten mich und hastige Schritte, und ich floh wie ein Hase vor den

Hunden. Aber keine Truhe fand ich, keinen Schrank, mich darin zu verbergen, und alle Betten, die ich sah, waren besetzt. Aus schattigen Winkeln drang Frauengekreisch. Wände türmten sich vor mir auf, und Treppen flog ich fast stürzend hinab. Mancherorts war es so finster, daß ich gegen Mauervorsprünge und Türpfosten prallte.

Schließlich, wie durch ein Wunder, erreichte ich die Küche. Da stand eine Truhe, groß genug für meinen schmalen Körper, aber sie hatte keinen Deckel. Da war eine große Feuerstelle mitsamt Rauchabzug, in der jedoch glutheiße Asche waberte. Da waren Fässer und Körbe und ein Backofen, aber auf einem der Tische schlief ein Küchenmädchen, das aufschrak, als ich vorbeieilte.

Hinter dem Tisch nämlich befand sich eine Tür und dahinter ein Gemüsegarten. Im Mondlicht erkannte ich ungefähre Umrisse – dunkle Klumpen, in Reihen angeordnet, Salatköpfe wohl, dräuende Mauern, liegengelassenes Gerät. Der Garten war nicht groß, und die am Saum gepflanzten Obstbäume boten mir, weil sie zu jung waren, keinen Schutz. Aber in einer Ecke erhob sich ein Misthaufen, und dieser Misthaufen war meine Rettung. Ich warf mich dahinter und wühlte mich dann, wie eine Made, in sein widerwärtiges Innenleben.

Ja, liebe Freundinnen – ich habe damals eine Nacht in einem Misthaufen verbracht.

Es war, Ihr könnt es Euch vorstellen, die längste Nacht meines Lebens. Ich hätte, Ihr könnt es Euch denken, bisweilen dem Tod den Vorzug gegeben. Zusammengerollt lag ich in einem Morast aus Maden, Dung und Küchenabfällen, während drängende Stimmen und hastige Schritte mir sagten, daß die Jagd noch andauerte. Hin und wieder hörte ich auch Männer reden; sicherlich Mönche aus dem Augustinerkloster. Ich hielt mir die Nase zu und hoffte, daß eventuelle Spürhunde sich von dem Gestank des Misthaufens abschrecken lassen würden. Einmal waren die Verfolger so nahe, daß ich ihr Gespräch deutlich hören konnte. Ein Mann mit tiefer Stimme meinte: »Er muß über die Mauer entwischt sein. Das ist nicht schwer.«

Eine Frau fragte: »Und wie?« Ihr Begleiter erklärte, daß man vom größten Birnbaum aus den hervorspringenden Stein in der Mauerecke erreichen und dann über die Krone klettern könne.

»Auch bei Dunkelheit?« fragte die Frau zweifelnd.

»Der Mond scheint«, entgegnete die männliche Stimme. Dann gingen die beiden fort, und es wurde still. Ich hatte, wahrlich gesprochen, die Nase voll.

Nun blieb es lange, lange still, und ich schöpfte Hoffnung. Offensichtlich wurde nicht mehr nach mir gesucht. Vielleicht konnte ich jetzt die Flucht bewerkstelligen. Ich hörte Glockenklang und Vogelgezwitscher. Mir blieb keine Wahl mehr. Der Sonnenaufgang war nahe; bald schon würden die Nonnen ihr Tagwerk beginnen.

Glücklicherweise hatte ich vernommen, wie man den Garten schnell und unauffällig verlassen konnte. Nachdem ich mich meinem Refugium entwunden hatte, erklomm ich den Birnbaum, fand den besagten Stein und brach mir fast die Beine, als ich von der Mauerkrone aus auf die Rue de Carreterie gelangte – es war ein tiefer Sprung, kann ich Euch sagen. Niemand bemerkte meine ungeschickten Klimmzüge, niemand auch meinen noch ungeschickteren Fall. Mit viel Glück war ich der Entdeckung entronnen. Der Himmel wurde schon hell. Hinter geschlossenen Fensterläden übertönten die Frauen mit Topfgeklimper das Greinen von Kindern. Als ich, schmutzverkrustet, nach Hause wankte, kam mir ein triefäugiger Mann entgegen, der sich mit einem Mehlsack abmühte. Er starrte mich an, als wäre ich eine übernatürliche Erscheinung.

Und was geschah, als ich endlich meine Heimstatt erreichte? Genau das, was ich erwartet hatte. Die Milchamme meiner Schwägerin war bereits aufgestanden und schürte ein Feuer im Herd. Auch Alazais war wach und kümmerte sich um ihr Kind. Sie verlieh ihrem Abscheu vor meinem Äußeren einen so lebhaften Ausdruck, daß sie meine Mutter und Barthélemy weckte.

Er richtete sich auf, noch halb im Schlaf, als ich eintrat.

»Ähm – Barthélemy?«

»Uff!« krächzte er. »Was ist denn – im Namen des Allmä–?«

»*Geh nach draußen*!« schrie meine Mutter aus der Küche. »Raymond, bitte, geh raus! Du stinkst wie ein Lohgerber! Geh raus und wasch dich!«

»Mögen die Heiligen uns beschützen!« Barthélemy hielt sich die Nase zu. Er starrte mich an, und seine Augen wurden immer größer. »Was habt Ihr – was ist passiert? Wie – wer – das Blut – seid Ihr verletzt?«

»Barthélemy«, setzte ich an und holte tief Luft. »Vergebt mir, aber ich – äh – es ist alles ganz unverzeihlich, aber –«

»Was denn?«

»Wenn Ihr näher hinseht, Barthélemy, erkennt ihr, daß ich – nun ja – daß ich mir Eure Kutte geborgt habe.«

# FÜNFTER GESANG

Meine Mutter erklärte Barthélemys Kutte für unwiderruflich verdorben. Selbst wenn man sie eine Woche lang in Kräuterwasser badete, würde sie noch nach Faulschlamm riechen und wie der Boden einer Metzgerei aussehen. Außerdem hatte ich das gute Stück während meiner nächtlichen Eskapade (von der sie nur erfuhr, daß sie wohl recht unrühmlich verlaufen war) an mehreren Stellen so eingerissen, daß Flickarbeiten aussichtslos schienen. Das sei, so meinte sie, nur mehr ein Lumpen, den man wegwerfen sollte.

Unglücklicherweise war die Kutte, abgesehen vom Umhang, Barthélemys einziges Überkleid gewesen. Ich fühlte mich daher verpflichtet, ihm ein Stück aus meiner Garderobe zu überlassen, und meine Beschämung war so groß, daß ich ihm etwas überaus Wertvolles vermachen wollte – nicht, wie ich zugeben muß, mein Festtagsgewand, aber immerhin eine Jacke aus feiner flämischer Wolle, scharlachrot gefärbt und mit Seide gefüttert. Sie saß an den Schultern etwas eng und war für seine Größe ein bißchen zu kurz, aber er fühlte sich enorm geschmeichelt. Trotzdem erhob er Einwände.

»Das ist zu prunkvoll«, protestierte er. »Ich bin kein Ritter, und auch kein Bischof. Ich bin ein einfacher Mann.«

»Barthélemy, ich versichere Euch, ein Ritter oder ein Bischof würde mit Verachtung darauf hinabsehen. Es ist billige Seide. Taft, nicht etwa Brokat.«

»Ich habe noch nie etwas aus Seide getragen.«

»Dann könnt Ihr jetzt damit anfangen.«

»Aber der Hl. Franziskus hat keine prunkvollen Gewänder getragen. Auch Christus tat es nicht.«

»Seit wann seid Ihr der Hl. Franziskus?«

»Ich kann das nicht annehmen«, erklärte er fest. »Das ist nicht das richtige für mich. Habt Ihr nichts anderes?«

Ich gab mich geschlagen und zeigte ihm etwas anderes, das seinem Geschmack vermutlich mehr entsprach – es war braun, leicht ausgefranst und in Heimarbeit gewebt. Dann begaben wir uns zur Apostolischen Pönitentiarie. Auf dem Weg dorthin wechselten wir kein Wort, weil ich befürchtete, daß mein Klient, verständlicherweise, von mir enttäuscht war. Zudem fand er meinen Geruch zweifellos als abstoßend, denn obwohl ich mich mit teuren, parfümierten Ölen geradezu überschüttet hatte, umlagerte mich immer noch ein leichter Dunggeruch, und während wir darauf warteten, vom Distributor vorgelassen zu werden, hatte ich eine Bank ganz für mich allein. Meine Nacht im Misthaufen schlug sogar den Geruch nach Katzenpisse aus dem Feld.

Was nun den Fall Isoard Calvarie anging, erwartete ich keinen günstigen Ausgang. Gegen das Heilige Amt zog man zumeist den kürzeren – so als würde man den Mond zum Turnierwettkampf herausfordern. Ich hatte mein Bestes gegeben, klar. Sollte mal jemand kommen und unter den gegebenen Umständen eine bessere Petition verfassen. Aber wo reiche Leute und gar Angehörige des Königshofs gescheitert waren, durfte ich wohl kaum auf Erfolg hoffen. Dachte ich jedenfalls.

Darum war ich zutiefst erstaunt, ja, ungläubig, als ich einen Brief erhielt, der Isoard Calvarie die Entbindung von seinen noch ausstehenden Pflichten garantierte. (Wobei diese Entbindung natürlich mit bestimmten Klauseln in betreff des Hauses seines Vetters verknüpft war.) Für einen Moment glaubte ich, das Bewußtsein verlieren zu müssen. Kaum ein Wort des Dankes brachte ich hervor. Und ich konnte erst dann mit Barthélemy reden, als der Distributor uns verabschiedet hatte.

Ich blickte meinen Begleiter mit aufgerißnen Augen an.

»Wir haben's geschafft«, sagte ich.

»Seid Ihr sicher?«

»Ich glaube schon. Schaut. Hier steht –«. Ich blätterte in dem Dokument und las ihm (natürlich in der Umgangssprache) bestimmte eindeutige Wendungen vor: *mit gnädiger Absicht … in Anerkennung seiner ihm zugeschriebenen Frömmigkeit … entbinden Wir ihn hiermit von den Ketten pönitentialer Übungen …* »Dieser Brief ist an Pierre-Julien Fauré gerichtet«, bemerkte ich. »Er enthält die Forderung, Isoard Calvarie von weiteren Pilgerfahrten zu befreien.«

»Laßt mich sehen.«

Warum Barthélemy den Brief in Augenschein nehmen wollte, weiß ich nicht, denn er war des Lesens nicht kundig. Aber da es sich um seine Angelegenheit handelte, gab ich ihm das Schreiben in die Hand und sah, wie er voller Ehrfurcht die Unterschrift des Großpönitentiars betrachtete. Um uns herum tobte das übliche morgendliche Straßenleben – Handkarren und Packesel, Priester und Händler, Männer und Frauen, die uns ungeduldig anrempelten, weil wir ihnen im Weg waren. Aber wir achteten ihrer, als wären es fallende Blätter im Herbstwind.

»Gott sei gelobt.« Barthélemy atmete schwer und blickte auf. »Es ist ein Wunder!«

»In der Tat.«

»Ich hätte nicht gedacht – Gott sei gelobt – Ihr steht im Dienste des HErrn!«

»Das wohl kaum.«

»Es ist ein Wunder«, wiederholte er und streichelte das Dokument ehrfürchtig. »Raymond, damit beweist Gott uns Seine Liebe. Wir dürfen den Glauben an Seine Gnade nie verlieren.«

»Vor allem dürfen wir den Glauben an die Gier des Papstes nicht verlieren«, gab ich zurück. Und trotz dieser scharfen Bemerkung triumphierte ich innerlich. Ich klopfte Barthélemy auf die Schulter und bemerkte, daß dieses Ereignis gefeiert werden müsse. »Ein Glas im Schwarzen Hahn? Ein bißchen was zu picheln und zu beißen? Was meint Ihr?«

Er blickte mich vorwurfsvoll an. »Aber Raymond! Wo ist Euer Gewissen? Ihr solltet in der Kirche eine Kerze anzünden, statt in der Taverne Wein in Euch hineinzugießen.«

»Aber –«

»Gott hat uns heute ein Wunder erwiesen. Wollt Ihr auf diese Weise Ihm danken? Indem Ihr Euer Geld für billigen Wein opfert?«

»Keinesfalls. Würde ich Gott etwas zu trinken besorgen, dann nur vom Allerfeinsten.«

»Ach, Raymond ...«

»Außerdem waren an diesem Wunder noch andere beteiligt. Vergeßt nicht meinen Beitrag. Meine Mühen verdienen eine Belohnung.«

Seufzend schüttelte mein Begleiter den Kopf. »Ihr solltet an Eure Erlösung denken. Dies Gezeche führt nur ins Elend. Ins *ewige* Elend.«

»Leiden muß der Mensch nun mal. Warum sollten wir uns nicht vergnügen, solang es geht?«

»Weil es sündhaft ist und zur Verdammnis führt.«

»Ein einziger Becher Wein führt zu meiner Verdammnis?«

»Das ist nur der Anfang.«

»Aber nicht so früh am Morgen, mein Freund.«

»Kommt mit mir. Kommt und entzündet eine Kerze.«

»Meinetwegen. Aber zuerst gehen wir zum Schwarzen Hahn.«

Zögernd willigte er ein. Vielleicht spürte er, daß er mir zumindest einen mäßigen Schluck schuldig war. Na Béatrice begrüßte uns mit Verschwörermiene: »Habt ihr schon gehört?«

»Was denn?« fragte ich besorgt. Würde jetzt ein Bericht über meine Untaten im Karmeliterinnenkloster folgen?

»Sibylle hat es mir eben erzählt.« Ihre Dienerin, die gerade ausfegte. »Sie hat's heut morgen auf dem Markt von ihrem Bruder erfahren und der von jemandem, dem es einer der Augustiner gesteckt hat –«

»Und was?« Mein Herz schlug bis zum Hals. »Was hast du gehört? Was denn?«

Na Béatrice zog eine Augenbraue hoch und schaute mich neugierig an. »Na ja, noch so eine Verstümmelung. Letzte Nacht.«

Gott steh mir bei, dachte ich.

»Diesmal jedoch«, fuhr die Wirtin fort, »ist der Mann nicht tot. Noch nicht.«

Das wurde ja immer schlimmer.

»Im Augenblick liegt er in seiner Abtei darnieder, die arme Seele.«

»Wie?« Ich war verwirrt. »Wovon redest du? Wer ist es?«

»Ein Mönch, sagen die Leute.« Natürlich bemerkte Na Béatrice meine Aufregung. Sie verschränkte die Arme vor der Brust und bedachte mich mit einem forschenden Blick. »Ein Novize. Ein ganz junger Kerl. Er wurde heute morgen in seiner Zelle gefunden. Vielleicht stimmt's auch gar nicht. Ich hab es halt so gehört.«

Barthélemy bekreuzigte sich.

»Diese Stadt ist ein Sündenbabel«, murmelte er. »Möge Gott uns gnädig sein.«

»Und mehr weißt du nicht?« fragte ich, fast schwindlig vor Erleichterung darüber, daß mein Abenteuer offensichtlich noch nicht zum Stadtgespräch geworden war.

»Nein, nichts. Alles höchst seltsam, nicht wahr?«

»Allerdings.« Und ein Glücksfall, denn ein kastrierter Novize dürfte mehr Aufmerksamkeit erwecken als ein kastrierter Eindringling, über den Mönche und Nonnen ohnehin lieber Schweigen bewahren, um ihr Kloster nicht in Verruf zu bringen.

»Diese Stadt wird von Gott heimgesucht«, verkündete Barthélemy und machte auf dem Absatz kehrt. Wohin er wolle, fragte ich ihn. Eine Kerze anzünden, antwortete er und ließ sich durch keine Einwände meinerseits beirren.

Aber ein jeder hat, wie ich denke, seine Art, mit schlimmen Ereignissen, die ihn zutiefst erschrecken, umzugehen. Barthélemy suchte Trost im Gebet, ich im Umtrunk mit guten Freunden an einem Ort, wo ich mich wohl fühlte.

Zumindest in dieser Hinsicht habe ich mich seit damals nicht verändert.

# II

# BALLADE VOM SODOMITEN

# ERSTER GESANG

Schaut Euch um, liebe Freundinnen – was erblickt Ihr? Nesseln und Salzgruben? Den Bauch der Hölle? Die fruchtlosen Dornen der Leidenschaft? All dies und noch mehr, behaupten die Priester. Wein lockert die Zunge, Schnaps festigt die Faust, erzählen sie, und geißeln uns dafür, daß wir trinken und spielen und uns mit fremden Frauen vergnügen – kurz, für alles, was eine Taverne zu bieten hat. Ach, Sünder sind wir allzumal und verdammt wie alles in dieser schönen Schänke. Verdammt das Feuer. Verdammt der Wein. Verdammt das Essen. Und dreifach verdammt der Kerl, der da vor allen steht und unzüchtige Lieder über die vielen abartigen Arten und Weisen singt, das wertvollste Werkzeug des Mannes in der Kunst des Liebens einzusetzen.

Und nun schaut noch einmal hin. Erblickt Ihr einen weißgekleideten Klosterbruder in unserer Mitte? Seht Ihr einen Tonsurträger an unserem Tisch? Natürlich nicht. Und warum nicht? Weil eine Taverne wie diese ein Sündenpfuhl ist. Kein Ort für Mönche oder andere Diener Gottes. Sankt Franz, der mit Inbrunst Aussätzige küßte, hätte keinen Fuß über diese Schwelle gesetzt. In manche Tiefen wagt sich nicht einmal ein Heiliger hinab.

Und doch kam, an einem Abend in Avignon, ein Klosterbruder in den Schwarzen Hahn, um mich singen zu hören. Ich hatte gerade eine mitreißende *pastorela* beendet, die die Tische wakkeln ließ und deren Schlußakkorde im Applaus ertranken, als ich, im Begriff, meinen Durst mit einem Becher Weins zu stillen, in der Ecke einen Mann erblickte, der ganz ruhig dasaß, die Hände zwischen den Knien. Sein Gewand in den Farben Weiß und Schwarz verriet den Dominikaner. Ich dachte bei mir: »Was will *der* denn hier?« Schon bald erfuhr ich die Antwort, denn Na Béatrice überbrachte mir eine Nachricht von diesem ungewöhnlichen Besucher.

»Der Mönch will dich sprechen.«

»*Mich*?«

Sie nickte.

»Bist du sicher?« Ich schaute zum Dominikaner hinüber, der mir gerade einen Blick zuwarf. »Was will er denn von mir?«

»Frag ihn selbst.«

Das wollte ich natürlich. Auf dem Weg zu seinem Tisch wehrte ich Glückwünsche und herzliches Schulterklopfen ab und ließ mich endlich ihm gegenüber nieder. Er war von kleinem Wuchs, blaß, tonsuriert. In anderer Bekleidung hätte er wohl kaum meine Aufmerksamkeit erregt, denn sein Haar war glanzlos und von unbestimmter Farbe, sein Gesicht wies (bis auf eine Ausnahme) keine einprägsamen Züge auf, und er verhielt sich so unauffällig wie eine Kirchenmaus. Aber als er aufschaute, blickte ich in ein Paar seltsamer Augen: Sie waren groß und mandelförmig und die Pupillen so dunkel, daß sie fast undurchdringlich wirkten.

Sie verrieten mir nichts von dem, was hinter ihnen vorging, damals nicht und zu keiner anderen Zeit.

»Ihr seid Raymond Maillot?« fragte er mit leiser, sanfter Stimme.

»Der bin ich.«

»Ich heiße Amiel de Semur. Ich möchte mit Euch sprechen.«

»Nur zu.«

»Privatim.« Er blickte auf die lärmende Gesellschaft. »Dieser Ort ist ungeeignet.«

»Wollt Ihr meine Dienste in Anspruch nehmen?« Anderenfalls nämlich hätte ich keine Lust gehabt, nach Hause zu gehen. Er nickte. »Dann sollten wir alles Weitere bei mir besprechen.«

Er war einverstanden, und so verließen wir die Taverne. Auf dem Heimweg begegneten uns mehrere Leute (darunter ein Freudenmädchen), die mich gut kannten, jedoch von einem Gruß absahen, als sie die Tonsur meines Begleiters erblickten. Dieser blieb schweigsam, abgesehen von einer Bemerkung über das Wetter und dem Hinweis, daß er erst vor kurzem in Avignon angekommen sei. In beiden Fällen hatte er auf eine Frage geantwortet.

Als meine Mutter uns die Tür öffnete, hätte sie sich beinahe vor ihm niedergeworfen, und als er in die Küche trat, erhoben sich alle von den Schemeln. Es gab – »Pater« hier und »Pater« da – ziemlich viel Aufhebens, dem der kleine Mann so höflich wie lakonisch begegnete. Ihm angebotene Erfrischungen lehnte er mit einem Lächeln ab. Endlich konnte ich ihn in mein Zimmer lotsen, das er mit ruhigem Blick und ausdruckslosem Gesicht musterte.

Ich bot ihm meinen Schreibstuhl an.

»Seid bedankt«, meinte er. Dann entnahm er der Geldkatze an seinem Gürtel ein gefaltetes Stück Pergament. »Ihr solltet wohl, bevor wir anfangen, dieses hier lesen. Wie Ihr sehen werdet, bin ich im Auftrag der höchsten Autorität unterwegs.«

Das Dokument war eine päpstliche Bulle. Mit wachsendem Erstaunen las ich, daß Bruder Amiel de Semur beauftragt war, eine Untersuchung über Anschuldigungen betreffs Hexerei durchzuführen, die Lothaire Lagarrigue gegen einen gewissen Masseo di Vico erhoben hatte.

»Di Vico?« fragte ich. »Ist er mit dem Kardinal –«

»Verwandt, ja. Sie sind Brüder. Masseo di Vico ist zugleich der Arzt des Kardinals.« Vorsichtig nahm Pater Amiel die Bulle wieder an sich, faltete sie sorgfältig zusammen und verstaute sie in der Geldkatze. Dabei fiel mir auf, daß er sehr schöne Hände hatte, deren feingliedrige Finger sich mit graziöser Präzision bewegten. »Ihr werdet bemerkt haben, Maître Raymond, daß mir aufgetragen wurde, summarisch vorzugehen – ›*summarie et de plano sine strepitu et figura iudicii ac omni apellatione cessante‹.* Man hat mich, anders gesagt, beauftragt, das rechtliche Verfahren der *inquisitio* anzuwenden, wozu ein gewisses Maß an Nachforschungen und Untersuchungen notwendig ist. Zeugen müssen befragt, Verdächtige verhört und ihre Geständnisse niedergeschrieben werden. Daher verfüge ich über die geldlichen Mittel, einen Notar zu beschäftigen, der seine gesamte Zeit dieser Sache widmen muß.« Der Mönch heftete seine dunklen, undurchdringlichen Augen auf mich. »Seid Ihr in der Lage, all Eure Zeit dieser Sache zu widmen, Maître Raymond?«

Das konnte ich, angesichts meiner augenblicklichen Auftragslage, bejahen.

Woraufhin Pater Amiel nickte.

»Das hatte ich erwartet. Ihr seid, um ehrlich zu sein, nicht meine erste Wahl. Aber die meisten guten Notare, die mir empfohlen wurden, hatten zu viel zu tun. Kardinal Orsini bezeichnete Euch als geschickt, aber unzuverlässig. Er behauptete, Ihr könntet mit beiden Händen schreiben. Ist das wahr?«

»Ja«, gab ich zu.

»Ohne mit der linken Hand die Tinte zu verschmieren?«

»Nicht, wenn ich die Feder in einer bestimmten Weise halte.«

»Bewundernswert.« Wiederum nickte er. »Kardinal Orsini meinte auch, Ihr wäret nicht immer pünktlich und zu manchen Verhandlungen vor seinem Gericht in angetrunkenem Zustand erschienen. Ist das auch wahr?«

Seltsamerweise sprach der Dominikaner, als er dies erwähnte, distanziert und ohne vorwurfsvollen Unterton. Dennoch war mir höchst unbehaglich zumute, hatte ich mich doch oft genug dem Trunke hingegeben, was vor nicht ganz einem Monat mit den unerquicklichen Ereignissen im Kloster der Karmeliterinnen seinen vorläufigen Höhepunkt gefunden hatte.

»Ja«, murmelte ich.

»Bedauerlich. Aber Ihr wart vor fast einem Jahr für Kardinal Orsini tätig. Wie alt seid Ihr jetzt?«

»Sechsundzwanzig.«

»Dann müßtet Ihr die Torheiten Eurer Jugend längst hinter Euch gelassen haben.« Mehr sagte Pater Amiel zu diesem Thema nicht, aber ich spürte, daß er mich, sollte ich zukünftig ein derartiges Fehlverhalten an den Tag legen, aus seinen Diensten entlassen würde, noch ehe der Weingeruch aus meinem Atem entschwunden war. »Nun zu meiner eigenen Geschichte. Ich war Prior eines Klosters in Pamiers –«

»Tatsächlich?«

»– bevor ich zum Inquisitor der ketzerischen Verderbtheit in Béziers ernannt wurde. Diesen Posten habe ich wegen meines schlechten Gesundheitszustands vor einiger Zeit aufgegeben und mich seither mit der Geschichte des Ordens der Dominikaner befaßt, die ich schriftlich niederzulegen gedenke. Offensichtlich aber bedarf der Heilige Vater eines Dieners mit meinen Fähigkeiten und Kenntnissen, so gering diese auch sein mögen.« Hier pausierte der Mönch, als würde er bestimmte Tatsachen in seinem Kopf ordnen, und sein Blick wanderte über die Aktenstapel auf dem Fußboden, bevor er zu mir zurückkehrte. »Vielleicht sollte ich erläutern, wie der Heilige Vater in dieser Angelegenheit denkt. Möglicherweise ist Euch geläufig, daß Inquisitoren der ketzerischen Verderbtheit mittels der *inquisitio* nur Fälle von tatsächlicher oder vermuteter Ketzerei untersuchen dürfen. Das versteht Ihr, nicht wahr?«

Da er eine Reaktion erwartete, nickte ich.

»Infolgedessen fallen Anschuldigungen wegen Hexerei nicht unter ihre Rechtsprechung, außer wenn ganz offenkundig Ketzerei im Spiel ist. Aber der Heilige Vater vertritt die Auffassung, daß die Beziehungen zwischen Magie und Häresie klarer definiert werden sollten. Deshalb hat er fünf Bischöfe, drei Magister der Theologie und eine Anzahl weiterer gelehrter Kleriker nach Avignon einberufen, um die Sache mit ihnen zu erörtern. Bis dieses Konsistorium im Hinblick auf die Rolle des Heiligen Amtes eine Entscheidung gefällt hat, müssen Beschuldigungen wie die gegen Masseo di Vico erhobenen unter Einsatz anderer Mittel untersucht werden, als sie den Inquisitoren ketzerischer Verderbtheit zur Verfügung stehen.«

Erneut hielt Pater Amiel inne, während ich den Versuch unternahm, verständnisvoll dreinzublicken. Möglicherweise gelang mir das trotz meiner tiefen Verwirrung, denn er setzte seine Ausführungen mit größerer Zuversicht fort.

»Ihr werdet Euch vielleicht daran erinnern, daß Papst Johannes vor zwei Jahren die Untersuchung der Verbrechen eines Mannes mit Namen Thomas der Deutsche angeordnet hatte. Thomas war wegen Wahrsagerei, Geisterbeschwörung und anderer ungeheuerlicher Praktiken angeklagt worden. In jenem Fall wurde die Untersuchung von einer Kommission durchgeführt, die aus dem Bischof von Fréjus, einem Prior und einem Propst bestand. Diesmal jedoch ist der Papst eindeutig der Meinung, daß jemand die Ermittlungen führen sollte, der Erfahrung bei der Verfolgung von Ketzern besitzt.«

»Und dieser Jemand seid Ihr«, wagte ich mich vor.

»Dieser Jemand bin ich. Aber Ihr müßt verstehen, Maître Raymond, daß ich nicht die Befugnis habe, als Inquisitor ketzerischer Verderbtheit zu handeln. Ich verfüge nicht über die – sagen wir – weitgehende Freiheit des Heiligen Amtes. Meine Vorgehensweise unterliegt bestimmten Einschränkungen. Wenn es sich um Ketzerei handelt, kann der Angeklagte bestimmte Rechte, die ihm der normale *ordo juris* einräumt, nicht wahrnehmen. Hexerei ist etwas anderes. Im Augenblick jedenfalls muß Hexerei wie ein gewöhnliches Verbrechen behandelt werden.«

Wovon spricht er überhaupt, fragte ich mich unsicher. »Was heißt das? Keine Folter?«

Er warf mir einen flüchtigen Blick zu und lächelte gelassen, wobei ziemlich schlechte Zähne sichtbar wurden.

»Mein Sohn«, meinte er, »solche Mittel brauchte ich niemals anzuwenden.«

»Tatsächlich?« Das hörte ich gern. »Gut.«

»Ich bezog mich lediglich auf jene Rechte, die mit der Diffamierung, der Benennung von Zeugen, der Weitergabe von Beweismitteln zusammenhängen ... aber diese Dinge sind für Euch ohne Belang.« Er unterstrich diese Äußerung mit einer Geste seiner Hand, deren Eleganz mich in Bann schlug. Wenn man zum ersten Mal mit einer wirklich schönen Frau spricht, kann man sich kaum auf das konzentrieren, was sie sagt, weil ihr Gesicht alle Aufmerksamkeit beansprucht. So war es auch, wenn Pater Amiel seine Hände bewegte. Sie zogen den Blick auf sich wie ein Baum auf einer Weide. »Ich will Euch die Tatsachen darlegen, die diesen Fall ausmachen«, fuhr er fort. »Vielleicht erinnert Ihr Euch daran, daß vor etwa zwei Wochen Kardinal di Vicos Schatzmeister ermordet wurde.«

»Ja, sicher.« Überrascht richtete ich mich auf. »Ich erinnere mich sehr gut daran. Er wurde erstickt, und seine Genitalien wurden abgetrennt. Jemand erzählte mir, daß der Marschall Moniers gesamten Haushalt verhaftet hätte.«

»In der Tat. All jene, die in seinem Haus ihren Schlafplatz hatten, wurden verhaftet, weil die einzige Tür der Gewohnheit entsprechend von innen verriegelt worden und keins der Fenster groß genug war, daß auch nur ein Kind hätte durchschlüpfen können. Anscheinend gehörte der Täter zum Haushalt von Monier.

Dieser Haushalt nun bestand aus sechs Personen. Eine von ihnen war Moniers persönlicher Schreiber, während die anderen fünf zum Stab des Kardinals gehörten: drei Schreiber, ein Pförtner und ein Notar. Dieser, mit Namen Lothaire Lagarrigue, beschuldigte beim Verhör Masseo di Vico, den Toten mit einem Fluch belegt zu haben. Der Marschall, der wußte, wie besorgt der Papst war, wenn es um den Vorwurf der Hexerei ging –«

»– hatte Angst, sich eigenhändig mit dem Fall zu befassen«, vollendete ich den Satz, was mein Gegenüber zu einem leicht spöttischen Blick veranlaßte.

»Ganz recht«, bemerkte er schließlich.

»Und jetzt müßt Ihr herausfinden, ob Guillaume Monier durch Hexerei zu Tode kam«, schloß ich.

Wiederum neigte er den Kopf. »Wie Ihr sagt.«

»Ist der Bruder des Kardinals verhaftet worden?«

»Bisher noch nicht.«

»Der Marschall trug Bedenken, es selbst zu tun, nehme ich an.«

»Sehr gut möglich.«

»Aber warum sollte Masseo die Absicht gehabt haben, Monier zu töten? Hatten sie Streit miteinander?«

»Das hatten sie.« Mit ruhigen Worten faßte Pater Amiel die Darstellung zusammen, die Lothaire Lagarrigue vom Zwist zwischen Kardinal di Vicos Schatzmeister und seinem Leibarzt und Bruder gegeben hatte. Im Mittelpunkt stand die Mitgift von Masseos Tochter Emilia; der Kardinal – ein kranker, alter Mann, der von seinen Bedienten abhängig war – hatte versprochen, seine Nichte mit dem Großteil der für eine standesgemäße Heirat erforderlichen Geldsumme auszustatten, während Monier, der den Haushalt und die Finanzen des Kardinals verwaltete, diese Summe für zu hoch hielt. Allerdings waren er und Masseo ohnehin unversöhnliche Gegner, weil der Bruder den Einfluß des Schatzmeisters auf den Kardinal mit Groll betrachtete. Masseo betonte den Vorrang familiärer Beziehungen.

»Seht Ihr«, führte Pater Amiel weiter aus, »Kardinal di Vico ist körperlich so geschwächt, daß er nur noch wenig Autorität besitzt. Sein beklagenswerter Zustand hat Folgen, die ich bereits an vielen Höfen beobachten konnte: Wenn das Oberhaupt schwach ist, kommt es im Haushalt unweigerlich zu Auseinandersetzungen. Die Familie di Vico konnte den Einfluß von Monier nicht gutheißen, dessen ohnehin schon beträchtliche Macht durch die Hinfälligkeit des Kardinals noch verstärkt wurde. Der Streit um Emilias Mitgift war nur eine Schlacht im Krieg – wenn den Gerüchten zu trauen ist. Es ging weniger um das Geld als um den Einfluß auf das Familienoberhaupt. Und diesen Kampf schien Masseo zu verlieren.«

»Weshalb er sich entschloß, Monier mit einem Fluch zu belegen«, merkte ich an.

»Vielleicht.«

»Und er ließ ihn töten?«

»Vielleicht.«

»Aber warum die Verstümmelung? Könnte das mit der Hexerei zusammenhängen?«

Pater Amiel spreizte die Hände. »Die teuflischen Taten der Nekromanten entziehen sich dem Verständnis gottesfürchtiger Menschen«, erwiderte er. »Vielleicht wurden die abgetrennten Genitalien für andere ruchlose Riten benötigt.«

Wie hatte man sich das vorzustellen? Ich war da eher skeptisch.

»Wenn Ihr mich fragt, so wurden sie möglicherweise von einem der Lustknaben ihres Besitzers abgebissen.« Der Dominikaner hob die Augenbrauen. Ich klärte ihn darüber auf, was von Monier in dieser Hinsicht so getuschelt wurde. Offenkundig waren ihm die lüsternen Angewohnheiten des Schatzmeisters noch nicht zu Ohren gekommen.

»Wer hat Euch davon erzählt?« fragte er daraufhin.

»Ach, einer von Kardinal di Vicos Knappen. Ein junger Mann namens Gaillard.«

»Glaubt Ihr ihm?«

»Warum nicht?«

Nachdenklich klopfte Pater Amiel mit dem Finger an sein Kinn. »Eigenartig, daß niemand es dem Marschall gegenüber erwähnt hat.«

»Hat der Marschall neben Lagarrigue noch andere verhört?«

»Ja.«

»Na ja – wenn die Schreiber für Monier das Hemd gelüftet haben, werden sie das wohl kaum zugeben. Und die anderen sind vielleicht überredet worden, über gewisse Dinge hinwegzusehen. Oder sie haben es gar nicht bemerkt.«

»Hm.« Der Mönch verfiel in Schweigen. Ich sah ihm eine Weile beim Nachdenken zu, dann beäugte ich die Ledertasche zu seinen Füßen. Sie schien Dokumente oder gar ein ganzes Buch zu enthalten.

»Ich glaube, man will Euch sprechen«, bemerkte Pater Amiel plötzlich.

»Was?«

Er legte den Kopf zur Seite und hob einen Finger. Jetzt erst bemerkte ich den Lärm vor dem Haus. Offensichtlich stritt sich mein Bruder mit zwei von meinen Freunden. Ich hörte Othons Stimme, er verlangte, man solle mich holen.

»Mein Bruder hat einen Klienten«, knurrte Arnaud.

»Was geht das mich an?« fauchte Othon.

»Er ist *beschäftigt*.«

»Und ich werde langsam ungeduldig!«

»Möge Gott uns behüten«, murmelte ich und fluchte in mich hinein. Othon. Kein Besucher konnte mir in diesem Augenblick weniger willkommen sein. Ich ging zum Fenster hinüber und lehnte mich hinaus; in der Abenddämmerung erkannte ich Othon und Gaillard, die vor der Haustür standen. »Was wollt ihr? Was ist los?«

Othon drehte sich um und näherte sich. Er mußte sich an der Hauswand abstützen. Er war angetrunken.

»Raymond, ich brauche dich!« schrie er. »Wir müssen was bereden!«

»Morgen.«

»Jetzt.«

»Ich habe einen Gast.«

»Doch nicht etwa den Mönch von vorhin?« rief er ungläubig aus. »Schmeiß ihn raus, in Gottes Namen!«

»*Othon*!« Höchst verlegen schaute ich zu Pater Amiel hinüber, der mich in aller Seelenruhe betrachtete. Er schien unbeeindruckt.

»Du solltest dich von Mönchen fernhalten«, fuhr Othon mit lauter Stimme fort. Er haßte nämlich (abgesehen vom Papst) den gesamten Klerus, ganz besonders aber Mönche. Zur Kirche ging er nur an Feiertagen. Trotzdem war er normalerweise imstande, seine Gefühle zu verbergen, solange ihm nicht der Wein die Zunge löste. »Mönche bringen Tod und Zerstörung mit sich«, erklärte er. »Komm raus und hör dir an, was Gaillard zu sagen hat. Wir brauchen deine Hilfe, Raymond.«

»Morgen!« fuhr ich ihn an. Stellt Euch meine Verzweiflung vor, schöne Frauen! In meinem Zimmer saß ein ehemaliger Inquisitor ketzerischer Verderbtheit, und draußen verfluchte Othon das mönchische Leben! »Wir reden morgen miteinander. Werd erst mal nüchtern.«

»Wie?« röhrte er. »Dir ist ein *Mönch* wichtiger als deine *Freunde*? Was tust du eigentlich mit ihm – ihn besteigen?«

»Halt die Klappe!«

»Nur ein paar Worte, Raymond«, mischte Gaillard sich ein. »Wegen der Nonnen. Du weißt schon.« Und er machte eine obszöne Geste.

»Raymond, sag deinen Freunden, daß sie verschwinden sollen«, forderte mein Bruder. »Sie sind hier nicht willkommen.«

»Raymond, es ist wichtig! Gaillard hat einen wunderbaren Plan –«

»*Nicht jetzt*!« schrie ich. »Morgen könnt ihr mir alles erzählen! Und nun haut ab!«

Wahrscheinlich hatte ich den falschen Tonfall gewählt. Wahrscheinlich hätte ich es besser wissen müssen. Othon sprang nach vorn und packte mich. Einen Moment lang kämpften wir miteinander, und ich konnte seinem Versuch, mich aus dem Fenster zu ziehen, widerstehen. Aber er war stärker und hob mich, langsam, aber sicher, in die Höhe.

Da kam Pater Amiel mir zu Hilfe. Diese mutige Tat hatte ich nicht erwartet, aber sie konnte den Gang der Dinge nicht beeinflussen. Othon spannte seine gewaltigen Muskeln an und hievte uns beide über das Fensterbrett. Kurz darauf fanden der Pater und ich uns auf dem Boden wieder.

»Gott bewahre!« keuchte Arnaud und durchbrach das entsetzte Schweigen. »Was hast du nur getan? Pater, seid Ihr verletzt?«

»Nein«, war die Antwort. Er erholte sich schon wieder von seiner kurzen Verblüffung, und als er aufstand, um seine Kutte vom Staub zu befreien, wirkte er völlig ruhig.

Wir anderen waren desto aufgeregter.

»Du Blödmann!« Ich stotterte fast vor Zorn. »Bist du verrückt, Othon? Willst du eingelocht werden?«

»Er *sollte* eingelocht werden«, bellte mein Bruder, hinter dem sich unterdessen der Rest der Familie offenen Munds versammelt hatte. »Er sollte ausgewiesen werden! Er ist eine Gefahr für uns alle!«

»Aber es war ein Unglücksfall, Pater«, meinte Gaillard nervös. »Er hatte es auf Raymond abgesehen, nicht auf Euch ...«

»Ach, verdammt und zugenäht! Wenn dieser Mönch da mich vor Gericht bringen will, soll er's tun! Kümmert mich einen Dreck!« Und mit diesen Worten stampfte Othon die Straße hinab.

Es folgte die Ruhe nach dem Sturm. Wir Zurückgebliebenen rieben uns die Nase, räusperten uns und tauschten ängstliche Blicke. Nur der Dominikaner schien keinerlei Unbehagen zu empfinden, sondern den Vorfall geistig bereits ad acta gelegt zu haben, denn er berührte Gaillard leicht an der Schulter und fragte: »Du heißt Gaillard?«

»Ja ... wieso?«

»Du bist ein Knappe von Kardinal di Vico?«

Gaillard nickte, stumm und einigermaßen ängstlich.

»Ich habe es mir gedacht.« Weiter sprach Pater Amiel kein Wort zu Gaillard, aber ich spürte, daß der Knappe zur Kenntnis genommen, geprüft und in eine Art von privatem Verzeichnis einsortiert worden war. Gaillard schien dies ebenfalls zu spüren. Er blickte ziemlich unsicher, als er davonschlich.

»Tölpel«, bemerkte Arnaud. »Bauer. Pater, wie kann ich mich entschuldigen? Das sind nicht *meine* Freunde –«

»Es ist nicht weiter von Bedeutung.«

»Sie sollten exkommuniziert werden«, forderte Jeanne. »Kein guter Christ würde einen Mönch aus dem Fenster zerren.«

»Es ist nicht weiter von Bedeutung«, wiederholte Pater Amiel mit fester Stimme.

Alle traten zur Seite, als er ins Haus zurückkehrte, und selbst die Hunde in der Küche sahen schamerfüllt aus. Bedrückt und reumütig folgte ich ihm in mein Zimmer, wo ich eine Art Entschuldigung zusammenstammelte. Er aber wühlte in seiner Ledertasche und schien mich nicht zu hören.

»Das hier kann Euch von Nutzen sein«, bemerkte er übergangslos und holte etwas hervor, das wie ein Buch aussah. »Es ist ein Handbuch für Inquisitoren der ketzerischen Verderbtheit. Obwohl ich, wie bereits gesagt, nicht befugt bin, diesen Richtlinien zu folgen, dürftet Ihr den Abschnitt über Praxis und Vorgehensweise mit Gewinn lesen. Natürlich halte ich es für besser, daß meine Familiaren begreifen, welchem Muster meine Befragungen folgen.«

»Oh.« Mit spitzen Fingern nahm ich den Kodex entgegen. Obwohl er keinen Einband hatte, war er ziemlich schwer. Die pergamentenen Bögen waren mit losen Stichen zusammengenäht. »Danke.«

»Der Justizmarschall hat mir einen Raum im Gefängnis zur Verfügung gestellt«, ging Pater Amiel zum nächsten Thema über, als hätte er nie über das Buch gesprochen. »Ich werde die meisten Befragungen dort durchführen. Morgen früh hole ich Euch ab – sehr früh. Wir werden von hier aus zum Haus des Schatzmeisters gehen und dann das Gefängnis aufsuchen. Möchtet Ihr noch irgend etwas wissen?«

»Nur, was Ihr mir zu zahlen gedenkt.«

»Ah, ja. Natürlich.«

Wir wurden uns in dieser kleinen Sache sehr schnell einig. Mein Honorar war nicht übermäßig hoch, aber zufriedenstellend. Nachdem ich ihm noch zugesagt hatte, nichts von dem, was ich während einer *inquisitio* erfahren würde, weiterzuerzählen, begaben wir uns in die Küche, wo ich Pater Amiel eine Lampe und meine Begleitung anbot (denn es wurde bereits dunkel). Die Lampe nahm er an, lehnte jedoch meine Begleitung ab, da die Priorei in der Nähe lag und die Straßen, wie er sagte, in diesem Viertel sicher seien.

Mein Bruder erhob Einwände und wies darauf hin, daß sich Othon draußen noch herumtreiben könnte. Meine Mutter bot Pater Amiel Brot, Käse, Knoblauchsuppe und ein Nachtlager an, wurde aber von Jeanne scharf angefahren: Ein Mönch könne doch nicht in einem Haus voller Frauen schlafen. Während wir noch stritten, schlüpfte Pater Amiel still und heimlich aus der Tür, wobei er mir einen kurzen Blick zuwarf.

»Es hat einen Mord gegeben und, so wird jedenfalls behauptet, einen Akt von Hexerei«, bemerkte er, als wir auf der Straße standen. »Vielleicht gibt es keine Verbindung zwischen ihnen, außer daß es Übeltaten sind, die dem Unausrottbaren Feind der Menschheit zum Ruhme begangen wurden. Nur wenn wir die Hexerei untersuchen, werden wir wissen, ob sie mit dem Mord in Zusammenhang steht.«

»Und wenn nicht?«

»Unsere Aufgabe ist schwierig. Doch werden wir sehen, wohin der Weg uns führt.« Er hob die Lampe. »Gute Nacht, Maître Raymond. Ich sehe Euch morgen früh.«

»Gute Nacht, Pater. Seid vorsichtig.«

Er nickte. Ich sah ihm nach und wünschte, ich hätte ihn begleiten können – wenn auch nicht aus Sorge um seine Sicherheit.

In Wahrheit wollte ich der Gegenwart meiner Familie entrinnen. Bisweilen konnte ich die nörglerische Art meines Bruders nicht ertragen. Aber vielleicht, so dachte ich, wird Arnaud sich ein wenig zügeln, wo ich doch jetzt in Diensten eines dominikanischen Klosterbruders stehe.

Infolgedessen betrat ich nicht ohne Hoffnung im Herzen die Küche meiner Mutter.

# ZWEITER GESANG

Ich nahm Pater Amiels Handbuch mit ins Bett und entschlummerte nach kurzer Zeit über den dichten lateinischen Wäldern (die Themen behandelten wie *Die Methode des Zitierens, Formeln zur Befragung, Form des Urteils zur Übergabe an die weltliche Gewalt* und andere Dinge, die mich ebenfalls nicht sonderlich erregten). Schon bald wurde ich wieder geweckt, weil Othon an meinen Fensterladen hämmerte. Er bat um Vergebung, die ich ihm hastig gewährte, und ich konnte ihn auch dazu bewegen, das Weite zu suchen, ehe Arnaud wach wurde. Unser Gespräch war daher kurz, obwohl Othon einen Grad von Trunkenheit erreicht hatte, der ihn zu allerlei weinerlichen Rührseligkeiten veranlaßte. Endlich ging er, und ich wankte zurück ins Bett.

Ich wurde wach, weil die Milchamme meiner Schwägerin an die Tür klopfte – Pater Amiel warte auf mich, teilte sie mir mit.

»Wa–has?« In meinem Zimmer war es noch kaum hell. »Regnet es?«

»Nein.«

»Ist es früh?«

»Ja.«

»Wie früh?«

»Kurz vor Sonnenaufgang.«

»Verd–«

So hastig wie ungeschickt kleidete ich mich an, packte ein paar

Sachen zusammen, unterzog mich einer halbherzigen Morgentoilette und verließ, noch wasserfeucht, das Haus. Pater Amiel, natürlich, wirkte wie aus dem Ei gepellt. Aber die Mönche sind an frühes Aufstehen gewöhnt. Welchen Grund gäbe es für sie, länger im Bett zu bleiben als nötig?

»Habt Ihr Euer Schreibwerkzeug dabei?« fragte er, nachdem er mir einen Gruß entboten hatte.

»Ach nein. Ich hab's vergessen.«

»Keine Angst. Ich habe vorgesorgt. Habt Ihr das Handbuch gelesen?«

»Nicht alles«, gestand ich ein.

»Dann habt Ihr mehr getan, als ich erwartete.« Er lächelte, als er zu mir aufblickte. »Schon das Vorwort ist äußerst instruktiv. Wißt Ihr, wie wir von hier aus zur Kirche St. Petri gelangen können?«

»Ja.«

»Dann seid so freundlich, mich dorthin zu führen. Das Haus des Schatzmeisters befindet sich in derselben Straße.«

Das Haus des Schatzmeisters hatte nur ein Stockwerk, war aber aus Stein erbaut (anders als die schäferhüttenähnliche Behausung meiner Mutter – mit Rauhputz beworfenes Holz). Die schmalen Fenster und die eisenbeschlagene Tür verliehen ihm das Aussehen einer kleinen Festung, und ich fragte mich, ob es vielleicht einem Geldverleiher gehört haben mochte, bevor es für Guillaume Monier requiriert wurde. Die Tür verfügte sogar über ein Schloß, für das Pater Amiel den Schlüssel besaß. Erheblicher Kraftaufwand war nötig, ihn zu drehen. Pater Amiel mühte sich vergeblich, und so öffnete ich die Tür.

»Nur ein paar Leute haben seit Pater Guillaumes Tod das Haus betreten dürfen«, bemerkte der Dominikaner, als wir über die Schwelle traten. »Verschiedene Dokumente mußten, unter strenger Aufsicht, herausgeholt werden. Hm. Hier hat zweifellos der Pförtner seinen Schlafplatz gehabt.«

Er deutete auf einen Strohsack, der in einer Art Vorraum nahe der Tür lag. Er enthielt noch eine Bank und eine Truhe und diente im übrigen als Durchgang zur Küche.

Pater Amiel öffnete die Truhe und untersuchte den Inhalt. »Schmutziges Leinzeug.«

»Was sucht Ihr eigentlich?«

»Das Schlafzimmer des Schatzmeisters. Oh!« Er blickte über meinen Kopf nach oben. »Schaut einmal – da. Nein – da drüben. Kommt Ihr da heran?«

Er wies auf ein Zweiglein vertrockneten Krauts, das mit einem Nagel am Sturz der Eingangstür befestigt war. Als ich es herunterzog, zerbröckelte es.

Er betrachtete die Überreste sehr genau und meinte dann: »Wermut.«

»Gegen Fliegen?« riet ich.

»Ein Mittel zur Vorbeugung. Gegen Hexerei.«

Ich hielt den Atem an und bekreuzigte mich. Plötzlich wirkte das düstere Haus noch düsterer.

»Interessant«, fuhr Pater Amiel fort. »Ich suchte nach Hinweisen auf einen Fluch oder Zauberbann – eine Nadel zum Beispiel, oder eine Inschrift unter einem Bett. Das hier hatte ich nicht erwartet.«

»Was hat es zu bedeuten?« fragte ich unsicher.

»Pater Guillaume muß offensichtlich ähnliche Texte konsultiert haben wie ich – unheilige Werke wie die *Tafel Salomons* und den *Thesaurus der Nekromantie*. Natürlich habe ich diese Bücher mit der richtigen geistigen Haltung studiert.«

Sorgfältig brachte er den Wermutzweig in seiner Geldkatze unter. Dann betraten wir den ersten Schlafraum, in dem drei schmale Betten eng beieinander standen. Von Nägeln in der Wand hingen Taschen herab. Das Zimmer nebenan war etwas üppiger möbliert: Hier kämpften ein Bett, eine Truhe, ein Tisch, ein Stuhl und ein Bücherbord um den vorhandenen Platz. Das Bord enthielt Register, wir befanden uns also im Zimmer des Notars.

»Guillaume Monier war früher Erzdiakon in Saint-Gilles gewesen«, teilte Pater Amiel mir mit. »Er entstammt nicht dem Adel, hat aber, wie ich weiß, irgendwo im Provenzalischen eine Pfründe, folglich – ah! Das muß es sein!«

Der Raum des Schatzmeisters war fast so groß wie die Küche. Sein Bett wies purpurfarbene Vorhänge aus Tuch auf, und der tragbare Altar, der daneben stand, war aus Gold und Elfenbein und Sandelholz gefertigt. Das übrige Mobiliar bestand aus einigen Truhen, einem geschnitzten Stuhl, einem Schreibpult und einem Fußschemel. An einer Wand hing ein Kruzifix.

Aber mein Blick blieb am Bett haften.

»Der Marschall hat die Truhen geöffnet, um sicherzugehen, daß sich niemand darin versteckt hielt.« Pater Amiel wuchtete den Deckel des größten Behältnisses nach oben. »Schlüssel würde ich nicht benötigen, meinte er.«

»Was ist mit dem ganzen Bettzeug passiert?« fragte ich und starrte auf die nackte Bespannung, die mit unheildrohenden rotbraunen Flecken übersät war. Auch die Vorhänge waren leicht bespritzt, aber ich konnte nicht sagen, ob es sich um Blut, Wein oder Tinte handelte.

»Das ist zweifellos verbrannt worden. Und damit wohl auch alles, was möglicherweise darin versteckt war. Hm. Pater Guillaume hatte ja eine äußerst umfängliche Garderobe.«

Ich fühlte mich, wie ich gestehen muß, in dem Zimmer nicht wohl. In meinem Haus, in vertrauter Umgebung, war mir die Hexerei als etwas vorgekommen, das weit weg und unbedrohlich war, wie ein Greif oder ein Einhorn. Nun aber stand ich neben einem Bett, das durch Mord entweiht worden war, und ich spürte die Anwesenheit von etwas Bösem, Unheiligem.

»Maître Raymond, würdet Ihr unter dem Bett nachsehen?« bat Pater Amiel, der gerade ledergebundene Bücher aus der Truhe zog. »Vielleicht liegt etwas auf dem Fußboden oder ist am Rahmen befestigt.«

Gedankenverloren starrte ich ins Dunkel unterhalb der Bespannung.

»Sucht Ihr etwas Bestimmtes?«

»Bohnen. Nadeln. Kräuter. Seltsame Zeichen ...«

»Pater, darf ich – dürfen wir solche Dinge anrühren?«

Der Dominikaner richtete sich auf und schaute mich an. Er hielt ein Buch an die Brust gedrückt.

»Warum nicht?«

»Na ja ... das kann doch gefährlich sein, oder?«

»Für Pater Guillaume wäre es gefährlich gewesen. Fürchtet Ihr Euch, mein Sohn?«

Ich zögerte.

»Es gibt nichts zu fürchten, wenn Ihr dem HErrn vertraut.«

Was sollte ich darauf erwidern? Dieser Hinweis ließ mir keinen Ausweg. Aber ich konnte mich nicht überwinden, seiner Bitte nachzukommen, und das spürte er.

Er kam zu mir herüber.

»Viele Menschen haben kein Vertrauen in die Liebe Gottes«, sagte er ruhig. »Bevor ich mich an Euch wandte, habe ich zwei andere Notare aufgesucht, die willens waren, mir zu helfen, bis sie erfuhren, worum es ging. Da fingen sie an zu zittern und wurden weich in den Knien. Sie fürchteten sich vor den Heerscharen des Teufels. Ich aber sagte ihnen: ›Fürchtet euch nicht, der HErr ist bei euch.‹ Aber sie hatten kein Vertrauen.

Dann sprach ich mit Euch, und Ihr zucktet nicht zusammen. Mir schien, Ihr hieltet Eisen für Stroh und Messing für morsches Holz. Ich dachte: ›Hier ist ein Soldat Christi. Er schreckt nicht zurück vor der Gefahr der Hexerei.‹ Hatte ich unrecht, mein Sohn?«

»N-nein ...« Zutiefst beschämt ob meiner Feigheit, versuchte ich ihm zu erklären, warum das Zimmer mich so beunruhigte. »Ich fühle mich hier nicht wohl, wo der Priester getötet wurde. Ich will nicht sein Blut an meinen Händen haben.«

»Sein Blut ist getrocknet.«

»Ja, aber ... aber ...«

»Seht, Maître Raymond, meine Augen sind schwach. Was

weiter weg ist, kann ich erkennen, kaum aber das, was sich direkt vor mir befindet.« Als wolle er mir sein mangelndes Sehvermögen demonstrieren, kauerte Pater Amiel sich nieder und linste unter das Bett wie jemand, der direkt in die Sonne schaut. »Ich würde ja selbst darunterkriechen und mit den Händen umhertasten. Aber zwei gute Augen könnten leichter etwas entdekken.«

Ich merkte, daß ich nicht länger zögern durfte, sonst würde ich mich dem Verdacht aussetzen, nicht nur unchristlich, sondern auch kleinmütig zu sein. So ließ ich mich mit einem Seufzer auf die Knie nieder. Je eher ran, desto eher davon.

»Ihr solltet das *pater noster* rezitieren, wenn Euch das hilft«, schlug mein Begleiter vor, als ich unter das Bett kroch. Der dort angesammelte Staub machte mich niesen. Ich fand ein paar Strohhalme und Federn.

»Die stammen aus den Kissen«, merkte Pater Amiel an. »Das Stroh ist ebenfalls unwichtig.«

»Mehr finde ich nicht.«

»Nichts, was an die Bettpfosten gebunden wäre?«

»Nein.«

»Schaut noch einmal nach.«

Ich schaute noch einmal nach. An Holzsplinten hatten sich Fasern verfangen. Eine Spinne eilte davon. Ich sah Staub und Dreck.

»Nichts weiter«, wiederholte ich.

»Nun gut.«

Mit großer Erleichterung zwängte ich mich aus dem trostlosen Untergrund heraus, den ich als allzu eng empfunden hatte. Während ich den Staub vom Umhang und den Knien entfernte, kehrte Pater Amiel zur Büchertruhe zurück, die er, schnell und präzise, ihres Inhalts entleerte.

»Ich muß wissen, was das für Bücher sind. Ich kann sie nicht entziffern, darum müßt Ihr mir helfen, Maître Raymond. Was zum Beispiel ist das hier?«

Ich studierte die Titelseite. »*Disticha Catonis,* die Distichen des Cato.«

»Lest mir irgend etwas daraus vor.«

»*Da die Natur dich als nackten Säugling einst hat erschaffen, / Denke immer daran, mit Geduld zu ertragen die Armut.*«

»Noch ein Distichon. Irgendeines.«

»*Lieben sollst du die Eltern, achten die Obrigkeiten / Vielsagend schweigen beim Festmahl* –«

»Das genügt.« Vorsichtig legte er das Buch zurück und überreichte mir ein anderes. »Was ist damit?«

Es war ein Werk namens *Cur Deus homo*, vom Hl. Anselm von Canterbury. Es handelte wohl, dem Titel nach zu urteilen, von der Menschwerdung Gottes. Wiederum mußte ich einige Auszüge vorlesen, die mir, wiewohl höchst stilistisch höchst elegant verfaßt, völlig unverständlich blieben. Danach folgte der nächste Band, und so arbeiteten wir uns durch ein gut Teil der Bibliothek hindurch, wobei wir auf zwei Bände stießen, die mehrere zusammengebundene Bücher enthielten. Der eine erwies sich als Sammlung von Traktaten des Hl. Augustinus und des Hl. Ambrosius, der zweite bestand aus drei Büchern: dem *De Antichriste* von Adso de Moutier-en-Der, dem ersten Buch des *Policratius* (von Johannes von Salisbury) und einem unbetitelten Werk, das in unbeholfenen Buchstaben auf brüchigem Pergament und in entsetzlichem Latein abgefaßt war.

»Lest«, sagte Pater Amiel, als ich gestand, weder Titel noch Inhaltsangabe finden zu können.

»Von Anfang an?«

»Von wo auch immer.«

Mein Blick fiel auf die Seite, die ich gerade aufgeschlagen hatte: »*Das fleischgewordne Wort, Jesus von Nazareth, der dich schuf, befiehlt dir, alles sofort zu erfüllen, was ich von dir verlange, oder alles mir zu geben, was ich besitzen oder wissen will. Denn je mehr du zögerst, das zu tun, was ich verlange, desto größer wird, von Tag zu Tag, deine Strafe. Ich exorziere dich, o verfluchter und lügnerischer Geist, durch die Worte der Wahrheit –«*

»Halt.« Pater Amiel starrte mich mit großen Augen an. »Beginnt mit dem Anfang«, befahl er mit scharfer Stimme.

»Es gibt keinen Anfang«, erwiderte ich. »Das heißt, der Anfang ist nicht mehr da. Das Buch beginnt oben auf einer Seite, mitten in einem Absatz.«

»Dann fangt dort an.«

»Aber das ergibt keinen Sinn. Die Worte ergeben keinen Sinn.«

»Warum nicht? Was wollt Ihr damit sagen?«

»Nun ja ... sie folgen dem lateinischen Alphabet, aber es sind keine lateinischen Worte.« Und ich las laut, um zu zeigen, was ich meinte: *»Berith, Focalor, Glasia Labolas, Leraie, Malaphas, Purson, Schax, Sitrael –«*

»Genug.« Jäh entriß er das Buch meinen Händen. »Das ist nicht für Eure Augen bestimmt. Das ist böse.«

»Böse?« Sein plötzliches Eingreifen hatte mich erschreckt.

»Es ist ein Buch der Hexerei. Ungeeignet. Ich werde einen meiner Brüder beauftragen, es zu lesen.«

Erneut bekreuzigte ich mich.

»Es war gut versteckt, unter geachteten Werken«, fuhr Pater Amiel fort. »Sein wahres Wesen sollte verborgen bleiben.« Da er selbst nichts entziffern konnte, schloß er das Buch und befingerte mit Kennerschaft den Ledereinband. »Nicht geprägt. Aber von ungewöhnlicher Farbe. Ich wüßte gern, wer dieses Buch gebunden hat, denn das war eine unfromme Handlung. Vielleicht kann uns einer der Buchbinder oder Illuminatoren in dieser Stadt behilflich sein.«

»Da waren Randglossen«, fügte ich hinzu.

»Tatsächlich? Wo?«

Um sie ihm zu zeigen, mußte ich das Buch wieder an mich nehmen, was ich höchst widerwillig tat. Ich faßte es so vorsichtig an, als wäre es in Schlangenleder gebunden und mit Blut geschrieben. Und als ich beim Durchblättern der Seiten auf ein loses Blatt Pergament stieß, fuhr ich zurück, als hätte eine Biene mich gestochen.

»Was habt Ihr da?« fragte Pater Amiel und schoß nach vorne.

»O Pater, seht Euch vor –«

»Beim Allmächtigen«, murmelte er, »könnte das ein magischer Kreis sein? Maître Raymond, was steht hier geschrieben?«

»Pater, wir sollten das vielleicht nicht laut lesen.«

»Laßt mich das beurteilen, mein Sohn.«

»Aber –«

»Bitte sagt mir, was dort geschrieben steht.«

Er sprach mit sanfter, aber fester Stimme und ließ mir erneut keine Wahl. So stammelte ich den Text herunter, der innerhalb und außerhalb einer kreis- oder radförmigen Figur zu lesen war.

»*A-Adonai, Eli, Sother, Sabaoth.* Und – in der Mitte: *Tetragrammaton.* Und – und dann *AGLA* –«

»Das heißt ›Ata Giblor Leolam Adonai‹«, warf Pater Amiel leise ein. »Die hebräischen Worte für ›Du bist auf ewig allmächtig, o HErr‹. ›Tetragrammaton‹ bezieht sich auf den unaussprechlichen Namen Gottes. ›Adonai‹ ist ein anderer Name für Christus –«

»Dann ist das ein heiliger Kreis?«

»Keinesfalls.« Er nahm mir das Blatt aus der Hand. »Ein weiteres höllisches Dokument, das zauberischen Beschwörungen und anderen unheiligen Künsten dient. Nun zu diesen Randglossen. Sind sie in unterschiedlichen Schriften abgefaßt?«

Das waren sie. Es gab insgesamt vier Glossen in drei verschiedenen Schriftarten. Neben einer Formel zur Anrufung von Dämonen fanden sich ein seltsames Symbol und ein Pfeil, der auf das Wort »Saturn« wies. Dieselbe Hand hatte, am Ende eines Kapitels, eine lange Liste von Termini aufgeschrieben – Aeromantik, Alektryomantik, Antinopomantik und Oneiromantik –, bei denen es sich, Pater Amiel zufolge, um unterschiedliche Arten der Geisterbeschwörung handelte. Neben der Anweisung, wie man einen Mann impotent machen könne, indem man einen Faden verknotete, hatte ein anderer Kommentator angemerkt, daß »eine Mauer von Hexerei gereinigt wird, wenn man sie mit Hundeblut besprengt, während die Galle eines schwarzen Hunds Dämonen davon abhält, Böses zu tun«.

Und neben einem Liebeszauber stand, wiederum von anderer Hand: »Wie der Hase nach frischem Wasser so lechzt Gaillard nach meiner Liebe, und so wie der Rabe nach Aas verlangt, so soll er mich begehren, und wie dieses Wachs am Feuer schmilzt, so soll er nach meiner Liebe glühen.«

Nachdem ich diesen seltsamen Appell vorgelesen hatte, hob ich den Kopf.

»Gaillard!« rief ich aus. »Könnte Pater Guillaume das geschrieben haben?«

»Unzweifelhaft.« Pater Amiel sah sich bereits im Zimmer um. »Das Schreibpult. Vielleicht finden wir Beispiele seiner Schrift –«

»Briefe«, warf ich ein. »Verzeichnisse. Sofern nicht die Schreiber das alles für ihn erledigt haben.«

»Hoffentlich nicht.«

Aber das Glück war uns hold. Ein Briefentwurf auf Moniers Schreibpult wies die gleiche Schrift auf wie der eigenartige Zusatz zum Liebeszauber. Der Brief war von ungelenker Hand verfaßt, mit vielen vulgären Schnörkeln und unlogischen Verkürzungen; ich begriff, warum der Schatzmeister einen Schreiber brauchte, der ihm eine überarbeitete Endfassung besorgte.

»Ja«, sagte ich, nachdem ich die beiden Beispiele miteinander verglichen hatte. »Sie sehen sich sehr ähnlich.«

»Aber stammen sie von derselben Person?«

»Ich glaube, ja. O doch, es muß so sein.«

»Und der Liebeszauber? Lest Ihr ihn mir vor, Maître Raymond?«

Mittlerweile hatte eine morbide Faszination jegliche Bedenken, das Buch in die Hand zu nehmen, hinweggefegt, und ich war nur zu bereit, Pater Amiel mit seinem Inhalt vertraut zu machen. So erfuhren wir, daß es, sollte das von uns geliebte Wesen all unseren Wünschen willfahren, notwendig wäre, an jenem Tag und zu jener Stunde, da Venus regiert, einen Ring aus Blei zu verfertigen. Sodann müßte man den Tag über fasten und in der Nacht das Haus verlassen, um mit dem Blut einer Taube ein Opfer darzubringen. Mit diesem Blut müsse man auf das Fell eines Hasen den Namen und das Zeichen eines Engels namens »Abamixtra« schreiben. Dann brauchte man sich nur noch dem geliebten Wesen mit dem Ring zu nähern, um sein Ziel zu erreichen.

»Hmmm«, bemerkte Pater Amiel.

»Das wär mal eine Probe wert«, meinte ich. Woraufhin er aufblickte und mich mit seinem durchdringenden Blick fixierte. »War nur ein Scherz, Pater«, fügte ich hastig hinzu.

»Mit diesen Dingen treibt man keine Scherze.«

»Ich weiß.«

»Mein Sohn, wenn Ihr mit den Heerscharen des Teufels liebäugelt, werdet Ihr es auf ewig bereuen.«

»Ich weiß. Es war dumm von mir.«

»Nein, es war dumm von *mir*. Ihr hattet recht, ich hätte Euch nicht auffordern sollen, aus diesem Buch vorzulesen. Es ist gefährlich.« Er nahm es an sich und steckte es in die Ledertasche. »Meine Wißbegier hat mich wieder einmal auf den falschen Pfad geschickt. Aber es wird noch mehr davon geben, Maître Raymond – noch mehr Geisterbeschwörungen und Zauberformeln, noch mehr Opferrituale und Anrufungen. Könnt Ihr mir versichern, daß Ihr Euch von solch vergiftender Unfrömmigkeit nicht anstecken laßt?«

Ich befeuchtete meine Lippen.

»Pater«, erwiderte ich, »Ihr seht vor Euch einen einfachen Menschen. Gebt mir ein Herdfeuer und ein Bett und einen Becher Weins und ich bin's zufrieden. Je weniger ich mit Hexerei zu tun habe, desto besser. Sie bringt mich um den Verstand.«

Mit einem Kopfnicken schien er diese Bekundung zu akzeptieren – und ich fühlte mich, wie ich gestehen muß, geschmeichelt. Es ist immer erfreulich, für einen ehrlichen Arbeiter im Weinberg gehalten zu werden. Zu viele Leute betrachteten mich als Quelle unreinen Wassers, nur weil ich eine fast sprichwörtliche Schwäche für Wein, Weib und Gesang zeigte. (Die Schwäche zumindest für das »Weib« habe ich seit langem schon anheimgegeben. Doch, ich versichere Euch!)

»Dann werden wir uns jetzt zum Gefängnis begeben«, erklärte Pater Amiel, »und die Aussagen studieren, die der Justizmarschall gesammelt hat. Hier gibt es für uns nichts mehr zu erfahren. Ich habe keine weitere Verwendung für diesen Ort.«

So ging's mir auch. Als wir die schwere Haustür hinter uns abschlossen, dachte ich bei mir: Zumindest um dieses Haus in Avignon wird kein leidenschaftlicher Streit entbrennen. Wer würde hier schon wohnen wollen? Wer wäre töricht genug, um sich in einem blutbefleckten Pestloch der Hexerei einzurichten?

Mich jedenfalls hätte nichts und niemand dazu überreden können. Denn wenn je ein Ort von Gott verflucht war, dann dieser.

# Dritter Gesang

O meine Freundinnen, meine lieben Freundinnen, dieses Elend des Eingekerkertseins! Diese Grausamkeit des Vegetierens in Schmutz und Düsternis und Kälte, bei Wasser und Brot, fern von den Herznächsten, verbannt unter die Übelwollenden. Ich kenne einen Mann, der einmal vierzig Tage lang eingesperrt war und sich nie wieder davon erholt hat und voller Schatten und Verzweiflung ist. Er sagt, das Gefängnis von Avignon sei ein Scheißloch. Überall, sagt er, nichts als Scheiße. Die Leute sterben in ihren eigenen Exkrementen, und ihr Stöhnen hallt in den langen, stinkenden Korridoren wider.

Tatsächlich könnte man sagen, daß man mit dem Gefängnis die Eingeweide der Stadt betritt. Das Fallgitter sind die Zähne, der Eingang ist der Schlund, der Ausgang eine kleine, verborgenere Pforte, durch die die Gefangenen schließlich den Kerker als formlose, braun verpackte, übelriechende Bündel verlassen. Und zwischen diesen beiden Türen werden sie zermahlen, werden ihre Knochen gebrochen, wird ihr Fleisch verflüchtigt, ihr eigenes Gedärm verflüssigt, bis sie nur noch ein Haufen Abfall sind. Und hierhin mußte ich kommen, um meine Pflichten zu erfüllen! Hier mußte ich, inmitten des Geheuls der Erniedrigten, meinen Beruf ausüben! Wahrlich, mein Leben hat mich durch Sümpfe und Wildnisse geführt.

Doch mußte ich, zu meiner großen Erleichterung, meiner Tätigkeit nicht in einer Zelle nachgehen. Ursprünglich gehörte das Gebäude, in dem sich jetzt das Gefängnis befindet, zu den Verteidigungsanlagen der Stadt und besitzt eine Vielzahl kleiner, seltsam geformter Zimmer, die als Lager- und Unterkunftsräume sowie als Arbeitszimmer für bestimmte Amtsträger (den Aufseher, den Marschall, den *magister carceris*) oder Beauftragte wie Pater Amiel dienen. Um zu diesen Räumen zu kommen, muß man auf endlosen Schutzwällen entlanggehen, enge Wendeltreppen erklimmen und schmale Gänge zwischen dicken Steinmauern durchqueren, deren Vorteil darin bestand, daß sie die schlimmeren Laute, die aus den Zellen drangen, doch weitgehend dämpften. Meine Ohren waren also nicht fortwährend dem Schreien und Weinen der Inhaftierten ausgesetzt. Aber die Gerüche verbreiteten sich ungefiltert überallhin, und jene Tage der *inquisitio* sind für mich heute noch mit einem leichten Geruch von Scheiße verbunden.

Der uns zugewiesene Raum hatte die Form eines Käsestücks. In die Mauer, deren Dicke der Länge meines Arms entsprach, war ein winziges Fenster eingelassen, ein Tisch und zwei Schemel bildeten das Mobiliar. Als Pater Amiel um einen weiteren Schemel bat, mußte er sehr, sehr lange warten, bis der vor der Tür postierte Wachmann mit einer solchen Sitzgelegenheit zurückkam, denn dieser kummervoll dreinblickende Söldner war mit einer Begeisterung losgezogen, als hätten wir ihn aufgefordert, uns zwecks männlicher Vergnügungen seine Schwester zu holen.

»Diese Aussagen sind nicht sehr umfangreich«, bemerkte Pater Amiel, während er die losen Blätter umwendete, die vor uns auf dem Tisch lagen. »Ich habe den Verdacht, daß sie unvollständig sind. Würdet Ihr mir freundlicherweise die von Lothaire Lagarrigue vorlesen, Maître Raymond? Danach kommen wir zu den anderen.«

Wir saßen nebeneinander am Tisch, der auf dem unebenen Boden leicht wackelte. Talgkerzen rußten vor sich hin. Nicht

Wein noch Wasser hatte man uns bereitgestellt. Von der Decke über unseren Köpfen hingen einige unfreundlich aussehende Haken herab.

»Das sind keine Transkriptionen«, bemerkte ich, als ich die Dokumente in Augenschein nahm, »sondern Zusammenfassungen.«

»Lest.«

»Die Schrift ist gräßlich ...«

Jedoch konnte ich sie mit einiger Mühe entziffern. Ich las, daß Lothaire Lagarrigue aus Carpentras erklärte, an der Ermordung Guillaume Moniers unschuldig zu sein. Er hatte in der Tatnacht friedlich geschlafen und war durch die Schreie von Aimery de Sorgues geweckt worden, der den verstümmelten Leichnam entdeckt hatte. Lagarrigue hegte bezüglich des Täters keinen bestimmten Verdacht, wußte aber, daß Masseo di Vico mit Hexerei gegen den Schatzmeister vorging, weil Masseos Dienerin ihren Herrn und dessen Sohn Girolamo bei einem Zauberfluch beobachtet hatte, zu dem es gehörte, daß ein bluttränktes Tuch ausgewrungen und das Blut in einem Becher aufgefangen wurde. Lothaire hatte den Schatzmeister von dieser schrecklichen Handlung in Kenntnis gesetzt, aber nichts weiter davon gehört.

»Eine Dienerin«, überlegte Pater Amiel, als ich fertig war. »Sie muß als Zeugin geladen werden. Ist ihr Name angegeben?«

»Nein.«

Er stieß einen Laut der Ungeduld aus. »Sehr nachlässig«, sagte er.

»Soll ich die nächste Aussage vorlesen, Pater?«

»Bitte.«

Aimery de Sorgues, ein junger Ministrant und Moniers persönlicher Schreiber, hatte in der betreffenden Nacht ebenfalls fest geschlafen und nichts Verdächtiges gehört oder gesehen. Geweckt von den Glocken, die zur Prim läuteten, hatte er sich erhoben und ein paar geeignete Gebete gesprochen. Dann hatte er, wie gewöhnlich, sein Zimmer (das er allein bewohnte) verlassen, um den Schatzmeister zu wecken. Der aber war, wie sich herausstellte, tot. Er lag mit fleckig-aufgedunsenem Gesicht im Bett, seine *virilia* waren an der Wurzel gekappt. Aimery kannte niemanden, der für eine solch üble Tat ein Motiv gehabt haben könnte.

Ähnliches hatten auch die anderen vier Schreiber verlauten lassen, nur daß sie, wie Lothaire Lagarrigue, von Aimerys durchdringenden Schreien geweckt worden waren.

»Kurz und bündig«, bemerkte ich. »Und die Aussage des Pförtners ist noch kürzer.«

»Was hat er angegeben?«

»*Auf die Frage, ob er Guillaume Monier umgebracht habe, antwortete Marty, er habe es nicht getan. Auf die Frage, ob er wüßte, wer es getan habe, bestritt er, dergleichen zu wissen. Auf die Frage, ob er irgend etwas Ungewöhnliches gehört oder gesehen habe, antwortete besagter Marty, er habe geschlafen. Auf die Frage, ob er während der Nacht oder am vorhergehenden Tag einen Fremden eingelassen habe, antwortete er, das sei nicht der Fall gewesen. Auf die Frage, wer eine solche Greueltat begangen haben könnte, antwortete er: ›Der Teufel.‹*«

Ich hielt inne.

»Das ist alles?« fragte Pater Amiel.

»Das ist alles.«

»Hmmm. Nicht sehr erhellend.«

Er klopfte mit den Fingern einen sehr gemächlichen Rhythmus auf dem Tisch. Ich fragte mich, ob es wohl als Respektlosigkeit gewertet werden würde, wenn ich an einem Niednagel zupfte. Dann bat der Pater mich, Lagarrigues Aussage noch einmal zu verlesen, und als ich zur Hälfte durch war, öffnete sich die Tür, und unser tumber Wächter trat herein.

»Der Schemel«, muffelte er.

»Aha. Sei bedankt«, meinte Pater Amiel. »Und sei so gut, dem Aufseher zu sagen, daß ich jetzt mit Lothaire Lagarrigue reden möchte.«

Mit dem langen und lang eingeübten Seufzen eines Mannes, dem eine weitere lästige Pflicht aufgebürdet wurde, schlich der Wachmann davon. Nachdem er gegangen war, bemerkte ich, daß man ihn wohl besser dazu verpflichten sollte, sich gegen die Wand zu lehnen, um sie am Einsturz zu hindern.

Der Dominikaner lächelte.

»Ich würde gern Euren Freund Gaillard befragen«, sagte er so unvermittelt wie unerwartet. »Er dürfte ein wichtiger Zeuge sein.«

Ich grunzte vor mich hin. Gaillard wäre, das wußte ich, darüber alles andere als erfreut.

»Hat Gaillard jemals erwähnt, daß Guillaume Monier in seiner Anwesenheit einen Ring aus Blei trug?« fuhr Pater Amiel fort. Ich schüttelte den Kopf. Eine kurze Pause folgte. Aber der Dominikaner war im Geiste mit vielen unterschiedlichen Dingen befaßt, denn er erklärte plötzlich: »Heute nachmittag werde ich in der Priorei zusammen mit einem meiner Brüder das Buch untersuchen, das wir vorhin entdeckt haben. Eure Aufgabe wird es sein, Lothaire Lagarrigues Aussage zu transkribieren. In ihrer fertigen Form sollte sie dem Modell aus dem Handbuch entsprechen, das ich Euch gab. Habt Ihr Euch dieses Modell überhaupt schon einmal angesehen?«

Ich verneinte.

»Dann müßt Ihr das so schnell wie möglich nachholen. Der Verfasser war ein erfahrener Inquisitor und von unvergleichlicher Wirkungsmacht.« Mein Gefährte neigte sich nach vorn, um seiner Ledertasche einen kleinen Kodex zu entnehmen.

Es sei, so teilte er mir mit, das Neue Testament. Er brauche es zur Bekräftigung von Eiden.

»Ich will Eure Fähigkeit, Rechtsdokumente abzufassen, nicht in Zweifel ziehen«, bemerkte er und kehrte damit zum Thema der Transkription von Aussagen zurück. »Aber durch feste Maßstäbe können Fehler vermieden werden. Eine zu enge Schrift zum Beispiel kann Lesefehler verursachen. Dem Handbuch zufolge bedient man sich am besten jener Vorschriften, auf denen die Statuten der Stadt Marseille beruhen. Sie sehen nicht mehr als zwanzig Zeilen für eine Seite vor, Ränder von bestimmter Breite, damit die Glossen lesbar bleiben, sauberes Pergament und eine Tinte von hinreichender Schwärze –«

»Ihr werdet keinen Grund zur Unzufriedenheit finden, Pater«, warf ich einigermaßen irritiert ein. Glaubte er vielleicht, ich würde mit Kohle in den Straßenstaub schreiben?

Mein Gesichtsausdruck muß meine Gefühle verraten haben, denn er lenkte sofort ein und entschuldigte sich voller Zerknirschung: »Vergebt mir, Maître Raymond. Natürlich wißt Ihr genau, was Ihr zu tun habt.«

Diese Entschuldigung überraschte mich, denn Mönche sind, wie jeder weiß, zumeist nicht geneigt, ihre Fehler einzugestehen. Mehr noch: Ich war sprachlos und brachte keine elegante Floskel über die Lippen, mit der ich seine Entschuldigung hätte annehmen können. Glücklicherweise wurde das ungemütliche Schweigen durch ein Klopfen an die Tür unterbrochen. Ohne eine Antwort abzuwarten, traten zwei Wachleute ein, die Lothaire Lagarrigue mit sich führten.

Seine Gestalt war untersetzt, seine Haut olivenfarben, sein Schädel weniger behaart als seine Hände. Höchstwahrscheinlich war ich ihm schon einmal begegnet, aber seine Erscheinung wirkte nicht besonders einprägsam und löste in mir kein Gefühl des Wiedererkennens aus. Aber ich spürte, daß die zwei Wochen im Gefängnis sein Selbstvertrauen untergraben hatten. Seine hübschen Kleider waren derangiert, und seine kräftigen Hände schlossen und öffneten sich nervös. Sein Bart wucherte ungepflegt.

»Wer seid Ihr?« blaffte er, bevor Pater Amiel etwas sagen konnte. »Wo ist der Marschall?«

»Ich bin Pater Amiel de Semur. Bitte setzt Euch.«

»Warum? Was wollt Ihr?«

»Setzen«, sagte einer der Wachmänner und verpaßte dem Gefangenen einen leichten Schlag gegen die Schläfe. Pater Amiel sah das und runzelte die Stirn.

»Ihr könnt euch zurückziehen«, befahl er den Wachleuten.

»Tut mir leid, Pater. Wir haben Anweisung bekommen, im Zimmer zu bleiben.«

»Das geht auf gar keinen Fall. Ich führe hier eine Befragung durch.«

»Befehl ist Befehl, Pater.«

»Wessen Befehl?«

»Der des Aufsehers.«

Pater Amiel musterte die Wachen. Sie starrten grinsend zurück und fühlten sich wohl schon als Sieger, während er den Blick senkte und sein Beglaubigungsschreiben aus der Geldkatze zog.

»Würdet Ihr dies bitte vorlesen?« forderte er Lothaire Lagarrigue auf. »Eure Begleiter sind wahrscheinlich nicht in der Lage, es selbst zu lesen.«

»*In nomine* –«

»Einen Augenblick bitte, Maître Lothaire. Ich wäre Euch äußerst dankbar, wenn Ihr es in die Umgangssprache übersetzen könntet.«

Leicht verwirrt kam der Notar seiner Aufforderung nach. Während er las, breitete sich Ehrfurcht, vermischt mit Erschrekken, auf seinem Gesicht aus. Die Wachleute tauschten unruhige Blicke.

»Aus diesem Dokument«, bemerkte Pater Amiel, nachdem Lagarrigue geendet hatte, »werdet ihr ersehen haben, daß ich im Auftrag der höchsten Autorität hier bin. Der allerhöchsten. Sollte ich irgendwelche Fälle von Obstruktion oder Mißachtung zu berichten haben –«

»Aber Pater, was sollen wir tun?« klagte der zungenfertigere der beiden Wachleute. »Wir haben doch unsere Befehle!«

»Euer Befehl lautet, mir behilflich zu sein. Wenn der Aufseher dagegen etwas einzuwenden hat, kann er jederzeit hierherkommen und mit mir darüber disputieren. Also – wenn ihr euch *vor* der Tür postiert, dürfte der Gefangene wohl kaum die Möglichkeit zur Flucht haben. Ist das einleuchtend? Ja? Danke.«

Gedemütigt zogen sich die Söldner zurück. Ich hätte beinahe applaudiert. Diese zwei kräftigen Kerle waren von einem kleinen, unbewaffneten Dominikaner verjagt worden! Daß im folgenden auch die Angriffsversuche von Lothaire mühelos abgewehrt wurden, wunderte mich gar nicht, denn der Notar war dem Pater in allen Belangen unterlegen.

»Seid Ihr vom Heiligen Amt?« fragte Lothaire. Schweiß perlte von seiner Stirn.

»Nein. Wenn Ihr die Bulle genauer studiert hättet –«

»Ich verlange einen Anwalt! Jetzt sofort! Ein Rechtsbeistand soll kommen!«

»Aber warum denn?« Der Dominikaner sprach mit sanfter und ruhiger Stimme. »Ihr seid nicht angeklagt. Ihr seid als Zeuge hier.«

»Ich stehe unter Verdacht! Ich soll Guillaume Monier umgebracht haben!«

»Mag sein, aber das geht mich nichts an. Ich habe nur den Auftrag, Eure Anschuldigung, Masseo di Vico habe Hexerei betrieben, zu untersuchen. In diesem besonderen Fall, Maître Lothaire, seid Ihr ein Zeuge – und Zeugen haben nicht das Recht auf einen juristischen Beistand.«

Das brachte den Notar aus der Fassung, und auch ich war verwirrt. Konnte man den Mordfall tatsächlich auf diese Weise von den Vorwürfen gegen Masseo di Vico abgrenzen? Aber Lothaire schien die Argumentation zu akzeptieren, denn er sank auf den bereitgestellten Schemel. Vielleicht hatte er einfach resigniert.

»Und nun«, meinte Pater Amiel, »werdet Ihr auf die Heilige Schrift schwören, daß Ihr die Absicht habt, die volle und ganze Wahrheit zu sagen, damit wir anfangen können.«

»Die Heilige Schrift?« fragte Lothaire verdutzt.

»Hier.« Pater Amiel schob ihm das Neue Testament zu. »Legt die Hand auf das Buch und –«

»Nein.« In verzweifeltem Aufbegehren schüttelte der Notar den Kopf, bis die Schweißperlen in alle Richtungen stoben. »Ich schwöre auf gar nichts. Ich will nicht mit Euch sprechen. Ich will mit dem Marschall sprechen.«

In den folgenden Tagen gewöhnte ich mich an Pater Amiels Verhalten während der Befragungen. Wenn er sprach, dann ruhig und mit präziser Wortwahl – eigentlich zwingend aber war sein Schweigen. Erst allmählich merkte ich, daß die langen, langen Pausen zwischen seinen Fragen sorgfältig bemessen waren. Sie hatten nichts mit Unsicherheit, Müdigkeit oder Geistesabwesenheit zu tun, sondern sollten Druck ausüben, damit der Befragte das lastende Schweigen mit irgendeiner Bemerkung durchbrach, um dem Mönch mit dem undurchdringlichen Gesicht eine Reaktion zu entlocken. Das Schweigen war vielsagend, es konnte Ungläubigkeit ob des Gehörten bedeuten oder Sympathie und Ermutigung ausdrücken oder drohend sein wie die Stille vor dem Sturm.

In diesem Augenblick jedoch hielt ich sein Schweigen für ein Zeichen von Schwäche angesichts Lothaires Verweigerungshaltung. Dabei hätte ich nur die Sprache seiner Hände verstehen müssen. Die eine lag ruhig im Schoß, die andere ebenso ruhig auf dem Neuen Testament. Keine kündete von innerer Anspannung oder Nervosität.

»Maître Lothaire«, sagte er schließlich mit großer Entschiedenheit, »es ist richtig, daß ich vormals ein Inquisitor ketzerischer Verderbtheit gewesen bin –«

»Ich bin kein Ketzer!«

»Warum wollt Ihr dann nicht schwören?«

»Weil ich mit diesen Sachen nichts zu schaffen haben will. Ich, ein Laie! Ich will mit dem Marschall sprechen!«

»Wißt Ihr eigentlich, daß die Häresie der Katharer das Schwören von Eiden verbietet? Wißt Ihr, daß die Ablehnung des Eids ein sicheres und unleugbares Zeichen des Ketzertums ist?«

Lothaire zögerte und warf mir einen Blick zu, als suche er

Hilfe. Darum schlug ich die Augen nieder und tunkte die Feder ins Tintenfaß.

Allein gelassen, ließ der Notar seinen Widerstand fahren.

»Es ist verrückt!« rief er aus. »Ich bin kein Ketzer! Ich habe kein Verbrechen begangen. Also gut! Gebt mir das Buch! Ich werde schwören und Euch alles berichten, und dann laßt Ihr mich gehen! Man hat mich zu Unrecht eingesperrt, und ich werde höchst schändlich behandelt!«

»Schwört Ihr, bei Gott dem Allmächtigen und Seinem Heiligen Wort, die reine, einfache und ganze Wahrheit sowohl über Euch als hauptsächlichen Zeugen wie auch über andere Personen, seien sie lebend oder tot, zu sagen?«

»Ja, ja! Ich schwöre!«

»Ihr schwört bei Gott dem Allmächtigen –«

»– dem Allmächtigen und Seinem Heiligen Wort, die reine, einfache und ganze Wahrheit sowohl über mich als hauptsächlichen Zeugen wie auch über andere Personen, seien sie lebend oder tot, zu sagen!«

All dies schrieb ich, ohne den Blick zu heben, getreulich auf, ebenso wie Lothaires mit grämlicher Stimme vorgetragenen Bericht über Masseo di Vicos Hexenkünste. Pater Amiel befragte ihn dazu sehr eingehend, entlockte ihm aber nichts, was im Widerspruch zu seiner Aussage gegenüber dem Marschall gestanden hätte. Lothaire zufolge hatte ihm die Dienerin des Arztes erzählt, sie habe Masseo und seinen Sohn bei der Durchführung eines Zauberrituals beobachtet. Sie hätten seltsame Worte gesungen und mit Blut versetztes Wasser aus einem Stück Tuch in einen silbernen Kelch tropfen lassen. Sie hätten die Dienerin nicht bemerkt, weil diese sie aus einem Versteck heraus belauscht habe.

»Belauscht«, wiederholte Pater Amiel, als habe das Wort mehrere Bedeutungen, eine bedrohlicher als die andere. »Hmm. Und wie heißt diese Dienerin?«

»Bona Claret.«

»Und Ihr habt ihr geglaubt?«

»Natürlich.«

»Warum?«

»Weil ich keinen Grund sah, ihr zu mißtrauen. Warum sollte sie mich belügen?«

»Dafür gibt es vielerlei Gründe. Aber nehmen wir erst einmal an, daß sie die Wahrheit gesagt hat. Dem Marschall gegenüber habt Ihr angegeben, ihre Geschichte dem Schatzmeister mitgeteilt zu haben. Wie hat er darauf reagiert?«

Lothaire schien eine Weile nachzudenken. Schließlich sagte er: »Nun ja, er war ganz ruhig, als er davon hörte. Als ob er bereits einen Verdacht gehabt hätte.«

»Und was sagte er?«

»Nicht viel. Er wollte, daß ich es für mich behalte.«

»Traf er irgendwelche Vorkehrungen?«

Der Notar schien die Frage nicht zu begreifen. Da ich in diesem Moment (tadelnswerterweise) aufblickte, sah ich seinen verwirrten Gesichtsausdruck.

»Was meint Ihr damit?« fragte er schließlich.

»Befestigte er etwas über der Eingangstür? Bespritzte er die Wände?«

Lothaire schaute so verständnislos drein, daß ich beinahe laut aufgelacht hätte und mich schleunigst wieder auf meine Arbeit konzentrierte, um nicht den Unwillen meines Auftraggebers hervorzurufen.

»Wa–was meint Ihr?« stammelte der Notar. »Was sollte das sein?«

»Blut. Kräuter.«

»Blut? Natürlich nicht. Wozu wäre das gut?«

Pater Amiel holte Guillaume Moniers Buch über Hexerei aus der Ledertasche und überreichte es Lothaire. »Habt Ihr dieses Buch schon einmal gesehen?«

Ich war zu beschäftigt, um aufzublicken, denn ich schrieb Pater Amiels Frage nieder, aber das Rascheln von Seiten verriet mir, daß Lothaire in dem Buch blätterte. Dann hörte ich, wie er tief Luft holte und mit gedämpfter Stimme bemerkte, daß er den Band noch nie in seinem Leben gesehen hätte.

Pater Amiel stand jetzt neben ihm und deutete auf eine Seite. »Erkennt Ihr diese Schrift?«

Lothaire zögerte. »Sie ähnelt der des Schatzmeisters«, sagte er nach einer Pause.

»Und diese? Wie ist es damit?«

»Nein, die kenne ich nicht.«

»Und diese hier?«

»Die auch nicht.«

»Entschuldigt einen Moment – Maître Raymond?«

Ich war so überrascht, daß ich zusammenfuhr und mit der Feder über die Seite kritzelte.

»Raymond, gebt mir bitte eine von Euren Schreibfedern und ein Stück Pergament. Maître Lothaire, seid so gut und schreibt folgenden Absatz nieder.«

Natürlich wollte Pater Amiel prüfen, ob nicht die Schrift des Notars im Hexenbuch zu finden wäre. Ich gab ihm das Verlangte und schrieb nieder, was er Lothaire Lagarrigue diktierte. Dann nahm er das Blatt ohne Kommentar an sich und kehrte zu seinem Schemel zurück.

»Maître Lothaire«, sagte er, »glaubt Ihr, daß Guillaume Monier durch Hexerei zu Tode kam?«

»Vielleicht.«

»Was meint Ihr, wie diese Tat vollbracht worden sein könnte?«

»Was fragt Ihr mich?« schnaubte der Notar. »Ich bin kein Hexenmeister.«

»Aber Ihr wart in jener Nacht zugegen.«

»Ich habe nichts gesehen noch gehört.«

»Könnte sich einer der Bewohner mit Masseo di Vico verschworen haben?«

»Hört zu.« Lothaires Schemel knarrte. Er beugte sich nach

vorne. »Ich bin Guillaume Moniers Vetter. Er hat mich eingestellt. Er hat mich gut bezahlt. Er hat mich gut behandelt. Ich hatte keinen Grund, ihn zu töten.«

»Und die anderen?«

»Das kann ich Euch nicht sagen.«

»Aber überlegt doch, Maître Lothaire. Vergegenwärtigt Euch die Tatsachen.« Aus einem Augenwinkel konnte ich sehen, wie Pater Amiels linker Zeigefinger langsam, Punkt für Punkt der Beweisführung folgend, auf die Tischplatte klopfte. »Der Schatzmeister wurde entweder von teuflischen oder von menschlichen Kräften umgebracht. Wenn die Täter Menschen waren, mußte zumindest einer von ihnen in jener Nacht im Haus des Schatzmeisters gewesen sein. Und wenn das so ist, handelte dieser Täter entweder aus Gier oder aus Groll. Wer von den Bewohnern hegte einen Groll gegen Monier?«

»Keiner«, antwortete der Notar.

»Ihr wurdet alle gut behandelt?«

»Sehr gut.«

»Der Schatzmeister hat sich gegen kein Mitglied seines Haushalts vergangen?«

»Nein.«

»Also ist Sodomie für Euch kein Vergehen?«

# VIERTER GESANG

Armer Lagarrigue. Armer Kerl. Er hätte wohl fast seine Zunge verschluckt, denn ich vernahm einen Schwall von gestammelten Worten, die Protest und Leugnung bekundeten, und als ich meinen Blick hob, sah ich, wie er, keuchend und mit hochrotem Gesicht, die Hand aufs Herz legte.

Pater Amiel ließ sich davon nicht beeindrucken. Er tat so, als würde er die alten Vernehmungsprotokolle durchsehen, und bemerkte: »Aimery de Sorgues zufolge hat Guillaume Monier von ihm des öfteren verlangt, seine – Moniers – männlichen Teile anzufassen oder zu reiben, den Samenerguß zwischen seinen Schenkeln zu dulden oder, in einem Fall, sich *in terga* penetrieren, mithin sodomisieren zu lassen. War Euch das bekannt?«

»Nein! Nein!« Lothaire rang verzweifelt nach Atem. »Ich habe niemals – niemals! Nein!«

»Hat der Schatzmeister jemals an Euch solche Handlungen begangen?«

»*An mir*?«

Oh, es war grausam. Pater Amiel hatte die Worte ganz ruhig und beiläufig hingeworfen, aber sie wirkten wie ein erhitztes Brandeisen. Der Notar war, zornbebend, aufgesprungen, während ich sein Gestammel mit einem Gefühl des Mitleids protokollierte, denn ich war genauso verblüfft wie er. Aimerys Aussage gegenüber dem Marschall hatte keine unkeuschen

Geständnisse enthalten, und es kam mir fragwürdig und falsch vor, daß Pater Amiel hinsichtlich einer so schändlichen Sache so unverfroren log. Es überraschte mich sehr, wie ich gestehen muß. Ich hatte ihn (leichtfertigerweise vielleicht) für einen wahren Diener Gottes gehalten.

»Wie – wer – ich bin nicht – das ist –« Lothaire war immer noch völlig fassungslos.

»Setzt Euch, Maître Lothaire«, bemerkte Pater Amiel kühl.

»Ich bin nicht so einer! Bin ich nicht!«

»*Setzt* Euch, Maître Lothaire. Bitte.«

»Warum wohl ist Bona zu mir gekommen? Weil ich Ihr Liebhaber bin! Weil ich ein Mann bin!«

»Aha.« Pater Amiel schien das zu akzeptieren, vielleicht nickte er sogar. In jedem Fall übte das, was er tat, eine beruhigende Wirkung auf den Notar aus, dessen Schemel erneut knarrte, als er sich niedersetzte.

»Mithin«, fuhr der Mönch fort, »hättet Ihr es nicht zugelassen, daß solche monströsen Handlungen mit Euch praktiziert worden wären.«

»Nein!«

»Und was hättet Ihr getan, wenn der Schatzmeister Euch gewisse unzüchtige Vorschläge gemacht hätte?«

»Ich hätte –«

Der Notar hielt inne. Ich blickte auf und sah, daß er die Stirn runzelte und Pater Amiel mit zusammengekniffenen Augen anstarrte.

Als er wieder das Wort ergriff, klang er trotzig.

»Ich hätte *nicht* seinen Penis abgeschnitten. Ist es das, was Ihr wissen wollt? So etwas hätte ich niemals getan.«

»Was hättet Ihr dann getan?«

»Ich wäre fortgegangen.«

»Und warum ist Aimery de Sorgues nicht fortgegangen?«

»Was weiß ich? Bin ich sein Hüter?« Der Notar spuckte fast vor Verachtung. »Vielleicht gefiel ihm die Sache.«

»Aber wenn sie ihm gefiel, hätte er keinen Grund gehabt, dem Schatzmeister zu grollen.«

»Pater, das hat nichts mit mir zu tun.« Allmählich gewann Lothaire sein seelisches Gleichgewicht wieder, und sein Verstand begann zu arbeiten. »Das hat nichts mit Hexerei zu tun. Wenn Ihr mich über den Mord befragen wollt, habe ich das Recht auf einen juristischen Beistand –«

»Sicher«, unterbrach ihn Pater Amiel. »Aber bedenkt folgendes: Die *virilia* eines Mannes zu verstümmeln, ist ein Akt der Leidenschaft – ein Akt tiefsten Grolls. Wäre dieser durch Beleidigungen hervorgerufen worden, hätte der Täter doch wohl Guillaume Moniers Zunge entfernt. Oder wenn der Pförtner sich durch Schläge gekränkt gefühlt hätte, wäre seinem Groll sicherlich Guillaumes Hand zum Opfer gefallen. Nun war es aber der Penis, und folglich muß dieses Organ eine schwere Kränkung verursacht haben.«

Nun setzte ein sehr langes Schweigen ein, und Lothaire machte keinen Versuch, es zu brechen. Während ich mit großer Geschwindigkeit die Worte zu Papier brachte, fragte ich mich, ob der Notar die weitere Zusammenarbeit verweigern wollte oder über Pater Amiels Einlassung nachdachte. Der Dominikaner gab ihm dazu sehr viel Zeit, bevor er nachdenklich bemerkte, daß diese Überlegungen natürlich nur dann von Gewicht wären, wenn Aimery die Wahrheit über das perverse Verhalten des Schatzmeisters gesagt hatte.

»Ihr jedenfalls scheint ihm zu glauben«, fügte er hinzu. Lothaire fuhr heftig zusammen und richtete sich auf.

»*Ich*?« rief er aus.

»Ihr habt Aimery nicht der Lüge bezichtigt. Folglich glaubt Ihr ihm. Warum?«

»Weil *Ihr* ihm glaubt!«

»Habe ich das gesagt? Ich denke, nicht.«

»Aber –«

»Bedenkt, daß Ihr unter Eid steht, Maître Lothaire.« Pater

Amiel sprach mit kalter Stimme, die jedoch wärmer wurde, als er fortfuhr: »Kommt, sagt doch – was ist Eure wahre Meinung? Sie zu äußern, wird Euch nicht schaden. Glaubt Ihr Aimery de Sorgues? Glaubt Ihr, daß der Schatzmeister der Sodomie ergeben war?«

Pause.

»Vielleicht hattet Ihr gewisse … nun ja, Vermutungen. Vielleicht gab es bestimmte Eigenarten, die Euch merkwürdig vorkamen, wie etwa seine Neigung, sich mit hübschen jungen Männern zu umgeben. In manchen Kreisen kursierten deshalb bereits Gerüchte. Habt Ihr Euch nie darum bekümmert?«

Lothaire seufzte auf, und da wußte ich, daß er kurz davor war, ein Geständnis abzulegen, und ich war stolz auf meinen Scharfsinn, als er mit müder Stimme zugab, es habe ihn »sehr bekümmert«.

»Man muß sich Aimery doch nur anschauen«, meinte er. »Ich habe es Guillaume immer wieder gesagt. Ich habe gesagt: Die Leute werden reden. Aber er hat nur gelacht.« Weitere Pause. »Guillaume liebte schöne Dinge. Seine Bücher. Seine Kleider. Ich dachte, vielleicht genießt er schöne Gesichter, wie er einen Ring oder einen Teppich genießt –«

»Aber Ihr wart Euch nicht sicher.«

»Nein.«

»Und Ihr hattet nie den Verdacht, daß er in irgendeine Art von Hexerei verwickelt sein könnte?«

»Nein. Niemals.«

In diesem Punkt blieb Lothaire standhaft, mochte Pater Amiel ihn auch noch so eindringlich bearbeiten und seine Wort- und Redekünste aufbieten. Der Notar versicherte ein ums andere Mal, daß er von Hexerei nichts gewußt habe bis auf das, was Bona Claret ihm erzählte. Nein, er hatte sie nie in das Haus des Schatzmeisters mitgenommen. Er hatte sie nur getroffen, wenn er Masseo di Vico Botschaften von Guillaume Monier übermittelte. Nein, er hatte niemals mit dem Arzt persönlich geredet.

Für Römer hatte er ohnehin keine Zeit. Die waren hochnäsig und gierig.

»Wart Ihr die einzige Person aus dem Haushalt des Schatzmeisters, die Masseo di Vico aufsuchte? Ich möchte gern wissen, ob noch andere die Möglichkeit hatten, mit ihm zu sprechen.«

»Ich sagte doch schon, daß ich nie ein Wort mit ihm gewechselt habe.«

»Aber Ihr hattet die Möglichkeit. Und vielleicht noch jemand anderer.«

»Natürlich! Wir waren schließlich nicht angekettet!«

»Aber habt Ihr jemals jemanden von Euch im Haus des Arztes angetroffen? Hat Bona Claret Euch vielleicht einmal erzählt, daß einer der Schreiber dort zu Besuch war?«

»Nein.«

»Seid Ihr sicher? Denkt gut nach, es könnte wichtig sein.«

Der Notar überlegte. Dann seufzte er und schüttelte ungeduldig den Kopf.

»Nein«, sagte er. »Nein, nein, nein. Selbst wenn es mir helfen würde zu lügen, sage ich nein.«

»Sehr gut. Danke, Maître Lothaire. Ihr könnt jetzt gehen.«

Der Notar war genauso überrascht wie ich. Er öffnete den Mund, schloß ihn, stand auf, setzte sich, stand wieder auf. Schließlich fragte er: »Bin ich entlassen?«

»Dazu müßt Ihr den Marschall fragen.«

»Es muß etwas geschehen. Ich bin nicht verurteilt. Ich bin unschuldig –«

»Danke, Maître Lothaire.«

Und damit war das Verhör dieses unglückseligen Zeugen beendet. Ohne Anzeichen von Mitgefühl überließ Pater Amiel ihn seinen hartherzigen Wächtern. Aber vielleicht war Lothaire froh, zu den Ratten und Fesseln in seiner Zelle zurückkehren zu können, statt weiterhin den hintersinnigen Angriffen des Dominikaners ausgesetzt zu sein. Zweifellos hatte ihn die Befragung ziemlich mitgenommen.

Mein Mitleid für ihn wurde durch Selbstmitleid abgeschwächt, denn die Muskeln und Sehnen meiner Hände brannten. Mit einem Gefühl großer Erleichterung ließ ich die Feder fallen und beugte und streckte Finger, Handgelenke und Ellbogen.

Pater Amiel sah zu mir herüber.

»Tut es weh?« fragte er, nachdem sich die Tür hinter dem Zeugen geschlossen hatte.

»Scheußlich«, antwortete ich.

»Ihr seid äußerst zäh. Aber es müssen noch zwei Vorladungen geschrieben werden. Würdet Ihr mir jetzt die Transkription vorlesen? Und dann erledigen wir das andere.«

»Pater –«

Ich hielt inne, und er wartete.

»Was gibt es?« ermunterte er mich schließlich.

»Pater, die Aussage von Aimery de Sorgues ...« Ich kämpfte mit der Schwierigkeit, ihm eine heikle Frage zu stellen, ohne ihn zu verletzen. »Pater, seine Aussage enthält nichts über ... äh ... unsaubere Handlungen. Gar nichts.«

Das war nicht direkt eine Frage, aber meine Bemerkung verlangte eine Antwort. Pater Amiel schien eine Weile nachzudenken. Dann sagte er: »Habt Ihr jemals *De differentiis topicis* von Boethius gelesen, Maître Raymond?«

»Nein«, erwiderte ich und hoffte, daß dieses Eingeständnis mich in seinen Augen nicht herabsetzen würde. Aber der Mönch zeigte keinerlei Überraschung.

»Es ist ein Buch über Logik. Es handelt davon, wie man einen Diskurs aufbaut, der bestimmte Ergebnisse hervorbringt. Der Verfasser geht davon aus, daß die Wahrheit oder Falschheit einer Argumentation keine Rolle spielt, solange sie nur den Anschein von Wahrheit besitzt.«

Er blickte mich aufmerksam mit seinen dunklen Augen an, und mir verschlug es die Sprache. Was meinte er? Daß in seinen Worten eine Wahrheit lag, die zu begreifen ich außerstande war?

Aber bevor ich noch weitere Fragen stellen konnte, bat er mich erneut, meine Transkription der Aussagen von Lothaire Lagarrigue vorzulesen. Ich gehorchte, wenn auch verwirrten Sinnes.

Wenigstens meine Aufzeichnungen waren so klar wie reines Wasser, und ich mußte mich ob meiner Gründlichkeit fast selbst loben. Pater Amiel dankte mir mit einem Lächeln.

»Ausgezeichnet!« sagte er. »Wirklich ausgezeichnet.«

»Es fehlt kaum etwas –«

»Soweit ich mich erinnern kann, fehlt gar nichts. Natürlich ist vieles davon überflüssig. Ich bin auf Eure Zusammenfassung gespannt.«

»Und die Vorladungen, Pater?« Als ich das sagte, ließ mein Magen ein hungriges Grollen hören. Etwas verlegen griff ich nach einem unbeschriebenen Blatt Pergament. Aber der Mönch machte eine abwehrende Geste.

»Morgen«, erklärte er. »Mir scheint es am besten, wenn die Vorladungen morgen früh angefertigt werden, so daß die Zeugen am Nachmittag erscheinen können.« Unvermittelt erhob er sich und lächelte erneut. »Seid Ihr hungrig, Maître Raymond?«

»Ähem ...«

»Kommt mit mir ins Refektorium. Besucher essen sehr gut in der Priorei, müßt Ihr wissen. An unseren Tischen haben schon Päpste gespeist. Kommt.«

Er winkte mir, immer noch lächelnd. Wie konnte ich seine Einladung ablehnen? In gewisser Weise ehrte er mich damit – und zu Hause erwartete mich ohnehin keine warme Mahlzeit. So begleitete ich ihn und war erleichtert, als er unterwegs von Dingen redete, die mit Guillaume Monier nichts zu tun hatten. Er plauderte über Essen, Musik, Bücher und Poesie. Er erzählte von Paris, Bologna und Narbonne, Pferdefleisch und Seereisen, Träumen und Wundern. Seine tiefen Kenntnisse und seine elegante Ausdrucksweise erfüllten mich mit Ehrfurcht, aber ich empfand seine Gesellschaft nicht als bedrückend, fühlte mich vielmehr in seiner Nähe wohl, was vielleicht daran lag, daß er so sanft sprach und so bereitwillig zuhörte und viele meiner Bemerkungen mit einem Lächeln bedachte. Er lächelte oft, lachte jedoch niemals. Ungehemmtes Gelächter, erklärte er mir, sei bei seinen Mitbrüdern nicht üblich, und so hätte er diese Angewohnheit schon vor langer Zeit abgelegt. Dennoch besaß er Witz und Humor genug, um einen guten Scherz würdigen zu können. Obszönitäten allerdings schätzte er nicht.

Er erzählte mir sogar eine sehr gute Geschichte über einen senilen Bischof (wobei er jederzeit das Dekorum wahrte) und lächelte freundlich, als ich vor Vergnügen laut gackerte. Was die Leute wohl denken mochten, wenn sie uns zusammen sahen? Es war sicher eine eigenartige Kombination: er, der Mönch, klein, gepflegt, mit gemessenen Bewegungen; ich, der Laie, kichernd, stolpernd, wild gestikulierend. Ich muß gestehen, daß ich es niemals gelernt habe, meine Gliedmaßen zu beherrschen, sie sind immer geneigt, aus den Gelenken zu fliegen, und bewegen sich in alle Richtungen, wie Weinreben im Sturm. Pater Amiel dagegen ging mit kurzen, festen Schritten einher, stolperte nicht, taumelte nicht, prallte nicht gegen Wände, wie es mir oft geschieht. Er wirkte, als hätte er jede seiner Handlungen genau geplant; als hätte er seine Energien so eingeteilt, daß er ein bestimmtes Ziel mit dem geringstmöglichen Aufwand erreichte; als wäre jede Aktivität exakt bemessen wie der Rhythmus eines Lieds.

Kein Wunder also, daß er sich in der Priorei bewegte wie der Fisch im Wasser, während ich über Stufen stolperte, mit Mönchen zusammenstieß, zu schnellen Schritts ging, zu laut redete, mir den Kopf am (viel zu niedrigen) Sturz der Tür zum Speisesaal stieß, mich setzte, als ich noch hätte stehen müssen, mich an einem Stück Lauchtorte verschluckte und mich überhaupt so leise und unauffällig benahm wie eine eingesperrte Hummel. Wahrscheinlich bereute Pater Amiel es schon bald, sein Brot mit mir gebrochen zu haben, doch hob er kein einziges Mal die Augenbrauen, um dergleichen anzudeuten, und auch seine Mitbrüder waren äußerst höflich, wenngleich sie mich nicht mit freundlichen Worten willkommen hießen, denn im Refektorium wurde während der Mahlzeiten geschwiegen. Doch erhielt ich, als einziger Gast, als erster das Essen, und niemand grinste oder tauschte mit seinem Gegenüber sprechende Blicke, als ich aus Versehen einen Krug mit Wein fallen ließ. Die Augen blieben die ganze Zeit über auf den Tisch geheftet. Ans Ohr drangen, abgesehen vom Vorleser, der sich mit gleichmütig schleppender Stimme durch eine *Vita* des Hl. Dominikus arbeitete, schlürfende, hustende und schniefende Laute und das halberstickte Stöhnen einer armen Seele, die an empfindlichen Zähnen litt.

Ich glaube, daß auch Pater Amiel mit dem Kauen Schwierigkeiten hatte, jedenfalls bevorzugte er die rechte Mundhälfte.

Ansonsten gibt es nicht viel zu berichten. Ich war zu beschäftigt, um meine Blicke durch das Refektorium – ein großes, tristes, schattiges Steingewölbe – schweifen zu lassen. Jedoch war das Essen hervorragend gekocht und gewürzt, der Wein ausgezeichnet, das Geschirr sauber. Keine Übelkeit erregenden Gerüche drangen unter dem Tisch hervor, wo der Fußboden mit frischen Binsen ausgelegt war. Kein Hund, kein Ungeziefer beeinträchtigte den Appetit. Und dennoch habe ich das Mahl in der Priorei nicht wirklich genossen. Es herrschte ein strenges Reglement, und die melancholische Stimmung schlug mir aufs Gemüt und auf die Verdauung. Selbst das Atmen fiel mir schwer. Als ich aus der Tür dieses heiligen Gebäudes in den Sonnenschein trat, atmete ich tief durch, als wäre die Luft aus Parfüm.

Warum nur ist die Gesellschaft heiliger Männer bisweilen so *bedrückend*?

Dann ging ich nach Hause. Eigentlich hätte ich mich gern sofort zum Schwarzen Hahn aufgemacht, aber ich übte Zurückhaltung. Statt dessen schrieb ich die Endfassung des von Pater Amiel so genannten »Protokolls« nieder, das heißt, die überarbeitete Version von Lothaire Lagarrigues Aussagen, wobei ich das Handbuch des Inquisitors als Leitfaden benutzte. Noch vor Sonnenuntergang war ich fertig. Eine weitere lobenswerte Anstrengung. Jetzt, so entschied ich, hatte ich eine Belohnung verdient.

Ich schlenderte zur Taverne, wo ich es mir bei einem Krug guten Weins aus den Gärten bei Montauban wohl sein ließ.

Ich hätte diesen Wein auch gern in fröhlicher Gesellschaft genossen, aber an diesem Abend war es bei Na Béatrice sehr ruhig. Othon befand sich auf Dienstreise. Bérengar war krank. (Bérengar war oft krank.) Und selbst Bernard, der Kerzenmacher, fehlte. Gaillard wiederum war anwesend, blickte aber gereizt drein und war gleich, als ich eintrat, auf mich zugekommen, um mich mit anklagendem Tonfall über »diesen Mönch, mit dem du gestern abend zusammen warst« zu befragen.

»Pater Amiel?« erwiderte ich und hatte nicht übel Lust, auf dem Absatz kehrtzumachen und zu gehen. Ich wußte, was kommen würde.

»Einer der Kaplane des Kardinals hat dich heute mit ihm gesehen. Wer ist das? Was will er von dir?«

»Meine Dienste.«

»Wofür? Warum wollte er meinen Namen wissen? Warum hat er nach dem Kardinal gefragt?« Als ich zögerte, um zu überlegen, wie ich, das Thema angehen sollte, regte Gaillard sich noch mehr auf. »Ist es ein Inquisitor? Der Kaplan hat ihn erkannt – sagte, es wär der Inquisitor von Béziers. Stimmt das?«

»Er *war* dort Inquisitor. Jetzt ist er's nicht mehr.« Seufzend versuchte ich, Gaillard die Zusammenhänge zu erklären, ohne ihn noch weiter in Alarmstimmung zu versetzen. Aber das ging gründlich schief.

»*Du* hast *ihm* erzählt, was *ich* gesagt habe? Über den Schatzmeister, der mich so *unverschämt* –? *Raymond*!«

»War das ein Geheimnis? Davon hast du nichts gesagt.«

»Meine Freunde sollten das wissen, aber doch nicht irgendein … herumschnüffelnder Inquisitor!«

»Gaillard, es war wichtig.«

»Du Narr!«

»Er will die Geschichte doch nur von dir selbst hören. Er will sie als Aussage aufschreiben lassen –«

»Hast du ihm erzählt, daß ich ein Sodomit bin?«

Diese Frage war so lächerlich, daß ich in Wallung geriet.

»Natürlich nicht!« fauchte ich. »Bist du von Sinnen?«

»Aber jetzt denkt er es wahrscheinlich. Und alle anderen auch, wenn es sich herumspricht.«

»Gaillard, bist du betrunken? Das ist doch völliger Unsinn. Du flüchtest vor Schatten. Du siehst Schwulitäten, wo keine sind.«

Aber er wollte sich nicht beruhigen lassen, sondern beschimpfte mich, drohte mit der Faust und rannte in tränenreicher Verwirrung davon.

Woraufhin ich mein Herz in Béatricens geneigtes Ohr erleichtern mußte.

»Es war doch nur ein bißchen Klatsch und Tratsch!« Nunmehr war *ich* verärgert. »Es war dem Mund entflohn, bevor ich's noch bewahren konnte.«

»Aber klar doch«, beruhigte sie mich, während sie schmutzige Becher zusammensammelte.

»Ich hätte Gaillards Namen gar nicht erwähnt, wenn ich geglaubt hätte … aber worauf läuft das Ganze denn hinaus? Auf einen Eid. Und ein paar Fragen. Keiner muß davon wissen. Und selbst wenn es rauskommt, kann es Gaillard doch nicht schaden. Von einem Sodomiten belästigt zu werden, ist keine Sünde, solange man ihn abweist.«

»Armer Gaillard«, bemerkte Na Béatrice. »So ein hübscher Junge. Immer quälen ihn die Leute, kein Wunder, daß er Angst hat.«

»Ja, aber ohne Grund.«

»Meinst du?« Sie blickte zu mir hoch und strich sich die Haare aus der Stirn. »Aber wenn der Kardinal es herausfindet? Vielleicht zweifelt er dann an Gaillards Tugendhaftigkeit. Das könnte doch sein.«

»Ach, Béatrice«, seufzte ich. »Hast du keinen Trost für mich?«

»Im Augenblick nicht.« Sie klaubte einen Löffel vom Boden auf; als sie sich erhob, war ihr Gesicht gerötet, und ihre Augen blitzten. »Vielleicht kann ich dich später trösten«, fügte sie sanft hinzu.

»Tatsächlich?« Die Sterne standen offenbar günstig. Die wenigen Kunden, die noch da waren, vergnügten sich mit illegalen Würfelspielen oder sprachen mit sich selbst. Sie bekamen von unserem Gespräch nichts mit. »Wann später?«

»Bald.«

»Ich kann hier nicht schlafen. Morgen früh holt Pater Amiel mich von zu Hause ab.«

»An Schlaf habe ich auch nicht gedacht.«

»Nein?«

»Je eher hier alles sauber ist, desto eher kann ich ins Bett gehen.«

Ihr schönen Damen, ich bin in Euren Händen wie Wachs. Niemals habe ich Euch widerstehen können, vor allem dann nicht, wenn es um nächtliche Rituale ging. O wißt, ich bin als Kavalier der Kavallerie verschworen – ein Reiter und Ritter für Eure süße Krone – und ich stehe in den Schranken meinen Mann! Seit meiner Jugend liebe ich solche Turniere, für die ich mit einer schönen, kräftigen Lanze ausgestattet bin, und ich lasse mich im Sattel nicht ermüden, bin bereit, Euch Tag und Nacht zu dienen, selbst wenn damit gewisse niedere Pflichten vermacht sind, wie etwa das Auffegen von Knochenresten und Nußschalen. Aber mußte nicht jeder feurige Ritter für seine Liebe große Herausforderungen bestehen? Die alten Lieder erzählen uns davon: Mauern waren zu überwinden, Türme zu erklimmen, Ungeheuer zu töten, kampflustige Recken zu besiegen – und die zahllosen Ränke der Frauen zu überwinden. Warum sollte ich also nicht den Besen schwingen, wenn er der Schlüssel zur Kammer meiner Liebsten ist? Ein Mann muß für seine Freuden arbeiten, wenn er als Mann gelten will.

Deshalb befleißigte ich mich mit Eifer der mir zugewiesenen Aufgabe und fegte beinah ein Loch in den Fußboden. Dafür wurde ich hinterher mit einem Platz in Na Béatricens Bett belohnt, und kaum ein Möbel war mir willkommener als dieses. Ihr werdet sagen: Aber das war sündhaft. Ihr werdet sagen: Bereue, denn wer Unzucht treibt, sündigt gegen sein eigen Fleisch. Und es ist wahr, ich bin ein Sünder. Ich habe Unzucht getrieben, ich habe es außerhalb aller ehelichen Bande getrieben. Schlimmer noch, ich habe es am Sonntag getrieben. Ich habe es in den vierzig Tagen vor Ostern getrieben und in der Pfingstwoche, am Advent, an Fest- und Fastentagen, mit einer menstruierenden Frau, mit einer verheirateten Frau, mit verbotenen Stellungen und unter Verwendung von Methoden, die die Vergeudung meines Samens garantierten. Ihr seht, schöne Damen, vor Euch einen unverbesserlichen Sünder.

Immerhin habe ich es nie mit einer werdenden oder einer stillenden Mutter getrieben – aber nur, weil, wie ich gestehen muß, meine diesbezüglichen Versuche fehlschlugen. Oh! Und ich teile keinesfalls Othons Begehren, eine Nonne zu verführen. Dem Gelübde der Jungfräulichkeit zu nahe zu treten, war nie mein Ziel, vielmehr bereitet diese Vorstellung mir Unbehagen.

Sonst gibt es, wie ich gern zugebe, nicht viel, was mir Unbehagen bereitet. Wenn man schon wegen des Akts der Unzucht selbst verdammt ist, sind die kleinen Variationen in den Vorkehrungen, die man trifft, um die Liebeslast von sich zu geben … nun ja, sagen wir, von geringerer Bedeutung. Es gibt, anders gesagt, viele Wege, auf denen man den Eimer zum Brunnen tragen kann, wenn man gelenkig genug ist. Damals war ich jünger und geschmeidiger und konnte mich, mit einer willigen Bettgenossin, gleichsam zum Hund oder zum Aal machen oder zu einem jener seltsamen Getiere wie dem Greifen oder der Manticora, deren fleischliche Gewohnheiten von den Priestern in ihren Predigten so gern verwünscht werden.

Nicht daß ich über sonderlich bemerkenswerte Fähigkeiten

verfügte oder besonders prächtig ausgestattet wäre. Ich besitze nicht die Kraft eines Bullen, noch die Behängung eines Maulesels. Aber ich bin ein Sklave der Höflichkeit, und im Dienste meiner Liebsten gelobe ich äußersten Gehorsam. Was sie möchte, bekommt sie. Und während viele Männer ihre höfische Kleidung an der Schlafzimmertür abwerfen (nachdem sie die von ihnen begehrten Güter in ihren Besitz gebracht haben), steht mir immer vor Augen, daß man im Geben so großzügig verfahren muß wie im Nehmen, wenn man auch bei künftigen Gelegenheiten eine offene Pforte vorfinden möchte.

Zum Beweis führe ich nur die Tatsache an, daß ich in Na Béatricens Bett ein regelmäßiger Besucher war, vielleicht gar (wer weiß?) der einzige, denn Na Béatrice war eine zurückhaltende Frau und eine Witwe von gutem Ruf. Aber sie war auch gesund und kräftig, und es ist bekannt, daß Frauen im fruchtbaren Alter mehr brauchen als Essen und Kleider, selbst wenn sie zu sittsam sind, ihr Begehren zu benennen. Ihr Damen, liege ich da falsch? Hat Euch Gott nicht für diesen Akt erschaffen, ohne den kein Kind auf die Welt käme? Muß ich eigens darauf hinweisen, daß eine Frau ein Dutzend Männer erschöpfen kann, ein Mann jedoch wohl kaum ein Dutzend Frauen?

Infolgedessen spürte Na Béatrice hin und wieder das Bedürfnis, ein wenig Saft aus meiner Kelter zu trinken. Und ich war immer willens, ihr zu Gefallen zu sein, denn sie war ein richtiger Leckerbissen; wie guter Wein war sie mit den Jahren gereift, hatte Tiefe und Schwere gewonnen. Welches schüchterne junge Mädchen würde denn einen Mann besteigen und ihn reiten wie einen Hengst? Welche sittsame Jungfrau würde knabbern wie eine Maus, oder ihren Liebsten melken wie eine Kuh? Aber wir ließen es auch ruhig angehen, wenn ich in ihrem Garten umherschlenderte, die Reife ihrer Granatäpfel prüfte, aus ihrer Quelle trank und Honig von ihren Lippen sog. Denn waren wir bisweilen rauh miteinander, so herrschte zwischen uns doch echte Zuneigung.

Und manchmal, versichere ich Euch, behandelte sie meinen männlichen Stolz so rücksichtslos wie mein sonstiges Rüstzeug.

»Heut hab' ich eine komische Geschichte gehört«, fing sie an, als wir nach unserem Ausritt nebeneinander lagen. »Über einen Fischer, der die Leiche eines Priesters fand, die im Fluß trieb.«

»Unglaublich lustig.« Ich gähnte.

»So warte doch. Die Frau des Fischers hatte nämlich immer behauptet, sie würde ihren Mann nicht weniger lieben, wenn er kastriert wär. Also schnitt er dem Priester das Organ ab und nahm es mit nach Hause. Der Frau erzählte er, es wär seins – ihm wär ein Unfall passiert. Und sie packte sofort ihren Kram zusammen!«

»Da hat er ihr wohl schnell die Wahrheit erzählt.«

»Hat er auch«, bestätigte Béatrice. Sie lächelte. »Eine blöde Geschichte, aber ich mußte lachen.«

»Weil du es ebenso machen würdest, meine Schöne?«

»Aber sicher. Ohne dein kleines Instrument wärst du doch für mich völlig nutzlos, Raymond.«

»Mein *kleines* Instrument?« protestierte ich.

»Dein großes Instrument«, berichtigte sie.

»Vielen Dank.«

»Dein *enormes* Instrument. Dein drittes Bein.«

»Ich wünschte, die Leute würden aufhören, von abgeschnittenen Genitalien zu reden«, bemerkte ich. »Seit Guillaume Monier umgebracht wurde, haben sie kein anderes Thema mehr. Ich bin schon richtig ängstlich geworden.«

»Die Leute reden darüber«, stimmte sie zu und zog das Laken über ihre schönen Brüste. »Aber du kannst doch einfach weggehen.«

»Jetzt nicht mehr. Mein neuer Klient untersucht Moniers Tod. Von *ihm* kann ich nicht einfach weggehen.«

»Du meinst den Mönch.«

»Ja. Pater Amiel.«

»Wie ist er denn so?«

Schläfrig überlegte ich. »Er ist sehr schlau«, meinte ich schließlich. »Sehr schnell. Bewegt sich graziös. Zu mir ist er freundlich, aber nicht zu anderen.«

»Magst du ihn?«

Wieder dachte ich nach, denn diese Frage hatte ich mir noch nicht gestellt.

»Ja«, verkündete ich zu meiner eigenen Überraschung. »Ja, ich mag ihn.«

»Bezahlt er dich gut?«

»Gut genug«, murmelte ich.

»Dann solltest du bei ihm bleiben, solang es geht. Aber wenn die Arbeit dir so viel Angst macht, daß du bei mir nicht mehr tätig werden kannst, mein Engel, mußt du ihn sofort verlassen. Wie ich schon sagte, einen Kastrierten kann ich nicht gebrauchen.«

Ich nickte. Mittlerweile waren meine Augen geschlossen, und meine Zunge lag schwer im Mund. Ich dachte noch: Steh auf, Raymond. Steh auf und geh nach Hause.

Aber ach, meine Glieder verweigerten den Gehorsam. Ich schlief dort ein, in Béatricens Bett, und schlummerte ungestört bis zum Sonnenaufgang. Weh mir! Den folgenden Morgen sollte ich nicht so schnell vergessen. Ich schäme mich immer noch, wenn ich daran denke.

# FÜNFTER GESANG

Raymond!«

»Hnnn …«

»*Raymond*! Wach auf!«

Ich erkannte Béatricens Stimme und verfluchte sie. Dann fragte ich mich, was sie in meinem Bett zu suchen hatte. Dann fiel mir ein, daß ich nicht in meinem Bett war.

»Raymond, der Mönch ist da!« zischte sie. »Steh auf, mach zu!«

»D-der Mö-mönch?« stotterte ich. O meine Freundinnen, welch ein Schrecken! Als ich den Kopf hob, sah ich Béatrice, halb in ein Laken gehüllt, das den schwellenden Busen kaum bedeckte, ihr Haar wild und zerzaust. Die Fensterläden waren aufgestoßen.

»Gott helfe mir!« stöhnte ich. »Gott helfe mir, die Sonne! Ist es Morgen?«

»Er will was von dir, Raymond, zieh dich an. Steh auf.«

»Wo ist er?«

Na Béatrice wies in Richtung Straße. Später erfuhr ich, daß sie, von Pater Amiels Klopfen geweckt, sich ungeachtet ihres bekleidungslosen Zustands aus dem Fenster gelehnt und einige kräftige Worte vom Stapel gelassen hatte, die ihr jedoch sofort auf den Lippen erstarben, als sie erfuhr, wer er war.

Was Pater Amiel über ihren ungestümen Busen dachte, kann ich Euch nicht sagen, weil ich nie den Mut fand, ihn danach zu fragen.

»Mach zu! Mach zu!« drängte sie und schob mich ans Fenster. Ich war immer noch dabei, in meine Unterhosen zu gelangen, und muß eine höchst anrüchige Erscheinung abgegeben haben, als ich zu Pater Amiel hinabstierte, der an der Eingangstür stand.

»P-pater?« krächzte ich.

»Ah, Maître Raymond.« Seine Stimme war völlig ruhig. »Euer Bruder meinte, Ihr könntet Euch hier aufhalten.«

»Vergebt mir, es war – wenn Ihr –«

»Ich werde hier warten, während Ihr Euch ankleidet«, verkündete er, während Na Béatrice mich in den Ellbogen kniff. »Sag ihm, er kann reinkommen«, flüsterte sie. »Er kann kaltes Fleisch und Glühwein haben.«

»Möchtet Ihr etwas zu essen, Pater?« rief ich hinunter, wußte aber ziemlich sicher, daß er ablehnen würde. Tatsächlich schüttelte er den Kopf.

»Nein, danke«, erwiderte er. »Dazu fehlt die Zeit.«

»Natürlich. Klar. Einen Moment noch.« Ich zog mich ins Zimmer zurück und warf mich eilends in die Kleider. Auf dem einen, dann dem anderen Fuß hüpfend, zwängte ich mich in die Stiefel. Na Béatrice bot mir mehrmals Milch und Brot an.

»Keine Zeit«, keuchte ich.

»Aber du kannst unterwegs essen.«

»Und ihm was vorkauen? Unmöglich.« Ich stolperte nach unten und pißte, mit Béatricens Erlaubnis, aus der Hintertür. Als ich endlich vor Pater Amiel stand, fummelte ich immer noch an meinen Sachen herum. »Tut mir leid, Pater. Da bin ich.«

Er nickte, drehte sich um und marschierte los, ohne von Na Béatrice Notiz zu nehmen, die von sich aus darauf bedacht war, ihm nicht in die Quere zu kommen. Vielleicht bleibt einem Mönch, der angesichts einer halbnackten Frau seine Würde bewahren will, gar nichts anderes übrig. Vielleicht folgte Pater Amiel Anweisungen der Ordensregel des Hl. Dominikus.

Ich lief ihm hinterher wie ein streunender Hund und warf Béatrice über die Schulter ein Lächeln zu. Sie winkte. Als ich

Pater Amiel, der raschen Schritts die Pfützen umkurvte, endlich eingeholt hatte, sprach er mit mir, als hätten wir die ganze Nacht miteinander geredet.

»Heute beabsichtige ich, Aimery de Sorgues zu vernehmen«, erklärte er.

»Aha?«

»Ihr werdet Euch fragen, warum«, fügte er hinzu (und merkte wahrscheinlich nicht, daß ich kaum imstande war, mich überhaupt etwas zu fragen). »Normalerweise verläuft die *inquisitio* so, daß der des Verbrechens Verdächtigte festgenommen und ihm die Anklage mitgeteilt wird; wenn er dann ein Geständnis verweigert, werden Zeugen befragt. Aber da dieser Fall bisher auf einer einzigen Anschuldigung beruht, wären andere Vorgehensweisen – vielleicht die *accusatio* oder die *denunciatio* – geeigneter, weil man dort nur einen Ankläger benötigt. Da man mich jedoch beauftragt hat, eine *inquisitio* durchzuführen, kann ich Masseo di Vico erst bezichtigen, wenn er von mindestens zwei Personen angezeigt worden ist.« Pater Amiel sah zu mir hoch, als wollte er meinem Gesicht ablesen, was ich von dieser Erklärung hielt. Vielleicht sah er nur blutunterlaufene Augen und ein Stoppelkinn (falls er überhaupt etwas sah), denn er wandte den Blick schnell wieder ab. »Allerdings liegen die Umstände in vielerlei Hinsicht günstig für uns. Sie gestatten mir, weitere Beweise zu sammeln, bevor ich mir Masseo di Vico vornehme. Auf die Befragung eines Verdächtigen bereite ich mich gerne sehr gründlich vor, weil das die Wirksamkeit der Prozedur erhöht.«

Ich grunzte. Weil ich immer noch nicht ganz wach war, begriff ich nicht recht, was er meinte, und so konnte ich zu unserer Unterhaltung nichts Vernünftiges beitragen. Vielmehr war mein einziger Gedanke: Wird er dich entlassen, weil du die Nacht nicht zu Hause verbracht hast? Aber offenbar hatte er mein schändliches Verhalten gänzlich ignoriert. Weder direkt noch indirekt spielte er darauf an. Er verzichtete auf steife Höflichkeitsfloskeln ebenso wie auf vorwurfsvolle Blicke. Sein Verhalten war beherrscht wie immer.

Aber vielleicht wollte er seinem Mißfallen an einem etwas geschützteren Ort Ausdruck verleihen?

Nein, auch in unserem Gefängnisraum verlor er kein Wort über meine jüngste Missetat. Statt dessen prüfte er in aller Ruhe die Vorbereitungen, die »beim Marschall angefordert« worden waren. Auf dem Tisch standen, in zwei irdenen Krügen, Wein und Wasser, dazu Becher und Kissen, jedoch nichts zu essen. Diese kleinen Luxuriositäten habe er gestern nachmittag geordert, erklärte er.

»Das Wasser ist für uns; nicht aber der Wein. Wir müssen einen klaren Kopf behalten.«

»Und wer soll den Wein trinken?« wollte ich wissen.

»Unsere Zeugen, wenn sie es wollen.« Er setzte sich und wies mich an, die Endfassung des Protokolls zu verlesen, das er seiner Ledertasche entnahm. Er habe das Dokument in meinem Schlafzimmer gefunden. »Euer Bruder hat mich heute früh eingelassen«, bemerkte er, als ich ihn überrascht anschaute. »Es schien mir plausibel, daß Ihr Eure Arbeit auf dem Schreibpult liegengelassen hattet. So habe ich, was ich dort fand, mitgebracht. Das ist doch Eure Arbeit, nicht wahr?«

»Ja. Natürlich. Pater, es tut mir leid.«

»Es ist ohne Bedeutung.«

»Ich hatte die feste Absicht –«

»Es ist ohne Bedeutung.« Seine Stimme klang abweisend. Er wollte die Sache nicht weiter erörtern. »Lest vor, und dann wenden wir uns den Vorladungen zu.«

Demütig tat ich, wie mir geheißen. Wenigstens mit meiner Arbeit wird er zufrieden sein, dachte ich, doch klopfte mir, während ich das Geschriebene vortrug, das Herz, und ich hielt öfters inne, um einen Schluck Wasser zu trinken.

Als ich fertig war, lächelte er.

»Gut gemacht.«

»Oh. Danke, Pater.«

»Ihr habt eine bemerkenswerte Fähigkeit des Ausdrucks.«

»Danke.«

»Jetzt werden wir die Vorladungen abfassen. Heute nachmittag will ich mit Masseo di Vicos Dienerin sprechen. Und morgen dann – nein, nicht morgen. Morgen muß ich einige Pflichten in der Priorei erledigen. Am Freitag werde ich Euren Freund Gaillard befragen. Aber seine Vorladung wollen wir ihm heute schon zukommen lassen. Wo wohnt Euer Freund?«

Ich nannte ihm die Straße und die Gemeinde und auch Gaillards Gemeindepriester, denn dieser würde die Vorladung erhalten. Gemeindepriester haben meist die undankbare Aufgabe, schlechte Nachrichten dem Empfänger selbst auszuhändigen.

Meine Hilfe sei unschätzbar, bemerkte Pater Amiel. Dann machte er sich daran, jene langen und klangvollen lateinischen Sätze zu entwerfen, die Gaillard und Masseos Dienerin auf den Schemel hinter unserem Tisch bringen würden. (Er beherrschte diese edelste aller Sprachen auf beneidenswerte Weise.) Nachdem von jedem Dokument eine Rohfassung angefertigt worden war, las ich beide laut vor, und er diktierte noch einige Zusätze. Erst als er mit dem Text zufrieden war, durfte ich die endgültige Fassung niederschreiben, die er signierte, aber nicht versiegelte. Er ging damit zum Marschall, der für die Siegelung und Entsendung sorgte. Ich blieb derweil in dem dunklen kleinen Zimmer zurück und hatte nichts zu lesen oder zu essen oder zu arbeiten.

Wie man sich vorstellen kann, warf ich, während ich wartete, dem Weinkrug manch verlangenden Blick zu. Mir schien es durchaus kein Fehler zu sein, den Mund mit ein oder zwei Schlucken dieses gesegneten Getränks zu benetzen. Aber dann fragte ich mich, ob das Gefäß vielleicht dort stand, um meine Widerstandskraft auf die Probe zu stellen, und so wandte ich meine Gedanken anderen Dingen zu. Würde Gaillard mir jemals verzeihen? Würde ich vor Mittag etwas zu essen bekommen? Was würde geschehen, wenn ich einen der Wachmänner bestäche, daß er mir einen Laib Brot oder eine Frucht besorgte? Die letzte Frage mußte unbeantwortet bleiben, denn kaum hatte sie meinen Geist durchquert, als Pater Amiel auch schon zurückkam, dicht gefolgt von Aimery de Sorgues samt Eskorte.

Wer jemals einen Nestling oder die ersten frühlingsgrünen Knospen eines Walnußbaums gesehen hat, kann sich vorstellen, wie zart dieser unglückliche Jüngling war. Seine Haut war frisch wie ein Blütenblatt und ebenso verletzlich, er hatte große, feuchte Augen und bebende Lippen, und sein Hals war lang und weiß und ließ einen an Gänse und Hackebeile und blutige Holzblökke denken. Zweifellos verhielt er sich wie ein Opferlamm, als er, eingesunken und unterwürfig, eine zitternde Hand auf Pater Amiels Neues Testament legte. Er schwor den Eid mit dünner, schwankender Stimme, die über die Worte stolperte, und er fragte gar nicht erst nach einem Anwalt. Selbst ein Blinder hätte sehen können, daß er zu Tode erschrocken war. Die Aufforderung, sich zu setzen, schien er nicht zu verstehen, so daß Pater Amiel sie wiederholen mußte. Tiefe Angst hatte den Verstand des armen Jungen durcheinandergebracht.

Wohl aus diesem Grund sprach Pater Amiel ihn auf sanfte und mitfühlende Weise an. Hätte er drohend oder einschüchternd geredet, wäre Aimery ganz verstummt. Aber als der Pater den Zeugen nach seinen Jahren in Notre-Dame-des-Doms fragte, wo er in die unteren Ordensränge eingetreten war, erlangte der Jüngling allmählich seine geistigen Kräfte zurück. Er stammelte weniger, und seine Sätze wurden länger. Freundlich erklärte Pater Amiel, daß Aimery einen Eid auf die Heilige Schrift geschworen habe und deshalb durch Gottes Gesetze dazu verpflichtet sei, die Wahrheit zu sagen. Lügen wäre eine schwerwiegende Sünde. Ob er verstehe, was das bedeute?

»Oh, ja«, erwiderte Aimery.

»Denn vor Gott gibt es keine Geheimnisse, mein Sohn«, hob

Pater Amiel hervor. »Gott sieht alles. Selbst wenn du mich belügst, wirst du der Strafe nicht entgehen.«

»Ja, Pater. Ich weiß.«

»Wirst du mir also die volle und reine Wahrheit sagen und nichts auslassen, so als wenn du vor dem Richterstuhl des HErrn beichten würdest?«

»Ja, Pater.«

»Gut.« Pater Amiel räusperte sich. »Sage mir also: Hast du jemals einem Mann gestattet, seine *virilia* zwischen deinen Beinen zu plazieren?«

Zweifellos hätte ich jetzt meinen Kopf heben und Aimerys Verblüffung mit eigenen Augen wahrnehmen können. Sein anfängliches Schweigen hätte mir die Zeit dafür gegeben. Aber ich wagte es nicht, und so müßt Ihr Euch sein erbleichendes Gesicht, seine in Tränen zerfließenden Augen und seinen gramgetränkten Blick vorstellen. Beschreiben kann ich das nicht. Denkt an die Todesqualen eines Welpen oder die Verzweiflung eines verlassenen Säuglings. Ich will damit nur sagen, daß ich Keuchen hörte und eine Art von Gewimmer.

Dann sagte eine dünne Stimme: »Ja«, und ich schrieb dieses Bekenntnis so unbeteiligt wie möglich nieder, indem ich mir vor Augen führte, daß Sodomie immerhin eine Sünde ist.

»Nenne mir den Namen des Mannes, der dir das antat«, forderte Pater Amiel. Nach kurzem Schweigen (Aimery mußte wohl darum kämpfen, Haltung zu bewahren), wurde der Dominikaner davon in Kenntnis gesetzt, daß es drei Männer gewesen waren – genauer: zwei Männer und ein junger Bursche. Der Bursche, mit Namen Benedikt, war in Notre-Dame-des-Doms Diakon gewesen. Der erste Mann war Guillaume Monier, der zweite Fulques Fuille, einer von den Schreibern in Moniers Haushalt.

»Und du hast nie jemandem von diesen Vorfällen erzählt?«

»Nur meinem Beichtvater.«

»Und was sagte der?«

»Er meinte, ich müsse mir die Gelegenheit zur Sünde ausgesucht haben.« Es wäre eine beschwerliche Aufgabe, im einzelnen wiederzugeben, wie Aimery seine Geschichte vorbrachte, denn er verschluckte Wörter, brachte Sätze durcheinander und schniefte und schluchzte und murmelte und stammelte und mußte oftmals aufgefordert werden, weiterzureden. Aber wenn man alles Überflüssige wegließ, schälte sich aus dem Wust ein zusammenhängender Bericht heraus.

»Mein Beichtvater sagte, ich wär ein Sünder«, fuhr Aimery fort. »Ich mußte zwei Tage lang fasten.«

»Das war deine Strafe?«

»Ja.«

»Besonders schwer war sie nicht.«

Aimerys Stimme wurde wieder schwächer und drohte zu versagen.

»Mein Beichtvater meinte, das würde ausreichen«, greinte er. »Ich hab nur getan, was er sagte, Pater! Und er sagte, es gebe viel schwerere Sünden, wie Ehebruch und Inzest und Vergewaltigung von Jungfrauen. Er sagte, für einen Ministranten sei es schlimmer, mit einer Frau Unzucht zu treiben, als Selbstbefleckung oder … oder andere Sachen zu begehen«

Ich spürte, wie Pater Amiel sich bewegte und für einen Moment den Atem anhielt. Nach einer Weile fragte er: »Wer ist dein Beichtvater?«

»Das war Pater Guillaume.«

»Guillaume Monier?«

»Ja, Pater.«

Ich blickte kurz zum Mönch hinüber, sah seine unwillkürliche Bewegung und beschäftigte mich gleich wieder mit meinen Aufzeichnungen. Zweifellos hegten wir in diesem Augenblick den gleichen Gedanken.

»Du gingst also zu Guillaume Monier, wenn du für die mit Benedikt begangenen Sünden die Absolution erteilt haben wolltest?«

»Ja, Pater.«

»Wann war das? Bevor oder nachdem Guillaume Monier mit dir dieselbe Sünde begangen hatte?«

»Es war vorher.« Aimery berichtete nun von den Unterweisungen und Ratschlägen, die Guillaume ihm erteilt hatte. Dem Schatzmeister zufolge war der Mensch zahllosen sündigen Leidenschaften unterworfen, denen nur ein Heiliger dauerhaft widerstehen konnte. Unvermeidlicherweise würde das Fleisch hin und wieder der Versuchung nachgeben. Für einen Jungen in den unteren Ordensrängen wie Aimery wäre Unzucht mit einer Frau eine sehr viel sündhaftere Weise, der Versuchung zu erliegen, als Selbstbefleckung, aber auch in diesem Fall nahm er selbst die Sünde auf sich. Warum sollte das nicht jemand anderer tun? »Komm zu mir, wenn lustvolle Gedanken dich erfüllen«, hatte der Schatzmeister erklärt, »und ich werde dich von ihnen befreien und die Sünde auf mich nehmen, denn ich bin stärker, weiser und tugendhafter als du.«

Erleichtert hatte Aimery versprochen, dem Rat seines Beichtvaters zu folgen und war, als er erneut »entbrannte«, zu ihm gegangen. Freundlicherweise hatte der Schatzmeister dann Aimerys männliche Teile gerieben, bis der Junge zum Höhepunkt kam. Auf diese Weise wurde die Lust des Schreibers noch bei einigen weiteren Gelegenheiten behandelt, bis Monier Gegenleistungen verlangte. Schließlich habe er sehr viel von Aimerys Sünde auf sich genommen, da könne ihm sein Schreiber doch wohl den gleichen Dienst erweisen.

»Pater Guillaume hat also Sünde mit Samenerguß gleichgesetzt?« fragte Pater Amiel trocken. Aber Aimery war wohl verwirrt, denn er antwortete nicht, und so unternahm der Mönch einen neuen Anlauf. »Pater Guillaume hat dir gesagt, daß in diesem Fall derjenige die Sünde trägt, der den Samenerguß eines anderen empfängt, sei es mit den Händen, mit dem Mund oder *in tergo*. Stimmt das?«

»Ja, ich – ja, das nehme ich an.«

»Ist dir bewußt, mein Sohn, daß das eine falsche Lehre darstellt? Daß diese Lehre böse und verderbt ist? Daß sie *ketzerisch* ist?«

Aimery keuchte vor Entsetzen. »O Pater – damals – aber heute weiß ich es!« Seine Stimme überschlug sich. »Heute weiß ich, daß es falsch war!«

»Aber zu jener Zeit hast du Pater Guillaume geglaubt?«

»Ja!«

»Dann mußt du auch geglaubt haben, daß du sündigtest, als du seinen Samen empfingst. Hast du für diese Sünden gebüßt?«

»Ja, Pater.« Es stellte sich heraus, daß die Buße für die Befriedigung von Pater Guillaumes Begehrungen gewöhnlich in der Durchführung anderer perverser Handlungen bestand, die Aimery nicht erfreulich fand und die es nicht erforderlich machten, daß er »Samenerguß empfing«. Um nicht Eure Ohren mit zu vielen verderblichen Einzelheiten zu besudeln, will ich nur sagen, daß dem unglückseligen Schreiber die Mitwirkung an verschiedenen sodomitischen Akten (unter Zuhilfenahme von allerlei Gerätschaften) auferlegt und gelegentlich von ihm erwartet wurde, daß er seine Lippen oder seine Zunge mit bestimmten Teilen des Körpers von Pater Guillaume, die hier nicht aufgelistet werden sollen, in Berührung bringe.

»Und weil du diese Handlungen nicht genossen hast, nannte der Schatzmeister sie Bußen?« wollte Pater Amiel wissen.

»Ja, Pater.«

»Was darauf hinzudeuten scheint, daß du die anderen Akte, die er mit dir vollzog, durchaus genossen hast.«

»Ich – ich –«

»Bist du darum diesem anderen Schreiber – diesem Fulques Fuille – gefällig geworden? Weil du es genossen hast?«

Aimery brach jäh in Tränen aus. »Ich bin ein Sünder!« schluchzte er auf, und er hustete und spuckte und schwankte auf dem Schemel hin und her und hielt die Arme vor dem Bauch verschränkt, als leide er Schmerzen. Da hob ich denn doch einmal den Kopf und sah, daß Pater Amiel den Gefangenen völlig regungslos betrachtete.

»Warum weinst du?« fragte er, noch trockeneren Tons als vorhin. »Weil du dich schämst?«

»Ja! Ja! Vergebt mir!«

»Hast du Pater Guillaume getötet?«

»Nein!«

»Weißt du, wer es getan hat?«

»Nein, nein!«

»Aber du warst sein Lustknabe. Du hast dich in der Sünde gesuhlt. Wie kann ich dir glauben?«

Der arme Aimery. Er schluchzte und stöhnte und redete eine Zeitlang ganz unzusammenhängend. Schließlich erhob sich Pater Amiel, schenkte einen Becher Wein ein und reichte ihn Aimery. Ruhig und geduldig, die Hände vor dem Bauch gefaltet, stand er neben dem Schreiber, der den Becher austrank, einen kurzen Schluckauf bekam und danach ruhiger wurde. Er wischte sich die Nase und schaute mitleidheischend zu Pater Amiel empor, der ihm den leeren Becher abnahm.

Als der Junge endlich wieder den Mund aufmachte, sprach er mit fast unhörbarer Stimme.

»Wie?« Pater Amiel beugte sich nach vorn. »Was hast du gesagt?«

»Fulques hat mich gezwungen«, flüsterte Aimery.

»Wozu hat er dich gezwungen?«

»Er sagte, er würde den anderen sonst alles erzählen!«

Nach und nach erfuhren wir, daß Fulques Fuille, ein Schreiber wie Aimery, den nämlichen Abartigkeiten zugeneigt war, die Monier schätzte. Er kannte die Laster des Schatzmeisters und hatte gedroht, alle Welt von Aimerys schandbarem Verhalten zu unterrichten. Um das zu verhindern, hatte Aimery sich den Forderungen des älteren Schreibers gefügt. Allerdings war Fulques jünger, freundlicher und attraktiver als Pater Guillaume.

»Du hast es also genossen«, schloß Pater Amiel.

»Manchmal schon«, bekannte der Zeuge.

»Und so habt ihr füreinander eine unnatürliche Leidenschaft entwickelt. Er wollte dich für sich allein besitzen.«

»Aber nein!«

»Ihr habt eine Verschwörung ausgeheckt, um Pater Guillaume zu töten.«

»Das ist nicht wahr!«

»Du stehst unter Eid, mein Sohn.«

»Es ist wirklich nicht wahr! Ihr müßt mir glauben, bitte, glaubt mir doch!« Aimery warf sich vor dem Dominikaner auf die Knie und weinte erneut recht heftig. Pater Amiel runzelte die Stirn und schob den Schreiber, der seine Knie umklammert hielt, von sich. Er mochte es überhaupt nicht, berührt zu werden, und tat sich sehr schwer damit, andere zu berühren. Zweifellos verabscheute er die schweißgetränkte Nähe Aimerys.

»Warum sollte ich dir glauben?« forschte er und zog sich hinter den Tisch zurück. »Du bist ein Sodomit.«

»Aber kein Mörder!«

»Dein Leben besteht aus Täuschungen. Lügen entweichen deinem Mund. Dein Gesicht ist eine Maske der Falschheit.«

»Ich – ich –« Verzweifelt suchte der Junge nach Worten, die überzeugend klangen. »Ich war nicht der erste!« rief er schließlich aus, immer noch auf den Knien. »Vor mir hatte Pater Guillaume einen anderen Liebling, und Fulques hatte ihn erkannt, genau wie mich.«

»Das heißt: fleischlich?«

»Ja. Er hieß Simon.«

»Woher weißt du das?«

»Weil Fulques es mir erzählt hat!« Offensichtlich hatte Fulques einige Zeit lang von den Brosamen gelebt, die von des Schatzmeisters Tisch fielen. Aimery zufolge hatte der ältere Schreiber von Pater Guillaume mit großer Wertschätzung gesprochen. Er sei, so Fulques, ein Mann, dessen exquisiter Geschmack für junges Fleisch des Schreibers Lust angefacht und dessen sorgloses Leben Fulques' Ehrgeiz beflügelt habe. Fulques wollte Guillaume nacheifern, ein großes Haus und wertvolle Kleidung und viele hübsche Jungen haben. Also folgte er dem Beispiel des Schatzmeisters, wo er nur konnte, und fragte Aimery sogar nach dessen Verhalten im Bett.

»Er verehrte Pater Guillaume«, versicherte Aimery. »Wir alle verehrten ihn.«

»Obwohl der Schatzmeister dir das angetan hatte?« fragte Pater Amiel mit einer Ungläubigkeit, die meines Erachtens nur vorgetäuscht war.

»Er ... er war sehr gut zu mir. Gab mir Süßigkeiten. Und freundliche Worte ...«

»Und einen *vit fort*«, bemerkte Pater Amiel roh. Er hatte den Zeugen in der lateinischen Sprache befragt und wollte, wie ich glaube, durch die plötzliche Verwendung der Umgangssprache einen Schock hervorrufen. Das erstaunte mich, obwohl mir durch den Kopf geschossen war, daß Aimery durchaus das Verlangen nach einem (*sit venia verbo*) starken Horn gehabt haben könnte. Allerdings hatte ich nicht erwartet, daß ein Mönch sich solcher Ausdrücke bedienen würde.

Der Zeuge errötete tief und stammelte etwas Unverständliches.

»Du teilst mir also mit, daß du Pater Guillaume nicht getötet hast, weil du, alles in allem, seine Aufmerksamkeiten zu schätzen wußtest? Stimmt das?«

Aimery war völlig durcheinander. Er fuchtelte sinnlos mit den Händen herum. Er öffnete den Mund und schloß ihn wieder. Seine Augen füllten sich mit Tränen.

Schließlich nickte er, was ich als ein »Ja« transkribierte.

»Und Fulques hätte Pater Guillaume nicht umgebracht, weil er ihn so bewunderte«, fuhr der Dominikaner fort. »Läuft deine Aussage darauf hinaus?«

Wiederum nickte der Schreiber – woraufhin Pater Amiel ihn anwies, seine Antworten deutlich zu äußern, damit sie schriftlich erfaßt werden könnten.

»Ja«, bemerkte Aimery ohne Überzeugung.

»Und was ist mit den anderen Mitgliedern des Haushalts?« (Der Pater ließ nicht locker.) »Hast du jemals den Verdacht gehegt, jemand könnte Pater Guillaume feindselig gesonnen sein?«

»Nein.«

»Hast du jemals dieses Buch gesehen, mein Sohn?«

Natürlich war es Pater Guillaumes Buch über Hexerei. Aimery bemerkte (leicht verwirrt), daß er damit nicht vertraut sei. Bei einer Randglosse erkannte er jedoch Moniers Schrift. Daraufhin wurde er um ein Beispiel seiner eigenen Schrift gebeten, wobei jedoch seine Hand so sehr zitterte, daß er nicht in der Lage war, etwas Lesbares hervorzubringen. Immerhin enthüllte er nach eingehenden Befragungen, daß der Schatzmeister ihn einmal gebeten habe, einen Hund aufzutreiben, der hinterher geheimnisvollerweise verschwunden sei.

Aimery wußte allerdings nicht, ob der Hund zu irgendwelchen hexerischen Zwecken benutzt worden war. Er bestritt, an irgendwelchen ruchlosen Ritualen des Schatzmeisters teilgenommen zu haben, und ich glaubte ihm, weil, wie das alte Sprichwort sagt, »im Wein Wahrheit liegt«. Mittlerweile war der Junge unverkennbar ein bißchen alkoholisiert. Aus seiner schwankenden Haltung, seinem leeren Gesichtsausdruck und seiner stockenden Sprache konnte ich alle Anzeichen von *ebreitas* ablesen. Und plötzlich begann er zu deklamieren, daß er wegen seiner »fleischlichen Sünden« vorhabe, sich jeden Tag, bis zu dem des Todes, auszupeitschen, um für die Entehrung seines Leibes Buße zu tun.

Woraufhin Pater Amiel ihn nach der angemessenen Buße für die Hinwegraffung fremden Lebens fragte.

»Nein!« Aimery schüttelte den Kopf so wild hin und her, daß er sein Gleichgewicht verlor und fast zu Boden fiel. »Nein, nein, nein! So etwas könnte ich nie und nie und nimmer tun! Ich habe ihn gefunden! Es war schrecklich! Ich mußte mich übergeben!«

»Schon dein Magen würde also gegen eine solche Tat rebellieren?«

»Ja!«

»Ich glaube dir.« Der Dominikaner sprach mit solcher Verachtung und kaltem Abscheu, daß es mir kalt den Rücken herunterlief. »Du bist kein Mann, du bist ein Wurm. Ein schwaches Wesen ohne Rückgrat, ein Gefäß für die Boshaftigkeit anderer. Du hast weder die Kraft noch den Mut, eine Tat zu begehen, sei sie auch noch so niedrig. Du liegst in Sünden begraben, bist vor Gott befleckt und verflucht, ein Werkzeug des Bösen. Hebe dich hinweg von mir, du verpestest die Luft. Ich kann dein verderbtes Fleisch nicht länger ertragen.«

Und er rief die Wachmänner, die Aimery de Sorgues wie einen Mehlsack davonschleiften.

# Sechster Gesang

An diesem Tag lud mich Pater Amiel nicht ein, mit ihm in der Priorei zu speisen. Vielleicht hielt er mich aufgrund meiner nächtlichen Ausschweifungen für zu unwürdig, das Brot mit ihm zu brechen, oder seine Brüder im Geiste hatten ein Veto eingelegt. Jedenfalls bot er mir keinen Platz an seinem Tisch an, ließ sich aber dazu herab, mich nach Hause zu begleiten. Warum er das tat, weiß ich nicht, denn wir sprachen unterwegs kaum miteinander. Er war von der morgendlichen Befragung erschöpft (und wohl auch in der Erinnerung an Na Béatricens nackte Brüste befangen), und daher nicht so sehr schweigsam als vielmehr stumm. Zudem kamen wir am Schwarzen Hahn vorbei, was die Unterhaltung zusätzlich erschwerte.

Ich für meinen Teil stand immer noch unter dem Eindruck des morgendlichen Verhörs. Ich will nicht sagen, daß ich diese Erfahrung bedauerte oder verabscheute, und ebensowenig empfand ich für Aimery de Sorgues tiefes Mitgefühl oder, im Gegenteil, heftige Ablehnung. Aber ich fühlte mich, wie ich gestehen muß, einigermaßen hilflos. Die Drehungen und Wendungen von Pater Amiels Befragungstaktik waren verwirrend und atemberaubend gewesen, und vor allem seine kalte Zurückweisung am Schluß hatte mich wie ein Schlag getroffen. Aus welchen inneren Quellen hatte sich diese giftige Mißbilligung gespeist? Und wohin war sie danach geflossen? Denn kaum hatte Pater Amiel die

Worte geäußert, war er auch schon wieder so leidenschaftslos und ruhig wie gewöhnlich.

Und er äußerte sich überhaupt nicht zu dem, was vorgefallen war.

»Habt Ihr dem Schreiber tatsächlich geglaubt?« fragte ich schließlich, nachdem wir den Schwarzen Hahn hinter uns gelassen hatten. Es war ein schöner und klarer Tag, zu dessen Sonnenlicht der Pater, blaß und blinzelnd, nicht recht passen wollte; als eine Gruppe lachender, mit Wäsche beladener Frauen an ihm vorüberstob, schwankte er wie ein neugeborenes Lamm, aber seine Antwort war klar und unzweideutig.

»Ich habe keinen Grund, ihm nicht zu glauben. Bis auf weiteres.«

»Werdet Ihr Fulques befragen?«

»Das hier zu erörtern, ist nicht der Ort, Maître Raymond. Wenn Ihr gestattet.«

Verschüchtert schwieg ich. Auch er sagte kein Wort. Vielleicht wären wir so auseinandergegangen, wenn wir nicht vor meiner Haustür auf eine ziemlich lautstarke Menschengruppe gestoßen wären. Aus der Entfernung erkannte ich Gaillard, nicht aber die beiden anderen Männer. Einer war jung und pickelig, armselig gekleidet und grämlich dreinblickend. Der andere hatte graues Haar, ein Ränzlein und dickliche, schweißglänzende Gesichtszüge. Er war hochrot und trug kostbare Kleider von düsterer Farbe.

Etwas in seinem Benehmen machte mich stutzig, und als er von Gaillard so etwas wie Zustimmung zu erheischen schien, verlangsamte ich meinen Schritt. Aber als der Knappe genickt hatte – und noch ehe ich irgend etwas sagen konnte –, baute sich der fette, rotgesichtige Fremde vor mir auf, packte mich am Gewand und röhrte etwas über seine Tochter.

»Ihr!« schrie er. »Ihr seid Raymond Maillot?«

»Ja, was ist denn –«

»Ihr seid ein Schurke! Ihr heiratet meine Tochter, oder ich fordre Euren Kopf!«

»Eure Tochter?« stammelte ich und fragte mich so verzweifelt wie verwirrt, welche meiner zahlreichen Eroberungen mit einem solchen Vater gesegnet sein könnte. Normalerweise, müßt Ihr wissen, gehe ich jungfräulichen Töchtern gutbetuchter Familien möglichst aus dem Weg, wobei es ohnehin schwierig genug ist, so eifersüchtig gehütete Schätze auch nur von ferne in Augenschein nehmen zu können. »Wer ist Eure Tochter?« fragte ich, und er schüttelte mich, daß mir die Zähne wackelten.

Glücklicherweise eilte mir Gaillard zu Hilfe.

»Hört auf damit!« fauchte er und stieß meinen Angreifer beiseite. »Was ist, in Gottes Namen, in Euch gefahren?«

»Meine Tochter ist schwanger«, lautete die schreckliche Antwort, »und er hier ist der Vater!«

O meine Freundinnen, könnt Ihr Euch vorstellen, daß mir bei diesen Worten das Herz in die Hose rutschte? Könnt Ihr Euch meine Verzweiflung vorstellen angesichts so unwillkommener Botschaft? Wie betäubt fragte ich noch einmal nach dem Namen des Mädchens.

»Habt Ihr so viele beglückt?« schrie der erzürnte Vater. »Ich heiße Jean Mignard, und sie Marie – wie Ihr zweifellos wißt!«

Marie Mignard? Eine Welle der Erleichterung rollte durch mich hindurch. Der Name sagte mir nichts. »Ihr seid an den Falschen geraten«, meinte ich und tat einen Schritt rückwärts, als Meister Mignard mir an die Kehle wollte. Unglücklicherweise stieß ich dabei gegen Pater Amiel, der sofort zu Boden stürzte. Dieser Anblick lenkte Meister Mignard von seinem Vorhaben ab, und Gaillard packte ihn am Ellbogen.

»Wartet!« rief der Knappe aus. »Ihr seid doch aus Valence, nicht wahr?« Gaillard hatte, wie er mir später sagte, zuvor bereits mit dem Fremden ein paar Worte gewechselt.

»Valence? Also, *ich* bin noch nie in Valence gewesen«, bemerkte ich, verteidigte mich aber, da ich mich um den Mönch kümmerte, nicht mit dem Nachdruck, den ich sonst an den Tag gelegt hätte. »Es tut mir leid, Pater. Ist Euch was passiert?«

»Nein, gar nichts. Danke.«

»Die Untat geschah in La-Sainte-Baume!« bellte Mignard. »Meine Tochter hatte eine Pilgerfahrt dorthin gemacht und besuchte die Grotte der Hl. Marie-Madeleine –«

»Die ich nie gesehen habe. Meister Mignard, ich bin nicht der, den Ihr sucht. Wer hat Euch meinen Namen genannt?«

»Marie selbst!«

»Dann ist sie belogen worden.« Plötzlich fiel mir ein, daß der einzige Mann aus meiner Bekanntschaft, der jemals nach La-Sainte-Baume gekommen war, Othon gewesen sein muß. Mir fiel auch seine verächtliche Beschreibung der Grotte ein, die nach »Pisse und Weihrauch« gerochen hatte. Könnte er unverzeihlicherweise die Jungfer bestiegen und dabei meinen Namen angegeben haben? »Wo ist Eure Tochter? Führt sie her, und sie wird Euch sagen, daß wir einander noch nie begegnet sind.«

»Meine Tochter ist zu Hause eingesperrt!« versicherte der hitzköpfige Alte. »Glaubt Ihr, ich würde sie noch einmal auf die Straße lassen?«

»Dann sagt mir, wann sie in La-Sainte-Baume gewesen ist.«

Er nannte das Datum, zu dem ich, dem glücklichen Zufall sein Dank, gerade am Hof von Kardinal Orsini beschäftigt gewesen war. Davon setzte ich Meister Mignard in Kenntnis und wies ihn darauf hin, daß der Kardinal ihm von mir signierte und datierte Dokumente zeigen könne, die meine Unschuld bewiesen.

»Seid Ihr da sicher?« fragte er mißtrauisch.

»Völlig sicher.«

»Und Ihr meint, jemand habe sich Eures Namens bedient?«

»Es sieht ganz danach aus.«

»Aber warum?«

»Das weiß ich nicht.« Obwohl ich Othon im Verdacht hatte, konnte ich es nicht über mich bringen, ihn ohne Beweise zu beschuldigen. »Zweifellos wollte der Mann, der Eurer Tochter das antat, seine wahre Identität verbergen.«

»Aber warum hat er *Euren* Namen benutzt?« grollte Mignard. »Ihr müßt mit diesem Mann bekannt sein. Ihr müßt wissen, wer er ist.«

»Leider nicht.«

»Ihr müßt es wissen!« Erneut verlor er die Geduld. »Sagt es mir! Sagt mir, wer er ist!«

»Ich kann es nicht.«

»Aber er *kennt* Euch!«

»Meister Mignard, *jeder* hier kennt mich.« Das stimmte nicht so ganz, aber ich mußte irgendeinen Ausweg finden und meine schwachen Glieder vor weiteren Angriffen bewahren. »Ich bin ein berüchtigter Wüstling. Ich habe mehr Frauen als Mahlzeiten vernascht. Stimmt das nicht, Gaillard?«

»Genau«, antwortete er. Wahrscheinlich begriff er, worauf ich hinauswollte, denn er nickte eifrig. »O ja, Raymond ist ein Schürzenjäger.«

»Wär ich aus Avignon und wollte ein Mädchen zur Sünde verführen und die Schuld jemand anderem in die Schuhe schieben, wäre Raymond Maillot der erste Name, der mir einfiele!« Während ich sprach, fiel mir ein, daß Pater Amiel immer noch hinter mir stand, und ich fragte mich, was ihm wohl durch den Kopf ging. Sicherlich keine Lobeshymnen. »Fragt die Leute im Schwarzen Hahn. Die kennen unzählige Geschichten über mich.«

»Sehr richtig«, sagte Gaillard, weiterhin nickend. »Sehr richtig. Die Frauen lieben Raymond. Er ist ein echter Freudenspender.«

»Man sollte ihn kastrieren!« forderte Meister Mignard. »Und wenn er meiner Tochter zu nahe getreten ist –«

»Niemals, das beschwöre ich. Fragt den Kardinal.«

»Das werde ich!« bellte der Alte. »Das werde ich, und wenn Ihr lügt, möge Gott Euch vergeben. Ich nicht!«

Und mit diesen Worten, und während ich die übrigen mit vielsagend rollenden Augen bedachte, wollte er davonstürmen, merkte dann aber, daß er gar nicht wußte, wo Kardinal Orsini zu finden war. Gedämpfteren Tons fragte er mich nach dem Weg, und ich antwortete ihm höflich. Schließlich galt mein Zorn nicht ihm, sondern Othon.

Denn ein Vater ist berechtigt, Genugtuung zu verlangen von dem Mann, der seine Tochter entehrt hat – sofern es der richtige ist.

»Armer Kerl«, bemerkte ich, während er davoneilte. »Aber wenn das Mädchen eine anständige Mitgift bekommt, sollte er sie unter die Haube bringen.« Keine Antwort; die Umstehenden schienen wie vom Donner gerührt. Vielleicht waren sie erstaunt oder abgestoßen oder mußten erst einmal nachdenken. Gaillard starrte auf seine Schuhe, Pater Amiel betrachtete Gaillard, und der picklige Jüngling hatte seinen Blick auf mich gerichtet. »Was ist denn?« fragte ich ihn. »Was willst du von mir? Kenne ich dich?«

Er schüttelte den Kopf. »Ich komme von Na Rixende Levieux«, sagte er.

»Aha?«

»Ich soll Euch sagen, daß ihr Mann die Stadt verlassen hat und sich heute abend nicht mit Euch treffen kann.«

Woraufhin er schwieg, die Arme über der Brust verschränkte und wartete. Ich muß dazu erklären, daß ich keineswegs geplant hatte, mich mit Na Rixendes Mann zu treffen. Aber ich pflegte vertrauten Umgang mit seiner Frau, die unweit des Hauses meiner Mutter aufgewachsen war und mit jedem Jahr an Schönheit gewonnen hatte. Trotz ihrer eher geringen Mitgift hatte sie einen wohlhabenden Waffenschmied geheiratet, der drei Werkstätten, ein paar Weingärten, ein Gehöft, eine Mühle und vier erwachsene Kinder aus erster Ehe sein eigen nannte. Er war fromm, zurückhaltend, sparsam, mürrisch, grobbehaart und liebte religiöse Erörterungen. Zudem war er im Bett ein Totalversager. Seinem Weib zufolge konnte man »aus ihm keinen Tropfen Saft herausquetschen«. Kein Wunder also, daß die arme Frau, die jung und gesund war, bisweilen meiner Aufwartung bedurfte.

»Ich danke dir«, antwortete ich ihrem Diener (denn das war er aller Wahrscheinlichkeit nach). »Sag deiner Herrin, daß ich ihre Botschaft erhalten und ... verstanden habe.«

Der Junge warf mir einen kurzen Blick zu, zog dann den Kopf zwischen die Schultern und machte sich davon. Blieben noch Gaillard und Pater Amiel. Der Knappe schaute den Mönch mit leichtem Unbehagen an, doch schien dieser sich der Tatsache, daß seine Anwesenheit meinen Freund so beunruhigte, nicht bewußt zu sein. Vielmehr begrüßte er ihn jetzt recht heiter und setzte mich davon in Kenntnis, daß er mich nachher auf dem Weg zum Gefängnis abholen werde. Meister Mignard oder Na Rixendes Diener erwähnte er mit keinem Wort. Er lächelte sogar, als ich mich vor ihm verneigte, und winkte mir beim Weggehen zu.

Gaillard und ich sahen ihm eine Zeitlang hinterher, ohne zu sprechen.

»Möge Gott uns behüten«, meinte Gaillard schließlich mit düsterer Miene. »Wie hältst du das nur aus?«

»Was?«

»*Mönche*. Das sind keine Männer, Raymond, sondern irgendwas anderes.«

»Vielleicht. Hast du schon lange gewartet?«

»Nein. Ich hab darauf gehofft, daß du zum Essen nach Hause kommst.« Er seufzte und zog aus seinem Umhang ein zusammengefaltetes Stück Pergament hervor. »Ich wollte mit dir über diesen Brief reden. Hätte ich gewußt, daß *er* bei dir ist, wäre ich weggeblieben.«

»Ist das die Vorladung?«

»Ja.«

»Komm mit rein. In der Küche gibt's bestimmt was zu essen für dich.«

Glücklicherweise hatte nur meine Mutter die Vorgänge vor dem Haus mitbekommen. Arnaud war fortgegangen, und Alazais hielt sich mit Kind und Milchamme bei Jeanne auf, so daß die unvermeidlichen Vorwürfe auf ein Minimum beschränkt blieben. Während meine Mutter die aus Kohl, Rüben, Lauch und Speck bestehende Suppe auf den Tisch stellte, schimpfte sie zwar, ich würde mit meinen Eskapaden Schande über die Familie bringen, wurde aber durch die Magd abgelenkt, die ungeschickterweise einen Topf mit Pferdebohnen fallen ließ. Gaillard und ich konnten also ziemlich ungestört unser Mahl verzehren und dabei über Mignard und seine Tochter reden.

»Es muß Othon gewesen sein«, meinte der Knappe. »Wer sonst käme in Frage?«

»Aber daß er meinen Namen benutzt hat! *Meinen* Namen!«

»Wahrscheinlich hielt er es für einen tollen Witz. Vielleicht hat er meinen Namen auch schon verwendet. Und Bérengars.«

»Ich werde die Sache mit ihm klären.«

»Warum sagst du es nicht dem Vater? Dann könnte *er* Othon verdreschen.«

»Nein.« Ich hatte mich bereits entschieden. »Wer weiß, ob das Kind wirklich von Othon stammt? Vielleicht hatte Marie eine Vorliebe für *vit fort.* Aber ich werde mir dieses stinkende Aas zur Brust nehmen. So was tut der mir nicht noch mal an.«

Diese Drohung wiederholte ich mehrmals in schön gedrechselten Sätzen, fragte mich dabei jedoch, wie ich sie gegen einen so kräftigen Mann ins Werk setzen sollte. Gaillard verlor schon bald das Interesse an meinen Bekundungen. Er wollte über die Vorladung reden. Wir gingen in mein Zimmer, wo keiner uns belauschen konnte. Er müsse sich keine unnötigen Sorgen machen, teilte ich ihm mit. Die Sache wäre nicht weiter wichtig. Pater Amiel wolle nur aufschreiben lassen, was Gaillard über Guillaume Monier wisse.

»Aber warum gerade ich?« seufzte er. »Was ist mit den anderen Knappen?«

»Hat Guillaume mal einen von ihnen aufgefordert, ihm zu Willen zu sein?«

»Möglicherweise.« Gaillard errötete. »Ich hab sie nicht danach gefragt.«

»Wenn du es für möglich hältst, solltest du es Pater Amiel sagen. Vielleicht lädt er die anderen auch noch vor.«

»Und was soll ich ihm noch sagen, Raymond?« Gaillard schaute mich furchtsam an. »Was wird er fragen? Hilf mir. Was muß ich machen, um alles richtig zu machen?«

»Am besten sagst du ihm die Wahrheit.«

»Aber ich habe Guillaume doch damit gedroht, ihm den Schwanz zu kupieren! Wenn ich das zugebe, wird dein Mönch *mich* für den Mörder halten!«

Ich überlegte. Gaillards Befürchtungen waren nicht gänzlich unbegründet. Sollte ich ihm raten, seine Drohung einfach zu verschweigen? Aber mittlerweile kannte ich Pater Amiels Vernehmungstaktiken, wußte, mit welchen Tricks, Schocks, Überredungskünsten und Ablenkungsmanövern er die Leute zum Geständnis brachte. Wenn Gaillard etwas verbarg, würde der Dominikaner es herausfinden.

»Mein Freund«, erklärte ich, »du solltest die Wahrheit sagen. Die ganze Wahrheit. Sonst machst du es nur noch schlimmer.«

»Meinst du wirklich?«

»Aber sicher.«

»Wenn man mich verhaftet, Raymond, bist du dafür verantwortlich.«

»Man wird dich nicht verhaften.«

Da ich mir in diesem Punkt jedoch nicht so ganz sicher war, gelang es mir auch nicht, Gaillard zu beruhigen, der mich wohl gerne noch weiter mit Vorwürfen bedacht hätte, andererseits jedoch unter keinen Umständen Pater Amiel begegnen wollte. So verließ er mich Hals über Kopf, und ich verfiel in Nachdenklichkeit. Doch kreisten meine Gedanken nicht um Gaillards Sorgen, sondern – *mea culpa* – um mein Verhältnis zu Rixende Levieux.

Diese Frau, muß ich Euch sagen, war nicht nur Samt und Seide. Sie konnte töricht und bockig sein, albern und selbstsüchtig, eitel und unvernünftig. Aber sie war, ach!, eine Rose. Weiß wie frische Milch, süß wie eine Lilie, rundlich wie ein Täubchen, mit sternenglänzenden Augen und erdbeerroten Lippen. An ihrem Fleisch sich zu weiden, hieß, Honig und Sahne zu schlürfen; sie duftete nach Gewürzen, und ihre Haut war wie handgesponnene Seide. Zudem war ihre Gegenwart kein alltägliches Vergnügen, denn ihr Ehemann verbrachte die meisten Abende zu Hause. Nur ein Heiliger hätte der Versuchung namens Rixende widerstehen können; ich aber war und bin keiner.

Natürlich wußte Na Béatrice von meinen seltenen Besuchen im Haus der kleinen weißen Rose nichts, was mir damals, als ich so schamlos Unzucht trieb, keine Gewissensbisse verursachte. »Wir sind nicht verheiratet«, beruhigte ich mich. »Ich habe Béatrice keinen Eid geschworen. Manchmal bleibt ihr Schlafzimmer für mich verschlossen, und wo soll ich dann hingehen?« Und so dachte ich weiter an Rixende, ihre apfelrunden, festen Brüste und die Maus zwischen ihren Beinen, deren Fell weich war wie Wolle und deren Mäulchen so feucht und hungrig wie der Mund eines Säuglings.

Wie gerne dachte ich an dieses warme, dunkle Versteck, und mein »drittes Bein« – wie Na Béatrice das Instrument so großzügig genannt hatte – dachte mit, erhob sich und war durchaus bereit, zu einer kräftigen *estampida* aufzuspielen. Gerade hatte ich den richtigen Rhythmus gefunden, als ich – o Peinlichkeit! – Pater Amiels Stimme vernahm. Meine Kleider waren in Unordnung, und ich mußte mit Schnüren und Knöpfen kämpfen, um das Instrument wieder zu verpacken, das sich indes nur allzu prägnant unter den Hüllen bemerkbar machte.

»Ich – ich k-k-ko-komme! Gleich!« rief ich und versuchte, die Schlange der Lust niederzuwerfen. Sollte ich kaltes Wasser nehmen? Aber der Gedanke an Pater Amiels noch viel kälteren Blick angesichts meiner Enthemmung reichte hin, um den Schrumpfungsprozeß in Gang zu setzen, und als ich auf die Straße trat, war mein drittes Beinchen sicher im Hosenlatz verstaut, wo es unschuldig ruhte wie eine schlafende Nacktschnecke.

Pater Amiel jedenfalls schien nichts Anstößiges zu bemerken.

Er begrüßte mich freundlich und in besserer Stimmung als vorhin. Während wir zum Gefängnis gingen, beehrte er mich mit einem kleinen Vortrag über berühmte Festmähler, die in der Priorei stattgefunden hatten und zu denen auch das Bankett gehört hatte, das anläßlich der Ankunft von Papst Johannes in Avignon veranstaltet worden war. Pater Amiel sprach sehr amüsant, aber ich konnte seine Ausführungen nur halb genießen, denn ein höchst unglückseliger Umstand lenkte mich ab.

Vielleicht war es die Kohlsuppe gewesen oder der Schreck des Erwachens aus meiner lustvollen Träumerei – jedenfalls wurde ich von heftigen Leibeswinden geplagt. Nun ist ein Furz kaum mehr als der Anlaß für einen Witz, eine Beschwerde oder (wenn er besonders kräftig knarzte) ein Kompliment. Manche machen auch einfach eine Bemerkung über die Eingeweide von Hausvieh. Ein Hauch gewürzter Luft ist kein Grund, sich zu schämen. In einem Kloster geht es offenbar anders zu – oder Pater Amiel hatte niemals mit solchen Flatulenzen zu kämpfen. (Jedenfalls gab er in meiner Gegenwart keine entsprechenden Laute oder Düfte von sich.) Ich dagegen wurde mir in seiner Nähe der Arbeitsamkeit meiner Eingeweide bewußt. Ich unterdrückte Rülpser und wurde rot, wenn es in meinen Därmen rumorte. Seltsam, nicht wahr? Er verlor darüber nie ein Wort und zeigte durch keinen Blick, daß es ihm unangenehm war. Aber vielleicht fühlte ich mich gerade darum neben ihm zu unbeholfen, laut und schlecht riechend.

Aber er war immer so leise und adrett – wahrscheinlich wäre es anderen Leuten neben ihm ähnlich ergangen.

Während ich fortlaufend Pfeif- und Trompetentöne aussandte, fühlte ich mich wie jemand, der in aller Öffentlichkeit seine Hosen beschmutzt hat. Ich war über die Maßen verlegen, und Pater Amiels beharrliche Weigerung, meine Luftverpestungsmaßnahmen zu kommentieren, machte mich noch verlegener. Glaubt mir, ein scherzhafter Hustenanfall, eine gerümpfte Nase oder eine mitfühlende Bemerkung über den Zustand meiner

Eingeweide wäre erträglicher gewesen. So aber gewann ich den Eindruck, daß mein Verhalten zu schrecklich war, um es zur Kenntnis zu nehmen.

Allerdings konnte ich nicht lange über meine innere Unruhe nachgrübeln, denn schon bald stürzte mich ein anderes Ereignis in sehr viel stärkere Qualen als das übelriechende Geknatter meiner Winde. Denn der nächste Zeuge hieß Bona Claret, die Dienerin von Masseo di Vico.

Als sie den Raum betrat, erkannte ich sofort das junge Mädchen wieder, das mir vor einigen Jahren an der Mauer eines Speicherhauses bei der Brücke Saint-Bénézet den Kelch ihrer Freuden geöffnet hatte.

# SIEBTER GESANG

Ich muß die Zusammenhänge erklären. Seht Ihr, ich hatte mich vor Zeiten in die Tochter eines Notars verguckt, bei dem ich als Gehilfe arbeitete. Er war verwitwet, und seine Tochter führte den Haushalt, da sie offenbar nicht den Wunsch hatte, zu heiraten und im Patrimonium eines anderen Mannes tätig zu sein. Sie war groß, tüchtig und befehlsgewohnt, wenigstens zehn Jahre älter als ich und hieß Dulcie Poisson. Ich hatte mich von ihrer königlichen Haltung und ihrer tiefen, vollen Stimme in den Bann schlagen und zudem davon beeindrukken lassen, daß ihr sehr viel mehr Bildung gewährt worden war als den meisten Angehörigen ihres Geschlechts; sie konnte sogar ein bißchen Latein.

Aber Dulcie war an einem unreifen Studenten nicht interessiert. Zwar erörterte sie mit mir während der Arbeit recht gern hochgeistige Themen, verschmähte aber meine hübschen Reden und kleinen Geschenke, die von meiner Hingabe zeugten. Allerdings lehnte sie auch alle anderen, die ihr den Hof machten, ab, und als ihr Vater starb, zog sie sich in ein Kloster zurück, wo sie jetzt wahrscheinlich als Äbtissin schaltet und waltet. Vielleicht hätte ich absehen können, daß sie eines Tages ein Keuschheitsgelübde ablegen würde, denn von Männern sprach sie nur mit kaum verhohlener Verachtung. Sie hatte eine ziemlich spitze und darum verletzende Zunge, die auch mich nicht verschonte. Als wieder einmal einer ihrer Pfeile mich getroffen hatte, ließ ich mich von Bona, ihrer Magd, trösten. Ihren Namen kannte ich jedoch nicht und machte auch nicht den Versuch, ihn kennenzulernen. Ich wußte nur, daß das Mädchen nicht abgeneigt war, denn eines Abends folgte sie mir bis zum Fluß, ganz heimlich-offensichtlich, denn jedesmal, wenn ich mich umdrehte, versteckte sie sich hinter einer Mauerecke.

Zwar gehörte unser Liebesakt nicht zu jenen, die sich ins Herz einbrennen (dafür war er zu kurz und die Stellung etwas unbequem), aber ihr Gesicht war mir im Gedächtnis geblieben. Sie hatte mir immer die Tür zu Dulcies Haus geöffnet, und als sie jetzt die dämmrige Zelle betrat, erkannte ich das lange Kinn und die kleinen, runden Augen sofort wieder, auch wenn diese mittlerweile in einige Falten eingebettet waren. Bona war ungewöhnlich sorgfältig herausgeputzt und wurde von einem Anwalt begleitet.

Einen Moment lang starrte ich sie wie gebannt an. Dann senkte ich das Kinn auf die Brust, richtete den Blick auf das Pergament, versteckte das Gesicht, so gut es ging, hinter einer Hand und fragte mich, womit ich ein so furchtbares Schicksal denn eigentlich verdient hatte. Wieder plagte mich die Sorge, daß Pater Amiel mich entlassen würde, wenn er die Wahrheit erführe. Am liebsten hätte ich mich aus dem Staub gemacht; zumindest wagte ich nicht, die Augen vom Pergament zu heben, ja, ich war so verstört, daß ich das Gespräch zwischen dem Dominikaner und Bonas Anwalt (den Masseo di Vico ihr besorgt hatte) kaum mitbekam. Während ich zitterte und schwitzte, wies Pater Amiel darauf hin, daß es in Bonas Fall nichts zu verteidigen gebe – sie sei Zeugin und habe daher nicht das Recht auf einen juristischen Beistand. Wie bereits bei Lothaire Lagarrigue erwies sich die Argumentation auch diesmal als zugkräftig, und der Anwalt zog sich, wenngleich widerstrebend, zurück.

Was Bona empfand, als er ging, vermag ich nicht zu sagen; ich hatte Angst, sie anzuschauen. Aber sie schwor ihren Eid mit fester Stimme, und mir fiel ein, daß sie ein eher schlichtes und sonniges Gemüt besaß und im Umgang mit Angehörigen höherer Stände immer eine seltsame Art von Respektlosigkeit gezeigt hatte. Rangunterschiede schien es für sie nicht zu geben, und sie begegnete einem Ritter oder einem Juristen mit ebenso herzlicher Vertrautheit wie einem Hausierer oder einem Grobschmied. Sie war wohl zu einfach, um solche Differenzen wahrnehmen zu können.

Auch jetzt schien sie sich durch die Düsterkeit des Gefängnisses, die bedrohliche Bewaffnung der Wachen und die einschüchternde Formalität des Verfahrens nicht beeindrucken zu lassen. Vielleicht sah sie nur zu schmale Fenster, gelangweilte Soldaten und einen kleinen Mönch mit einer leisen Stimme. Oder sie schöpfte Mut, weil ich zugegen war, denn sie antwortete auf Pater Amiels Fragen tapferer, als ich es mir vorgestellt hatte.

»Du hast Lothaire Lagarrigue erzählt, du habest Masseo di Vico gesehen, wie er einen Zauber vollführte«, bemerkte der Mönch in der Umgangssprache. Er formte die Sätze langsam und deutlich, als trüge er Besorgnis, sonst nicht verstanden zu werden. »Sag mir, wie es dir gelang, das zu beobachten.«

Bona holte tief Luft, die sie dann mit einem kleinen Seufzer wieder ausstieß, der in meinen Ohren wie ein Ausruf des Erstaunens klang. »Du weißt also davon!« rief sie.

»Bitte beantworte meine Frage.«

»Lothaire muß es dir gesagt haben.«

»Bitte beantworte meine Frage, Bona.«

»Ja, natürlich. Aber das ist schon komisch.« Ohne zu erklären, was komisch war und warum, wiederholte sie die Geschichte, die sie Lothaire erzählt hatte. »Ich ging nach oben zum Schlafzimmer, weil ich mir die Kleider meiner Herrin so gern ansehe, und da hörte ich den Herrn und seinen Sohn, die in einer fremden Sprache sangen –«

»Masseo di Vico und seinen Sohn Girolamo?«

»Ja. Ich linste durch die Tür, und da standen sie beide am

Tisch. Girolamo hielt einen Becher hoch, und der Herr drückte aus einem weißen Tuch blutiges Wasser da hinein.«

»Woher weißt du, daß es blutig war? Eine rote Färbung kann viele Ursachen haben.«

Ein längeres Schweigen folgte. Ich hielt den Blick weiterhin gesenkt und nahm an, daß Bona die Frage mit einiger Mühe bedachte.

Schließlich sagte sie: »Es sah eben wie Blut aus. Es muß Blut gewesen sein. Wein oder Farbe war's jedenfalls nicht.«

»Und wußtest du, worum es bei dieser Handlung ging?« wollte Pater Amiel wissen. »Hast du erkannt, daß ein Zauberbann vollführt wurde?«

»O ja.«

»Aber du sagtest nichts.«

»Nein, natürlich nicht. Eigentlich sollte ich doch in der Küche sein.«

»Meine Tochter«, fuhr der Dominikaner geduldig fort, »warum hast du nicht den Gemeindepriester angesprochen? Zweifellos wird man dir gesagt haben, daß Hexerei etwas Falsches ist.«

»Natürlich!« Zum ersten Mal verlor Bona ihren Gleichmut und klang ein wenig ängstlich. »Wenn der Herr jemanden mit einem Fluch bedacht hätte, wär' ich zu Pater Hugues gegangen. Aber ich dachte, es geht um Liebeszauber. Und Liebeszauber ist gut, nicht schlecht.«

»Wie kommst du darauf?«

Wiederum zögerte die Zeugin. Als sie antwortete, schien sie etwas verwirrt.

»Weil er niemandem schadet. Weil Liebe etwas Gutes ist.«

»Aber nicht als Gegenstand von Nekromantie«, erwiderte Pater Amiel mit weniger Nachdruck, als ich erwartet hatte. Ob Bona ihn verstand, kann ich nicht sagen, denn immer noch war ich bemüht, mein Gesicht im verborgenen zu halten. Der Dominikaner jedenfalls schien nicht willens, seine Zeit damit zu verschwenden, die fehlerhaften Auffassungen einer unwissenden weiblichen Person zu korrigieren. Er ging zur nächsten Frage über. »Warum glaubst du, daß es sich gerade um einen Liebeszauber handelte?«

»Weil Emilia verlobt ist.«

»Emilia? Seine Tochter?«

»Genau. Weißt du, wenn ein Mädchen zum ersten Mal den Blutfluß hat, muß sie ihn aufbewahren und ihrem Mann heimlich zu trinken geben, damit er sie immer liebt.« Bona erzählte das so sachlich, als handelte es sich um ein Küchenrezept. »Ich dachte, der Herr würde für Emilias Verlobten so einen Trank mischen.«

Zweifellos würdet Ihr gerne wissen, wie ein Dominikaner dreinschaut, wenn er von solch geheimem Liebeszauber hört, und auch ich hätte es gerne gewußt, aber immer noch blickte und schrieb ich vor mich hin, die Hand als Schutz an der Wange.

Sollte Pater Amiel schockiert oder angewidert gewesen sein, so ließ sich seiner Stimme jedenfalls nichts anmerken.

»Wer hat dir das mit dem Blutfluß erzählt?« fragte er kühl.

»Na Munda Giraud«, erwiderte Bona.

»Und wer ist Na Munda Giraud?«

»Das war meine erste Herrin. Der Blutfluß kam, als ich in ihren Diensten stand, und sie sagte, ich solle das Tuch, in das er gesickert war, aufbewahren.«

»Ich verstehe.«

»Und es klappte auch«, schloß sie, »weil ich es einmal in *seinen* Wein tat, und danach hat er mich geküßt, und wir waren ein Fleisch.«

Wehe den Unzüchtigen! Was ich befürchtet hatte, war eingetreten – ich mußte nicht Bonas Geste sehen, um zu wissen, auf wen sie deutete und wessen Wein sie meinte. Pater Amiel jedoch war aus der Fassung gebracht; während ich die Feder fallen ließ und die Hände vor die Augen legte, forderte er sie auf, sich deutlicher auszudrücken.

»Was meinst du damit? Geht es um diesen Mann hier?«

»Ja.«

»Um Raymond Maillot?«

»Ja.«

»Du hast ihm Wein gegeben, dem dein erster Ausfluß beigemengt war?«

»Ja.«

Jäh überfiel mich Übelkeit, und ich glaubte, mich übergeben zu müssen, und legte die Hände von den Augen auf den Mund. Da sah ich, daß der Dominikaner mich anstarrte. Er war offensichtlich von einem starken Gefühl bewegt, doch konnte ich es nicht deuten.

»Er war in meine Herrin verliebt«, fuhr Bona fort, »aber ich wollte ihn. Also nahm ich das Tuch.« Sie grübelte ein bißchen und fügte dann hinzu: »Vielleicht hätte ich es etwas länger im Wein lassen sollen. Er ging nur einmal mit mir und hat hinterher kaum wieder mit mir gesprochen.«

Ach, liebe Freundinnen, diese Schande! Diese Demütigung! Hätte ich doch nur in den Erdboden versinken können! Selbst der Tod wäre mir willkommen gewesen! Zum Glück kam es weniger schlimm.

Ein paar Augenblicke lang trommelte Pater Amiel mit den Fingern auf dem Tisch. Dann räusperte er sich, befahl mir kurz und sachlich, die Feder wieder aufzunehmen, und wandte sich erneut der Zeugin zu, von der er wissen wollte, ob Na Munda noch andere zauberkräftige Mittel erwähnt hätte.

Zu meiner großen Erleichterung ließ Bona sich nicht weiter über mein niederträchtiges Verhalten aus. Ich hatte zunächst befürchtet, sie wäre nachtragend und wolle sich an mir rächen, doch lebte sie offenbar viel zu sehr in der Gegenwart, um Reue, Trauer oder Zorn über vergangene Ereignisse im Herzen zu bewahren.

Sie zählte nun eine ganze Liste von Na Mundas Zaubermitteln auf, die ich hier nicht im einzelnen wiedergeben will. Einige Beispiele mögen genügen, den Charakter dieser Ratschläge und

Vorkehrungen zu erhellen. Als Bona einmal eine kranke Freundin besuchte, wurde ihr gesagt, sie solle nahe dem Haus der Kranken einen Stein umdrehen. Befand sich darunter ein Wurm oder eine Ameise oder ein anderes Lebewesen, das sich bewegte, würde die Freundin genesen. Barg sich nichts dergleichen unter dem Stein, müßte sie sterben.

Ein anderes Mal sollte sie den Küchenherd säubern und eine noch warme Stelle mit Gerstenkörnern bedecken. Da diese nicht in die Höhe schnellten, meinte Na Munda, ihr Haus sei vor dem Feuer, das gerade in der Nachbarschaft wütete, sicher.

Pater Amiel ließ mich jede dieser kleinen Episoden *en détail* niederschreiben, was mich überraschte, denn diese Vorgänge hatten mit »Hexerei« nun wirklich nichts zu tun. Sie gehörten in die Küche der Bäuerin wie der Schweinemist und die Bündel getrockneter Kräuter. Eine alte Frau ohne derlei Tricks und Kniffe und Mittelchen war so häufig anzutreffen wie eine ohne Rheuma oder fehlende Zähne.

Nichtsdestoweniger bestand Pater Amiel darauf, jedes verknotete Band, jeden verborgenen Stein, jeden prophetischen Spiegel zu katalogisieren, um sich dann sofort und ohne weitere Begründung von diesem Thema abzuwenden und wichtigere Dinge zu erörtern. Er fragte Bona, ob sie Masseo di Vico noch bei weiteren Hexenkünsten beobachtet habe. Das verneinte sie, woraufhin er wissen wollte, warum sie Lothaire von der heimlichen Sünde ihres Herrn erzählt habe.

»Weil ich ihm alles erzähle.«

»Weil er dein Liebster ist?«

»Ja.«

»Wie ist er es geworden?«

Nun folgte eine lange und etwas verwickelte Geschichte, die sich der Dominikaner aufmerksam anhörte, obwohl der Inhalt das kaum zu rechtfertigen schien. Jedes Treffen fand Erwähnung, jeder Blick, jedes Wort, jeder Kuß. Es war eine in größter Heimlichkeit gelebte Beziehung.

»Dein Herr wußte davon nichts?« fragte Pater Amiel, nachdem Bona ihren Bericht beendet hatte.

»Aber nein. Er hätte mich rausgeworfen. Eine Magd wurde vor die Tür gesetzt, weil sie sich mit dem Stallknecht vergnügt hatte.«

»Du hast also für deinen Liebsten viel riskiert.«

»Ich glaube, ja.« Bona schien über die Wahrheit von Pater Amiels Bemerkung nachzudenken. »Aber eine Frau hat Liebe nötig«, erklärte sie. »Genauso nötig wie Essen und Trinken.«

Der Dominikaner grunzte. Ich versuchte mir vorzustellen, was er von dieser Antwort hielt. Aber er äußerte keinen Widerspruch, sondern meinte lediglich: »Du hast ausgesagt, daß die von Lothaire abgegebenen Botschaften immer schriftlicher Art waren. Er übergab sie dir, nachdem du ihn eingelassen hattest. Stimmt das?«

»Ja.«

»Er hatte also keine Gelegenheit, mit Masseo oder anderen Familienmitgliedern zu sprechen?«

Bona mußte wohl den Kopf geschüttelt haben, denn der Mönch forderte sie auf, ihre Antwort laut und deutlich kundzutun.

»Ich habe ihn nie mit jemandem von der Familie sprechen hören. Aber er hätte es wohl tun können.«

»Hat er dich jemals aufgefordert, deinen Herrn oder deine Herrin zu bespitzeln?«

»Nein, gewiß nicht.«

»Hat er dich je gebeten, ihm etwas von deinem Meister zu geben – Haare, Fingernägelreste, Spucke? Oder dich gefragt, ob du etwas von seinem Besitz stehlen würdest?«

»Nein.« Bona schien sehr verwundert. »Warum sollte er so etwas tun?«

»Hat er dich jemals gebeten, etwas im Haus deines Herrn zu verstecken oder auf die Schwelle oder in den Hof zu legen?« fuhr Pater Amiel fort, ohne ihre Frage zu beachten.

»Nein.«

»Befanden sich die Briefe, die er dir gab, manchmal in einer Tasche oder einem Beutel?«

»Nein. Sie waren zusammengefaltet und versiegelt.«

»So daß irgendwelche Gegenstände, die in ihnen versteckt gewesen wären, hätten herausfallen müssen?«

»Was meinst du damit?« Bona war verwirrt. »Gegenstände? Was für Gegenstände?«

Erneut ging der Mönch nicht auf ihre Frage ein und verstummte jetzt gar für einige Zeit. Bona ließ sich durch sein Schweigen jedoch nicht beeindrucken, sondern wandte ihre Aufmerksamkeit anderen Dingen zu und begann, liebevoll die Falten in ihrem schönen Leinenrock glattzustreichen. Plötzlich fiel mir ein, daß ihre Garderobe vielleicht ein Geschenk von Masseo sein könnte, eine kleine Bestechung, damit sie die Familie di Vico nicht denunzierte.

Pater Amiel schien ähnliche Gedanken zu hegen, denn unvermittelt fragte er Bona, ob ihr Herr sie gut behandle.

»Sehr gut. Er hat mich noch nie geschlagen.«

»Hat er dir das Gewand geschenkt?«

»Aber sicher!« Bona lachte. »Ich hätte es mir wohl kaum kaufen können!«

»Hat er es dir als Lohn für einen bestimmten Dienst gegeben?«

»Nein.« Bona strich immer noch über den Rock. Er war mit scharlachfarbenen Streifen abgesetzt. »Er schenkte ihn mir, weil ich seine Familie re ... repersen ... reprämen –«

»Repräsentierte?«

»Genau. Weil ich seine Familie re-prä-sen-tierte.«

»Vor diesem Tribunal?«

»Vor dir, Pater. Was ist ein ... Tribunal?«

Keine Antwort. Als ich aufblickte, sah ich, daß der Mönch Bona gedankenvoll beobachtete, doch was er dachte, war seinen Augen nicht abzulesen. Schließlich befragte er sie zu Masseos Familie, und ich merkte, daß er ausloten wollte, was sie für diese

Leute empfand. Es gibt viele Diener, die ihrer Herrschaft nicht eben in Liebe zugetan sind und bereit wären, sie wegen Hexerei anzuzeigen. Bona jedoch schien gegen die di Vicos keinen Groll zu hegen; sie sprach von ihnen ohne Boshaftigkeit und von Masseos Frau sogar mit offenkundiger Achtung – und sei es auch nur der schönen Kleider wegen, die sie erhalten hatte.

»Und wenn ich die anderen Bediensteten im Haushalt deines Herrn befrage, werden sie mir das gleiche erzählen? Werden sie sagen, daß du deinen Dienst mit Freude versiehst, meine Tochter? Denk jetzt gut nach, denn ich *werde* sie befragen.«

»Ach, wirklich? Dann bekommen vielleicht *alle* vom Herrn neue Kleider.«

Die verhüllte Drohung des Mönchs hatte sie nicht beeindruckt, weshalb er einen neuen Angriff startete.

»Begreifst du, daß dein Meister bestraft wird, wenn das, was du erzählt hast, wahr ist? Und daß du deine Stellung verlierst? Begreifst du das?«

Lange Pause.

»Ich glaube schon«, erwiderte Bona schließlich. Jetzt war sie eindeutig verunsichert; zweifellos hatte sie die möglichen Folgen ihrer Aussage nicht bedacht. Als der Dominikaner wissen wollte, ob es ihr nicht Sorgen mache, daß sie ihren Herrn ins Unglück stürze, kratzte sie sich am Kopf, runzelte die Stirn und meinte erneut: »Ich glaube schon.«

»Wollte dein Herr wissen, warum ich dich vorladen ließ? Fragte er, ob du vielleicht Geschichten über ihn verbreitet hast?«

»Nein. Aber er meinte, ich würde meine Stellung verlieren, wenn seiner Familie etwas Schlimmes passiert – wenn jemand von ihnen Avignon verlassen müßte oder ins Gefängnis gesteckt würde oder so etwas.«

»Und was hast du da gesagt?«

»Ich sagte, es täte mir leid, ihn zu verlassen.«

»Wußtest du, warum ich dich sehen wollte, Bona? Hast du es geahnt?«

»Ich dachte … wegen Lothaire.« Sie hatte angenommen, daß die Vorladung mit Lothaires Verhaftung und der Tatsache, daß er ihr Liebhaber war, zusammenhing. Aber sie wußte, daß er Pater Guillaume nicht umgebracht hatte. So etwas würde er niemals tun. Also hatte sie sich keine großen Sorgen gemacht. »Das mit dem Zaubertrank hatte ich schon ganz vergessen. Es fiel mir erst wieder ein, als du es erwähntest, Pater. Warum ist das so wichtig?«

Ich wunderte mich über ihre Hartnäckigkeit. Immer noch stellte sie Fragen, obwohl Pater Amiel ersichtlich nicht die Absicht hatte, darauf einzugehen.

»Würdest du für deinen Liebsten lügen?« war alles, was er sagte.

»Natürlich!« antwortete Bona vergnügt.

»Woher weiß ich dann, daß du jetzt und hier die Wahrheit sagst?«

»Weil ich auf die Bibel geschworen habe!« Ihr Ton war ernst geworden. »Gott würde mich strafen, wenn ich lüge, Pater.«

»Das würde er. Und die Strafe für falsches Zeugnis ist schrecklich. Du könntest ausgepeitscht oder eingekerkert werden. Willst du das?«

»Nein, Pater.«

»Denn das wäre dein Schicksal, wenn du mich belogen hast. Deine Sünde kommt ans Tageslicht. Verstehst du?«

»Ja, Pater.«

»Weißt du, wer den Schatzmeister getötet hat?«

»Nein, Pater.«

»Sieh mich jetzt an.« Der Dominikaner sprach ruhig, aber mit äußerstem Nachdruck. »Bona? Sieh mich an.«

Sie schaute auf, genau wie ich, und sah Pater Amiel unverwandt an.

»Sag mir die Wahrheit. Ich will die Wahrheit hören. Ich kenne sie, und ich will sie hören.«

Vielleicht hätte ein anderer Zeuge, unter anderen Umständen, an dieser Stelle die Waffen gestreckt. Mich jedenfalls beeindruckten seine Worte zutiefst, und da ich mich ohnehin schuldig fühlte, hatte ich auf einmal das dringende Bedürfnis, alle möglichen häßlichen Sünden zu beichten. Aber Bona war stärker – oder einfach unschuldiger.

»Ich *habe* die Wahrheit gesagt«, beschwerte sie sich, leicht aufgebracht. »Was willst du denn jetzt noch wissen, Pater? Lothaire ist ein guter Mann. Ein freundlicher Mann. Er beißt nur gern in meine Nippel. Willst du wissen, was wir miteinander im Bett gemacht haben? Ach, Pater, nichts anderes als andere auch.«

»Danke. Das genügt.« Pater Amiel senkte den Blick und ordnete die Blätter auf dem Tisch. »Du kannst jetzt gehen.«

»Ich kann gehen?«

»Ja.«

»Jetzt?«

»Ja.«

»Oh.«

Wie Ihr Euch vorstellen könnt, wäre ich am liebsten unter den Stuhl gekrochen. Aber ich hob tapfer die Augen und sah Bona, die bereits aufgestanden war. Sie zögerte. Dann lächelte sie mich an.

»Adieu, Raymond.«

»Adieu.«

»Es hat mich gefreut, dich wiederzusehen.«

Ich bin weiß Gott ein höflicher Mensch. Aber dies Kompliment konnte ich beim besten Willen nicht erwidern.

# Achter Gesang

Nachdem Bona sich zurückgezogen hatte, setzte ein wahrhaft schreckliches Schweigen ein. Ich hatte nicht den Mut, es zu brechen; wie es einem Sünder geziemt, saß ich mit gesenktem Kopf und niedergeschlagenen Augen da. Endlich räusperte sich mein Gefährte.

»Seid Ihr tatsächlich mit dieser Frau intim geworden?« fragte er.

Ich nickte.

»Also könnt Ihr«, erklärte er, »mir alles über ihren Charakter sagen.« Als ich ihn verwundert anstarrte, fügte er hinzu: »Offensichtlich verfügt sie nicht über einen im strengsten Sinne *guten* Charakter, aber ich möchte gern wissen, ob sie unter Eid lügen würde. Wäre so etwas möglich?«

Zunächst schien es mir kaum glaubhaft, daß Pater Amiel meine Meinung hören wollte, obwohl er wußte, daß ich ein unverbesserlicher Weiberheld war. Später aber erkannte ich, daß er eine Fähigkeit besaß, die bei Mönchen höchst selten zu finden ist: die Fähigkeit, zwischen der Sünde und dem Sünder zu unterscheiden. Seine Frömmigkeit verführte ihn nicht dazu, einen Laien summarisch zu verurteilen, dessen fehlerhaftes Verhalten in einem bestimmten Lebensbereich ihn in gewissen Situationen unzuverlässig machen mochte, während er sich in anderen durchaus bewähren konnte. Viele Mönche begreifen nicht, daß ein sexuell zügelloser Mann nicht unbedingt zugleich ein Dieb, ein Lügner, ein Vertragsbrecher, ein Mörder, ein Gourmand und ein Gotteshasser sein muß.

Trotz meiner Unzulänglichkeiten hatte Pater Amiel mich zu seinem Schreiber gemacht. Als ihm meine Schwäche für Frauen bekannt wurde, nutzte er die Gelegenheit, meine Ansicht über Bonas Wahrhaftigkeit einzuholen.

»Ich kenne Bona nicht besonders gut«, bemerkte ich vorsichtig, »und sie kann sich seit damals verändert haben. Aber ich glaube, daß sie nicht genug Phantasie hat, um mit solcher Könnerschaft zu lügen. Wenn Ihr wißt, was ich meine, Pater.«

Er starrte mich auf jene seltsam irritierende Weise an, die vielleicht nur das Ergebnis seines schlechten Sehvermögens war, mich jedoch aufgrund ihres unnachsichtigen, wo nicht gar unangemessenen Nachdrucks beeindruckte.

»Wollt Ihr damit sagen«, bemerkte er mit großer Bedachtsamkeit, »daß sie nicht den *intellectus* hätte, eine so komplexe Geschichte zu erfinden?«

»Richtig. Ja. Als ich sie kennenlernte, hatte sie ein schlichtes Gemüt. Gelogen hätte sie allenfalls mit ›ja‹ oder ›nein‹.«

»Aber vielleicht war Lothaire Lagarrigue die Quelle der Beschuldigung. Vielleicht hat er ihr die Geschichte eingetrichtert.«

»Aber wann? Hat sie ihn seit seiner Verhaftung im Gefängnis besucht?«

»Nein«, meinte Pater Amiel mit einer Gewißheit, die mir verriet, daß er Nachforschungen über die Anzahl und Identität der Personen angestellt haben mußte, die von den Mitgliedern des schatzmeisterlichen Haushalts im Kerker empfangen worden waren. »Nein. Sie ist hier nicht gesehen worden. Aber wenn Lothaire die Schuld an Pater Guillaumes Tod trifft, könnte er die Beschuldigung mit Bona vor seiner Verhaftung erörtert haben – noch bevor der Mord begangen wurde. Er würde gewußt haben, daß eine solche Geschichte uns ablenkt.«

»Möglich.« Aber ich hatte meine Zweifel. Ein derartiger Plan paßte nicht zu der Bona Claret, die ich kannte. »Ich meine, daß sie, soweit ich ihre Art zu reden beurteilen konnte, nicht gelogen hat, Pater. Natürlich kann ich mich irren.«

Fast erwartete ich, daß er irgendeine spitze Bemerkung über meine Irrtumsfähigkeit machen würde, aber er starrte mich weiter aufmerksam an, als wäre ich eine unleserliche Handschrift oder ein wunderbares Fresko. Schließlich erwähnte er Munda Giraud und fragte, ob sie mir bekannt sei.

Das war sie, weil Béatrice Rascas mir von ihr erzählt hatte. Béatrice hatte nämlich den Schwarzen Hahn von Na Munda gekauft und ihre letzten Schulden kurz vor dem Ableben der alten Frau bezahlt. Na Munda habe, meinte Béatrice, mit Bauernschläue gehandelt, die Taverne schon lange vor dem Kauf an Béatrice vermietet und sei immer eine ehrliche, wenngleich etwas voreingenommene Vermieterin gewesen. Sonst wußte ich nichts von ihr.

»Sie hatte Besitz. Mehr kann ich Euch nicht sagen.«

»Munda Giraud war nicht die Herrin, der Ihr den Hof machtet, als Bona Euch begegnete?«

Ich war so überrascht, daß ich auflachte. »Nein! Niemals!« rief ich aus und hätte beinahe darauf hingewiesen, daß alte Frauen für junge Männer zähes Fleisch sind. Gerade noch rechtzeitig fiel mir ein, daß ich mich nicht im Schwarzen Hahn befand, und so versicherte ich Pater Amiel nur, Munda Giraud nie begegnet zu sein.

»Nun gut«, meinte er, rieb sich die Augen, lockerte die steif gewordenen Nackenmuskeln und ließ Fulques Fuille zu uns bringen.

Ihr erinnert Euch? Fulques Fuille war der Schreiber, dessen Verehrung für Pater Guillaume ihn dazu getrieben hatte, noch die geheimsten Laster des Schatzmeisters nachzuahmen. Von daher war wohl zu erwarten, daß er sich abweisend verhalten würde. Ich schaute ihn mir an und dachte: »Ja, der ist nicht in Ordnung.« Er war, wie ich schätzte, ein paar Jahre älter als Aimery de Sorgues, ein gebückter, grimmiger, gerissener junger Mann, der die starken Knochen und großen Hände eines echten Grobschmieds hatte, von den Nachtwachen und Fastenzeiten seiner klerikalen Berufung aber blaß geworden und vom Fleische gefallen war. Dennoch wirkte er auf mich nicht kraftlos – zumindest war er stark genug, um dem kleinen Aimery seinen Willen aufzuzwingen. Seine Haut war rauh, seine Gesichtszüge jedoch regelmäßig, und er war (wie Aimery bezeugt hatte) sicher anziehender als Pater Guillaume, wenn auch nur aufgrund seiner Jugend. Seine Zähne waren in außerordentlich gutem Zustand.

Er murmelte seinen Eid und sah Pater Amiel erst in die Augen, als er dazu aufgefordert wurde. Als er zu den Umständen von Pater Guillaumes Tod befragt wurde, berichtete er kurz und schroff, wie er durch Aimerys Aufschrei erwacht sei und den schrecklichen Anblick blutiger Bettdecken wahrgenommen habe. Seines Wissens sei der Schatzmeister von allen Mitgliedern des Haushalts geschätzt worden. Gelangweilt gab er sodann einige Einzelheiten über seine Kollegen bekannt. Renaud Lizier bezeichnete er als mürrischen Bücherwurm, der einen verkümmerten Arm besitze. Aimery de Sorgues sei schwächlich, Josserand de Ponte dagegen ein feiner, allerdings etwas selbstzufriedener Kerl.

»Hätte einer von ihnen Pater Guillaume umbringen können?«

»Natürlich nicht.«

»Weil er ein guter Herr war?«

Fulques grunzte ungeduldig. Er schien andeuten zu wollen, daß es blödsinnig sei, von einer Person höheren Standes so etwas wie Güte zu erwarten. Offensichtlich hielt er Pater Amiel für ein bißchen naiv. »Der Schatzmeister hat uns Essen und Kleidung gegeben und das Feuer am Brennen gehalten«, antwortete er auf fast verächtliche Weise. »Dafür schätzten wir ihn.«

»Ist dir bewußt, daß Pater Guillaume außerhalb des Haushalts Feinde hatte?«

»Gewiß doch«, murmelte Fulques, war jedoch erst auf Nachfrage bereit, diese Bemerkung zu erläutern. Ich bildete mir ein, einen unterdrückten Seufzer des Dominikaners zu vernehmen, bevor er Fulques aufforderte, ihm Namen zu nennen.

»Der Arzt des Kardinals«, setzte Fulques widerstrebend hinzu. »Er und Pater Guillaume lagen sich dauernd in den Haaren.«

»Hast du sie streiten hören?«

»Nein. Der Arzt ist nie bei Pater Guillaume aufgetaucht. Sie benahmen sich wie Kampfhähne – wenn sie zusammen in einem Zimmer waren, gingen sie aufeinander los. Aber ich bekam alles über die Briefe mit, die sie schrieben: Masseo war immer dabei, Pater Guillaumes Anordnungen zu widerrufen. Wollte Pater Guillaume Talgkerzen, verlangte Masseo Wachskerzen. Die sollte er, meinte Pater Guillaume, dann auch selber bezahlen, und Masseo sagte nein, und Pater Guillaume zahlte ihm daraufhin seinen Lohn nicht aus ... ach!« Ein kurzes, freudloses Lachen. »Wie sie einander haßten! Wie ein altes Ehepaar.«

»Hat Masseo di Vico dem Schatzmeister gedroht?«

»Er drohte, für seine Entlassung zu sorgen.«

»Aber nicht, ihn zu töten?«

»Nicht, daß ich wüßte.«

»Wie lange hast du für Pater Guillaume gearbeitet, mein Sohn?«

Nun folgte eine ziemlich bruchstückhafte Zusammenfassung von Fulques' Leben, aus der hervorging, daß er Subdiakon war, sich lediglich als Kopist hervortat und fünf Jahre lang in Pater Guillaumes Diensten gestanden hatte – viel länger als die anderen Schreiber und sogar Lothaire Lagarrigue. Daraufhin bemerkte Pater Amiel, daß Fulques eigentlich in der Lage sein müßte, ihm von anderen möglichen Feinden des Schatzmeisters zu berichten. Aber der Schreiber erwies sich als wenig hilfreich.

»Nein«, sagte er (und ich fragte mich, ob er aus Vorsatz oder Gewohnheit so unhöflich war).

»Willst du es mir nicht sagen?« fragte der Mönch mit lobenswerter Zurückhaltung. »Oder weißt du es nicht?«

»Es gab keine weiteren Feinde.«

»Bist du sicher?«

»Ganz sicher. Na ja, es gab da mal ein Gerichtsverfahren gegen einen Ritter vom Lande. Aber das war vor meiner Zeit.«

Allmählich wurde ich mit der Sprache von Pater Amiels Bewegungen vertraut, denn ich hörte ein Rascheln und spürte, wie sein Körper sich anspannte, woraus ich schloß, daß er an diesem Verfahren sehr interessiert war. Andere Anzeichen dafür gab es jedoch nicht. Sein Gesicht dürfte ganz ausdruckslos geblieben sein.

»Wer war dieser Ritter?«

»Niemand, den ich kannte.«

»Erinnerst du dich an seinen Namen?«

»Den habe ich nie gehört.«

»Aber du weißt, wo er lebt?«

»Nein.«

»Wer hat dir von ihm erzählt?«

»Pater Guillaume. Er prahlte damit, wie er seine Feinde besiegte. Er besiegte seine Feinde immer.«

»Hatte er viele?«

»Er sprach vom Arzt, als er den Ritter erwähnte.«

»Ich verstehe.« Pause. »Und du, mein Sohn, hast du Feinde?«

»Ich?« Der Zeuge schien überrascht. »Nein.«

»Es gibt keinen, der dir Böses wünscht?«

»Wieso?« Fulques wartete nicht auf eine Antwort (die ohnehin ausgeblieben wäre), sondern fuhr müde fort: »Hat jemand mich verleumdet? Ist es das?«

»Bitte beantworte die Frage!«

»Ich habe Pater Guillaume *nicht* getötet.«

»Aber du hast seinen persönlichen Schreiber sodomisiert.«

Fulques keuchte. Sein Unterkiefer fiel auf die Brust. Das bemerkte ich, als ich kurz aufblickte, um ihn nach Atem ringen zu sehen.

»Ich – habe ich nicht!«

»Es liegen Aussagen vor, die es bestätigen.«

»Dann *lügt* er!«

»Wer?«

»Aimery de Sorgues.«

»Habe ich gesagt, daß die Aussage von Aimery de Sorgues stammt?« Während der Zeuge erneut nach Luft schnappte wie ein gestrandeter Fisch, schien Pater Amiel die vor ihm auf dem Tisch liegenden Seiten zu studieren. Ich hörte, wie er sie hin und her wendete und neu sortierte. Schließlich bemerkte er: »Offensichtlich hast du den ehemaligen persönlichen Schreiber des Schatzmeisters sodomisiert. Ein gewisser Simon –«

»*Simon* ist hier?«

»Uns liegen sehr viele Aussagen vor.« Ich bewunderte die Geschicklichkeit, mit der es Pater Amiel gelang, einen bestimmten Eindruck hervorzurufen, ohne direkt lügen zu müssen. Ob er sich damit in einer mönchisch angemessenen Weise verhielt, vermag ich jedoch nicht zu sagen. »Wußte der Schatzmeister, daß du seine Schreiber sodomisiertest?« fuhr Pater Amiel ganz ruhig fort, als rede er von ganz banalen Gewohnheiten wie Spucken oder Schneuzen.

»Habe ich *nicht*!« bellte Fulques.

»Du hast bei ihnen auch *inter femora*, zwischen den Schenkeln, pollutioniert und sie dazu gebracht, deine Wünsche mit ihren Lippen zu befriedigen.« Pater Amiel tat so, als würde er in den vor ihm liegenden Pergamenten lesen, während er Aimery de Sorgues aus dem Gedächtnis zitierte. »Einem Zeugen zufolge hast du ›einmal gefragt, ob Pater Guillaume auch so wie du den Anus mit dem Finger penetrieren würde‹.«

»Habe ich nicht! Alles gelogen! Alles, was Ihr sagt, ist gelogen!«

»Alles?«

»Alles!«

»Dann glaubst du also nicht, daß Pater Guillaume Aimery de Sorgues regelmäßig sodomisierte?«

Kurzes Schweigen. Fulques saß da, schinkenrot, schweißbedeckt, mit wirrem Haar.

»Nein«, sagte er schließlich. »Das glaube ich nicht.«

»Aber wie steht es mit dieser so umfassenden Aussage? Hör mir zu.« Der Dominikaner erhob sich und begann den Schreiber zu umkreisen wie ein Jagdhund ein verwundetes Reh. In der Hand hielt er einen Stapel Pergamentblätter, von denen er so überzeugend abzulesen schien, daß ich es selbst beinahe glaubte, obwohl ich doch um sein schlechtes Sehvermögen wußte.

»Bedenke«, sagte er, »ob dies eine Lüge sein kann. Aimery hat folgendes zu Protokoll gegeben: ›Pater Guillaume warf mich mit dem Gesicht nach unten auf das Bett. Dann hob er meine Hemdschöße hoch und knotete den Hosenbund auf. Dann legte er seine Hände auf meine Hinterbacken und spreizte sie auseinander ...‹«

Aber ich will nicht Eure Ohren besudeln und Euren Magen in Wallung bringen, indem ich alle seine Worte hier wiedergebe. Ich versichere Euch nur, daß er mit brutaler Detailfreudigkeit und fast ungehörigen Ausdrücken jeden Seufzer, jede Liebkosung, jeden Erguß und jede Stellung eines unzüchtigen Gelages beschrieb, das sogar ich für eine Begegnung der eher epischen Art hielt. Nun fragt Ihr Euch sicher: Wie konnte sich dieser Mann Gottes solche Handlungen vorstellen? Damals fragte ich mich das ebenfalls und dachte bei mir – *mea culpa* –, ob er wohl aus eigener Erfahrung spräche? Hinterher aber fiel mir ein, daß er, in seinem reifen Alter, viele Beichten gehört haben muß, Beichten von Mönchen, die, wie allgemein bekannt ist, häufig gegen die Natur sich versündigen, und sei es auch nur, weil sie nicht auf die gewohnte Weise sündigen dürfen.

Eifrig schrieb ich all den Schmutz auf, den er hervorsprudelte (wobei ich besorgt war, ob ich es überhaupt tun oder vielleicht etwas Dezenteres niederschreiben sollte), als ich einen gellenden Schrei vernahm. Ich blickte auf und sah, daß Pater Amiel sich auf Fulques gestürzt hatte und zwischen seine Lenden griff.

»Ha!« schrie er, »hab ich's mir doch gedacht!«

»Laßt mich los!« jaulte der Zeuge. »Was soll das?«

»Du bist erregt! Diese Perversitäten machen dich lüstern!«

»Ich – ich –«

»Leugne nicht! Ich habe den Beweis in meiner Hand!«

Meine Freundinnen, seid Ihr nicht sprachlos vor Bewunderung? Seid Ihr nicht drauf und dran, dem kleinen Mönch für diesen glänzenden Trick zu applaudieren? Ich jedenfalls erstarrte fast vor Ehrfurcht – und hätte zugleich am liebsten laut losgelacht. Aber ich unterdrückte diesen Impuls und ließ auch den Wunsch, in Jubelschreie auszubrechen, schnell fahren, als Pater Amiel mir zurief: »Kommt, Raymond! Kommt und fühlt selbst! Ihr seid mein Zeuge!«

»Also gut!« bellte Fulques, sprang auf und stieß den Mönch von sich. »Also gut, ich hab's getan! Ich hab's getan, ich bin ein Sodomit, und Ihr wißt es, *Pater*, denn Ihr seid auch einer!« Und nun, glaubt es mir, versuchte er seinerseits, dem Mönchlein an die *virilia* zu gehen, und ich war darob so erstaunt, daß ich mich zu spät erhob, ihn daran zu hindern. Aber offenbar fand er zwischen Pater Amiels Beinen keinerlei Gliederregung und zog seine Hand wie von einem Feuerofen zurück.

»Oh!« sagte er tonlos und fiel auf den Schemel. »Aber –«

»Du lüsterner kleiner Rammler!« Ich schwankte zwischen Zorn und Belustigung. »Rühr mir den Pater nicht an!«

Fulques beachtete mich gar nicht. »Aber Ihr müßt doch –«, stammelte er. »So wie Ihr vorgelesen habt –«

»Du hast Aimery de Sorgues sodomisiert«, unterbrach ihn der Dominikaner.

»Ja, aber –«

»Du wußtest, daß Pater Guillaume es auch tat. Also hast du eine Verschwörung angezettelt, um ihn zu töten, weil du eifersüchtig warst.«

»*Eifersüchtig*?« Fulques spuckte aus. »*Eifersüchtig*?« Plötzlich war seine Verwirrung wie weggeblasen; er schrie und wedelte mit den Armen. »Guillaume kam zu mir und sagte: ›Du mußt mal den Neuen ausprobieren!‹ Er *wollte*, daß ich mit dem kleinen Narren ins Bett stieg! Er *bestand* darauf!«

»Warum?«

»Weil er stolz war auf das, was er hatte! Weil er hören wollte, wie ich seine Eroberungen lobte! Weil er hören wollte, was wir miteinander machten, Aimery und ich!«

Diese Bemerkung brachte Pater Amiel offensichtlich aus dem Konzept. Er schwieg und ließ sich bedächtig auf seinem Schemel nieder. Schnell spitzte ich die Feder und wechselte die Schreibhand, während Fulques, zusammengesackt, mich aus blutunterlaufenen Augen anstarrte.

»Hat Pater Guillaume auch dich sodomisiert?« lautete die nächste Frage des Dominikaners. Die Antwort bestand in einem wäßrigen Schniefen und einem kurzen »Nein«.

»Woher wußte er dann, daß er dir den ›Neuen‹ anbieten konnte?«

»Weil er mein Freund war. Als er herausgefunden hatte, was ich mit Simon machte, sprach er mit mir.« In Fulques' erstickter Stimme schwang ein wenig Stolz mit. »Wir haben über viele Dinge miteinander geredet.«

»Über sündhafte Dinge.«

»Wir sind alle Sünder!« bellte der Zeuge plötzlich. »Ihr ebenso wie ich, Pater!«

»Vielleicht«, räumte Pater Amiel ein. »Du behauptest also, daß Pater Guillaume sich dir anvertraute.«

»Ja. Das tat er.«

»Als Sündengenosse?«

»Ja.«

»Aber du warst ihm in der Sünde nicht ebenbürtig, mein Freund«, wandte der Mönch mit leisem, kaum wahrnehmbarem Spott ein. »Du warst ihm in keiner Hinsicht ebenbürtig. Warum sollte er sich dir anvertrauen?«

Fulques schnaubte angewidert. »Aaach!« wies er Pater Amiel sehr verärgert zurecht. »Was wißt *Ihr* schon davon?«

»Vieles. Vieles von Pater Guillaume, was dir unbekannt ist.«

»Unsinn.«

»Zum Beispiel diesen Band. Kennst du ihn, mein Sohn?«

Ich wußte sofort, was er in der Hand hielt: das Zauberbuch des Schatzmeisters.

»Natürlich«, antwortete Fulques trotzig.

»Dann sag mir, was er enthält.«

»Adso de Moutier-en-Ders *Essai de l'Antichriste*, Johann von Salisburys *Policratius* und – und –« Die Stimme versagte ihm.

»Und ein weiteres Buch.«

»Ja.«

»Das du nicht lesen durftest.«

»Keineswegs!« rief Fulques, wie von der Wespe gestochen. »Ich hab das Buch gesehen! Ich weiß, was drinsteht!«

»Hast du dort etwas hineingeschrieben?«

»Nein.«

»Hat Pater Guillaume dir gesagt, wer das getan hat?«

»N-nein.« Der Schreiber schien jetzt von tausend Bedenken geplagt zu sein. »Aber ich glaube – vielleicht hat er – ich meine, er könnte selbst etwas hineingeschrieben haben.«

»Genau das. Er hat eine Formel neben einen Liebeszauber geschrieben. Sollte der zu deinen Gunsten ausgehen oder zu seinen, mein Sohn?«

»Zu seinen.«

»Damit er sich die Zuneigung von Gaillard, dem Knappen des Kardinals, sichern könnte?«

Fulques war erstaunt und schwieg. Als ich aufsah, bemerkte ich, daß er Pater Amiel mit einer unbestimmten Furcht anstarrte.

»Woher wißt Ihr das?« wollte er wissen.

Aber Pater Amiel, wir wissen es ja, beantwortete keine Fragen von Zeugen.

»Hast du jemals gesehen, wie Pater Guillaume einen Ring aus Blei verfertigte?« fragte er zurück. »Hat er dich jemals aufgefordert, ihm bei der Ausführung seiner Nekromantie behilflich zu sein?«

Der Schreiber schwieg eine Weile. Sein Blick flackerte durch den Raum, und mit der Hand fummelte er nervös am Mund herum. Vielleicht bereute er seine bisherige Aussage bereits, denn schließlich brachte er mit zitternder Stimme hervor: »Ich ... bin kein ... Hexenkünstler.«

»Du hast dazu nicht das Wissen, mein Freund.«

»Ich hab gemacht, was man mir sagte. Pater Guillaume trug mir manchmal so Sachen auf. Einen Hasen häuten. Blei kaufen. Ich hab das immer so gemacht, wie er wollte.«

»Aber du wußtest, welchem Zweck das dienen sollte. Du hast gesagt, daß der Schatzmeister sich dir anvertraute.«

»Ich – er – Ihr müßt verstehen, ich war sein Diener. Ich achtete ihn. Er sagte mir, daß gewisse Menschen gewisse Sachen tun könnten. Pater, er war *Priester*!« Plötzlich und unerwartet schlug Fulques mit den Fäusten auf seine Knie. »O Gott, Gott, Gott!« schrie er. »Was hab ich nur getan! Mag Gott mir helfen!«

»Gott *wird* dir helfen, wenn du die Wahrheit sagst«, riet ihm Pater Amiel mit samtweicher Stimme. »Sag mir alles, was du über Pater Guillaumes Hexerei weißt. Sag mir, welche Sünden zu begehen er dich veranlaßte.«

»Verdammt! O tausendmal verdammt!«

»Sag es mir.«

Was Fulques, zu meinem ungläubigen Erstaunen, dann auch tat. Vielleicht sah er keinen anderen Ausweg mehr aus dem Lügennetz, das er gesponnen hatte, als den einer aufrichtigen und vollständigen Beichte. Vielleicht glaubte er, nur so Pater Amiel von seiner Unschuld am Tod Guillaume Moniers überzeugen zu können. Jedenfalls bekannte er, mit gebrochener Stimme, seine Komplizenschaft bei der Durchführung des Liebeszaubers und bei der Tötung eines Hunds, dessen Blut benutzt wurde, um Pater Guillaumes Haus vor Schaden zu bewahren.

Ich gewann den Eindruck, daß Fulques bei diesen Hexereien bestenfalls die Rolle eines Handlangers gespielt hatte. Man hatte ihn nicht aufgefordert, etwas zu singen oder zu lesen; er durfte

Sachen besorgen und die Unordnung beseitigen. Aber er hatte Schuld auf sich geladen und daher Grund zur Angst. Und da er nicht ohne Verstand war, begriff er die Falle, in der er steckte, und sein Trotz war in Zittern übergegangen, während er erklärte, daß er doch nur dem Beispiel des Schatzmeisters gefolgt und leider schwach und leicht zu verführen sei und nur der Anleitung eines reinen und aufrichtigen Beichtvaters bedürfe ...

»Zweifellos«, meinte Pater Amiel gelangweilt. »Bist du sicher, daß Pater Guillaume sich keinem der anderen Schreiber anvertraut hat?«

»Außer Aimery wohl – wohl nicht. Aber, Pater –«

»Und soweit du weißt, hat keiner der anderen Schreiber deine perverse Lust geteilt?«

»Nein, Pater. Ich –«

»Danke, mein Sohn. Das ist alles.«

»Aber –«

»Du kannst jetzt gehen.«

Und er ging. Aber er ging schwankend, als hätte er einen Schlag auf den Kopf bekommen. Und Pater Amiel gähnte, sammelte seine Blätter zusammen und schien den unglückseligen Schreiber bereits vergessen zu haben, noch bevor der den Raum verlassen hatte.

# NEUNTER GESANG

Morgen«, sagte Pater Amiel, »muß ich mich um einige Angelegenheiten in der Priorei kümmern. Ihr solltet also den Tag dazu nutzen, die endgültigen Fassungen der Aussagen niederzuschreiben.«

Wir waren auf dem Weg zum Haus meiner Mutter, denn des Tages Arbeit lag hinter uns, und sein Licht wurde schwächer. Lange Schatten verdunkelten die Straße. Beladen mit einer dikken Rolle von Pergamenten, müde und ausgelaugt von der aufreibenden Tätigkeit eines Nachmittags, nahm ich kaum wahr, wer an mir vorüberging, sondern hielt den Blick auf den Kot der Gasse gerichtet, um nicht hineinzutreten.

»Vielleicht«, fuhr Pater Amiel fort, »könnte ich Gelegenheit nehmen, mit einigen Buchhändlern über diesen bösen Zauberkodex zu sprechen. Ich würde gern wissen, wo er herkommt. Aber zuerst werde ich den Bruder Bibliothecarius befragen. Er weiß sehr viel über Bücher und Buchbinderei.«

Der Mönch war, wie mir schien, durchaus mit sich zufrieden. So lebhaft und redselig schritt er einher, daß ich mich fragte, ob er Genugtuung angesichts des Erreichten empfand. Er hatte viel gewagt und gewonnen und eine Menge erfahren; aber würde er des Nachts im Bett Gott um Vergebung für bestimmte Handlungen anflehen, die vielleicht nicht unehrlich oder gar unfromm, für einen Menschen seiner Berufung jedoch nicht ganz angemessen waren?

Sollte, so überlegte ich, ein dominikanischer Klosterbruder einem Mann ans Horn fassen? Sollte er Beschreibungen unnatürlicher Akte rezitieren und dabei noch so tun, als läse er etwas vor? War das nicht Falschheit? Gewiß. Andererseits: War Pater Amiel ein schlechter oder gar böser Mönch? Nein. Er war Gott in Ehrfurcht zugetan. Er war nicht grausam, unkeusch, unbeherrscht oder faul. Vielmehr betrachtete ich ihn mittlerweile mit großem Respekt und fühlte mich geschmeichelt, daß er so locker mit mir, einem erwiesenen Sünder, plauderte.

Aber er gab mir Rätsel auf. Er war ein guter Mönch, aber er gab mir Rätsel auf. Ich verstand ihn nicht.

»Maître Raymond«, sagte er. »Da drüben steht der Mann aus Valence.«

»Was?«

»Jean Mignard erwartet Euch. Seht Ihr ihn?«

Ich schaute auf und verhielt meinen Schritt. Tatsächlich trieb sich der entehrte Vater aus Valence vor dem Haus meiner Mutter herum, begleitet von einer Knechtsgestalt, die offensichtlich seinen Diener darstellte. Ich zögerte noch, aber sie hatten mich bereits gesehen, und Jean Mignard hob eine Hand.

»Kardinal Orsini hat Eure Angaben bestätigt«, sagte Pater Amiel leise.

»Meint Ihr?«

»Sonst hätte Jean Mignard Euch bereits angegriffen. Aber er grüßt Euch.« Damit war Pater Amiels leidenschaftslose Betrachtung des Mannes aus Valence auch schon zu Ende, und er blinzelte zu mir hoch. »Ich werde morgen früh hier nicht vorbeikommen«, bemerkte er mit besonderer Betonung, »aber vielleicht morgen nachmittag. Seid Ihr dann da?«

»Oh – ähm – ja. Ja, Pater.« Ich wollte ihn natürlich nicht ein zweites Mal verladen. »Ich bin den ganzen Tag da.«

»Gut. Dann verlasse ich Euch jetzt.« Offensichtlich hatte er nicht den Wunsch, Jean Mignard zu begegnen, der sich raschen Schritts näherte. »Friede sei mit Euch, mein Sohn. Bis morgen.«

»Danke, Pater.«

Er enteilte im Geflatter seiner weißen Kutte und überließ mich der Gnade oder Ungnade eines Mannes, dem Wut und Enttäuschung die Stirnadern zum Schwellen gebracht hatten. Immerhin war er vernünftig genug, mich nicht zu schlagen, da meine Unschuld erwiesenermaßen feststand, aber ich spürte, daß er nur zu gerne irgend jemanden verprügelt hätte, und sei es, um den Kopf wieder freizubekommen.

»Ihr seid unschuldig«, verkündete er mit sichtlichem Widerstreben und pflanzte sich direkt vor mir auf. »Ich habe mit dem Schatzmeister von Kardinal Orsini gesprochen. Ihr seid nicht der Vater des Kindes.«

»Das sagte ich Euch.«

»Aber Ihr müßt wissen, wer es ist.«

»Keineswegs.«

»Ihr müßt doch zumindest einen Verdacht haben.«

»Meister Mignard, ich habe nicht die geringste Ahnung. Ihr kennt ja meinen Ruf.«

»Dann werde ich meine Tochter herbringen! Gleich morgen! Jeden Mann in Avignon soll sie sich ansehen, bis sie den Schurken findet, der meine Familie entehrt hat!«

Das wäre wohl das beste, murmelte ich und seufzte auf, als er endlich, den Knecht im Gefolge, davonstapfte. Wahrlich, es war kein einfacher Tag gewesen. Und er wurde auch nicht einfacher, denn kaum hatte ich das Haus meiner Mutter betreten, als ich gezwungen war, einen Hagel an Fragen über mich ergehen zu lassen, weil meine Schwägerin natürlich mitbekommen hatte, daß wohl nicht alles so war, wie es sein sollte. Wer dieser alte Grobian vor der Tür gewesen sei, wollte sie wissen. Und warum er auf mich gewartet hatte? Und warum er ihr nichts hatte sagen wollen? Ich verzichtete auf Erklärungen (denn meine Schwägerin hätte mich, Tatsachen hin oder her, ohnehin für schuldig befunden, die Tochter verführt zu haben), deponierte die Arbeit des Tages in meinem Zimmer und verließ das Haus *stante pede.*

Wohin ich ging? Natürlich zum Schwarzen Hahn. Hier würde ich mich erfrischen können und später, wenn es ganz dunkel geworden war, zu Rixende Levieux schleichen. Hier, im Schwarzen Hahn, fand ich auch Othon, den ich fragte, was es mit Marie Mignard auf sich habe. Er bekannte, daß er im trunknen Übermut meinen Namen benutzt haben könnte, erinnerte sich aber nicht mehr an das Mädchen selbst. Als ich ihm von ihrem Vater erzählte, lachte er nur und hatte offenbar keine Angst, daß Marie ihn als ihren Verführer wiedererkennen könnte.

»Wie denn? Indem sie die Straßen von Avignon abklappert? Sie wird sich an mein Gesicht nicht erinnern. Wir haben's ziemlich eilig gehabt damals, denn die Kneipe in La-Sainte-Baume ist immer voll.«

»Du erinnerst dich also daran?« fragte ich.

»An die Kneipe? Na klar! Wir saßen da an einem Tisch vor ziemlich großen Weinkrügen. Später dann habe ich ihre Blüte ein bißchen entblättert, irgendwo an einer Stallmauer. Es ist überall das gleiche.« Und er ließ sich des langen und breiten über jungfräuliche Pilgerinnen aus, die so leicht zu haben waren. Klar, sie waren das erste Mal von zu Hause fort, konnten von ihren älteren Begleitern, die während der Reise oft krank wurden, nur unzureichend beaufsichtigt werden, beschauten sich aufgeregt die fremden Orte und Menschen, tranken leichtsinnig zu viel vom kühlen Wein – und fielen praktisch in die Arme des ersten Mannes, der ihnen ins Gesäß kniff.

»Ich sag euch«, erklärte er schließlich, »wenn ich die Wahl hätte, ging ich nach Compostela. Da gibt's Unmengen von schnuckeligen kleinen Pilgerinnen, und die Stadt ist vollgestopft mit Priestern.«

»Compostela?« murmelte Bernard. »Da bist du auch schon gewesen?«

»Aber sicher! Und ich hab da zwei Schwestern aufgetrieben – richtige Zwillinge! Sie sahen sich so ähnlich, daß ich nie wußte, welche ich gerade behüpfte …«

Solches Gerede machte mich ganz geil, und statt Othon wegen seines nachlässigen Umgangs mit meinem Ruf mit Vorhaltungen zu bedenken, saß ich ruhig inmitten des Lärms und träumte von Rixendes Sahneschenkeln (und dem hungrigen Mäuschen), bis Béatrice mich aus allerlei wonnigen Vorstellungen herausriß. Sie setzte sich neben mich und fragte mit leiser Stimme, ob ich ihr bei einer bestimmten Sache behilflich sein könnte. Es ging um einen Brief, der ihr am Morgen von einem Laienbruder der Abtei Saint-Ruf überbracht worden war. Da die Abtei das Verfügungsrecht über ihre Taverne besaß, wollte sie natürlich wissen, was der Brief enthielt, war aber des Lesens nicht kundig.

»Morgen«, unterbrach ich sie. »Wir können deine Privatgeschäfte nicht hier besprechen. Wir werden die Sache morgen bereden.«

»Nicht nachher?« fragte sie mit einem tieferen Blick. »In meinem Zimmer wird uns niemand belauschen.«

Ich zögerte, weil mein Gewissen mit meiner Lust kämpfte. Ich begehrte Rixende zwar leidenschaftlich, müßt Ihr wissen, ohne sie wirklich zu *mögen*, während ich Béatrice überaus schätzte. Scham nagte an mir, während ich mir mit aller Heftigkeit einredete, ich könne schließlich tun, was ich wolle, und Rixende bedürfe meiner, und Béatrice hätte seit dem Tod ihres Mannes sicher die Gegenwart anderer Männer genossen (eine Möglichkeit, die mir mehrfach durch den Kopf geschossen war und jedesmal Unbehagen verursacht hatte).

»Dein Zimmer ist ein guter Ort«, versicherte ich ihr. »Aber ich kann heut nacht nicht lange hierbleiben. Ich muß zu Hause noch arbeiten und morgen früh für Pater Amiel dasein.« Ich schämte mich meiner Lügen, sah aber, daß der Mond sich über den Horizont erhoben hatte. Also erhob auch ich mich und nahm von meiner Gefährtin Abschied. »Komm morgen am späten Nachmittag zu mir«, wies ich sie an. »Bring den Brief mit. Ich werde ihn lesen und dir dann raten.« Daraufhin küßte ich sie ganz judasmäßig und huschte in die Nacht hinaus.

O meine Freundinnen, was war ich für eine Ratte – eine langnasige, gossenhungrige Ratte! Der Mond, wie gesagt, war aufgegangen, ein voller Mond, dessen Licht mich schnurstracks zum Haus von Rixende Levieux geleitete. Ihr Ehemann war, wie die meisten Avignoneser, von den *taxatores domorum* gezwungen worden, in einer seinem Stand nicht angemessenen Behausung zu wohnen, nämlich im obersten Stock eines Speichers, dessen Räumlichkeiten angemessen gewesen wären, hätte er sie nicht mit dem Haushalt eines Mehlhändlers teilen müssen. Aber Meister Levieux' Verlust war mein Gewinn. Die notwendig gewesenen Umbauten gestatteten es, daß Rixende ihr Schlafzimmer und auch das Haus selbst verlassen konnte, ohne durch die Küche gehen zu müssen, wo die Diener schliefen. Wenn sie also des Nachts allein war, konnte sie tun und lassen, was sie wollte.

Nicht, daß sie sich bei solcher Gelegenheit irgendwelchen Gefahren aussetzte, indem sie die Gassen von Avignon durchstreifte. Aber so manches Mal nutzte sie die Abwesenheit des Gatten, um in den Speicher hinabzuschleichen, der zwar an den Mehlhändler vermietet war, aber ihrem Ehemann gehörte. Natürlich besaß sie den entsprechenden Schlüssel, und in unseren Nächten fand ich sie dort unten, wie sie sich auf etlichen Mehlsäcken räkelte, nackt wie ein Neugeborenes (wenn es warm genug war), und sie streichelte ihr Mäuschen, als wäre es aus Hermelin. Manchmal hatte sie Decken mitgebracht, manchmal auch etwas zu essen. Und immer flackerte eine Kerze, in deren Schein wir, ohne uns an den umherhuschenden Ratten und Mäusen zu stören, einander Vergnügen bereiteten.

Sie war eine höchst willige Geliebte. Obwohl sie, wie gesagt, ein widerspenstiges und recht kompliziertes Wesen hatte, war sie allem zugetan, was ich zwecks Erreichung eines befriedigenden Abschlusses unserer beiderseitigen Bemühungen vorschlug. Man konnte sie rollen und kneten wie Teig. Erwartungsvoll und mit zitternder Hand öffnete ich darum die Speichertür, wobei mein drittes Bein die Vorhut bildete.

Doch fand ich sie – welche Enttäuschung! – keineswegs unbekleidet vor. Statt mich rücklings liegend, die Hand im Mäuschenfell, zu erwarten, stand sie da, in ein leinenes Hemd gehüllt, und sah so ängstlich und jammervoll drein wie Eva nach dem Sündenfall.

»Raymond«, wimmerte sie, »o Raymond!«

»Was ist denn?«

»Psst! Weck ihn nicht auf! Er darf dich nicht hören!«

»Wer?« Ich ging zu ihr und legte meine Hände auf ihre Arme. »Stimmt etwas nicht? Bist du krank?«

»Ich brauche Geld. Hast du Geld?«

»*Geld*?«

Auf einmal fing sie an zu weinen. Allerdings weinte sie oft und über die geringfügigsten Enttäuschungen, weshalb ich nicht weiter beunruhigt war, sondern ihre Arme streichelte, bis sie mich wegstieß.

»*Hör auf*!« zischte sie. »Hör zu! Ich brauche Geld! Guiraud will Geld haben, sonst sagt er's meinem Mann!«

»W-w-wie? Was meinst du damit? Wer ist Guiraud?«

»Unser Pförtner! Du kennst ihn!« Sie schlug mir auf den Arm, wie sie es in Augenblicken tiefer Verwirrung zu tun pflegte. »Ich hab ihn heute morgen mit meiner Nachricht zu dir geschickt!«

»Aha.« Der Pickeljunge. Aber ich war von den Schnürbändern an Rixendes Hemd abgelenkt, die lose herabhingen und sehr viel weiches, weißes Fleisch sehen ließen. »Wo ist er denn, dieser Pförtner?«

»Oben. Er schläft. Der Feigling wagt es nicht, dir zu begegnen.«

»Warum sollten wir uns dann Sorgen machen? Komm her, und –«

»Laß mich *los*!« Der zweite Schlag galt meinem aufgerichteten Instrument und war um einiges härter als der erste. »Sei kein Narr! Er *weiß* es, Raymond, er hat meinen Ring weggenommen. Er sagt, daß er jetzt Geld von dir haben will!«

»Au – aua –«

»*Hörst* du mir jetzt zu?«

Nachdem der Schmerz abgeklungen war, konnte ich zuhören. Und so erfuhr ich, daß Guiraud, als er mitbekam, wie ich mich im Streit mit Jean Mignard als »berüchtigten Wüstling« bezeichnete, plötzlich erkannte, warum seine Herrin einen jungen Notar mit sehr weißen Zähnen von der Abwesenheit ihres Mannes in Kenntnis setzte. Unglücklicherweise war dieser Pförtner dafür verantwortlich, Aufträge für Meister Levieux zu besorgen, und wußte mithin – im Gegensatz zur Magd, die Rixendes Nachricht nicht hatte befördern können, weil sie krank war –, daß sein Herr zu einem Notar namens Raymond Maillot keinerlei Verbindung pflegte.

Infolgedessen hatte er, wiewohl von nicht überragendem Verstand, sich seine Meinung gebildet. Und in diesem Fall entsprach seine Meinung den Tatsachen.

»Was sollen wir tun?« stöhnte Rixende. »Er sagte zu mir: ›Erzählt Eurem Mann, daß der Ring verloren ging. Er wird Euch vielleicht schlagen, aber nicht töten.‹ O Raymond, mein Mann kommt morgen zurück. Was sollen wir tun?«

»Sag ihm, Guiraud habe den Ring gestohlen«, antwortete ich schroff, denn der Schlag auf mein Mittelbein hatte, wie sich denken läßt, meine Stimmung nicht verbessert. »Warum sollte er Guiraud glauben? Niemand kann beweisen, daß du etwas falsch gemacht hast.«

»Doch, man kann! Guiraud überbrachte dir meine Nachricht! Du hast geantwortet! Die Leute haben dich gehört!« Wieder flossen ihre Tränen. »Guiraud sagte: ›Wenn Ihr heut nacht Euren Herzensliebling seht, dann sagt ihm, daß auch *er* zahlen muß – ich kenne nämlich seine Freunde, und die werden schon für mich zeugen!‹«

»Unsinn!« fauchte ich. »Diese Zeugen wird er nicht finden. Jean Mignard hat die Stadt verlassen, Gaillard ist mein Freund und wird tun, was ich ihm sage, und Pater Amiel ...«

Ich hielt inne. Was würde Pater Amiel tun, wenn man ihn um die Bestätigung eines Vorfalls ersuchte, den er selbst beobachtet hatte? Würde er lügen?

Mein Mut sank.

»Du willst nicht sagen, daß du einen *Priester* dabeihattest?« rief Rixende aus, um sogleich ihre Stimme zu dämpfen und die Hände verzweifelt zu ringen. »Gnädiger Gott, einen Priester!« schniefte sie. »Mein Mann wird mich umbringen.«

»Psst. Leise.«

»Wenn ich keine Ringe mehr habe, muß ich Guiraud im Bett bezahlen! Das hat er mir angedroht, der Unhold!«

»*Ruhig*!« Wie wild überlegte ich hin und her. »Wann kommt dein Mann morgen zurück? In der Frühe?«

»Nein. Nicht vor Mittag.«

»Dann gibt es Hoffnung.« Pater Amiel mußte mir helfen, koste es mich, was es wolle. »Ich rede mit meinen Freunden. Sie werden alles abstreiten.«

Mit feuchtrunden Augen starrte sie mich an. »Bist du sicher?« fragte sie zwischen zwei Schluckaufhicksern. »Bist du wirklich sicher?«

»Ziemlich sicher.« Obwohl mein Herz bei dem Gedanken, Pater Amiel meine Bitte vorzutragen, schier verzagen wollte, klang meine Stimme zuversichtlich. »Aber du mußt das Deinige tun. Wenn dein Mann zurückkommt, sprich mit ihm, bevor Guiraud es tut. Beschuldige Guiraud, deinen Ring gestohlen zu haben. Wenn dieses Schwein keine Beweise hat, werden seine Geschichten über dich als Lügenmärchen erscheinen. Dein Mann wird glauben, er sei ein Dieb, der den Kopf aus der Schlinge ziehen will.«

»Oh, ach, warum mußte das passieren?« Rixende hörte mir gar nicht richtig zu. »Wie konnte ich nur so dumm sein?«

»Rixende! Hast du mich verstanden?«

»Ja, ja, aber der Priester –«

»Er ist Mönch, nicht Priester. Laß ihn meine Sorge sein.«

Daraufhin schwiegen wir beide und starrten einander mit einem seltsamen Gefühl der Erschöpfung an. Mein Verlangen war erloschen; ihre schreckliche Mitteilung hatte meine Lust abgekühlt. Auf einmal wirkte ihr Fleisch abgemattet, und ihr wehleidig verzogener Mund lud nicht zum Kusse ein.

Vielleicht war der Gedanke an Pater Amiel allem körperlichen Begehren abträglich.

»Ich sollte lieber gehen«, bemerkte ich schließlich. »Falls Guiraud uns nachspürt.«

»Was ist mit dem Geld?«

»Sag ihm, daß ich keines besitze.«

»Aber –«

»Sag ihm, er soll warten. Sag ihm, er soll machen, was er will. Sag ihm irgendwas. Dir wird nichts geschehen, Rixende, weil er keine Beweise hat.«

Damit war unser Rendezvous beendet. Wir tauschten keine Küsse, keine Zärtlichkeiten, keine tiefen Blicke, sondern verabschiedeten uns wie entfernte Verwandte, und ich verließ den Speicher so unauffällig wie möglich, ja, ich glitt in die Schatten der Nacht davon wie eine Ratte und beschleunigte den Schritt erst, als ich weit genug von Rixende entfernt war. Nun mußte ich eilends zu Gaillard. Zum Glück fiel ich nicht weiter auf, denn in dieser lauen, hellen Nacht waren noch andere Bürger Avignons unterwegs; manche in Gruppen mit einer Fackel, manche nur in Begleitung einer Lampe, und manche ließen sich, gleich mir, vom Mondlicht den Weg weisen. Müde blickten wir uns an, während wir dem Unrat auf der Straße auswichen und hofften, auch von Straßenräubern verschont zu bleiben.

An einer Kreuzung begegnete ich einem Priester, der mit einem kleinen Jungen unterwegs war. Vielleicht hatte man ihn zum Bett eines Sterbenden gerufen.

Als ich das Haus von Kardinal di Vico erreicht hatte, suchte ich die massiven Mauern ab, bis ich in einer Seitengasse ein kleines Fenster fand, dessen Schwellbalken mit Schnitzereien verziert war. Hinter den geschlossenen Läden lag der Schlafraum von drei Knappen des Kardinals. Sie teilten sich ein großes, wurmstichiges Himmelbett, das für höherrangige Bedienstete nicht mehr gut genug gewesen war. Gaillard, der jüngste der drei und in der Hackordnung der letzte, mußte zwischen seinen beiden Gefährten schlafen und durfte darum nicht zu spät heimkommen. Blieb er länger als üblich im Schwarzen Hahn, bekam er, wenn er dann über seine schnarchenden Bettgenossen stieg, einiges zu hören und auch schon mal die Faust in den Nacken.

Insofern war ich mir ziemlich sicher, daß er jetzt dort aufzufinden sein müßte.

Ich pochte an den Fensterladen und rief mit verhaltener Stimme: »Gaillard! Gaillard!« Dann pochte ich erneut.

Unzufriedene Laute und ein Rumpeln sagten mir, daß ich jemanden geweckt hatte. Ohne Vorwarnung flogen die Läden auf, und ich mußte den Kopf einziehen, um nicht enthauptet zu werden.

»Gott im Himmel«, beklagte sich mein Freund. »Wer ist da? Was wollt Ihr?«

»Gaillard, ich bin's.«

»Raymond?«

»Tut mir furchtbar leid«, sagte ich, »aber ich habe eine dringende Bitte –«

»Mach das Fenster zu!« ertönte eine stickige Stimme aus der muffigen Dunkelheit. »Gaillard, he! Zurück ins Bett, du Hund!«

Ich sprach sehr schnell. »Heute morgen kam ein Junge mit einer Nachricht von Rixende Levieux zu mir. Erinnerst du dich? Du warst dabei. Er ließ mir mitteilen, ihr Mann sei verreist.«

»Raymond, bist du krank?« Das Mondlicht spielte auf Gaillards zerzausten Locken. »Weißt du, wie spät es ist?«

»*Gaillard*!« Ein paar Flüche aus tiefer Kehle folgten. »Halt die Klappe und komm ins Bett!«

»*Jaja, ich hab's gehört*! Raymond –«

»Hör mir einfach zu.« So bündig wie möglich schilderte ich

ihm meine unglückliche Lage, Rixendes Schönheit und meine ewige Dankbarkeit, wenn er leugnen würde, den Pförtner jemals gesehen, gehört oder getroffen zu haben. Ich flüsterte, aber ich flüsterte mit allem Nachdruck, der mir zu Gebote stand.

Vielleicht gab er deshalb so schnell nach, wenn auch ohne Begeisterung.

»Du wirst dafür zahlen«, forderte er.

»Natürlich.«

»Einen Monat lang Wein für mich, Raymond, verstanden?«

»Klar. Dein Glück soll meine Herzenssache sein.«

»*Gaillard! Schnauze dicht und Fenster zu!*«

»Ach, halt die Luft an«, brummte Gaillard und schloß mit einem Ruck die Fensterläden.

Ich blieb allein in der düstren und stinkenden Gasse zurück, fern der Heimat, unbeschreiblich müde, frustriert und drohendem Ehrverlust entgegensehend. Das kommt davon, dachte ich, wenn man seinen Samen verteilt wie ein heißer Straßenköter. Das kommt davon, wenn man den Schwanz entscheiden läßt. Was wird Pater Amiel sagen, wenn er von dieser Sache erfährt?

Eine Antwort auf diese Frage wollte mir auch nach einigem Überlegen nicht einfallen. Die Reaktionen des Mönchs waren oftmals schwer einzuschätzen. Aber als ich, unfroh gestimmt, nach Hause trottete, wurde mir bewußt, daß Pater Amiel, sollte er meiner Bitte tatsächlich willfahren, mich für seine Freundlichkeit teuer würde bezahlen lassen.

Und diese Einschätzung war, wie Ihr bald erfahren werdet, durchaus richtig.

# Zehnter Gesang

Habt Ihr, meine Freundinnen, jemals versucht, Zutritt zu einem Kloster zu erlangen? Wenn ja, so wißt Ihr, wie schwierig dieses Unterfangen ist. Hohe Mauern umgeben den Ort; die Tore sind mit Schlössern und Riegeln versehen und von Pförtnern bewacht, die Fenster mit Läden und Gittern gesichert. Als ich mich am Morgen nach dem Gespräch mit Rixende Levieux in der Priorei der Dominikaner einfand, wurde ich sogar von zwei Pförtnern befragt und schließlich von einem Mönch zu einer kleinen Zelle geführt, in der nur eine Sitzbank stand. Hier sollte ich (wiewohl viele andere vor mir) warten und mich des Pissens, Spuckens oder Fluchens enthalten. Pater Amiel würde so bald wie möglich zu mir kommen.

Es war noch sehr früh. Glockenklang ließ den Boden erzittern und erinnerte mich daran, daß der Dominikaner wohl am Gottesdienst teilnahm. Ich vermeinte, den Gesang zu hören. Ich vermeinte, den Weihrauchduft zu riechen. Die ganze Atmosphäre des Ortes schüchterte mich ein; sie schmeckte nach langen Fastenzeiten, düsteren Beichten und Bußen, die nur ein Mönch auf sich nimmt. Furchterfüllt war ich schon vorher gewesen, jetzt aber packte mich Verzweiflung. Wie konnte ich nur geglaubt haben, daß Pater Amiel lügen würde, um mir zu helfen? Schon die Idee, ihm derartiges vorzuschlagen, war Narretei gewesen. Ich entsetzte mich immer mehr, erhob mich von meinem harten Sitz und war drauf und dran, das Kloster zu verlassen, als Pater Amiel den Raum betrat.

Er wirkte nicht überrascht, aber er gehörte (ich sagte es bereits) nicht zu denjenigen, die ihren Gefühlen in Wort oder Mienenspiel Ausdruck verleihen. Doch war sein Verhalten noch wachsamer als sonst, und nachdem er die Tür sehr leise hinter sich zugemacht hatte, schwieg er, die Hände in den Kuttenärmeln versteckt.

»O Pater«, murmelte ich. »Könnt Ihr – ich war – wollt Ihr meine Beichte anhören?«

Mir war nämlich eingefallen, daß er als mein Beichtvater die Schandtat, die ich begangen hatte, für sich behalten mußte. Dann wäre ich geschützt. Er aber fixierte mich mit seinen dunklen Augen und erwiderte: »Mein Sohn, ich bin kein Priester. Die Beichte kann ich Euch nicht abnehmen.«

»Ach.«

»Doch wenn Ihr Euer Gewissen erleichtern wollt, werde ich Euch gerne anhören. Ist das Euer Begehr?«

Zögernd versuchte ich in seinen Gesichtszügen zu lesen und fand zu meiner Erleichterung nichts, was bedrohlich wirkte oder Ablehnung andeutete. Er saß nur da und wartete mit Mönchsgeduld. Vielleicht war er sogar etwas neugierig.

So ging ich das Wagnis ein, sein Mißfallen auf mich zu ziehen.

»Vergebt mir«, sagte ich. »Vergebt mir, daß ich herkam, aber ich brauche Eure Hilfe. Sorgen zerquälen mich. Ich habe mich in einem dunklen Wald verirrt.«

»Setzt Euch«, entgegnete er und begab sich zu mir auf die Bank, so daß wir Schulter an Schulter saßen (was nicht ganz stimmte, denn er war ja kleiner als ich). Nun konnte ich zu ihm sprechen, ohne in sein Antlitz blicken zu müssen, worüber ich ebenso froh war wie über die Art seines Zuhörens. Er war ruhig, aber nicht angespannt, sein Atem ging regelmäßig, seine Haltung war gelassen, und seine Hände blieben in den Ärmeln, so daß ihr graziöses Spiel mich nicht ablenken konnte.

Ich selbst hatte das Kinn auf die ineinander verschränkten Hände gestützt, und die Ellbogen ruhten auf den Knien.

»Ich habe mit einer verheirateten Frau Unzucht getrieben«, lautete mein erster, ungeschminkter Satz. Pater Amiel äußerte kein Wort. Sorgfältig vermied ich seinen Blick und hielt die Augen auf den Boden gerichtet. »Wir treffen uns manchmal, wenn ihr Mann die Stadt verläßt. Gestern hatte sie einen Boten geschickt, um mir die Möglichkeit zu einem Stelldichein zu signalisieren. Erinnert Ihr Euch? Wir standen vor dem Haus meiner Mutter. Gaillard war auch dabei, und Jean Mignard hatte uns gerade verlassen –«

»Ich erinnere mich daran«, unterbrach mich mein Gefährte. Sein Tonfall war nicht streng, sondern freundlich.

»Natürlich«, seufzte ich, »erinnert Ihr Euch. Aber wollt Ihr mich retten, Pater, und vergessen, was Ihr erinnert?«

Dann erzählte ich ihm, mit schamerstickter Stimme, die ganze schäbige Affäre und wiederholte am Ende, kaum noch des Sprechens fähig, mein Begehren. Ich versprach, nie wieder mit Rixende Levieux zu sündigen. Meine Bestrafung liege nun in Pater Amiels Händen. Natürlich wäre die Aufdeckung meiner Schandtat mehr als gerecht – ächten, schmähen, entmannen müßte man mich –, aber dann würde Rixende unter einer Sünde leiden, die weniger ihr als mir anzulasten sei, und ihr Mann wäre der Lächerlichkeit preisgegeben wegen einer Angelegenheit, die, dank Pater Amiels Schweigen, nicht mehr sein würde als ein dunkler Fleck auf Rixendes Herz – ein Fleck, für den sie zweifellos Wiedergutmachung leisten würde, vielleicht mit Gaben der *caritas*, denn ihr Mann war wohlhabend zu nennen …

Ich merkte, daß ich allmählich ins Abschweifen geriet, stockte und schwieg endlich. Dann blickte ich, mit geröteten Wangen und wild schlagendem Herzen, auf den Dominikaner. Er schaute mich nicht an. Ich fürchtete mich vor seiner Reaktion wie vor einem Faustschlag und war erleichtert, daß kein Stirnrunzeln sein Gesicht verdüsterte. Ein wenig nachdenklich schien er allerdings. Konnte das Böses bedeuten? Doch als er schließlich seine Augen auf mich heftete, war in ihnen kein Vorwurf zu lesen; die leicht gesenkten Lider gaben keinem verachtenden, sondern einem forschenden Blick Ausdruck.

»Warum tut Ihr das?« fragte er.

»T-tue ich w-was?« stammelte ich verwirrt.

»Ihr seid geschickt. Intelligent. Gebildet. Warum hofiert Ihr das Unglück, indem Ihr Euch in den Betten so vieler Frauen besudelt?«

Weil er aufrichtig interessiert wirkte, konnte ich ihm die Wahl seiner Worte nachsehen und ohne Zorn oder Mißbilligung antworten.

»Ich genieße es«, erwiderte ich.

»Ihr genießt es zu lügen?«

»Nein.«

»Denn lügen müßt Ihr, Raymond. Ihr müßt die Frauen belügen, weil es noch andere Frauen gibt. Ihr müßt die Ehemänner belügen. Die Familien.« Er sprach begütigend. »Findet Ihr darin Befriedigung?«

»Nein. Überhaupt nicht.«

»Fühlt Ihr Euch schuldig, wenn Ihr lügt?«

»Natürlich.«

»Ihr begreift also, daß solche Lügen schlecht sind?«

Langsam fühlte ich mich unbehaglich. Unbehaglich und ungeduldig. »Pater, ich bin kein Kind –«

»Dennoch genießt Ihr es, Unrecht zu tun?«

»Ich genieße den *actus*.« Flüchtig schoß mir die Frage durch den Kopf, ob er selbst ihn wohl jemals genossen hatte. »Was soll ich Euch sagen? Der Penis bestimmt mein Leben. Ich bin ein Sklave seiner Launen. Ich bin ein schwacher Mensch, Pater. Vielleicht wären wir alle sehr viel besser dran, wenn Gott den Akt weniger befriedigend gemacht hätte.«

Plötzlich lächelte er. »Der Akt. Ihr gebt dem Akt die Schuld?«

»Das tue ich. Warum auch nicht? Pater, wenn Gott dafür gesorgt hätte, daß jedesmal, wenn wir unser Bäumchen pflanzen, der Wipfel abbricht, wäre bald jeder Mann ein Mönch.«

Er hob eine Augenbraue. »Wollt Ihr damit sagen, daß Ihr Euch, der Freude halber, die Ihr beim ›Pflanzen‹ empfindet, nicht beherrschen könnt?«

»So ist es, fürchte ich.«

»Dann müßtet Ihr mit allen möglichen Kreaturen gesündigt haben, mein Sohn. Mit Männern. Mit Kindern. Mit Tieren. Denn Ihr könnt Euch ja nicht beherrschen.«

Ich warf ihm einen irritierten Blick zu. Glaubte er so etwas wirklich?

»Aber nein. Nein, nur mit Frauen. Soweit kann ich mich *schon* beherrschen. Alles andere … alles andere finde ich widerwärtig.«

»Widerwärtiger als die Frau eines anderen Mannes?«

»Hört mir zu.« Trotz meiner edlen Absichten sah ich mich dazu gedrängt, mein Verhalten zu verteidigen. »Ich habe es mir nicht zur Angewohnheit gemacht, verheirateten Frauen nachzustellen, Pater. Rix – also, diese Dame ist eine alte Freundin. Ihr Mann kann sie nicht befriedigen.«

»Mithin besudelt Ihr Euch um ihretwillen?«

»Äh … ja.« Selbst ich sah ein, daß diese Bemerkung eines gewissen Humors nicht entbehrte. »Nehme ich jedenfalls an. Sozusagen.«

»Weil Ihr sie liebt?«

Diese Frage hatte ich mir bisweilen auch schon gestellt. Trotzig antwortete ich: »Ja.«

»Aber Ihr wißt, daß Ihr sie zur Sünde verdammt. Wie könnt Ihr das jemandem antun, den Ihr liebt?« Er blickte mich suchend an, als hoffte er, in meinem Gesicht eine Lösung für alle Übel der Welt zu finden. »Womöglich«, fügte er hinzu, »liebt Ihr sie nicht wirklich.«

Diese scharfsinnige Bemerkung zielte pfeilgleich auf mein Herz und traf ihr Ziel. Sie riß ein Loch auf, aus dem all das an

Besorgnissen ausströmte, was ich normalerweise zu ignorieren trachtete.

Ich starrte ihn an, der Sprache beraubt.

»Raymond, liebt Ihr überhaupt eine von diesen Frauen? Ihr belügt sie, Ihr betrügt sie, Ihr befleckt ihre Ehre und verdammt sie zur Sünde. Das ist keine Liebe. Das ist Verachtung. Das ist das Verhalten eines Tiers.«

»Aber – aber sie genießen es doch auch!« keuchte ich. »Sie laden mich doch ein, in ihr Bett zu steigen!«

»Obwohl sie wissen, daß Ihr gerade von einer anderen Eroberung kommt?«

Pater Amiel sprach in trockenem Ton, und ich spürte erneut, wie mir das Blut in die Wangen schoß. Er hatte natürlich recht. Keine meiner Liebhaberinnen hätte mich so willkommen geheißen, wenn ich offen erzählt hätte, wie viele Betten ich sonst noch aufsuchte.

Wären sie aber, dachte ich andererseits, wirklich so naiv, von einem ungebundenen Mann Treue zu erwarten?

»Ich war überrascht«, bemerkte der Mönch, »äußerst überrascht, als ich von Eurem zügellosen Lebenswandel erfuhr. Er schien mir … schien mir nicht recht zu Euch zu passen. Ihr seid, wie ich sagte, geschickt, intelligent und gebildet, aber ich gewann auch den Eindruck, daß Ihr großzügigen Geistes seid. Fürsorglich. Freundlich. Sorglos vielleicht, aber nicht grausam.«

Er listete diese Eigenschaften auf, als erörtere er die Stärken eines guten Pferdes. »Aber vielleicht habe ich mich getäuscht. Vielleicht seid Ihr wie viele andere Männer und schätzt die Frauen gering. Ich kenne Hunderte guter Männer, die fromm sind und ehrbar, aber in dieser einen Hinsicht mit Blindheit geschlagen. Möglicherweise macht ihre Lust sie blind. Sie betrachten Frauen als seelenloses Eigentum. Aber damit kehren sie sich von der Erlösung ab.« Er schüttelte den Ärmel zurück und hob die Hand in einer zögernden Geste. »Die Frauen mögen«, sagte er, »noch so niedrig, verderbt, unwissend, falsch und unkeusch, mögen noch so sündhaft und der Achtung nicht wert sein, aber sie haben Seelen, und diese Seelen stehen in der Obhut Gottes.«

»Ich weiß, Pater! Ich *schätze* Frauen!«

»Als Gelegenheit zur Sünde? Als Gegenstände der Lust? Als Zierat?«

»Ich – ich –« Vielleicht war es tatsächlich so. Ich fuhr mit den Händen durchs Haar und suchte verzweifelt nach Rechtfertigungen. »Ich habe Freundinnen. Frauen, die ich nie angerührt habe.«

»Aber Ihr hättet es gerne getan?«

Ich dachte an Béatricens Tochter. An bestimmte Ehefrauen. An das Mädchen im Bäckerladen.

»Ja«, bekannte ich und fühlte mich elend. »Aber, Pater – Ihr könnt das doch verstehen, oder? Wie fühlt *Ihr* Euch denn, wenn Ihr ein Mädchen lächeln seht?«

»Oh, ich nehme mich in acht, ein solches Lächeln nicht zu erwidern«, meinte Pater Amiel mit ernster, doch zugleich freundlicher Stimme. »Ich denke nicht an den Körper, sondern an die Seele. In ihr verehre ich Gottes Schöpfung.«

»Aber Ihr seid ein *Mönch*!« protestierte ich. »Für Euch ist es doch leicht, so wie Ihr hier eingesperrt seid! Wenn Ihr jeden Tag hübsche Mädchen um Euch hättet –«

»Könnte ich der Versuchung nachgeben«, beendete der Dominikaner meinen Satz. »Das wäre möglich. Und wäre ich so jung wie Ihr, Raymond, hätte ich wohl auch Feuer in den Lenden. Und wäre ich so ansehnlich wie Ihr, würde auch mir manch lüsterne Ermunterung nicht erspart bleiben. Aber ich habe nie behauptet, daß Euer Weg gerade und breit und eben ist. Ich hatte Euch nur mehr Stärke zugetraut.«

»Hätte ich die doch bloß.« Grüblerisch starrte ich auf meine dünnen Beine in der Hose aus grober Wolle. Ansehnlich? Ich fühlte mich wie ein Schmutzfleck im Gesicht der Menschheit. »Wäre ich stärker, wäre ich glücklicher. Dann wäre ich nicht in diesen erbärmlichen Schlamassel geraten, in dem ich jetzt bis zum Hals stecke.«

»Wenn das so ist, kann ich Euch vielleicht helfen.«

Seltsamerweise klang Pater Amiel leicht amüsiert, als er das sagte. Ich blickte auf und sah seinen Mund zu einem halben Lächeln verzogen, das mir das Gefühl gab, sehr jung zu sein. Vielleicht deshalb machte ich ihm (mit grämlicher Stimme) den Vorwurf, mich auszulachen.

»Ihr wißt doch, Raymond, daß Mönche nicht lachen«, erwiderte er. »Sagt mir lieber, ob Ihr, wenn ich für Euch lügen soll – wenn ich bestreiten soll, jenen bösartigen Pförtner, dessen Drohungen Euch verwirren, jemals gesehen zu haben –, ob Ihr dann bereit wärt, dem geschlechtlichen Verkehr abzuschwören, solange Ihr für mich arbeitet? Würdet Ihr das tun, Raymond?«

Ich glaube, mein Unterkiefer sank auf die Brust. Ich blinzelte und schluckte und warf die Stirn in Falten.

»Abzuschwören?« wiederholte ich. »Ihr meint – ganz und gar?«

»Ganz und gar.«

»Selbst wenn – Ihr wißt schon – ohne jemand anderen?«

»*Per se ipsum fornicaverit*«, murmelte der Mönch geistesabwesend. »Wenn Ihr auch von der Selbstbefleckung Abstand nehmen könntet, mein Sohn, wäre ich Euch dankbar. Aber ich will keine Wunder erwarten.«

»Also –«

»Ist das Unterfangen zu schwierig? Fehlt Euch dazu die Kraft?«

»Nein!« sagte ich gereizt. »Aber wie könnt Ihr sichergehen, daß ich mein Versprechen halte? Falls Ihr nicht vorhabt, neben mir zu schlafen.«

»Ich habe vor, Euch zu trauen.« Pater Amiel schenkte mir ein weiteres seltsames Lächeln. »Wenn Ihr beim heiligen Namen des HErrn schwört, Euer Gelöbnis nicht zu brechen, werde ich Euch vertrauen.«

Also schwor ich. Hatte ich denn die Wahl? Und wahrlich, von Zerknirschung war ich erfüllt, und ich wollte, verwirrt, wie ich war, meine Seele reinigen und die Achtung des Dominikaners erwerben. Erst nachdem ich Pater Amiel demütig für sein besorgtes Wohlwollen gedankt und die Priorei verlassen hatte, fiel mir auf, daß ich ausgetrickst worden war. Nicht, daß ich mich darüber ärgerte, sein Schweigen mit dem Verzicht auf Rixende Levieux bezahlt zu haben; in diesem Fall war der Schwur, sich des weiteren Verkehrs zu enthalten, sicher eine faire Gegenleistung. Was mich verstörte, war die Tatsache, daß ich, von Schamgefühlen heimgesucht, meine Freiheit so freiwillig, ja, fast begierig, aufgegeben hatte. Denn warum sollte es, so fragte ich mich jetzt, falsch sein, Frauen zu begehren? Warum sonst gibt es die Unterschiede zwischen Mann und Weib? Irgendwie hatte dieser geschickte Dominikaner es vermocht, mich mit seinen Argumenten in einen Zustand der Bußfertigkeit zu versetzen, der mit meinen natürlichen Neigungen nichts zu tun hatte.

Aber wie hatte er es vermocht? Sonnenlicht und frische Luft ließen die Reue schon wieder dahinschmelzen, obwohl meine Entschlossenheit zum zeitweiligen Zölibat noch so stark war wie zuvor in der feuchten Zelle. Ich würde meinen Eid nicht brechen. Täte ich es, hätte Pater Amiel wahrscheinlich die Mittel, es herauszufinden – seine Taktiken hatte ich ja kennengelernt –, aber abgesehen davon wollte ich mir beweisen, daß ich in der Lage war, ein Versprechen zu halten. Ich würde es, sagte ich mir, um meines Seelenfriedens willen tun. Und könnte mein Leben nicht einfacher werden, wenn ich abstinent blieb? Wog die in der seminalen Ausschüttung aufblitzende kurze Freude die damit verbundene Erniedrigung wirklich auf?

In meinem Kopf jagten sich Erinnerungsbilder, die mir das Gedärm zusammenzogen und mich die Hände ringen ließen. Ich sah, wie ich von Pater Amiel einen Gefallen erbat, wie ich mein Gesicht vor Bona Claret verbarg, mich vor Nonnen in einem Misthaufen versteckte, halbnackt in Na Béatricens Schlafzimmer herumhüpfte und im Speicher den Schmerz in meinen edlen Teilen zu besänftigen suchte. Diese traurigen Zwangslagen waren die Früchte der Wollust. Wenn ich mich weiterhin von meinen fleischlichen Leidenschaften leiten ließ, bestünde mein Leben bald nur noch aus Scham, Schande und Schuldvorwürfen.

O Gott im Himmel, dachte ich, vielleicht sollte ich das verdammte Ding abschneiden, und dann wär's gut.

Als ich das Haus meiner Mutter erreichte, war ich geläutert und brannte darauf, mich der Arbeit zu widmen, statt meinen Vergnügungen nachzugehen. Den ganzen Tag widmete ich mich den Zeugenaussagen, die Pater Amiel mir anvertraut hatte; ich sprach mit niemandem und aß nur ein bißchen Brot und gesalzene Kräuter. Am Abend jedoch, als alles getan war, wußte ich nichts mit mir anzufangen. Die Gesellschaft der in der Küche Versammelten wollte ich nicht teilen, und es gab keine Briefe, die ich hätte lesen oder schreiben können. Wäre ein Besuch im Schwarzen Hahn erlaubt? Oder würden die Getränke, die ich dort zu mir nahm, zu eben jenen lüsternen Handlungen führen, denen ich doch gerade abgeschworen hatte?

Sinnend betrachtete ich das Handbuch des Inquisitors, als Pater Amiel das Haus betrat. Sofort herrschte große Aufregung in meiner Familie.

»Raymond! Schnell!« Meine Mutter linste ins Zimmer. »Dein Mönch ist da!«

»Das habe ich bereits mitbekommen.«

»Jesusmaria, und dein Nachttopf läuft über! Gib ihn mir, rasch. Ich werde ihn ausleeren. Kämm dir die Haare! Wasch das Gesicht!«

»Mama, er ist ein Mönch und kein Bischof.«

»Und wir haben nichts zu essen da, außer Ziegenkäse!«

Aber auch diesmal lehnte Pater Amiel dankend ab. Er segnete die Anwesenden mit spürbarem Zögern, war aber nicht so wortkarg wie beim letzten Mal. Er beglückwünschte meine Schwägerin sogar wegen ihrer »hübschen, gesunden Kinder« (die im übrigen gerade einem der Hunde die Ohren langzogen) und machte einen kleinen Scherz über die Knoblauchgirlanden, die vom Deckenbalken herabhingen. Ich schloß daraus, daß er über irgend etwas erfreut war, und damit hatte ich, wie sich gleich herausstellen sollte, recht. Denn als wir uns in meinem Zimmer niederließen (Tür und Fenster fest geschlossen), holte er das Zauberbuch des Schatzmeisters aus den weiträumigen Falten seines Habits und bemerkte: »Ich habe Nachforschungen angestellt.«

»Ach ja?«

»Das Buch ist in Marseille gebunden worden, wobei der nekromantische Kodex sehr viel älter ist als die Bindung. Unser Bibliothecarius geht davon aus, daß das Pergament in Katalonien oder noch weiter westlich hergestellt worden ist. Mich aber interessiert vor allem die Bindung.« Er wirkte fast unbekümmert, als er mir das Buch in die Hände gab. »Die Farbe ist mir gleich aufgefallen, nicht wahr? Einbände sind meistens aus braunem Kalbsleder, manchmal auch aus rosafarbenem Hirschleder, das über Holzdeckel gespannt wird. Hier aber sind die Deckel aus Rindsleder, und der Einband ist aus Velinpapier. Ganz besondere Arbeit.«

»Also –«

»Also hat mir unser Bibliothecarius einen Namen genannt. Und nun möchte ich, daß Ihr sofort eine Vorladung aufsetzt, weil ich den Buchbinder befragen will. Vielleicht hat Pater Guillaume den Band binden lassen, vielleicht war es jemand anderer.«

»Jemand, der in das Buch geschrieben hat?«

»Genau.«

Ich fühlte mich geschmeichelt, daß Pater Amiel mir diese Dinge anvertraute, und nahm bereitwillig Pergament und Feder zur Hand und schrieb auf, was er mir diktierte. Daß er dabei im Zimmer auf und ab ging, machte mich allerdings ein bißchen nervös. Meine Feder hielt inne, wenn seine Schritte es taten. Ich blickte hoch und sah, wie er meine Bücher betrachtete oder vorsichtig die Viola befingerte. Doch vor allem die Bücher hatten es ihm angetan.

»Was ist das hier? Ein Lehrbuch?«

»Ja, Pater. Die *Ars minor* von Donatus.«

»Und das?«

»Die *Historica scholastica*.«

»Aha! Pierre Comester. Auch ich besitze ein Exemplar davon – das heißt, ich darf es benutzen, wie alle Dominikaner. Und das hier – sehr schön gepunzt. Rötliches Hirschleder … und gar illustriert! Was ist das, mein Sohn?«

Ich errötete, denn es handelte sich um *Die Kunst der höfischen Liebe* von Andreas Capellanus. Hastig erklärte ich Pater Amiel, daß die Bücher allesamt Geschenke waren: Die Lehrbücher stammten von meinem Vater, die *Historica scholastica* hatte mir der Notar, bei dem ich in die Lehre gegangen war, vermacht, die Bibel hatte meinem Großvater mütterlicherseits gehört –

»Und *Die Kunst der höfischen Liebe*? Sicher das Geschenk einer Dame, nicht wahr?« Er schien die Sache eher amüsant als tadelnswert zu finden. »Ich bin mit dem Werk nicht vertraut, habe mir aber sagen lassen, daß es eine ganz besondere Form von Weisheit enthält. Mein Sohn, Ihr dürft Euch ob dieses Besitzes glücklich schätzen. Für viele arme Scholaren sind es unerschwingliche Reichtümer.«

»Ich weiß.«

»Wirklich? Dann solltet Ihr die Bücher pfleglicher behandeln.« Seine Stimme klang ein bißchen vorwurfsvoll, als er einen Band aufhob und mit dem Ärmel vorsichtig vom Staub befreite. An der Art, wie er mit seinen Fingern die Punzarbeit befühlte, die Seiten umwendete und den Rücken entlangstrich, erkannte ich, daß er Bücher liebte. Seine schönen Hände wirkten noch schöner, wenn er mit ihnen ein Buch ergriff.

Wie schade, dachte ich, daß er das, was er so bewundert, nicht mehr deutlich sehen kann.

»Ihr habt doch eine Truhe«, fuhr er fort. »Ihr solltet die Bände darin lagern, zusammen mit bestimmten Kräutern, die Würmer und Motten abhalten. Ihr solltet sie in Leinen einschlagen und nicht auf den feuchten Fußboden legen.«

Ich wollte ihm gerade darlegen, daß die Truhe meine Kleider enthielt, die auch nicht auf dem feuchten Boden liegen sollten, als an den Fensterladen geklopft wurde. Überrascht öffnete ich ihn – und war noch überraschter, Béatrice Rascas zu sehen.

»Hallo, Raymond«, meinte sie. »Du hast mir doch gesagt –«

»Ach ja, der Brief!« Ich warf Pater Amiel einen Blick zu. Er schaute ausdruckslos in meine Richtung, die Bibel meines Großvaters in den Händen wiegend. Es war, als betrachtete ich mein eigenes Gewissen. »Pater, könntet Ihr – ähm – ich muß kurz mit Na Béatrice sprechen. Es geht um Eignungsrechte. Würdet Ihr mich für einen Augenblick entschuldigen?«

Er neigte den Kopf. In seiner Geste lag kein Vorwurf, aber ich war ziemlich nervös, als ich die Küche durchquerte (wobei ich noch die lauten Nachfragen meines Bruders abwehren mußte) und auf die Straße eilte. Dort stand Béatrice, in einen langen blauen Umhang gehüllt, das Gesicht unter Schleiern und Schleifen verborgen. Sie sah beinahe wie eine ehrbare Matrone aus. Ich bin von solchem Kopfschmuck niemals besonders angetan gewesen; er wirkt ungefähr so elegant wie ein Sattel oder ein Lastkahn.

»Willst du in die Kirche?« fragte ich scherzend, was meine Angst nicht verbergen konnte.

»Nein. Aber ich bin geschäftlich unterwegs, Raymond, nicht als deine Freundin. Wer ist bei dir? Der Mönch?«

»Ja, Pater Amiel. Béatrice, ich kann jetzt nicht mit dir sprechen. Vielleicht morgen? In der Taverne? Du mußt entschuldigen, aber ich bin beschäftigt.«

»Die ganze Nacht?« Sie neigte ihren Kopf zur Seite; ich aber mußte fortwährend an den Dominikaner denken, der jetzt vielleicht die Sachen auf meinem Schreibpult studierte. So sah sie sich veranlaßt, deutlichere Worte zu gebrauchen. »Du kannst doch später noch kommen. Wenn du mit der Arbeit fertig bist.«

»Ach so!« Endlich kapierte ich. Aber ich durfte nicht nachgeben. »Nein, nicht heut nacht«, murmelte ich, und sie betrachtete mich nachdenklich mit ihren klaren grünen Augen, ohne die ihr Gesicht bei weitem nicht so schön gewesen wäre.

»Wenn du woanders hingehen mußt, solltest du es mir sagen, Raymond«, bemerkte sie mit leiser Stimme. »Dann werde ich dich nicht mit meinen Einladungen in Verwirrung stürzen.«

»Wie? Aber nein.« Ich schüttelte heftig den Kopf. »Es gibt keine andere.« Aber diese Versicherung klang wohl nicht überzeugend, denn ihre Lippen bebten, und die Lider senkten sich. »Wirklich wahr!« insistierte ich. »Bei meinem Leben! Béatrice, ich habe ein Gelöbnis getan. Ich habe geschworen, einstweilen nicht … meine Manneskraft nicht … auszuüben. Bis Pater Amiel mich aus seinen Diensten entläßt. Verstehst du? Ich – na ja, ich lebe … im Zölibat.«

Sie starrte mich an. Dann lachte sie. Dann hielt sie die Hand vor den Mund, um keine Aufmerksamkeit zu erregen.

»*Du*?« rief sie aus, und ihre Augen funkelten vor Vergnügen.

»Psst!«

»Aber, Raymond, wie – wer …« Ihr fehlten offensichtlich die Worte. »Hat dein Mönch das bewirkt?« fragte sie schließlich.

»Er hat mich *gebeten*«, erwiderte ich etwas steif. »Und ich habe zugestimmt.«

»Warum? Weil du eine Nacht im Schwarzen Hahn verbracht hast?«

»Aus vielen Gründen.« Ich wollte schwülstige Worte vermeiden, was mir indes nicht gelang. »Manchmal, weißt du, wünsch ich mir, ich hätte ein ehrbareres Leben geführt.«

»Klar doch«, entgegnete sie. »Das wollen wir alle. Aber nur ein sehr guter Priester vermag es, unsere Gewohnheiten zu ändern.« Sie verschränkte die Arme und lächelte mit leisem Spott. »Er muß sehr klug sein, dein Mönch.«

»O ja«, betonte ich düster, »das ist er.«

»Mein armer kleiner Hengst.«

»Es ist keine schlechte Sache, Béatrice. Es wird mir guttun.«

»Mir aber nicht.«

»Deiner Seele.«

Ihre Lippen bebten, als wollte sie erneut auflachen. Aber sie unterdrückte das Verlangen und legte statt dessen die Hand mitfühlend auf meinen Arm.

»Hab keine Angst«, murmelte sie. »Ich werde dir nicht nachstellen. Natürlich sollst du dein Gelöbnis halten. Aber vergiß mich nicht ganz, Raymond. Ich bin immer noch deine Freundin.«

»Das weiß ich.« Anderenfalls würde sie, bemerkte ich (um etwas Würde zurückzugewinnen), für meine Dienste zahlen. Woraufhin wir beide ziemlich verlegen kicherten und einander adieu sagten. Morgen, das versprach ich ihr, würde ich den Brief lesen.

Damit endete unser Gespräch. Ich ging in mein Zimmer zurück, wo ich Pater Amiel friedlich auf dem Bett sitzend vorfand. Seine Hände waren leer, aber meine Bücher um ihn herum ausgebreitet.

»Ich habe mich entschlossen«, verkündete er übergangslos, »diese Vorladung an den Bischof von Marseille zu schicken. Ohne seine Hilfe dürfte es schwer sein, einen dort ansässigen Laien herzuzitieren. Nicht unmöglich, aber schwierig. Die lokalen Behörden sind oft wenig hilfsbereit. Nachdem Ihr die Vorladung zu Ende geschrieben habt, werde ich einen Brief an den Bischof diktieren, damit beide Dokumente morgen früh unter einem Siegel abgeschickt werden können.«

Zu Béatrice Rascas äußerte er kein Wort. Damals nahm ich an, Pater Amiel zeige eine bestimmte Form von Höflichkeit. Später fiel mir ein, daß er sich vielleicht einfach weigerte, ihre Existenz zur Kenntnis zu nehmen; sie war es nicht wert. Jedenfalls ignorierte er sie – und mir blieben Rechtfertigungsversuche erspart.

»Nun denn«, bemerkte er. »Wo waren wir stehengeblieben? Ah, ja. *Supponitur quod intendimus ...*«

Gehorsamst nahm ich erneut die Feder zur Hand.

# ELFTER GESANG

Gaillards Befragung durch Pater Amiel war nicht das Fegefeuer, das ich befürchtet hatte. Da ich mir weitere Griffe ans Gemächt und Gaillards vor meinen Augen stattfindende Erniedrigung lebhaft ausmalte, dürfte meine Angst kaum geringer gewesen sein als die des Herbeizitierten. Aber Pater Amiel verhielt sich äußerst zurückhaltend. Als er hörte, daß der Knappe Pater Guillaumes Annäherungsversuche mit der Drohung, ihn zu kastrieren, beantwortet hatte, fragte der Mönch nur: »Und hast du es getan?«

»Was … getan?«

»Ihn kastriert, mein Sohn.«

»Nein. Gewiß nicht.« Gaillard konnte vor Angst kaum sprechen. »Das war eine leere Drohung. Ich wollte nur in Ruhe gelassen werden.«

»Und ließ er dich in Ruhe?«

»Ja.«

»Es war also nicht nötig, ihn zu kastrieren?«

»Äh … nein.«

»Und was hast du in der Nacht getan, als Pater Guillaume ermordet wurde?«

»Ich lag im Bett und schlief.«

»Gibt es dafür Zeugen?«

»Die beiden anderen Knappen. Sie schlafen mit mir im selben Bett.«

Pater Amiel fragte nach den Namen dieser Knappen und nach den Leuten, denen Gaillard von Pater Guillaumes bösen Absichten erzählt hatte. (Außer mir, Othon, Bérengar und Bernard wußte nur noch sein Bruder, Ranulphe de Mas, davon, der im *château* der Familie bei Saint-Gilles lebte.) Und schließlich wollte Pater Amiel wissen, ob Gaillard irgendwelche Beziehungen zu Mitgliedern des schatzmeisterlichen Haushalts, zu Masseo di Vico oder zu dessen Familie unterhalten hatten.

Gaillard hatte, wie er aussagte, den persönlichen Schreiber des Schatzmeisters ein- oder zweimal gesehen, aber nie mit ihm gesprochen und mit Lothaire Lagarrigue nur ein paar kurze Worte gewechselt, als sie zufällig nebeneinander standen. Masseo di Vico und sein Sohn hielten sich häufig im Haus des Kardinals auf, ohne sich jedoch mit einem so niedrigen Wesen wie einem Knappen zu unterhalten. An bestimmten Feiertagen wurden Masseos weibliche Verwandte dem Kardinal vorgeführt, der sie mit diversen Geschenken bedachte.

»Du hast niemals längere Zeit mit diesen Personen gesprochen?«

»Nein, Pater.«

»Würdest du Fulques Fuille, Josserand de Ponte oder Renaud Lizier erkennen, wenn du sie sähest?«

»Ihre Gesichter wohl schon, Pater, aber ich könnte sie nicht beim Namen nennen. Viele Leute besuchen den Kardinal.«

»Hast du kürzlich irgendwelche Kleidungsstücke verloren, mein Sohn? Oder vielleicht einen Kamm? Oder andere persönliche Besitztümer?«

»Nein«, erwiderte Gaillard, der mit dieser Frage offensichtlich nichts anzufangen wußte.

»Hast du kürzlich einen Bleiring gefunden, oder wurde dir ein solcher gezeigt?«

»Nein.«

»Ist dir bekannt, daß Guillaume Monier oder sonst jemand, den du kennst, mit Hexerei oder Nekromantie verbundene

Handlungen ausgeführt hat, die gegen dich gerichtet waren? Hast du jemals beobachtet, daß jemand Kräuter, Früchte, Blut, kleine Inschriften, Kleidungsfetzen, Wachsfiguren oder Gegenstände wie Nadeln, Bohnen, Steine oder Körperteile gesammelt, gegessen oder an bestimmten Orten abgelegt und dabei gesungen oder rezitiert hat?«

Gaillard zögerte. Als ich aufsah, kreuzten sich unsere Blicke; der seine zeugte von völliger Verwirrung.

»Pater, ich – ich *glaube* nicht, glaube ich«, stammelte er. »Die Köche des Kardinals singen manchmal, wenn sie Blutwurst zubereiten.«

»Nun gut«, meinte Pater Amiel mit einer gelangweilten Handbewegung. »Du kannst jetzt gehen.«

Das war's also gewesen. Gaillard warf mir einen sprechenden Blick zu, als er aus der Zelle schlich. Pater Amiel stemmte die Ellbogen auf den Tisch, legte die Hände auf die Wangen und verzog das Gesicht zu einer Grimasse.

Seit unserem Eintreffen im Gefängnis hatte er deutliche Anzeichen von Zahnschmerzen erkennen lassen: Seine Gesichtsfarbe war auffallend blaß, und von Zeit zu Zeit massierte er den Kiefer. Jetzt schloß er die Augen und preßte eine Hand gegen die Stirn. Offenkundig litt er ganz außerordentlich.

»Eure Zähne, Pater?«

»Ja.«

»Vielleicht solltet Ihr mit den Befragungen fürs erste aufhören.«

»Nein.«

Es *mußte* weitergehen, in dieser Hinsicht war er ganz unnachgiebig. Also wurde Renaud Lizier zu uns beordert, der fast ebenso kränklich aussah wie Pater Amiel. Das mochte auch an seinem verkrüppelten Arm liegen, aber ich bemerkte seine entzündeten Augen, die aschgraue Gesichtsfarbe und den Husten, der ihn des öfteren schüttelte. Dennoch sprach er mit kräftiger Stimme den Eid, nannte seinen Namen und trug vor, was ihm von der Mordnacht in Erinnerung geblieben war.

Sein Bericht war kurz und knapp. Als er ihn beendet hatte, lehnte Pater Amiel sich zurück und betrachtete den Zeugen von oben bis unten.

»Seltsam, daß ein Krüppel wie du es zum Schreiber gebracht hat«, bemerkte er dann. Renaud stieg die Röte ins Gesicht.

»Ich kann sehr gut mit der einen Hand schreiben«, gab er zurück.

»Ah, ja.« Der Mönch nickte. »Und hast du das Gelübde abgelegt, weil du ein Krüppel bist? Weil deine Eltern wußten, daß du es niemals schaffen würdest, eine Familie zu ernähren? Und weil keine Frau dich jemals anschauen würde?«

»Es ist allerdings so, Pater«, erwiderte Renaud, »daß ich in dieser Hinsicht ... äh ... nicht mehr unschuldig bin.«

»Du *hast* mit einer Frau Unzucht getrieben?«

»Habe ich, ja. Wie ich zu meiner Schande gestehen muß.«

»Und hast du auf diese Weise auch mit Männern gesündigt?«

Kurze Pause.

»Wie bitte?« fragte Renaud.

»Der Schatzmeister besaß die Angewohnheit, seine Schreiber zu sodomisieren«, warf Pater Amiel beiläufig hin. »Ich glaube nicht, daß er dich beschäftigt hätte ohne die Absicht, dich zu seinem Lustknaben zu machen.«

Offenbar kämpfte Renaud darum, Haltung zu bewahren. Finsteren Blicks und mit heiserer Stimme sagte er: »Ihr irrt Euch.«

»In welcher Weise?«

»In jeder Weise.«

»Berücksichtige jedoch die Aussagen, die wir vorliegen haben. Sie enthalten eindeutige Beweise für Sodomie und ähnliche Vergehen.« Pater Amiel wies mich an, jene Abschnitte aus Aimery de Sorgues' Vernehmungsprotokoll vorzulesen, die von den sexuellen Aktivitäten Pater Guillaumes handelten. Währenddessen nahm er eine abwartende Haltung ein, die es ihm zugleich erlaubte, die schmerzenden Zähne ein wenig zu beruhigen. Nachdem ich einige Darstellungen von Pater Guillaumes samenspendender Tätigkeit zu Gehör gebracht hatte, unterbrach mich Renaud.

»Das stimmt alles nicht«, erklärte er mit sichtlichem Abscheu. »Aimery lügt. Der Junge wäre wohl gern Sodomit. Er ist eine miese kleine Kreatur. Wahrscheinlich beschreibt er seine Herzenswünsche und nennt es Wahrheit.«

»Aber Fulques Fuille hat ebenfalls ausgesagt, gegen die Natur gesündigt zu haben«, hob Pater Amiel hervor. »Er hat es genauso bezeugt wie Aimery.« Erneut bat er mich, in dem Stapel von Pergamenten nach dem Protokoll zu suchen und Renaud mit den entsprechenden Äußerungen Fulques' über *flumen seminis*, vorgeschriebene Liebkosungen und dergleichen bekannt zu machen. Der Schreiber wirkte erstaunt, aber nicht gänzlich überzeugt.

»Ich will das sehen«, forderte er.

»Unglücklicherweise, mein Sohn, ist es den Zeugen nicht erlaubt, Transkriptionen in diesem Stadium einzusehen. Aber sie sind echt, das versichere ich dir.«

»Warum sollte ich Euch glauben? Woher soll ich wissen, daß dort die Wahrheit geschrieben steht?

»Weil die fertigen Protokolle den Zeugen zur Bestätigung vorgelegt und von diesen durch Unterschrift oder Zeichen beglaubigt werden müssen. Dann erst kannst du sie lesen.«

»Sind die Dokumente schon unterzeichnet?«

»Nein.«

»Dann sind es auch keine Beweise, Pater.«

Der Mönch seufzte. Er knetete fast verstohlen an seiner Wange herum.

»Mein Sohn«, meinte er, »wenn du Aimery oder Fulques über ihr widernatürliches Verhalten befragen willst, kann ich sie herbringen lassen. Aber du mußt dich auf Fragen über Sodomie, Selbstbefleckung, verbotene Stellungen und ähnliches beschränken. Willst du das?«

Renaud überlegte. Er wirkte verärgert und beunruhigt. Schließlich sagte er: »Nein. Das ist nicht notwendig.«

»Gut. Jetzt sag mir – hat Pater Guillaume dich jemals aufgefordert, schlüpfrige Handlungen zu vollziehen oder daran mitzuwirken?«

»Nein!«

»Nein. Das dachte ich mir. Es kommt mir seltsam vor, daß er einen jungen und nicht besonders hübschen Krüppel beschäftigt haben sollte, es sei denn, in dem Glauben, ihn leicht überwältigen zu können.«

»So leicht bin ich nicht zu überwältigen, Pater«, gab der Zeuge bissig zurück. Offensichtlich hatte Pater Amiel den Schreiber mit unbeirrbarer Treffsicherheit an seinem wundesten Punkt erwischt – auf Bemerkungen, vor allem abfällige, über seinen Arm reagierte Renaud höchst sensibel. Fraglos kam Pater Amiel eben deshalb immer wieder darauf zu sprechen. Zum Thema Hexerei meinte er, Renaud müsse etwas von den Schwarzen Künsten verstehen, denn ein Krüppel würde natürlich mit allen Mitteln versuchen, seinem untüchtigen Glied zur Gesundheit zu verhelfen. Als Renaud jegliches Interesse an solchen Dingen abstritt, beharrte Pater Amiel darauf, er dürfte doch wenigstens ein, zwei Bücher über Nekromantie gelesen haben, denn er sei als »Bücherwurm« bezeichnet worden und habe sein Leben, weil unbefähigt zu anderen Dingen, ohnehin dem Studium von Schriften widmen müssen.

Renaud aber blieb stur: Er habe keine verbotenen Werke studiert. Nunmehr bat Pater Amiel ihn um ein Beispiel seiner Schrift und bemerkte dann, sie sei überraschend markant, wenn auch vielleicht nicht so wohlgeformt wie die eines Mannes mit zwei gesunden Armen. Wie sich vorstellen läßt, schürten solche verletzenden Seitenhiebe die Flammen von Renauds Temperament, das ohnehin schon aufgeheizter war, als für ein glückliches Leben gut ist. Er ballte die Fäuste und fletschte die Zähne und blickte finster drein wie ein Greif. Als er nach seiner Bekanntschaft mit Masseo di Vico befragt wurde – »Aber du mußt ihn doch gut gekannt haben, mein Sohn? Du hast ihn doch sicher wegen deiner Verkümmerung um Rat gefragt?« –, konnte der Zeuge seinen Zorn kaum noch unterdrücken.

»Ich habe *niemals* mit dem Arzt zu tun gehabt«, fauchte er. »Warum sollte ich? Pater Guillaume war derjenige, der uns die Arbeit zuteilte.«

»Ich verstehe«, nickte Pater Amiel. »Und suchte jemand aus Pater Guillaumes Haushalt regelmäßig Masseo di Vicos Haus auf?«

»Nur Maître Lagarrigue. Er lieferte die Briefe ab.«

»Ist dir bekannt, ob er einen Groll gegen den Schatzmeister hegte?«

»Nein.«

»Und jemand anderer, soweit du weißt?«

»Nein.«

»Und du selbst, mein Sohn?«

»Nein.«

»Aber du bist ein Krüppel«, hob der Mönch hervor. »Du bist arm, entstellt und hast kaum Freunde. Da ist es doch ganz natürlich, daß du einen Mann verabscheust, der so mit Ehren, Reichtum, Kraft und Einfluß gesegnet ist wie der Schatzmeister.«

»Selbst wenn es sich so verhielte«, entgegnete Renaud (mit durchaus bewundernswerter Zurückhaltung), »wäre das kein Grund, ihn zu töten.«

»Für einen gesunden Menschen sicher nicht«, stimmte Pater Amiel zu. »Aber ein Krüppel wie du, der einsam ist und voller Bitterkeit, könnte die ihm von Gott zugedachte Strafe voller Zorn mit Pater Guillaumes gesegnetem Leben vergleichen. Vielleicht entspricht die Unausgewogenheit deines Körpers der Unausgewogenheit der Säfte in deinem Gehirn.«

»*Ich habe Pater Guillaume nicht getötet*!«

»Sehr wahrscheinlich nicht«, räumte der Mönch ein. »Ich bezweifle nämlich, daß du stark genug gewesen wärst, ihn zu dem Zweck niederzuhalten …«

Ist es nicht eigenartig, daß das Gewicht eines kleinen Hundes auf einer überfüllten Brücke die ganze Konstruktion zum Einsturz bringen kann? Oder daß ein Atemstoß genügt, eine mit Luft gefüllte Schweinsblase zum Platzen zu bringen? Pater Amiels letzte Bemerkung war zwar nicht übermäßig unhöflich, aber der Tropfen, der das Faß zum Überlaufen brachte. Der Schreiber sprang auf und packte den Mönch mit seiner gesunden Hand. Bevor ich eingreifen konnte, hatte er den Dominikaner auf den Boden geworfen, wobei der Tisch gleich mitgerissen wurde.

»*Mein einer Arm ist so stark wie deine beiden, Pater Pestfloh*!« schrie er.

Und er schüttelte Pater Amiel wie ein Sieb. Ich stürzte nach vorn und gab ihm einen kräftigen Stoß. Aber die Wachen hatten den Lärm bereits gehört; urplötzlich tauchten sie auf und warfen Renaud Lizier zu Boden. Sie waren bereit, ihn noch weiter zu malträtieren, wenn Pater Amiel, außer Atem und noch etwas unsicher auf den Beinen, ihnen nicht Einhalt geboten hätte.

»Nein!« keuchte er und rieb sich den Ellbogen. »Nein, laßt ihn in Ruhe!«

»Aber –«

»Laßt ihn! Er ist ein Krüppel. Er kann sich nicht verteidigen.«

»Ich kann mich gegen *Euch* verteidigen, Pater!« zischte Renaud am Boden liegend, doch keineswegs eingeschüchtert.

»Ah, ja, aber ich bin klein und schwach.« Pater Amiel bekam einen Hustenanfall und konnte erst nach einiger Zeit weitersprechen. »Der Schatzmeister war, wie ich hörte, großgewachsen und vom vielen Reiten sehr kräftig. Bei einem Kampf auf Leben und Tod hättest du ihn nicht bezwungen.«

Falls Pater Amiel versuchte, Renaud durch Hohn und Spott zu einem Geständnis zu bringen, blieb ihm der Erfolg versagt. Der Schreiber wiederholte lediglich: »Ich habe Pater Guillaume nicht getötet.«

»Weil du dazu nicht stark genug bist?«

»Weil ich keinen Grund und nicht den Wunsch hatte!«

»Aber du hättest beinahe *mich* getötet, Renaud, und nur, weil ich deine Männlichkeit beleidigte. Offenbar bist du von allen Männern aus dem Haushalt des Schatzmeisters der gewalttätigste.«

Renaud öffnete den Mund und schloß ihn wieder.

»Eines solltest du wissen«, fuhr Pater Amiel fort: »Wenn der Schatzmeister versucht hat, dir seine fleischlichen Aufmerksamkeiten aufzuzwingen, vielleicht gar mit Gewalt, ist deine mörderische Reaktion zwar übertrieben, aber verständlich. Oder wolltest du vielleicht einen deiner Kollegen schützen, indem du den Urheber seiner Qualen beseitigtest, wie Heloïses Vater es mit Abaelard getan hat? Wenn es nicht deine wirkliche Absicht war, den Schatzmeister zu töten –«

»Ich habe ihn nicht getötet!« beteuerte Renaud zum dritten Mal. »Ich habe damit nichts zu tun! Ich halte mich von allem fern!«

Pater Amiel, der sich immer noch den Ellbogen rieb, starrte ihn ausdruckslos an. Der Zeuge starrte wütend zurück. Schließlich seufzte der Mönch und winkte den Wachen.

»Nun gut. Ihr könnt ihn jetzt mitnehmen.«

»Ja, Pater. Steh auf, du.«

Der Mönch wandte sich noch einmal an den Zeugen. »Bedenke, mein Sohn, daß ich noch nie bezwungen worden bin.« Renaud kam mühselig auf die Füße. »Wenn es sein muß, kann ich die ganze Welt befragen, und im Augenblick richtet sich mein Verdacht gegen dich. Wenn es also Umstände gibt, die erklären, warum Pater Guillaume seinen Tod, sagen wir: verdient hatte, wäre es klug, mich davon in Kenntnis zu setzen.«

»Ihr seid ein Narr«, entgegnete Renaud müde. »Niemand hat es verdient, ohne Absolution zu sterben.«

»Sehr richtig. Wenn du also wüßtest, wer das Verbrechen begangen hat, würdest du es mir sagen, nicht wahr?«

»Ich würde es selbstverständlich jemandem sagen. Aber seid versichert, daß Ihr es als letzter erfahren würdet.«

Nachdem er diese giftige Bemerkung von sich gegeben hatte,

wurde Renaud abgeführt. Er hinterließ eine ziemliche Unordnung. Der Tisch reckte die Beine in die Luft, Blätter lagen in einer Tintenpfütze verstreut, und unser Wasserkrug war auf dem Steinfußboden zerschellt. Ich schnalzte mit der Zunge, während Pater Amiel den Schaden ohne Gefühlsregung betrachtete.

»Zuerst müssen wir uns um die Protokolle kümmern«, erklärte er, nahm ein Blatt vom Boden auf und schüttelte es. Tintentropfen flogen in alle Richtungen davon. »Beten wir, daß sie noch entzifferbar sind.«

»Die ganze Arbeit ...«, bemerkte ich traurig. »Pater, setzt Euch. Ihr seid verletzt.«

»Nein, nein.«

»Euer Arm ist verwundet!«

»Eine Schramme. Eine Kleinigkeit. Und Arbeit ist das beste Heilmittel.«

»Pater –«

»Ich lasse Hilfe holen. Wir müssen alles aufräumen, bevor wir den nächsten Zeugen befragen.«

Er war unermüdlich. Obwohl er sichtlich litt, wollte er sich nicht in Klagen ergehen, sondern ordnete, mit zitternden Händen, die durcheinandergewirbelten Pergamente. Ich half ihm dabei, und wir konnten feststellen, daß nur ein Blatt irreparabel beschädigt war. Zum Glück handelte es sich dabei lediglich um die ursprüngliche Transkription eines fertigen Protokolls; Pater Amiel hielt diesen Umstand für einen Beweis der Wachsamkeit, mit der Gott unser Tun verfolgte.

»Es ist, wie Renaud sagte, furchtbar, wenn ein Mensch ohne Absolution stirbt«, bemerkte er. »Wer immer dafür verantwortlich ist, muß sich vor dem HErrn für eine solch schwere Sünde rechtfertigen.«

»Ihr seid also nicht davon überzeugt, daß Renaud der Schuldige ist?« fragte ich, worauf der Mönch mit einer zweideutigen Geste antwortete.

»Er hat das Temperament – und die Kraft. Vielleicht auch hatte er einen Grund, von dem wir nichts wissen. Aber Beweise dafür gibt es nicht. Es gibt überhaupt keine Beweise gegen irgend jemanden.« Mir schien, als läge ein Hauch von Melancholie in der Stimme des Dominikaners. »Nichtsdestoweniger ist Renaud Lizier verdächtig – und ich werde ihn im Auge behalten.«

»Und – und Gaillard?« fragte ich nach einigem Zögern. »Er ist doch nicht verdächtig, oder?«

Pater Amiel, der gerade einige in die Ecke geflogene Tonscherben aufsammelte, hielt inne, warf mir einen kurzen Blick zu und fuhr dann in seiner Tätigkeit fort.

»Das muß noch überprüft werden«, entgegnete er, »aber bislang halte ich ihn nicht für in die Sache verwickelt.«

»Ach, das ist gut. Darf ich ihm das mitteilen?«

»Nein, das dürft Ihr nicht«, bemerkte er kühl. »Ihr dürft niemandem irgend etwas von diesen Befragungen mitteilen, Maître Raymond. Das war, wenn Ihr Euch erinnert, eine der Bedingungen für Eure Anstellung.«

Der nächste Zeuge war Jean Marty, Pater Guillaumes Pförtner. Wie mir scheint, wimmelt es in religiösen Einrichtungen, seien es Klöster, Paläste, Kirchen oder Häuser, von Krüppeln und Trotteln, wozu vermutlich das Gebot der Barmherzigkeit beigetragen hat. Jean Marty war, wie ich an seinem leeren, entstellten Gesicht erkennen konnte, der Haustrottel von Pater Guillaume.

Noch bevor er den Zeugen befragte, gab Pater Amiel (der wohl zu einem ähnlichen Schluß gelangt war wie ich) den Wachleuten den Auftrag, eine Kohlenpfanne samt Kohlen und Eisenzange und andere Gerätschaften herbeizuholen, was mich in diesem Zusammenhang stark beunruhigte und einen Schatten auf die kommenden Ereignisse zu werfen schien.

Ich will Euch nicht mit einem Bericht über die Schwierigkeiten langweilen, die Pater Amiel bei dem Versuch, Jean Marty einen Schwur zu entlocken, erdulden mußte. Der Pförtner war nicht widerspenstig, sondern einfach ein Mensch von geringem Verstand. Als ich ihm seine frühere Aussage vorlas und Pater

Amiel ihn fragte, ob es damit seine Richtigkeit habe, schaute er den Mönch mit völliger Verständnislosigkeit an. Also formulierte Pater Amiel die Frage anders.

»Hast du das, was du eben hörtest, dem Marschall erzählt?«

»Ja«, erwiderte Jean, ohne irgendwie anzudeuten, daß ihm seine eigenen Worte vertraut waren. Ich fragte mich, ob er nur das anwortete, was von ihm erwartet oder vielleicht Gefallen finden würde. Trottel sagen oftmals die Unwahrheit, weil sie begriffsstutzig sind.

»Und wieviel hat man dir bezahlt, damit du dem Marschall diese Dinge erzähltest?« Offenbar wollte Pater Amiel durch seine sorgfältige und kluge Wortwahl Jean Marty in die Falle lokken, aber seine Bemühungen waren vergebens.

»Der Marschall hat mir nichts bezahlt«, meinte Jean, nachdem er überlegt hatte, mit träger Stimme.

»Jemand anderer vielleicht?«

»Der Schatzmeister hat mir manchmal was gegeben.«

»Wofür?«

»Fürs Saubermachen. Und die Tür bewachen. Und wenn ich ihm was zu essen brachte.«

»Hat der Schatzmeister dich aufgefordert, andere Dinge zu tun, wie etwa Tiere zu töten oder Blei zu schmelzen oder Haare oder Reste von Fingernägeln aufzulesen?«

»Nein.«

»Hast du mal gesehen, ob er selbst so etwas machte?«

»Nein.«

»Hör zu, Jean – du hast auf die Bibel geschworen, die Wahrheit zu sagen. Wenn du mich anlügst, wird Gott dich strafen. Er wird dich hier, in diesem Raum, niederschmettern. Hast du verstanden?«

»Ja, Pater.«

»Gut.« Der Dominikaner holte tief Luft. »Dann sag mir, was mit Pater Guillaume geschehen ist.«

»Er wurde getötet«, erklärte Jean.

»Aber kannst du mir sagen, wer ihn getötet hat?«

»Ja.«

»Dann sag es mir«, bemerkte Pater Amiel geduldig. »Wer hat Pater Guillaume getötet?«

»Satan, Pater.«

Fast hätte ich losgelacht, obwohl meine Erwartungen nicht hoch gewesen waren. Tatsächlich glaubte ich nicht, daß Jean jemand war, der uns mit dem, was wir wissen wollten, versorgen konnte. Pater Amiel knetete wieder an seiner Wange herum.

»Satan?« fragte er. »Warum beschuldigst du Satan, mein Sohn?«

»Weil Satan an allem Bösen schuld ist.«

»Hat dir jemand das erzählt?«

»Ja.«

»Und wer?«

»Meine Mutter.«

»Ich verstehe.« Vielleicht hatte Pater Amiel auf eine andere Antwort gehofft. Jedenfalls wirkte er enttäuscht oder wollte diesen Eindruck erwecken. »Hast du Satan jemals gesehen?« fragte er weiter.

»Nein!« Zum ersten Mal wurde Jeans ausdruckslose Stimme lebhaft. »Das möcht ich auch nicht!«

»Aber hat Satan jemals zu dir gesprochen? Hat er dir befohlen, bestimmte Dinge zu tun?«

»Nein, Pater! O nein!«

»Warum meinst du, daß Satan den Schatzmeister getötet hat und nicht du oder Lothaire Lagarrigue oder einer der Schreiber? Weil Pater Guillaume ein schlechter Mensch war?«

»O nein, Pater. Er war doch ein Priester.«

»Aber hast du mal gesehen, daß er Böses tat? Daß er – Zauberformeln sprach oder jemandem an den Schwanz griff?«

»O *nein*, Pater. Er war doch ein Priester.«

Pater Amiel gab einen zischenden Laut von sich, den ich zuerst für ein Zeichen seiner Unzufriedenheit mit Jean Marty hielt. Aber als ich hochschaute, sah ich, daß er die Augen geschlossen und die Hände gegen die Wangen gepreßt hielt. Der Zahnschmerz folterte ihn.

»Du bist ein Dummkopf, Jean«, sagte er schließlich mit stokkender Stimme. »Verstehst du das?«

»Ja, Pater.«

»Haben andere dich auch schon einen Dummkopf genannt?«

»Ja, Pater. Viele Leute.«

»Wer? Der Schatzmeister?«

»Ja.«

»Warst du ihm da böse?«

»Nein, Pater.«

»Warum nicht?«

»Weil es die Wahrheit war.«

»Mochtest du den Schatzmeister, mein Sohn? War er gut zu dir?«

»Ja, Pater.«

»Warst du traurig, als du sahst, daß er getötet worden war?«

Jean nickte so langsam und nachdrücklich und ernst, daß ich ihn dabei beobachten konnte. »O ja«, wiederholte er. »Sehr traurig. Und ängstlich auch.«

»Ängstlich? Weswegen?«

»Wegen Satan, Pater.«

In diesem Augenblick baten die Wachleute um Einlaß. Sie kamen mit den von Pater Amiel angeforderten Gegenständen. Die Kohlenpfanne wurde gefüllt, die Kohlen entzündet (woraufhin sich erstickender Qualm ausbreitete), und der Dominikaner setzte seine Befragung, ohne die Wachen zu beachten, fort.

»Jean«, sagte er, »nachdem Pater Guillaume tot aufgefunden worden war, hat da einer der Schreiber oder Lothaire Lagarrigue dir befohlen, irgend etwas zu verstecken?«

»Zu verstecken?« wiederholte der Zeuge mit blöder Miene.

»Ja. Ein Bündel oder eine Tasche. Hat man dir befohlen, darüber zu schweigen, daß du in der vorherigen Nacht jemanden in das Haus gelassen hast?«

»Wann?« Jean schaute noch blöder drein.

»Jean – sieh mich an. Hat jemand in der Nacht, in der der Schatzmeister starb, sein Haus betreten?«

»Nein, Pater.«

»Hast du in jener Nacht gehört, wie sich jemand im Haus bewegte?«

»Nein, Pater.«

»Lügst du mich auch nicht an, Jean?«

»Nein, Pater.«

Ein kurzes Schweigen folgte. Pater Amiel bedeckte sein Gesicht mit den Händen, sein Atem ging schwer, seine Stirn war schweißbedeckt. Und trotz des Unwohlseins, das ich angesichts der verdächtigen Anwesenheit der glühenden Kohlenpfanne empfand, regte sich Mitleid in mir. Ich wußte, daß Zahnschmerzen so schlimm sein können wie die ewigen Qualen der Hölle.

»Jean«, fuhr der Pater mit gedämpfter Stimme fort, »weißt du, daß in alter Zeit die Menschen ihre Unschuld durch eine Feuerprobe unter Beweis stellten?«

Ein Schrecken durchfuhr mich glühend heiß, ich richtete mich auf.

»Pater –«, begann ich, aber er versetzte mir einen Fußtritt unter dem Tisch. Das tat zwar weh, aber ich war beruhigt und schwieg.

»Feuerprobe?« fragte der Zeuge verwirrt.

Pater Amiel nahm die Hände vom Gesicht. »Manchmal wurde ein Mann, den man eines Verbrechens beschuldigte, in den Fluß geworfen«, erklärte er. »Und wenn er unschuldig war, würde er nicht ertrinken. Manchmal legte man ein glühendes Eisen auf seine Haut, und wenn er unschuldig war, würde die Haut nicht verbrennen. Wie bei den Heiligen, mein Sohn.« Als Jean ihn weiterhin mit leerem Blick anglotzte, holte Pater Amiel weiter aus. »Wie der Hl. Franziskus. Du kennst doch den Hl. Franziskus? Nun, eines Tages bat eine Frau den Hl. Franziskus, mit ihr zu sündigen. Er aber ging mit ihr zu einem großen Feuer, das im Kamin ihres Hauses brannte, und er zog seine Kleider aus und legte sich mitten ins Feuer. Und er sagte: ›Zieh dich auch aus, und komm schnell zu mir in dieses wunderbar blumenweiche Bett!‹ Er blieb dort lange Zeit, mein Sohn, und die Flammen haben ihn nicht verbrannt. Auch dir wird das Feuer nichts tun, wenn du die Wahrheit sagst.«

Allmählich dämmerte es Jean Marty, und er schaute auf die Kohlenpfanne.

»Diese Flammen da? Sie werden mich nicht verbrennen?«

»Nicht, wenn du die Wahrheit über Pater Guillaume erzählt hast.«

»Ich hab die Wahrheit erzählt, Pater.«

»Dann will ich dir ein Wunder weisen, mein Sohn, denn das Feuer wird deine Haut nicht verbrennen.«

Sicher fragt Ihr Euch, wie Raymond einen solchen Akt der Barbarei mit anschauen konnte. Wie konnte er schweigend da sitzen, während ein Mönch vor seinen Augen einen Trottel folterte? Meine Freundinnen, ich wußte, daß Pater Amiel nicht die Absicht hatte, den Pförtner zu verletzen. Ich wußte, daß er, während die Zange langsam erhitzt wurde, auf ein Zeichen des Widerstrebens wartete. Zwar mußte der Trottel hin und wieder beruhigt werden (»Es tut wirklich nicht weh, Pater? Auch nicht ein bißchen?«), aber selbst als der Mönch sich mit dem heißen Eisen näherte, zeigte Jean eher Neugier als Furcht.

Darum warf Pater Amiel jählings seine Waffe fort, die mit klapperndem Geräusch zu Boden fiel.

»Geht«, sagte er zu den Wachmännern, die mit lebhaftem Interesse zugeschaut hatten und wohl recht enttäuscht waren, daß Jean ohne auch nur ein versengtes Härchen davonkam. »Geht, und nehmt ihn mit.«

»Aber Pater«, protestierte der Zeuge, »was ist mit der Feu–«

»Geh! Geh fort! Und du – Wachmann. Nimm diese widerlichen Dinge mit!«

# ZWÖLFTER GESANG

Nachdem er seine morgendliche Arbeit getan hatte, kehrte Pater Amiel zur Priorei zurück, um eine, wie er vorausahnte, »qualvolle Mahlzeit« zu sich zu nehmen. Da er nicht kauen konnte, hoffte ich, daß man ihm Suppe oder Brühe oder Milch mit Honig geben würde. Ich selbst genoß zu Hause Fisch mit in Butter gedünsteten Karotten sowie Käse und Pfannkuchen. Reichlich gesättigt, gönnte ich mir einen Mittagsschlaf. Schon bald wohl würde Pater Amiel wieder vor der Tür stehen.

Als er kam, war es jedoch bereits später Nachmittag. Ich war eifrig mit den Protokollen beschäftigt und hatte ihn, seiner Zahnschmerzen halber, gar nicht mehr erwartet. Er sah auch ziemlich mitgenommen aus, was ihn aber nicht von seinem Gang zum Gefängnis abhalten konnte, wo er den dritten Schreiber, Josserand de Ponte, befragen wollte.

Josserand war ein gutaussehender Bursche; aufrecht und hoch gewachsen, mit breiten Schultern und einem offenen Gesicht betrat er den Raum mit kräftigem, würdig bemessenem Schritt. Ohne seine Tonsur hätte er für einen Knappen durchgehen können, und daß er trotz seines einnehmenden Aussehens und Auftretens noch nicht zum Priester geweiht worden war, lag daran, daß er noch nicht das notwendige Alter von fünfundzwanzig Jahren erreicht hatte. Zudem muß man, um die Weihe zu bekommen, einen gewissen Grad an Bildung, einen einflußreichen Gönner und, wenn möglich, eine kleine Pfründe besitzen.

An Bildung und Intellekt fehlte es ihm nicht, was aus der Aufmerksamkeit, mit der er den Raum betrachtete, ebenso hervorging wie aus seinen Bemerkungen während der Befragung. Unaufgeregt gab er an, daß seine Familie für ihn einen Anwalt besorgt hätte, und ebenso unaufgeregt akzeptierte er Pater Amiels Argument, daß er kein Recht auf einen juristischen Beistand habe, weil er nicht der Hexerei beschuldigt werde. Als er jedoch das Wort »Hexerei« hörte, runzelte er die Stirn und schaute überrascht drein.

»Ihr seid nicht beauftragt, den Mörder des Schatzmeisters zu finden?« forschte er. Als er hörte, daß Pater Amiel insoweit damit beauftragt war, als der Mord durch die Anwendung der Schwarzen Kunst bewerkstelligt worden sein könnte, schüttelte er den Kopf.

»Ich glaube, das trifft nicht zu«, erklärte er. »Ich bin gewiß nicht schuldig am Tod Pater Guillaumes, aber ich meine den Täter zu kennen. Und das ist kein Hexenmeister.«

»Tatsächlich?« Pater Amiels Gesicht war ausdruckslos, seine Hände lagen ganz ruhig im Schoß. »Und wer ist es?«

»Aimery de Sorgues«, erwiderte Josserand.

»Woher weißt du das?«

»Durch den Prozeß der *ratiocinatio*. Ich kenne mich ein wenig mit Logik und Dialektik aus, Pater, und habe folgendermaßen geschlossen: Der Mörder muß –«

»Einen Augenblick«, warf Pater Amiel ein. Mit fast beleidigender Langsamkeit schob er Josserand das Neue Testament hinüber. »Wenn du freundlicherweise schwören willst, die Wahrheit zu sagen, mein Sohn, damit wir korrekt verfahren können. Schwörst du beim Allmächtigen Gott und dieser Heiligen Schrift, über dich und andere, mögen sie tot oder lebendig sein, die einfache, reine und ganze Wahrheit zu sagen?«

»Das schwöre ich«, bekräftigte Josserand, darauf bedacht, mit seiner Aussage fortzufahren. Aber er mußte zuvor den Eid in voller Länge sprechen. Sodann redete er mit großem Nachdruck, den Körper nach vorne gebeugt, die Stirn gefurcht, die Augen blitzend. Auch in der Gefangenschaft hatte er sich seine Würde und Willenskraft bewahrt.

»Pater«, sagte er, »der Mörder muß zu Guillaumes Haushalt gehört haben. Die Fenster sind zu schmal, um jemanden einzulassen, der einen Mord hätte begehen können, und durch die Tür konnte niemand ohne Jean Martys Wissen gelangen, weil er nahezu neben der Schwelle schläft. Hätte er jemanden eingelassen, wäre es ihm unmöglich gewesen, das zu verbergen, denn zum Lügen ist er zu einfältig. Eben darum hätte er auch Pater Guillaume nicht umbringen können. Lothaire Lagarrigue wiederum hatte keinen Grund, Pater Guillaume zu töten, denn der Schatzmeister war, wie ich von Lothaire selbst bei einer Gelegenheit erfuhr, sein Vetter und hatte ihm eine Arbeit verschafft, die er nirgendwo anders finden konnte. Außer Pater Guillaume besaß Lothaire keine einflußreichen Freunde. Fulques und Renaud schlafen mit mir in einem Zimmer. Hätten sie in jener Nacht irgend etwas unternommen, wäre ich aufgewacht. Sie wecken mich ja schon, wenn sie schnarchen oder murmeln oder sich erleichtern.

Folglich muß Aimery de Sorgues der Schuldige sein. Er schläft allein, und niemand hätte sein Aufstehen bemerkt. Außerdem hatte er ... hatte er vielleicht ...« Unter Pater Amiels eindringlichem Blick geriet Josserand ins Stocken, sammelte sich aber schnell wieder und fuhr, während ein leichtes Erröten seine Unsicherheit verriet, fort: »Ich glaube, Aimery könnte einen Grund gehabt haben, gegen Pater Guillaume Groll zu hegen. Einen Grund dafür, seine ... seine männlichen Organe abzutrennen.«

»Und was wäre das für ein Grund?« fragte Pater Amiel mit sanfter Stimme, woraufhin der Schreiber sich räusperte.

»Nun ja, Pater, ich bin mir da nicht ganz sicher, aber als ich eines Nachts, weil ich krank war, nicht schlafen konnte, hörte ich, wie jemand – es war bestimmt der Schatzmeister – sein Schlafzimmer verließ und zu Aimery hinüberging. Er blieb dort ziemlich lange, Pater.« Als der Dominikaner ihn weiterhin fixierte, vertiefte sich das Rot auf Josserands Wangen. »Ihr werdet vielleicht bemerkt haben, daß Aimery de Sorgues ein recht … ein recht weibliches Aussehen hat.« Josserand sprach jetzt etwas schneller. »Auch ist er von Natur aus sehr unterwürfig und kann daher, wie ich glaube, leicht korrumpiert werden. Mithin könnte er in seiner Verzweiflung – hätte er sich zu einer Verzweiflungstat hinreißen lassen können.«

Es folgte ein längeres Schweigen. Ich bemerkte Pater Amiels kühlen Blick und zitterte innerlich ein wenig um Josserand, denn ich hatte (warum, weiß ich nicht) den Eindruck, daß der Mönch dieses selbstsichere Auftreten als Herausforderung ansah. Zweifellos wirkte die lange Pause nach Josserands Erklärung irritierend, wo nicht gar einschüchternd. So klein von Gestalt Pater Amiel auch war, beherrschte er doch die Szene allein durch seine Präsenz.

»Ich weiß, es klingt unwahrscheinlich«, bemerkte Josserand schließlich, um die hallende Stille zu übertönen, »aber es ist die einzig vernünftige Erklärung, Pater.«

»Vernünftig?« gab der Mönch zurück. »Die Vernunft sagt dir, daß Aimery de Sorgues sich in das Schlafzimmer des Schatzmeisters gestohlen, Pater Guillaume getötet und verstümmelt, das abgetrennte Gemächt versteckt, sich irgendwie vom Blut gereinigt und dann in sein Zimmer zurückbegeben hat, ohne daß du wach wurdest und obwohl du bei einer früheren Gelegenheit gehört hast, wie der Schatzmeister *sein* Zimmer verließ, um Aimerys Raum zu betreten?«

Josserand wischte diesen Einwand beiseite. »In diesem Fall lag ich wach. Hätte ich geschlafen, hätten die Geräusche mich nicht geweckt.«

»Und als Pater Guillaume ermordet wurde, da schliefst du?«

»Ja.«

»Und du hast am nächsten Morgen keine Blutspuren auf den Kleidern oder Bettlaken einer anderen Person bemerkt? Nichts, was sonst auf den Urheber des Verbrechens verweisen könnte?«

»Nein, Pater.«

Der Dominikaner grunzte und blätterte in den Dokumenten auf dem Tisch, als könne er das Geschriebene entziffern.

»Vorherigen Aussagen zufolge hast du nach der Entdeckung der Bluttat zusammen mit Lothaire Lagarrigue den Marschall herbeigeholt. Stimmt das?«

»Ja, Pater.«

»Hätte also Lothaire sich irgendwelcher blutbefleckter Gegenstände entledigt, wäre dir das aufgefallen?«

»Ja, Pater.«

»Und soweit du weißt, durfte sich an jenem Tag auch kein anderes Mitglied des Haushalts alleine außerhalb des Hauses aufhalten?«

»Nein«, erwiderte Josserand sehr lebhaft. »Deshalb ist anzunehmen, daß Aimery noch in der Nacht die ... äh ... die abgetrennten Organe aus dem Fenster des Schlafzimmers von Pater Guillaume geworfen und auch das Wasser, mit dem er sich reinigte, nach draußen gegossen hat. Wahrscheinlich hoffte er, daß ein streunender Hund oder eine Ratte sich der *pudenda* annehmen und das Wasser in den Boden sickern würde. Und so ist es wohl auch geschehen, Pater, weil der Marschall den Bereich um das Haus herum absuchte, aber nichts fand.«

Ich war von Josserands Argumentation höchst beeindruckt, hatte er doch, wie mir schien, die mit Pater Guillaumes Tod zusammenhängenden Ereignisse klar und vernünftig erklärt.

Pater Amiel indes wollte sich auf diese Logik nicht einlassen. Statt dessen wechselte er das Thema.

»Du sagst, daß der Schatzmeister Aimery de Sorgues sodomisierte«, merkte er an, woraufhin der Schreiber unsicher auf dem Schemel hin und her rutschte.

»Ich sagte, daß ich den *Verdacht* hatte«, gab er zurück. »Aber ich war mir nicht sicher.«

»Hast du die Angelegenheit jemals mit Aimery oder Pater Guillaume oder einem der anderen Schreiber erörtert?«

»Nein, Pater.«

»Warum nicht?«

»Eben weil ich mir nicht sicher war.« Josserands Sprechweise wurde wieder etwas hektischer, wie es immer der Fall zu sein schien, wenn er in Verlegenheit geriet. »Ich – ich wollte meine Stellung nicht verlieren, und ich hatte keine Beweise. Aber ich war besorgt. Ich war wirklich besorgt.«

»Und hattest dich doch zum Bleiben entschlossen? Wolltest mit Leuten zusammen leben, die du der Sodomiterei verdächtigtest?«

»Pater, wie konnte ich mir dessen gewiß sein? Ich fragte mich, ob ich vielleicht niederen und sündigen Gedanken huldigte. Ich betete sehr viel.«

»Und wurdest nicht mit entsprechenden Einsichten belohnt?« fragte der Dominikaner gedehnt. »Hat Pater Guillaume sich dir niemals mit Vorschlägen einer lüsternen und unnatürlichen Art genähert?«

»O *nein*, Pater! Sonst nämlich hätte ich …«

Pause.

»Hättest du *was*? Ihm den *vit* abgeschnitten?«

Josserand brachte ein kurzes, freudloses Lachen hervor.

»Nein, Pater. Nein, ich hätte es Kardinal di Vico mitgeteilt.«

»Und Kardinal di Vico hätte dir geholfen?«

»Ja.«

»Warum hat sich Aimery de Sorgues dann nicht an Kardinal di Vico gewandt? Warum schwieg er?«

Josserand zögerte. Ich sah, daß seine Wangen jetzt hochrot glühten und er die zugleich besorgte wie mißgelaunte Stimmung eines Mannes verströmte, der ein ihm unangenehmes Thema erörtern muß.

»Vielleicht wollte Aimery keine Hilfe«, sagte er stockend.

»Weil er Pater Guillaumes Aufmerksamkeiten genoß?«

»Vielleicht ...«

»Warum sollte er dann den Mann töten, der seine Begierden befriedigte?«

»Ich – ich ...« Auch dieser Zeuge war in die Falle gegangen und gedemütigt worden. Doch im Gegensatz zu seinen Kollegen wehrte sich Josserand. »Vielleicht war es die Scham«, gab er trotzig zurück. »Vielleicht schwieg Aimery aus Scham und tötete Pater Guillaume, weil er sich schämte.«

»Oder es gibt noch eine andere Erklärung«, entgegnete Pater Amiel mit ziemlich gelangweiltem Tonfall. »Ist dir zum Beispiel der Gedanke gekommen, daß Pater Guillaume einer Hexerei zum Opfer gefallen sein könnte?«

»Nein«, gab Josserand zu. »Aber gibt es dafür irgendwelche Beweise? Es klingt so unwahrscheinlich.«

»Es würde erklären, warum der Mörder es nicht nötig hatte, das Haus des Schatzmeisters durch die Tür zu betreten – oder zu verlassen.«

Gemächlich streckte Pater Amiel die Hand nach dem Buch mit dem nekromantischen Kodex aus. »Hast du diesen Band schon einmal gesehen?« fragte er, während er sich mit beträchtlicher Anstrengung erhob und dem Zeugen näherte. »Schau ihn dir bitte genau an, damit dir kein Irrtum unterläuft.«

Ich bemerkte, daß er den Band in der Hand behielt und vor Josserands Augen drehte und wendete, bis der verwirrte Schreiber fragte, ob das Buch Pater Guillaume gehört habe. »Vielleicht habe ich es einmal gesehen«, sagte er dann. »Die Farbe ist auffällig.« Erst dann durfte er den Inhalt untersuchen. Als er auf die Seiten stieß, die von Nekromantie handelten, stutzte er, las kurz darin, wurde plötzlich blaß und gab das Buch hastig zurück.

»Ich – ich weiß nicht«, stammelte er. »Vielleicht habe ich es mal gesehen, aber nie darin gelesen.«

»Du hast es in Pater Guillaumes Besitz gesehen?«

»Ich habe etwas – etwas sehr Ähnliches gesehen.«

»Kommt dir eine dieser Schriften bekannt vor, mein Sohn? Sieh genau hin.«

Josserand erkannte, wie er fast unhörbar mitteilte, Pater Guillaumes Schrift sofort, vermochte aber nicht zu sagen, von wem die anderen Randglossen stammen könnten.

»Hast du gewußt, daß der Schatzmeister sich mit Hexenkünsten befaßte?

»Nein, ich – nein.«

»Hast du gewußt, daß Aimery und Fulques ihm bei seinen Unternehmungen geholfen und dies auch bezeugt haben?«

»Nein«, antwortete Josserand mit rauher Stimme.

»Hast du gewußt, daß Fulques Fuille des öfteren Aimery de Sorgues sodomisierte und seine schamlosen Lüste offen mit Pater Guillaume erörterte, woran die beiden sich aufgeilten?«

Josserand war so sprachlos, daß er nur den Kopf schütteln konnte, was ich als ein »Nein« zu Pergament brachte, während mir auffiel, daß er seine selbstsichere Haltung großenteils eingebüßt hatte. Leicht zusammengesunken und den Blick auf den Boden gerichtet, saß er da, so daß Pater Amiel ihn überragte.

»Bist du mit Masseo di Vico bekannt, mein Sohn?« wollte der Mönch jetzt wissen.

»Nein.«

»In keiner Weise?«

»In keiner Weise.«

»Aber du weißt, wer das ist?«

»Der Leibarzt des Kardinals.«

»Hast du gewußt, daß die Beziehung zwischen diesem Mann und dem Schatzmeister so schlecht war, daß letzterer sich genötigt fühlte, gegen die Hexenkünste des Arztes Schutzmaßnahmen zu ergreifen, indem er Kräuter, Hundeblut und andere gottlose Hilfsmittel verwendete?«

»Nein«, murmelte der Zeuge.

»Aber du bist doch so intelligent«, bemerkte Pater Amiel spöttisch. »Du mußt doch zumindest etwas geahnt haben!«

»Nein.«

»Josserand, du hast von deinem leichten Schlaf gesprochen. Von deiner hervorragenden Bildung. Von deinen Kollegen und ihren Unzulänglichkeiten. Und trotzdem willst du mich glauben machen, daß du in dieser Höhle des Lasters gelebt und von den Ungeheuerlichkeiten um dich herum nichts bemerkt haben willst?«

Langes Schweigen. Als Josserand endlich antwortete, war seine Stimme schwach und undeutlich.

»Ich hab von all dem nichts gewußt.«

»Aber wie kann das sein? Ein kluger Mann wie du – ausgebildet in Logik und Dialektik – muß doch das Unabweisbare bemerkt haben. Muß Schlußfolgerungen gezogen haben –«

»In diesem Fall«, unterbrach ihn der Schreiber, »hätte ich den Kardinal verständigt!«

»Sofern du nicht selbst in die Angelegenheit verwickelt bist.« Jählings kehrte Pater Amiel zu seinem Schemel zurück. Sein Gesicht war leichenblaß, aber jede seiner Bewegungen fest und sicher. »Mein Sohn, es deucht mich, daß sehr wohl *du* für den Tod des Schatzmeisters verantwortlich sein könntest«, verkündete er.

»Wie? Aber nein –«

»Du hast eingehend beschrieben, wie der Mörder sich der Organe und des blutigen Wassers entledigt haben könnte. Du hast darauf hingewiesen, daß in jener Nacht niemand den Raum, in dem du schliefst, verlassen hat. Du bist ein großer, starker Bursche, viel stärker als Aimery de Sorgues, der, deiner Idee zufolge, den Schatzmeister niedergehalten und mit dem Kissen erstickt haben soll. Außerdem bist du viel intelligenter als Aimery: Du hast den Verstand und den Mut, eine so schwierige Tat auszuführen.«

»Aber –«

»Frage dich überdies, wer mit größerer Schönheit gesegnet ist. Aimery verblaßt neben dir wie der Mond neben der Sonne, und dennoch willst du mich glauben machen, Pater Guillaume habe sich dir niemals mit fleischlichen Gelüsten genähert? Hältst du mich für einen Narren?«

»Pater –«

»Du hast ihn getötet, Josserand. Aus Zorn oder Eifersucht oder Gottlosigkeit oder zufällig, bei einer lüsternen Umarmung –«

»Das habe ich nicht getan!« schrie der Zeuge. »Ich bin unschuldig!«

»Dann beweise es mir. Beweise es mir.« Pater Amiels Stimme war leise, aber scharf. »Du bist im Prozeß der *ratiocinatio* bewandert. Beweise mir durch folgerichtige Argumente, daß du unschuldig bist. Überzeuge mich, Josserand. Zeig deine rhetorische Begabung.«

Soll ich Euch sagen, was mir in diesem Augenblick durch den Kopf ging? Da ich Zeit zum Nachdenken hatte (denn der Zeuge hatte Zuflucht in einem weiteren langen Schweigen gesucht), fiel mir ein, daß ich an seiner Stelle die Rechtmäßigkeit von Pater Amiels Vorgehen angezweifelt hätte. Ich hätte darauf hingewiesen, daß mir der Rechtsbeistand versagt worden war, weil ich ja nicht unter Anklage stand und deshalb von mir auch nicht erwartet werden konnte, auf Beschuldigungen zu reagieren.

Josserand jedoch war offenbar zu erschüttert, um sich dergestalt verteidigen zu können. Mit brüchiger Stimme bemerkte er schließlich, daß er seine Unschuld nicht durch Argumente beweisen, sondern nur beschwören könne. »Ich habe vor Gott geschworen, daß ich die Wahrheit sagen würde, und ich habe die Wahrheit gesagt. Ich kann und muß auf Gott vertrauen. Er weiß, daß ich unschuldig bin. Gott ist gütig, und Seine Gerechtigkeit wird mich befreien.«

Das war alles andere als eine Kapitulation. Ich fragte mich, ob er tatsächlich unschuldig sei, und blickte zu Pater Amiel hinüber, von dem ich eine verletzende und demütigende Antwort erwartete. Was ich jedoch sah, erschreckte mich zutiefst, denn es war nicht das mir vertraute ruhige Gesicht, sondern ein von Krankheit zerfurchtes und gezeichnetes. Die Augen des Dominikaners waren geschlossen, die Tränensäcke hingen grau und schwer herab, die Lippen waren trocken und blutleer, das Fleisch schien hinweggeschmolzen. Plötzlich keuchte er und barg den Kopf in den Händen.

»Pater?« Ich war völlig aufgeregt. »Sind es – sind es die Zähne?«

»Die Befragung ist vorläufig abgeschlossen.« Er brachte die Worte kaum aus dem Mund. »Sie wird später nach meinem Ermessen fortgeführt. Der Zeuge ist entlassen.« Während ich die Wachen holte, die einen verwirrten Josserand aus der Zelle führten, legte mein unglückseliger Gefährte den Kopf auf den Tisch. Man konnte sehen, daß alle Feuer der Hölle in seinem Mund brannten. Er wurde fast ohnmächtig.

»Das geht vorbei«, zischte er, als ich ihm helfen wollte. »Wartet ab. Wartet einfach ab. Bitte.«

Ich wartete also ab. Draußen war es dunkel geworden, Sterne erschienen in der Fensteröffnung. Meine Hand schmerzte, und ich rieb sie, geistesabwesend. Allmählich wurde Pater Amiels schweres Atmen leichter und regelmäßiger, und schließlich hob er den Kopf. Seine Augen waren naß.

»Höre mein Flehn, o mein König, mein Gott, denn zu Dir will ich beten«, seufzte er.

»Sind es die Zähne?« fragte ich noch einmal. Er nickte. »Ihr solltet sie ziehen lassen«, riet ich ihm. »Die bösartigen. Ihr solltet sie loswerden.«

»Ja. Das sollte ich.«

»Könnt Ihr stehen? Es ist schon spät, Pater. Ich werde Euch zur Priorei begleiten.«

»Nein. Wir brauchen eine Eskorte.«

»Aber –«

»Es ist spät, wie Ihr sagt. Ein Wachmann wird ausreichen. Ruf sie herein, wenn sie zurückkommen.«

Das tat ich – und es folgte ein etwas hitziger Wortwechsel. Allerdings wurde die Angelegenheit zu unserer Zufriedenheit geregelt. Selbst in seiner geschwächten Verfassung besaß Pater Amiel noch die Kraft, rohen und unwissenden Männern seinen Willen aufzuzwingen – und so wurden wir auf dem Heimweg von einem finster dreinblickenden Söldner begleitet, der mit seinen Waffen und seinem Panzer bei jedem Schritt klirrte und klöterte wie ein Sack voller Geld. Er war ein großer, kräftiger Bursche mit einem Kinn wie eine Streitaxt, und sein von der Fackel beschienenes Kettenhemd glitzerte im Straßendunkel. Allerdings hätte der Schutz, den er bot, größer sein können, denn wie die meisten Ordnungshüter schien er die Pflicht, die ihn von Wein oder Schwatzerei oder Würfelspiel (den Lieblingsbeschäftigungen der Besatzung eines Wachraums) fernhielt, nicht sonderlich zu schätzen, und das zeigte er, indem er, ungeduldig, vor uns herlief, als wollte er sich von dem Trauerspiel eines kranken Mönchs in Begleitung eines tintenfleckigen Notars distanzieren. Armer Pater Amiel! Er bot wirklich einen bemitleidenswerten Anblick. Er schlurfte einher als ein kranker, alter Mann, der hin und wieder von schneidenden Schmerzen gepackt wurde, die ihn dazu veranlaßten, innezuhalten und in die Knie zu gehen. Aber er lehnte es ab, sich von meinem Arm stützen zu lassen. Er lehnte es ab, sich niederzusetzen oder in sonst einer Weise auszuruhen. Und als wir die Kreuzung erreichten, an der unsere Wege sich trennten, bestand er darauf, mich mitsamt dem Wachmann zum Haus meiner Mutter zu begleiten.

»Nein«, sagte ich.

»Raymond –«

»*Nein.*« Wir waren vielleicht an die hundert Schritte von meiner Haustür entfernt. »Ihr seid nicht mehr kräftig genug, Pater, Ihr solltet sofort heimgehen.«

»Aber es ist so dunkel –«

»Es ist noch nicht stockdunkel. Und den Weg würde ich auch finden, wenn ich blind wäre. Ich kenne ihn in- und auswendig.« Diesmal konnte ich mich durchsetzen, denn Pater Amiel war mittlerweile zu geschwächt, um seine ganze Autorität ins Spiel bringen zu können. Ohne ein Widerwort erlaubte er mir, mich an den Wachmann zu wenden, den ich um langsameres Tempo bat. Dann wollte ich noch wissen, welche Aufgaben am nächsten Tag meiner harrten, woraufhin Pater Amiel murmelte, daß ich zu Hause warten solle. Wenn es ihm gut genug ginge, würde er mich dort am Morgen abholen.

»Unterdessen werde ich diese Aussagen in Reinschrift bringen«, erwiderte ich.

»Ich bitte darum.«

»Was ist mit der von Josserand? Soll ich sie hintansetzen? Ihr deutetet an, die Befragung wiederaufzunehmen.«

»Reinschrift«, sagte er mit schwacher Stimme.

»Wird gemacht. Und Ihr solltet es mit einem Breiumschlag versuchen. Direkt auf dem Zahnfleisch. Vielleicht ist es ein Geschwür, das geöffnet werden muß.«

Pater Amiel verzog das Gesicht. Dann nickte er und lächelte und wünschte mir sanft gute Nacht. Ich verließ ihn zögernd, aber auch mit Erleichterung – denn obgleich ich um sein Wohlergehen besorgt war, hatte der Anblick seiner Qualen mir großes Unbehagen verursacht, dem ich nur zu gerne entfloh. Tatsächlich stob ich davon wie eine Hindin oder ein Hase, also auf beschwingten Füßen. Und ich tat gut daran, denn mein rascher Lauf, im Verein mit Pater Amiels verhaltenem Schritt, führte dazu, daß er und der Wachmann noch in der Nähe waren, als mich an einer besonders dunklen und abgelegenen Straßenecke das Schicksal beim Schlafittchen packte.

Rückblickend weiß ich nicht mehr, wie mir geschah. Ich entsinne mich nur noch, daß ich attackiert wurde, auf heftigste Weise; nach dem zweiten oder dritten Schlag muß ich das Bewußtsein verloren haben. Meine Angreifer waren zu zweit, vielleicht auch zu dritt, und nicht nur mit Fäusten bewaffnet. Aber sie führten keine Klingen mit sich, und dafür bin ich heute noch dankbar.

Anscheinend schlugen sie mit einem Knüppel oder einem Handwerkszeug zu – jedenfalls mit etwas, das schwer genug war, mich zu Boden zu strecken, ohne mir den Schädel zu zertrümmern. Dann machten sie sich daran, mit wohlgezielten Tritten und vielleicht auch der Hilfe jenes stumpfen Instruments, mir die Knochen zu brechen. Glücklicherweise hatten sie nicht die Gelegenheit, ihre Arbeit zu vollenden. Ich konnte nach dem ersten Schlag noch einen Schrei ausstoßen, und diesen Schrei hörte Pater Amiel und eilte mir zu Hilfe.

Es war natürlich der Wachmann, der mich rettete. Das Poltern seines schweren Schritts, das Rasseln seines Panzers und sein tiefes, drohendes Röhren aus voller Kehle reichten hin, meine Angreifer (die, wenn ich darüber nachdenke, in der Kunst des Blutvergießens ungeübt sein mußten) zu verscheuchen. Sie flohen vor ihm davon und verschwanden in der Nacht. Er verfolgte sie nicht; zu schwer war seine Rüstung, und zudem war er allein. Kein berufsmäßiger Soldat wird große Risiken auf sich nehmen, solange er keinen Befehl dazu hat – und schon gar nicht ohne Unterstützung durch seine Kameraden. Ein berufsmäßiger Soldat ist, seinem Wesen nach, entweder vorsichtig oder tot.

Nachdem er durch sein Auftreten die Straße gesäubert hatte, trommelte mein edler Retter gegen Türen, um Hilfe zu erlangen. Mittlerweile war auch Pater Amiel bei mir angekommen und kniete im Kot wie ein demütiger Bittsteller.

Ich bekam von all dem nichts mit. Ich sah nicht, wie meine Angreifer vertrieben wurden. Ich hörte nicht, wie der Dominikaner mich beim Namen rief und Gott um Gnade und Beistand anflehte. Ich fühlte nicht, wie sein Daumen auf meiner Stirn das Zeichen des Kreuzes zog, während entsetzte Nachbarn sich um ihn drängten.

Ich lag da wie tot, und mein Blut befleckte den Boden.

# Dreizehnter Gesang

Stünde ich nicht hier vor Euch, meine Freundinnen, würdet Ihr wohl Furcht und Zittern empfinden. Ihr würdet Euch fragen: Wurde er verstümmelt? Hat er überlebt? Aber wie Ihr seht, fehlt mir kein einziges Glied. Keine gebrochne Nase hat meine unvergleichliche Schönheit in Mitleidenschaft gezogen. Wie? Nun, vielleicht irre ich mich. Vielleicht *hätte* eine gebrochne Nase meine Gesichtszüge verschönert. Wie dem auch sei: Ich entrann dem Unglück mit einer Platzwunde über der Augenbraue und Prellungen jedweder Größe und Färbung auf den Rippen, den Armen, dem Rücken und dem Gesicht. Oh, mein Gesicht! Mein linkes Auge war eingebettet in etwas, das aussah wie ein Stück überreifer Frucht. Meine Lippen waren aufgeschlagen und blutverkrustet. Ich konnte meine Kiefer kaum bewegen, und mein Kopf schmerzte unaufhörlich. Aber nichts war gebrochen, und insofern, da werdet Ihr mir zustimmen, hatte ich Glück gehabt.

Obwohl ich mein Bewußtsein wiedererlangte, bevor ich ins Bett gelegt wurde, sind die Erinnerungen an jene Nacht verworren und unvollständig. Ich weiß noch, daß sehr viel geredet und geschrien wurde; ich weiß noch, daß man etwas Kaltes und Feuchtes auf mein Gesicht legte; ich weiß noch, daß ich mich übergab, und höre die tröstende Stimme meiner Mutter. Schmerzen und wüste Träume störten mich in meinem Schlaf. Als jedoch der Morgen anbrach, war ich wieder bei klarem Bewußtsein, und gegen Mittag saß ich mit der Familie am Tisch und aß und trank und redete mit den Meinen.

Natürlich waren sie angesichts meines Zustands ärgerlich und betrübt, und vor allem meine Mutter zeigte sich sehr besorgt. Nichtsdestoweniger wurde mir sehr bald klar, daß ich in ihren Augen irgendwie an der Sache selbst schuld war – ich hatte, so meinten sie, den Überfall provoziert. Und daß dies durchaus der Fall hätte sein können (denn ich bin, wie Ihr wißt, kein Heiliger), trug wenig dazu bei, meine gekränkten Gefühle zu beruhigen. Vielleicht war ich ein bißchen überempfindlich, muß aber zu meiner Verteidigung sagen, daß Arnaud nicht gerade der taktvollsten einer ist. Er kam zu mir und fragte mich aus, und sein Tonfall gab dazu Anlaß, daß – wie immer unter dem Dach des Hauses meiner Mutter – ein ruhiges Zwiegespräch sehr schnell in einen hitzigen Wortwechsel ausartete. Beiderseits fielen böse Worte und Beleidigungen, bis ich mich wegdrehte und den schmerzenden Kopf in den Kissen vergrub, um jeder weiteren Auseinandersetzung zu entgehen. Offenbar war ich nicht dazu in der Lage, mit meinen Verwandten noch das harmloseste Thema zu erörtern, weil sie ständig dazu neigten, mich bei jeder sich bietenden Gelegenheit für mein Verhalten zu schelten. Obwohl ich weh und wund im Bett lag, entging ich ihrer Verurteilung nicht; das Haus hallte von Streitigkeiten wider, und wütende Stimmen erschollen aus allen Räumen. Und das ist, wie ich fürchte, schon immer so gewesen, denn unter den Maillots herrschte kein Frieden, noch nicht einmal zu Lebzeiten meines Vaters. Selbst die Hunde gingen einander an die Kehle. Insofern ist es nicht verwunderlich, daß mein Bruder Adhemar in ein Kloster eintrat und meine (inzwischen verstorbene) Schwester Mateuz bereits mit fünfzehn Jahren heiratete.

Wenn das so weitergeht, dachte ich, unter meiner Decke vergraben, werde auch ich vielleicht in ein Kloster gehen müssen.

Ich litt an jenem Tag viel Schmerz. Mein Appetit war dahin, und ich mochte nicht einmal die appetitlichen Häppchen zu mir nehmen, die meiner Familie von mitfühlenden Freunden und Nachbarn angeboten wurden. Dieses aufdringliche Völkchen besetzte die Küche, bekundete mit Getöse seine Ansichten über die Identität meiner Angreifer, ergoß sich flutmäßig in mein Zimmer, störte meine Ruhe, brachte meine Sachen durcheinander und mein ohnehin schon erhitztes Temperament zum Kochen. Ein guter Freund war nicht darunter. Wie ich später herausfand, hatte Arnaud Othon, Gaillard, Béatrice und vielen anderen Trinkgenossen Hausverbot erteilt, so daß ich, als der Tag sich neigte, mich fragte, wo sie geblieben waren. Waren sie gar nicht um mich bekümmert? Bedeutete meine Gesundheit ihnen so wenig? Doch bevor die Abenddämmerung meinen Lebensmut weiter dämpfen konnte, tauchte, wie aus dem Nichts, Pater Amiel auf, und mein Trübsinn schwand wie Nebel in der Sonne.

Hier zumindest war ein wahrer Freund.

Meine Mutter hatte mich auf sein Kommen aufmerksam gemacht. Sie stürzte ins Zimmer, um das Bettzeug glattzustreichen, Bündel süßduftender Kräuter zu verteilen, einen Stuhl freizuräumen und sich des im Nachttopf versammelten Nachweises schnöder körperlicher Funktionen zu entledigen. Kaum hatte sie den Inhalt jenes unedlen Gefäßes aus dem Fenster entleert, als Pater Amiel auch schon eintrat. Sein Gesicht war so verfärbt und geschwollen, als säße ihm eine Pflaume zwischen Kiefer und Wange.

»Was ist Euch denn passiert?« begrüßte ich ihn recht unhöflich, während meine Mutter aus dem Zimmer huschte wie eine Maus. Als der Mönch undeutlich erwiderte, ihm sei ein Zahn gezogen worden, mußte ich lachen. Ich lispelnd, er murmelnd – so gaben wir ein prima Pärchen ab.

»Sind wir nicht beide traurig anzusehen?« meinte ich. »Aber Euch geht es jetzt besser, Pater, nicht wahr?«

»In gewisser Weise.« Er zog eine Grimasse und zuckte leicht zusammen. Sein Gesicht war gerötet – vielleicht vom Fieber –, und er bewegte beim Sprechen kaum die Lippen. Unverkennbar jedoch waren seine Schmerzen erträglich geworden, was mir schon seine Art, die Tür zu schließen, verraten hatte.

»Und Ihr?« forschte er. »Wie geht es Euch, mein Sohn?«

»Ich lebe noch. Dank Eures Eingreifens.« In meiner Verwirrung schlug ich einen rauh-herzlichen Ton an, der weder meinem Zustand noch den Umständen von Zeit und Ort angemessen war. »Ohne Euch, Pater, würde ich jetzt vielleicht im Grab liegen. Ihr seid ein Engel des HErrn.«

»Das wohl kaum«, mummelte er. »Vor allem solltet Ihr dem Wachmann danken, der uns begleitete. Er hat Eure Feinde vertrieben.« Bevor er sich auf den Stuhl niederließ, legte er ein kleines, aus Ton gebranntes Arzneifläschchen auf mein Schreibpult. »Ein Stärkungsmittel«, erklärte er. »Von unserem Bruder Infirmarius. Ich habe es selbst auch benutzt – es lindert den Schmerz.«

»Oh.« Ich war zutiefst gerührt. »Danke, Pater.«

»Wißt Ihr, wer Euch angegriffen hat?« fragte er und blickte immer noch auf das Fläschchen. »Habt Ihr Eure Feinde erkennen können?«

»Nein. Leider nicht.«

»Hegt Ihr einen bestimmten Verdacht?«

»Ach, Pater.« Ich fühlte mich sehr erschöpft. »Es gibt viele Leute, die mir liebend gern den Schädel einschlagen würden. Zumeist Ehemänner.« Kaum waren diese Worte meinem Mund entfahren, als ich sie auch schon bereute, glaubte ich doch, daß eine Untersuchung des nächtlichen Angriffs lediglich beschämende Missetaten aus meiner Vergangenheit zutage fördern würde.

Aber Pater Amiel sah mich nur scharf an und bemerkte: »Ich wurde heute von einem gewissen Ehemann angesprochen, und Ihr dürftet von dieser Seite nichts zu fürchten haben. Mein Versprechen habe ich gehalten, denn ich bestritt, seinem Diener je begegnet zu sein.«

Ich war schwach und müde, und wohl deshalb trieb diese

freundliche Tat mir Tränen in die Augen. Ob sie der Dankbarkeit entsprangen oder der Scham, weiß ich nicht; in meiner Kehle stak ein Klumpen, und ich dankte dem Mönch mit erstickter Stimme.

Er aber war in Gedanken verloren.

»Ihr wurdet nicht beraubt«, fuhr er (der ewige Inquisitor) fort, »doch vielleicht wurden Eure Angreifer gestört, bevor sie die Gelegenheit wahrnehmen konnten. Allerdings bezweifle ich, daß es sich um gewöhnliche Diebe handelt. Ein Dieb würde Euch bewußtlos schlagen, aber nur, um Eure Besitztümer zu rauben. Erst dann könnte er versucht sein, Euch zu Tode zu treten.«

»Pater, wie ich schon sagte, könnte es irgend jemand gewesen sein. Zum Beispiel jener Mann aus Valence. Erinnert Ihr Euch? Vielleicht war er der Meinung, daß ich eine schöne Tracht Prügel verdient hätte. Viele Leute sind dieser Ansicht.« Seufzend wandte ich den schmerzenden Kopf und befingerte vorsichtig die Oberlippe. »Es hätte sogar Arnaud sein können. Vorhin wäre es zwischen uns fast zu einer Schlägerei gekommen.«

Über seine geschwollene Wange hinweg betrachtete Pater Amiel mich mit zusammengekniffenen Augen. »Liegt Euch gar nichts daran, daß diese Leute gefaßt werden, mein Sohn?« zischelte er. »Ihr scheint mir ... wie soll ich sagen? ... etwas unbesorgt.«

»Es war, um der Wahrheit die Ehre zu geben, Pater, nicht das erste Mal.«

»Ich verstehe.« Sein unnachgiebiger Blick beunruhigte mich. »Und wer war damals der Übeltäter?«

»Oh, der Bruder von irgend jemandem, glaube ich. Aber es ließ sich nicht beweisen.« Ich lachte ein wenig (was ich sofort bereute) und versuchte, die Affäre herunterzuspielen. »Macht Euch keine Sorgen, Pater. Ich bin ein unverbesserlicher Schurke, wißt Ihr, und muß immer mal wieder mit Dreschflegeln rechnen.«

»Aber Ihr seid auch mein Notar«, wandte der Mönch ein. »Ich kann nicht dulden, daß Ihr wie ein Hund verprügelt werdet. Was ist, wenn das erneut geschieht?«

»Ah, ja. Gut, ich werde natürlich darauf achten, nicht in der Dunkelheit herumzuspazieren«, lautete meine etwas schnodderige Antwort. Dann fiel mir ein, daß er vielleicht Zweifel hinsichtlich meines zukünftigen Verhaltens hegen könnte, und fragte ihn mit unsicherer Stimme, ob er sich meiner Dienste lieber entledigen wolle. »Nein«, erwiderte er, »durchaus nicht. Warum? Glaubt Ihr, länger als ein paar Tage bettlägerig zu sein?«

»Ich hoffe nicht. Ich glaube nicht. Ich – ich kann es nicht sagen. Wißt Ihr, mein Kopf tut immer noch weh …«

»Morgen ist Sonntag. Wenn Ihr am Dienstag noch nicht wieder gesund seid, werde ich die Dienste eines anderen Notars in Anspruch nehmen, bis Ihr wiederhergestellt seid.« Pater Amiel legte eine Pause ein und ließ seinen Blick durch das Zimmer wandern; offenkundig hielten ihn Erschöpfung und Unwohlsein davon ab, mehr zu äußern als nur ein paar Sätze. Unvermittelt fragte ich mich, wie alt er wohl sein mochte: um die vierzig? Bisweilen sah er sehr jung aus, dann wieder sehr alt. Im Augenblick wirkte er wie sechzig. »Ich möchte am Montag noch einige Vorladungen abschicken«, fuhr er fort, »aber die kann ein Schreiber in der Priorei unter meiner Anleitung abfassen. Ich halte die Zeit für gekommen, Masseo di Vicos Dienerschaft zu vernehmen.«

»Aha.«

»Bislang gibt es keinen Hinweis darauf, daß er oder sein Sohn in eine Verschwörung mit Angehörigen des Haushalts von Pater Guillaume verwickelt waren. Aber um das beurteilen zu können, muß ich die Diener des Arztes befragen.« Er sprach wie geistesabwesend, den leeren Blick auf die gegenüberliegende Wand gerichtet. Dann blinzelte er, runzelte die Stirn und wandte sich mir zu. »Der Pförtner des Schatzmeisters ist, wie ich meine, unschuldig. Jean Marty war an diesem perfiden Verbrechen nicht beteiligt. Ich bin ziemlich sicher, daß er niemanden eingelassen hat und an keiner Verschwörung beteiligt war.«

»Wen also verdächtigt Ihr?« forschte ich. »Wenn der Mörder zum Haushalt des Schatzmeisters gehörte –«

»Nicht unbedingt.« Pater Amiel seufzte und rieb sich die Augen. »Vielleicht wurden unnatürliche Kräfte eingesetzt. Vielleicht ist jemand ins Haus gelangt, indem er Hexenkünste anwandte.«

»Aber was ist mit den Sodomiten, Pater? Ich dachte – nun ja, die Art, wie Ihr mit Josserand gesprochen habt – und Renauds Jähzorn –«

»Ach, sie können alle schuldig sein.« Er wedelte mit der Hand. »Es gibt keine Beweise für das Gegenteil. Aber es gibt auch keine Beweise für ihre Schuld. Wer weiß? Auf jeden Fall werde ich die Vernehmungsprotokolle noch einmal durchgehen, um sicher zu sein, daß sie eine logische und einheitliche Darstellung bilden. Wenn ich Diskrepanzen finde, kann ich daraus einen Fall aufbauen.«

Er verfiel in ein langes, nachdenkliches Schweigen. Allmählich wurde es dämmerig im Zimmer, und wenn ich allein gewesen wäre, hätte ich die Magd gerufen, damit sie eine Kerze anzünde. So aber lag ich im wachsenden Dunkel, bis mein Gefährte plötzlich aus seinen Träumereien erwachte.

»Es dürfte schon spät sein«, sagte er und erhob sich. »Ich werde Euch dem Schlaf überlassen. Und natürlich für Euch beten. Und beten solltet auch Ihr, Raymond, denn diesmal ist Euch Gott wahrhaftig zu Hilfe gekommen.«

»Ich weiß.«

»Euer Bruder hat mir gesagt, daß diese Wunden eine gerechte Strafe für Eure Sünden seien«, fuhr der Mönch mit einem leichten Lächeln fort, »aber ich selbst würde einen solchen Schluß nicht ziehen. Tatsächlich …« Das Lächeln ging in ein Stirnrunzeln über. »Gerade fällt mir ein – könnten Eure Angreifer von Masseo di Vico geschickt worden sein? Sollte diese Attacke als

Warnung verstanden werden?« Erneut überlegte er, einen Finger an das Kinn gelegt. »Aber wenn das so wäre, warum bin *ich* dann nicht angegriffen worden? Warum wurdet *Ihr* das Ziel dieser gewaltsamen Aktion? Nein, das kann nicht die Lösung sein. Es muß eine andere geben.«

»Vielleicht«, erwiderte ich. »Aber zerbrecht Euch bitte darüber nicht den Kopf. Ihr habt schon genug zu bedenken.«

»Das stimmt.«

»Und Ihr solltet gehen, bevor es dunkel ist. Möglicherweise sind die Straßen nicht sicher – wenn diese Männer auf ein anderes Opfer lauern –«

»Würde ich in die engere Wahl kommen. Ihr habt völlig recht. Ich breche auf.« Er ging zur Tür, drehte sich aber, die Klinke in der Hand, mit einem merkwürdigen Lächeln zu mir um. »Ist es Euch in den Sinn gekommen, mein Sohn, daß Ihr, falls ein Ehemann oder Bruder für diesen barbarischen Überfall verantwortlich ist, Euch glücklich schätzen könnt, mit unversehrten Genitalien davongekommen zu sein?« Er hob eine Augenbraue und fügte hinzu: »Die Kastration ist, wie Ihr wohl wißt, immer die übliche Bestrafung für fleischliche Vergehen gewesen.«

Dann hob er die Hand und verschwand, ungerührt vom Lärm der überfüllten Küche. Ich hörte, wie er die Fragen meiner Familie abwehrte und schließlich die ruhige Straße betrat, noch von Stimmen verfolgt, als er an meinem Schlafzimmerfenster vorbeihuschte. Arme Seele! Meine Mutter hatte den Ehrgeiz entwikkelt, ihn zu einem Mahl an ihrem Tisch zu überreden. Wie würde sie sich damit vor all den frommen Matronen in ihrer Bekanntschaft brüsten! Wie feierlich hinterher das Geschirr abspülen! Denn ein solchermaßen eingefangener Dominikaner ist eine seltene Auszeichnung.

Als ich später Pater Amiels Stärkungsmittel ausprobierte, erinnerte ich mich seines kleinen Scherzes über meine männlichen Teile und erschauerte. Und wenn ich nun tatsächlich das Instrument meiner Leidenschaften verloren hätte? Wenn ich das nämliche Schicksal erlitten hätte wie Pierre Abälard? Ach, meine Freundinnen, wäre das Leben dann noch lebenswert gewesen?

Ich dachte bei mir: Wenn du dein Pferd so frei herumlaufen läßt, Raymond, läufst du Gefahr, es zu verlieren. Also gib acht und halte dein Pater Amiel gegebenes Versprechen. Vom Hl. Paulus stammt das Wort, der Körper sei nicht der Unzucht geweiht, sondern dem HErrn; wenn du an diese Weisheit, zumindest für den Augenblick, dich hältst, wird dein sündiges Fleisch vielleicht heil bleiben.

Und auf diese Weise, meine Damen, kam ich dazu, in meinem sechsundzwanzigsten Jahr ein keusches Leben zu führen.

# III

# BALLADE VOM SUKKUBUS

# ERSTER GESANG

Wie viele Weise haben über die Liebe geschrieben? Wie viele Formen hat sie auf den Seiten ungezählter hochachtbarer Bücher oder in den Liedern zahlloser Troubadoure angenommen? Man hat die Liebe einen Meister genannt und eine Herrin, einen strengen und tapferen Ritter, ein großes Gewerbe, eine Qual, eine Dienerin Gottes, einen Fluch des Teufels, eine Flamme, eine Rose, eine Versuchung, eine Macht, eine Erfüllung des göttlichen Gesetzes. Man hat sie Barmherzigkeit genannt und Lüsternheit, sie für heilig erklärt und als profan gescholten. Aber wenn Andreas Capellanus sie in seinem unvergleichlichen Werk als Leiden bezeichnet, äußert er damit eine Wahrheit, so groß wie nur je eine von den Kirchenvätern bezeugte. Warum ich dies sage? Weil die Liebe meines Bruders Arnaud – obwohl er mich liebte und immer noch liebt – wie eine Fußfessel war und eine Dornenhecke; sie umzirkte mich und peinigte mich und überschattete mich wie eine große schwarze Wolke. Sie erstarrte unter allzu großen Erwartungen und wurde von Enttäuschung befleckt. Sie trat in der Maske beinahe des Hasses auf und ward so sorgfältig verborgen, daß ich der vollendeten Täuschung anheimfiel.

Es gibt Menschen, die zornig werden, wenn sie Furcht empfinden. Arnaud ist ein solcher. Jetzt weiß ich, daß er um mich fürchtete; damals, als ich mich von meinen Verwundungen erholte, glaubte ich, er wünschte meinen Tod. Denn er schmähte meine Freunde und mein Temperament, meine Moral, mein Talent, meine Gewohnheiten und meinen Verstand. Da der Feiertag ihn zwang, der Arbeit fernzubleiben und, der Frömmigkeit seiner Frau halber, am häuslichen Herde zu weilen, verbrachte er die meiste Zeit damit, mir all meine Sünden und Fehltritte vorzuhalten. Wir verbissen uns ineinander wie Hunde. Er habe meinen Freunden die Tür gewiesen, sagte er, und als ich ihm Ungerechtigkeit vorwarf, entgegnete er, sie würden mich zerstören. Schlechte Gesellschaft, sagte er, sei die Ursache meiner körperlichen Leiden gewesen. Ich nannte ihn eine Made, er nannte mich einen Spulwurm. Ich warf ihm eine Schüssel an den Kopf, er riß an meinen Haaren. Moses hat uns ermahnt, des Feiertags zu gedenken und ihn zu heiligen, aber an jenem Feiertag, so fürchte ich, mißachteten wir das Gebot.

Der Montag verlief friedlicher, weil Arnaud nicht zugegen war. Ich konnte aufstehen und lesen; ich aß meine Suppe am Küchentisch. Nach dem Mittagsmahl durfte ich sogar allein im Haus bleiben, weil meine Mutter mit den Fortschritten meiner Genesung zufrieden war. Ich nahm gleich Gelegenheit, mein Gesicht im Spiegel anzuschauen. Weh mir, welch ein Anblick! Ich sah aus wie ein verfaulter Apfel und hätte Milch zum Säuern gebracht. Nur eine Gesichtsmaske aus Dung hätte mein Antlitz verschönern können. Ich war, wie Jeremias, ein Mann, der die Zuchtrute Seines Zorns geschmeckt hat.

Düster fragte ich mich, ob ich so verhäßlicht bleiben würde, als Pater Amiels Eintreffen meine Laune besserte.

»Ah«, meinte er und inspizierte meine wrackartige Erscheinung, »Ihr habt Euch, scheint's, prächtig erholt.«

»Das habe ich.«

»Geht es Euch so gut, daß Ihr morgen wieder arbeiten könnt?«

»Vielleicht. Ich glaube schon. Ich bete darum.«

»Das werde auch ich tun.« Er setzte sich, lehnte den ihm angebotenen Wein mit seinem üblichen wohlwollenden Gemurmel ab und lächelte, als ich ihn zu seinem Aussehen beglückwünschte, denn sein Gesicht war von gesunder Farbe und nicht mehr angeschwollen.

»Mir geht es gut«, bestätigte er. »Sehr gut. Gott war mir gnädig.«

»Eure Zähne tun nicht mehr weh?«

»Kaum noch.«

»Die Arznei, die Ihr mir mitbrachtet, Pater, war kräftig wie ein Eselstritt. Ich danke Euch dafür. Nichts hätte besser helfen können.«

Er neigte den Kopf, und ich dachte bei mir: Hier sitzen wir und erörtern unsere Schmerzen und Zipperlein wie zwei alte Frauen. Vielleicht hegte er ähnliche Gedanken, denn unvermittelt schwenkte er mit frischer und fester Stimme auf das Thema seiner *inquisitio* um.

»Heute morgen«, erklärte er, »sprach mich ein Mönch an, dessen Bekanntschaft ich machte, kurz nachdem ich mit der Untersuchung beauftragt wurde. Es ist Bruder Guibert aus Fontfroide; er gehört zu den *fratres de bulla* und hat die Aufgabe, die päpstlichen Bullen zu siegeln.«

»Den kenne ich«, gab ich zurück. Mein Freund Bérengar war, wie Ihr Euch erinnern werdet, Knappe im Amt der *bullatores* und hatte immer einiges über Bruder Guibert zu berichten, der seiner Meinung nach ein so pedantischer wie aufdringlicher Krittler war.

»Offenbar hat Bruder Guibert irgendwie erfahren, daß Guillaume Monier Sodomit war«, enthüllte Pater Amiel. Ich fragte mich, ob er das nicht von Bérengar erfahren haben könnte. »Auf Grundlage dieses Wissens«, fuhr der Mönch fort, »hat er die Theorie entwickelt, daß der Schatzmeister von einem Höllengeist ermordet wurde – genauer gesagt, von einem jener Dämonen, die in gelehrten Schriften als *incubus* bezeichnet werden.«

»Inkubus?« fragte ich etwas irritiert, und der Mönch lächelte.

»Auch ich besaß bis dahin keine hinreichende Kenntnis von

derlei teuflischen Manifestationen«, gab er zu. »Aber nach dem Gespräch mit Bruder Guibert habe ich zahlreiche Bücher studiert und weiß jetzt mehr. So wurde der Hl. Antonius von Ägypten durch Dämonen gequält, die in Gestalt schöner Frauen auftraten. Des weiteren belehrt uns der Hl. Augustinus, daß Dämonen oftmals Frauen Schaden zufügen, indem sie sie fleischlich begehren und mit ihnen den Verkehr vollziehen. Somit können diese höllischen Heerscharen in männlicher wie weiblicher Gestalt auftreten. Im zweiten Buch seines *Sententiarium* weist Bonaventura darauf hin, daß Teufel in der Gestalt von Frauen – sogenannte *succubi* – sich Männern hingeben, um deren Samen zu empfangen. Durch List und Geschicklichkeit vermögen sie es, die Potenz des Samens zu bewahren, um ihn später, wenn sie sich zu *incubi* verwandelt haben, in den weiblichen Schoß zu ergießen.«

Mein Gesichtsausdruck ob dieser Erläuterungen muß Pater Amiel wohl leicht verwirrt, wo nicht gar skeptisch, vorgekommen sein, denn er fügte hinzu: »Ich versichere Euch, Raymond, daß diese unheiligen Vereinigungen von vielen Autoritäten bestätigt worden sind. Unser *Doctor angelicus*, der Hl. Thomas von Aquin, merkt an, daß Dämonen bisweilen die nächtlichen Ergüsse eines unschuldigen jungen Mannes rauben, um damit eine Frau zu schwängern.«

Ich war, sage ich Euch, sprachlos. Unheilige Vereinigungen? Dämonen-Samen? Das alles überstieg mein Begriffsvermögen.

»Bruder Guibert kennt sich mit den Aktivitäten solcher Dämonen aus«, fuhr Pater Amiel fort. »Er hegt die Vorstellung, daß der Schatzmeister bei seiner sodomitischen Tätigkeit mit einem Inkubus Unzucht getrieben haben könnte, wobei dieser vielleicht nicht die Möglichkeit hatte, den Samen aufzunehmen, und sich folglich einer anderen Methode bediente.«

»Indem er Pater Guillaume die Genitalien abschnitt?« Der Dominikaner nickte. Wiederum muß ich wohl sehr zweifelnd dreingeschaut haben.

»Ihr haltet das für unwahrscheinlich?« wollte Pater Amiel wissen, wartete meine Antwort jedoch nicht ab. »Bruder Guibert wies mich darauf hin, daß sich vor nicht allzu langer Zeit im Augustinerkloster ein ähnlicher Vorfall ereignet hat«, fügte er hastig hinzu. »Ein junger Novize wurde von einem Dämon angegriffen. Ihm wurde der Penis abgetrennt. Bruder Guibert meint, dieser Junge könnte mir bei meiner *inquisitio* behilflich sein.«

»Ein Novize?« Aus den Niederungen meines Gehirns stieg eine vage Erinnerung auf. »Ich glaube, ich weiß, wann das passiert ist. Vor etwa einem Monat.«

»Richtig«, bekräftigte Pater Amiel. »Ich habe den Novizen für morgen nachmittag vorgeladen. Wahrscheinlich kann er uns nichts Bedeutungsvolles mitteilen, aber Bruder Guibert hat mir so viel über Angriffe von Dämonen erzählt, daß ich mich für verpflichtet halte, der Sache nachzugehen.«

Der Klang von Knöcheln auf Holz unterbrach uns, und ich erhob mich, um die Tür zu entriegeln. Ich glaubte, ein Mitglied der Familie – meine Mutter, um genau zu sein – würde um Einlaß bitten. Wie erstaunt war ich also, als ich mich Béatrice Rascas gegenübersah! Sie trug einen zugedeckten Korb am Arm, und ihr Gesicht, das zunächst leicht störrisch gewirkt hatte, hellte sich auf wie der Morgenhimmel, als sie meiner gewahr wurde.

»Raymond!« japste sie. »Du bist aufgestanden!«

»Das bin ich.«

»Es geht dir besser!«

»Das tut es.«

»Oh, aber dein Gesicht!« rief sie aus. »Dein armes Gesicht!«

»Béatrice –«, hob ich an, verunsichert durch Pater Amiels Anwesenheit. Doch die Witwe war nicht zum Schweigen zu bringen.

»Raymond, dein Bruder wollte mich nicht einlassen«, sprudelte sie drauflos. »Ich hatte dir etwas mitgebracht, aber er wollte es nicht annehmen und mir auch nicht zuhören. Er hat mir die Tür gewiesen, Raymond.«

»Ich weiß. Aber –«

»Ist er da? Nein? Ich habe hier nämlich etwas Suppe für dich. Eine Kräutersuppe, Liebster, gut für deine Gesundheit.« Sie stürmte eilig, fast verstohlen, an mir vorbei ins Haus. »Na Munda hat mir erklärt, wie man sie zubereitet. Ich gebe sie meiner Tochter, wenn sie ihre Monatsschmerzen hat –«

Plötzlich entdeckte sie Pater Amiel, und ihr Redefluß geriet ins Stocken. Er war so klein und saß so ruhig da, daß sie ihn anfänglich gar nicht bemerkt hatte. Er konnte, wie viele Mönche, längere Zeit in vollkommener Reglosigkeit verharren und die Leib- und Lebhaftigkeit eines steinernen Monuments vermitteln, was jetzt besonders auffällig war, wenn man seine in Schwarz und Weiß gewandete Gelassenheit mit Na Béatricens blitzenden grünen Augen, wildgelockten Haaren und grellfarbigem Kleid verglich.

Béatrice erholte sich rasch von ihrem Schrecken und ergriff sogleich wieder das Wort.

»Nun also«, meinte sie mit augenscheinlicher Tapferkeit, »Ihr seid Pater Amiel, nicht wahr?«

Er neigte den Kopf.

»Ähm – Béatrice?« stammelte ich in dem Versuch, diese für beide Parteien so ungünstige wie unwillkommene Konstellation zu einem schnellen Ende zu bringen. »Wenn du deine Suppe hierlassen willst, könnte meine Mutter sie nachher für mich aufwärmen. Pater Amiel und ich erörtern gerade höchst bedeutsame Dinge. Ich freue mich natürlich, dich zu sehen, aber –«

»– aber Pater Amiel möchte mit dir *allein* sprechen«, beendete Béatrice den Satz. Ihre Augen leuchteten so gefährlich auf wie sonst nur bei unseren gelegentlichen Auseinandersetzungen im Schwarzen Hahn, und ich erzitterte bei diesem Blick. »Über dein Seelenheil, wie ich vermute. Über die Wahl deiner Freunde. Du wirst gut bewacht, Raymond – erst von deinem Bruder, dann von deinem Priester!«

»Ich bin kein Priester«, merkte Pater Amiel an, woraufhin Na Béatrice sich ihm angriffslustig zuwandte.

»Aber Ihr seid sein guter Hirte, nicht wahr? Ihr sorgt für seine Seele. Ihr habt ihm ein Keuschheitsgelübde auferlegt.«

»Auferlegt habe ich ihm gar nichts«, erwiderte der Mönch ganz gelassen. »Raymond hatte die Wahl. Nunmehr muß er das, was er für richtig hält, ins Werk setzen. Wenn er stark genug ist, kann er sein Gelübde einhalten.« Er schaute zu mir herüber mit ruhigem, abschätzendem Blick, der nichts von seinen Gedanken verriet. »Natürlich wird es für ihn leichter sein, wenn er nicht in Versuchung gerät.«

Na Béatrice kniff die Augen zusammen, verschränkte die Arme und reckte das Kinn vor.

»Fordert Ihr mich zum Gehen auf, Pater?«

»Béatrice –«, warf ich vergebens ein.

»Das ist nicht mein Haus«, erwiderte der Dominikaner. »Ich kann Euch gar nicht zum Gehen auffordern.«

»Aber Ihr *meint*, daß ich gehen sollte?«

Pater Amiel lächelte leicht, derweil ich zappelig mit den Armen winkte und wedelte. »Ich meine, daß Eure Anwesenheit für Raymonds Seelenfrieden nicht gut ist.«

»Aber ich bin seine *Freundin*, Pater. Ich bin nicht hergekommen, ihn zu verführen. Ich bin aus Freundschaft hergekommen.«

»Im Geiste der Barmherzigkeit. Natürlich.« Zum ersten Mal entdeckte ich bei Pater Amiel jenen besonders salbungsvollen Tonfall vorgetäuschten Wohlwollens, der für viele höherrangige Kleriker so typisch ist. »Und da Ihr eine so gute Freundin seid« – jetzt gurrte er beinahe – »werdet Ihr einsehen, daß Ihr seinem Befinden am besten dient, wenn Euer Besuch kurz ist. Wie sagte doch Christus zum Hl. Petrus und den anderen Jüngern: ›Wacht und betet, damit ihr nicht in Versuchung kommt! Denn der Geist ist willig, aber das Fleisch ist schwach.‹«

Na Béatrice runzelte die Stirn. Sie schien einen Augenblick nachzudenken. Dann plötzlich ließ sie sich, ohne dazu aufgefordert zu sein, nieder, beugte sich zum Dominikaner hinüber und sagte, sehr ernst und ruhig, als wolle sie eine tiefsinnige Diskussion beginnen: »Haltet Ihr es für unmöglich, daß Raymond mich lediglich als Freundin betrachten könnte, Pater?«

Ich stöhnte innerlich auf. Na Béatrice konnte in ihrer Taverne auf sehr vernünftige und zumeist wirkungsvolle Art mit widerspenstigen Trunkenbolden und streitlustigen Kampfhähnen umgehen, wobei ihr mütterliches Verständnis noch den Hartgesottensten zu Tränen rührte. Aber bei dem Dominikaner würden, das wußte ich, diese Methoden nicht verfangen.

»Halte ich es für unmöglich, daß Raymond Euch lediglich als Freundin betrachten könnte?« murmelte er in leichter Abwandlung ihrer Frage und versah dabei jedes Wort mit einem Hauch jener Unernsthaftigkeit, die eher zu einem Troubadour paßte als zu einem Mönch vom Orden des Hl. Dominikus. Dann lächelte er erneut und spreizte seine beredsamen Hände. »Aber Ihr seid so schön, meine Tochter. Wie könnte ein Mann Euch da lediglich als Freundin betrachten?«

Rasch hoben und senkten sich Béatricens Lider. Einen Moment lang schien sie verdutzt, dann nahm ihr Gesicht den Ausdruck des Abscheus an. Ich legte ihr geschwind eine Hand auf die Schulter.

»Du mußt ohnehin gleich fort. Meine Familie kommt bald zurück, und du weißt, was passiert, wenn man dich hier antrifft. Béatrice? Hörst du mir zu?« Sie schien nämlich meine Berührung gar nicht wahrzunehmen, sondern starrte weiterhin Pater Amiel an. »Arnaud wird mir aus meinen Gedärmen einen Strick drehen und mich daran aufhängen, wenn er merkt, daß ich dich eingelassen habe. Béatrice, hörst du mich?«

Unvermittelt stand sie auf.

»Ich höre dich«, erwiderte sie mit erstickter Stimme und nahm ihren Korb. »Soll ich auch die Suppe mitnehmen? Damit dein Bruder nicht fragt, wer sie gekocht hat?«

»Oh, Béatrice, vergib mir, aber du weißt doch, wie sie sind …«

»Ich weiß gar nichts, Raymond. Wie sollte ich? Du hast mir

nie erlaubt, deine Familie kennenzulernen.« Mit dem Korb im Arm und in ihren Umhang gehüllt stand sie da und starrte wütend auf Pater Amiel hinab. »Ihr haltet mich also für schön?« fragte sie.

Pause.

»Ich glaube nicht, daß irgend jemand das leugnen würde«, erwiderte er schließlich mit großer Vorsicht.

»Und was ist mit Raymond, Pater?« forschte sie weiter. »Was haltet Ihr von seinem Aussehen?«

»Es ist verunstaltet«, antwortete er, bevor ich irgendwelche Einwände machen konnte.

»Béatrice –«

»Natürlich sieht er im Augenblick nicht besonders gut aus«, gab sie zu und stieß meine Hand weg. »Aber wenn er gesund ist, ist er auch schön, nicht wahr? Viel schöner als ich.«

»*Béatrice*!«

»Wenn Ihr dieser Ansicht seid«, meinte Pater Amiel freundlich, »beuge ich mich Eurem überlegenen Wissen von solchen Dingen.«

»Oh, ich weiß da sehr wohl Bescheid, Pater! Ich weiß eine ganze Menge, kann ich Euch versichern! Wenn es um Herzensdinge geht, irre ich mich nie!«

Nachdem sie dergestalt Pater Amiel mehr oder weniger auf den Kopf zugesagt hatte, unnatürliche Gelüste zu hegen (so jedenfalls kam es mir vor), drehte Na Béatrice sich auf dem Absatz um und marschierte aus dem Zimmer – ohne eine Verbeugung, ohne ein Nicken, ohne einen noch so kurzen Abschiedsgruß.

Natürlich rannte ich ihr nach.

»Was *machst* du da?« flüsterte ich und packte sie, als ich sie auf der Straße eingeholt hatte, am Ellbogen. »Bist du *wahn*sinnig? Willst du uns beide ruinieren?«

»Ach, diese Mönche!« rief sie aus. »Diese saftlosen Langweiler! Manchmal regen sie mich wirklich auf!«

»Und darum mußtest du meinen Gast beschimpfen? Meinen

Verstand beleidigen?« Wie war ich doch wütend! Wütend und tief besorgt. »Wolltest du ihm sagen, er sei ein *Ganymed*, Frau?«

Sie war taktvoll genug, beschämt auszusehen; allerdings gewannen ihre weniger edlen Gefühle sogleich wieder die Oberhand.

»Und warum nicht?« polterte sie. »Das sind doch viele von ihnen.«

»Du kannst doch nicht wirklich glauben ... du kannst doch nicht so dämlich sein ...« So bekümmert war ich, daß ich keinen Satz mehr zusammenbekam. »*Willst* du es mir schwermachen mit deiner großmäuligen Art?«

Sie schnalzte mit der Zunge. Ihr Zorn schwand bereits dahin; sie hegte mir gegenüber eine Zuneigung, die ich vielleicht gar nicht verdient hatte, und wenn ich litt, war sie immer schnell bereit, mich zu trösten.

»Ach, Raymond. Du solltest aufpassen. Dieser Mönch ist genauso wie dein Bruder.«

»Nennst du jetzt auch meinen *Bruder* einen Ganymed?«

Sie lachte vor Verlegenheit kurz auf.

»Es war eine Beleidigung«, gestand sie. »Obwohl ich mich manchmal frage, was mit diesen Mönchen los ist, wenn sie so von himmlischer Hochzeit reden –«

»Béatrice, er ist ein Mann Gottes!«

»Ich weiß, ich weiß.« Sie sprach beruhigend auf mich ein. »Aber *du* bist es nicht. Ein Mönch mag die Frauen meiden, Liebster, aber du magst sie leiden und darfst es auch.«

»Nicht, wenn meine Freunde meinen Dienstherrn beleidigen«, zischte ich, noch immer wütend. »Jetzt muß ich gleich reingehen und mich entschuldigen! Vorgeben, daß du gar nicht gesagt hast, was du gesagt hast! Und kann nur hoffen, daß er mich nicht entläßt!«

»Unsinn!«

»Doch!«

»Raymond, er hat dich aus meinem Bett gejagt. Er hat dich

vor den Wegelagerern gerettet. Er besucht dich, wenn du krank bist. Er wird dich auch jetzt nicht im Stich lassen!« Wiederum runzelte sie nachdenklich die Stirn. »Er mag dich, das habe ich gesehen. Vielleicht nicht so, wie *ich* dich mag, mein Herz, aber er will etwas von dir.«

»Meine Schreibkünste«, erwiderte ich und fühlte mich auf einmal sehr müde. »Er will einen Notar haben, der Gottes Gebote befolgt und nicht vor Schwierigkeiten davonläuft. Geh nach Haus, Béatrice. Ich danke dir für deine Fürsorglichkeit, aber diese Kabbeleien machen mich ganz konfus. Bitte geh.«

Mit beschämter Miene entschuldigte sie sich und küßte den wahrscheinlich einzigen heilen Fleck in meinem Gesicht. Dann ging sie, und ich schaute ihr nach – denn ich hatte, um die Wahrheit zu sagen, kaum den Mut, zu Pater Amiel zurückzukehren. Was sollte ich dem Mönch sagen? »Pater, Frauen können ja *so* eifersüchtig sein«? »Pater, ich weiß, daß ihre Anschuldigungen falsch sind«? »Pater, wollen wir nicht vergessen, daß es sie überhaupt gibt«? Nichts davon schien mir passend.

Allerdings erhielt ich gar nicht erst die Gelegenheit, eine bessere Formulierung vorzubringen, denn als ich endlich mein Zimmer betrat, fand ich den Dominikaner in tiefes Nachsinnen vergraben vor.

»Vergebt mir«, sagte er. »Meine Bemerkungen waren unpassend.«

»Wie meint Ihr?« Ich klang fast grob vor Erstaunen.

»Dies ist Euer Haus, und Ihr seid nicht mein Novize«, seufzte er. »Eure Wünsche haben hier Vorrang. Zu meiner Verteidigung kann ich nur sagen, daß kein Mönch mit der Anwesenheit von Frauen vertraut ist. Wenn wir ihrer Gesellschaft zwangsweise obliegen, lassen wir uns manchmal zu törichten und ungewöhnlichen Handlungen hinreißen. Wir werden dann unhöflich und herrschsüchtig.«

»Pater –«

»Eure Freunde sind Eure Wahl. Das ist Euer Vorrecht als Laie.

Diese Freiheit hat Gott Euch gegeben, damit Ihr sie klug zu nutzen versteht.« Und noch bevor ich zu all dem etwas sagen konnte, war er auch schon zu einem anderen Thema übergegangen. Wie stand es um meine Gesundheit? Würde ich mich morgen kräftig genug fühlen, ihm zu helfen? Würde ich so weit wiederhergestellt sein, um meine üblichen Arbeiten verrichten zu können? »Morgen früh ergeht die Vorladung an den Novizen des Augustinerklosters«, erklärte er. »Ich werde sein Erscheinen für den Nachmittag anordnen. Übrigens habe ich einen anderen Notar mit der Abfassung der Vorladungen beauftragt, weil in der Priorei niemand genug Zeit hat, sich meinen Wünschen zu widmen. Aber wenn Ihr wollt, Raymond, könnt Ihr die Aussage des Zeugen transkribieren, vorausgesetzt, Ihr fühlt Euch kräftig genug für diese Arbeit.«

Ich war, wie ich gestehen muß, hin und her gerissen. Einerseits schreckte ich davor zurück, das unglückliche Opfer mit eigenen Worten von einer so schmerzhaften und widerwärtigen Tat berichten zu hören. Andererseits fühlte ich mich von Pater Amiels ernsthaftem Wunsch, mich auf meinen Posten zurückkehren zu sehen, geschmeichelt.

So legte ich denn meine Stirn in Falten, kaute den Speichel in meinem Mund durch und fragte schließlich vorsichtig: »Wer ist mein Ersatzmann? Ist er nicht in der Lage, Aussagen zu transkribieren?«

»Er heißt Pierre-Bernard Aubert.«

»Aha.« Den kannte ich. Er war ein schon recht betagter, schwerfälliger und abgearbeiteter, mit fünfzehn Kindern gesegneter Witwer, auf einem Ohr ertaubt und so kurzsichtig, daß er gerade eben seine Nasenspitze zu erkennen vermochte. Er war, um es anders zu sagen, genau jene Art von Notar, die man in Avignon bekam, wenn man dringend und kurzfristig einen benötigte. Nichtsdestoweniger wollte ich kein nachteiliges Wort über ihn sagen. »Ein ehrlicher Bursche und sehr willig«, merkte ich lediglich an.

Der Dominikaner verzog seinen Mund zu einem Lächeln, das so beredt war wie ein Psalm. »Willig genug«, stimmte er zu, »aber nicht besonders geschickt. Und sein lautes Vorlesen kann ich kaum ertragen. Euer Sängertalent, mein Sohn, läßt Euch die Kunst des Rezitierens besonders gut beherrschen.«

Kann es überraschen, daß mir bei diesen Worten innerlich, ein wenig, die Brust schwoll? Vielleicht bin ich eitel, aber von einem klugen Mann gelobt zu werden, ist immer erfreulich. Stolz wie ein Hahn gab ich meiner Anfälligkeit für Schmeicheleien nach und versicherte Pater Amiel, daß ich mit aller Macht versuchen würde, ihm am nächsten Tag zu Diensten zu sein. Wenn meine Genesung es erlaubte, würde ich ihm, nachdem er sein Mittagsmahl eingenommen hätte, auf dem Weg zum Gefängnis begleiten. Wenn es mir nicht gutginge, erhielte er am Morgen eine Nachricht von mir.

»Aber das wird nicht der Fall sein«, betonte ich. »Es sieht schlimmer aus, als es ist. Morgen nachmittag bin ich wieder so lebendig wie eine Fliege im Frühling.«

»Überschätzt Eure Kräfte nicht«, ermahnte mich der Dominikaner. »Ihr wißt, wie ermüdend die Arbeit ist. Es wäre nicht erfreulich, wenn wir aufgrund Eures Gesundheitszustands eine Vernehmung abbrechen müßten.«

»Pater, ich werde Euch nicht im Stich lassen.«

»Vielleicht könnte ein weiterer Ruhetag –«

»Pater, in diesem Haus *finde* ich keine Ruhe.« Als ich mir seines eindringlichen Blicks bewußt wurde, kasteite ich mich innerlich, weil ich meine häuslichen Drangseligkeiten ins Spiel gebracht hatte. Hastig fügte ich hinzu: »Ich habe gelesen, Pater, und das hat mir gutgetan. Meine Hände sind unverletzt geblieben. Schaut! Und mein Kopf ist so klar wie der Sommerhimmel.«

»Also gut. Ihr habt mich überzeugt.« Etwas steifbeinig erhob er sich und bürstete mit der Hand seine Kutte ab, an der, zur Schande des gesamten Haushalts, viele Krümel – Überreste vergangener Mahlzeiten – hängengeblieben waren. »Grüßt Eure Familie von mir. Ich werde ihre Rückkunft nicht abwarten.«

»Nein«, entgegnete ich mit drolliger Betonung. »Das kann ich verstehen.«

Erneut blickte er mich eindringlich – fast scharf – an, indem er seine Augen zusammenkniff, als würde er ins Licht schauen. Aber er meinte nur: »Der HErr sei mit Euch«, und hob die Hand zum Segen. Dann ging er.

Fast hätte ich gewünscht, er wäre geblieben. Hätte nämlich meine Mutter bei ihrer Rückkehr ihn in der Küche vorgefunden, wäre die abendliche Diskussion über meine »verrufenen Freunde« wohl ausgeblieben, weil selbst Arnaud erkannt hätte, welch guten Umgang ich pflegte. Denn kann es einen besseren Umgang geben als den mit einem Dominikanerbruder edler Herkunft?

So aber verbrachte ich den Rest des Tages im Kampfgetümmel, und als ich mich endlich unter die Bettdecke verkroch, fragte ich mich: »Ist ein Umtrunk mit Freunden dies ganze Leiden eigentlich *wert*?«

# Zweiter Gesang

Am nächsten Morgen traf mein alter Freund Barthélemy aus Lazet ein.

Ich wurde aus dem Bett geholt, um ihn willkommen zu heißen. Eigentlich hatte ich mein Zimmer nicht verlassen wollen, bevor Arnaud aus dem Haus war, aber mein Bruder ließ, trotz all seiner charakterlichen Mängel, seinen Mißmut niemals an mir aus, wenn ein potentieller Klient im Haus war. Ich konnte mich also in die Küche trauen, solange Barthélemy in Hörweite war. Tatsächlich grunzte Arnaud nur bei meinem Anblick und wandte seine Aufmerksamkeit den Ringellocken seines Sohns zu, denn er entlauste das Haar seiner Kinder bei jeder sich bietenden Gelegenheit.

»Maître Raymond!« rief Barthélemy erschreckt aus. »Was ist mit Euch geschehen?«

»Was –? Ach so!« Ich lachte gekünstelt. »Eine kleine Meinungsverschiedenheit mit Arnaud.«

Mein Bruder warf mir einen warnenden Blick zu. »Durchaus nicht, Meister Barthélemy«, grummelte er. »Raymond wurde von einer Brigantenbande durchgewalkt.«

»Behüte uns Gott!« Der Tertiarier bekreuzigte sich. »Wie entsetzlich!«

»Ja, das war es«, stimmte ich zu. »Aber jetzt geht es mir wieder gut. Und was ist mit Euch, mein Freund? Ihr scheint auch gelitten zu haben, möchte ich meinen.«

Barthélemy, ohnehin kein Mann, der Freude verbreitete, sah jetzt richtig erbärmlich aus – abgemagert, aschfahl und mit einer für ihn ungewöhnlichen Vernachlässigung des Äußeren. »Was führt Euch nach Avignon?« wollte ich wissen. »Benötigt Ihr wieder meine Dienste?«

»In der Tat, Maître Raymond. Ihr müßt mir helfen.«

»Natürlich.« Ich spürte leise Verzweiflung in seiner Stimme und seinem Blick. Wir gingen in mein Zimmer, wo ich ihm einen Stuhl und Erfrischungen anbot, die er jedoch ablehnte. Kaum hatte ich die Tür geschlossen, als er mir auch schon ein gesiegeltes und reichlich mitgenommen aussehendes Dokument in die Hand drückte.

Der Inhalt wies es als eine Vorladung aus, in der Pierre-Julien Fauré, Inquisitor der ketzerischen Verderbtheit zu Lazet, Barthélemy aufforderte, sich betreffs gegen den Glauben gerichteter Handlungen zu verantworten.

»Aha«, bemerkte ich mit nachdrücklicher Betonung.

»Maître Raymond, was soll ich tun? Ihr seid ein kluger Mann. Durch Eure Hilfe wurde das Urteil gegen meinen Vetter aufgehoben, und er kann in seinem Bett sterben. Wie aber soll ich gegen den Inquisitor um mein Leben kämpfen?«

Genau das war die Frage. Noch einmal studierte ich stirnrunzelnd das Dokument, fand aber keinen genaueren Hinweis auf das Barthélemy zur Last gelegte Verbrechen. Den hatte ich allerdings auch nicht erwartet, weil ich mittlerweile wußte, daß Inquisitoren der ketzerischen Verderbtheit dem der Sünde Beschuldigten soviel wie möglich vorzuenthalten trachten.

»Wißt Ihr, warum Ihr vorgeladen werdet?« fragte ich meinen Klienten. »Habt Ihr etwas Schlimmes getan, wovon ich wissen sollte?«

Barthélemy starrte mich erstaunt an.

»Ich?« rief er aus. »Wie könnt Ihr so etwas auch nur denken? Ich bin ein guter Sohn der Kirche! Ich bin ein Gefolgsmann des Heiligen Franziskus!«

»Aber warum hat dieser Bursche dann von Euch Wind gekriegt?« Ich schnippte mit dem Finger gegen die Vorladung. »Wer könnte Euch verleumdet haben?«

»Niemand!« Soweit ich Barthélemys etwas wirren Ausführungen folgen konnte, hatte er den Zorn von Pater Pierre-Julien auf sich gezogen, weil er dessen Entscheidung hinsichtlich Isoard Calvarie erfolgreich anfechten konnte. Somit hatte ein bescheidener Tertiarier den mächtigen Inquisitor von Lazet besiegt. »Aber das darf eigentlich nicht sein«, hob Barthélemy hervor. »Und weil Pater Pierre-Julien meinem Vetter nicht an den Kragen konnte, ist er jetzt hinter mir her.«

»Das glaubt Ihr?«

»Das weiß ich!«

»Dann könnt Ihr wegen aller möglichen Sachen angeklagt sein«, dachte ich laut vor mich hin. Ich stand auf und holte Pater Amiels Handbuch der inquisitorischen Praxis herbei, in dem, wie ich wußte, alle Mittel erwähnt waren, über die ein der Ketzerei Verdächtigter zu seiner Verteidigung verfügte. Sehr viele waren es indes nicht. Ich konnte sofort sehen, daß Barthélemys Aussichten alles andere als rosig waren.

»Wenn es um Ketzerei geht«, sagte ich ihm, »muß die beschuldigte Person nicht öffentlich verrufen sein, um angeklagt zu werden. In normalen Fällen benötigt man zwei Zeugen, um eine gutbeleumundete Person vor das Gericht zu bringen, wird die Angelegenheit jedoch vor dem Tribunal des Heiligen Amtes verhandelt, braucht es nur einen Zeugen, sofern dieser zwei unterschiedliche häretische Vorfälle beobachtet hat.«

»Maître Raymond, was soll ich nur tun?«

Als ich vom Dokument aufsah, bemerkte ich, daß Barthélemy heftig schwitzte, rastlos auf seinem Stuhl hin und her rutschte und ebenso hektisch den Blick schweifen ließ. Offenbar war er nicht in der Lage, irgendwelche Instruktionen aufzunehmen oder zu verstehen. Also nahm ich seine Hände in die meinen, drückte sie kräftig und schaute ihm in die Augen.

»Mein Freund, beruhigt Euch. Ihr müßt jetzt gut zuhören. Hört Ihr mich? Gebt gut acht und bewahrt meine Worte im Gedächtnis. Leiht mir Euer Ohr.«

»Ja. Ja, ich höre zu.«

»Es kann einen Zeugen geben, der Euch angezeigt hat. Wenn Ihr aber glaubhaft machen könnt, daß er Euch feindlich gesonnen ist, läßt sich beweisen, daß er *falsches* Zeugnis abgelegt hat und Ihr unschuldig seid.« Ich bat Barthélemy, seine Beziehung zu allen Freunden, Bekannten, Verwandten und sonstigen Personen, denen sein Name geläufig war, zu prüfen. »Laßt keinen aus«, empfahl ich ihm. »Gebt selbst den Namen desjenigen an, gegen dessen Hauswand Ihr mal gepißt habt. Je länger die Liste ist, desto besser werden Eure Chancen. Teilt dem Inquisitor mit, daß Ihr viele Feinde habt. Nennt auch *seinen* Namen. Vergeßt das nicht.«

»Seid Ihr sicher?«

»Völlig sicher. Was habt Ihr zu verlieren? Ich kann die Liste aufschreiben, wenn Ihr wollt. Ich würde Euch sogar anraten, die Namen im vorhinein schriftlich zu fixieren, damit Ihr nicht vor lauter Angst den einen oder andern vergeßt. Legt Pater Pierre-Julien diese Liste vor. Er soll sie dann laut verlesen lassen, damit alles festgehalten werden kann. Verlangt eine Kopie und bittet jemanden, der des Lesens kundig ist, die dort niedergeschriebenen Namen mit denen Eurer Liste zu vergleichen, wenn Ihr aufgefordert werdet, das Protokoll zu bestätigen.«

Das war für ihn zu hoch. Sein Gesicht fiel vor Fassungslosigkeit in sich zusammen. »Das – das was?« stammelte er, woraufhin ich ihm noch einmal ganz bedächtig und in möglichst einfachen Worten den inquisitorischen Prozeß beschrieb. Er müsse, sagte ich ihm, zuallererst fordern, über den genauen Charakter der Beschuldigung, um derentwillen er vorgeladen worden sei, in Kenntnis gesetzt zu werden; die Formulierung »gewisse ketzerische Handlungen« sei nicht ausreichend. Sollte Pater Pierre-Julien nicht in der Lage sein, Einzelheiten anzugeben, habe Barthélemy das Recht, zu schweigen und Berufung einzulegen.

Würden jedoch Beweise vorgelegt, habe er bessere Möglichkeiten, sich gegen die Beschuldigung zu verteidigen.

»Viele Leute werden aufgrund ihrer Unwissenheit verurteilt«, führte ich weiter aus. »Papst Bonifatius VIII., möge er in Frieden ruhen, hat ein Gesetz erlassen, das es jedem Inquisitionsrichter gestattet, den Prozeß zu eröffnen, ohne das dem Angeklagten zur Last gelegte Vergehen zu benennen, sofern dieser nicht gleich zu Anfang Einspruch erhebt. Genau das müßt Ihr tun – gleich zu Beginn Einspruch erheben. Ihr dürft dem Inquisitor nicht erlauben, Euch über den Grund für Eure Vorladung im dunkeln zu lassen.«

»Gut«, meinte Barthélemy mit zitternder Stimme. »Ich werde mir das merken.«

»Wenn, wie Ihr vermutet, der Inquisitor selbst als Zeuge gegen Euch auftritt, solltet Ihr Eure *apostoli* verlangen – das sind Briefe, die Euren Fall an den Heiligen Stuhl zurückverweisen –, weil Euer Richter, so die Begründung, befangen ist.«

»*Apostoli*«, murmelte mein Klient. »Ich muß meine *apostoli* verlangen.«

»Vergewissert Euch, daß zwei unparteiische Männer der Verhandlung beiwohnen. Fehlen sie, so könnt Ihr Berufung einlegen. Vergewissert Euch, daß man Euch die Gelegenheit gibt, das zu hören, was Ihr gesagt habt – Eure Aussage vor dem Tribunal muß Euch binnen eines Tages vorgelesen werden. Und wenn möglich, Barthélemy, fragt Männer von gutem Ruf, so viel wie ihr finden könnt, ob sie willens sind, Euren Glauben an die Kirche, Eure Ehre und Eure Frömmigkeit zu bezeugen. Solche Männer werden Eideshelfer genannt. Wenn Ihr verlangt, daß sie gehört werden, können sie behilflich sein, das Tribunal von Eurer Unschuld zu überzeugen.«

»Maître Raymond, wer sollte mich denn vor Pater Pierre-Julien unterstützen wollen?« unterbrach mich Barthélemy. »Es gibt da niemanden! Es hat doch keiner den Mut!« Seine Verzweiflung beunruhigte mich.

»Nun ja ... tut, was Ihr könnt. Und denkt daran: Diese Männer nennt man Eideshelfer. *Eideshelfer.* Es ist wichtig, daß Ihr Pierre-Julien beeindruckt. Vermittelt ihm, daß Ihr Wissen und Erfahrung besitzt – daß Ihr ein würdiger Gegner seid. Wenn Ihr Selbstvertrauen zeigt und Beredsamkeit und Kenntnis des Verfahrens, dürfte er es schwerhaben, Euch so einfach abzuurteilen, als wäret Ihr ein ungebildeter Bauer. Er wird Eure Rechte berücksichtigen müssen.«

Auf diese Weise bearbeitete ich den armen Tertiarier, hämmerte bestimmte Worte in seinen Kopf und ließ ihn meine Instruktionen so oft wiederholen, bis ich den Eindruck gewann, daß er sie verstanden hatte. Schließlich schärfte ich ihm ein, vor dem Inquisitor von Lazet auf keinen Fall meinen Namen zu nennen, denn wenn bekannt würde, daß ich Barthélemy geholfen hatte, liefe ich selber Gefahr, als Ketzer vors Tribunal zitiert zu werden.

»Gesetzlich ist es Anwälten und Notaren nicht gestattet, Personen zu helfen, die der Ketzerei beschuldigt werden«, erklärte ich. »Wobei meine augenblickliche Position eine Verurteilung *sehr* unwahrscheinlich macht.« (Dabei dachte ich natürlich an die freundschaftliche Zuneigung Pater Amiels.) »Dennoch würde ich es vorziehen, daß meine Beteiligung an dieser Sache geheim bleibt.«

Mit leidenschaftlichem Nachdruck versprach Barthélemy, daß ich es niemals bereuen werde, ihm geholfen zu haben. Aufrichtigen Sinnes lobte er meine Klugheit, meine Freundlichkeit und mein edles Herz. Er drückte sogar die Lippen auf meine Hand, und als ich ihm (nachdem ich meine Finger aus den seinen befreit hatte) mitteilte, daß er mir kein Honorar schuldig sei, brach er in Tränen aus.

»Ach, Ihr seid mir von Gott gesandt worden!« schluchzte er. »Ihr seid mein Schutzengel, mein einziger Freund!«

»Barthélemy, bitte –«

»Was hätte ich ohne Euch angefangen? Ihr wandelt in der Gnade des HErrn!«

»Und Ihr, mein Freund, dürftet müde sein«, sagte ich fest und schluckte den Klumpen in meiner Kehle hinunter. »Die Reise hat Euch geschwächt. Kommt – trinkt einen Becher Wein, und brecht das Brot mit mir. Ihr könnt Euch hier auch ausruhen, wenn Ihr mögt, denn ich bin nicht mehr bettlägerig. Bleibt über Nacht und kehrt morgen zurück.«

Aber der Tertiarier bestand darauf, umgehend aufzubrechen. Schon in wenigen Tagen solle er vor Pater Pierre-Julien erscheinen und habe kaum genug Zeit für die Rückreise, geschweige denn dafür, noch Eideshelfer aufzutreiben. Wenn er sich nicht sofort auf den Weg mache, sei er verloren.

Argumente konnten ihn nicht umstimmen.

»Und die Liste Eurer Feinde?« fragte ich, als ich ihn zur Tür brachte. »Soll ich deren Namen für Euch aufschreiben?«

»Ich kann nicht warten«, erwiderte er, sichtlich außer Fassung. »Ich muß nachdenken – mich erinnern – ich habe einfach nicht die Zeit.« Auf der Türschwelle schlang er mir die Arme um den Nacken und küßte mich mit solcher Inbrunst auf meine wehen Wangen, daß ich vor Schmerz zusammenzuckte. »Möge der HErr Euch segnen und behüten«, krächzte er, den Mund an meiner Schulter, kaum vernehmbar. »Verfügt über mich, Maître Raymond. Mein Leben steht in Eurer Schuld.«

»Unsinn«, entgegnete ich, besorgt, daß Arnaud diese Vertrauensbeweise nicht eben wohlwollend betrachten würde. »Leider kann ich nicht mehr für Euch tun, Barthélemy …« Ich zögerte, denn einen letzten Rat wollte ich ihm geben, jedoch ohne das Mißfallen meines Bruders zu erregen. »Es läßt sich nicht leugnen, daß Eure Chancen alles andere als gut stehen«, beschied ich dem Tertiarier mit leiser Stimme. »An Eurer Stelle, mein Freund, würde ich anderswo einen schützenden Unterschlupf aufsuchen und diese … äh … Einladung vergessen. Aber es ist natürlich nicht leicht, fern der Heimat ein neues Zuhause zu finden.«

Ob Barthélemy begriff, was ich ihm sagte, weiß ich nicht; jedenfalls äußerte er sich nicht dazu. Er umarmte mich noch einmal und machte sich dann schleppenden Schritts davon, wobei seine armseligen Sandalen gegen die Fußsohlen schlugen. Seufzend blickte ich ihm hinterher und fragte mich, ob ich ihn jemals wiedersehen würde. Die Wahrscheinlichkeit dürfte, dachte ich bei mir, eher gering sein. Gerade als ich mich schweren Herzens abwenden wollte, bemerkte ich den schlanken, blondgelockten Jüngling, der die Straße hochkam, die der Tertiarier gerade hinabgeschritten war.

Bei Gott, es war Gaillard!

Wie Ihr Euch vorstellen könnt, war ich hoch erfreut, meinen jungen Freund zu erblicken. Aber da ich wußte, daß Arnaud ihm gegenüber gänzlich andere Gefühle hegte, schlüpfte ich vorsichtig wie ein Fuchs auf der Pirsch aus der Tür und eilte Gaillard entgegen.

»Das trifft sich gut!« rief ich leise aus und grinste übers ganze Gesicht. »Schön, dich zu sehen! Bist du meinetwegen hergekommen?«

»Allerdings«, gab der Knappe zurück, und mein Grinsen verschwand, als er näher kam. Er nämlich schien sich meines Anblicks ganz und gar nicht zu freuen; sein Gesicht war finster, die Stirn in Falten gezogen, der Mund grimmig. Er packte mich am Wams, zerrte mich in die Seitengasse und stieß mich gegen eine Hauswand. »Du Hund«, zischte er, die Augen voller Zornestränen. »Du Schurke!«

»Was ist los? Was habe ich –«

»Du mieser Schuft! Wärst du doch bloß draufgegangen, du hinterhältiger Wurm!«

»Gaillard, was hab ich denn getan?«

O welche Ungerechtigkeit! Irgend jemand hatte irgendwo Geschichten über Gaillard in Umlauf gebracht. Das Stadtgerücht verbreitete, Gaillard sei in den Zauberbann des Schatzmeisters geraten, der den Knappen zu allen möglichen widernatürlichen Liebkosungen veranlaßt habe. Der Ring, den Gaillard trug (ein Geschenk seines Vaters, wie ich wohl wußte), sollte magische Kräfte besitzen und ihm vom Schatzmeister auf den Finger gestreift worden sein, um ihn jederzeit gefügig halten zu können.

»Und *du* hast das alles in die Welt gesetzt«, schäumte Gaillard. »Wer sonst weiß über magische Ringe und Pater Guillaumes Hexereien Bescheid?«

»Gaillard, ich schwöre dir –«

»Hör auf zu *lügen*! Ich *weiß*, daß du es warst! Du willst mir doch nicht erzählen, daß der Mönch diese Verleumdungen verbreitet hat!«

»Nein.« Ich konnte kaum antworten, denn er hatte mich an der Kehle gepackt. Ich versuchte, mich aus seinem Griff zu befreien. »Nein, aber da waren die Wachmänner –«

»Was für Wachmänner?« Er war für einen Moment abgelenkt und lockerte den Griff, so daß ich ihn wegstoßen konnte.

»Vor der Tür«, hustete ich. »Vielleicht haben sie deine Befragung belauscht ...«

»Pah!«

»Gaillard, wann und wie hätte ich diese Geschichte denn ausplaudern sollen?« Ich versuchte es mit Vernunft. »Seit deiner Vernehmung habe ich im Bett gelegen. Mein Gesicht war geschwollen wie das einer Wasserleiche. Bis heute morgen konnte ich kaum sprechen, und Arnaud hat mich die ganze Zeit bewacht. Er wird gleich hier sein, wart's nur ab. Die einzigen Besucher, die er zu mir hereinläßt, sind Mönche und fromme Matronen. Wem hätte ich dieses Lügenmärchen denn erzählen können? Wer hätte mich über Guillaume Moniers Hexenwerkzeug ausfragen können, wo doch mein Bruder dauernd dabei war? Wer? Sag es mir!«

»Ich – ich –«

»Niemand«, bemerkte ich mit Nachdruck. Ich war verärgert und beschämt zugleich, denn ich hatte Pater Amiels Aufmerksamkeit auf Gaillard gelenkt und damit den unglücklichen Jungen den Qualen der Entehrung ausgesetzt. »Du solltest jetzt lieber gehen«, fügte ich hinzu, »bevor Arnaud uns hier findet. Wenn er diese Geschichten über dich auch schon gehört hat und dann noch sieht, wie du mich gegen die Wand stößt –«

Als Antwort schlug er mir die Faust ins Gesicht. Ich schrie auf vor Schmerz.

»Du bist nicht mein Freund!«

»Gaillard, ich werde mit Pater Amiel sprechen. Die Wachen sollen bestraft werden.«

»Nein! Schweig lieber! Du hast genug Unheil angerichtet!«

»Aber –«

»Laß mich in Ruhe, du Verräter!«

Mein Herz zerschmolz bei seinen Worten, denn seine Stimme klang jung wie die eines zutiefst enttäuschten Kindes. Und schließlich *war* er ja fast noch ein Kind, bestenfalls ein großer Junge. Ich packte ihn am Arm.

»Gaillard, vergib mir, es ist alles meine Schuld. Aber verleumdet habe ich dich nicht, das schwöre ich.«

Ob er mir glaubte, weiß ich nicht; er zeigte es nicht. Statt dessen schüttelte er meine Hand ab und wandte sich unsicheren Schritts zum Gehen, wobei er, ich sah's, seine Augen rieb. Ein schreckliches Schuldgefühl übermannte mich, doch war es nicht schrecklicher als der Kotgestank in der Gasse. Arnaud würde ihn riechen und die Nackenhaare aufstellen. Mithin eilte ich ins Haus zurück, wo mich ein Sperrfeuer mißtrauischer Fragen erwartete.

Ich beantwortete sie, wie ich gestehen muß, nicht ganz ehrlich. Barthélemy, gab ich an, habe mich noch im Gespräch aufgehalten. Ja, der arme Mann sei von Kummer geplagt. Nein, leider habe er mir keinen *sou* geben können. Arnaud murmelte etwas Unfreundliches über teure, vom Apothekarius zubereitete Salben, doch mußte ich mir zum Glück keine weiteren Vorwürfe anhören, denn er wurde abgeholt, um eine Lieferung zu überwachen. Danach herrschte vorerst ein etwas brüchiger Friede.

Ich konnte also ohne weitere Störungen über die Schicksalsschläge nachdenken, die meine Freunde ereilt hatten. Zwar war

Barthélemy eher ein Bekannter, eigentlich nur ein Klient. Dennoch ging mir seine mißliche Lage nicht aus dem Kopf, und ich fragte mich mit leichtem Schaudern, ob mein guter Name nicht doch irgendwann davon befleckt werden würde. Und erst Gaillard! Sein Ruf *war* schon auf traurige Weise beschädigt worden. Was sollte ich tun? Wie konnte ich ihm helfen? Hatte ich sein Vertrauen und seine Zuneigung für immer verloren? Auf jeden Fall würde der Schwarze Hahn für mich kein angenehmer Zufluchtsort mehr sein, wenn Gaillard dort mit seinem Groll die Luft verpestete. Aber vielleicht, so dachte ich, hat er ja nicht mehr den Mut, dort aufzutauchen. Vielleicht fürchtete er Othons Spott. Gerade als mir Othon und seine rauhen Späße einfielen, hämmerte er auch schon an die Tür und wollte mich sprechen.

»Raymond!« schrie er. »Wo bist du? Komm raus, du lausige Ratte – du bist wieder gesund, hat mir die Witwe erzählt!«

Meine Mutter sah ängstlich drein, meine Schwägerin erbost. Sie forderte mich auf, sitzen zu bleiben, während die Hunde sich mit lautem Gekläff äußerten.

»Dein Bruder will diesen Mann nicht im Haus haben«, erklärte Alazais. »Laß ihn nicht ein, Raymond.«

»Das tue ich auch nicht. Ich gehe zu ihm nach draußen.«

»Nein!« bat meine Mutter mit schwankender Stimme. »Arnaud hat nein gesagt.«

»*Raymond, du Säugling, muß ich dich holen kommen?*«

»Bleib sitzen, Raymond!« zischte meine Schwägerin. Ihr Verhalten war völlig unangemessen. Sie war eine Frau und überdies noch nicht die Herrin des Hauses.

Darum ignorierte ich ihren Befehl und ging zur Tür, um Othon zu begrüßen.

»Wenn dein Bruder hier wäre, würde er dir Einhalt gebieten!« rief Alazais aus, als ich die Riegel zurückschob. »Du bringst Schande über die Familie!«

»Ach, halt endlich dein Schandemaul!« Ich hatte ihr ewiges

Keifen und Zetern gründlich satt. »Wenn mein Bruder hier wäre, würde Othon auf seinem Kopf eine *estampida* tanzen!«

»Genau«, bekräftigte Othon, der den Wortwechsel mitbekommen hatte. »Und auf seinem Horn würde ich ›Die Nachtigall‹ spielen. Na, Raymond? Das nennst du verprügelt werden, du Rosenblüte? Ich hab schon schlimmer ausgesehen, als ich mal die Nacht mit einer Jungfrau verbracht hatte.«

»Du siehst heute auch nicht besonders gut aus«, gab ich zurück, während ich, noch immer vom Gekreisch meiner Schwägerin verfolgt, die Tür schloß. »Hat man dich mit dem Gesicht durch die Steinbrüche geschleift?«

»Ha!« Er versetzte mir einen (recht schmerzhaften) Rippenstoß und bugsierte mich genau in die Gasse, die Gaillard sich für seinen Angriff ausgesucht hatte. Warum nur übte dieses Dreckloch auf meine Freunde eine so unwiderstehliche Anziehungskraft aus? Fühlten sie sich vorwiegend in Misthaufen heimisch? »Sag mir, wer dich angegriffen hat«, verlangte Othon in jovialem Ton. »Gib mir ihre Namen, und ich hau diesem Abschaum die Scheiße aus den Knochen. Dein Bruder wollte mir nichts sagen. Ich war schon mal hier, weißt du, und er hat mich nicht reingelassen.«

»Ich weiß es«, erwiderte ich und war, wie ich gestehen muß, gerührt. »Arnaud konnte dir nichts sagen, Othon, denn ich hab keinen von ihnen erkannt.«

»Nicht einen?«

»Nicht einen.«

»Wie schade. Aber wenn du's jemals rausfindest, Raymond, denk an mich. Schädel knacken ist mein liebster Zeitvertreib.«

»Tatsächlich? Ich dachte, Unzucht treiben.«

»Aaaja!« Er wurde jetzt ganz aufgeregt und packte mich mit solcher Gewalt am Arm, daß ich ihn bat, loszulassen. Wir standen in einer geschützten Ecke unweit der Hauswand, gegen die Gaillard mich gedrückt hatte. Der Schmutz war hier knöcheltief, seine feuchte Kälte trotzte der Sonne.

Mir war schwindlig von dem Gestank.

»Unzucht. Jahaa!« Er grinste. »Raymond, ich bin vor Lust fast wahnsinnig! Da ist ein Mädchen – ach, was für 'n Mädchen! So 'n saftiges Stückchen Fleisch hast du noch nie gesehn. Ne süße kleine Hagebutte, ne echte Jungfrau, und sooolche Nippel! Und die haben sie zu den Nonnen weggesperrt, Raymond!«

»Wer?«

»Na, diese florentinischen Bankbrüder! Die Frescobaldis! Man sollte ihnen das Gekröse rausreißen! Ihre Ehre ist ihnen wichtiger als Isabella. Sie haben sie weggesperrt, weil Isabella nach Liebe nur so japst – sie würd' jedem hinterherlaufen, der sie fragt. Man sieht's ihren Augen an! Hach! Kaum aus den Strampelhöschen raus und schon die Augen einer Kurtisane. Bei der reicht ein Mann nicht hin, das sag ich dir. Also ist sie jetzt im Kloster, und ihre Säfte versauern –«

»Othon, einen weiteren Einbruch mache ich auf keinen Fall mit.« Trotz weicher Knie war ich entschlossen, ihm nicht nachzugeben. »Das eine Mal war genug.«

»Aber mein Freund, würd' ich dich um so was bitten?«

»Ja. Hast du doch schon.«

»Aber nicht noch mal. Von wegen dem letzten Mal. Nein, ich hab 'ne viel bessere Idee. 'ne *viel* bessere Idee.«

Und Othon schlug mir vor, eine päpstliche Bulle zu fälschen – eine Vorladung, die forderte, Schwester Isabella möge, allein, in einer bestimmten Nacht zu einem bestimmten Garten kommen. Bérengar könnte ein Siegel fälschen und am Dokument befestigen. Keiner würde es wagen, eine solche Verfügung in Frage zu stellen. Und das Mädchen würde danach über ihre Schande schweigen. Oder vielleicht gar wiederkommen, weil ihr Appetit geweckt war. Sie gehörte zu den Geilen, die mehr als einen Mann verkraften können. Wenn ich mich da auch noch bedienen wollte …

»Nein«, sagte ich.

»Wie?«

»*Nein.*« Ich war über Othons Blödheit reichlich verärgert und zeigte es auch. »Bist du irrsinnig? Weißt du, wie man für so eine Idiotie bestraft wird?«

»Raymond, das findet doch keiner raus!«

»Doch! Alle! Die *bullatores*, die Äbtissin, der Papst, der Marschall – einfach alle! Wer würde die Bulle überbringen? Du vielleicht? Höchstpersönlich? Sie der Pförtnerin aushändigen? Sei ein *bißchen* vernünftig. Du träumst wie ein Zecher. Wach auf.«

Er wurde rot und blickte finster. Er war zwar ein Narr, aber nicht närrisch genug, einen Mann zum Krüppel zu schlagen, dessen Hilfe er so dringend benötigte. Also nahm er mit enormer Anstrengung davon Abstand, mich in Stücke zu hauen, und sagte: »Selbst wenn man mich schnappt, Raymond, wird doch keiner erfahren, daß du an der Sache beteiligt warst.«

»Tatsächlich nicht? Wird man nicht meine Schrift wiedererkennen? Wird keinem einfallen, daß ich als einziger von deinen Freunden schreiben kann?« Um ihm zu zeigen, wie ernst es mir mit meiner Ablehnung war (und um die Sicherheit einer bevölkerten Straße zu erlangen), entfernte ich mich von ihm. »Othon, ich habe Gerichtsverfahren beobachtet. Ich weiß, wie die Juristen denken. Dieser Plan kann nur scheitern, mein Freund, und du wirst mir dankbar sein dafür, daß ich ihn dir ausgeredet habe.«

»Aber du hast mir doch sonst immer geholfen!« protestierte er und packte mich am Handgelenk. »Warum nicht dieses Mal?«

»Weil ich jetzt nüchtern bin.«

»Dann komm mit zum Schwarzen Hahn. Wenn du Mut brauchst, wird ein Schluck Wein deine Eingeweide stählen!«

»Nein.«

»Raymond –«

»*Nein.*«

»Was in Gottes Namen ist bloß los mit dir?« Fast riß er mir den Arm aus dem Gelenk. »Dieser Mönch saugt dir bald dein ganzes Blut aus! Man kriegt ja das Gefühl, daß du selbst schon einer bist!«

»Laß mich los.«

»Laß ihn fahren, Raymond. Hör mit dem Blödsinn auf.« Othons Versuch, einen überredsamen Ton anzuschlagen, ließ seine Stimme nur noch gefährlicher klingen. »Gaillard sagt, du hättest seine Geheimnisse an diese miese Winzmaus verraten. Ich schwör dir, wenn ich diesen Pater mal nachts auf dem Weg zum Kloster erwische, dann *hat* er was zu beten.«

»Nein!«

»Ich werd ihm sagen, er soll dich mit seinen heiligen Geschäften in Ruhe lassen –«

»Das *wagst* du nicht!« fiel ich ihm ins Wort, fast erstickt vor Zorn. »Wenn du *das* tust, werd ich dafür sorgen, daß man dich zerreißt!« Glaubt mir, ich hatte wirklich Angst, denn wenn Othon gebechert hatte, war er zu allen, wirklich allen Schandtaten fähig. »Ich meine das ernst, Othon! Wenn du ihn anrührst oder ihm auch nur nahe kommst –«

»Ich könnte ihm ja auch von deinem Abenteuer mit dem Nonnenkloster erzählen«, spottete mein großherziger Freund. »Vielleicht hält er dann nicht mehr so große Stücke auf dich.«

»Und was hast *du* getan? Soll ich ihm von der Frau auf dem Weg nach Pamiers erzählen? Deine Sünden sind größer als meine, Othon, vergiß das nicht!«

Vielleicht war es gut, daß er mich an diesem abgelegenen Ort festhielt, weil sonst die ganze Welt von unseren schändlichen Geheimnissen erfahren hätte, denn in der Hitze des Gefechts waren unsere Stimmen nicht leise geblieben. Aber auf der belebten Straße hätte er sich vielleicht nicht getraut, seine Faust in meiner Magengrube zu versenken.

So aber hielt ihn nichts zurück. Es war ein Schlag wie mit einem Rammbock, überlegt ausgeführt. Er hatte nämlich, rotgesichtig und schwer atmend, eine Weile dagestanden und mich betrachtet, bevor er sich entschloß, die Diskussion abzubrechen.

Warum noch Worte verlieren? Ein Schlag war wirksamer als jede Beleidigung – er sagte mir genau, was Othon dachte, und ließ mir nicht die Möglichkeit einer Antwort.

Ich kniete noch, als er verschwand. Ich bekam kaum Luft. Als der Schock abflaute, machte sich der Schmerz bemerkbar. Ich sah, daß ich in einer stinkenden Pfütze herumkroch. Alazais würde die Flecken für weitere Beweise meiner Sündhaftigkeit halten. Ich hatte die Warnungen meines Bruders in den Wind geschlagen, und wofür? Für einen Schlag in die Eingeweide, der mir den Harn in die Hosen treiben konnte. Die waren ohnehin schon feucht. Und meine Hände waren schmutzig und mein Handgelenk schmerzte und ich wußte schon jetzt ganz genau, was Arnaud sagen würde, wenn er von Othons Besuch erführe.

Ist es verwunderlich, daß ich, auf dem Boden kriechend wie ein geprügelter Hund, beinah mit Sehnsucht an das schweigsame und ordentliche Gefängnis dachte?

# Dritter Gesang

Der Novize aus dem Augustinerkloster hieß Gilles Arasse und war noch sehr jung, gerade eben im Stimmbruch begriffen. Ein erster Bartflaum sproß auf seinen Wangen, und seine Haut war zart wie die eines Kindes. Er wurde von seinem Anleiter, einem gewissen Cornelius, begleitet, der im Gegensatz zu Gilles steinalt war. Aber der Junge schlurfte einher wie ein Greis, blaß und zitternd, während der weißhaarige Mönch sich lebenskräftig bewegte und seine klaren braunen Augen hin und her flogen wie ein Weberschiffchen.

Als Pater Amiel ihn aufforderte, vor der Tür zu warten, protestierte er heftig. Gilles, so sagte er, sei in seine Obhut gegeben. Der Junge sei krank und benötige Hilfe. Und warum man ihn überhaupt von seinem Krankenlager geholt habe, wo doch alle Fragen betreffend seine Verwundung vom Abt oder von Pater Cornelius selbst hätten beantwortet werden können?

»Oh, ich habe vor, auch Euch zu befragen, Bruder«, erwiderte der Dominikaner ruhig, und ich spürte verwundert, wie groß die Feindseligkeit zwischen Mönchen unterschiedlicher Ordenszugehörigkeit sein kann, obwohl ich Pater Amiels Ablehnung nur aus der gelangweilten Art, mit der er seine Worte drechselte, den Kopf neigte und die Augenlider senkte, erschließen konnte. Immerhin kannte ich ihn mittlerweile schon recht gut.

»Dann kann ich also hierbleiben«, schlug der Anleiter vor. »Ich werde für Gilles antworten, denn er hat mir alles erzählt.«

Pater Amiel blieb jedoch unbeugsam. Er wies Cornelius an, den Wachen zu folgen, die wiederum am anderen Ende des Ganges Stellung beziehen sollten. Als sie nun ihrerseits daran Anstoß nahmen, verkündete Pater Amiel mit rasiermesserscharfer Stimme, daß er den Marschall noch von bestimmten unrechtmäßigen Handlungen des ihm zugeordneten Gefängnispersonals unterrichten müsse. Wenn indes das zukünftige Verhalten tadelsfrei sein sollte, würde er von einem Bericht über gewisse Verletzungen der Sicherheitsbestimmungen absehen.

Daraufhin zogen sich die Wachmänner, Cornelius im Schlepptau, eilends an den ihnen zugewiesenen Ort zurück. Ich aber blickte zu Pater Amiel hinüber, der das bemerkte und mich mit einem kühlen Kopfnicken bedachte. Ich hatte ihm nämlich auf dem Weg zum Gefängnis von meiner Besorgnis erzählt, daß eine oder sogar mehrere seiner Befragungen belauscht worden sein könnten. Sogleich wurde sein Mund zum Strich und seine Augen zu Schlitzen, und er raunzte den Pförtner an wie ein Oberaufseher.

Offenkundig würde jemand, wenn mein Verdacht sich bestätigen sollte, unter den Folgen zu leiden haben.

»Nun also, Gilles«, meinte Pater Amiel, nachdem der Zeuge vereidigt worden war und Platz genommen hatte. (Die umständliche und zögernde Art, mit der er seine hintere Partie auf dem Schemel balancierte, konnte ich kaum ertragen und wendete den Blick ab.) »Mir wurde gesagt, du habest vor kurzem Besuch von einem Dämon oder *succubus* erhalten und seiest als Folge dieses Besuchs deiner *virilia* beraubt worden. Stimmt das?«

Der Dominikaner sprach mit lebhafter Stimme, um die Atmosphäre düsterer Verlegenheit, die den Raum erfüllte, ein wenig zu mildern. Sein Tonfall deutete an, daß die Verstümmelung des Novizen nicht beschämender sei als ein Fieberanfall oder ein lautstarker Wortwechsel. Dennoch schien Gilles zu keiner Antwort fähig. Er saß da und schnappte nach Luft wie ein Fisch auf dem Trockenen.

»Stimmt es«, fuhr Pater Amiel mit einem Hauch von Ungeduld fort, »daß du von einem lüsternen Dämon angegriffen wurdest, der deine Genitalien abtrennte?«

»Nein«, flüsterte der Junge.

»Nein?« Pater Amiel war unverkennbar überrascht. Aber er faßte sich schnell. »Was ist also tatsächlich passiert?«

»Ich ... ich ...« Wiederum verfiel Gilles in ein ersticktes Schweigen, und der Mönch mußte ihm ein Stichwort geben.

»Aber du wurdest doch verstümmelt?« fragte er.

»Ja.«

»Und wer hat diese barbarische Tat begangen?«

»Das ... ich ... ich selbst.«

»Du *selbst*?«

»Ja.«

Wie Ihr Euch vorstellen könnt, saß ich regungslos vor Erstaunen da, aber Pater Amiel (als erfahrener Inquisitor) legte in seiner Befragung keine Pause ein, so daß ich gleich wie ein Besessener weiterschreiben mußte.

»Warum hast du so etwas getan?«

»Damit er aufhört.«

»Damit wer aufhört?«

»Der Dämon.«

»Es *gab* also einen Dämon?«

»Ja.« Gilles seufzte die Antwort hervor, als wäre er zu Tode erschöpft. Er saß zusammengesunken da, das Gesicht bläulichweiß wie Milch.

»Erzähl mir von diesem Dämon«, forderte Pater Amiel den Zeugen auf und fügte, als er keine Antwort bekam, hinzu: »Wie sah er aus?«

»Wie eine Frau«, piepste Gilles.

»Beschreibe sie.«

Gilles schwieg.

»Beschreibe sie!« wiederholte Pater Amiel. »War sie alt und häßlich? Oder jung und hübsch? Beschreibe sie.«

Zögernd kam der Junge der Aufforderung nach. Es war eine schöne Frau. Nackt. Mit schwarzen Haaren. Ich hätte gern mehr über diese Erscheinung gehört, wurde aber enttäuscht. Bei den Haaren war Schluß mit der Beschreibung.

»Hatte sie einen Schwanz?«

»Nein, Pater.«

»Hörner?«

»Nein, Pater.«

»Irgendwelche besonderen Merkmale in Farbe oder Form?«

»Nein, Pater.«

»Woher weißt du dann, daß es nicht tatsächlich eine Frau gewesen ist?«

Fast hätte ich aufgelacht. Der Junge aber starrte Pater Amiel mit zitternden Lippen und gerunzelter Stirn an, als flehe er stumm um Hilfe.

»Vielleicht schwebte sie wie ein Wolke«, schlug der Pater in fast scherzendem Ton vor. Gilles antwortete jedoch ganz ernsthaft; er muß genickt haben, denn als er zum Sprechen aufgefordert wurde, sagte er: »Ja, Pater.«

»Und zu welchen Zeiten besuchte dich dieser Dämon?«

»Wenn ich im Bett lag. Ich wachte auf und – dann war er da.«

»Schläfst du allein oder mit anderen zusammen?«

»Ich schlafe im Dormitorium.«

»Aber niemand anderer wurde wach?«

»Nein, Pater.«

»Du allein wachtest auf – und was geschah dann?«

Lange Pause. Ich betrachtete die zusammengesunkene Gestalt des Knaben mit einiger Neugier und fragte mich, warum ein Dämon sich die Mühe machen sollte, dieses fleischlose Etwas in Augenschein zu nehmen. Ich muß gestehen, daß ich einige Zweifel hegte. Wenn *mich* im Alter der ersten nächtlichen Samenergüsse eine schöne, nackte, schwarzhaarige Frau heimgesucht hätte, wäre mir jede Einzelheit ihres Körpers im Gedächtnis geblieben und ich hätte mit Freude Lippen, Lider und Leberflekken beschrieben.

»Sie hat sich mir aufgezwungen«, bemerkte Gilles mit dumpfer Stimme.

»Und wie hat sie das gemacht?«

»Sie … sie machte mich sündigen.«

»In welcher Weise? Durch welche Mittel?« Erneut klang Pater Amiel ungeduldig. »Hat sie dich bedroht? Dich am Schreien gehindert? Konntest du dich nicht wehren? Oder die anderen Novizen aufwecken?«

»Es war Hexerei.«

»Hexerei?«

»Ich konnte nicht sprechen. Mich nicht bewegen.«

»Wie warst du dann imstande zu sündigen?« fragte Pater Amiel trocken. »Zumindest ein Teil deines Körpers *mußte* sich doch bewegen können, Gilles.«

»Oh. Ähm … ja.«

»Und auf diesem Teil setzte der Dämon sich fest, nicht wahr?«

»Ja, Pater.« Der Novize war, wie seine Stimme verriet, den Tränen nahe.

»Du mußtest also gewissermaßen gegen deinen Willen den Koitus vollziehen?« fragte Pater Amiel milde. »Das war sicherlich eine Qual. Aber was war es, das dich besonders erregte, mein Sohn?«

Schweigen.

»Komm. Du mußt dich nicht schämen. Dein Glied, sagst du, schwoll an. Warum? Erregten die vollen Brüste des Dämons deine Bewunderung? Seine weiche Haut? Der süße Duft seines *con*?«

Ich war entgeistert und zugleich amüsiert. Daß ein Mönch solche Wörter kannte! Gilles hatte sie zweifellos noch nie gehört; er starrte weiterhin mit offenem Mund und leeren Augen geistlos einher. Pater Amiel betrachtete ihn eine Weile nachdenklich, lächelte dann (als wäre die Frage nach dem Grund der Gliederregung zu seiner Zufriedenheit beantwortet worden) und machte weiter.

»Gab es einen Erguß, Gilles?«

Der Zeuge murmelte etwas vor sich hin.

»Sprich bitte lauter, mein Sohn, ich kann dich nicht verstehen.«

»Nein, Pater.«

»Nein? Kein Erguß?«

»N-nein, Pater.«

»Nun gut. Dazu war sicher ein erheblicher Aufwand an Selbstbeherrschung nötig, wenn ich es so formulieren darf.« Pater Amiel hörte mein unterdrücktes Kichern, trat mich unter dem Tisch vors Schienbein und warf mir einen kurzen, stirngerunzelten Blick zu, bevor er sich wieder dem Zeugen zuwandte. »Der Dämon ließ sich also auf deinem erigierten Penis nieder, versuchte vergeblich, ihm den Samen zu entlocken, und tat dann – was?«

»Er verschwand.«

»Und wie?«

»Er löste sich auf.«

»Wie Rauch?«

»Ja, Pater.«

»Und du konntest weiterhin nicht sprechen oder dich bewegen?«

»Nein, Pater.« Die Worte schienen Gilles in der Kehle stekkenzubleiben. »Der – der Bann war gebrochen.«

»Du konntest deine Kameraden also aufwecken?«

Schweigen.

»Gilles? Antworte mir. Hast du die anderen Novizen im Dormitorium aufgeweckt?«

»Nein.« Ein kaum vernehmbares Flüstern. »Ich schämte mich so.«

»Du wurdest auf heiligem Grund und Boden von einer teuflischen Erscheinung verführt und hast *niemandem* davon erzählt?«

»Ich – ich –«

»Du hast mit einem solchen Flecken auf deiner Seele Tag für Tag an den Gottesdiensten teilgenommen? Dich unter deine Brüder gemischt, obwohl du dich so schrecklich entweiht wußtest? Wie konntest du die Reinheit deiner Heimstatt beschmutzen und die Heiligkeit der Kirche schänden und –«

»Ich habe es meinem Beichtvater erzählt«, unterbrach ihn Gilles. »Ich habe es Pater Cornelius erzählt.«

»Aha.« Pater Amiel ließ ein ungemütlich langes Schweigen folgen, aber Gilles wurde dadurch nicht motiviert, sich näher zu erklären. Mithin fuhr der Dominikaner fort: »Und was hat Bruder Cornelius empfohlen?«

»Bußen.«

»Welcher Art?«

»Fasten. Geißelungen. Zumeist Geißelungen.«

»Er hat dich also geschlagen, um den Feind zu vertreiben? Er muß dich also in gewisser Weise für schuldbeladen empfunden haben.«

Der Junge zögerte. »Ich bin ein Sünder vor dem Angesicht Gottes«, murmelte er schließlich.

»Und gleichst daher einer offenen Wunde, die Fliegen anzieht?« bemerkte der Mönch. »Aber wahrscheinlich müssen manche Wunden ausgebrannt werden. Wie der Hl. Augustinus sagte: ›Immer geht der höheren Freude der tiefste Schmerz voran.‹« Er seufzte leicht. »Und war es so bei dir, mein Sohn? Konnten die von deinem Beichtvater verabreichten Mittel den Dämon bannen?«

»Nein, Pater.«

»Er kehrte zurück?«

»Ja, Pater.«

»Wie geschah das?«

Mit einer jeden Gefühls baren Stimme beschrieb Gilles seine

zweite Begegnung mit dem schwarzhaarigen Sukkubus, der aber bei dieser Gelegenheit in seinen Bemühungen, dem Novizen die Samenflüssigkeit zu entlocken, keineswegs erfolgreicher war als beim ersten Mal. In der Tat waren die beiden Episoden kaum voneinander zu unterscheiden. Wiederum konnte Gilles nur statuengleich daliegen, während ihn der Dämon besaß. Wiederum weckte er hinterher niemanden auf und entdeckte sich erst am nächsten Morgen seinem Beichtvater. Wiederum wurde er gerügt und geschlagen und mußte die darauffolgende Nacht knieend und betend zubringen.

»Einen Augenblick«, warf Pater Amiel mit scharfer Stimme ein. »Willst du damit sagen, daß Bruder Cornelius selbst dich schlug? Nach der Beichte?«

»Ja.«

»Nicht während des Schuldkapitels? Vor dem Abt? Nicht in der gewohnten Art und Weise?«

»Nein, Pater.« Nach einer kurzen Pause fühlte Gilles sich genötigt hinzuzufügen: »Pater Cornelius möchte uns die öffentliche Schande ersparen. Seine Geißelungen sind schlimmer als die beim Schuldkapitel, aber wir müssen uns nicht selbst erniedrigen oder körperliche Arbeiten verrichten.«

»Du willst also sagen, daß Pater Cornelius *seinen Bruder Superior nicht von deiner Notlage unterrichtet hat*?«

Erneut schwieg der Zeuge, während meine Schreibfeder von der rechten in die linke Hand wechselte. Ich blickte zu Pater Amiel hinüber. Mit hochgerecktem Kinn und zusammengekniffenen Augen starrte er Gilles an, setzte die Befragung aber erst fort, als Tränen die Knabenwangen hinunterrollten.

»Vielleicht hast du ihn gebeten, unter dem Siegel des Beichtgeheimnisses Stillschweigen über deine Versuchungen zu bewahren«, schlug er vor.

»Nein«, schluchzte der Junge. »Ich meine – ja. Ich weiß es nicht mehr, Pater. Ich hab nur getan, was mir gesagt wurde …«

»Wir müssen also annehmen, daß Bruder Cornelius die Sache

in die eigene Hand genommen hat«, folgerte Pater Amiel. »Er hat sich zum Hüter deiner Seele gemacht und dürfte dich also beim zweiten Mal noch ärger geschlagen haben. Stimmt das?«

Keine Antwort.

»Schlägt er dich oft, Gilles?«

»Ja, Pater.« Das war mehr geatmet als gesprochen.

»Schlägt er die anderen Novizen ebenfalls?«

»Ja, Pater.«

»Was benutzt er dafür? Einen Strick?«

»Ja, Pater. Und Birkenzweige. Manchmal auch ein Buch oder einen Schemel.«

»Und was war es bei dir?«

»Ein Strick, Pater.«

»Hat er noch andere Mittel vorgeschlagen, um dir zu helfen? Zum Beispiel einen Exorzismus?«

»Nein, Pater.«

»Ist der Dämon auch nach der zweiten Geißelung wieder erschienen?«

»Ja, Pater.« Gilles schniefte. »Ich … ich verlor … jede Hoffnung. Ich nahm … ein Beil … ein Schlag … und …« Seine Stimme erstarb.

»Und du hattest dich des anstößigen Glieds entledigt«, beendete Pater Amiel den Satz. »Natürlich. Und das hat den Dämon abgeschreckt?«

»Ja«, flüsterte der Junge.

»Er ist nicht wiedergekommen seither?«

»Nein.«

»Zeig mir deinen Rücken, Gilles.«

Verwirrt erhob sich der Junge und drehte das Gesicht zur Wand.

»Nein.« Pater Amiel gab genauere Anweisungen. »Nimm den Umhang ab, die Kutte und das Skapulier.«

»Nicht – nicht die Wunde …« Gilles weinte beinahe. »Bitte, Pater – es ist alles verbunden – *bitte*!«

»Nicht die Wunde«, beruhigte ihn Pater Amiel. »Ich interessiere mich nicht für deine Lenden.«

Gott sei bedankt, dachte ich und hätte mich fast bekreuzigt.

»Ich möchte die Spuren deiner Geißelungen sehen«, fuhr der Dominikaner fort. »Ich möchte sehen, wie schwer die Bußen gewesen sind. Zeig mir deinen Rücken.«

Gehorsam wie immer legte Gilles, mit langsamen Bewegungen und unbeholfenen Fingern, seine Kleidung ab und entblößte den schmalen Oberkörper, der fast so schlimm aussah wie meiner. Striemen und verschorfte Wunden zierten den Brustkorb, die Arme waren mit Narben übersät. Sehr leise fragte ich Pater Amiel, ob die Wunden für das Protokoll aufgelistet werden sollten, woraufhin er mich im gleichen Tonfall anwies, lediglich die Existenz von »unmäßigen Kontusionen« zu vermerken.

Dann forderte er mit plötzlicher Lebhaftigkeit den Jungen auf, sich wieder anzuziehen und seinen Anleiter herzuholen. Gilles sollte bei den Wachmännern warten, während Pater Amiel mit Cornelius sprach, und auf keinen Fall fortgehen, weil noch weitere Aussagen erforderlich sein könnten. Die Befragung war somit *nicht* abgeschlossen.

Verwirrt und sprachlos schlurfte der Novize von dannen wie ein alter Mann mit einer Geldkatze zwischen den Beinen, während ich Gelegenheit nahm, meine schmerzenden Handgelenke zu reiben und die Schultern zu dehnen.

»Geht es Euch gut?« fragte der Dominikaner und sah mich mit unverhohlenem Zweifel an.

»Aber ja, Pater.«

»Wollt Ihr eine kurze Ruhepause einlegen?«

»Nein, nein. Aber wenn ich meine Kehle befeuchten könnte –«

»Natürlich«, meinte Pater Amiel und goß Wasser in meinen Becher. Ich darf gestehen, daß diese Handlung mich sehr anrührte, denn ein Mönch muß sich, wie Ihr wißt, nicht selbst bedienen, wenn Laien zugegen sind. Eigentlich wäre es an mir gewesen, *ihm* einen solchen Dienst zu erweisen. Statt dessen jedoch übernahm er, ernst und geschickt, die Rolle des Mundschenks, als Pater Cornelius auch schon wie ein gereizter Bulle in die Zelle stürmte.

Er pflanzte sich vor unserem Tisch auf, stemmte die Fäuste in die Hüften und wandte sich mit furchtlos herablassender Unhöflichkeit an Pater Amiel.

»Habt Ihr die Verwundung des armen Kinds untersucht?« forschte er.

Pater Amiel blickte ihm gelassen ins Auge und sagte kein Wort.

»Er knotete gerade den Gürtel zusammen!« bemerkte der Benediktiner vorwurfsvoll. »Er wurde fast ohnmächtig! Habt Ihr ihn seine Schamgegend entblößen lassen, um Euch an dem Anblick zu weiden?«

Pater Amiel sah mich mit gehobener Augenbraue und gekränktem Gesichtsausdruck an, als wollte er sagen: »Wie abartig, sich auch nur vorzustellen, daß ich so etwas tun würde.« Dann schlug er mit eisiger Stimme vor, daß Pater Cornelius beim Allmächtigen Gott und Seinem Heiligen Wort schwören solle, die reine, schlichte und ganze Wahrheit in bezug auf sich selbst als Zeuge sowie über andere, seien sie lebend oder tot, zu sagen.

Zu meinem Erstaunen fügte der Alte sich dieser Aufforderung ohne Widerstreben. (Vielleicht gehörte er zu denen, die sich immer ein bißchen aufplustern müssen, um ihr Gegenüber zu beeindrucken, ehe sie sich auf Gespräche irgendwelcher Art einlassen.)

»Ich bin kein Lügner«, fügte er nach dem Eid wichtigtuerisch hinzu. »Eid hin, Eid her, ich sag immer die Wahrheit. Es war also nicht nötig, das Gebreste des unglücklichen Burschen in Augenschein zu nehmen. Das habe ich schon getan und kann bestätigen, daß er jetzt ein Kastrat ist. Warum eine gequälte Seele aufstören?«

Sollte Pater Cornelius auf diese Frage irgendeine Antwort erwartet haben, so wurde er enttäuscht. Pater Amiel bemerkte lediglich: »Wann hat Gilles seinen Sukkubus Euch gegenüber zuerst erwähnt, Bruder? Vor oder nach der Kastration?«

»Danach«, entgegnete der Alte.

»Er behauptet indes, es sei vorher gewesen. Er behauptet, er habe sich, da Eure ihm auferlegten Bußen keine Wirkung zeitigten, selbst in Verzweiflung entmannt, um den bösen Geist abzuwehren.«

Pater Cornelius' Atem ging schwerer.

»Das ist nicht wahr«, knurrte er. »Ich habe ihm keine Bußen im Zusammenhang mit dem Sukkubus auferlegt. Ich wußte gar nichts davon, bis – bis diese blutige Handlung vollführt worden war.«

»Aber Ihr seid doch sein Beichtvater.«

»Das bin ich.«

»Und er hat sich Euch nicht anvertraut?«

»Was den Dämon angeht, nicht.«

»Wenn er nämlich Euch dessen Existenz unter dem Siegel des Beichtgeheimnisses enthüllt hätte, wäre es Euch unmöglich gewesen, den Abt davon in Kenntnis zu setzen. Ihr wäret *verpflichtet* gewesen, Euch des Problems selbst, ohne Unterstützung, anzunehmen. Die von Euch auferlegten Bußen wären für die Heilung des Jungen maßgebend gewesen.«

»Ich hab ihm keine Bußen auferlegt«, wiederholte der Benediktiner ungeduldig, ja, bereits verärgert. »Wie ich schon sagte, wußte ich nichts von diesem Sukkubus, bis Gilles den Grund für seine Verstümmelung nannte.«

»Er behauptet, daß Ihr ihn schlagt.«

»Ich schlage ihn, klar. Ich schlage alle Novizen. Ich bin ihr Anleiter. Ihr Herr und Meister.« Der Schemel des Alten knarrte. »Werden Dominikaner für ihre Sünden nicht bestraft?«

»Aber sicher«, erwiderte Pater Amiel. »Doch bei uns geschieht das in der Gemeinschaft. Vor dem Schuldkapitel.«

Pater Cornelius schien einen Moment lang nachzudenken. »Eigentlich sollte das auch so sein«, meinte er schließlich schroff. »Aber ich bin zu meinen Jungen wie ein Vater und sorge für sie mit etwas zu weichem Herzen. Sie möchten einfach nicht vor dem Abt gedemütigt und von ihren Brüdern verurteilt werden. Darum bestrafe ich sie privatim, es sei denn, ihre Sünden sind allzu schwerwiegend.«

Das nun folgende Schweigen war sehr genau abgestimmt. Pater Cornelius hatte genügend Zeit, um zu spüren, daß er einer Verfehlung beschuldigt wurde, konnte aber seinem Ärger nicht Luft machen, weil Pater Amiel ihn schon mit einer weiteren Frage überraschte.

»Wie oft habt Ihr Gilles Arasse geschlagen?«

»Wieso – äh, oftmals.«

»Wie oft?«

Der Alte gab ein Geräusch von sich, das nach verächtlichem Schnauben klang und seinem Unvermögen Ausdruck gab, sich an derartige Trivialitäten zu erinnern. »Ich hab's mir nicht gemerkt«, sagte er bissig. »Alle Jungs sind von Natur aus gottlos und lasterhaft.«

»Eingedenk der Narben auf seinem Körper, Bruder, muß er in der Tat ein höchst hartnäckiger Sünder sein.«

Pater Cornelius wirkte verblüfft. Er starrte den Dominikaner mit sichtlicher Überraschung an, denn seine buschigen Brauen kräuselten sich wie Schiffstaue. Dann setzte er sich aufrecht hin, holte tief Luft und verkündete mit gedehnter und geduldiger Stimme, daß er seit nunmehr zwanzig Jahren Anleiter der Novizen sei. Er wisse, wann es einer starken Hand bedürfe, um einen Knaben sicher durch das Noviziat zu geleiten.

»Und war bei Gilles bisher diese starke Hand nötig?« wollte Pater Amiel wissen.

»Das war sie.«

»Warum?«

»Weil er lüsterne Gedanken hegte«, antwortete Pater Cornelius etwas unbestimmt. »Träume und Visionen von geschlechtlicher Vereinigung.«

»Welcher Art?«

»Das kann ich hier nicht sagen.« Der Alte schlug jetzt einen hochmütigen Ton an. »Gilles hat es mir unter dem Siegel der Beichte mitgeteilt.«

»Aber uns hat er davon berichtet«, wandte Pater Amiel ein. Er log ganz kühl und unverfroren. Sein Zeuge wollte sich indes nicht in die Falle locken lassen.

»Gilles kann es Euch sagen, wenn ihm danach ist. Ich kann es nicht.«

»Ihr hofftet also, dem Jungen die Gelüste auszuprügeln?«

»Ich hoffte, ihm zeigen zu können, daß das Fleisch schwach ist. Daß der Körper nur ein Gefäß – nicht für die Unzucht, sondern für den HErrn, wie uns der Hl. Paulus sagt.«

»Und das ist Eure feste Überzeugung?«

»Meine ganz feste Überzeugung.«

»Was also würdet Ihr tun, wenn zum Beispiel einer Eurer Novizen ... sagen wir ... sein fleischliches Begehren unter Zuhilfenahme seiner Hände befriedigte?«

»Ich würde diese Hände schlagen«, erklärte Pater Cornelius ohne Zögern. »Er müßte sie auf den Tisch legen, und ich würde sie mit dem Strick schlagen.«

»Habt Ihr das auch mit Gilles getan? Seine Knöchel waren geschwollen, wie mir auffiel.«

»Pater, ich habe das mit fast allen Novizen und mehr als nur einmal gemacht.« Wiederum sprach der Alte, als wäre Pater Amiel ein bißchen begriffsstutzig und unerfahren. »Jeder von uns hat Satan in sich. So ein Junge ist nichts weiter als eine Pesthöhle der Lüsternheit. Sein Körper ist sein Herr: Er ist ein Vielfraß und ein Langschläfer und hat den Kopf voller unzüchtiger Gedanken. Ich habe schon Knaben von Kopf bis Fuß durchgeprügelt, bis ihre Sohlen schwarz und blau waren – und was hat's bewirkt? Nach wenigen Tagen kriechen sie schon wieder der

Hure Babylon nach, entweihen ihre Reinheit und wälzen sich in der Fäulnis sündiger fleischlicher Säfte –«

»Dann solltet Ihr Euch vielleicht andere Methoden überlegen, um sie auf den richtigen Weg zu bringen«, unterbrach ihn Pater Amiel. »Danke, Pater, das ist fürs erste alles.«

»Wie?«

»Seid so freundlich, Gilles Arasse mitzuteilen, daß ich ihn noch einmal sprechen möchte. Und bleibt bitte bei den Wachen, bis Ihr formell entlassen werdet.«

Der Alte erhob sich und runzelte erstaunt die Stirn. »Warum wollt Ihr noch einmal mit Gilles reden?«

»Weil er unter Eid gelogen hat«, gab Pater Amiel mit einer für ihn ungewöhnlichen Offenheit zurück. »Ich möchte Eurem Zögling die Gelegenheit geben, seine Lügen zu berichtigen, bevor er Schaden erleidet. Ihr könnt ihn über diese Entscheidung in Kenntnis setzen, wenn Ihr wollt. Zweifellos werden Eure Instruktionen bei ihm mehr Gewicht haben als meine.«

Diese Argumentation war, wie ich fand, höchst klug gesponnen, denn sie veranlaßte Pater Cornelius, den Raum ohne weiteres Getue zu verlassen. Er stürmte davon, woraufhin Pater Amiel, in einem weiteren überraschenden Anfall von Aufrichtigkeit, sich zu mir herüberneigte und murmelte: »Den Mann werde ich mir vorknöpfen.«

»Was meint Ihr damit?«

»Er ist ein Dummkopf, und brutal dazu. Er sollte kein Mönch sein, geschweige denn Novizen anleiten. Wenn ich mit ihm fertig bin, wird er Füße waschen.«

Ich war erstaunt und hätte gern noch weitere Erklärungen verlangt, aber unser kurzes Gespräch wurde durch Gilles' Eintritt beendet. (Armer Junge! Er sah aus wie Hiob, zerbrochen und zerrüttet an Leib und Seele.) Pater Amiel bat ihn, die Tür zu schließen, und erklärte Gilles sodann, daß er, als Zeuge, weiterhin an seinen Eid gebunden sei, daß es sich nicht um eine neue Befragung, sondern um die Fortsetzung der vorherigen handle, daß er gelogen habe und seine Seele nunmehr durch wahrhaftige Antworten retten möge, wenn er nicht dem Feuer der ewigen Verdammnis anheimfallen wolle.

»Pater Cornelius hat ausgesagt, daß du ihm von dem Dämon erst nach deiner Selbstverstümmelung berichtet hast«, erklärte der Dominikaner. »Warum also hast du etwas anderes bezeugt?«

Das Gesicht des Jungen fiel in sich zusammen. Er begann zu weinen.

»Pater Cornelius hat ausgesagt, daß du ihm nur von deinen lustvollen und tadelnswürdigen Träumen erzählt hast – von deinen wüsten Begehrungen und sündigen Handlungen –«

»Nein!« schrie der Novize, außer sich vor Verzweiflung. »Er hat es versprochen! Er hat versprochen zu schweigen!«

»Mein Sohn, wie konntest du dich mit solchem Schmutz entweihen? Derlei Sünden sind jenseits aller Vergebung. Gott selbst würde Sein Angesicht abwenden.« Pater Amiel sprach mit trauriger Stimme, als wäre er bis in alle Einzelheiten mit Gilles' Missetaten vertraut. »Du hättest den Weg des Lasters verlassen, dich vom Frevel abwenden müssen.«

»Ich hab's doch versucht!« schluchzte Gilles. »Ich hab's wieder und wieder versucht –«

»Fasten hat nichts bewirkt? Beten hat nichts bewirkt?«

»Nein!«

»Prügel haben nichts bewirkt?«

»Es ging immer weiter!« Der Novize weinte wie ein Kind. »Jeden Tag ... ich konnte vor Schmerzen nicht schlafen ... konnte kaum sitzen ... und *immer noch* diese Träume ... und die Flekken im Bett ...«

»Also entschlossest du dich, dir die *virilia* abzuschneiden«, schloß Pater Amiel mit ruhiger Stimme.

Gilles bekam einen Schluckauf und verfiel in Schweigen.

»Es gab keinen Dämon, nicht wahr?« Der Dominikaner sprach mitfühlend. »Du hast ihn erfunden, um deine Schande zu verbergen. Denn es ist weniger schmachvoll, das Opfer einer teuflischen Heimsuchung zu sein, als von den eigenen obszönen Begierden zur Verzweiflung getrieben zu werden.«

Der Zeuge schwieg immer noch.

»Wie solltest du jemals ein Mönch werden, wenn du ohne Unterlaß von solchem Verlangen gepeinigt wurdest?« fuhr Pater Amiel fort. »Wie solltest du jemals Schlaf finden, wenn Pater Cornelius dich ohne Unterlaß so grausam ob deiner Sünden züchtigte? Die Lösung war furchtbar, aber dein Leiden war noch viel furchtbarer.«

Glaubt mir, als ich den Zeugen weinen hörte, schwammen auch mir die Augen fast davon. Er weinte in völliger Verzweiflung wie einer der zur Hölle Verdammten. Pater Amiels Freundlichkeit hatte seine Seele bloßgelegt. Verstohlen wollte ich mir die Tränen fortwischen, um mit der Transkription fortzufahren, aber Pater Amiel mußte die Bewegung gespürt haben, denn er sah mich mit hochgezogener Augenbraue an.

Wenn ich mich nicht irre, wirkte er leicht – ganz leicht – amüsiert.

»Vergebt mir«, stöhnte Gilles. »Vergebt mir. Ich habe Euch belogen. Es ist so, wie Ihr sagt.«

»Es gab keinen Dämon?«

»Es gab keinen Dämon.«

»Ihr habt Pater Cornelius belogen?«

»Ich habe Pater Cornelius belogen.«

»Dann würde ich, mein Sohn, gerne wissen, aus welcher Quelle dieser Dämon entsprungen ist. Wie bist du überhaupt auf diese Geschichte gekommen?«

Gilles reagierte auf die Frage wie jemand, der schwer von einer Axt getroffen wurde und dabei ist, sich von dem Schlag zu erholen. Sein Blick wanderte durch den Raum und blieb schließlich an Pater Amiel hängen. Er schwankte leicht und blinzelte und schien die Frage zu bedenken wie ein Betrunkener einen tiefen Graben, den es zu überwinden gilt.

»Der Hl. Hippolytus«, murmelte er schließlich. »Eine nackte

Frau hat einmal den Hl. Hippolytus besucht, und als er ein Meßgewand über sie warf, verwandelte sie sich in eine Leiche.«

»Ah, ja.«

»Pater Cornelius hat uns diese Geschichte öfters erzählt«, bemerkte der Novize mit müder Stimme. »Er sagte, alles Fleisch sei verderbt, und fleischliche Begierden wären die Jagdhunde des Todes. Er sagte, wir müßten die Lüsternheit meiden, koste es, was es wolle.«

Koste es, was es wolle?

Als ich den Knaben anschaute, dachte ich bei mir, daß der Verlust des eigenen Gliedes ein Preis sei, der für *mich* in jedem Fall zu hoch gewesen wäre.

# VIERTER GESANG

Nachdem er die Wahrheit aus Gilles Arasse herausgezogen hatte wie einen Zahn, entschloß sich Pater Amiel, dem Abt des Augustinerklosters diese Wahrheit unverzüglich mitzuteilen. Für mich gab es einstweilen also nichts zu tun, und ich trollte mich unbegleitet nach Hause, denn mein Dienstherr eskortierte Gilles und Pater Cornelius zu ihrer Abtei. Ich hegte keinen Zweifel daran, daß der Dominikaner die Aussicht, den Alten demütigen zu können, lebhaft begrüßte. Er hielt, seinen blitzenden Augen nach zu urteilen, dessen Charakter und Grundsätze wohl für so tadelnswert, daß er es an der Zeit fand, dem Anleiter eine nachdrückliche Lektion zu erteilen. Mir aber blieb es zum Glück erspart, den zu erwartenden monastischen Hahnenkampf mit ansehen zu müssen. Erschöpft wankte ich nach Hause und fragte mich düsteren Sinnes, ob ich stark genug sei, den nächsten Tag mit seinen Vernehmungen zu überstehen. Meine Genesung schien doch nicht so weit gediehen, wie ich gehofft hatte.

Aber ach! häuslicher Friede sollte mir nicht beschert sein. Als ich mich dem Haus meiner Mutter näherte, gewahrte ich bereits den hitzigen Streit, der sich vor der Türschwelle abspielte. Meine Schwägerin schien es gleichzeitig mit drei Personen aufnehmen zu wollen; neben Bona Claret entdeckte ich noch zu meinem Schrecken Jean Mignard und eine junge Frau, deren vorgewölbter Bauch den Schluß zuließ, daß es seine Tochter sein müsse. Mignard und Alazais schrien sich so heftig an, daß ich auf dem Absatz kehrtmachte und, mit scheinbar unbekümmerter Hast, das Weite suchte.

Oder gesucht hätte, aber ich war für Alazais nicht schnell genug.

»Raymond!« schrie sie. »Raymond! Komm her! *Raymond*!«

Mir fehlte die Kraft, sie zu überhören. Seufzend drehte ich mich erneut um und schleppte meinen widerspenstigen Kadaver zu einer Auseinandersetzung, die bereits alle Nachbarn an die Fenster gerufen hatte. Ohne die Maillots wäre diese Straße offensichtlich todlangweilig gewesen.

»Da!« rief Jean Mignard aus. »Da ist er!«

Mit dem Zeigefinger wies er seine Tochter auf meine Anwesenheit hin; sie schaute mich an, als sie näher kam, und ich bemerkte ein rundes, blasses Gesicht unter einem dichten Schleier. Sie schüttelte den Kopf.

»Nein«, seufzte sie. »Er ist es nicht.«

»Hab ich doch gesagt!« fauchte Alazais. »Und jetzt mach dich bitte davon! Du bist hier nicht willkommen!«

»Bist du sicher?« fragte der Mann aus Valence seine Tochter (und ignorierte das Begehren meiner Schwägerin). »Das hier ist Raymond Maillot aus Avignon. Einen anderen gibt es nicht. Bist du dir völlig sicher, Marie?«

Marie Mignard begann zu weinen, und Alazais beschimpfte erneut den Vater. Er beleidige die Familie Maillot und setze seine Tochter der öffentlichen Verurteilung aus. »Sie sollte zu Hause sein! Und nicht durch die Straßen stolzieren und ihre Schande vor sich hertragen wie eine Hure!«

»*Halt's Maul*!« kreischte Jean Mignard und hätte Alazais gar geschlagen, wenn ich ihm nicht in den Arm gefallen wäre. Da dem zornrasenden Vater dergestalt die Befriedigung versagt blieb, die Frau meines Bruders zu Boden zu schicken (und wer hätte ihm diesen Wunsch nicht nachgesehen?), versetzte er ersatzweise mir einen Stoß. Ich wankte, fiel jedoch nicht. Jean Mignard aber griff seine Tochter am Handgelenk und eilte davon, verfolgt von einigen Dutzend neugierigen Augenpaaren.

»Und was dich angeht«, erklärte Alazais triumphierend zu Bona Claret gewandt, »du bist hier ebensowenig willkommen. Geh! Mach dich fort!«

»Aber ich brauche Arbeit –«

»Hier gibt's keine Arbeit.«

»Raymond.« Mit betretener Miene schaute mich Bona an. »Ich bin entlassen worden. Keiner will mich haben. Ich weiß nicht mal, wo ich heut nacht schlafen soll ...«

»Keine Familie?«

»Keine Familie. Kein Geld. Meine Freundinnen sind alle in Diensten und wohnen nicht zu Hause.«

»Raymond!« bellte Alazais. »Hier ist kein Platz für deine Kokotten! Sag ihr, sie soll verschwinden!«

»Wenn es an der Zeit ist«, erwiderte ich. »Bona, du könntest ein Hospiz aufsuchen. Ein wohltätiges Heim, wo du Essen hast und ein Dach über dem Kopf.«

»Aber ich bin jung und kräftig. Ich will *arbeiten*. Muß ich ins Gefängnis, Raymond? Seit ich mit dem Mönch gesprochen hab, glauben alle Leute, daß ich eine Hexe bin oder eine Ketzerin.«

»*Raymond* –«

»Ach, laß mich doch endlich in *Ruhe*!« Ich drehte mich zu Alazais um. »Diese Frau ist meine Klientin! Und jetzt geh rein und kümmer dich um die Kinder!«

»Sie? Deine Klientin?« schäumte Alazais. »Sie hat doch kein Geld, hat sie selbst gesagt! Sie ist deine Hure, und du bist eine Schande für die Familie!«

Was sollte ich so einer Frau sagen? Nichts. Ich stieß sie ins Haus und schloß die Tür. Sie war sich zu fein für eine körperliche Auseinandersetzung. Dann fragte ich Bona, warum man sie entlassen habe, und erfuhr, daß Masseo di Vico sie auf die Straße gesetzt hatte, nachdem ihm der Inhalt ihres Gesprächs mit Pater Amiel zu Ohren gekommen war.

»Wie unsinnig«, meinte ich. »Was könnte dich daran hindern, Rache zu nehmen? Ein Mann in seiner Position sollte sich keine Feinde machen.«

»Raymond, was soll ich nur tun? Du weißt, daß ich kein schlechter Mensch bin. Es muß doch jemanden geben, der mich aufnimmt?«

Ich fragte mich, warum sie mit ihren Sorgen ausgerechnet zu mir gekommen war. Schließlich kannten wir uns kaum. Aber vielleicht glaubte sie, seit sie mich an Pater Amiels Seite gesehen hatte, daß ich über einen gewissen Einfluß verfügte und ihr zudem wohlgesonnen sei. Sicherlich war ich zu nachgiebig, als daß ich sie einfach hätte fortschicken können.

Also verwies ich sie an den Schwarzen Hahn und Béatrice Rascas, die (so dachte ich) möglicherweise eine Küchenhilfe gebrauchen könnte. Ich erlaubte Bona, meinen Namen zu erwähnen und offen über unsere Bekanntschaft zu sprechen; mir kam sogar der Gedanke, sie zum Schwarzen Hahn zu begleiten, denn ich hatte nicht die geringste Lust, meiner vor Wut kochenden Verwandtschaft zu begegnen, die hinter der Tür bereits auf mich wartete.

Aber ich wußte natürlich, daß längeres Zögern mich noch mehr erschöpfen würde. Besser also, den familiären Sturm gleich über sich ergehen zu lassen. Als ich Bona auf den Weg geschickt hatte, straffte ich die Schultern, atmete tief durch und betrat das Haus – ein Lamm, das sich in die Höhle des Löwen begab. Welch ein Aufruhr! Und ich war viel zu müde, um mich stärker zu verteidigen als mit dem Hinweis, daß ich noch zu arbeiten hätte. Ich teilte Alazais mit, daß ich für Pater Amiel noch einige Dokumente fertigstellen müßte. Sollte ich ihn etwa enttäuschen? Damit konnte ich sie immerhin erst einmal abwimmeln. Unter dem Schutz von Pater Amiels Namen zog ich mich in meine Kammer zurück und ließ die weibliche Verwandtschaft über meine Verfehlungen herfallen wie Wölfe über ein Zicklein. Bisweilen vernahm ich ihre Stimmen, als trüge ein unsteter Wind sie zu mir herüber: »… schändlich … Frauen … Hurenbock … Dresche …« Während ich meine Transkriptionen bearbeitete, war ich bemüht, nicht so genau hinzuhören.

Ich widmete mich meiner Aufgabe mit großer Sorgfalt, war aber am frühen Abend bereits damit fertig. Als Arnaud nach Hause kam und in mein Zimmer stürmte, fand er mich bei der Pflege meiner Zehennägel vor, was seine Laune keineswegs zu bessern schien. Er schleppte mich in die Küche, drückte mich gegen die Wand und schrie mir ins Gesicht, bis ich mich genötigt sah, ihm einen kräftigen Tritt vors Schienbein zu verpassen. Nach einem kurzen Scharmützel, das meine Mutter beendete, indem sie dazwischenging, wurde ein Familienrat abgehalten, bei dem mein unsittliches Betragen ausführlich zur Sprache kam. Immerhin gab Arnaud zu, daß Jean Mignards Beschuldigung falsch gewesen war. Ich wiederum wurde zum Eingeständnis gezwungen, daß nur mein schlechter Ruf überhaupt zu dieser Beschuldigung hatte führen können. Alle waren sich darin einig, daß ich eine unglückselige Schwäche für Frauen habe. Was sollte mit mir geschehen? Als Lösung bot sich nur eine Heirat an, weil ich dann keinen Grund mehr hätte, alle möglichen Avignoneserinnen zu beglücken. So sah es jedenfalls mein Bruder.

Ehrlich gesagt, war ich zu müde, um zu widersprechen. Sollen sie doch ihre Pläne machen, dachte ich bei mir. Wenn es hart auf hart kommt, können sie mich nicht *zwingen*, eine Ehe einzugehen. Vielleicht lassen sie mich einstweilen in Ruhe. Vielleicht lassen sie mich wenigstens eine Nacht lang schlafen, bevor sie mich den heiratswilligen Damen präsentieren wie einen Bullen auf dem Viehmarkt.

Ich gab also nach und durfte mich daraufhin zurückziehen. Was wollt Ihr? Ein Mann braucht seinen Schlaf, wenn er die Arbeit eines Mannes verrichten will. Selbst Gott geruhte, am siebten Tag zu ruhen.

Wie Ihr Euch vorstellen könnt, begrüßte ich am nächsten Morgen Pater Amiel als meinen Retter, denn in seiner Gesellschaft konnte ich meinen Verwandten entrinnen, ohne ihre Mißbilligung auf mich zu ziehen. Zweifellos sahen sie in dem Mönch eine Art Hüter, der dafür sorgte, daß ich meine Tage mit tugendhaften Tätigkeiten verbrachte und nicht den Lockungen unkeuscher Frauenzimmer erlag. Ich befürchtete jetzt sogar, daß sie versuchen würden, ihn in unsere Zwistigkeiten einzubeziehen, und bitten würden, mich von den Vorteilen einer nüchtern arrangierten Heirat zu »überzeugen«. Darum fing ich ihn schon auf der Türschwelle ab, um zu verhindern, daß meine Mutter ihn hereinbat.

Tiefe Furchen in meinem Gesicht sprachen von dem, was ich durchlitten hatte; dafür war meine Stimme jeglicher Kraft beraubt. Auch mein verhaltener Schritt mochte von düsteren Gedanken und unruhigem Schlaf künden. Jedenfalls benahm ich mich so, daß der Dominikaner meinen Gruß lediglich mit den Worten erwiderte: »Geht es Euch gut, Maître Raymond?«

»O ja. Recht gut.«

»Seid Ihr sicher?«

»Ganz sicher.«

»Wenn Ihr Euch nämlich zu schwach fühlt –«

»*Bitte*, Pater. Ich werde Euch nicht enttäuschen. Ich bin nur ein bißchen müde.«

Der Mönch neigte den Kopf. Vielleicht hatte mein Tonfall ihn verletzt, denn er schwieg auf dem Weg zum Gefängnis, und dieses Schweigen schien mir immer lastender zu werden. Um mein Gefühl der Unsicherheit loszuwerden, fragte ich ihn schließlich, ob der Abt des Augustinerklosters ihn gestern wohlwollend empfangen habe.

»In der Tat«, erwiderte Pater Amiel höflich.

»Und was habt Ihr ihm gesagt?«

»Die Wahrheit, selbstverständlich.«

»Über Gilles Arasse?«

»Über Bruder Cornelius.« Er lächelte ein wenig. »Bruder Cornelius wird in Zukunft keine Novizen mehr betreuen.«

»Aha.« Ich war durchaus nicht überrascht. Aber es interessierte mich in dem Augenblick auch nicht sonderlich. »Es gab also keinen Sukkubus.«

»Keinen.«

»Somit hat Gilles Arasse Euch nicht wirklich weitergeholfen.«

»Nicht, was Guillaume Moniers Tod betrifft«, bemerkte der Mönch und peilte angestrengt einen weiter entfernten Punkt an. »Irre ich mich, oder steht da hinten die Frau, deren Gunst Ihr als junger Bursche genossen habt?«

Ihr müßt dazu wissen, daß wir um eine Ecke gebogen waren und uns nun an der drohend aufragenden östlichen Mauer des Gefängnisses befanden, an der sich eine von Avignons engsten Straßen hinzieht – eher eine Art Durchgang, der wie ein Tunnel wirkt. Die vorkragenden Stockwerke der Häuser gegenüber der Mauer verdunkeln die Gasse, in der sich die Tische der Händler drängen, die ihre Waren feilbieten. Man mußte sich durch das Gewirr mit vorgezogener Schulter hindurchwinden, um zum großen Schlund des Gefängnisportals vorzustoßen. Mit den übelriechenden Dünsten, die ihm entströmten, wirkte der Eingang wie ein Basilisk, der die kleinen Bäckerstände auf der anderen Straßenseite zu verschlingen drohte. Hier war das Gedränge am schlimmsten, weil Bittsteller von jung bis alt, beladen mit Essen und Geld und Kindern und Liebesbotschaften, die Wachen belagerten, um Einlaß zu erhalten. Die Luft war rauch erfüllt, Wolken von Spreu und Mehl wirbelten auf, machten das Atmen schwer und brannten in den Augen.

Dennoch erkannte ich unter den Supplikanten am Eingang zum Gefängnis Bona Claret. Ich unterdrückte den Fluch, der mir auf den Lippen lag.

»Seht Ihr sie?« fragte Pater Amiel. »Die Dienerin des Leibarztes, nicht wahr?«

»Nein«, erwiderte ich. »Nicht mehr. Er hat sie entlassen – sie kam zu mir – oh, beim Barte des Hl. Josephus!«

»Raymond!« Als Bona uns erblickte, verließ sie ihren Platz und warf sich uns entgegen. »Raymond, die Witwe hatte keine Arbeit für mich.«

»Bona –«

»Ich konnte dort bleiben, aber nur für eine Nacht. Raymond, wo soll ich hin? Pater, was soll ich tun?«

»Als Masseo di Vico hörte, was sie Euch erzählt hat«, erklärte ich dem Dominikaner, »hat er sie rausgeworfen.«

»Ihr müßt mir helfen«, bat die Frau. »Ich bin keine Ketzerin. Ich bin eine gute Christin und sehr fleißig.«

»Sie hat keine Familie«, fuhr ich fort, »und keine Freunde, bei denen sie unterkommen kann.«

»Dann muß sie zum Hospiz von St.-Jean-de-Jérusalem gehen«, warf Pater Amiel hin, als wäre Bona gar nicht anwesend. Er wand sich an ihr vorbei (was bei der Enge nicht ganz einfach war). »Die Brüder dort geben den Armen Suppe und den Obdachlosen ein Bett. Sie kann meinen Namen nennen.«

»Aber ich will arbeiten!« rief Bona. »Pater, ich bin doch nicht krank! Ich kann kochen und waschen. Und nähen!«

»Pater, vielleicht kennt Ihr ein Nonnenkloster, wo Wäscherinnen gebraucht werden …«

»Ich?« fragte der Mönch und schien beinahe amüsiert. »Woher sollte *ich* so etwas wissen? Sag ihr, sie soll zum Hospiz gehen.«

Und mit diesen Worten verschwand er in der Menge. Mir blieb nichts übrig, als ihm zu folgen, jedoch nicht ohne Bona einige Worte der Ermutigung zugeraunt zu haben. »Warte auf mich. Heut abend komm ich zu dir.«

»Und du wirst mir helfen.«

»Ich werde dir helfen. Ich kenne noch andere Haushalte – vielleicht gibt es da Arbeit für dich – geh jetzt zum Hospiz, Bona.«

Auf diese Weise hatte ich mich ihr gegenüber verpflichtet. Warum? Ich weiß es nicht. Vielleicht war ich einfach daran gewöhnt, allen möglichen Leuten zu helfen; schließlich ist es die Aufgabe eines öffentlichen Notars, auf Anfrage Rat zu erteilen und Unterstützung zu gewähren. Zudem kann ich, müßt Ihr wissen, keiner Frau etwas abschlagen. Und meine Freunde werden bestätigen, daß ich treu und zuverlässig bin und alles tue, worum man mich bittet (sofern es im Rahmen des Vernünftigen bleibt).

Ach, keine Ausreden! Ich bin schwach, das ist alles. Ich beuge mich den Wünschen meiner Familie, meiner Freunde, meines sündigen Fleisches. Mein Rückgrat ist biegsam wie Gras im Wind. Allen möchte ich gerecht werden und werde also keinem gerecht. Ich hungere einfach nach Anerkennung.

Als mithin Pater Amiel und ich unseren Vernehmungsraum erreicht hatten und er mich ermahnte, ich solle mich von Bona Claret fernhalten, schmeichelte ich ihm mit meiner uneingeschränkten Zustimmung und gab ihm recht in allem, was er sagte. Ihre unglückselige Notlage, führte er aus, hätte ich nicht zu verantworten. Außerdem müsse ich mich, als sein Notar, von den zu diesem Fall vernommenen Zeugen fernhalten. Des weiteren solle ich bedenken, daß die Nächstenliebe zwar langduldend und freundlich ist, aber nicht Gelegenheit zur Sünde bieten dürfe – und wenn ich mit Bona Claret Umgang pflegte, würde ich mich ganz sicher der Versuchung aussetzen. Pater Amiel machte seine Auffassung deutlich, ohne auf dem Punkt herumzureiten, und sprach in väterlichem Tonfall mit mir, aber sanft, und nicht, wie mein Bruder, rauh.

So fügte ich mich denn geziemlich, blieb jedoch gleichwohl besorgt, denn ich empfand es als grausam, Bona auf diese Weise im Stich zu lassen. Ich erinnerte Pater Amiel daran, daß sie ihre Aussage noch bestätigen mußte, und er versicherte mir, es nicht vergessen zu haben (vergaß er jemals irgend etwas?), aber das sei eine Sache von minderer Bedeutung, auf die er zu gelegenerer Zeit zurückkommen werde.

»Es wird mir nicht schwerfallen, die Zeugin aufzufinden«,

meinte er. »Zerbrecht Euch nicht *meinen* Kopf über ihre Unterbringung. Vergeßt sie. Sie wird auch ohne Eure Hilfe alles überstehen.«

Wieder einmal erstaunte ich über Pater Amiels seltsame Gefühlsregungen. Er konnte kalt sein wie Eis und hart wie Granit, wo andere Mitgefühl oder Gewissensregungen gezeigt hätten. Zugleich begleitete er meine Schritte mit der Zuneigung einer Mutter und tadelte mich mit einer Nachsicht, die ich sicherlich nicht verdient hatte. Was unterschied mich von anderen, die seiner Zuneigung zweifellos würdiger gewesen wären? Warum wurde ich so bevorzugt? Obgleich sein Wohlwollen mir Rätsel aufgab, fühlte ich ihm gegenüber natürlich tiefe Dankbarkeit, die meine Einschätzung seines Verhaltens wahrscheinlich beeinflußte.

Nicht, daß er im Verlauf der Befragungen dieses Tages verletzende oder vulgäre oder verdammende Worte von sich gegeben hätte. Aber er log (wie gewöhnlich), doch betrachtete ich seine Lügen jetzt mit anderen Augen. Sie schienen mir gerechtfertigt. Sie schienen mir vergebenswert. Mit Duldsamkeit sah ich zu, wie er seine Ränkenetze spann und die Zeugen in Verwirrung brachte. Diesmal handelte es sich um die zwei Schlafgefährten Gaillards und eine weitere Dienerin Masseo di Vicos. Letztere, mit Namen Fabrissa, hatte fast nichts von Interesse zu berichten. Sie bezeugte, daß Bona vor ihrer Entlassung keine feindselige Einstellung gegenüber de Vico und den Seinen habe erkennen lassen.Von unfrommen Aktivitäten im Haus habe sie nichts bemerkt, bekannte aber, daß sie nur wenig von dem, was gesagt wurde, verstehen könne, weil die Familie sich bei ihren Gesprächen nicht der provenzalischen Sprache bediene. Soweit sie sich erinnere, sei Masseo di Vico hauptsächlich vom Kaplan des Kardinals, Pater Antonio, vom Apothekarius, Rinaldo Costa, sowie einem weiteren Arzt, Meister Vezian, besucht worden. Ein Mitglied des schatzmeisterlichen Haushalts sei ihr niemals in di Vicos Räumlichkeiten begegnet, mit Ausnahme von Lothaire

Lagarrigue, der immer mit der Hand unter Bonas Rock gefahren sei. Bona, meinte die Zeugin in ihrer etwas dümmlichen Art, sei eine Hure. Fabrissa dagegen, so erfuhren wir, betete morgens und abends zur Heiligen Jungfrau und weigerte sich, den Avancen lüsterner Männer in irgendeiner Weise nachzugeben.

Solche Avancen dürften, dachte ich, nicht eben häufig sein, denn Fabrissa konnte keineswegs als Schönheit bezeichnet werden. Sie war grobknochig, schwerfällig und grauhaarig; ihr Nakken glich dem eines Ochsen, ihre Nase einer Schweineschnauze. Doch als Pater Amiel sie bezichtigte, für ihren Herrn zu lügen, um nicht (wie Bona) entlassen zu werden, erwiderte Fabrissa, daß sie ihren Dienst im Haushalt Masseos ohnehin bald aufgeben werde. In einem Monat würde sie ihren Vetter heiraten, dessen Frau gestorben sei. Somit würde eine Jugendschwärmerei schließlich den Segen der Kirche finden und Fabrissa ein Haus außerhalb der Stadtmauern von Avignon beziehen. Sie hatte ihre Aussteuer mit eigenen Händen erarbeitet und würde von nun an die Früchte frommen Eifers ernten. Sie habe keinen Grund, für Masseo di Vico zu lügen.

»Außerdem«, fügte sie hinzu, »würde ich Euch schon gar nicht anlügen, Pater. Ich habe auf die Heilige Schrift geschworen. Ich bin eine gute Christin und würde niemals meinen Eid brechen, denn dann käme ich in die Hölle, wie all die Ketzer und Unzüchtigen.«

Auch Gaillards Kumpanen waren nicht besonders hilfreich. Sie bestätigten, daß Gaillard in der Nacht von Pater Guillaumes Tod zwischen ihnen geschlafen hatte. Sie bestritten, daß Gaillard ihnen von Pater Guillaumes lüsterner Annäherung irgend etwas erzählt hätte. Und Gaillards Begegnungen mit Masseo di Vico waren offenbar so oberflächlich und selten gewesen, wie Gaillard behauptet hatte.

Nachdem er die Vernehmungen beendet hatte, wandte Pater Amiel sich zu mir und meinte: »Es sieht so aus, als habe Euer Freund die Wahrheit gesagt.«

»Gewiß«, erwiderte ich. »Er hat Pater Guillaume auf keinen Fall umgebracht.«

»Offensichtlich nicht. Zum Glück.« Der Mönch seufzte und rieb sich das Gesicht. Auf einmal wirkte er erschöpft. »Bis jetzt habe ich aus Masseo di Vicos Haushalt nicht mehr erfahren als aus dem des Schatzmeisters«, fuhr er fort. »Wenn ich doch nur einen weiteren Zeugen gegen ihn finden könnte. Ich muß *zwei* Zeugen haben.«

Wenn der Arzt ein Geständnis ablegte, schlug ich vor, wären weitere Zeugen doch überflüssig. Vielleicht sollte Pater Amiel ihn vorladen. Ein geschickter Inquisitor wie er würde Masseo di Vico die Wahrheit schon entlocken.

»Nein, nein, nein«, wehrte der Mönch ungeduldig ab und schüttelte den Kopf. »Ich kann ihn nicht vernehmen, solange ich dazu nicht berechtigt bin, und das ist erst der Fall, wenn zwei Zeugen seine Schandtaten bekundet haben. Dies ist, wie ich Euch zu Anfang sagte, eine *inquisitio* und keine *accusatio*. Abgesehen davon wird Masseo vom Kardinal protegiert. Es sind bereits Einwände laut geworden, und man hat Briefe abgesandt – an mich, an den Heiligen Vater –«

»Den *Heiligen Vater*?«

»Kardinal di Vico hat sie unterzeichnet, aber es würde mich nicht wundern, wenn sein Bruder sie verfaßt hat.« Pater Amiel schien weniger mit mir zu reden, als laut zu denken. »Ich werde der Schikanierung und des unrechtmäßigen Vorgehens bezichtigt; man wirft mir vor, die Grenzen meiner Autorität überschritten zu haben. Nach dem augenblicklichen Stand der Dinge würde der Kardinal, wenn ich einen Angehörigen seines Hofes befragen wollte, mir bei jedem Schritt Steine in den Weg legen, vielleicht gar den Papst gegen mich einzunehmen suchen. Vielleicht stünde ich dann bald selbst vor einem Tribunal oder läge ermordet auf der Straße.«

Mir blieb der Mund offen stehen. Niemals hätte ich vermutet, daß Pater Amiel sich solchen Mächten gegenübersah.

»Schon hat man mir Fesseln angelegt«, fuhr der Mönch fort. »Ich hatte den anderen Diener des Arztes, Tibaldo, für heute nachmittag herzitiert – Euer Stellvertreter hat die Vorladung niedergeschrieben – und wurde gestern davon in Kenntnis gesetzt, daß Tibaldo als Bürger Roms nicht verpflichtet sei, vor einem französischen Tribunal zu erscheinen. Das ist natürlich völliger Unsinn, was ich auch sofort deutlich werden ließ. Heute früh erfuhr ich, er sei zu krank, um erscheinen zu können. Morgen werde ich den Marschall mit Soldaten losschicken und ihn holen lassen.« Nachdem er diese Betrachtungen in der distanzierten Weise eines Mannes, der sich seiner Zuhörerschaft nicht bewußt ist, der Zellenwand kundgetan hatte, wandte er sich jählings mir zu und sagte: »Doch bin ich zuversichtlich. Diese Schwierigkeiten haben Gutes zu bedeuten. Warum versucht man so verzweifelt, mich daran zu hindern, einen einfachen Diener zu befragen, sofern dieser nicht etwas zu verbergen hat? Vielleicht ist Tibaldo mein zweiter Zeuge.«

Das könne durchaus sein, stimmte ich zu.

»Ich brauche nur einen winzigen Beweis« meinte der Dominikaner und klemmte die Luft zwischen Daumen und Zeigefinger. »Ich brauche nur einen Vorwand, um Masseo di Vico arretieren zu lassen. Sein Haus zu durchsuchen. Ihn auf diesen Schemel da zu setzen und ihn zu befragen. Dann kommt die Wahrheit ans Licht.«

»Über Pater Guillaumes Tod?« fragte ich, woraufhin er die Hände spreizte.

»Vielleicht nicht«, räumte er ein. »Ich wollte Euch allerdings noch sagen, mein Sohn, daß Tibaldo nur die italische Sprache beherrscht. Ich selbst habe keine Schwierigkeiten, mich in ihr zu verständigen, aber ich benötige einen Notar, der ebenfalls damit vertraut ist. Ich habe auch schon einen gefunden und mir für morgen vormittag seine Dienste gesichert.«

»Ihr braucht mich dann also nicht?«

»Ich brauche Euch dann nicht. Jedenfalls nicht morgen früh.

Was den Nachmittag angeht ... nun, wir werden sehen, ob dann Zeugen auftauchen.«

Er gähnte herzhaft und streckte sich wie eine Katze.

»Unterdessen –«, begann er, aber ich kam ihm zuvor.

»Unterdessen soll ich die Protokolle abfassen.«

»Genau.« Er lächelte mich an. »Die Arbeit im Dienste Gottes ist eine schwere Bürde.«

»Das weiß ich, Pater. Ich sehe es Euch doch an.«

»Weil ich so müde bin?«

»Weil Ihr so klein seid.«

Das war eine kühne Bemerkung, die ihn hätte tief verletzen können. Aber statt die Stirn zu runzeln, entblößte er mit breitem Grinsen die Zähne und gab einen seltsamen kleinen Hustenlaut von sich, der, wenn ich richtig gehört hatte, ganz nach einem erstickten Lachen klang.

»Eine interessante Behauptung. Von der wir, wie ich anneh-me, auf die Bedeutung Eurer stolzen Größe schließen dürfen.«

»Die wird sich bald vermindern, Pater. Die wird sich bald vermindern.«

Er konnte, wie ich schon sagte, ein höchst unterhaltsamer Gesprächspartner sein. Manchmal redeten wir miteinander, als säßen wir bei einem Krug Wein in der Taverne. Doch war er, nehmt alles nur in allem, ein Mönch, und oftmals nicht lebendiger als ein Stück Holz.

Was Wunder, daß ich es schwierig fand, ihn zu begreifen.

# FÜNFTER GESANG

Die Sonne stand noch hoch am Himmel, als ich, meiner Pflichten ledig, nach Bona Claret schaute. Zwar hatte ich Pater Amiel versprochen, mich nicht mehr ihrer Gesellschaft auszusetzen, aber ich wußte, daß sie mich aufsuchen würde, wenn ich es nicht tat. Vielleicht würde sie erneut vor dem Haus meiner Mutter oder dem Gefängnisportal auf mich warten. Es ist besser, sagte ich mir, die Sache jetzt zu erledigen; ich würde kühl und distanziert sein und dafür sorgen, daß sie mich danach in Ruhe ließ.

Ich hatte also, wie Ihr seht, die besten Absichten. Wäre ich nur in der Lage gewesen, sie in die Tat umzusetzen! Doch will ich zu meiner Verteidigung anführen, daß ich immer ein Mann gewesen bin, der sich der *caritas* verpflichtet fühlte – und die Liebe zum Nächsten ist, wie uns der Hl. Paulus mitteilt, größer noch als Glaube und Hoffnung.

Denjenigen unter Euch, die mit Avignon nicht vertraut sind, sei erklärt, daß das Hospiz von St.-Jean-de-Jérusalem der Kommandantur dieses Ordens – der Johanniter – angegliedert ist. Es besteht aus einigen Häusern, einer kleinen Kapelle und einer Art Loggia, die aus den Überresten eines Klosters errichtet worden ist, das einstmals dort sich erhob. Dennoch reichen die Räumlichkeiten nicht aus. Fieberkranke Pilger liegen auf den Treppenstufen und belagern die Eingänge. Zahllos die Armen, die herkommen, nur um hier zu sterben. Die Laienbrüder, die mit Schüsseln,

Verbänden und großen Brotlaiben durch die Gänge eilen, können den Anforderungen, die an ihre Dienste gestellt werden, kaum nachkommen. Ich habe sagen hören, daß seit Ankunft des Heiligen Stuhls in Avignon die Zahl der Menschen, die in wohltätigen Institutionen um Brot, Unterkunft, Geld und ärztliche Hilfe bitten, um das Zehnfache gestiegen sei. (Natürlich wäre damit auch die Zahl der Schenkungen und Legate um das Zehnfache gestiegen, aber wir alle wissen ja, daß ein beträchtlicher Teil dieses Reichtums in den Truhen und Mägen tonsurierter Männer landet.)

Ich entdeckte Bona Claret im Schatten der Loggia, wo sie mit dem Kind einer Kranken spielte. Ihre Freude bei meinem Anblick kam von Herzen; als wir das Hospiz verließen, meinte sie, sie sei hier nicht eben begeistert empfangen worden. Sie hatte mit einem Mädchen gesprochen, dessen Vater von Briganten getötet worden war, und mit einem Bettler, der den Eindruck ziemlicher Verrücktheit gemacht hatte. In der Nacht hatte eine Gebärende den Schlafsaal mit unerträglichem Geschrei erfüllt.

»Noch mal übernachte ich da nicht«, erklärte Bona. »Lieber schlaf ich unten am Fluß bei den Kähnen und Ratten.«

»Nun ja ... wir wollen mal sehen, was wir erreichen können.«

»Lieber schlaf ich in einem Misthaufen. Sieh mal, Raymond – ist das nicht die Frau, die zu deinem Haus gekommen ist?«

Wir überquerten gerade den Marktplatz, wo man im Laufe eines Tages nahezu der gesamten Einwohnerschaft Avignons begegnen kann. So war es wohl kein Zufall, daß Jean Mignard samt Tochter sich hier zwischen den Schafpferchen und den Fruchtständen aufgebaut hatte, um nach dem Mann Ausschau zu halten, der für den Zustand von Marie verantwortlich war. Als sie mich erblickte, deutete sie zu mir herüber, um ihren Vater von meiner Anwesenheit zu unterrichten.

»Ja«, erwiderte ich auf Bonas Frage. »Komm weg hier.«

»Jemand hat sie entehrt, nicht wahr?«

»Ja.«

»Aber du bist es nicht gewesen.«

»Nein.«

»Armes Ding. Sie sollte einen Talisman tragen, so wie ich. Schau hier, Raymond – das Kraut an meiner Halskette. Munda hat es mir gegeben. Wenn ich es trage, kann ich nicht schwanger werden.«

Ich lauschte nur mit halbem Ohr auf ihr Geplapper, weil ich im Geist die Worte drechselte, mit denen ich meinen alten Freund Lambert Galand zu beeindrucken trachtete. Lambert Galand war ein Bekannter von Dulcie Poissons Vater gewesen und hatte während meiner Lehrzeit bei Maître Poisson die Familie häufig besucht. Bei diesen Gelegenheiten hatten wir des öfteren bestimmte Aspekte des zivilen und kanonischen Rechts erörtert. Lambert war ein reicher, gebildeter und hochgeachteter Anwalt, der sein Geld im Bereich der weltlichen Juristerei erwarb. Obwohl er mittlerweile fast nur noch unter Personen hohen Ranges verkehrte, grüßte er mich immer, wenn wir einander auf der Straße begegneten, und erkundigte sich höflich nach meinem Befinden und meinen beruflichen Unternehmungen. Insofern hoffte ich, daß er, obwohl wir keine engen Freunde waren, mir behilflich sein könnte. Immerhin war er das Oberhaupt einer großen Familie und hatte sich trotz der *taxatores domorum* ein eigenes Haus sichern können, in dem er fast hochherrschaftlich residierte.

So ein Mann könnte doch gewiß, überlegte ich, eine weitere Dienerin gebrauchen oder zumindest jemanden kennen, der für Bona Verwendung hätte, denn zu seinem Bekanntenkreis gehörten viele wohlhabende Familienväter.

Ich sagte Bona, wohin ich sie führte, und wies sie an, den Mund zu halten.

»Solche vornehmen Männer halten nichts von Frauen, die reden. Sie sind zu beschäftigt, um weiblichem Geschnatter zuzuhören. Halt dich also zurück und überlaß alles mir.«

»Ja, Raymond.«

»Und nenn mich bitte Maître Raymond. Ich bin nicht dein Bruder.«

»Ja, Maître Raymond.«

»Ich muß Lambert natürlich die Wahrheit sagen. Alles andere würde unserer guten Beziehung Abbruch tun.«

Außerdem hoffte ich, daß der Anwalt zu Hause wäre und nicht irgendwo einen Fall vor einem Zivilgericht vertreten mußte. Aber das Glück war mir hold. Als ich seiner Tochter meinen Namen nannte, beschied sie mir, daß ihr Vater gerade mit einem Klienten im *scriptorium* säße und bald erscheinen werde. Sie bat mich, in der Küche zu warten, wo sich (wie ich sofort erkannte) fast ausschließlich Bittsteller, Diener und arme Verwandte aufhielten. Sicher war die Familie Galand so reich an Geld und Einfluß, daß sie über andere, angenehmere Räume für ihre Zusammenkünfte verfügte. Vielleicht besaß Lambert, wie der *châtelain* eines Kastells, ein großes Vestibül, während die Frauen der Familie ihre Zeit in großen, luftigen Schlafzimmern mit dem Schälen von Mandeln und dem Besticken von Seide verbrachten.

Eine recht rustikal aussehende Dienerin von geistesabwesender Höflichkeit schenkte mir Wein ein und versah Bona mit Käse. Dann führte sie eine lange und leidenschaftliche Diskussion mit einem Mann, zwei Jünglingen und einem sehr jungen Mädchen. Es ging dabei offensichtlich um einen fehlenden Umhang und eine nicht anwesende Person namens Ricaud, die die Hälfte der Versammelten beleidigt hatte. Ausführlich wurden seine in der vorherigen Woche begangenen Untaten untersucht, durchgehechelt und verurteilt. Mir fiel auf, daß einer der beiden Jünglinge, ein recht aufgeblasener Bursche, Lamberts formelle Redeweise übernommen hatte und hier und da lateinische Ausdrücke einfließen ließ, um seine Gesprächspartner zu beeindrukken.

Als Lambert endlich sein Zimmer verließ, stellte der Aufgeblasene mich ihm vor – vielleicht räumten seine Lateinkenntnisse ihm einen höheren Rang ein.

»Raymond Maillot!« rief Lambert aus (nachdem er seinen Klienten höflich verabschiedet hatte). »Was führt dich her, mein Freund? Äh ... diese Frau da gehört zu dir?«

»Ja. Das ist Bona. Ich bin ihretwegen gekommen.«

»Gut, komm mit. Hier führe ich meine Geschäfte.«

»In deinem *scriptorium*.«

»Genau. In meinem Allerheiligsten! Das ist alles, was ein Mann sich nur wünschen kann. Der Höhepunkt meines Lebens, kann ich dir versichern. Ein beinahe himmlischer Ort.«

Der Raum war in der Tat prächtig ausgestattet. An den Wänden standen Buchregale. Auf geschnitzten Stühlen lagen purpurfarbene Seidenkissen. Die Deckenbalken waren bemalt und glänzten wie Edelsteine.

»Da könnte sogar der Papst neidisch werden«, meinte ich ehrfurchtsvoll.

»Es wirkt alles sehr vertrauenerweckend, nicht wahr? Wenn man für bedeutende Männer tätig wird, darf man in solchen Dingen nicht kleinlich sein.« Lambert lächelte und bot mir – und sogar Bona – einen Stuhl an. Meine Begleiterin zögerte allerdings, als habe sie Angst, das schimmernde Kissen mit ihrem Hinterteil zu bedrücken. »Was ist denn mit deinem Gesicht passiert, mein Junge? Oder sollte ich das besser nicht fragen?«

»Ich wurde angegriffen.«

»Ach, tatsächlich?«

»Den Grund dafür muß ich noch herausfinden. Vielleicht wurde ich das Opfer eines mißglückten Raubüberfalls. Ich weiß es einfach nicht.«

Lambert seufzte und schüttelte den Kopf. Jede seiner Bewegungen wirkte abgemessen und gewichtig, was indes nichts mit seinem massiven Körperbau und den Hängebacken zu tun hatte. Er strahlte einfach Autorität aus, und sein Auftreten war mit zunehmendem Alter immer gebieterischer geworden. Selbst seine Neckereien klangen zwar nicht gezwungen, aber mittlerweile ein bißchen schwerfällig.

»Gott schütze uns alle«, bemerkte er. »Wir leben, fürchte ich, in schwierigen Zeiten.«

»Natürlich. Wären sie es nicht, ginge es dir nicht so gut.«

Er lachte.

»Sicher. Ich lebe von der Zwietracht der Menschen. Dieses Kreuz muß ich tragen. Aber was treibt dich um, mein Freund? Gerüchteweise hörte ich, daß die Dominikaner deine Dienste beanspruchen.«

»Das stimmt. Jedenfalls einer von ihnen. Pater Amiel de Semur.«

»Wie?« Der Anwalt blickte mich überrascht an. »Aber er ist beauftragt, den Tod von Guillaume Monier zu untersuchen.«

»Ja … in gewisser Weise.«

»Und du bist sein Assistent?«

»Das bin ich.«

»Dann gratuliere ich dir.« Es sprach für Lambert, daß seine Freude aufrichtig war. »Diese Arbeit wird eine Empfehlung für alle möglichen gutsituierten Würdenträger sein. Es ist schon merkwürdig, daß ich … äh …« Er schaute erst auf Bona, dann wieder auf mich und setzte zu einer neuen Formulierung an. »Darf ich fragen, was ich für deine Begleiterin tun kann, Raymond? Weil ich dir noch etwas mitteilen möchte, was für Pater Amiel von Interesse sein könnte.«

Ich erklärte ihm also, in welcher Notlage Bona sich befand, und er hörte mir schweigend zu. Als ich geendet hatte, schaute er Bona an, spreizte die Hände und sagte: »Wenn ich dir nur helfen könnte, Bona Claret. Aber ich habe so viele Bedienstete, daß kein Platz mehr für einen weiteren ist. Es tut mir leid.«

»Kennst du sonst jemanden, der eine Hilfe für den Haushalt benötigen würde?« fragte ich, woraufhin er an seinen Hängebakken zupfte.

»Niemanden, der – entschuldige meine Offenheit –, niemanden, der sie aufgrund deiner Empfehlung nehmen würde.«

»Oh.«

»Vielleicht kann Masseo di Vico bestätigen, daß sie ehrlich und zuverlässig –«

»Das wird er nicht tun. Er kann es sich nicht erlauben.«

»Und ihr vorheriger Dienstherr –«

»Ist verstorben.«

»Ach so.«

Es gab keine Hoffnung. Ein Blick in Lamberts Gesicht genügte, um das zu erkennen. Also bat ich Bona, den Raum zu verlassen, und fragte dann unter vier Augen nach der Information, die mein Freund Pater Amiel unbedingt zukommen lassen wollte. Der Anwalt bemerkte, daß er durch sein fortgeschrittenes Alter mit Rechtsstreitigkeiten vertraut sei, die der übrigen Welt unbekannt oder in Vergessenheit geraten seien. Er nannte mir den Namen eines Ritters – Etienne de Puy. Ob ich den schon mal gehört hätte? Ich verneinte.

»Vor einigen Jahren kam es zu einem heftigen Streit zwischen Etienne de Puy und Guillaume Monier. Es ging um einen Fischteich, der zu Ländereien gehörte, die einen beträchtlichen Teil von Guillaume Moniers umfangreicher Pfründe ausmachten. Du weißt natürlich, daß er einmal Erzdiakon von St. Gilles gewesen ist.«

»Ja.«

»Er hatte auf dem ihm zugeeigneten Grund und Boden eine Wassermühle gebaut und, um sie zu betreiben, den höher gelegenen Fischteich so stark aufstauen lassen, daß die angrenzenden Grundstücke von Etienne de Puy überflutet wurden. Es handelte sich um Weiden und Obstgärten – wertvolles Land. Natürlich ging die Sache vor Gericht, aber der Ritter unterlag.«

»Unterlag? Wie ist das möglich? Die Schuld lag doch einwandfrei bei Guillaume!«

»Eben nicht, denn die Grundstücke hatte der Guillaume vorhergehende Pfründner an Etienne verkauft. Dieser Pfründner jedoch hatte das Land ohne eigene Schuld unrechtmäßig erworben – er war durch irgendeine lokale Autorität, einen Bischof oder Grafen, so genau weiß ich das nicht, in den Besitz gelangt. Normalerweise hätte er die Pfründe einer Person seiner Wahl vermachen können. Aber der Vorgänger von Guillaumes Vorgänger war auf dem Weg nach Rom verstorben, und darum hätte, bevor die Pfründe neu vergeben wurde, der Heilige Stuhl gehört werden müssen.«

»Tatsächlich?« Ich war sehr erstaunt. »Steht das im Einklang mit dem Gesetz?«

»Das Gesetz ist vor einigen Jahren entsprechend geändert worden.«

»Also hatte Guillaumes Vorgänger –«

»– kein Recht, das Land zu verkaufen, obwohl er es auf Anraten des Bischofs oder Grafen tat. Folglich wurde Etienne der Rechtsanspruch bestritten. Er verlor den Fall, das Land und einen Sohn.«

»Einen Sohn?«

Der jüngste Sohn des Ritters sei damals, so Lambert, in den Fluten ertrunken, die aus Guillaumes Fischteich strömten. Dieser Umstand habe Etienne endgültig zu dem Entschluß veranlaßt, Guillaume Monier weiter zu bekämpfen, wo nicht gar zu vernichten.

»Der Ritter ist bis zu den obersten Gerichten dieses Landes gegangen«, führte Lambert aus. »Er bedrohte Monier in Gegenwart eines Anwalts, mit dem ich bekannt bin. Was ich dir sagen will, mein Freund, ist, daß Guillaume Monier zumindest einen erbitterten Feind hatte. Einen Feind, der ihn ohne Gewissensbisse hätte töten können.«

»Ich verstehe.« Das war in der Tat eine sehr erhellende Mitteilung. Pater Amiel würde für diesen Hinweis dankbar sein. »Aber wie konnte er – wenn er es gewesen sein sollte – in das Schlafzimmer des Schatzmeisters gelangen? Und warum hat er Guillaume seiner – äh – Manneskraft beraubt?«

Leider konnte der Anwalt dazu nichts Erhellendes beitragen.

Es sei nur, bemerkte er abschließend, eine Anregung, die Pater Amiel aufgreifen könne.

»Und jetzt bitte ich dich, mich zu entschuldigen. Ich werde anderenorts erwartet. Eine ziemlich wichtige Angelegenheit –«

»Aber ja!« Ich sprang auf. »Natürlich. Ich bin schon auf dem Weg.«

»Es ist bedauerlich, daß ich dir nicht weiterhelfen konnte – hinsichtlich dieser Frau, meine ich. Sie sieht bescheiden und willig aus.«

»Immerhin war es gut, daß ich dir mein Ansinnen vortragen konnte«, entgegnete ich. Wir tauschten noch einige halbwegs frivole Frotzeleien aus, und dann war das Gespräch beendet. Lambert Galand geleitete mich zur Tür und wünschte Bona mit ausgesuchter Höflichkeit bei ihrer weiteren Suche nach einem Arbeitsplatz Erfolg. Als wir gingen, hörte ich von der Küche her einen mehr als lebhaften Wortwechsel.

Vielleicht war der berüchtigte Ricaud zurückgekehrt.

»Na ja«, sagte ich zu Bona, »das war 'ne ziemliche Zeitverschwendung.«

»Und was ist jetzt, Raymond?« Ihre Stimme klang tränenerstickt. »Laß mich nicht im Stich!«

»Nein, nein. Ich muß nachdenken.«

Unglücklicherweise fehlte es in meinem Bekanntenkreis an respektablen Matronen ebenso wie an wohlhabenden Familienvätern. Und die wenigen, die mir vertraut waren, würden den Vorschlag, eine meiner näheren Bekannten zu beschäftigen, mit Entsetzen von sich weisen, war doch, wie Ihr ja wißt, mein Ruf nicht eben der beste. So überlegte ich und überlegte, als wir recht ziellos die Rue St.-Michel hinabwanderten, bis mir plötzlich Othon einfiel. Othon! Warum eigentlich nicht?

Othon besaß ein Haus. (Nun gut, die eine Hälfte gehörte einem seiner Kollegen, aber immerhin.) Er hatte Frau und Familie. Und er stand in meiner Schuld. Natürlich war unsere jüngste Begegnung nicht eben freundschaftlich gewesen, aber unsere

Beziehung hatte in der Vergangenheit schon andere Stürme überstanden; er war, wie ich bereitwillig eingestehe, ein Mensch, dessen Groll sehr schnell verflog. Seine Frau würde tun, was er sagte; wobei der Gedanke an mein letztes Zusammentreffen mit ihr mir jedoch Unbehagen bereitete, und die Vorstellung, sie wiederzusehen, empfand ich als abschreckend, schon weil ich glaubte, daß sie ähnliche Gefühle hegen würde.

Ich verlangsamte meinen Schritt; mir war ein anderer Gedanke gekommen.

»Wir gehen in den Schwarzen Hahn«, verkündete ich. »Einer meiner Freunde ist dort Stammkunde. Er könnte uns weiterhelfen.«

»Aber die Besitzerin –«

»– wird gegen deine Anwesenheit nichts einzuwenden haben, Bona, glaub mir.«

In Wirklichkeit war ich nicht so zuversichtlich, denn der Tonfall meiner Begleiterin verriet mir, daß Béatrice wohl nicht sonderlich begeistert gewesen war, Bonas Existenz zur Kenntnis nehmen zu müssen. Zweifellos sah sie darin eine Art Affront, obwohl Bona schon seit langem keine lustvollen Gefühle mehr in mir erregte. Mittlerweile stieß mich ihr Watschelgang ebenso ab wie ihre grobporige Haut, von der ich (was natürlich ganz unsinnig war) mir vorstellte, sie sei vom Geruch des Monatsflusses durchdrungen.

Allerdings konnte Béatrice diesen Wechsel meiner Gefühle nicht erahnen, weshalb ich auch, als ich den Schwarzen Hahn betrat, Miene und Tonfall eines Bittstellers annahm und die Wirtin, die mir den Rücken zugekehrt hatte, höchst vorsichtig ansprach.

»Béatrice«, fragte ich leise. Sie drehte sich um. »Entschuldige bitte, daß ich dich ersuche, deine Gastfreundschaft noch einmal –«

»Raymond!« Sie unterbrach mich mitten in meiner sorgfältig einstudierten Rede. »Was machst *du* denn hier?«

Sie wirkte eher ängstlich als verärgert, aber ich konnte die feindselige Atmosphäre im Schankraum mit Händen greifen. Niemand begrüßte mich, niemand verlor ein Wort über meine lange Abwesenheit. Niemand wollte ein Lied von mir hören. Gaillard wandte den Blick ab, und es wurde sehr still.

»Ich suche Othon«, erwiderte ich, woraufhin irgend jemand losprustete. Béatrice hielt den Atem an.

»Er sucht nach *dir*!« rief sie dann aus. »Und wenn er dich findet, Raymond, bringt er dich um!«

»Wieso? Wovon redest du?«

In diesem Moment fiel Béatricens Blick auf Bona. Sie runzelte die Stirn, stellte den Krug mit Wein ab, nahm mich beim Arm und führte mich zum Hintereingang, wo sie mit leiser Stimme auf mich einredete.

Ihren Ausführungen entnahm ich, daß Othon, als er zum Mittagessen nach Hause kam, dort seine Frau im Gespräch mit Jean Mignard, dessen Tochter und Othons Gemeindepriester vorfand. Es kam zu einem fürchterlichen Kampf, in dessen Verlauf Faustschläge ausgeteilt wurden. Othons Frau hatte im Haus ihres Vaters Zuflucht gesucht, und Othon war jetzt, trunken und kampflustig, auf der Suche nach mir.

»Er sagt, daß du ihn betrogen hast«, flüsterte Béatrice. »Er sagt, daß du dem schwangeren Mädchen seinen Namen verraten hast.«

»Was für ein Quatsch!« rief ich angewidert. »Hat *sie* ihm das erzählt? Das ist alles erstunken und erlogen!«

»Vielleicht glaubt er es einfach nur. O Raymond, er ist so voller Zorn! Du solltest dich davonmachen, bevor er hierher zurückkommt. Liebster, ich habe ihn noch nie so außer sich gesehen!«

»Aber wo soll ich hin? Er wird auch zu Hause nach mir suchen.«

»Ja, sicher. Er wird dich überall suchen. Hier kannst du nicht bleiben.«

»Außerdem ist da noch Bona.« Ich wies mit dem Daumen in ihre Richtung; einsam und verloren stand sie im Schankraum. »Ich habe noch nichts für sie gefunden, Béatrice – ich dachte, Othon könnte ihr helfen ...«

»Du kannst sie hierlassen«, erklärte die Witwe. Glücklich war sie damit nicht, das konnte ich sehen. Aber ihre Sorge um mich war größer als ihr Mißvergnügen. »Ich gebe ihr einen Schlafplatz für die Nacht, und morgen sehen wir weiter. Oder vielmehr, *ich* sehe weiter – du solltest die Stadt verlassen, Raymond!«

»Wie? Nein, das tue ich nicht.«

»Aber er wird dich töten!«

»Nicht, wenn er wieder nüchtern ist.«

»Und wann ist er das?«

»Wenn er zum Palast muß.« Plötzlich fiel mir ein, daß die Priorei mir Unterschlupf gewähren könnte. »Pater Amiel wird mir helfen«, sagte ich. »Er wird mich nicht abweisen.«

»Dann geh zu ihm. Geh *jetzt*, Raymond. Jetzt gleich!«

»Aber –«

»*Jetzt gleich*!«

Ihre Furcht sog mir das Mark aus den Knochen und nahm mir auch den letzten Rest von Mut. Ich fand mich auf der Straße wieder, ohne zu wissen, wie ich dorthin gelangt war, und drückte mich an den Häusern entlang. Schwalbengleich flog mein Blick in diese und jene Richtung. Schon wurde es Abend. Schon wurden die Kinder zum Essen gerufen. Ich machte große Umwege, um zur Priorei zu gelangen, und ging zunächst flußwärts, damit ich dem Haus meiner Mutter nicht zu nahe kam. Auch Othons Haus mußte ich um jeden Preis meiden. Am Ende gelangte ich in jene Straße, die Avignons Freudenmädchen beherbergte, und hatte große Schwierigkeiten, nicht in zahllose Unterhaltungen verwickelt zu werden.

Ich muß indes zugeben, daß ich in dieser Straße kein Unbekannter war – und Othon übrigens auch nicht.

»He, du kannst dich bei mir verstecken!« bot eine besonders geneigte Dame mir an, als ihr meine Notlage verdeutlichte. »Die ganze Nacht, wenn du willst.«

»Aber ein Honorar muß er zahlen!« meinte eine andere und lachte.

»Wenn er hierbleibt, wird er Othon nicht entkommen«, warf eine dritte, bekannt als »Äbtissin«, ein. Sie sprach mit so kühler Vernunft wie ein Anwalt. »Wo wird Othon wohl hingehen, wenn es ihn nach weiblicher Gesellschaft gelüstet? Nein, nein, Maître Raymond, Ihr müßt Euch ein anderes Versteck suchen.«

»Das werde ich auch«, war meine Antwort, denn ich war mir des Gelübdes, das ich vor Pater Amiel getan hatte, wohl bewußt. Und diese Straße bot zweifellos die beste Gelegenheit zu sündigen. »Wenn ihr Othon seht, sagt ihm, ich sei zum Fluß hinunter. Mit einem Kahn auf dem Weg zur Mündung.«

»Gott bewahre, Maître Raymond!« schrie die Äbtissin auf. »Ich glaub, das müßt Ihr selbst ihm sagen!« Und mit lautem Kreischen stoben die Mädchen in alle Richtungen davon. Othon kam die Straße herabgestampft. Er kam genau auf mich zu.

# SECHSTER GESANG

O thon!« rief ich aus. »Othon – warte doch – 's war nicht meine Schuld, Othon! Ich bin nicht –«

Er brüllte wie ein Stier und beschleunigte seinen Schritt. Ich wandte mich zur Flucht.

»Sie hat dich auf dem Marktplatz gesehen!« Meine Zähne klapperten. »Othon, ich kann nichts dafür!«

Er warf sich nach vorn, um mich zu greifen. Um Haaresbreite entging ich ihm und nahm die Beine in die Hand. Ach, wie ich rannte, meine Freundinnen! Schneller als der Wind, des seid gewiß. Die Straße hinab, um die nächste Ecke, durch eine Gasse, und fortwährend war er mir auf den Fersen, hechelnd wie ein Jagdhund. Dann aber glitt er im Schlamm aus, und ich gewann einen Vorsprung, den ich nutzte, um im Gewirr der Gäßchen südlich von St. Petri unterzutauchen. Rechts, links, noch mal links. Immer wieder tauchten Menschenmengen vor mir auf, in die ich hineinplatzte wie ein Katapultgeschoß. Frauen sprangen zur Seite, zu Tode erschreckt. »Weg da! Platz da!« schrie ich. »Zu Hilfe!« Flüche und Verwünschungen wurden mir nachgerufen.

Eine Zeitlang verkroch ich mich auf dem Friedhof von St. Petri. Hier standen damals noch viele Holzhütten – Unterkünfte für diejenigen, die von den *taxatores domorum* aus ihren Häusern vertrieben worden waren. (Papst Johannes ordnete später den Abriß dieser Behausungen an.) Hier fand ich fürs erste Dekkung, indem ich von einer Hütte zur anderen kroch. Vielleicht hätte ich auch, auf allen vieren, den Friedhof verlassen können, wären die Hütten nicht bewohnt gewesen. So aber wimmelte es von Kindern, in den Türen standen Frauen, Hunde schnüffelten im Abfall herum. Überall wurde ich angestarrt. Die Hunde knurrten, und die Kinder waren neugierig. Was ich da mache? Ob ich wohl blöd wäre? Ein kreischender Fratz versuchte, auf meinen Rücken zu klettern. Ein anderer schlug mich mit einem Stock und heulte auf, als ich zurückschlug.

Unterdessen war Othon mir wieder auf die Spur gekommen. Er fragte hier und er fragte dort und schüchterte die Leute mit seiner Riesengestalt ein und bedrohte sie mit einem Messer. Er überragte sogar die Hütten um einen halben Kopf, und die Leute zeigten sich auskunftsfreudig. Ja, hier sei ein Mann vorbeigekommen. Ein junger Mann im grünen Umhang, mit schwarzen Haaren. In diese Richtung sei er gekrochen.

Othon war so groß, daß ich ihn schon von weitem kommen sah. Besorgt registrierte ich, daß ich von meinem Ziel, der Priorei, immer weiter abgedrängt wurde. Und dann hörte er offensichtlich, wie die Kinder mich neckten und peinigten. »Du entkommst mir nicht, du Wanze!« schrie er, und sein schwerer Schritt wurde schneller. Was sollte ich tun? Rauch biß mir in den Augen. Rauch! Natürlich! Vor einer Hütte schwelte ein Feuer. Nurmehr Glut und Asche, aber für meine Zwecke ausreichend. Ich kroch zu der Alten hinüber, die es bewachte. Ich bleckte die Zähne (woraufhin sie mich gewähren ließ), wickelte einen Zipfel meines Umhangs um die Hand und packte einen der glühheißen Fleischspieße.

Dann sprang ich auf.

Othon stieß einen tierischen Laut aus. Schon war er bei mir und packte mich am Nacken. Ich aber drückte ihm den Spieß ins Genick. Er schrie erneut auf, vor Schmerz diesmal, und gab den Weg frei. Er schickte mir einen Fluch nach, den zu beantworten mir der Atem fehlte. Fünf, sechs Schritte Vorsprung hatte ich, die ich nutzen mußte. Ich kletterte über die Friedhofsmauer und landete in einer Gasse, die so eng war, als habe Gott persönlich sie für meine Zwecke erschaffen. Othon nämlich mußte sich seiner breiten Schultern halber seitwärts hindurchschieben, während ich Schmalhans ihm entfloh, um die nächste Ecke bog und seinem Blick entschwand. Und nun tat ich etwas, in meinen Augen, höchst Kühnes.

Ich gewahrte nämlich ein niedriges Haus mit einem flachen Schindeldach. Zwischen dem Efeubewuchs blinkte ein Fenster hervor, von dessen Sims aus ich mich aufs Dach schwang, mich zwischen die dort gelagerten Korngarben bettete und mein fast schon schluchzendes Keuchen hinunterzuwürgen suchte. Ich betete, daß niemand im Haus mich gehört haben möge. Ich betete, daß Othon mich nicht entdecken möge. Ich betete zu allen himmlischen Heiligen und wagte nicht, den Kopf zu heben.

Und meine Gebete wurden erhört. Niemand bemerkte meine Anwesenheit, nur die Fliegen umsummten mich, als ich schweißbedeckt dalag in der Abendsonne, in meinem Nest aus trockenem Korn, so sicher wie ein junger Vogel, außer Sichtweite, außer Reichweite.

Ich wartete, bis die Schatten sich längten, wollte aber zurück auf die Straße, ehe die Dunkelheit hereinbrach. Endlich schwang ich die Beine über den Dachrand und sprang hinab. Ich landete in einer Matschpfütze.

Kein Zornesschrei empfing mich. Keine schinkengroße Faust rammte sich in mein Gesicht. Ruhig lag die Straße da und, wegen ihrer Enge und der hohen Häuser, schon dämmerungsdunkel. Nur die Kirchturmspitzen erstrahlten noch im rötlichen Gold der untergehenden Sonne. Langsam und müde kehrten die Männer vom Tagwerk in ihre Häuser zurück.

Auch ich bewegte mich langsam, aber aus einem anderen Grund. Um jede Ecke spähte ich und glitt vorsichtig von Tür zu Tür. Ich trat mit leisem Schritt auf und betrachtete jede Gestalt, die sich mir näherte, mit Argwohn. Grüßte mich einer, der mich kannte, sprang ich klopfenden Herzens davon wie eine aufgestörte Maus. So kam ich langsam, ganz langsam meinem Ziel näher und fragte mich fortwährend, was ich tun sollte, wenn man mir den Zutritt verweigerte.

Zuflucht, dachte ich. Ich werde um Zuflucht bitten. Es ist ihre geheiligte Pflicht, mich einzulassen.

Auf meinen Schleichpfaden mich zu orientieren, war nicht einfach. Die Stadt ließ sich nur von der Befestigungsmauer aus überschauen. Die dichte Bebauung der gewundenen Straßen gewährte keinen Durchblick, und oftmals sah man das Gebäude, das man suchte, erst, wenn man direkt davorstand. So ging es auch mir mit der Priorei. Ich bog um eine und noch eine Ecke und stand dann plötzlich in der Straße, in der sich der Eingang zum Kloster befand. Vielleicht war ich bereits ein wenig unvorsichtig geworden, weil ich nicht glaubte, daß Othon dort nach mir suchen würde. Ohne zu prüfen, ob die Luft rein war, eilte ich auf das Tor zu. Das war ein folgenschwerer Fehler, denn Othon wartete bereits auf mich.

Er wartete an der Einmündung einer Gasse, die sich unweit des Klostereingangs erstreckte. Ich weiß nicht, welcher Verstandesfunken ihn dazu gebracht hatte, hierherzukommen; er mochte wohl, langsam aber sicher, zu dem Schluß gekommen sein, daß er mich im Schwarzen Hahn ebensowenig finden würde wie im Haus meiner Mutter. Vielleicht war ihm Pater Amiel in den Sinn gekommen und damit der Gedanke, ich könnte einen Zufluchtsort aufsuchen.

Jedenfalls stürzte er aus seinem Versteck hervor wie ein tollwütiger Hund, und genauso heulte er auch. Ich hatte gerade den Eingang erreicht, als ich ihn sah, und der Schreck fuhr mir mit aller Gewalt in die Glieder. Verzweifelt hämmerte ich gegen das Tor, das wie eine Steilwand vor mir aufragte. Ich schrie um Hilfe. Ich flehte um Einlaß. Da ergriff Othon mich auch schon am Umhang und schleuderte mich mit voller Kraft auf die unbehauenen Steine des Straßenpflasters.

»Verräter!« brüllte er.

Ich wollte wegkriechen, aber er griff erneut nach mir. Schläge trafen mein Ohr, mein Gesicht, meinen Hals. Er trat mich in den Unterleib und schlug meinen Kopf gegen die Steine. Der Aufprall war so stark, daß ich kaum Schmerzen verspürte; ich wollte an ein paar einfache Worte denken, um Othon den Sachverhalt zu erklären, aber schon schwanden mir die Sinne. Dann trat er mit Wucht auf meine Hand. Diesen Schmerz spürte ich und muß aufgeschrien haben, kann mich aber nicht mehr an den Klang meiner Stimme erinnern. Ich hatte das Gefühl, herumgewirbelt zu werden wie vom Rad einer Wassermühle.

Vielleicht wollte Othon mich töten, wie Béatrice gesagt hatte. Vielleicht *hätte* er mich getötet, wäre nicht der Klosterpförtner dazwischengegangen. Plötzlich hörten die Schläge auf, und obwohl mir die Ohren dröhnten, vernahm ich Schreie, wie von fern. Dann war Schweigen.

Jemand berührte vorsichtig meine Schulter. Jemand fragte, ob ich aufstehen könne.

»Pater Amiel«, krächzte ich. »Pater Amiel de Semur.«

»Was ist mit ihm?«

»Bitte. Er kennt mich. Laßt mich ein.«

Dieser Pförtner war ein kluger Bursche. Er ließ mich tatsächlich nicht auf der Straße liegen, weil er vielleicht befürchtete, daß mein Angreifer noch in der Nähe lungern und lauern könnte, um sein Werk zu vollenden, falls man mich abwies. Aber Gott war gnädig. Vornübergebeugt und mit lahmendem Bein hielt ich, gestützt von meinem Retter, der unter meinem Gewicht leicht schwankte, Einzug in die Priorei der Dominikaner. Als das Tor mit dröhnendem Echo hinter mir zufiel, wußte ich, daß ich nirgendwo in ganz Avignon sicherer sein konnte als hier. Ich hatte meinen Zufluchtsort erreicht.

Wie beim Mal zuvor wurde ich in eine kleine Zelle geführt, erhielt diesmal jedoch keine Verhaltensmaßregeln, sondern durfte mich auf die Bank legen, während der Pförtner mir zusicherte, Pater Amiel sofort holen zu lassen.

»Euer Name?« fragte er, bevor er ging. »Wie lautet Euer Name?«

»Raymond Maillot.«

»Willkommen, Raymond Maillot. Ich werde Eure Botschaft ausrichten. Bleibt ruhig.«

Ruhe fand ich indes nicht. Ich zitterte vor Schmerzen, aus der Nase rann Blut, und als ich mich aufrichtete, wurde mir schwarz vor Augen, und ich mußte mich sogleich wieder ausstrecken. Dann schloß ich die Augen und wurde von einer seltsam betäubenden Müdigkeit ergriffen. Einer meiner Zähne war locker. Mein Speichel schmeckte nach Eisen. Mein Geist wanderte ziellos umher ... wanderte ...

»Raymond.«

Das war Pater Amiels Stimme. Mit einiger Anstrengung öffnete ich meine Augen, bewegte jedoch nicht den Kopf.

»Pater?« murmelte ich.

Seine weiße Kutte floß in mein Blickfeld. Dann beugte er sich über mich, und ich sah sein Gesicht. Er untersuchte meine Wunden.

»Ihr gehört in den Krankenraum«, sagte er.

Ich antwortete nicht.

»Könnt Ihr Euch bewegen? Könnt Ihr gehen?«

»Ja«, flüsterte ich.

»Wißt Ihr, wer ich bin? Wie ich heiße?«

»Ja.«

»Bruder Nicolas!« rief er mit durchdringender Stimme. »Komm und hilf mir!«

Ich weiß nicht mehr, welchen Weg wir zum Krankenzimmer genommen haben. Ich hatte genug damit zu tun, die Füße zu setzen, und kein Auge für bemalte Wände und verzierte Säulen. Allmählich jedoch schwand der Nebel aus meinem Kopf, und die Schmerzen wurden weniger diffus. Ich merkte jetzt, daß meine linke Hand weh tat, die Nase und die rechte Hüfte. Als wir den langen, niedrigen Saal betraten, in dem die Kranken untergebracht wurden, konnte ich sogar schon wieder sprechen.

»Meine Nase«, gurgelte ich. »Hat er meine Nase gebrochen?«

»Vielleicht«, antwortete Pater Amiel.

»Möge Gott mich beschützen. Ich hab einen Mann gekannt, der daran gestorben ist. Er bekam Wundfieber.«

»Pst. Ruhig jetzt. Nicht sprechen.«

Der Saal roch nach Kräutern und Rauch. Unter meinen Füßen spürte ich Binsenmatten, und vor den Fenstern hingen Bahnen aus Leinenstoff, um den Regen abzuhalten. Nur ein paar Betten waren belegt; Bruder Nicolas steuerte mich auf ein leeres zu, während Pater Amiel mit einem hochgewachsenen Mönch sprach, der todmüde aussah. Sie unterhielten sich, indem sie mit den Händen redeten und Zeichen in der Luft machten. Pater Amiels Hände bewegten sich lebhaft wie Fische, die gefüttert werden.

Dann nickte er und kam zu mir herüber.

»Das ist Bruder Gabriel«, bemerkte er. »Er wird Eure Wunden verbinden. Man wird Eurer Familie mitteilen, daß Ihr die Nacht hier verbringt.«

»Wartet!« Ich griff nach seiner Robe, denn er hatte sich abgewandt. »Geht Ihr fort?«

»Ich bin bald zurück, Raymond. Ich muß mit dem Prior über Euch sprechen.«

»Und kommt dann wieder her?«

»Und komme dann wieder her. Habt Geduld.«

Ich ließ ihn los, und er ging. Er blieb lange fort. In der Zwischenzeit kümmerte sich Bruder Gabriel um meine blutenden Wunden, untersuchte mich von Kopf bis Fuß und erklärte, daß keine Knochen gebrochen wären. Es täte zwar weh, meinte er, wenn ich meine Hand bewegte, aber daß ich sie überhaupt bewegen könne, sei schon begrüßenswert. Nachdem er meinen Körper in reichlichem Maß mit einer besonders übel riechenden Salbe versehen hatte (»sie zieht das Gift aus den Wunden«), gab er mir noch eine Arznei zu trinken und empfahl mir, mich auszuruhen. Ich sei jung und stark, bemerkte er. Meine Verletzungen seien schmerzhaft, aber nicht bedrohlich. Sie würden schnell verheilen, und ich solle Gott für meine Rettung danken.

All dies teilte er mir in einer müden und gelangweilten Stimme mit, aus der sein profundes Desinteresse an meiner Person sprach. (Aber vielleicht bin ich ungerecht, und er war einfach nur erschöpft – die Ringe unter seinen Augen waren groß wie Satteltaschen. Doch konnte ich mich des Gefühls nicht erwehren, daß er, wäre ich tot zu seinen Füßen niedergesunken, mit einem Achselzucken über meine Leiche hinweggestiegen wäre.) Dann kehrte er ohne ein weiteres Wort der Ermunterung zum Bett eines fieberkranken Klosterbruders zurück, dessen Rasereien und Konvulsionen nicht wenig zu meiner Unbehaglichkeit beitrugen.

Man hatte mich allein gelassen. Verlassen, wenn Ihr wollt. Zutiefst erschrocken und erschöpft, gab ich der tief in meinem Herzen vergrabenen Schwäche nach und vergoß heiße Tränen tiefer Verzweiflung. Ich schluchzte. Ich verschluckte mich fast. Ich stützte meinen Kopf auf die unverletzte Hand, während die andere, schmerzpochend, in meinem Schoß lag. Warum hat man mich verlassen? fragte ich mich. Womit habe ich diese Verachtung verdient?

Endlich hörte ich meinen Namen. Noch bevor ich die Augen aufschlug, erkannte ich die Stimme Pater Amiels.

»Othon war's«, keuchte ich hervor, seine Frage vorwegnehmend. »Othon hat's getan.«

»Warum?«

»Er glaubt, daß ich ihn verraten habe. Aber das stimmt nicht. Ich bin immer ein guter und treuer Freund gewesen. Ich habe dem Mädchen nichts von ihm gesagt, und wie vergilt er's mir, der Hund? Das Schwein!«

»Pst.«

»Er hat mir nicht mal zugehört, er ist einfach auf mich los! Als wär ich eine Ratte! Und die andern sind auch nicht besser – Gaillard ist genauso – immer denkt er das Schlimmste von mir! Ich bin ihr Freund und helf ihnen, wo ich kann, und was kommt dabei raus? Was kriege ich? Schläge! Schimpfworte! Böse Blicke!« O diese Ungerechtigkeit! Sie tat mir so weh, und ich weinte wie ein Kind. »Sind wir nicht alle sterblich? Machen wir nicht alle Fehler? Aber ich bin doch nicht bösartig! Ich kenne keine Bosheit! Warum quälen sie mich nur so? Warum?«

Ich ließ die Worte prasseln wie einen Wasserfall, aber Pater Amiel dämmte die Flut. Er legte die Hand auf meine Stirn, und seine Berührung wärmte mich wie ein lindernder Trank. Ich fühlte mich behaglich. Ich fühlte mich beruhigt. Meine Lider sanken herab. Mein Zetern wurde leiser und langsamer und erstarb schließlich.

Für eine kurze Zeit schwiegen wir. Als er schließlich zu sprechen anhob, war der Tonfall seiner Stimme so unendlich tröstend, wie ich es noch nie von ihm vernommen hatte.

»Mein Sohn«, sagte er, »einzig vollkommen ist nur die Liebe Gottes. Von Euren Freunden könnt Ihr keine vollkommene Liebe erwarten.«

»Freunde? Ha!« spuckte ich verachtungsvoll. »Schaut mich an! Schaut! Würde ein Freund so etwas tun?«

»Ein wahrer Freund nicht. Nein.«

»Es sind nicht meine Freunde!«

»Psst.«

»Alle schlagen sie auf mich ein! Mein Bruder schlägt mich! Mein Vater hat mich gehaßt! Alle verabscheuen sie mich!«

»Nein.«

»Ist es wegen meiner Sünden? Werde ich dafür bestraft, Pater? Ist es das?«

Pater Amiel zögerte.

»Vielleicht«, sagte er schließlich.

»Dann ist selbst Gott mein Feind.« Seufzend barg ich mein Gesicht in der Hand. Ich war zu Tode erschöpft und konnte nicht einmal mehr weinen. »Er hat mich im Stich gelassen«, murmelte ich. »Kein Wunder, daß die Schläge auf mich fallen wie Hagel.«

»›Nicht jeder, der nachsichtig ist, ist ein Freund, noch ist jeder ein Feind, der dich plagt‹«, zitierte Pater Amiel. »Der Hl. Augustinus sagt uns, es sei besser, mit Strenge zu lieben, als mit Freundlichkeit zu täuschen. Gott ist nicht Euer Feind, Raymond. Er ist Euer einzig wahrer Freund.«

»*Ihr* seid mein einzig wahrer Freund, Pater«, gab ich zurück. Und genau das war's, was ich in jenem Moment fühlte, auch wenn meine Gedanken nicht besonders klar waren. Aber ich sagte es und meinte es auch so, und der Mönch setzte sich zu mir und nahm die Hand von der Stirn.

»Ihr seid ängstlich und besorgt und leidet Schmerzen«, bemerkte er ruhig. »Euer Urteil ist getrübt. Ich bin in der Tat Euer Freund, Raymond, Euer wahrer Freund. Aber ich kann Euch nicht so lieben, wie Gott es tut.«

Ich schniefte und wischte mir die Tränen aus den Augen.

»Denkt an die Gaben, die Er Euch vermacht hat«, fuhr Pater Amiel fort. »Er hat Euch Verstand und Schönheit und Bildung gegeben. Dazu eine schnelle Zunge und eine geschickte Hand. Er hat Euch Gesundheit gegeben und Kraft, ein musikalisches Ohr, eine kräftige Stimme – und sogar tadellose Zähne hat Er Euch gegeben, Raymond!«

Ich mußte lächeln.

»Er liebt Euch, wie es aussieht, ganz außerordentlich. Und wenn Ihr ein wenig darüber nachdächtet, würdet Ihr es begreifen. Ihr würdet erkennen, daß im Vergleich zur Liebe Gottes all Eure Sorgen – Eure Streitigkeiten, Eure verletzten Gefühle, Eure Enttäuschungen – völlig unbedeutend sind. Völlig. Wie Spreu im Wind.«

»Spreu im Wind?« rief ich aus. »Schaut mich an, Pater! Ist das Spreu im Wind?«

»Ja. Ja, ich weiß. Natürlich ist es schwer, Vergebung zu üben.

Aber, Raymond ...« Er runzelte die Stirn und blickte nach oben, als suche er zwischen den Deckenbalken nach einer Eingebung. »Der Hl. Paulus sagt: ›Gott hat das Narrentum in die Welt gebracht, um den Weisen zu verwirren‹«, bemerkte er schließlich und richtete seinen Blick wieder auf mein Antlitz. »Beim Hl. Augustinus lesen wir: ›Denn die Seele, so die Erde liebt, hat gleichsam Vogelleim auf den Schwingen und kann nicht fliegen.‹ Raymond, Eure Seele ist erdgebunden. An ihren Flügeln haftet der Vogelleim von Zügellosigkeit und Trunkenheit, von Streitsucht und Neidsucht. Und wer Streit sät, erntet Streit. Da gibt es kein Ende. Es ist ein bitterer Same, der giftige Frucht hervorbringt. Es ist Verbannung und Tod.« Wie Balsam träufelten seine Worte in mein Ohr und lullten mich ein wie das sommerliche Summen der Bienen. »Ich will Euch nicht predigen, Raymond, denn auch ich bin ein Sünder, aber es dauert mich, Euch so verloren zu sehen, wo Ihr doch nicht mehr tun müßtet, als den Leim von Euren Flügeln zu schütteln. Nicht mehr müßtet Ihr tun, als den Kopf zu heben, um dem Lärm, der Menge und den anderen Zerstreuungen des fleischgebundenen Lebens zu entrinnen und den Frieden der Liebe Gottes zu erstreben. Denn Seine Liebe ist so unendlich, daß diese Sorgen schon bald nicht mehr an Euer Herz rühren. Sie werden von Euren Schultern fallen wie ein zerschlissenes Gewand.«

Ganz benommen dachte ich über seine Worte nach. Er hatte ein sehr anziehendes Bild entworfen: Frieden, Liebe, Gott. Aber ließ sich das alles in eines Handschuhmachers Haus voller streitsüchtiger Maillots erlangen?

»Mein Sohn, ich bin jeden Tag im Gefängnis«, schloß Pater Amiel seine Rede. »Ich erfahre dort Sündhaftigkeit und Elend, Schmerz und Verzweiflung. Ich kämpfe mit Lügnern, und meine Ohren werden mit Berichten über Ausschweifungen, Arglist und Betrug besudelt. Glaubt Ihr, das ließe mich unberührt? So ist es leider nicht. Doch wenn ich hierher zurückkehre und mich vor Gott niederwerfe, wäscht Er mich rein. Er füllt mich an wie ein Gefäß, bis alles andere von mir gewichen ist. Auch Eure Schultern drückt diese Last, aber wie geht *Ihr* damit um? Wie reinigt Ihr Euer Herz? Glaubt mir, ich denke oft darüber nach. Ich frage mich: Schleppt Raymond diesen ganzen Schmutz mit sich herum, wo er doch schon das Gewicht seiner Sünden tragen muß?«

»Pater, ich – ich …« Ich wußte nicht, was ich sagen sollte. Natürlich hatte er recht. Aber er lebte im Kloster. »Pater, wie kann ich den Kopf heben, wenn ich von oben bis unten mit Vogelleim bedeckt bin? Wenn ich bis zu den Ohren in der Scheiße stecke?«

»Raymond, Euer Kreuz habt Ihr Euch selbst gezimmert.«

»Nein! Das ist nicht wahr!«

»Denkt an Eure Freunde. Ihr habt von Schlägen gesprochen. Von Schimpfworten. Von bösen Blicken. Aber Ihr habt Euch mit diesen Menschen angefreundet. Ihr habt ihnen einen Platz in Eurem Leben gegeben. Und darum könnt Ihr auch diesen Freundschaften abschwören.«

Verblüfft starrte ich ihn an. Daraufhin lächelte er und wandte den Blick ab.

»Das ist durchaus möglich«, bemerkte er. »Vielleicht ist es sogar ratsam. Warum sucht Ihr bei Euren Freunden Hilfe, wenn sie Euch doch nur verletzen? So scheint es jedenfalls zu sein. Aber das ist natürlich Eure Entscheidung.«

Die Hände im Schoß, schwieg er und starrte auf seine Handflächen. Auch ich schaute sie an und betrachtete dann sein Profil. Aber seine Hände verrieten mir ebensowenig wie sein Gesicht.

»Ihr haltet meine Freunde also für Vogelleim?« witzelte ich ziemlich ungeschickt. Erneut lächelte er.

»Vielleicht ist die Metapher ein wenig mißlungen«, räumte er ein. »Aber sie hängen an Euch wie Ketten, oder nicht? Sie binden Euch und nehmen Euch die Luft. Sie quälen und beunruhigen Euch.«

»Und wenn das so ist?« sprach ich mit verdrossener Stimme. »Was soll ich dagegen tun?«

»Sie meiden.« Der Mönch spreizte die Hände. »Ihnen aus dem Weg gehen. Vielleicht ein bis zwei Wochen lang. Verlaßt Eure gewohnten Aufenthaltsorte. Begebt Euch auf die Stadtmauer. Atmet die Luft ein, die dort oben weht. Schaut auf Gottes Schöpfung. Überdenkt Euer Leben, und laßt in der Stille Gott zu Euch sprechen.« Nach einer Pause fügte er hinzu: »Spielt Ihr oft die Viola, mein Freund?«

Seltsamerweise hatte ich gerade an meine Viola gedacht. Vielleicht hatte Gott zu mir gesprochen, wenn ich sie spielte.

»Seit ich in Euren Diensten stehe, Pater, bin ich nicht häufig dazu gekommen.«

»Dann nehmt sie mit, wenn Ihr die Stille sucht. Musik hilft beim Nachdenken.«

Wie gut er alles zu verstehen schien! Ehrfurchtsvoll starrte ich ihn an, als er sich erhob, und bewunderte seinen Scharfsinn. Für kurze Zeit vergaß ich meine Verletzungen. Meine Freunde erschienen mir wie formlose Kreaturen – hungrige Schatten, die mich krähengleich verfolgten. Sollte ich seinen Rat annehmen? Sollte ich meine Sündgenossen aufgeben?

Auf einmal bemerkte ich, daß er sich zum Gehen anschickte.

»Ihr solltet heute nacht hier schlafen«, sagte er. »Ruht Euch aus und erholt Euch. Morgen ist genug Zeit, um nachzudenken und Pläne zu schmieden.«

»Ich soll hier schlafen? In diesem Bett?«

»Ihr könnt natürlich auch eine Besucherzelle haben. Aber vielleicht ist es besser, in Bruder Gabriels Obhut zu bleiben, für den Fall, daß Ihr Arznei benötigt.«

»Nein, nein.« Ich erhob mich. »Ich brauche keinen Heiltrank. Nur eine friedliche Nacht.« Im Flüsterton fügte ich hinzu: »Pater, der kranke Mönch dort gibt so schreckliche Geräusche von sich. Wie die Verdammten. Bei diesem Stöhnen und Jammern kann kein Mensch schlafen.«

Mit hochgezogenen Brauen sah Pater Amiel zu dem Fiebernden hinüber. Dann nickte er und winkte mich zu ihm.

»Also gut. Ich werde Euch einen Raum besorgen und etwas zu trinken. Aber Ihr werdet ganz für Euch sein, mein Sohn. Wenn Ihr Euch in der Nacht krank fühlt, hört nur Gott Eure Stimme.«

»Tatsächlich? Das sollte Euch doch freuen, Pater. Gerade habt Ihr mir erzählt, ich müsse mit Gott allein sein.«

Erneut lächelte der Mönch, wobei er diesmal sogar die Zähne entblößte.

»Ihr werdet noch auf dem Totenbett Witze reißen«, meinte er. »Kommt. Stützt Euch auf mich.«

Und so entkam ich, an Pater Amiels kleine, knochige Schulter gelehnt, dem Krankensaal. Der Mönch trug mich, wie er zweifellos auch ein Kreuz getragen hätte – geduldig, ruhig und ergeben. Aber es dürfte ihm nicht leichtgefallen sein. Sehr wahrscheinlich hätte er das Gewicht eines hölzernen Kreuzes dem eines verletzten Mannes vorgezogen.

Denn er, wie ich schon einmal erwähnte, liebte es gar nicht, berührt zu werden.

# IV

# BALLADE VOM ZÖLIBATÄR

# ERSTER GESANG

Wie seltsam, allein mit sich im Fleisch zu sein. Wie gefährlich und unnatürlich es scheint. Weist nicht sogar die Heilige Schrift warnend darauf hin? *Weh ihm, der allein ist, wenn er fällt, denn niemand ist bei ihm, der ihm aufhülfe.* Dennoch lebte der Hl. Antonius von Ägypten, wenn ich mich recht erinnere, zwanzig Jahre als Einsiedler, und der Hl. Hieronymus war fünf Jahre lang ein Klausner. Auch Christus weilte vierzig Tage einsam in der Wüste. Mithin muß ein so abgeschiedenes Leben in gewisser Weise heilig sein, wie dies auch Bernhard von Clairvaux bezeugt: »Gesegnet ist, wer sagen kann: ›Siehe, ich bin in die Ferne geflohen und wohne in der Einsamkeit.‹« (Diese Worte hat Pater Amiel mir einmal zitiert.) Aber Bernhard war ein Heiliger. Vielleicht eignet sich die eremitische Existenz nur für die Heiligen unter uns.

Ich selbst kann so nicht leben. Wie die meisten von uns wuchs ich in einem Haus auf, wo es viele Menschen gab und wenig Raum, und ich mußte immer darum kämpfen, Platz für mich zu haben. Manchmal wünschte ich mir, von den anderen allein und in Ruhe gelassen zu werden. Aber heute weiß ich, daß Gott gnädig war, als er mir die Erfüllung dieses Wunsches verwehrte, denn meine erste Nacht in der Priorei war eine Herausforderung.

Ich bekam eine Zelle, eine Kerze und etwas Wasser. Die Zelle enthielt zwei schmale Pritschen, die mit Strohsäcken, Kissen und

Decken ausgestattet waren. Als ich Pater Amiel fragte, wo Papst Clemens bei seiner Ankunft in Avignon geschlafen habe, sagte er mir, daß das Gästehaus des Priors komfortabler ausgestattet sei. Dort gab es offensichtlich Wandteppiche und Pelzdecken, Goldverzierungen und Glas, während dieser Teil des Klosters für Besucher niederen Ranges vorgesehen war.

»Für Priester?« fragte ich.

»Ja, für Priester.«

»Für Pilger?«

»Manchmal sind auch Pilger hier.«

»Und Frauen?«

»Gelegentlich.« Pater Amiel ließ seinen Blick durch den kleinen Raum schweifen. »Reicht Euch das, was Ihr habt? Wenn Ihr Euch ins Gebet vertiefen wollt, kann ich Euch ein Psalmenbüchlein bringen lassen. Aber ich glaube, Ihr solltet besser nicht lesen.«

Das glaubte ich auch. Meine Augen wässerten immer noch vom Schlag auf die Nase.

»Macht Euch keine Sorgen, Pater. Was hier ist, genügt.«

»Dann werde ich Euch jetzt verlassen.« Zu meinem Erstaunen intonierte der Mönch einige Verse auf Latein und schlug ein Kreuz über meinem Kopf, bevor er sich verabschiedete. Wahrscheinlich sah er voraus, daß ich eine lange und schwierige Nacht vor mir haben würde. Vielleicht spürte er, daß Einsamkeit an einem fremden Ort meinem Wesen unzuträglich sein könnte.

Er hatte natürlich recht. Ich fand in dem schmalen Bett, umgeben von kalten, steinernen Wänden, wenig Ruhe. Der lange, gerade Korridor, an dem die Zelle lag, war von seltsamen Geräuschen erfüllt, die zumeist von der Zugluft herrührten und entfernte, unheimlich klingende, wehklagende Stimmen nachahmten. Ein- oder zweimal meinte ich, Schritte zu hören. Aber ich öffnete nicht die Tür, um den Vorbeigehenden zu grüßen, weil ich spürte, daß dergleichen an diesem düsteren Ort als aufdringlich empfunden werden würde. Zweifellos suchten noch andere gleich mir hier Zuflucht. Aber ich sah keinen von ihnen. Es war, als läge ich in einem von Geistern bewohnten Gebäude.

Mein Schlaf war fast fiebrig leicht, gestört von schrecklichen Träumen, schmerzenden Wunden und dem Schlagen von Glokken. Einmal habe ich wohl aufgeschrien und meine Stimme in die überirdische Musik der Pfeiftöne und Stöhnlaute und Tap-tap-tap-Geräusche, die den Korridor durchzogen, einfließen lassen. Seltsam, wie allein ich mich fühlte, obwohl doch ganz in der Nähe zahlreiche Mönche schliefen, die ebenfalls die Glocken läuten hörten. Aber ein Mann wie ich, mag er auch noch so reumütig und demütig sein, wird sich in einem Kloster nie heimisch fühlen.

Als Pater Amiel am nächsten Morgen bei Sonnenaufgang in meine Zelle kam, war ich bereits wach. Wir hatten vereinbart, daß er mich auf dem Weg zum Gefängnis nach Hause begleiten würde. Er schlug mir jetzt vor, den seiner italischen Sprachkenntnisse wegen in Dienst genommenen Ersatznotar auch am Nachmittag noch zu beschäftigen, damit ich mich erholen könne. Ich protestierte ganz entschieden; ich sei, meinte ich, gesund genug, um zu arbeiten.

»Seid Ihr sicher?« Er beäugte meine gebeugte Gestalt. »Ich finde, Ihr seht ziemlich krank aus.«

»Zu wenig Schlaf«, antwortete ich mit völlig verschnupft klingender Stimme (meine geschwollene Nase machte mir zu schaffen). »Den werde ich mir zu Hause holen. Ich lege mich ins Bett, und gegen Mittag bin ich auskuriert.«

»Und was ist mit Eurem weiland Freund Othon? Was wollt Ihr da unternehmen?«

Weil Pater Amiel mir die Frage im Schutz der Priorei stellte, nahm ich natürlich an, daß er um seine eigene Sicherheit besorgt war, falls Othon uns beiden gemeinsam begegnen würde. Hastig versuchte ich ihn zu beruhigen.

»Ach, Pater, Othon wird an diesem Morgen bestimmt nicht nach mir Ausschau halten. Er leidet noch unter den Nachwirkungen des gestrigen Weingenusses.«

»Aha.«

»So früh am Morgen werdet Ihr ihn niemals auf der Straße treffen, außer wenn er in eine weiter entfernte Stadt geschickt wird.«

»Das klingt überaus beruhigend«, bemerkte Pater Amiel. »Aber Ihr habt meine Frage nicht beantwortet, Raymond. Wollt Ihr Othon wegen des Angriffs verklagen? Falls ja, werde ich mit dem Marschall reden. Ihr werdet zweifellos eine Verurteilung erreichen. Die Beweise gegen ihn sind erdrückend.«

»Aber, aber, Pater!« Ich mußte lachen. »Wenn ich ihn vor Gericht bringe, wird er mich ganz sicher töten!«

»Unsinn.« Der Mönch sprach mit kaltem Ton. »Ich kann ihn arretieren lassen, wenn Ihr wollt. Noch heute morgen. Der Marschall wird mir ein solches Ansinnen nicht abschlagen.«

Erstaunt starrte ich zu ihm hinunter. Wir standen im Korridor vor meiner Zelle, wo es so dunkel war, daß Pater Amiel eine qualmende Wachskerze mitgebracht hatte, in deren Licht sein Antlitz leichenblaß und wie aus Flintstein geschlagen wirkte.

»Pater, ich – ich –« Wie konnte ich es ihm nur erklären? Othons Frau und Kinder schienen mir aus der Ferne Vorwürfe zu machen. »Ich kann Othon nicht arretieren und anklagen lassen.«

»Warum nicht?«

»Wegen seiner Familie. Was wird mit den Kindern geschehen?«

»Nichts, wenn er nur eine Geldbuße bekommt.«

»Aber er könnte seine Stellung verlieren. Er ist nicht mehr als ein päpstlicher Kurier und hat keine einflußreichen Freunde. So mancher würde die Gelegenheit nutzen wollen, um seinen Platz einzunehmen. Außerdem –« Ich fuhr mit der Hand durch das Haar und zuckte zusammen, als ich eine schmerzende Beule berührte. »Ach, Pater, ich kann es einfach nicht. Es wäre falsch. Höchstwahrscheinlich kommt er morgen zu mir und bittet um Verzeihung. Das ist schon häufiger passiert.«

Pater Amiel schwieg.

»Er wird sich in meiner Schuld fühlen, genau. Er wird so dankbar sein, keine Strafe bekommen zu haben, daß er bereit ist, alles für mich zu tun! Ich versichere Euch, Pater, bei Othon ist es immer am besten, auch die andere Wange hinzuhalten, sonst gibt es nur noch mehr Ärger.«

Pater Amiel schwieg weiterhin. Sein Schweigen schien mir auf eine Art von Verärgerung zu deuten. Vielleicht auch wirkte sein Mund eine Spur grimmiger als sonst. Vielleicht kam ich darauf, weil er so abrupt auf dem Absatz kehrtmachte und mich aus dem Kloster führte. Es kann auch die Länge seines Schweigens gewesen sein, die andauerte, bis ich, in dem verzweifelten Versuch, seine mir so offenkundig entzogene Anerkennung zurückzugewinnen, auf das Thema von Guillaume Moniers Rechtsstreit mit dem Ritter Etienne de Puy zu sprechen kam.

Pater Amiel lauschte mir mit gespannter Aufmerksamkeit. Wir schritten nebeneinander durch die für diese Jahreszeit zu kühle Luft, die so still war, daß der Rauch von den morgendlichen Herdfeuern wie eine Glocke über den Dächern hing. Da meine Hüfte immer noch weh tat, zog ich das rechte Bein etwas nach, was unser Tempo verlangsamte. Meine frierenden Hände hatte ich in den Achselhöhlen geborgen.

»Aber wie sollte ein Ritter aus – wo kam er doch gleich her? aus der Nähe von St. Gilles? – wie sollte er in Guillaume Moniers Schlafzimmer gelangen?« fragte der Mönch, nachdem ich meinen Bericht geendigt hatte. »Er kann doch nur irgendeine teuflische List angewendet haben.«

»Es klingt unwahrscheinlich, ja. Das habe ich auch Lambert gesagt.«

»Oder er hat ein Mitglied aus dem Haushalt des Schatzmeisters bestochen, die Tat für ihn auszuführen.« Unvermittelt seufzte Pater Amiel. »Vielleicht habe ich die falschen Fragen gestellt. Vielleicht sollte ich die Schreiber noch einmal vernehmen. Aber wie läßt sich das bewerkstelligen? Diese *inquisitio* ist mit

Hexerei befaßt. Wenn ich Etienne de Puy verhörte … würde ich mich da nicht allzuweit von meinem Auftrag entfernen?«

Weil ich ihm auf diese Frage keine Antwort geben konnte, hielt ich den Mund, während Pater Amiel in tiefes Nachdenken versank, das ihn beschäftigte, bis wir beim Haus meiner Mutter angekommen waren. Immerhin konnte ich erfreut feststellen, daß meine Ablenkung erfolgreich gewesen war, denn statt mich mit einem kühlen Gruß zu verabschieden, bedankte sich Pater Amiel für die kleine Gabe, die ich ihm hatte zukommen lassen, indem er sich zu meinem Verteidiger aufschwang.

Alazais öffnete die Tür, und ihr Gesichtsausdruck verriet mir alles. Wäre Pater Amiel nicht bei mir gewesen, hätte sie wieder angefangen zu keifen. Aber als sie den Mönch erblickte, verschluckte sie die Worte, die ihr auf der Zunge lagen, und wich einen Schritt zurück, was mich unendlich freute, aber auch besorgt machte. Ich fand es seltsam, daß Pater Amiel sich so bereitwillig der Aufmerksamkeit meiner Familie aussetzte, denn zumeist vermied er es, sich in ihrer Gesellschaft länger als notwendig aufzuhalten.

»Sei gegrüßt, meine Tochter«, bemerkte er. »Ich möchte mit deinem Mann sprechen. Ist er da?«

»Oh – ja. Ja, ich – Arnaud! *Arnaud*!«

Worauf wollte der Mönch hinaus? Mit einiger Furcht fragte ich mich, ob er Arnaud den Grund für meine Verletzungen mitteilen und ihn drängen würde, Othon verhaften zu lassen. Doch als Arnaud endlich (verschlafen und zerzaust) erschien, verkündete Pater Amiel lediglich, daß ich überfallen worden sei und Mitgefühl verdiene.

»Ich habe mich davon überzeugt, daß Euer Bruder ein unschuldiges Opfer ist. Wie Ihr wißt, hat er die Nacht in der Priorei verbracht, wo er sich von der Tortur ein wenig erholen konnte. Dennoch bedarf er der Fürsorge und des seelischen Friedens. Ich vertraue darauf, daß Ihr dafür sorgt, wenn ich ihn Euren brüderlichen Händen anvertraue.«

Arnauds Gesichtsausdruck reizte zum Lachen. Er sah aus, als habe er gerade eine Kuh in seinem Bett entdeckt. Sein Mienenspiel wechselte zwischen Erstaunen, Mißtrauen und Verwirrung.

»Ich werde gegen Mittag wiederkommen«, fuhr Pater Amiel fort. »Ich habe die Hoffnung, daß Raymond dann ausgeruht, frisch und arbeitsfähig ist. Er ist für mich ein wertvolles Werkzeug, Meister Arnaud. Ich wäre sehr betrübt, wenn Ihr diese Tatsache zu berücksichtigen vergäßet.«

Armer Arnaud! Ich empfand beinahe Mitleid für ihn. Er murmelte etwas Unverständliches, rieb sich den Schlaf aus den Augen und schaute sich um, als erwarte er von irgendwoher Unterstützung. Aber Pater Amiel hatte seine Attacke bereits abgeschlossen, und mit einem Lächeln und einem Nicken verließ er das Haus, während die Maillots einander konsterniert und mit sichtlichem Unbehagen anstarrten.

»Nun ...«, sagte Alazais schließlich.

»Hm«, sagte ihr Mann.

Ich sagte nichts. Endlich traten sie zur Seite, und ich konnte ins Haus. In der Küche begrüßte mich meine Mutter, die ebenfalls gerade aufgestanden war. Sie gab mir Brot und Käse. Niemand sprach mich an, während ich vorsichtig kaute. Zu meiner Erleichterung hatte der lose Zahn seinen Halt wiedergefunden und steckte so fest und gerade im Kiefer wie eh und je. Meine Mutter befahl der Magd, Brennholz zu holen, während Alazais im Feuer und Arnaud in seinen Zähnen herumstocherte. Schließlich deutete er auf meine geschwollene Nase und bemerkte: »Wer hat das getan?«

Ich wurde rot und behauptete, mich nicht zu erinnern.

»Also, wenn das noch ein drittes Mal passiert«, knurrte er, »mußt du dir einen anderen Schlafplatz suchen. Falls jemand dich umbringen will, sollte dein Blut nicht in der Nähe des Hauses vergossen werden.«

Soviel zum Mitgefühl meines Bruders. Soviel zu Fürsorge und

Seelenfrieden! Immerhin sah er von Tätlichkeiten ab, wofür ich Pater Amiel zu danken hatte.

Nach dem Mahl erhob ich mich und ging, ohne weiter belästigt zu werden, in mein Zimmer. Trotz der dort herrschenden Unordnung war es mir, eingedenk der Nacht in der Zelle, höchst willkommen. Mit großer Zufriedenheit betrachtete ich das steinerne Tintenfaß, das einst meinem Vater gehört hatte, die auf dem Boden verstreuten Bücher, das ungemachte Bett, meine Festtagsstiefel, mein Schreibpult. Alles wirkte so unendlich vertraut. Und hinter der geschlossenen Tür befand sich meine Familie, die in der Nacht keine unheimlichen Geräusche machte und mich des Morgens, wenn ich in die Küche kam, begrüßte, und sei es nur mit mehr oder weniger diskreten Hinweisen auf meinen unverantwortlichen Lebenswandel.

Mit einem glücklichen Seufzer kroch ich zwischen die Laken.

Doch erneut war mir keine Ruhe vergönnt. Denn kaum hatte ich die Augen geschlossen, als auch schon jemand an den Fensterläden kratzte. Es war ein verstohlener Laut, der nichts Gutes verhieß; einen Moment lang dachte ich daran, ihn einfach zu überhören. Aber dann würde der Störenfried sich vielleicht bemüßigt fühlen, es an der Haustür zu versuchen, womit auch Arnaud von seiner Anwesenheit erführe.

Also erhob ich mich und öffnete den Fensterladen.

»Raymond!« Es war Bona Claret. »Ich habe auf dich gewartet!«

»*Bona*! Was in aller Welt –«

Sie schaute mich an, Nase und Wangen gerötet von der kalten Luft. Mit ihren stumpfen, schmuddeligen Fingern klammerte sie sich am Fensterbrett fest, als befürchte sie, von einem gewaltigen Luftstrom davongeblasen zu werden.

»Ich hab nach dir Ausschau gehalten«, flüsterte sie. »Na Béatrice hat mich geschickt. Sie wollte wissen, ob du sicher nach Hause gekommen bist. Ich hab schon vor einiger Zeit ans Fenster geklopft, aber niemand antwortete. Also hab ich gewartet.«

»Die ganze Nacht?«

»Nein, nein. Nur heut morgen. Ich hatte mich in der Nähe versteckt.«

»Aha.« Ich hoffte, Arnaud würde ihre Stimme nicht hören. Die Folgen wären absehbar. »Nun gut«, murmelte ich, »du kannst Na Béatrice sagen, daß ich noch am Leben bin, weil ich die letzte Nacht im Kloster verbracht habe. Aber du solltest jetzt gehen, Bona, sonst bringt mein Bruder das fertig, was Othon nicht geschafft hat.«

»Dein Freund hat dich also ausfindig gemacht?« Sie betrachtete meine Nase. »Na Béatrice befürchtete, daß er dich umbringen wird.«

»Das hätte er auch beinahe getan.«

»Sie macht sich große Sorgen um dich, Raymond. Und ich glaube, sie ist auf mich eifersüchtig. Sie will nicht, daß ich dableibe. Ach, Raymond, wo soll ich denn jetzt hin? Gibt es keinen, der mir helfen kann?«

O meine Freundinnen, selbst eine geringe Last wiegt mühlradschwer, wenn man krank und müde ist! Bonas weinerliches Bitten lastete wie eine Kathedrale auf meinen Schultern. Ich seufzte und wollte mit den Händen mein Gesicht massieren, als mir einfiel, daß diese Idee angesichts meiner Prellungen denn doch nicht so gut wäre.

»Bona«, flüsterte ich, »du verlangst ziemlich viel. So groß ist mein Bekanntenkreis nicht. In der Stadt gibt es niemanden, der –«

»Aber vielleicht außerhalb?« Ihre Finger waren weiß, so sehr hielt sie das Fensterbrett umklammert. »Vielleicht irgend jemand, der … der weiter weg wohnt? Jenseits der Stadtmauern?«

In diesem Augenblick fiel mir tatsächlich jemand ein. Was war mit Bernard und Marguerite de Pasquières? Bernard war Ritter und zudem *châtelain* der Grafschaft Provence; er bewohnte ein kleines Kastell oberhalb der Ortschaft Saint-Martin-les-Bains. Bernard war ein enger Freund von Lambert Galand (der ihm einmal geholfen hatte, einen wichtigen Prozeß zu gewinnen) und hatte mich immer sehr gastfreundlich empfangen, wenn ich ihm einen Brief oder ein Geschenk meines Lehrherrn überbrachte. Insgesamt war ich dreimal dort gewesen, und jedesmal hatte es Jagdvergnügen, Musik und opulente Mahlzeiten gegeben.

In diesem großen und wohlhabenden Haushalt müßte es doch Platz für eine weitere Wäscherin geben.

»Bona«, zischelte ich und blickte vorsichtig über die Schulter zur Tür, »ich kenne tatsächlich jemanden, aber er wohnt in Saint-Martin-les-Bains. Weißt du, wo das liegt?«

Sie starrte mich nur an.

»Du gehst über die Brücke von Saint-Bénezet, an Villeneuve-les-Avignon vorbei und nimmst dann die Straße, die in die Berge führt, bis du – warte.« Mir fiel ein, daß Richtungsangaben der letzte Schritt sein sollten, nicht der erste. »Hör mir gut zu, Bona. Ich werde einen Brief schreiben, den du meinem Freund übergibst. Und dann sage ich dir, wie du dort hinkommst. Aber du bist zu Fuß mindestens zwei Tage unterwegs. Ist dir das zu weit?«

»Nein, wenn ich etwas zu essen habe.«

»Ich gebe dir Geld.« Ein geringer Preis für die Aussicht, sie endlich loszuwerden. »Geh jetzt in dein Versteck zurück. Wenn ich mit dem Brief fertig bin, mach ich den Fensterladen wieder auf. Kapiert?«

Sie kapierte und verschwand. Ich aber begab mich tränenden Augs und schmerzenden Haupts an mein Pult, um eine Bittschrift an einen Mann aufzusetzen, den ich seit fast drei Jahren nicht mehr gesehen oder gesprochen hatte. Keine ganz leichte Aufgabe. Ich mußte ihm ein wenig schmeicheln und Honig um den Bart schmieren, elegante Wendungen konstruieren und überhaupt Gefallen erwecken, während mein stolpriger, mutloser Geist für solche Aufgabe gerade völlig ungeeignet war. Aber ich schaffte es, weil ich zum Glück in der Volkssprache schreiben konnte, denn derlei Sätze auf Latein zu drechseln, hätte ich nicht vermocht; aber Bernard de Pasquières war des Lateinischen nicht mächtig.

Ich verfaßte zunächst einen Entwurf, den ich sodann in Reinschrift brachte. Um den Brief zu siegeln, mußte ich in die Küche, das Wachs zu schmelzen, und hoffte, nicht mit der Frage konfrontiert zu werden, warum ich denn arbeite, wo Pater Amiel mir Ruhe verordnet hatte. Aber niemand stellte Nachforschungen an. Es war, als ob meine Familie einen Pakt geschlossen hätte, mich fürs erste, egal was ich tat, gewähren zu lassen. Vielleicht auch hielt man mich keines Wortes für würdig.

Jedenfalls konnte ich ungestört meinen Brief siegeln und in einen ledernen Umschlag stecken. Eine genauere Durchsuchung meines Zimmers förderte zudem einen *livre tournois*, zwei Nemausenser (in Nîmes geprägte Münzen) und ein altes, heute nur noch selten zu findendes Kupferstück, eine *pougeoise*, zutage, die nur geringen Wert besitzt. Diese Münzen fügte ich dem Brief hinzu. Sie müßten ausreichen, Bona auf ihrer Reise mit Essen und Trinken zu versehen.

Dann öffnete ich den Fensterladen. Im Nu tauchte Bona auf und empfing aus meinen Händen den ledernen Umschlag. Ich nannte ihr den Namen des *châtelains* und seinen Rang und beschrieb zweimal den Weg zu seinem Kastell. All dies geschah in großer Eile, weil mein Bruder immer noch im Haus weilte. Schließlich schärfte ich Bona ein, den Namen der Ortschaft – Saint-Martin-les-Bains – auf keinen Fall zu vergessen, damit man ihr, falls sie sich verlaufe, den Weg dorthin weisen könne.

»Geh jetzt«, wies ich sie an. »Geh, bevor mein Bruder das Haus verläßt, sonst ist es um meinen Kopf geschehen.«

»Das Geld bekommst du zurück«, versicherte sie, aber ich winkte ab.

»Es ist ein Geschenk. Geh jetzt.«

»Aber –«

»Geh! Mach dich auf den Weg! Bitte!«

Sie ging, und ich konnte mich endlich wieder ins Bett legen, als mir noch etwas einfiel. Ihre Aussage. Soweit ich mich erinnerte, war sie ihr nicht vorgelesen und von ihr mit einem Zeichen versehen worden, um die Richtigkeit des Inhalts zu bestätigen.

Pater Amiel dürfte nicht eben erfreut sein, wenn er erfährt, daß ich eine wichtige Zeugin nach Saint-Martin geschickt habe, dachte ich.

Aber die Ortschaft war nur einen Tagesritt entfernt und zu dieser Jahreszeit ohne Schwierigkeiten zu erreichen. Außerdem würde Bona höchstwahrscheinlich Ende der Woche wieder zurück sein – nach den bisherigen Erfahrungen betrachtete ich ihre Aussichten, bei Bernard Arbeit zu finden, eher skeptisch. Als ich in den Schlaf hinüberglitt, kam mir Bona wie ein Schatten vor, der sich an meine Fersen geheftet hatte. Oder wie Aussatz, den man, einmal daran erkrankt, nicht wieder los wird.

Aber für die nächsten Tage dürfte ich Ruhe vor ihr haben.

# ZWEITER GESANG

Als Pater Amiel nach dem Mittagessen mich abholte, war er ganz offensichtlich bester Dinge. Noch bevor ich mich zu ihm gesellte, begrüßte er mich mit den Worten: »Gottes Segen ruht auf unseren Unternehmungen, mein Sohn!« Äußerlich war er so ruhig wie immer, aber er hob den Kopf mit kaum verhohlener Energie, seine Augen blitzten, und sein Kinn war triumphierend nach vorne gereckt.

»Tatsächlich?« bemerkte ich. »Dann hat die Befragung von heute morgen –«

»– mir genau das verschafft, was ich benötigte.« Munteren Schritts entfernte er sich vom Haus meiner Mutter, sprach aber mit so leiser Stimme, daß ich mich gezwungen sah, ihm nachzueilen, obwohl meine Hüfte immer noch weh tat. »Tibaldo Canigiano hat zwei Handlungen beobachtet, die von Masseo di Vico, seinem Sohn Girolamo und dem Kaplan des Kardinals, Pater Antonio, ausgeführt wurden und eindeutig den Charakter der Hexerei trugen. Nunmehr habe ich zwei Zeugen, die den Arzt solcher Dinge beschuldigt haben. Jetzt kann ich gegen Masseo vorgehen.«

»Und dieser Tibaldo ist der von Euch erwähnte Diener?«

»Ja, Masseos Diener. Er war bei den von Bona Claret beschriebenen Handlungen zugegen, die, wie er angibt, mit der Absicht ausgeführt wurden, Guillaume Monier Schaden zuzufügen. Außerdem hat er Masseo und die beiden anderen beobachtet, wie sie ein silbernes Bildnis, das den Schatzmeister darstellen sollte, in Händen hielten und dazu seltsame Worte aussprachen und den Namen des Schatzmeisters verfluchten.«

»Wie habt Ihr Tibaldo dazu gebracht, dieses Geständnis abzulegen? Ist er ein untreuer Diener? Hegt er einen Groll gegen Masseo? Oder ist er ein dem Glauben ergebener Mann?«

»Ergeben? Alles andere als das.« Pater Amiel schnaubte verächtlich. »Sein Geist ist mit höchst unchristlichen Lehren vergiftet. Um den Hals trägt er ein Amulett, das ihn vor Erkrankungen des Auges schützen soll. Ein Sarazene hat es ihm geschenkt. Wenn er an der Haustür einer Witwe vorbeikommt, sagt er das *pater noster* rückwärts auf, damit die Frau ihn nicht durch eine Ligatur impotent macht.«

»Eine Ligatur?«

»Eine Art von Hexerei, bei der in Bindfäden oder Tücher Knoten geschlungen werden.«

»Ach ja. Davon habe ich schon gehört.« (Diese Verknotungen waren Gegenstand zahlreicher Witze bei den Zechern im Schwarzen Hahn.) »Aber warum sollte eine Witwe ihm so etwas antun?«

»Weil er alle Witwen für Hexen hält. Tibaldo ist ein Mann mit gotteslästerlichen Neigungen, der sich dem Aberglauben des Volks ergeben hat. Warum sollte er Gewissensbisse empfinden, wenn er unter Eid lügt? Wahrscheinlich hat er vorher dreimal auf eine Zauberformel gespuckt, um sich vor den Folgen eines Eidbruchs zu schützen.« Er lächelte so hinterhältig, daß es fast diabolisch wirkte, und schien über einen Vorfall nachzudenken, der ihm offensichtlich ein gewisses Maß an – etwas dubioser – Befriedigung verschafft hatte. Mein Eindruck trog nicht. »Ich habe Tibaldo unter Druck gesetzt, indem ich damit drohte, selbst einen Zauberbann zu sprechen. Sollte er nicht die Wahrheit sagen, würde ich den Dämon Berich herbeirufen.«

Ich verhielt meinen Schritt und starrte den Mönch erstaunt an.

»Oh, meine Strafe wird hart sein«, versicherte er mir hastig. »Natürlich war das eine Sünde, die ich meinem Superior beichten muß. Aber es war auch eine höchst erfolgreiche List.« Er lächelte immer noch und erweckte keineswegs den Eindruck von Reumütigkeit. »›Laßt uns Böses tun, damit Gutes daraus erwachse‹«, murmelte er. »Im Dienst des HErrn müssen wir alle Opfer bringen.«

Auf dem Weg zum Gefängnis fragte ich mich, wie gründlich Pater Amiel seine »höchst erfolgreiche List« wohl betrieben haben mochte. Er schien die Methoden zur Beschwörung eines teuflischen Geistes recht gut zu kennen. Hatte er tatsächlich die richtigen Anrufungsformeln und Symbole verwendet? Wie weit hatte er sich auf diesem gefährlichen Weg vorgewagt? War das, was er getan hatte, nicht höchst gefährlich und unangemessen gewesen?

»Zuallererst müssen wir Vorladungen für Masseo di Vico und seine Familie schreiben«, erklärte Pater Amiel, als wir den höhlendunklen Torweg, der ins Innere des Gefängnisses führte, erreicht hatten. »Sie sollen morgen vormittag vor mir erscheinen. Diesen Nachmittag werde ich Sanché Cervel befragen – den Buchbinder.«

»Den Buchbinder?« wiederholte ich leicht verwirrt, weil ich mit den Gedanken immer noch bei Pater Amiels Dämonenzauber war. »Welchen Buchbinder?«

»Den aus Marseilles. Ihr habt doch die Vorladung geschrieben. Er hat den Einband für das Buch mit Guillaume Moniers nekromantischem Kodex verfertigt.«

»Ja, natürlich!« Jetzt fiel es mir wieder ein. »Ist er denn schon hier?«

»Heute morgen angekommen.«

»Das ging aber schnell.«

»Allerdings. Lobenswert schnell.« Während er darauf wartete, daß eine der inneren Türen aufgeschlossen wurde, bemerkte er: »Vielleicht werde ich deshalb gnädig sein. ›Was verlangt der

HErr denn von dir, außer daß du gerecht verfahrest und die Barmherzigkeit liebest und demütig einhergehest mit deinem Gott?‹«

Da ich nicht erwartete, daß er auf diese Frage eine Antwort hören wollte, folgte ich ihm schweigend zu unserer Zelle, wo er mir die Vorladungen diktierte. Masseo und Girolamo di Vico wurden der Hexerei beschuldigt, während Masseos Tochter – Emilia – und seine Ehefrau – Costanza – als Zeuginnen aussagen sollten. Dann überbrachte Pater Amiel diese Dokumente dem Marschall, damit er sie abschickte, und kehrte einige Zeit später mit dem von Wachen begleiteten Buchbinder zurück.

Sanché Cervel war ein kleiner, munterer Bursche, dessen dunkle Augen funkelten wie die eines Nagetiers. Seine Hände waren fleckenübersät, er sprach das Provenzalische mit starkem Akzent, hatte die Krätze und schien den halben Hausstand auf dem Rücken zu tragen. Als er seine Last absetzte, um den Eid zu leisten, hörten wir das Geklapper von Eisentöpfen. Cervel durchmaß den Raum mit schnellen Blicken, die von nüchterner Urteilsfähigkeit sprachen, und obwohl er nicht gebildet schien, vermittelte er keineswegs den Eindruck von Furchtsamkeit. Ich bewunderte die Gelassenheit, mit der er sich kratzte, während er, immer noch vom Staub der Reise bedeckt, auf eine Erklärung für sein Hiersein wartete.

»Sanché Cervel«, hob der Mönch an, nachdem die Formalitäten erledigt worden waren, »kennst du dieses Buch, und weißt du, wer den Einband gemacht hat?«

Mit einer schnellen und abrupten Bewegung, die mich an ein körnerpickendes Huhn erinnerte, nahm Sanché das Buch aus Pater Amiels Hand und untersuchte es mit derben Griffen. Er bog die Deckel nach hinten und zog und rupfte an den Bögen in einer Weise, die Pater Amiel Seelenqualen bereitet haben dürfte. Dem Inhalt dagegen schenkte er sichtlich keine Beachtung. Ich merkte sofort, daß er des Lesens nicht kundig war.

»Ja«, sagte er schließlich und wog den Band fast nachlässig auf der Handfläche. »Ja, ich erkenne diese Arbeit. Sie stammt von mir.«

»Du hast den Einband gemacht?«

»Ja.«

»Du erinnerst dich daran?«

»In der Tat. Ich erinnere mich daran, weil ich vorher gewarnt wurde.«

»Gewarnt?«

»Ich sollte nicht in dem Band lesen, weil er ein gefährliches Buch enthielt.« Der Zeuge lachte. »Aber weil ich nicht lesen kann, drohte mir keine Gefahr.«

»Und wer hat dich gewarnt?« fragte Pater Amiel fordernd. Ich spürte seine Anspannung. »War es der Mann, der dir den Auftrag zum Binden gab?«

»Ja«, erwiderte Sanché. »Ich fragte ihn, warum er das Buch nicht verbrennen würde, wenn es so gefährlich wäre. Er meinte, es sei nur für unwissende Leute gefährlich, die damit nicht richtig umgehen könnten.«

»Erinnerst du dich an den Namen dieses Mannes?«

»Natürlich. Wie auch nicht? Er war in Marseille gut bekannt. Ein bedeutender und geachteter Mann – so wie Ihr, Pater.«

»Ein Mönch?«

»Ein Inquisitor ketzerischer Verderbtheit. Pater Pierre-Julien Fauré.«

Ich fiel vor Überraschung fast vom Schemel. Und auch Pater Amiel war, wie ich glaube, höchst erstaunt, denn als ich ihn mit offenem Mund anstarrte, saß er da wie aus Stein gemeißelt.

»Pater Pierre-Julien Fauré«, wiederholte er tonlos.

»Ja, Pater. So lautete sein Name.«

»Ich verstehe.«

Der Dominikaner räusperte sich, betrachtete die Dokumente vor ihm auf dem Tisch und ordnete sie zu drei hübschen kleinen Stapeln. Ich bin davon überzeugt, daß er dies nur tat, um seine Verwirrung zu verbergen. Nach einer kurzen Pause fragte er:

»Wann hast du diesen Einband für Pater Pierre-Julien Fauré angefertigt?«

»Hm …« Der Zeuge überlegte. »Das ist schon länger her. Bevor er Marseille verließ, und das war … vor zwei Sommern oder so. Den Einband hab ich vor vielen Jahren gemacht.«

»Hast du noch andere Bücher für ihn gebunden?«

»O ja, viele. Aber die wurden alle gepunzt. Hier wollte er keine Punzarbeit. Auch keinen Goldschnitt.«

»Hat er dich öfter vor Büchern, die du binden solltest, gewarnt?«

»Nein, Pater. Nur dies eine Mal.«

»Nun gut.« Der Mönch holte tief Luft. »Sanché Cervel, du hast, indem du dieses Buch anrührtest, eine schwere Sünde begangen. Nichtsdestoweniger bin ich bereit anzunehmen, daß du sie aus Unwissenheit begangen hast. Ich bin bereit anzunehmen, daß du Pater Pierre-Julien in gutem Glauben gehorcht und seiner Weisheit und Frömmigkeit vertraut hast.«

»Das habe ich, Pater.«

»Aber wenn du lügst, mein Sohn, wirst du eine schreckliche Strafe erleiden. Gott wird dich heimsuchen, und ebenso der Papst. Ich habe die Absicht, die Wahrheit deiner Worte durch weitere unnachgiebige Befragungen zu überprüfen. Wenn es also *nicht* Pater Pierre-Julien war, der dir dieses Buch gegeben hat –«

»Er war es. Das schwöre ich.«

»– wenn er es also nicht war, wirst du wegen Meineids angeklagt.«

Damit war die Befragung beendet. Mit der Anweisung, bis auf weiteres in Avignon zu bleiben, entließ Pater Amiel den Buchbinder. Als Sanché Einwände erhob, wurde er darüber belehrt, daß seine Aussage protokolliert und von ihm bestätigt werden müsse, bevor er die Stadt verlassen könne. Und nun dürfe er gehen.

Als er fort war, schärfte Pater Amiel mir ein: »Es ist von größter Wichtigkeit, Maître Raymond, daß Ihr diese Befragung niemandem gegenüber erwähnt. *Niemandem.*«

Überrascht wies ich ihn darauf hin, daß ich meine Arbeit im Gefängnis ohnehin mit keiner Person erörterte. Darum hatte er mich ja gleich zu Anfang gebeten.

»Natürlich«, nickte er. »Aber Ihr müßt wissen, daß im Hinblick auf Pater Pierre-Julien Fauré große Vorsicht geboten ist.«

»Aha.« Ich bemerkte aus den Augenwinkeln, daß seine Stirn gerunzelt war. »Weil er ein Inquisitor ketzerischer Verderbtheit ist?«

»Weil er dieses Buch für seine Arbeit benötigt haben könnte. Allerdings begreife ich nicht, wie er so sorglos – oder so töricht – sein konnte, es in die Hände eines anderen geraten zu lassen.« Er durchblätterte die Seiten. »Vielleicht stammen einige der Randglossen von seiner Hand. Wer weiß? Hmmm.«

Gedankenverloren saß Pater Amiel da, und auch ich beschäftigte mich mit diesem merkwürdigen Zusammentreffen. Wie wunderbar wäre es doch, überlegte ich, wenn Pater Pierre-Julien wegen Hexerei angeklagt würde! Der gute Barthélemy wäre vor weiterer Verfolgung sicher, und meine Rolle bei seiner Verteidigung würde garantiert nicht ans Licht kommen. Aber wäre Pater Amiel stark genug, einen anderen Dominikaner vor Gericht zu bringen? Und noch dazu einen so wichtigen und geachteten? Vielleicht würden seine Superiores ihn daran hindern.

»Mein Sohn?«

Seine Stimme unterbrach meine Grübeleien. »Ja, Pater?«

»Bitte schnaubt Eure Nase aus.« Der Mönch sprach mit unterdrückter Gereiztheit. »Euer Schniefen lenkt mich ab.«

Leicht erschreckt gehorchte ich und wischte dann die Finger an meinem Ärmel sauber. Mir fiel ein, daß seit der Begegnung mit Othon aus meinen geplagten Nasenlöchern ganz außerordentliche Mengen blutigen Schleims geflossen waren. Wahrscheinlich hatte ich schon den ganzen Nachmittag geschnauft und geschnieft.

»Tut mir leid, Pater.«

»Habt Ihr kein Tuch?«

»Nein, Pater.«

»Hier.« Er zog ein Schnupftuch aus seinem Gurt und reichte es mir herüber. »Ich ertrage es nicht, in Speichel oder andere schleimabsonderliche Flüssigkeiten zu treten.«

»Tut mir leid«, wiederholte ich.

Von da an putzte ich mir sorgfältig die Nase, wenn ich spürte, daß sie lief, und ich schniefte so selten, wie es nur eben ging. Ich muß darauf hinweisen, daß mein Befinden nicht das beste war. Kopfschmerzen plagten mich, und Prellungen an gewissen Körperteilen ließen mich auf dem Schemel herumrutschen, als hätte ich Flöhe. Zudem konnte ich meine linke Hand nicht benutzen, die ich allerdings an diesem Nachmittag zum Glück nicht brauchte, weil Pater Amiel die Mitglieder des Haushalts von Guillaume Monier nur deshalb noch einmal vorgeladen hatte, um sie die Wahrheit ihrer Aussagen bestätigen zu lassen – die Protokolle konnten dann zur rechtmäßigen Urteilsfindung beitragen – und sie zu fragen, ob ihnen der Name Etienne de Puy bekannt sei. Hatte irgend jemand diesen Namen einmal in ihrer Gegenwart erwähnt? Hatte irgendein Mitglied des Haushalts in den Tagen unmittelbar vor Guillaume Moniers Tod mit einem Mann aus der Gegend um Saint-Gilles oder einer Person, die einem Ritter ähnlich sah, gesprochen?

Alle diese Fragen wurden mit »nein« beantwortet. Obwohl Pater Amiel alle möglichen Anstrengungen unternahm, konnte er Aimery de Sorgues, Lothaire Lagarrigue, Josserand de Ponte, Fulques Fuille, Renaud Lizier und Jean Marty kein Geständnis abringen, mit dem sie sich selbst oder einander belastet hätten. Keiner von ihnen konnte sich daran erinnern, den Namen des Ritters jemals gehört zu haben, auch nicht Fulques Fuille, der uns als erster auf den »Rechtsstreit mit einem Ritter vom Lande« hingewiesen hatte.

Immerhin gab es keine Schwierigkeiten, als sie die Richtigkeit der Vernehmungsprotokolle mit ihrem Namen bestätigen sollten. Sie erhoben, nachdem sie ihre Aussagen durchgelesen oder, im Fall von Jean Marty, gehört hatten, keine Einwände gegen meine Transkriptionen. Dabei hätten sie sich durchaus beschweren können, weil bei den Vernehmungen keine unparteiischen Zeugen zugegen waren. Diese wären theoretisch auch nicht nötig gewesen, weil es sich nicht, wie bei Anklagen wegen Ketzerei, um ein Geheimtribunal handelte, aber ich hatte den Eindruck, daß Pater Amiel sich die Regeln für seine Zwecke ein wenig zurechtbog. Denn diese vor zwei Personen in einem kleinen Raum irgendwo in den Eingeweiden des kurialen Gefängnisses durchgeführten Vernehmungen waren alles andere als eine öffentliche Veranstaltung.

Auch fiel mir auf, daß keiner der eingekerkerten Zeugen besonders gut aussah. Vor allem Josserand hatte sichtlich gelitten, während Renaud Lizier zweifellos krank war. Er mußte beim Gehen gestützt werden und war bleich wie der Tod. Voller Beunruhigung mutmaßte ich, daß er den Abschluß der *inquisitio* vielleicht nicht mehr erleben würde, und teilte nach getaner Arbeit meine Bedenken Pater Amiel mit.

»Wenn er schuldig ist«, erwiderte der Mönch, »wird ihn die gerechte Strafe Gottes treffen. Wenn er unschuldig ist, haben wir immer noch seine Aussage. Sein möglicher Tod ist also ohne Bedeutung.«

»Aber wenn die Haft ihn umbringt, ohne daß er eine Verfehlung begangen hätte ...«, wandte ich zögernd ein. »Das wäre doch nicht Rechtens, Pater.«

»›Ein jeglich Ding hat seine Zeit‹«, gab er mit den Worten Ecclesiastes' zurück. »›Gebären hat seine Zeit und Sterben hat seine Zeit.‹ Gottes Wille geschehe, Maître Raymond.« Er ging, eine Treppe hinab, vor mir her, so daß ich sein Gesicht nicht sehen konnte. Aber sein Ton dünkte mir sorglos. »Wer kennt schon Renaud Liziers Sünden? Zweifellos ist ihre Zahl Legion.«

»Aber –«

»Abgesehen davon werde ich morgen den Leibarzt des Kardinals vernehmen. Vielleicht habe ich, wenn der Tag sich neigt, die Lösung des großen Rätsels gefunden. Und wenn das so ist, werden die Unschuldigen freikommen.«

Falls sie dann noch am Leben sind, dachte ich bei mir. Aber ich machte dem Dominikaner keinen Vorwurf, auch nicht insgeheim, weil ich mittlerweile seine Ansichten respektierte. Seine Leidenschaftslosigkeit sah ich als Vernunft an, seine Kälte entschuldigte ich mit meiner Leidenschaftlichkeit und Gefühlsseligkeit. Zudem, so überlegte ich, ist Renaud Lizier kein Heiliger. Vielleicht hat er seine Leiden verdient. Vielleicht ist er trotz allem schuldig.

Gerade fragte ich mich, ob Pater Amiels distanziertes Verhalten gegenüber den Zeugen wohl mit seiner Unfähigkeit, ihre Gesichter deutlich zu erkennen, zusammenhängen könne (denn wie sollte er sie als wirklich menschliche Wesen wahrnehmen, wenn sie ihm zumindest aus der Nähe nur als Bilder von Licht und Schatten erschienen?), als wir, auf die Straße tretend, uns der drohend aufragenden Gestalt von Othon gegenübersahen.

»Raymond!« rief er aus, woraufhin Pater Amiel sich zwischen ihn und mich stellte. Ich kann mich an diese so überaus mutige Tat nicht ohne ein Gefühl der tiefsten Dankbarkeit erinnern, denn Othon war ein Koloß von einem Mann.

Allerdings war meine Furcht in diesem Augenblick so groß, daß ich die Tapferkeit meines Gefährten nicht voll und ganz zu würdigen wußte.

»Geh«, sprach der Mönch mit fester Stimme. »Laß uns in Ruhe.«

»Pater, ich werd ihm kein Haar krümmen«, sprach Othon zögernd und mit merklicher Unterwürfigkeit. »Ich bin hier, um ihn um Vergebung zu bitten. Bei meiner Ehre.«

»Fort mit dir. Jetzt gleich.«

»Raymond, ich hatte unrecht. Du hast mich nicht verraten. Es tut mir so leid! Ich hätte nicht so viel Wein trinken sollen.«

Pater Amiel schaute mich mit fragendem Blick an. Ich war unsicher, wie ich mich verhalten sollte. Ging ich auf Othon ein, würde der Mönch mir Vorwürfe machen. Aber ich konnte mich von meinem alten Freund doch nicht ohne ein verzeihendes Wort abwenden! Seine Zerknirschung war zweifellos echt und kein Trick, um mich in eine dunkle Seitengasse zu locken. Außerdem schätzte er mich offensichtlich sehr, denn er hatte seinen Stolz bezwungen und sich mir, ungeachtet seiner gewaltigen Körperkräfte, als Bittsteller genaht.

Ich erinnerte mich an den Ratschlag, den Christus dem Hl. Petrus gegeben hatte, und sagte: »Schau dir meine Nase an, Othon.«

»O Raymond, wie kann ich das nur wiedergutmachen? Sag es mir.«

»Du darfst so etwas nie wieder tun.«

»Niemals wieder! Und von jetzt an bis Allerseelen werde ich dir jeden Tropfen Wein bezahlen, den du im Schwarzen Hahn trinkst. Jeden Tropfen, Raymond, das schwöre ich.«

Pater Amiel sagte nichts. Das brauchte er auch nicht, denn ich wußte, was er dachte, obwohl seine Miene ganz regungslos blieb.

»Na ja … ich … ähm … danke.«

»Komm jetzt«, drängte Othon fast flehentlich. »Feiern wir unsre Versöhnung im Schwarzen Hahn, und du kannst mir dann sagen, was ich mit diesem verdammten Weibsbild machen soll. Ihr Vater will mich nicht bestrafen lassen, wenn ich ihm was zahle und für seine Tochter 'nen Ehemann finde. Er will sie nicht so entehrt rumlaufen lassen. Aber dabei mußt du mir helfen, Raymond. Das mußt du einfach.«

»Äh … nein.« Ich warf Pater Amiel einen unsicheren Blick zu.

»Aber dir wird nichts geschehen, Raymond!« rief Othon aus. »Gott im Himmel, ich war betrunken! Ich war ein Narr! Ich bin jetzt nüchtern!«

»Und mir geht's nicht gut«, gab ich zurück. »Ich kann jetzt nichts trinken.«

Ich wollte an ihm vorbei, aber er packte mich am Handgelenk. Leider war es das linke. Ich schrie auf vor Schmerz.

»Laß ihn sofort los!« rief Pater Amiel mit scharfer Stimme.

»Sonst hole ich die Wachen von der Garnison!« Aber Othon hatte meinen Arm bereits wieder freigegeben.

»Tut mir leid«, murmelte er. »Tut mir echt leid.«

»Laß mich bitte in Ruhe, Othon. Ich hab ziemliche Schmerzen.«

»Trink Wein, dann gehn sie weg.«

»Nein.«

»Aber Na Béatrice will mit dir sprechen, Raymond. Das hat sie gesagt.«

»Sag ihr, daß ich dabei bin, mich zu erholen. Sag ihr, daß mir keine Gefahr mehr droht. Sag ihr Dank von mir.« Wieder wollte ich weitergehen, und Pater Amiel fand sich zu meiner Seite ein, so daß er zwischen mir und Othon stand. »Sag ihr, sie soll sich meinetwegen keine Sorgen machen. Wie du siehst, bin ich einigermaßen wohlauf.«

»Aber sie braucht dich, Raymond! Du sollst einen Brief lesen! Einen Brief, den sie von irgendwelchen Mönchen oder so gekriegt hat!«

Ich hielt inne. Der Brief! Vor wie vielen Tagen hatte sie diesen Brief aus der Abtei von Saint-Ruf erhalten? Vor wie vielen Tagen hatte ich versprochen, ihn ihr vorzulesen?

Ich konnte sie jetzt nicht im Stich lassen. Schon gar nicht, wenn es um ein Eigentumsproblem ging.

»Äh … Pater«, wandte ich mich mit zitternder Stimme an den Mönch. »Pater, es geht um die geschäftlichen Angelegenheiten dieser Frau. Ich wollte ihr einen Brief vorlesen, bevor ich angegriffen wurde – bevor diese Straßenräuber mich überfielen …«

Pater Amiel neigte den Kopf. Seine unbewegte Miene ließ mir das Herz in die Hose sinken.

»Sie ist eine Klientin«, fügte ich verzweifelt hinzu. »Wahrhaftig, Pater, ich werde nicht lange dort verweilen. Ich werde der Versuchung nicht stattgeben.«

»Ihr seid ein freier Mann, mein Sohn«, erwiderte er ohne eine

Spur von Vorwurf in der Stimme. »Ihr müßt wissen, was Ihr tut. Adieu. Ich werde Euch morgen früh abholen.«

Wie schrecklich er war in seinem strengen Urteil! Und doch fiel kein Wort des Tadels von seinen Lippen. Er sah ruhig, fast heiter aus, und er ging leichten Schritts davon.

Aber ich fühlte mich ganz schwach, und meine Knie zitterten.

»Puh«, bemerkte Othon. »Was für 'n giftiger kleiner Wurm! Komm, mein Freund, wir wollen die Kehlen ölen und den Weihrauchgestank mit anderm Duft vertreiben. Diese Mönche mit ihren langen Gesichtern machen die beste Milch sauer.«

# DRITTER GESANG

Niemals zuvor hatte ich den Schwarzen Hahn mit solchem Widerstreben betreten. Niemals zuvor hatte ich den großen Schankraum mit solcher Furcht beäugt. Ich wollte nicht mit Othon unter dem dräuenden Blick von Gaillard trinken. Ich wollte nicht die höhnischen und vorwurfsvollen Bemerkungen von Männern ertragen, die mich sonst immer voller Freude begrüßt hatten und die jetzt glaubten, daß ich meine Freunde verraten hätte und Umgang mit einem Mönch von zweifelhaftem Ruf pflegte. Schon die Atmosphäre wirkte bedrohlich; Becher wurden mit unnötiger Heftigkeit auf den Tisch geknallt.

Aber Othon war zum Umtrunk mit mir wild entschlossen. Zweifellos hätte er mir, notfalls mit Gewalt, einen Platz verschafft und seine Zechgenossen durch Einmischung in ihr Gespräch dazu veranlaßt, mich in ihrer Mitte aufzunehmen. Sein Arm lag schwer auf meinen Schultern, und sein grimmiges Grinsen forderte die Versammelten heraus. Doch bevor er meine Anwesenheit denen, die sie ablehnten, aufzwingen konnte, kam Na Béatrice mir zu Hilfe.

»Raymond!« Sie eilte herüber, um mich zu begrüßen. »Ich hatte gehofft, daß du kommen würdest.«

»Nur um deinetwillen«, versicherte ich ihr. Sorgenvoll bemerkte ich, daß ihr Gesicht von Furcht gezeichnet war. Ihr Haar stand wild vom Kopf ab, ihre Stimme klang rauh, ihre Augen waren von Rauch und Anspannung gerötet; sie wirkte fast wie eine alte Frau. »Vergib mir. Ich hätte schon längst kommen sollen. Wo ist der Brief?«

»Oben«, erwiderte sie. »Aber –«

»Ich werde ihn jetzt gleich lesen. Sag Sibylle, daß sie die Gäste bedienen soll. Hast du eine Feder? Tinte? Pergament? Vielleicht brauche ich diese Sachen.«

»Noch nicht!« ließ sich Othon vernehmen. »Zuerst einen Schluck Wein! Dann ein Lied, und eine Geschichte!«

»Nein«, sagte ich.

»Warum nicht? Was hast du nur, in Dreiteufelsnamen?«

»Wie ich bereits erwähnte, habe ich Schmerzen. Ich bin nicht hergekommen, um mich besinnungslos zu trinken.« Ich glitt unter dem Gewicht seines Arms hinweg, packte Béatrice am Ellbogen und drängte sie zu der engen, wackligen Holztreppe. »Sei mir nicht böse, Othon, aber ich brauche einen klaren Kopf. Ich muß mit Na Béatrice etwas Geschäftliches bereden.«

»Dann also später?« Er stand da und runzelte die Stirn. »Wenn die Sache erledigt ist?«

»Vielleicht.«

Ich zog mich mit großer Hast zurück, kann ich Euch versichern. Vielleicht mit zu großer Hast. Als wir in Béatricens Schlafzimmer angekommen waren, keuchte und schwitzte ich und muß wohl hochrot im Gesicht gewesen sein, denn Béatrice meinte: »Liebster, geht es dir gut? Du siehst aus, als wäre dir heiß.«

»Und darum sollte ich mich ausziehen, meinst du das?« Ich achtete kaum auf das, was ich sagte. »Wir haben jetzt keine Zeit zum Schäkern, Béatrice. Wo ist der Brief?«

Als ich keine Antwort erhielt, schaute ich sie an. Auch ihr Gesicht war jetzt mit Röte überzogen.

»Das meinte ich nicht«, erwiderte sie schneidend. »Du klingst schon so wie dieser Klosterbruder!«

»Oh. Äh ...«

»Raymond, du siehst erhitzt aus. Deine Stirn ist feucht. Hast du Fieber? Bist du krank?«

»Nein.«

»Gut.«

Sie ging zum Bett hinüber und zog unter der Matratze einen Haufen Dokumente hervor, von denen sie eins heraussuchte. »Hier ist der Brief. Tinte und Feder muß ich von nebenan holen, aus der Apotheke. Kannst du solange warten?«

»Natürlich.«

»Dann warte auf mich. Ich bin gleich zurück.«

Während sie fort war, studierte ich den Brief. Unterzeichnet hatte ihn der Schatzmeister der Abtei von Saint-Ruf, die, wie ich bereits erwähnt habe, über das Eignungsrecht an Na Béatricens Besitz verfügte. Dieses Recht, so erfuhr ich, gab der Abtei bestimmte Privilegien im Hinblick auf den Schwarzen Hahn. Unter Berufung auf diese Privilegien hatte die Abtei sich entschlossen, ihr Vorkaufsrecht betreffend Na Béatricens Taverne zu veräußern. Es war von einem Geldwechsler in Nîmes erworben worden.

Als Béatrice zurückgekehrt war, erklärte ich ihr die Zusammenhänge. Sollte sie einmal den Wunsch haben, ihr Eigentum zu veräußern, konnte der Geldwechsler in die Transaktion eingreifen und die Taverne selbst erwerben.

»Wieso?« fragte sie.

»Weil er das Vorkaufsrecht gekauft hat.«

»Er hat es *gekauft*?«

»Und kann es weiterverkaufen.«

Ich schilderte ausführlich, was damit alles vermacht war. Dann fragte ich sie, welcher Notar damals für sie den Kaufvertrag und die Schuldverschreibung aufgesetzt hätte. Es wäre klug, meinte ich, sich anhand seiner Unterlagen zu vergewissern, ob die Abtei von Saint-Ruf tatsächlich im Besitz dessen war, was sie zu verkaufen sich entschlossen hatte.

»Es kann schon mal Unregelmäßigkeiten geben«, hob ich hervor. »Manche Notare machen Fehler, wenn sie solche Verträge aufsetzen.«

»O Raymond! Hätte ich doch nur zu dir kommen können! Aber zu der Zeit warst du noch kein Notar.«

»Wir alle machen Fehler. Ich glaube nicht, daß dein Notar weniger tüchtig ist, als ich es bin. Aber ich sollte mich davon überzeugen, daß alles seine Ordnung hat.«

»Jetzt gleich?«

»Warum nicht? Es ist noch hell.«

Also machten wir uns auf den Weg zu ihrem Notar, dessen Name mir im Augenblick nicht erinnerlich ist (Gui? Guibert?). Ich will Euch nicht mit einer Beschreibung seiner persönlichen Eigenschaften langweilen, weil er für das, was ich zu erzählen habe, nicht übermäßig wichtig ist. An seiner Kompetenz jedenfalls ließ sich nicht deuteln. Seine Unterlagen waren in klarer Schrift und Sprache abgefaßt und in verschließbaren Schränken untergebracht. Seine Ausdrucksweise war makellos, und in keinem der von mir untersuchten Texte konnte ich einen Fehler entdecken. Alles war durch Unterschriften oder Zeichen beglaubigt, alle näheren Bestimmungen genau vermerkt. Als wir das Haus seiner Familie verließen (ein bescheidenes Heim, das jedoch in seiner tadellosen Reinlichkeit vom Charakter seiner Bewohner kündete), gratulierte ich Béatrice zu ihrer Wahl.

»Ein sehr fähiger Bursche. Du solltest auch in Zukunft seinen Rat suchen.«

»Und du selbst, Raymond?« wandte Béatrice ein. »Willst du mir denn gar nicht helfen?«

»Aber doch, wenn du möchtest. Und du zahlst bei mir sehr viel weniger – eigentlich gar nichts. Aber meine Unterlagen sind nicht so sorgfältig verstaut, sondern liegen ungeordnet auf dem Fußboden. Ich benutze billige Tinte und rauhes Pergament; für etwas Besseres müßtest du zahlen. Ich bin vergeßlich und habe keinen Sinn für Organisation.«

»Für mich bist du gut genug.« Sie hakte sich bei mir ein. »Muß ich den Brief der Abtei beantworten, Raymond? Brauchen die Mönche für den Verkauf des Einspruchsrechts meine Erlaubnis?«

»Nein«, erwiderte ich. »Aber du solltest ihnen zeigen, daß du die Sache nicht einfach auf sich beruhen lassen willst, sonst denken sie, sie könnten dich als Frau und Laienperson einfach übergehen. Du solltest sie auffordern, dir Näheres über diesen Geldwechsler mitzuteilen – wo er wohnt und wer sein Notar ist. Mach dir keine Sorgen. Ich setze für dich einen Brief auf, damit niemand es wagt, deine Rechte zu verletzen.«

»Danke, mein Liebster.« Béatrice stellte sich auf die Zehenspitzen und streifte mit ihren Lippen meine Wange. »Du bist ein unschätzbarer Freund.«

»Béatrice! Doch nicht auf der Straße!«

»Warum nicht? Hast du Angst, daß dein Mönch uns sehen könnte?«

»Er ist nicht *mein* Mönch. Und ich wünschte mir, daß du deinen guten Ruf sorgfältiger in Ehren hieltest.«

»Raymond«, entgegnete sie und schaute mich mit einem höchst rätselhaften Blick an, »dich halte ich viel mehr in Ehren als meinen guten Ruf.«

Glaubt mir, mein Herz war gerührt. Da es sonst nicht ihre Gewohnheit war, so hübsche und elegante Komplimente zu formulieren, wollte sie mich mit ihrer Bemerkung zweifellos erfreuen, so wie sie mich bisher auf die vielfältigste Art und Weise erfreut hatte. Dennoch war ich entschlossen, ihr nicht nachzugeben, weil wir beide uns sonst bald im Bett wiederfinden und Handlungen begehen würden, die ich nachher bereuen müßte.

So blieb ich kühl und gleichgültig, und als wir die Stiege zu ihrem Schlafzimmer erklommen (wobei ich Othons Geschrei, mit dem er mich zum geselligen Umtrunk aufforderte, geflissentlich überhörte), betonte ich, daß ich, um den Brief für sie aufzusetzen, allein sein müsse. Ein wenig traurig antwortete sie, daß ich natürlich alles bekommen würde, was ich verlangte. Vielleicht eine kleine Erfrischung? Wein? Fleisch?

»Wasser«, bemerkte ich und wandte den Blick von ihrem wogenden Busen. »Und etwas, worauf ich schreiben kann. Einen Tisch oder so.«

Fast demütig sorgte Béatrice für die Erfüllung meiner Wünsche, um sich dann wieder ihren Gästen zu widmen, während ich mich mit zähflüssiger Tinte und einer stumpfen Feder abmühte. Einen langen und gelehrten Diskurs über den Inhalt des Briefes lasse ich hier weg. Ich verwendete sehr direkte Formulierungen, die unseren Zwecken dienlich waren, und der Entwurf stellte auch schon die Endfassung dar. Ich las sie viermal durch, berichtigte einen grammatischen Fehler, blies die Tinte trocken und rief dann Béatrice herein, damit ich ihr vorlesen konnte, was ich geschrieben hatte. Schließlich setzte sie ihr Zeichen unter die *conclusio*.

Kaum hatte sie die Feder in die Hand genommen, als der Lärm aus dem Schankraum zu ohrenbetäubendem Toben anschwoll. Ein Riesengeschrei war im Gange.

Na Béatrice seufzte tief, als sie ihr Zeichen neben den von mir geschriebenen Namen setzte.

»Es gibt Ärger«, murmelte sie. »Immer gibt es Ärger.«

»Alkohol macht händelsüchtig«, meinte ich und erntete als Antwort einen ungeduldigen Blick. Dann eilte Béatrice aus dem Zimmer, um sich ins Getümmel zu stürzen. Ich ließ den Brief im Schlafzimmer liegen und folgte ihr. Ich hätte ihn eigentlich noch siegeln müssen, aber das Siegel befand sich im Haus meiner Mutter.

Nicht so, wie ich zu meinem Erstaunen feststellte, mein Bruder.

»Arnaud?« Ich mußte ans Geländer greifen, um nicht die Treppe hinunterzufallen. Othon hatte sich höchst bedrohlich vor Arnaud aufgebaut. Als er seinen Namen hörte, wandte er sich zu mir. Sein Blick war finster wie eine Neumondnacht.

»A*ha*!« rief er aus. »Hab ich dich unter ihrem Rock erwischt!«

»Wie? Was?« stammelte ich.

»*Hier* bist du, bei deiner Hure! Während deine zukünftige Braut bei uns auf dich wartet!«

»Meine *was*?«

»Soll ich 'n rausschmeiß'n, Raymond?« Othon sprach bereits mit weinbeschwerter Zunge. »Brauchs' nur zu nicken.«

»Man hat es dir *gesagt*!« kreischte Arnaud und stürzte sich auf mich wie ein Falke auf eine Wanderratte. »Alazais *hat* es dir *gesagt*!«

»Was gesagt?«

»*Daß du gleich nach Hause kommen sollst*!« Er packte mich mit beiden Händen am Kragen und schüttelte mich durch. »*Du mieser Haufen Scheiße*!«

»Sie hat mir nichts gesagt!« protestierte ich.

»Doch! Bevor du weggingst!«

»Aber sie hat doch keine Braut erwähnt! Welche Braut überhaupt?« Ich wühlte in meinem Gedächtnis, konnte mich aber nur an die üblichen Ermahnungen erinnern, die mir Alazais vorhin nachgekeift hatte. *Heute kein Trinkgelage ... komm sofort nach Hause ... folg dem Beispiel deines Bruders und widme dich deiner Familie ...*

Ich war dieser Instruktionen längst müde geworden. Sie regneten auf mich hernieder, sobald meine Schwägerin mich in Hörweite wußte.

»Wir haben für dich eine gute Partie gefunden!« rief Arnaud. »Die dritte Kusine deiner Mutter. Wir hatten das Mädchen eingeladen, zusammen mit ihrem Vater und ihrem Onkel –«

»*Mir* habt ihr nichts davon gesagt!«

»– und während sie auf dich warten, treibst du dich hier herum! Bringst Schande über uns! Poussierst mit deiner Metze in dieser üblen Kaschemme –«

»Sie ist keine Metze!« Ich schubste ihn weg. »Sie ist meine Klientin!«

»Deine Metze!«

»Halt dein Maul!«

»Du bist ein Hurenbock!«

»Und du ein Heuchler! Ich weiß, welche Freudenmädchen du aufsuchst! Sie haben es mir selbst erzählt!«

Erwartungsgemäß gingen wir nach diesen Freundlichkeiten zum Schlagabtausch über. Arnaud wollte mir ins Gesicht boxen, während ich ihm einen Tritt gegen das Knie verpaßte. Dann packte Othon zu und warf Arnaud, noch ehe ich's verhindern konnte, quer durch den Raum.

»Othon! Nicht!« schrie ich.

»Soll ich 'n rauswerfen?«

»Nein!«

»*Du undankbare Kreatur*!« Als Arnaud zwischen umgestürzten Bänken und über den Boden rollenden Bechern wieder auf die Füße kam, heulte er fast vor Schmerz und Wut. »*Du widerlicher Bastard! Fahr zur Hölle!*«

»Ach, halt's Maul«, wiederholte ich, während die Zecher aufmerksam lauschten. »Und hör auf, unsere Mutter zu beleidigen.«

»*Du* bist die Beleidigung! Du beleidigst die ganze Familie! Beschmutzt unseren Ruf!«

»*Ich*? Und was ist mit dir? *Du* bist doch hier der Schandfleck!«

»Du bist nicht mein Bruder! Ich verstoße dich!«

»Gut!«

»Du kannst ausziehen! Du besudelst unser Heim! Du kannst bei deiner Metze leben –«

»*Sie ist keine Metze*!«

»– und dich zu Tode saufen! Das ist mir egal! Hörst du? *Ich will dich nie wiedersehen*!«

Nach diesem Gefühlsausbruch machte Arnaud sich davon – und entging mit knapper Not Othons geballter Faust. Mein Freund hatte schon immer das tiefempfundene Bedürfnis gehegt, ihn zu verprügeln, und würde sein Begehren zweifellos befriedigt haben, hätte mein Bruder nicht rechtzeitig den Rückzug angetreten.

Seiner Beute beraubt, drehte Othon sich zu mir um und murmelte, schief grinsend und glasigen Augs: »Hab ich immer schon mal machen wolln. Der braucht 'n richtigen Tritt in 'n Hintern …«

Ein längeres Schweigen folgte. Niemand blickte Na Béatrice an.

»Sollst du wirklich heiraten, Raymond?« fragte Bérengar schließlich mit unverhüllter Neugier.

»Nein. Ich meine … nein.« Plötzlich zitterten mir die Knie, und ich mußte mich hinsetzen.

»Wirft er dich öfter raus, dein Bruder?« Die Frage kam von Gaillard. »Hat er das schon mal gemacht?«

»Nein.«

»Und *welche* Freudenmädchen sucht er auf?« wollte Bernard wissen. Ein unterdrücktes Gelächter lief durch den Schankraum. Dann kam Othon mit schlingerndem Gang auf mich zu und wäre fast gestolpert.

»Soll'ch dein' Bruder ma' or'ntlich durchwalk'n?« bot er mir an.

»Nein.«

»Brauch's nur zu sag'n, Raymond.«

»*Nein.*«

»Du kannst heute nacht hier schlafen«, ließ sich Na Béatrice mit fester Stimme vernehmen. Sie schaute ihre etwas dümmlich dreinblickenden Kunden an, als warte sie nur auf einen Kommentar. Die Fäuste in die Hüften gestemmt und das Kinn hochgereckt, verkündete sie: »Meine Tochter nächtigt in meinem Zimmer.«

»Dank dir.« Ich spürte mein Blut in die Wangen steigen. »Du bist – bist sehr freundlich.«

Gekicher. Ich wußte, was für lüsterne Gedanken in den Köpfen herumgeisterten, und wäre am liebsten fortgerannt. Aber wo sollte ich hin? Nicht zur Priorei. Ich hatte keine Einladung erhalten, verspürte überdies aber auch eine ziemliche Abneigung gegen die kalte, steinerne Zelle.

Ich erhob mich von der Bank und sagte: »Wenn ich mir das Gesicht waschen könnte, Na Béatrice ...«

»Aber natürlich. Komm mit.«

»Weißt du, mein Kopf tut weh.«

»Kein Wunder.«

»Eine Nacht durchschlafen, das wär's.«

»Zweifellos.«

»Ich hoffe, deine Tochter wird keinen Anstoß nehmen ...«

Sie führte mich zum Schlafraum ihrer Tochter, einer kleinen, dunklen Kammer neben der Küche. Sie enthielt ein Bett und eine Truhe und roch nach der jungen Madeleine, die verlegen neben dem Herdfeuer kauerte.

Verwirrt, beschämt und völlig erschöpft sank ich auf das kurze Bett des Mädchens.

»Vergib mir«, sagte ich.

»Weswegen?« fragte Béatrice.

»Wegen meines Bruders.«

»Du bist nicht deines Bruders Hüter.«

»Du redest wie Pater Amiel.«

»Hoffentlich nicht.« Béatrice legte mir die Hand auf die Schulter. »Mein armer Raymond. Wie krank du aussiehst.«

»Du mußt mich früh wecken«, entgegnete ich. »Sehr früh.«

»Damit dein Mönch nicht rausbekommt, wo du geschlafen hast?«

»Bitte.« Ich war es müde, die beiden gegeneinander zu verteidigen. »Er ist ein guter Mann. Du bist eine gute Frau. Warum kränkt dich unsere Freundschaft so sehr?«

»Weil *ich* es bin, die *ihn* kränkt. Aber ich will nicht mehr darüber reden. Was kann ich dir bringen, mein Lieber? Etwas Milch? Warme Milch?«

»Nichts weiter.«

»Ein bißchen Kohl, mit Öl gewürzt?«

»Nur etwas Wasser. Für mein Gesicht.«

»Raymond – bist du tatsächlich verlobt?«

Ich schaute zu ihr hoch. Ihr Gesicht war in der Dunkelheit kaum zu erkennen, aber sie sprach mit verdächtig tonloser Stimme.

»Irgendwann muß das wohl mal passieren«, erwiderte ich verlegen.

»Natürlich.«

»Es ist die Entscheidung meiner Familie.«

»Obwohl dein Bruder dich verstoßen hat?« Sie beugte sich über mich. »Vielleicht hast du gar keine Familie mehr.«

Erschreckt wies ich diesen Gedanken von mir. »Aber nein. Arnaud wird sich besinnen. Meine Mutter würde mich niemals aus dem Haus weisen. Nicht für immer. Nein, nein, ich habe noch eine Familie.«

»Und wenn es nicht so ist, mein Liebster, kannst du jederzeit zu uns kommen.« Sie sprach jetzt sehr schnell und etwas undeutlich. »Wir haben nicht deine Herkunft, das weiß ich, aber du könntest es dir hier gemütlich machen. In diesem Zimmer. Oder woanders. Wo – wo du willst.«

Selbst in diesem Dämmerlicht konnte ich erkennen, daß sie errötete, und ich tat es ihr nach. Ihr Angebot war so großzügig wie waghalsig; zweifellos hätte es uns beiden Unehre eingetragen, auch wenn wir keusch geblieben wären.

Die Leute zerreißen sich immer das Maul über so ein uneheliches Zusammenleben.

»Danke«, sagte ich, »aber lieber nicht.«

»Es muß ja gar nichts sein – gar nichts –«

»Sicher.«

»Du könntest mir Miete zahlen.«

»Béatrice, du bist freundlich und gut. Aber ich werde dir nur diese Nacht zur Last fallen. Normalerweise bereut Arnaud seine Ausbrüche nach ein paar Tagen.«

Zumindest redete ich mir das ein. Ich wollte mich nicht der Vorstellung hingeben, daß er seine Drohung wahrmachen könnte.

Offenbar jedoch hatte ich sein Herz oder sein Temperament falsch eingeschätzt.

# VIERTER GESANG

Gequält von Schmerzen und bösen Träumen, schlief ich schlecht in jener Nacht. Im Morgengrauen schreckte ich hoch und weckte mit meinen Flüchen Sibylle, die in der Küche schlief. Beschienen vom fahlen Licht der Herdglut, zwängte ich mich in die Kleider. Als sie mit trockenem Reisig und unter Betätigung eines riesigen Blasebalgs ein frisches Feuer entfacht hatte, war ich zum Gehen bereit. Ich trank den mir angebotenen Wein und steckte das Brot in die Tasche.

Ich wollte Pater Amiel unbedingt noch vor dem Haus meiner Mutter abfangen.

Aber ach – zu lange hatte ich im Bett verweilt. Der Himmel war milchig und vom Rauch der morgendlichen Feuer leicht getönt. Der Inhalt von Nachttöpfen klatschte auf die Straße. Ein Brunnen, an dem ich vorüberkam, war bereits von gähnenden Frauen umstanden, die ihre Eimer füllen wollten. Von überall her hörte ich Hähne krähen. Ein Mann mit einer Ladung Brennholz auf dem Rücken trottete eine Zeitlang neben mir her, bevor er in einer Schmiede verschwand.

Ich traf Pater Amiel unweit der Kommandantur des Johanniterordens. Zweifellos war er zum Schwarzen Hahn unterwegs.

»Pater«, stammelte ich, bevor er etwas sagen konnte, »Arnaud hat mich hinausgeworfen!«

»Das sagte er mir.«

»Ich mußte im Schwarzen Hahn schlafen, Pater, aber es ist

nichts passiert! Ich schwöre es! Ich habe allein geschlafen! Ich habe sie nicht angerührt!«

»Natürlich nicht«, antwortete er mit beruhigendem Tonfall. »Regt Euch nicht auf.«

»Ich hatte keine Wahl! Da war ein Brief von der Abtei Saint-Ruf, und ich ging los, um einen anderen Notar zu konsultieren, und als ich zurückkam, war Arnaud da …« Meine Erklärungen überstürzten sich, aber er begriff, worum es ging. Jedenfalls nickte er und hob die Hand, wie um dem Sturzbach meiner Worte Einhalt zu gebieten.

»Ich habe mir schon gedacht, daß Euer Bruder sich im Irrtum befand«, bemerkte er freundlich. »Ich wußte, daß Ihr solche Härte nicht verdient habt.«

»Wann habt Ihr mit ihm gesprochen?«

»Heute morgen. Er sagte mir, wo ich Euch finden könnte.«

»Dann – dann ist er mir immer noch böse?«

Mit großer Vorsicht berührte Pater Amiel mich am Arm. Das war so außergewöhnlich, daß es mich mit Angst erfüllte.

»Ihr müßt fürs erste in der Priorei wohnen«, erklärte er.

»Aber –«

»So schnell findet Ihr kein Zimmer. Nicht in Avignon. Und bis dahin ist im Kloster für Euch ein Bett frei.«

Die Furcht packte mich dergestalt, daß ich bedenkenlos *seinen* Arm ergriff, ohne es zu merken, bis er sich aus meiner Umklammerung zu lösen suchte.

»Was hat er gesagt? Was hat mein Bruder gesagt?«

»Maître Raymond, bitte …«

»Oh! Entschuldigung.« Ich ließ seinen Arm los, als wäre er ein Stück heißer Kohle. »Aber was hat er gesagt, Pater?«

»Nichts, was der Wiederholung lohnte«, entgegnete der Mönch mit fester Stimme. »Sein Urteil war kleinlich und übertrieben. Ihr solltet Euch davon nicht beeindrucken lassen.«

»Aber was ist mit meinen Sachen? Mit meinen Büchern? Meiner Viola?«

»Ich lasse sie holen.«

»Wie?« Mir brach die Stimme, und ich muß wohl geschwankt haben, denn mein Gefährte hob eine Hand, als wollte er mich stützen. »Aber das ist *mein* Zimmer! Ich lebe dort! Er hat nicht das Recht, so etwas zu tun! Ich bin sein *Bruder*!«

»Hört mir zu. Raymond? Hört mir jetzt einmal zu.« Plötzlich sprach Pater Amiel mit so scharfer Stimme, daß ich erschrak und verstummte. »Wegen einer so geringfügigen Angelegenheit müßt Ihr nicht gleich den Verstand verlieren. Zweifellos wird Euer Bruder seine Meinung ändern. Bis dahin könnt Ihr in der Priorei bleiben –«

»Aber ich hasse es dort!« Zorn und Verzweiflung ließen mich alle Höflichkeit vergessen, und so rutschte mir die Bemerkung heraus, noch bevor ich erkannte, was ich da gesagt hatte. Pater Amiel machte große Augen, und ich versuchte hastig, den Fehler wiedergutzumachen. »Das heißt – ich meine – ich hasse das Gästehaus. Ich fühle mich dort nicht wohl. Es ist so düster, Pater, und niemand sagt ein Wort, und die ganze Nacht sind da seltsame Geräusche. Als würden verlorene Seelen stöhnen.«

»Ich verstehe«, bemerkte er trocken. »Vielleicht läßt sich eine andere Möglichkeit finden. Ich werde mit dem Prior sprechen.«

Er schlug jetzt den Weg zum Gefängnis ein, und ich folgte ihm. Am liebsten hätte ich vor Scham und Enttäuschung geweint. Nachdem ich fast alle meine Freunde und Bekannten vor den Kopf gestoßen hatte, konnte ich den Gedanken, auch Pater Amiel verletzt zu haben, nicht ertragen.

»Vergebt mir«, sagte ich zu seinem Rücken, und er winkte ab.

»Es ist ohne Bedeutung.«

»Ich bin Euch sehr dankbar. Wirklich sehr dankbar.«

»Und mir tut die ganze Sache leid.« Mit leiser und ausdrucksloser Stimme berichtete er, daß Arnaud am gestrigen Abend zur Priorei gekommen sei, um zu erkunden, wo ich mich aufhielte. Der Pförtner hatte Pater Amiel in dessen Zelle aufgesucht und die Antwort erhalten, daß er mich zuletzt auf dem Weg zur Taverne von Na Béatrice gesehen hätte. »Leider wußte ich nicht, in welchem Zustand Euer Bruder sich befand«, beschloß Pater Amiel seine Darlegung. »Sonst hätte ich ihm wahrscheinlich nicht mitgeteilt, wo Ihr hingegangen wart. Aber jetzt ist der Schaden angerichtet.«

»Jemand wartete zu Hause auf mich«, erklärte ich mürrisch. »Meine zukünftige Braut. Darum ist Arnaud so aufgebracht.«

»Eure zukünftige Braut?« Der Mönch verhielt seinen Schritt. »Werdet Ihr heiraten, Maître Raymond?«

»Nicht, wenn es sich verhindern läßt.« Im Weitergehen sagte ich ihm, daß ich mich für die Ehe noch nicht reif fühlte. Eines Tages würde ich mir sicherlich eine Frau suchen. Aber im Augenblick könnte ich sie eigentlich gar nicht ernähren.

»Deswegen würde meine Familie sich um sie kümmern. Sie hat mir eine wie Alazais ausgesucht. Ein zänkisches Giftmaul. Dann kann sie, zusammen mit Jeanne und Alazais, mich einsperren, damit ich nicht durch die Gegend streune. Ach! Ich darf gar nicht daran denken!«

Pater Amiel schwieg.

»Aber vielleicht seid Ihr der Ansicht, daß die Ehe gut für mich wäre«, fuhr ich mit schwerer werdendem Herzen fort. »Vielleicht glaubt Ihr, sie könnte mich vor der Sünde bewahren.«

»Keineswegs«, erwiderte er. »Dem Hl. Paulus zufolge ist die Ehe besser als das Höllenfeuer. Aber er lehrt uns auch: ›So sage ich den Unverheirateten und Verwitweten, daß es gut für sie ist, wenn sie, gleich mir, Verzicht leisten.‹ Der Hl. Ambrosius erteilt uns den nämlichen Rat. Die Ehe, mein Sohn, ist nichts weiter als eine Einrichtung zur Eindämmung der fleischlichen Lust.«

»Die kann ich auch ohne Heirat eindämmen.«

»Das scheint so zu sein.«

»Aber meine Angehörigen halten mich für unfähig, der Lust zu widerstehen«, bemerkte ich düster. »Sie haben überhaupt kein Vertrauen zu mir. Sie denken nur das Schlechteste von mir.«

»Dann ist es wohl am besten, sich ihrer Gegenwart nicht weiter auszusetzen. Ein Mann kann nicht auf dem Tugendpfad wandeln, wenn die Menschen um ihn herum ihn pausenlos als hartnäckigen Sünder verurteilen. Wenn Ihr in Dunkelheit lebt, wie sollt Ihr des Lichts teilhaftig werden? ›Jede Seele, die in diesem Leben bedrängt ist, sucht nach einem Ort, wo sie sich ausruhen kann.‹ Wo Zank und Streit herrschen, gibt es keine Ruhe. Unter solchen Umständen kann Gott nicht gefunden werden, denn ohne Ruhe gibt es keinen Frieden – und Gott, so sagt es uns die Schrift, stiftet nicht Chaos, sondern Frieden.«

Ich dachte darüber nach, während wir uns dem Gefängnis näherten. »Es ist wahr«, sagte ich schließlich. »Meine Familie hält mich für einen Sünder, und darum sündige ich. Aber Ihr scheint viel von mir zu erwarten, Pater – Ihr setzt Euer Vertrauen darauf, daß ich recht tue –, und ich bemühe mich, Euch zu Gefallen zu sein. Weil Ihr das Beste von mir denkt.« Ich sah, daß der Mönch lächelte. »Jedenfalls – also, es kommt mir so vor«, fügte ich hinzu, ungewiß, ob ich mich nicht des Selbstlobs befleißigte.

»Natürlich denke ich das Beste von Euch«, lautete seine Antwort. »›Richtet nicht, auf daß ihr nicht gerichtet werdet.‹«

»Ich habe mein Gelübde gehalten, Pater.«

»Und ich habe nichts anderes erwartet.«

»Wenn ich in der Priorei wohne, muß ich dann auch lernen, mit den Händen zu sprechen, wie Ihr es tut?«

Wieder lächelte er.

»Mein Sohn, Ihr werdet unser Gast sein, und alle unsere Gäste werden respektiert. Nichts wird von Euch verlangt, was Ihr nicht aus freiem Willen und frohem Herzen zu tun bereit seid.«

Mit diesem Versprechen mußte ich mich zufriedengeben, denn am Gefängnisportal wurde Pater Amiels Aufmerksamkeit sofort von einem der Wachmänner beansprucht. Offenbar war kurz vor unserer Ankunft ein an Pater Amiel gerichteter Brief abgeliefert worden. Der Mönch händigte ihn mir sofort aus, und mir fiel ein Siegel ins Auge, das so groß und prächtig war, daß ich es nur zögernd erbrach. Der Brief selbst enthielt die Mitteilung, daß Kardinal di Vico Pater Amiel noch an diesem Morgen in des Kardinals eigenem Haus zu sprechen wünsche.

Pater Amiel kniff die Augen zusammen, als er von diesem Ersuchen erfuhr. Er fragte die für uns zuständige Wache, ob Masseo di Vico erschienen sei, und erhielt zur Antwort, daß bislang niemand dieses Namens Einlaß begehrt hätte. Mit grimmiger Miene bat mich der Mönch, ihm zu folgen. Wir stiegen die Treppe zu unserer Zelle hoch, wo er eine Anzahl von Transkriptionen zusammensuchte. Er wirkte kalt und bedrohlich.

»Ihr müßt mir einige Dokumente abnehmen«, sagte er und drückte mir einen großen Stapel in die Hand. »Ich benötige mehr, als ich selbst tragen kann.«

»Bitte sagt mir, Pater, wohin wir sie mitnehmen.«

»Zu Kardinal di Vico.«

»Jetzt?«

»Jetzt. Offenbar hat sein Leibarzt bei ihm Zuflucht gesucht.« Weil er mit Pergamenten bepackt war, mußte Pater Amiel die Zimmertür mit einem Tritt schließen, der, wie ich sagen möchte, unnötig heftig war. Allerdings blieb sein Gesicht regungslos und seine Stimme ruhig. »Vielleicht sind die von uns gesammelten Zeugenaussagen gewichtig genug, um ihn umzustimmen. Er dünkt mich bei aller Greisenschwäche doch ehrlich zu sein, läßt sich aber leicht beeinflussen.«

»Wißt Ihr, wo er wohnt?«

»Ich weiß, wo er wohnt.«

Das Haus des Kardinals befand sich in der Nähe des alten Bischofspalastes und hatte vormals dem Dekan von Notre-Damesdes-Doms gehört. Es war, wie man sich vorstellen kann, ein sehr schönes Gebäude. Das untere Stockwerk war aus geschnittenen Steinen gemauert und mit Verzierungen versehen; in den oberen Stock gelangte man über eine Innentreppe mit hölzernen Geländern, deren jedes ein schreckenerregendes Tier darstellte. Irgend jemand hatte sich die Mühe gemacht, die Augen, Zähne und

Klauen dieser Bestien mit roter Farbe zu versehen. Ich wies Pater Amiel darauf hin, als wir nach oben gingen.

»Seid vorsichtig«, warnte ich ihn mit leiser Stimme und deutete auf die Monstren. »Seht Ihr? Sie haben Blut geleckt.«

Er lächelte und schwieg. Übrigens war es ausgerechnet Gaillard, der uns zum Zimmer des Kardinals führte. Eingelassen hatte uns ein Pförtner, der, weil er nicht lesen konnte, den Brief einem Kaplan namens Pater Rinaldo übergab, und dieser wiederum ließ Gaillard holen. Der Knappe war keineswegs erfreut, mich und den Mönch begrüßen zu müssen, sondern wirkte höchst verängstigt, bis ich ihm erklärte, daß der Kardinal uns hatte rufen lassen. Wahrscheinlich befürchtete er, wir seien gekommen, ihn zu arretieren oder zumindest den Kardinal von seinen Anschuldigungen gegen Guillaume Monier zu unterrichten.

Jedenfalls bot auch er sich nicht an, uns einige von den unhandlichen Pergamentstapeln abzunehmen.

Gaillard führte uns so schnell nach oben, daß ich vom unteren Stockwerk nur den Eindruck eines Dufts von Speisen und Gewürzen mitbekam. Das Obergeschoß war kühn entworfen: An der Vorderseite des Hauses lief ein Korridor entlang, von dem viele Türen in wohl ebenso viele Räumlichkeiten führten. Zwischen den Türen standen Bänke, denen gegenüber Fenster einen Ausblick gewährten. Von in die Mauer eingelassenen Armen hingen Leuchter herab. Ein Wandteppich stellte Christi Einzug in Jerusalem dar.

Ich war schwer beeindruckt.

Mit einer so schnellen wie leichten Berührung veranlaßte Pater Amiel den Knappen zum Stehenbleiben. »Sag mir doch«, bat er, »ob Pater Antonio einen von diesen Räumen bewohnt.«

»Pater Antonio?« Gaillard schaute überrascht drein. »Ja – er schläft dort drüben. Aber im Augenblick ist er außer Haus.«

»Ich verstehe. Sei bedankt.«

»Der Kardinal erwartet Euch in seinem Schlafraum.«

»Ich weiß. Geh voran.«

Zugegebenermaßen war ich neugierig darauf, wie ein Kardinal seine Privaträume ausgestattet hatte. Ich erwartete goldenes Nachtgeschirr und Bettdecken aus Hermelin. Leider war es mir nicht vergönnt, Kardinal di Vicos Privatissimum in Augenschein zu nehmen, denn vor der Tür hielt Pater Amiel inne und nahm mir die Dokumente aus den Armen.

»Ihr müßt leider draußen bleiben«, sagte er.

»Ach.«

»Der Kardinal erwartet nur mich, Maître Raymond. Ohne seine Erlaubnis kann ich ihn nicht Eurer Gegenwart aussetzen.«

»Nein. Natürlich nicht.«

»Bleibt bitte in der Nähe. Vielleicht brauche ich Euch schon bald.«

Der Mönch nickte Gaillard zu, der die Tür zum Schlafraum öffnete und Pater Amiel ankündigte. Ich erhaschte einen Blick auf weitere Wandteppiche und ein goldbesticktes Kissen, bevor die Tür hinter Pater Amiels kleiner, aufrechter Gestalt zufiel. Nun war ich mit Gaillard alleine.

Finster blickte er mich an.

»Was will dieser Mönch hier?« wollte er, im Flüsterton sprechend, von mir wissen, woraufhin ich die Hände spreizte.

»Wer kann das wissen? Pater Amiel vertraut sich niemandem an.«

»Wird er dem Kardinal berichten, was ich ihm gesagt habe? Wenn er es tut, werde ich entlassen!«

»Weil du die Wahrheit gesagt hast? Gaillard, es war doch nicht *dein* Fehler, daß Pater Guillaume auf Jungen scharf war.«

»Ach, geh!« Der Knappe war über meine Begriffsstutzigkeit höchst ungehalten, schubste mich zur Seite und stürmte davon. So blieb mir nichts anderes übrig, als Christi Einzug in Jerusalem genauer zu betrachten. Ich setzte mich auf eine Bank (die vermutlich bereits alle möglichen Hinterteile von Berühmtheiten gesehen hatte) und studierte den Wandteppich voller Interesse, weil ich noch nie zuvor einen gesehen hatte. Er zeigte Christus auf Seinem Esel inmitten einer jubelnden Menge. Auch einige Hunde und ein Huhn waren gekommen, Ihn zu begrüßen. Ferner bemerkte ich ein Kind mit einer grünen Kappe, einen Bäcker mit einem Tablett voller Brotlaibe, einen Alten mit einem Buckel und eine Dame mit einem recht verführerischen Busen. Ich erblickte die Mauern von Jerusalem, goldfarbene Wolken, weiße Lilien, ausgestreckte Arme, fließende Gewänder und exotische Rüstungen. Ganz von nahem erkannte ich, wie die farbigen Fäden ineinander verwoben waren, um diesen wundersamen Eindruck zu erwecken. Dann zählte ich die abgebildeten Personen (insgesamt siebenundzwanzig) und dachte über Christi Gewänder nach, die mit ihrem Goldbesatz meinem Freund Barthélemy wohl nicht gefallen haben würden.

Damit beschäftigte ich mich, solange ich konnte und so gut es ging, aber schließlich hatte mir der Teppich nichts mehr zu bieten. Andere Ablenkungen bot der Korridor nicht, und die Tür zum Schlafraum des Kardinals war so schwer, daß die Stimmen sich nur undeutlich vernehmen ließen. Ich stand auf und streckte die Glieder. Ich ging zu einem der Fenster hinüber und lehnte mich hinaus. Mein Blick schweifte über die gegenüberliegenden Dächer, und ich fragte mich, wer wohl in ihrem Schutz wohnen mochte. Ich drehte den Kopf zur Seite und sah Notre-Dame-des-Doms. Ich hörte Glocken und den Schrei eines Säuglings. Ich sah Tauben vögeln. Dann betrat jemand den Korridor und ich zog mich jählings vom Fenster zurück, als hätte ich Angst, bei einem Fehltritt ertappt zu werden.

Ein kleiner Mann in der weißen Kutte eines Domherrn trat aus einer der auf den Korridor führenden Türen. Er trug ein gebundenes Buch im Arm und beäugte mißtrauisch meine so gar nicht klerikale Gewandung. Dann verschwand er nach unten. Ich hörte seine Ledersohlen auf den Stufen schlurfen. Ansonsten war das Haus, das doch von vielen Leuten bewohnt wurde, erstaunlich ruhig. Aber Wände aus Stein sind verschwiegener als solche aus Lehm oder Holz.

Ich gähnte und maß die Länge des Korridors mit meinen Schritten aus. Die Zeit schleppte sich dahin wie ein Krüppel. Ich fragte mich, ob Pater Amiel schon etwas gegen Pierre-Julien Fauré unternommen hatte. Ich fragte mich, ob ich für den Aufenthalt in der Priorei stark genug sein würde. Ich fragte mich, was nach dem Abschluß von Pater Amiels *inquisitio* aus mir werden würde, und spielte eine Melodie auf einer imaginären Viola, wobei meine linke Hand verletzungsbedingt nicht ganz griffig war, als ein plötzlicher Aufschrei mein Herz beinahe zum Stillstand brachte.

Der Schrei war aus dem Schlafraum des Kardinals gekommen. Ihm folgte ein furchterregendes Gelärme, das in einen Hilferuf mündete. Dann flog die Tür zum Schlafzimmer auf, und eine erhebliche Anzahl von Personen ergoß sich in den Korridor. Eine von ihnen, ein Knappe, rannte an mir vorbei, während eine mächtige Stimme hinter ihm herdröhnte: »Bring zwei Becken her! Zwei, hörst du?« Ein Priester stolperte fast über seine Kutte, als er in das nebenliegende Zimmer eilte. Kurze Zeit später tauchte er mit einer Stola, einem Fläschchen und anderen unheildräuenden Gegenständen wieder auf. Stirbt jemand? mußte ich bei ihrem Anblick denken.

Der Aufruhr gestattete mir einen Blick in das Zimmer des Kardinals. Dort drängten sich viele Leute, teils stehend, teils auf den Knien, um einen am Boden liegenden Körper. Dann stieß der bereits erwähnte Priester mich ziemlich gewaltsam beiseite und befahl mir zu verschwinden.

»Pater Amiel ...«, setzte ich an, während mein Herz pochte. Niemand hörte mir zu. Schon trappelten Füße die Treppe hoch, und gleich darauf war der Korridor voller Knappen und Kirchenmänner und Personen niederen Ranges (Bedienstete, Lakaien, Küchenjungen), die ängstlich durcheinanderschnatterten und um einen Platz an der Tür zum Schlafraum kämpften. Ihren drängenden Fragen entnahm ich, daß der Kardinal höchstpersönlich erkrankt war. Schwer erkrankt. Sein Arzt hatte die Becken angefordert.

Das deutet, sagte ich mir, auf Blutungen oder Erbrechen hin.

Beruhigt darüber, daß Pater Amiel nichts zugestoßen war, zog ich mich aus meiner vorteilhaften Position zurück und wartete im Korridor mit den Angehörigen des Haushalts den weiteren Gang der Ereignisse ab. Einige beteten, andere flüsterten. Obwohl die Sonne hoch und strahlend am Himmel stand, schien das Haus wie von einer finsteren Wolke überschattet. Auf einmal merkte ich, daß ich den Atem anhielt. Mein Herz pochte erneut wie wild, und meine Lippen waren trocken.

Dann auf einmal war ein großes Wehgeklag zu hören, das mir bekannt vorkam. Ich hatte es schon einmal vernommen, und mir wurde kalt ums Herz.

Es war ein Wehgeklag, das oft ertönt, wenn eine Seele ihren Körper verläßt.

»Ach, ach! Gott sei uns gnädig! Gott sei uns gnädig!«

»Der Kardinal ist tot!«

»Kardinal di Vico ist tot!«

Sofort riefen einige Knappen diese Neuigkeit aus den Fenstern. Auf der Straße versammelten sich die Leute. Eine sehr schöne Stimme hob mit einem Trauergesang an. Der Mann neben mir brach in Tränen aus. Er war ein Zisterzienser, und ich fragte mich, was er wohl im Haus des Kardinals zu tun hatte.

Plötzlich vernahm ich Pater Amiel.

»Maître Raymond.«

Er stand neben mir, die Arme voller Skripte. Später erst fragte ich mich, wie er angesichts einer so schrecklichen und erschreckenden Tat Gottes die Gemütsruhe bewahren und alle mitgebrachten Dokumente einsammeln konnte.

Im Augenblick jedoch war ich einfach nur froh, ihn wiederzusehen.

»Der Kardinal ist tot«, bestätigte er. Ich bekreuzigte mich.

»Möge er ruhen in der Liebe Christi«, sagte ich. »Wie ist –? Warum –?«

Pater Amiels Augen wirkten sehr groß und sehr dunkel. Mit

dem Zeigefinger befahl er mir, mich hinabzuneigen, damit er den Mund an mein Ohr bringen konnte.

»Ich glaube«, flüsterte er, »daß ich den Tod herbeigeführt habe.«

»*Wie*?« Verblüfft trat ich einen Schritt zurück.

»Kommt«, murmelte er. »Schnell.« Mit diesen Worten drängte er sich durch die wartende Menge und schlüpfte in Pater Antonios Zimmer. Ich folgte ihm, ohne weiter zu fragen.

Zu meiner Überraschung war der Raum höchst spärlich möbliert. Trotz seiner Größe beherbergte er nur ein einfaches Bett, zwei Truhen und ein Schreibpult. Die Fensterläden waren geschlossen, aber Pater Amiel durchquerte, nachdem er die Tür hinter uns zugemacht hatte, das Zimmer und stieß sie auf. Licht flutete in alle Winkel.

»Pater«, fragte ich, »was tut Ihr da?«

»Psst!« Er legte die Pergamente auf den Boden und öffnete eine der beiden Truhen. Sie enthielt Bücher und Kleidungsstükke. »Kommt her«, befahl er. »Überprüft diese Bücher. Ich möchte wissen, ob nekromantische Werke darunter sind.«

Verwirrt befolgte ich seine Anordnung, während er neben dem Bett niederkniete und darunter umhertastete.

»Hier haben wir Isidors *Etymologiae*«, informierte ich ihn, »sodann Gratians *Decretum*, und das ist das *Liber introductorius* von Michael Scotus –«

»Das was?«

»Das – das *Liber introductorius*«, stammelte ich. »Als Autor ist Michael Scotus angegeben.«

»*Ausgezeichnet.*« Nie zuvor hatte ich so viel Überschwang in seiner Stimme vernommen; er riß mir das Buch geradezu aus der Hand und preßte es an die Brust wie eine wiedergefundene Liebe. »Beeilt Euch. Schließt die Truhe. Sammelt die Pergamente auf.«

»Und diese hier?« Ich wies auf Isidors *Etymologiae* und Gratians *Decretum*, die ich unter den Arm geklemmt hatte. »Und was ist mit den anderen Büchern? Ihr habt doch gesagt …«

»Vergeßt sie.« Er winkte mit der Hand. »Das hier ist alles, was ich brauche. Kommt, bevor man uns entdeckt.«

Die Menge im Korridor war noch dichter geworden, als wir Pater Antonios Zimmer verließen. Niemand schien unseren Abgang zu bemerken. Der Stapel, den ich trug, war so hoch, daß ich kaum darüber hinwegschauen konnte und beinahe die Treppe hinuntergefallen wäre. Auf der Straße überraschte mich ein Windstoß, der drei oder vier Blätter entführte. Pater Amiel jagte hinter ihnen her, sammelte sie auf und nahm mir etwas von der Last ab. Dann begaben wir uns zum Gefängnis.

Erst als die Schreie der Trauer und des Entsetzens nur noch wie ferne Vogelrufe zu uns herüberhallten, faßte ich den Mut, meinen Gefährten zu fragen, wie er seine Bemerkung gemeint habe.

»Pater«, bemerkte ich leise, »wie – wieso glaubt Ihr, den Kardinal getötet zu haben?«

Er schaute mich an.

»Indem ich ihm die Tatsachen mitteilte. Indem ich ihn von Tibaldos Aussage unterrichtete. Indem ich ihm bewies, daß Pater Guillaume ein Sodomit war und Masseo di Vico ein Hexer ist.« Pater Amiel schien einen Augenblick lang nachzudenken. »Ich glaube, daß der Kardinal an einem Übermaß von Schrecken und Abscheu gestorben ist«, schloß er. »Vielleicht auch an Kummer. Er war ohnehin nicht gesund.«

»Oh.« Obwohl ich Pater Amiels Argumente einsichtig fand, blieb mir der Mangel an Mitgefühl unverständlich. Hätte ich gesehen, wie ein Mann aufgrund meiner Enthüllungen stirbt, hätte ich wohl zumindest ein bißchen Unbehagen oder Besorgnis gezeigt. Pater Amiel aber wirkte völlig unbewegt.

»Mithin hat Masseo di Vico gerade eben seinen Schirmherrn verloren«, fuhr er fort, »und so werde ich ihn unverzüglich arretieren lassen.«

»Arretieren?«

»Selbstverständlich. Masseo dürfte, wenn man ihm die Bewegungsfreiheit läßt, nicht mehr allzu lange in dieser Stadt verweilen. Auch sein Sohn muß inhaftiert werden, desgleichen seine Frau und seine Tochter.« Pater Amiel verlagerte das Gewicht der Dokumente auf einen Arm und benutzte die freie Hand, um das *Liber introductorius* von Michael Scotus aus dem Stapel herauszuziehen. »Was Pater Antonio angeht«, sagte er ruhig und starrte das Buch mit seinem undurchdringlichen Blick an, »so werde ich ihn mir vornehmen, wenn die Zeit gekommen ist. Er wird es bedauern, meine Aufmerksamkeit auf sich gezogen zu haben.«

Das dürfte kaum zu bezweifeln sein, dachte ich. Möge Gott es verhüten, daß *ich* einmal Pater Amiels Mißbilligung auf mich ziehe. Er kann mit seiner Zunge töten.

# Fünfter Gesang

Merkwürdigerweise war der Justizmarschall von Avignon ein nicht eben hochgewachsener Mann mit der leisen, trockenen Stimme eines Kirchenbeamten und einem Hängebauch, den er vor seinem schmalen Körper einhertrug wie eine zu gut gefüllte Geldkatze. Er hatte den traurigen Ausdruck eines Bluthunds und die müden Augen eines Menschen, den nichts mehr überraschen kann. Sein Gesicht war vernarbt; nicht von Kriegswunden, sondern von einer Krankheit. Ich war ihm zwar oftmals auf der Straße begegnet, hatte aber nie mit ihm gesprochen oder seiner Hilfe bedurft. Zudem hatte mich sein Erscheinungsbild nicht sonderlich beeindruckt.

Als Pater Amiel ihn nach unserem Besuch im Haus des Kardinals um Hilfe bat, zeigte sich Arnaud de Trian so willfährig wie ein Diener oder Knecht. Er begrüßte uns höflich und hörte Pater Amiels Bericht an, ohne ihn zu unterbrechen. Nach kurzem Nachdenken stimmte er der Forderung zu, Masseo und Girolamo di Vico zu arretieren. Ebenso gab er Pater Amiel die Erlaubnis, das Haus des Arztes nach verdächtigen Gegenständen zu durchsuchen, und befahl dem Gefängnisaufseher, uns eine Eskorte von drei bewaffneten Wachmännern zur Verfügung zu stellen.

Dies alles vollzog sich schnell und ohne Gerede oder Diskussionen. Ich erstaunte, denn meiner Erfahrung zufolge waren hochrangige Kirchenvertreter ziemlich unnahbar, schwer von etwas zu überzeugen und wenig handlungsbereit. Immer mußte noch ein Superior oder ein Rat oder eine Autorität konsultiert werden, und jede Entscheidungsfindung war von einem umfänglichen Schriftverkehr begleitet (ganz zu schweigen von den Geldern, die fließen mußten, um den Ablauf geschmeidiger zu machen).

Insofern fragte ich mich, ob die kooperative Haltung des Marschalls von der Tatsache herrührte, daß er kein Vertreter der Kirche war oder auch unter den verbeamteten Laien eine Besonderheit darstellte. Aber vielleicht hatten Pater Amiels Glaubwürdigkeit und Intelligenz Arnaud de Trian zu seiner Reaktion veranlaßt. Jedenfalls behandelten die beiden Männer einander mit großer, wenngleich von Vorsicht geprägter Hochachtung. In seinen Umgangsformen war Pater Amiel fast immer höflich, aber alles andere als demütig. Mittlerweile bezweifelte ich, daß er überhaupt jemanden in besonderem Maße wertschätzte. Von Arnaud de Trian aber hegte er unzweifelhaft eine günstige Meinung, denn sein Ton war nicht von freundlichem Wohlwollen oder kühler Herablassung oder sarkastischer Ungeduld geprägt, sondern dringlich und direkt und mit jenem trockenen Humor versetzt, den ich bei den seltenen Gelegenheiten erfahren hatte, wenn er mit mir zufrieden war.

Offenkundig war der Marschall ein Mann seines Vertrauens, und ich verstand auch, warum das so war. Ich machte eine entsprechende Bemerkung zu Pater Amiel, als wir beide auf dem Weg zu Masseos Haus waren, die Bewaffneten scheppernd und klirrend im Schlepptau. Sie hatten den Befehl, Girolamo zu arretieren, sollte er zu Hause angetroffen werden, während der Hauptmann der Garde zum Totenbett des Kardinals unterwegs war, um Masseo zu verhaften.

»Milord Arnaud scheint ein kluger Mann zu sein«, bemerkte ich und warf Pater Amiel einen Blick zu. Er hob die Augenbrauen.

»Klug? Möglicherweise. Auf jeden Fall ist er tüchtig.«

»Und hilfsbereit.«

»Ja.«

»Und verdient Euer Vertrauen.«

»Soweit ein Mann in seiner Stellung es verdienen kann«, erwiderte mein Gefährte, und ich fragte mich, ob er, wie viele andere Mönche, mit seinen Vertrauensbeweisen Laien gegenüber eher zurückhaltend war. Aber wenn das so ist, dachte ich bei mir, warum nimmt er mich dann zur Durchsuchung von Masseos Haus mit?

Da fiel mir ein, daß ich der einzige von uns fünfen war, der lesen konnte.

»Maître Raymond, Ihr müßt Masseos Bücher untersuchen«, bemerkte Pater Amiel plötzlich, als habe er meine Gedanken gelesen. »Und ihr, Männer, haltet Ausschau nach kleinen Messern, Fläschchen, Haken, Sicheln oder Nadeln, verborgenen Ringen oder Figuren aus Wachs oder Blei oder Silber, versteckten Büchern oder Pergamentfetzen, ferner nach Blut, Haaren, Klauen, Haut- oder Pelzstücken ...«

Er zählte einen schier endlosen Katalog auf und war noch nicht damit fertig, als das Haus des Leibarztes in Sichtweite kam. Es war ein recht vornehmer Bau, zu dem die Straße nicht recht passen wollte: Sie war von Fleischerläden gesäumt und ihre Pflastersteine rötlich und schwärzlich verfärbt; unzählige Fliegen durchschwirrten die von aufdringlichen Gerüchen geschwängerte Luft. Überdies wurden ständig Schweine und Schafe durch diese enge Passage getrieben, die den Boden mit ihren Exkrementen verunreinigten und die Straße zu einer einzigen großen Latrine machten.

Ich werde nie vergessen, wie Pater Amiel, seine weiße Kutte bis zu den Knien hochgerafft, auf eine Pfütze starrte, die aus den fauligsten und widerwärtigsten Substanzen bestand, welche in der Welt sich finden lassen. Sein Schritt war zu kurz, als daß er den Pfuhl hätte überqueren können, ohne seine Schuhe zu besudeln, und umgehen ließ sich die Scheußlichkeit auch nicht, denn sie erstreckte sich über die gesamte Straßenbreite.

Einen Moment lang wirkte er fast komisch, so hilflos schien er zu sein. Aber noch während die Wachmänner erörterten, ob sie ihn aus der Notlage befreien könnten, indem sie ihn zwischen sich nähmen und über das Hindernis hinwegtrügen, packte der Mönch in aller Ruhe einen großen Stein, warf ihn in die Mitte der Pfütze und überquerte sie mit zwei Schritten.

So leicht war Pater Amiel nicht in Verlegenheit zu bringen.

Vor Masseos Haus befahl Pater Amiel einem der Wachmänner, mit dem Schaft seines Speers vernehmlich gegen die Tür zu schlagen und laut zu verkünden, daß wir auf Anordnung des Justizmarschalls gekommen seien. Die aufgeschreckten Bewohner hätten wohl nur wenig Zeit gehabt, irgendwelche verdächtigen Objekte zu verstecken. Durch ein Fenster konnte ich in die Küche schauen, wo einige Leute in zielloser Verwirrung über Bänke und Schemel stolperten und mit den Händen herumfuchtelten.

Schließlich wurden wir eingelassen, allerdings nicht von der Hausherrin selbst, sondern von ihrer Tochter. Emilia war, wie ich auf einen Blick sah, kühn und eigensinnig, ihre Mutter dagegen ängstlich und willfährig. Emilia verlangte eine Erklärung, während die Mutter sich hinter ihr versteckte. Emilia beschimpfte uns, während die Mutter weinte. Ich mußte Emilias Verhalten bewundern, auch wenn ich sie unter normalen Umständen wohl etwas zu lautstark und energisch gefunden hätte. Vielleicht hatte sie durch ihre Erziehung die Angst vor dem Klerus verloren, denn sie schalt Pater Amiel wie eine Matrone, obwohl sie der Kindheit kaum entwachsen war. (Allerdings hatte sie die volle Figur einer reifen Frau, und ihr umfänglicher Busen zog die Augen aller Männer auf sich – mit Ausnahme Pater Amiels.) Natürlich ignorierte der Mönch sie. Gemäß den Regeln der Höflichkeit wandte er sich an die Mutter und erhob seine Stimme, um Emilias schrille Verwünschungen zu übertönen.

Ich jedoch konnte dem anklagenden Blick des Mädchens nicht standhalten. Vielleicht spürte sie mein Unbehagen, denn sie richtete nun ihre Proteste an mich und drückte, über Ungerechtigkeit zeternd, ihren Busen gegen mein Zwerchfell. Ihr dunkles Haar war parfümiert, ihre Lippen waren voll und weich, ihre leicht hervortretenden Augen dunkelbraun. Othon hätte sich die Lippen nach ihr geleckt.

»Maître Raymond«, sagte der Mönch, ohne sich um Emilias Tiraden zu kümmern, »offensichtlich befinden sich Masseos Bücher im oberen Raum. Bitte fangt dort mit der Suche an. Ich werde mir dieses Zimmer vornehmen –«

»Nein!« schrie Emilia ihn an. »Das ist *mein* Zimmer. Laßt die Finger von meinen Sachen!« Dann überschüttete sie ihre Mutter mit einem Schwall wütenden Geschnatters in ihrer Heimatsprache, wobei die Schmähungen, wie ich dem Spiel ihrer Hände entnahm, sich vorwiegend auf Pater Amiel bezogen.

Die Vermutung bestätigte sich, als der Mönch sich jählings ihr zuwandte und sie mit rasiermesserscharfer Stimme in ihrer Sprache anredete. Ehrfurchtsvoll staunte ich, wie gut er sie beherrschte, denn er sprach sehr schnell, ohne Zögern, und eine ganze Weile. Was er sagte, brachte sie zum Verstummen; ihre Augen füllten sich mit Tränen, ihre Oberlippe zitterte, und sie suchte Zuflucht in den Armen ihrer Mutter.

»Nun?« Sein Blick war jetzt auf mich gerichtet. »Worauf wartet Ihr? Beeilt Euch. Wir haben nicht viel Zeit.«

Wie ein kleiner Junge, der ermahnt worden ist, beeilte ich mich, seiner Aufforderung nachzukommen. Das Haus, soviel sei hier erwähnt, bestand im wesentlichen aus dem Erdgeschoß, in dem die Küche und mehrere Schlafzimmer lagen. Ein ausgebauter Dachboden war über eine Leiter zu erreichen, die ich nun emporklomm. Oben fand ich einen langgestreckten, niedrigen Raum vor, an dessen hinterer Wand ein Bett stand. Außerdem enthielt das Zimmer mehrere Truhen, einen Bücherschrank, einen Tisch und zwei Stühle. Überall lagen Gegenstände verstreut umher: Kleidungsstücke, Bettlaken, Geschirr, Schuhe, Nähzeug, Bücher, Taschen, Briefe, Kämme, Schachfiguren und ein Handspiegel. Der Schrank enthielt nicht so sehr Bücher als vielmehr Fläschchen und Töpfchen voller Salben, Schröpfköpfe, Rasiermesser, Pinzetten und Lanzetten. Eine Truhe schien voller Kleider zu sein, die andere war verschlossen.

Ich rief nach Schlüsseln, von denen Pater Amiel mir gleich darauf eine Handvoll brachte.

»Ich möchte gern wissen, ob es in Masseos Kopf ordentlicher zugeht als in seinem Zimmer«, bemerkte der Mönch, während er sich umsah.

»Pater, diese Truhe ist verschlossen.«

»Dann werde ich sie öffnen. Ihr sammelt die Bücher zusammen und sagt mir, ob Werke zweifelhaften Inhalts darunter sind.« Als Pater Amiel den Deckel der zweiten Truhe zurückschlug, stieß er einen Schrei der Überraschung aus. Dokumente quollen hervor; das Behältnis war zum Bersten voll mit Rollen, Blättern und Bündeln von Pergamenten. »Ihr solltet Euch diese Sachen auch ansehen«, fügte er hinzu.

»Das alles? Aber Pater, wir werden den ganzen Tag dafür brauchen!«

»Wenn es so sein muß, muß es so sein. Ich fange schon mal mit dem Bücherschrank an.«

Das war für ihn, aufgrund seines schlechten Sehvermögens, keine einfache Aufgabe. Vorsichtig tastete er auf den Borden herum und mußte jedes Objekt, das er in die Hand bekam, in Armeslänge von seinen Augen entfernt halten. Blinzelnd drehte und wendete er eine Spritze oder einen Knochenhaken oder ein Kauterisationseisen, bis er den Gegenstand zu seiner Zufriedenheit identifiziert hatte. Dann legte er ihn beiseite und wandte sich dem nächsten Stück zu.

Unterdessen hatte ich Bettzeug durchwühlt und in Schachteln voller Amulette gestöbert, bis ich alle Bücher gefunden hatte. Es waren imposante zehn Bände, die zumeist von der medizinischen Kunst handelten: Benvenuto von Salernos *Practica oculorum*, Roger von Salernos *Chirurgia*, Cardinalis' *Glossarium zu Galeni »Kunst der Medizin«*, sowie einige Werke des Galenus selbst, darunter *Über die Schädlichkeit einer wechselnden Verfärbung der Haut* und *Über medizinische Heilkräuter*. Des weiteren fand ich eine Bibel und einen kleinen, unbetitelten Band mit ungeordneten Notizen in zwei unterschiedlichen Schriften.

Hier las ich, daß man, um Melancholie, Ischias und Lähmungen zu bekämpfen, am Tag von Christi Himmelfahrt um die Zeit der Terz rote Betonien, Hahnenfuß und Schwefelwurz sammeln und dabei das *pater noster* rezitieren muß, bevor man den Saft aus diesen Substanzen zieht und ihn mit Öl oder Schweinefett und Wachs zu einer Salbe vermischt.

Ich las auch, daß man, um eine Frau von exzessiven Monatsblutungen zu heilen, die Buchstaben *a p o o n a* auf ein Bleitäfelchen schreiben und dasselbe ihr auf den Bauch binden soll.

»Pater«, sagte ich.

»Ja?«

»Hier ist ein Buch, das entweder von Hexerei handelt oder von Medizin.«

Der Mönch, der gerade einige versiegelte Tonkrüge betrachtet hatte, blickte auf.

»Lest mir daraus vor«, befahl er. So trug ich ihm zunächst einen Abschnitt über Frauen aus Salerno vor, die zu kleinen Locken gedrehten Eselsmist essen und ihn auch ihren Ehemännern verabreichen, damit diese den Samen besser zurückhalten können.

»*Um Fieber zu kurieren*«, fuhr ich in meiner Lesung fort, »*schreibe man folgendes auf ein Stück reines Pergament und lege dieses unter den Abendmahlskelch und warte, bis drei Messen gesungen worden sind: + ON LONA ONU ONI ONE ONU ONUS ONI ONE ONU. Danach wird das Pergament am Hals des Patienten befestigt.*

*Um zu erfahren, ob ein Patient sterben wird, schreibe man*

*diese Buchstaben auf ein Lorbeerblatt und lege es zu seinen Füßen nieder, und wenn er spricht, wird er überleben:*

*G b o p o o S D.*

*Ein anderes Mittel gegen Fieber gewinnt man, wenn man Eisenkraut pflückt und dabei die Worte ›In nomine Patris et Filii et Spiritu Sancti Amen‹ sowie ein Sonntagsgebet rezitiert, dann das Kraut zu Pulver zermahlt und es, in Weihwasser aufgelöst, dem Patienten zu trinken gibt –«*

»Gut«, unterbrach mich Pater Amiel. »Ich verstehe. Legt es beiseite; ich nehme es später mit.« Er hielt einen der Tonkrüge in die Höhe. »Was steht hier geschrieben? Könnt Ihr es entziffern?«

Mit zusammengekniffenen Augen starrte ich auf die verblaßten Buchstaben. Sie ergaben das Wort *»amaracus«*.

»Majoran«, sagte ich.

»Und das hier?«

»Mastixharz.«

»Und dieses?«

»Schlangenfleisch.«

Pater Amiel grunzte. Als ich den Krug schüttelte, fragte ich mich jedoch, warum Schlangenfleisch rasseln sollte wie Rosenkranzperlen. Ich öffnete das Gefäß und entdeckte darin Bruchstücke von Blei, als hätte jemand Reste vom Boden einer Schmiede aufgesammelt.

»Gut«, wiederholte Pater Amiel. Er verstaute die seltsame Sammlung in seiner Ledertasche und entrollte eine Bandage aus Leinen, als erwarte er, darauf etwas Geschriebenes oder Gezeichnetes zu finden.

Ich hinwiederum wandte meine Aufmerksamkeit der Truhe mit den Dokumenten zu, die hauptsächlich alte Briefe, Anweisungen zur Herstellung von Heiltränken und Salben, Kopien notarieller Verträge und Fetzen von Velinpapier und Pergament enthielt, auf die Berechnungen, Zitate und Listen mit Zutaten gekritzelt worden waren. Eine Sammlung von Briefen trug das Siegel Guillaume Moniers. Pater Amiel legte sie beiseite, um sie später zu untersuchen. Während ich über unleserlichen, stockfleckigen Texten brütete, schüttelte er jedes Kleidungsstück aus, durchforschte jeden Winkel und leerte jedes Gefäß, das er fand. Er klopfte gegen die Wände und die Tischbeine. Er kroch unter das Bett und drehte mit meiner Hilfe die Truhen um. Hin und wieder schnalzte er mit der Zunge, als wäre er enttäuscht. Endlich fragte ich ihn, ob er etwas Bestimmtes suche.

»Das silberne Bildnis, das Tibaldo in Masseos Hand gesehen hat«, entgegnete er.

»Aha.«

»Tibaldo zufolge sprach Masseo davon, diese Figur neun Nächte lang dem Rauch auszusetzen.« Pater Amiel wühlte in einem Krug mit getrockneten Kräutern. »Danach sollten zweiundsiebzig Nächte lang bestimmte Anrufungen intoniert werden, die langsam, aber sicher Guillaumes Tod herbeiführen würden.«

»Ich verstehe.«

»*Irgendwo* müssen sie es doch versteckt haben«, bemerkte er mit offenkundiger Enttäuschung. »Dort, wo es leicht zugänglich ist, aber praktisch unbemerkt bleibt ...«

»Wie wär's mit dem Misthaufen?« schlug ich vor (weil ich mich gerade an den unvergeßlichen Aufenthalt im Misthaufen des Karmeliterinnenklosters erinnerte). Obwohl ich diesen Hinweis eher scherzhaft gemeint hatte, blickte Pater Amiel mit leuchtenden Augen auf und meinte: »Natürlich. Wo sonst? Das perfekte Versteck.«

Folglich wurde unsere unglückliche Eskorte mit dem Auftrag versehen, Masseo di Vicos Misthaufen zu durchwühlen. Zum Glück blieb ich, als des Lesens Kundiger, von diesem Mißgeschick verschont und konnte bei den Büchern und Dokumenten verweilen, während vom Hof her Ausrufe des Abscheus zu hören waren. Emilia dürfte die exkrementalen Bemühungen ihrer Verfolger mit wachsender Begeisterung verfolgt haben, und dies um so mehr, als deren Aktionen das Gesuchte nicht zutage förderten. Weder im Misthaufen noch in der Küche, den Schlafzimmern oder dem Keller ließ sich ein silbernes Bildnis auftreiben. Auch in den zahlreichen Nischen und Schubladen waren magische Kreise oder Zeichen nicht zu entdecken.

Als die Suche beendet war, konnte Pater Amiel trotz aller Anstrengungen nur die Briefe des Schatzmeisters, eine Sammlung medizinischer Gerätschaften und ein Buch nicht ganz eindeutigen Inhalts als Beweismittel an sich nehmen.

Seine Enttäuschung sprach aus der farblosen Stimme, mit der er sich nach dem Aufenthaltsort von Girolamo di Vico erkundigte. Man sagte ihm, Masseos Sohn erhalte gerade Unterricht von seinem Privatlehrer. Offensichtlich wollte er in die Fußtapfen seines Vaters treten und in einer der berühmtesten medizinischen Fakultäten der Welt den Grad eines Doktors erwerben. Folglich wurde unsere Eskorte dorthin entsandt, um ihn aufzugreifen, während Pater Amiel und ich die konfiszierten Gegenstände zur Priorei schleppten.

Hier führte mich der Mönch direkt zu seiner Zelle, wo ich meine Last absetzen konnte.

»Wartet hier«, wies er mich an. »Ich werde ein Quartier für Euch suchen. Einige Zellen stehen leer. Vielleicht erlaubt der Prior Euch, eine von ihnen zu bewohnen.«

»Leere Zellen? So wie diese hier?«

»Genauso. Nur ist es dort nicht so unordentlich.« Er deutete mit der Hand auf den Raum und verzog das Gesicht. »Da ich Euer Zimmer gesehen habe, muß ich mich nicht für die Unordnung in meinem entschuldigen. ›Richtet nicht, auf daß ihr nicht gerichtet werdet.‹ Wenn ich mich beeile, können wir noch am Essen teilnehmen.«

Mit diesen Worten eilte er davon. Ich fragte mich, ob ich mich wohl auf dem Bett niederlassen dürfe. Es war klein und schmal, wie es dem Ruheplatz eines Dominikaners zukam. Außerdem enthielt die Zelle ein einfaches Schreibpult und eine lädierte alte

Truhe, auf der lange Reisen ihre Spuren hinterlassen hatten. Ihr flacher Deckel diente als Ablage für eine Reihe von Fläschchen mit Arzneien und einen Stoß Pergamentblätter, deren jedes mit vier bis fünf unterschiedlichen Schriften bedeckt war. Da diese immer nur ein und denselben Satz repräsentierten, nahm ich an, daß Pater Amiel noch andere Schriftbeispiele als die der Zeugen gesammelt hatte.

Ob er wohl seine Klosterbrüder darum gebeten hatte? Ob er vielleicht einen von ihnen verdächtigte? Vielleicht hatte Pater Pierre-Julien eine Zeitlang in Avignon gelebt und währenddessen im Kloster Freunde gewonnen. Ich nahm mir vor, Pater Amiel danach zu fragen, sobald ich den Mut dazu aufbrachte.

Noch andere Dokumente lagen, zu Stapeln geordnet, im Raum. Darunter befanden sich von meiner Hand niedergeschriebene Zeugenaussagen sowie Briefe mit prachtvollen Siegeln. Das Schreibpult war mit Tinte, Federn, Messern, Bleicherde, Bimsstein, unbenutzten Pergamentblättern und einem Lineal ausgestattet, also mit allem, was man zum Schreiben benötigte. Hier oben und auf dem Schemel lagen Bücher. Ein Werk trug den Titel *Summa de Catharis et Pauperis de Lugduno* und stammte von einem gewissen Rainerius Sacconi. Des weiteren erblickte ich die *Historia scholastica* des Pierre Comester, eine Bibel, ein Psalmenbüchlein, Petri Lombardi *Sententiae*, die *Summa iuris canonici in haeresi* von Raymond Penafort und die *Confessiones* des Hl. Augustinus.

Als ich dies Buch ergriff und auf irgendeiner Seite öffnete, las ich die folgenden Sätze: *Keiner von uns fühlte sich zu dem hingezogen, was die Ehe zu etwas Schönem macht: zur Aufgabe, ein Heim zu errichten und Kinder großzuziehen. Hauptsächlich war ich darum besorgt, mein unersättliches fleischliches Begehren zu befriedigen, das mich in Banden hielt und schrecklich plagte.*

Wie Ihr Euch vorstellen könnt, war ich noch im Lesen begriffen, als Pater Amiel zurückkehrte.

»Was lest Ihr da?« fragte er, und ich fuhr, aus meiner Versunkenheit gerissen, empor, als hätte mich ein Pfeil getroffen.

»Die *Confessiones*«, erwiderte ich.

»Ah, ja.« Er nickte. »Ein vorzügliches Buch.«

»Vergebt mir, Pater, ich war nur – es fiel mir ins Auge –«

»Nein, nein! Behaltet es. Lest es. Es wird Euch guttun, da bin ich mir sicher.« Er überreichte mir einen versiegelten Brief, der sehr fleckig und zerknittert war. »Er wurde heute morgen in der Priorei abgegeben. Der Bote, ein gewisser Thibaut, läßt Euch mitteilen, daß er im Wirtshaus gegenüber der Porte du Rocher Quartier bezogen hat. Offenkundig hat er Eure Spur vom Haus Eurer Mutter über das Gefängnis bis zur Priorei verfolgt, ohne Euch den Brief selbst aushändigen zu können. Sicher erwartet er eine Antwort.« Er machte eine Handbewegung, als wollte er mich zum Gehen auffordern. »Großzügigerweise hat unser Prior Euch gestattet, eine unserer leeren Zellen zu beziehen«, erklärte er. »Wenn Ihr mir folgt, zeige ich Euch, wo sie ist.«

Ich sollte an dieser Stelle darauf hinweisen, daß nicht alle Klosterbrüder in einer Zelle schliefen. Die meisten suchten zur Nacht das Dormitorium auf, und nur wer einen wichtigen Posten innehatte – der Lehrer zum Beispiel oder der Bibliothecarius –, durfte alleine schlafen. Infolgedessen standen einige Räume leer, die, wie ich erleichtert bemerkte, nur einen Katzensprung von Pater Amiels Zelle entfernt lagen. Ich kann nicht behaupten, daß ich den mir zugewiesenen Raum als unbedingt einladend empfand; in ihm herrschte ein merkwürdiger Geruch, und das Bett, das den einzigen Einrichtungsgegenstand darstellte, war genauso schmal wie das von Pater Amiel. Aber der Mönch teilte mir mit, daß man meine Besitztümer herbringen lassen werde, während er sich um ein Schreibpult kümmern würde.

»Ich zeige Euch noch, wo Ihr die Latrinen, das Refektorium und die Bibliothek findet. Natürlich könnt Ihr gerne zur Komplet am Gottesdienst teilnehmen. Wollt Ihr die Latrinen noch vor dem Essen aufsuchen?«

»Ähm – nein. Danke.«

»Dann kommt. Wir müssen uns vorher noch die Hände waschen. Ach – und ehe ich's vergesse: Bitte enthaltet Euch des Sprechens, wofern Ihr nicht angesprochen werdet.«

»Ja, Pater.«

Ich legte den an mich adressierten Brief und die *Confessiones* auf mein zukünftiges Bett und folgte ihm in den Korridor.

# Sechster Gesang

Die nächsten drei Tage verbrachte ich bei stiller Nachdenklichkeit in der Priorei, während Masseo di Vico vergeblich nach einem Anwalt suchte, der seine Verteidigung zu übernehmen bereit war.

Bei den Dominikanern wird das tägliche Leben von Glocken regiert. Zur Matutin wird man von ihnen geweckt, wenn der Mond noch hoch am Himmel steht. (Obwohl ich den Kopf unter dem Kissen barg, hörte ich Füße an meiner Tür vorbeischlurfen.) Wenn die Mönche in die Zellen zurückkehren, rasselt der Aufseher des Dormitoriums gern mit den Schlüsseln, um sie zur Eile anzutreiben. Manche, die in der Nachtkühle besser nicht unterwegs wären, husten leise. Bei Sonnenaufgang gibt es das nächste Geläut, und danach herrscht für einige Zeit Ruhe, weil die Mönche in der Kirche sind, um zur Prim den Gottesdienst zu begehen, die Messe zu zelebrieren, während des Schuldkapitels ihre Sünden bekennen und schließlich, zur Terz, den Abschlußgesang anstimmen. Aber auch dann werden Langschläfer wie ich durch gelegentliches Glockengebimmel gestört. Im Sommer wird das Mittagessen, das aus zwei Gängen besteht, erst nach der Sexta serviert. Danach gibt es eine kurze Siesta, und am Abend, zur Nona, findet der nächste Gottesdienst statt, dem (im Sommer) eine kleinere Mahlzeit folgt. Der Tag endet mit dem Nachtgebet zur Komplet, bei dem jeder Klosterbruder anwesend sein muß, auch ein so beschäftigter Mönch wie Pater Amiel.

Allerdings war er während meiner ersten beiden Tage in der Priorei nicht übermäßig beschäftigt. Am Freitag nachmittag suchten wir das Gefängnis nur deshalb auf, um den Buchbinder seine Aussage bestätigen zu lassen, denn der gerade arretierte Masseo hatte, wie gesagt, alle Hände voll zu tun, einen Anwalt aufzutreiben. Als ich in meine Zelle zurückkehrte, fand ich dort meine Besitztümer vor – Viola, Truhe, Kleider, Bücher, Akten.

Ich dankte Pater Amiel für seine Bemühungen, war aber so tief betrübt, daß ich, nachdem er mich zur Nona verlassen hatte, sogar ein wenig weinte. Ich fühlte mich einsam und verlassen. Wie hatte meine Mutter mich nur verstoßen können? Warum hatte sie so bereitwillig alle Spuren ihres jüngsten Sohnes getilgt? Diese Unbeugsamkeit paßte so gar nicht zu ihrem Wesen. Hatte sie sich wirklich von Arnaud bereden lassen, diese Sache gutzuheißen?

Seufzend schneuzte ich mich und sagte mir, daß auch ein solcher Riß geflickt werden kann. Vielleicht war es gut, daß ich einige Tage fern von meinem Zuhause verbrachte, damit die erhitzten Gemüter sich beruhigen konnten. Vielleicht würde Arnaud einsehen, daß mein Beitrag zum familiären Leben zwar nicht bedeutend, aber trotzdem unverzichtbar war. Wie denn auch nicht? An wem sollte er sein Mütchen kühlen, wenn ich fehlte?

Das alles redete ich mir ein und wollte es gern glauben. Dann warf ich mich, schlaff und lustlos, aufs Bett und öffnete, um mich abzulenken, den zerknitterten Brief, der noch neben den *Confessiones* des Hl. Augustinus lag. Überrascht sah ich, daß Marguerite de Pasquières ihn geschrieben hatte. Sie teilte mir mit, daß ihr Ehemann, Bernard, gestorben und der Sohn, ebenfalls Bernard geheißen, nun Herr von Saint-Martin-les-Bains sei. Allerdings war Marguerites Stellung im Haushalt des *châtelains* unangefochten geblieben, so daß sie in der Lage war, Bona Claret zu beschäftigen.

*Keine von deinen abgelegten Lieben, hoffe ich.* Der Brief war in der Volkssprache und in einer unbeholfenen, von Rechtschreibfehlern durchsetzten Schrift abgefaßt, die offensichtlich von ihrer Hand stammte. Meine Achtung vor ihr stieg; ich hatte immer eine Schwäche für gebildete Frauen, auch wenn es mit ihren Schreib- und Lesekünsten nicht so weit her sein mochte. Schließlich sind sie selten wie Diamanten.

Aber ich schweife ab.

*Raymond*, schrieb sie, *in Liebesdingen warst du schon immer ein Streuner. Mein Ehemann schüttelte gern den Kopf angesichts deiner amourösen Abenteuer. ›Der Junge ist auf dem besten Weg zur Hölle‹, pflegte er zu sagen. Jetzt ist er gegangen, und ich bin eine Witwe, die sich nach ihren alten Freunden sehnt. Meine Tochter ist in Arles glücklich verheiratet, und mein Sohn lebt am Hof des Grafen von Nîmes. Wenn du ein paar Tage Zeit hast, würde ich dich gerne willkommen heißen. Das Essen hat dir, wenn ich mich recht erinnere, immer gut geschmeckt.*

Mit wachsendem Erstaunen las ich, daß Marguerite sich auch noch gut an meine »geistreiche Unterhaltung«, meinen »gebildeten Verstand« und meine »jugendliche Kraft« erinnerte. Ob ich noch wüßte, daß sie um einiges jünger gewesen war als ihr Mann? Wahrscheinlich hatten meine Neckereien ihr besser gefallen als ihm. Sie sei noch stark und gesund und brauche hin und wieder ein wenig Ablenkung. Aber ihr Witwenleben sei eng umzirkt. Sie besuche und empfange niemanden. Würde ich mich ihrer erbarmen und ein paar Tage im *château* verbringen, das nun, da die Jugend es verlassen hatte, ein trauriger und düsterer Ort wäre?

Meine Freundinnen, ich war verblüfft. Wie denkt Ihr darüber? Für mein Gefühl war die Botschaft in einem fast beunruhigend warmen Tonfall abgefaßt. Nicht unschicklich oder anzüglich, das auf keinen Fall. Aber ungewöhnlich warmherzig. Vielleicht täuschte ich mich über ihre wahre Bedeutung hinweg. Vielleicht wollte ich mir selbst schmeicheln. Dennoch kam es mir vor, als würden zwar keine von lüsternen Wünschen diktierten Vorschläge gemacht, aber bestimmte Tatsachen hervorgehoben: Marguerite war noch kräftig, sie lebte allein, und sie erinnerte sich voller »Zuneigung« meiner »schönen weißen Zähne«.

Allerdings hatte sie sich höchst vorsichtig ausgedrückt. In ihrem Brief stand nichts, was sie einem Priester hätte beichten müssen. Infolgedessen war ich mir unsicher, ob ich ihn wirklich richtig verstanden hatte, und so fiel meine Antwort keusch und zurückhaltend aus. Ich dankte ihr. Ich pries ihre Nächstenliebe bezüglich Bona Clarets. Die Erinnerung an ihre Gesellschaft sei mir lieb und wert: Wie hätte ich ihr fröhliches Lachen, ihre blitzenden Augen, ihre aufmerksame Gastfreundschaft je vergessen können? Aber ich sei im Augenblick mit einer schwerwiegenden und bedeutenden Angelegenheit befaßt, nämlich mit dem Mord an Kardinal di Vicos Schatzmeister, Guillaume Monier. Hatte sie von dem Fall gehört? Monier war kastriert in seinem Schlafzimmer aufgefunden worden, und mein Dienstherr hatte den Auftrag erhalten, die Identität des Täters festzustellen. Bis auf weiteres könnte ich Avignon daher nicht verlassen.

Das alles schrieb ich Marguerite de Pasquières. Wie Ihr seht, wies ich ihre Einladung standhaft, wenngleich mit vielen höflichen Wendungen, zurück. Dennoch bedrängten mich Gedanken an ihre wiegenden Hüften, ihre leicht schelmischen Blicke, denn obwohl sie damals die Jugendblüte schon hinter sich gelassen hatte, besaß sie doch noch eine Vielzahl anziehender Eigenschaften. Und noch bevor ich's verhindern konnte, hatte mein Luststab sich erhoben, um diese Erinnerungen würdig zu begrüßen, und eine beschämend deutliche Schwellung hob mein Gewand in der Leibesmitten nach oben.

Ich war so verwirrt, daß ich fast mein Tintenfaß umgeworfen hätte. Wenn jetzt Pater Amiel hereinkäme und mich im Zustand der Lüsternheit erblickte? Aber wie immer ließ der Gedanke an ihn mein ungebärdiges Instrument saft- und kraftlos werden, und als ich mich erhob, fiel das Gewand glatt auf die Knie hinab, und das Feuer in meinen Lenden war erloschen. Ich konnte ihn erregungslos begrüßen, als er kam, um mich zu holen. Dennoch fühlte ich mich unbehaglich und unrein, als würde meine Anwesenheit die ernste und stille Gemeinschaft keuscher Männer schänden. Darum bat ich Pater Amiel um Erlaubnis, die Priorei zu verlassen, damit ich meinen Brief an Marguerites Boten übergeben könne. Ich würde, versicherte ich ihm, sofort zurückkehren.

Mit leiser Stimme erwiderte er, daß einer der Laienbrüder diese Aufgabe übernehmen werde. Er aber brauche meine Unterstützung, weil einige Bücher gelesen werden mußten. Natürlich konnte ich ihm sein Begehren nicht abschlagen und blieb mithin bis zur Komplet in seiner Zelle, wo ich ihm aus dem *Liber introductorius* des Michael Scotus vorlas. Zum Glück ließ mich der schaurige Inhalt dieses Werks nicht an fleischliche Vergnügungen denken, denn Blut und amputierte Glieder tragen nicht zu meiner Wollust bei. *Sie bringen Opfer dar mit dem Fleisch eines menschlichen Wesens, sei es ein Stück von ihrem eigenen Fleisch oder dem einer Leiche*, las ich, *weil sie wissen, daß die Beschwörung eines Geistes in einem Ring oder einer Flasche nur durch die Darbringung von Opfern erreicht werden kann.* Möge uns Gott behüten! Dieser Katalog von Scheußlichkeiten konnte meine Sinne nicht erfreuen.

Erfreut war, wie Ihr Euch vielleicht vorstellen könnt, mein Gefährte. Selbst ich vermochte zu erkennen, daß solche und ähnliche Beschreibungen ahnen ließen, aus welchem Grund Moniers *virilia* entfernt worden waren. Jedesmal wenn ich einen derartigen Abschnitt vorgelesen hatte, wiederholte Pater Amiel ihn zweimal, bevor ich weitermachen durfte. Auf diese Weise vertraute er seinem Gedächtnis einen großen Teil des Buches an, denn sein Erinnerungsvermögen war einzigartig.

Als die Glocken zur Komplet läuteten, bat mich Pater Amiel, das Buch aus den Händen zu legen und mich durch den Gottesdienst zu reinigen. »Kommt«, sagte er. »Schließt Euch uns an. Geht nicht zu Bett, derweil Michael Scotus' Schmutz noch Euren

Geist verunreinigt. Badet Euch in Gottes läuternder Liebe. Entledigt Euch aller sündigen Gedanken. Mein Herz wäre leichter, wenn Ihr es tätet.« Durch solche sorgfältig formulierten und sanften Tons vorgetragenen Appelle überredete er mich, am Abendgottesdienst teilzunehmen. Mit einigen anderen Bürgern Avignons durfte ich die Kapelle der Priorei betreten, die nur zu dieser Stunde den Laien offenstand. Vielleicht fragt Ihr Euch: Was hatte Raymond Maillot an diesem heiligen Ort zu suchen, unter so vielen frommen Leuten, wie ein Wolf unter Lämmern? Durfte er mit seinem Fuß überhaupt solch geweihten Grund berühren? Aber seid versichert, daß ich mich der Präsenz des HErrn demütig nahte und mit Zittern. Kaum fand ich den Mut, den Blick nach oben zu richten. Mein Herz war unruhig; ich hatte das Gefühl, ein Wurm zu sein, der in einem Apfel nagte.

Aber so ging es mir, um ehrlich zu sein, immer, wenn ich die Kirche aufsuchte. Sobald ich Gottes Haus betrat, ließ das Gewicht meiner Sünde die Scham in mir wachsen. Immer war mir, als würde ich dort nicht hingehören – und bis Pater Amiel mein Freund wurde, hatte man mich dort auch nicht besonders herzlich begrüßt. Aber das sei, so wurde mir seither gesagt, mein Fehler. Wenn ich wahrhaftig bereit wäre, Gottes Aufmerksamkeit auf mich zu lenken, würden Er und Seine Diener mich mit aller Wärme empfangen.

Es sei, so wurde mir seither gesagt, mein geheimer Wunsch, auf den Pfaden der unberechenbaren Lüsternheit dem Auge Gottes zu entfliehen.

Vielleicht stimmt das. Jedenfalls stand ich während meines ersten Besuchs in der Kapelle sorgsam ganz hinten im Kirchenschiff, hinter den anderen, die sich dort versammelt hatten. Es mochten an die vierzig Bürger gewesen sein, aus allen Ständen der Gemeinschaft. Den überwiegenden Teil der Zeit blieben wir von den Klosterbrüdern abgesondert, die, für uns unsichtbar, ihre ernsten Gesänge hinter dem Lettner ertönen ließen. Aber als das *Salve Regina* erklang, öffneten sich die Türen des Lettners und eine Prozession von Dominikanern bewegte sich singend durch das Kirchenschiff. Ihre Zahl war so groß, daß es mir nicht gelang, Pater Amiel unter ihnen zu entdecken; es waren zu viele kleine, schmale, unbedeutend aussehende Mönche in schwarz-und-weißen Kutten, und ein tonsurierter Kopf unterschied sich aus der Entfernung nicht von einem anderen. Doch während einer der Klosterbrüder das niederkniende Laienvolk mit Weihwasser besprengte und direkt vor mir *Eia ego advocata nostra* sang, beruhigte ich mich mit dem Gedanken, daß Pater Amiel ganz in meiner Nähe sein mußte.

Dann begaben sich die Mönche in geordneter Reihe zurück in den Chor, die Schlußgebete wurden rezitiert, die Glocken geläutet, und die Versammlung löste sich auf. Ich blieb allein im Schiff zurück, stand wie ein Idiot auf den weithin sich erstreckenden Fliesen und blickte unsicher auf die Madonna zu meiner Rechten und den Hl. Dominikus zu meiner Linken. Sie waren in leuchtenden Farben gemalt und in Lebensgröße dargestellt. Erste Abendschatten hüllten die riesige Dachwölbung in Zwielicht. Fußtritte unsichtbarer Mönche auf dem Weg zu einer unsichtbaren Tür hallten im Kirchenschiff wider.

Endlich trat Pater Amiel hinter dem Lettner hervor. Lächelnd kam er auf mich zu und fragte mich, ob ich Gottes läuternde Kraft gespürt hätte.

»Na ja ... mein Geist gehört nicht zu den makellosesten«, erwiderte ich vorsichtig, woraufhin sein Lächeln breiter wurde und seine schwärzlichen Zähne zum Vorschein brachte.

»Unsinn«, meinte er. »Wir sind allzumal Sünder, mein Sohn, aber Gottes Liebe enttäuscht uns nie. Habt Ihr Seine Präsenz gespürt? Ich hoffe es. Ich hoffe, Er hat Euch, in Eurer Verlassenheit, getröstet.« Plötzlich runzelte Pater Amiel die Stirn, blickte mir ins Gesicht und sagte sanft: »Ich weiß, daß Ihr Euch hier verloren vorkommt. Ich weiß, daß das Verhalten Eurer Familie Euch verletzt hat. Aber seid guten Mutes, Raymond. Bald habt Ihr Euren Weg gefunden. Der HErr ist Euer Hirte.«

Zu meiner Bestürzung schossen mir ob dieser Worte die Tränen in die Augen. Glücklicherweise ignorierte der Mönch diesen Anfall von Schwäche (wenn er ihn überhaupt bemerkte). Er drehte sich einfach um und geleitete mich zu meiner Zelle, wo er mich nach einer stillen Geste der Segnung – er schlug das Zeichen des Kreuzes auf meiner Stirn – allein ließ. So endete mein erster Tag als offiziell anerkannter Gast der Priorei.

Die folgenden drei Tage verliefen ähnlich.

Die meiste Zeit verbrachte ich im Kloster. Im Gefängnis gab es für Pater Amiel und mich nichts zu tun, weil Masseo di Vico noch immer keinen Anwalt gefunden hatte; offenbar reagierten Avignons Advokaten auf Pater Amiels vormaligen Status als Inquisitor ketzerischer Verderbtheit mit allergrößter Zurückhaltung, weil sie nicht wußten, wie sie seine jetzige Rolle einschätzen sollten. Jedenfalls weigerte sich einer nach dem andern, im Fall Masseo di Vicos als Verteidiger aufzutreten, während Pater Amiel und ich uns in klösterlicher Abgeschiedenheit mit weniger bedeutsamen Angelegenheiten beschäftigten. Ich las ihm den Rest von Michael Scotus' *Liber introductorius* vor, ferner Masseos unbetiteltes Buch über medizinische Volksweisheiten sowie die Aussagen einiger Zeugen, wobei der Mönch insbesondere an den Bekundungen Tibaldo Canigianos interessiert war. Normalerweise wären diese Aufgaben einem jungen Klosterbruder namens Armand zugefallen, aber dessen Stimme hielt Pater Amiel für dünn, schwach und tonlos, während die meine, so sagte er, stark und beherzt und wohllautend wie Musik sei. Sie bringe in seinem Geist lebhafte Bilder hervor und lasse die von mir gesprochenen Worte länger in seinem Gedächtnis verweilen. Mit solchen Komplimenten brachte er mich dazu, ihm vorzulesen, bis ich heiser war, denn es gefiel mir sehr, daß er mir so aufmerksam lauschte.

Wenn ich für mich allein war, las ich häufig in den *Confessiones* des Hl. Augustinus. Dieses segensreiche Werk, diese wunderbaren und zugleich schrecklichen Erinnerungen hatten mich in ihren Bann gezogen. Ich las die Erlebnisse eines jungen Mannes, dessen Seele »von sinnlicher Lust verderbt« war. Ich las von seinen Sehnsüchten und Kämpfen, von seinem Begehren und seiner Verzweiflung. *Lieben und geliebt zu werden war's, was mir die größte Freude bereitete*, las ich. *Aber aus dem Sumpf fleischlicher Begierde und aus der Quelle jugendlichen Drangs erhoben sich neblichte Dünste und hüllten mein Herz in Dunkelheit, so daß ich nicht zu unterscheiden vermochte zwischen reiner Liebe und unreiner Wollust. Diese beiden Gefühle durchtobten mich in verblendeter Verwirrung und zogen mich, in meiner schwankenden Jugend, in den Abgrund der Leidenschaften und in den Strudel der Laster.*

Als ich dies in meiner engen Zelle las, ward mir so, als spräche der Hl. Augustinus direkt zu mir. Er hatte sehr deutlich erkannt, was es heißt, vom Penis regiert zu werden, also von einem Glied, das bisweilen höchst eigensinnig sein kann. Aber er hatte die Wollust besiegt. Er war der Erlösung teilhaftig geworden. Er hatte schließlich die reine Liebe von der unreinen Wollust, das Vollkommene vom Unvollkommenen, zu unterscheiden gelernt. Ach, mit welchen Gefühlen las ich, nach all meinen Nöten und Unglücksfällen, die folgenden Worte: *Dennoch liebe ich ein Licht, eine Stimme, einen Duft, eine Speise, eine Umarmung, wenn ich meinen Gott liebe, denn Er ist das Licht, die Stimme, der Duft, die Speise, die Umarmung für meinen inneren Menschen. Wenn dieses Licht in meine Seele scheint, die an keinen Ort gebunden ist, wenn diese Stimme ertönt, die nicht hinweggerafft wird von der Zeit, wenn dieser Duft ausströmt, den kein Lufthauch davonbläst, wenn diese Speise mich entzückt, die unverzehrt bleibt im Verzehr, wenn ich diese Umarmung genieße, derer ich niemals satt werde, dann liebe ich meinen Gott. Denn dies alles liebe ich, wenn ich Ihn liebe.*

Als ich das las, fragte ich mich: Ist das die Liebe, die Pater Amiel genießt? Hat er auf diesem Fundament sein Vertrauen, seine Weisheit und seine Seelenruhe errichtet? Ist er so stark, weil er auf eine Liebe baut, die, weil sie vollkommen ist, ihn nie enttäuschen wird?

Von Furcht ergriffen, überlegte ich, wie wenig verläßlich die Bande waren, die mich mit meiner Familie, meinen Freunden, meinen zahlreichen Liebschaften verknüpften. Einige waren zum Zerreißen gespannt, andere so eng um meine Füße geschlungen, daß ich stolperte. Offenbar hatte Pater Amiel sich solcher Fesseln entledigt und war dadurch Gott nahegekommen.

Aber er ist, so dacht' ich, aus feinerem Stoff gemacht als ich. Sein Verstand ist scharf und rein und präzise. Seine Hände sind wunderbar geformt. Er spricht viele Sprachen, strauchelt nicht, benimmt sich nicht ungeschickt und läßt keinen Wind fahren. Und er hat Mut für drei.

Er gehört hierher, ich jedoch nicht. Ich könnte niemals zu der Höhe aufsteigen, die er sich als Maßstab gesetzt hat. So wie er werde ich niemals Gottes Liebe erfahren.

So dachte ich damals, und ich dachte so, weil ich am Samstag, als ich ihm vorlas, Zeuge eines bemerkenswerten Ereignisses wurde. Normalerweise spürte ich bei meinen Lesungen seine Aufmerksamkeit, aber bei dieser Gelegenheit merkte ich nach einiger Zeit, daß ich ins Leere sprach. Keine Zisch- oder Grunzlaute unterbrachen meine Rezitation, kein klarer Blick aus seinen dunklen Augen lenkte meine Wahrnehmung auf sich. Als ich zu ihm hinübersah, merkte ich, daß er sich von mir abgekehrt hatte; seine Gesichtsfarbe war von kränklicher Blässe, und seine Hände hielt er gegen die Wangen gepreßt.

»Sind es wieder Eure Zähne?« forschte ich.

Er nickte und schloß kurz die Augen.

»Vielleicht solltet Ihr den Infirmarius aufsuchen«, schlug ich vor, aber er schüttelte den Kopf.

»Nein.«

»Eins von diesen Elixieren könnte –«

»Nein.«

Ich wartete, während er mit den Schmerzen kämpfte. Ihm dabei zuzusehen, war vielleicht fast ebenso schlimm wie sein Leiden. Zusammengekrümmt, mit dem Kopf auf den Knien, bot er einen bedauernswerten Anblick, obwohl er stumm blieb wie ein Grab.

Endlich richtete er sich auf; sein Gesicht war grau und schweißbedeckt, sein Atem ging schwer. Mitfühlend beklagte ich sein Martyrium. Gott habe ihn grausam bestraft.

»Nein«, entgegnete er. »Sagt das nicht. Ich darf diese Schmerzen nicht als Bestrafung, sondern muß sie als Gnade begreifen.«

»Als *Gnade*?«

»Ich muß sie benutzen. Sie sind ein Werkzeug, das mir helfen kann, in die Freude des HErrn einzugehen. Der Hl. Augustinus sagt uns, daß es notwendig sei, den Geist zu läutern, damit wir auf unbeschreibliche Weise das Unbeschreibliche erkennen können. Die Kirchenväter sagen uns, daß in Gott anwesend zu sein heißt, nicht mehr in sich selbst zu sein, sich selbst und alles Zeitliche und Vergängliche aufzugeben.« Pater Amiel sprach sehr langsam und deutlich, als würde er jedes Wort mit zitternden Händen zwischen uns auf das Bett legen. »Schmerz ist wie ein läuterndes Feuer«, fuhr er fort. »Seine Intensität beraubt uns aller Erinnerungen, löscht unsere Identität aus und läßt nur ein einziges Begehren übrig. Er brennt die Hüllen fort und legt den Kern frei. Unsere Gedanken können nicht schweifen, unsere fleischlichen Gelüste haben keine Macht mehr über uns. Schmerz ist rein. Er lenkt uns auf ein Ziel, nur ein einziges – von ihm erlöst zu werden.

Darum begreife ich den Schmerz als eine Brücke. Als ein reinigendes Bad. Wenn ich von allen Begehren bis auf das eine befreit bin, könnte ich dann nicht auch noch dieses überwinden und darüber hinausgehen? Könnte ich nicht in das Reich des ewigen Lichtes eingehen, wo ich nichts mehr wissen und erkennen muß als Gott allein?« Er faltete die Hände und sprach mit rauher Stimme. »Und wenn der Schmerz sonst nichts ist, so ist er meine Krone. Ich biete mein Leiden dem HErrn dar, denn welch anderes Geschenk habe ich für ihn? Der Apostel sagt: ›Was besitztest du, das dir nicht von Gott gegeben ward?‹ Unserer Gaben können wir uns nicht rühmen, denn sie stammen von Gott. Aber im Kreuz der Leiden und Schmerzen können wir unseren Ruhm suchen – in unserer Fähigkeit, uns selbst zu überwinden, und aus Liebe zu Christus, alle Übel, Verletzungen und Qualen, die uns heimsuchen, willig ertragen. ›Kein Glück will ich suchen außer im Kreuz unseres Herrn Jesu Christi.‹ Darum danke ich Gott für meinen Schmerz. Ich ehre ihn. Ich unterwerfe mich ihm. Denn ohne Leiden gibt es keine Erlösung.«

Ehrfürchtig starrte ich ihn an. Was er sagte, dünkte mir erhaben. Heiligmäßig. Unmenschlich.

»Ihr *begrüßt* also Euren Zahnschmerz?« fragte ich, woraufhin sein Gesicht sich zu einem gequälten Lächeln verzog.

»Wäre es nur so«, bekannte er. »Ich versuche es, aber ich bin schwach. Ich bin ein schwacher Mensch.«

»Nein, Pater!« rief ich aus. »Ihr seid sehr stark! Stark und heilig!«

»Ich bestimmt nicht.«

»Doch!«

»Vergebt mir, Raymond, aber Ihr seid vielleicht nicht in der Lage, das zu beurteilen.« Dann wies er mich an, mit dem Vorlesen fortzufahren, und wischte sich mit dem Kuttenärmel den Schweiß von der Stirn. Von diesem Moment an sah ich ihn mit anderen Augen. Ich betrachtete ihn zweifelnd und erstaunt und fragte mich: Ist Pater Amiel Gott bereits nahe? Näher als seine Klosterbrüder? Ist er so außergewöhnlich und gesegnet wie ein Heiliger?

In der Priorei war er ein ganz anderer Mensch als im Gefängnis. Zuerst hatte ich ihn respektiert und bewundert, jetzt aber verehrte ich ihn. Ich verhielt den Schritt, wenn er sich näherte; ich wagte es kaum noch, in seiner Gegenwart zu sprechen. Das mochte wohl auch mit der Atmosphäre in der Priorei zusammenhängen; sie war ein Ort des Schweigens. Die Mönche dort bewegten sich ruhig und gelassen, sie eilten nicht, sie lachten nicht, sie trödelten nicht. Gelegentlich hörte ich sie seufzen oder niesen oder aufstoßen. Gelegentlich sah ich, wie sie sich kratzten oder stolperten oder auf der Latrine Grimassen schnitten. Bisweilen hörte ich in der Nacht Weinen und erstickte Schreie. Einmal bemerkte ich, wie durch den Habit eines Mönchs Blut sikkerte. Wenn ich mich nicht täusche, war er mit einem Strick oder Birkenzweigen ausgepeitscht worden. Insgesamt jedoch verbrachte ich meine Tage unter verstummten Stimmen, gehemmten Schritten und gesenkten Blicken.

Vielleicht wurde auch deshalb meine eigene Stimme immer leiser. Und vielleicht war ich deshalb, als ich nach einigen Tagen wieder auf die Straße trat, vom Lärm, den Bewegungen und den hellen Farben wie betäubt.

Das geschah am Montag, nachdem ich zwei volle Tage (Samstag und Sonntag) und drei Nächte in der Priorei verbracht hatte. Am Sonntag war Pater Amiel vollauf mit religiösen Verpflichtungen beschäftigt gewesen, so daß ich ihn kaum zu Gesicht bekam. Am Montag morgen hatte er mich gebeten, die Randglossen in Guillaume Moniers nekromantischem Buch mit den Schriftbeispielen zu vergleichen, die er von den zweiundfünfzig Mönchen der Priorei erhalten hatte. Keines davon wies Ähnlichkeiten mit den Bemerkungen in Moniers Buch auf. Allerdings waren einige Mönche mit Pierre-Julien Fauré während seines Aufenthalts in Avignon näher bekannt geworden und hatten Pater Amiel eine kurze Liste mit den damaligen Vertrauten des Inquisitors zusammengestellt.

Auf dieser Liste fand sich auch Guillaume Monier.

»Wir können also annehmen, daß Pater Guillaume das Buch von Pater Pierre-Julien erhalten hat«, bemerkte ich, als Pater Amiel mir diese Entdeckung mitteilte. »Ganz, wie Ihr vermutet habt.«

»Ja.«

»Vielleicht hat Pater Guillaume den Inquisitor um Hilfe gebeten, als er entdeckte, daß Masseo di Vico ihn mit Verfluchungen belegte.«

»Vielleicht.« Der Mönch kniff die Augen zusammen. »Aber was für eine Hilfe bietet ein Buch über Hexerei? Es sei denn, man hält es für die wirksamste Lösung der Probleme.« Er klopfte mit dem Zeigefinger gegen das Kinn und fügte hinzu: »Es wäre traurige Ironie, wenn Guillaume Monier durch seine eigenen okkulten Kurpfuschereien ums Leben gekommen wäre. Möglicherweise ist der Schatzmeister durch eben jenen teuflischen Geist getötet worden, den er zu seinem eigenen Schutz heraufbeschwor.«

Ich schwieg. Vor einiger Zeit noch hätte ich eine solche Vermutung bespöttelt. Jetzt jedoch hatte ich nicht das Herz, einen Mann anzuzweifeln, den ich verehrte. Zudem schienen dämonische Heimsuchungen in der Priorei nicht außerhalb der Grenzen des Wahrscheinlichen zu liegen. Weil Gott uns so nahe war, mochte wohl die Anwesenheit Satans sich bemerkbar machen. Ich muß davon ausgehen, daß die Priorei, dieses Tugend-Gefäß, fortwährend von infernalischen Mächten angegriffen wurde, denn ihre Mönche kämpften Tag und Nacht mit den Abgesandten der Hölle. Ich hörte, wenn ich im Bett lag, die gequälten Gottesmänner schreien. Ich sah sie ausgestreckt auf den Kirchenfliesen liegen und, als Buße, zum Essen Wasser trinken. Manchmal spürte ich, wie an verborgenen Orten, unsichtbar, unhörbar, die Kräfte des Lichts mit denen der Finsternis rangen.

»In Verbindung mit Pierre-Julien Fauré wurde noch ein anderer Name genannt«, fuhr Pater Amiel fort. »Es handelt sich um einen Sekretär im Petitionsamt namens Durand Rouiard. Kennt Ihr ihn?«

»Aber ja!« Erstaunt richtete ich mich auf. »Ich bin ihm häufig begegnet. Wenn man wie ich mit Petitionen zu tun hat, ist das unvermeidlich.«

»Habt Ihr unter Euren Aufzeichnungen ein Beispiel seiner Schrift?«

Ich dachte nach, hielt es jedoch für unwahrscheinlich.

»Wenn eine Petition bewilligt worden ist, versieht der Vizekanzler oder der Heilige Vater das Originaldokument mit einem Vermerk«, erklärte ich. »Nachdem der *datarius* dem Dokument das Datum der päpstlichen Zustimmung hinzugefügt hat, wird die Petition an Durand Rouiard weitergereicht, der bestimmte Informationen über sie in einem Buch namens *Liber de vacantibus* vermerkt. Will man eine Petition zurückerlangen, muß man in diesem Buch nachschlagen, um herauszufinden, ob sie empfangen und abgelegt worden ist. Wenn ja, wird ein Schreiber im Amt sie heraussuchen, damit man sie registrieren lassen kann. Wenn nicht, muß man zu Durand gehen und ihn fragen, ob sie noch auf seinem Pult liegt.« Ich spreizte die Hände. »Durand selbst versieht die Dokumente nicht mit einem Zeichen. Er führt nur das *Liber de vacantibus.*«

»Ich verstehe.« Stirnrunzelnd dachte Pater Amiel über dieses Problem nach. »Um seine Schrift zu überprüfen, müßten wir also das Buch in Augenschein nehmen.«

»Ja.«

»Könntet Ihr so etwas tun, ohne Aufsehen zu erregen? Wird das Buch bewacht oder beaufsichtigt?«

»Manchmal. Nicht immer.«

»Dann werdet Ihr zum Petitionsamt gehen. Gleich jetzt.« Pater Amiel erhob sich. »Nehmt Moniers Buch über Hexerei mit und vergleicht die Randglossen mit der Schrift im *Liber de vacantibus*. Findet heraus, ob sie ähnlich sind.«

»Aber –«

»Ihr werdet doch nicht überprüft? Euer Erscheinen wird kein Mißtrauen hervorrufen?«

»Nein, Pater.«

»Dann macht Euch auf den Weg. Ich möchte wissen, ob Durand Rouiard in Guillaumes Buch geschrieben hat. Ich möchte wissen, ob auch er in diese Hexereien verwickelt ist.«

Somit verließ ich die Priorei – und die Straßen von Avignon kamen mir, ich sagte es bereits, fremd vor. Da ich vorübergehend die Fähigkeit verloren hatte, meinen Schritt zu beschleunigen oder zu verlangsamen, stieß ich fortwährend mit Passanten zusammen. Weil Dominikaner nicht hasten oder jäh aus Türen hervorschießen oder einander wegschubsen, muß man im Kloster niemandem ausweichen. Außerdem schreien oder pfeifen sie nicht, schlagen nicht mit den Türen, schnauben nicht wie die Maultiere, so daß einem die lauten Straßengeräusche ungewohnt erscheinen. Selbst das Sonnenlicht tat mir fast weh. Ich fühlte mich wie ein frischgeschlüpftes Küken oder ein gerade entlassener Gefangener.

In meiner eigenen Stadt fühlte ich mich fremd.

Das Petitionsamt befindet sich unter demselben Dach wie das Amt für Siglen, das Amt für die Ausfertigung von Urkunden, das Amt für Korrekturen und die Registratur. Das Gebäude ist wie ein Bienenstock, in dem statt Honig Dokumente produziert werden. Ich kenne es nur allzugut und wußte daher genau, wo ich hinmußte. Durand Rouiard saß in einem stickigen Zimmer, in dem mit Eselsohren versehene Dokumente an zusammengebundenen Schnüren von der Decke herabbaumelten und, wenn man an ihnen vorbeiging, wie Taubenflügel raschelten und flatterten. Diese Dokumente sind die Petitionen, deren Aufbewahrungsmethodik mir immer ein Rätsel geblieben ist. Hin und wieder holt der Registrator ein Bündel Pergamente vom Haken, an dem es hängt, herab und überreicht es dem Mann, der es abholen will, vermerkt den Vorgang jedoch zunächst im *Liber distributionum.* Am anderen Ende dieses Zimmers brütete Durand Rouiard über dem *Liber de vacantibus.* Dort verbrachte er, lesend und schreibend, die meiste Zeit, aber als ich eintrat, unterhielt er sich gerade mit einem Mann, der seine Petition in Rouiards Buch nicht gefunden hatte. Durand mußte also die Dokumente auf seinem Pult durchwühlen, um zu sehen, ob die Petition schon bei ihm angekommen war. Dank dieser Ablenkung konnte ich das *Liber de vacantibus* in aller Eile prüfen.

Behutsam öffnete ich das große Register, hielt sodann Guillaume Moniers Buch unter der Tischplatte verborgen und verglich die Glossen mit den kleinen, sauberen, engen Schriftzügen, die jede Seite des *Liber de vacantibus* füllten. Zu meiner großen Zufriedenheit entdeckte ich, daß Durand zweifellos für eine der Glossen in Moniers Buch verantwortlich war. Von ihm, das war eindeutig, stammte der Vermerk: »Eine Mauer wird von Hexerei gereinigt, wenn man sie mit Hundeblut besprengt, während die Galle eines schwarzen Hunds Dämonen davon abhält, Böses zu tun.«

Welch Triumph, meine Freundinnen! Ich war mit mir sehr zufrieden. Ohne Durands Aufmerksamkeit zu erregen, schloß ich beide Bände, packte den kleineren unter meinen Arm und zog mich so schnell wie möglich zurück.

Wie seltsam, dachte ich bei mir, als ich wieder auf die besonnte Straße trat. Wie seltsam, daß ein klerikaler Beamter wie Durand, der so einwandfrei sich auszudrücken weiß und ein nüchtern-unauffälliges Leben führt, Satan nachspürt, als wäre er ein Ketzer. Warum tut so ein Mann so etwas? Fühlt er sich von Gott so verlassen, daß er Zuflucht bei der Nekromantie suchen muß?

Ich fand auf diese Fragen keine Antworten, machte mir aber auch weiter keine Gedanken darum. Vielleicht hätte Pater Amiel mir einiges erklären können, wenn ich ihn gefragt hätte. Als Gottesmann dürfte er sich in den Seelen von Kirchenleuten auskennen und wissen, wozu sie neigen, wenn ihr Ehrgeiz enttäuscht wird, ihre Sehnsüchte unerfüllt bleiben, ihre Hoffnungen auf Grund laufen. Aber ich fragte ihn nicht, weil meine eigenen Schwierigkeiten mich viel stärker beschäftigten. Wie einst der Hl. Augustinus fühlte ich mich des Lebens so schrecklich müde. Schleifenden Schritts, gesenkten Kopfes und niedergeschlagenen Blicks ging ich einher. Nicht einmal der Gedanke an ein opulentes Mahl, süße Musik oder schöne Frauen konnte mich aufrichten. Ich fühlte mich seltsam leicht und hohl, wie ein Weidenkorb.

Aber als ich, zurück in der Priorei, Pater Amiel von meiner

Entdeckung berichtete, erhielt ich viele warme und zufriedene Worte des Danks. Er nannte mich eine Perle von großem, ja fast unschätzbarem Wert und lächelte und vermittelte mir das hervorragende Gefühl, ein guter und treuer Diener zu sein.

Dann verließ er mich, um der Abendandacht beizuwohnen, während ich, in meiner kleinen dunklen Zelle wieder allein, mich am Nachhall seines Lobs erquickte. Ansonsten fand ich wenig Grund, mich erquickt zu fühlen. Denn während mein Leben zerfaserte und von meinen Schultern glitt wie ein zerschlissenes Gewand, war Pater Amiels Wertschätzung das einzige starke und dauerhafte Element, das, wie ein guter Ledergürtel, die Einzelteile noch zusammenhielt.

Erinnert Euch daran, derweil ich mit meiner Geschichte fortfahre. Bedenkt, daß ich damals nicht die Zuneigung vieler Freunde genoß. Damals fühlte ich mich verlassen. Ausgestoßen. Ungeliebt.

Kein Wunder, daß ich mich der Kirche zuwandte.

# SIEBTER GESANG

»Raymond.«

Die Stimme drang durch meinen Traum; jäh fuhr ich hoch. Pater Amiel stand neben meinem Bett.

»Huh?« murmelte ich, während er zwei Schritte zurücktrat.

»Raymond. Steht auf. Es ist schon heller Morgen.«

»Hmpf.« Ich schüttelte die Haare aus der Stirn und muß wohl einen so ungepflegten wie furchterregenden Eindruck erweckt haben, denn mittlerweile war der Mönch bis auf die Schwelle zurückgewichen. »Pater?« stöhnte ich.

»Masseo di Vico hat einen Anwalt gefunden. Ich werde noch heute morgen seinen Sohn vernehmen. Kommt zu meiner Zelle, wenn Ihr fertig seid, damit wir zum Gefängnis gehen können.« Pause. »Raymond?«

»Hmmmpf?«

»Beeilt Euch. Bitte.«

Noch halb im Schlaf, tastete ich nach meinen Kleidern, torkelte aus dem Bett und taumelte zu den Latrinen, wo ich mich einer besonders *drückenden* Last entledigte. Dann suchte ich Pater Amiel auf und befeuchtete meine Zunge mit ein paar Tropfen Wasser. Obwohl ich am Abend zuvor keinen Wein getrunken hatte, fühlte ich mich wie verkatert, während Pater Amiel quicklebendig war wie ein Eichhörnchen. Er ließ mich ein paar Dokumente tragen und schulterte eine kleine Tasche mit Gegenständen, die er als »Beweismittel« bezeichnete.

»Ich habe über Durand Rouiard nachgedacht«, meinte er, als wir uns auf den Weg machten. »Ich habe mich gefragt, wie wir gegen ihn vorgehen können.«

Als Antwort grunzte ich nur.

»Ich könnte ihm eine Vorladung schicken«, fuhr Pater Amiel fort, ohne meinen schleppenden Gang, meine saure Miene und mein abweisendes Benehmen zu beachten. »Aber wir könnten ihm, so denke ich, eine Falle stellen und ihn dadurch so unter Druck setzen, daß er sich gezwungen sieht, die Wahrheit zu sagen.« Mit lebhaften Worten erläuterte der Mönch seinen Plan, der ganz wesentlich von meiner Initiative abhing. Ich sollte Durand aufsuchen und ihm mitteilen, daß ich seine Schrift in Guillaume Moniers Buch wiedererkannt hätte. Pater Amiel wüßte noch nichts davon, würde es aber erfahren, wenn Durand meinen Wünschen nicht willführe. »Ihr werdet ihm sagen, daß er irgendeine Art von Zauber ins Werk setzen soll«, erklärte Pater Amiel mit sanfter Stimme. »Ihr werdet die Forderung erheben, er solle Euch an einem bestimmten Ort zu einer bestimmten Zeit treffen, damit Ihr die näheren Umstände erläutern könnt. Wenn er Angst davor hat, entdeckt zu werden, wird er dieser Forderung nachkommen.«

»Aber warum sollte ich ihn um so etwas bitten?« Meine Gedanken arbeiteten immer noch im Schneckentempo. »Aus welchem Grund?«

»Ach, es gibt viele Gründe. Vielleicht ist eine Eurer Liebschaften schwanger, und Ihr wollt Euch des Kindes entledigen –«

»Pater, ich *bitte* Euch!«

»Nun ja ... das vielleicht nicht.« Ein kurzes Zwinkern der Augenlider deutete Pater Amiels leichtes, *ganz* leichtes Erstaunen über meine so heftig artikulierte Ablehnung an. »Raymond, ich will damit doch nicht sagen, daß Ihr ein solches Verhalten tatsächlich gutheißen würdet. Es geht darum, ihn in eine Falle –«

»Nein.«

»Gut.« Er dachte einen Augenblick lang nach. »Dann könntet Ihr sagen, daß Ihr Euren Bruder mit einem Fluch belegen wollt. Sagt Durand, Arnaud habe Euch hinausgeworfen, wofür Ihr Euch rächen wollt.«

»Und in welcher Weise?«

Der Mönch fuhr ungeduldig mit der Hand durch die Luft. »Es gibt viele Möglichkeiten, sich zu rächen«, erwiderte er. »Tod. Krankheit –«

»Nein, niemals.«

»Raymond, ich bitte Euch doch nicht, Euren Bruder tatsächlich mit einem Fluch zu belegen.« Pater Amiel lächelte, als würde ich ihn auf irgendeine mysteriöse Weise amüsieren. »Ihr sollt lediglich einen überzeugenden Vorwand fabrizieren.«

»Aber ich würde niemals meinen Bruder töten wollen«, protestierte ich scharf.

»Was also würdet Ihr ihm antun, wenn Ihr die Gelegenheit hättet?«

»Ich – ich –«

»Sein Geschäft ruinieren?«

»Aber nein!« Ich war schockiert. »Was würde aus meiner Mutter? Meinen Neffen?«

Pater Amiel lächelte immer noch, aber mittlerweile leicht gequält. Er murmelte etwas über meine christlichen Grundsätze und mein weiches Herz. Ich würde ihn, sagte er, mit meiner Nächstenliebe und Demut beschämen. »›Wer dir einen Streich auf die rechte Wange gibt, dem sollst du auch die linke hinhalten‹«, schloß er.

»Pater –«

»Nein, nein, ich verstehe schon. Ihr müßt Euch in Eurer Rolle wohl fühlen.« Nach weiterem Nachdenken schlug er vor, ich solle mich als ein Opfer unerwiderter Liebe darstellen und von Durand verlangen, einen Zauberbann auszuhecken, damit ich die Zuneigung einer von mir leidenschaftlich begehrten Dame erränge. Ach, er hatte nicht mit meiner tavernengeschulten Zungenfertigkeit gerechnet. Bevor er fortfahren und ich überlegen konnte, hatte ich auch schon zurückgegeben, daß ich in solchen Angelegenheiten nun wirklich keine Hexerei nötig hätte.

Woraufhin Pater Amiel mich mit einem Blick ansah, der mich fast aus den Schuhen gehoben hätte.

»Tut mir leid, Pater.« Ich hob die rechte Hand, als wollte ich einen Schlag abwehren. »Tut mir leid.«

»Vergebt mir, falls ich versucht haben sollte, Euren unwiderstehlichen Charme auch nur dem leisesten Zweifel auszusetzen«, zirpte er mit einer honigsüßen Stimme, die beinahe meine Zähne schmerzen ließ. »Da nun aber alle Welt mit Eurer Vorliebe für Weiberfleisch vertraut zu sein scheint –«

»Natürlich. Es wäre angemessen. Und überzeugend.«

»Das wäre es.« Trocken schlug der Mönch mir vor, daß es zumindest eine Frau in Avignon geben müsse, deren Gunst ich noch nicht genossen hätte und bisher auch nicht hätte erlangen können. »Sagt Durand, daß Ihr sie begehrt. Daß Ihr Euch nach ihr vor Liebe verzehrt.«

»Aber das Buch des Schatzmeisters enthält viele Formeln für Liebeszauber«, wandte ich ein. »Warum sollte ich Durands Hilfe benötigen, wenn ich das Buch besitze?«

»Weil es nicht in Eurem Besitz *ist*. *Ich* habe das Buch in *meiner* Obhut. Und ich rücke es nicht heraus. Darum braucht Ihr Durands Hilfe.«

Daraufhin beschrieb er, auf welche Weise ich Durand sein Hilfsversprechen entlocken sollte, und gab mir alle möglichen Instruktionen betreffend magische Ringe und Figürchen, Elixiere und Beschwörungen. Ich würde bei diesem Gespräch auch kein Risiko eingehen, verletzt zu werden, weil Pater Amiel selbst sich verbergen und alles belauschen wolle. Sobald Durand sich zweifelsfrei zu seinen Hexenkünsten bekannt hätte, würde der Mönch aus seinem Versteck hervortreten und den Sekretär mit seinen Sünden konfrontieren.

»Ich werde ihm zusagen, Gnade walten zu lassen, wenn er mir

einen vollständigen und wahrheitsgetreuen Bericht über Pierre-Julien Faurés Rolle in dieser merkwürdigen Verschwörung gibt«, erklärte Pater Amiel. »Und natürlich auch über die Rolle, die Guillaume Monier gespielt hat. Er wird keinen Grund vorbringen können zu schweigen.«

»Pater –«

»Wir müssen über einen geeigneten Ort für das Treffen nachdenken. Einen abgeschiedenen Ort. Einen Ort, wo ich mich verstecken kann.«

Er verfiel in tiefes Nachdenken – und ich erkannte, schweren Herzens, welche Rolle ich selbst spielen sollte. Ich verspürte keineswegs den Wunsch, bei derlei Täuschungen mitzuspielen. Ich konnte mir nicht vorstellen, den Liebeskranken zu mimen, während in meinen Eingeweiden die Angst hauste. Es wäre vielleicht unaufrichtig zu behaupten, daß ich ein schlechter Lügner sei, aber ich würde auf die Bibel schwören, daß mir Hinterhältigkeit zuwider ist. Wenn ich lügen muß, klopft mein Herz, und meine Handflächen werden feucht – vor allem, wenn mein Versagen schlimme Folgen haben kann.

Natürlich hatte ich meinen Bruder oft belogen, aber war ich nicht genausooft von ihm dazu gezwungen worden? Dieser Gedanke schoß mir in den Kopf, als wir die Straße überquerten, in der er lebte, und mein Schritt verlangsamte sich, ohne daß ich wollte; ich starrte die schlammige Gasse hinunter und fragte mich, ob er wohl heute das Haus meiner Mutter schon verlassen hatte. Wenn sie allein wäre, würde sie mich vielleicht anhören und mir so bereitwillig vergeben, wie sie es schon zu vielen anderen Gelegenheiten getan hatte …

»Raymond.«

Ich schrak auf und erkannte, daß ich einfach stehengeblieben war, ohne auf Pater Amiel zu achten. Widerstrebend setzte ich mich in Bewegung, um ihn einzuholen.

»Armer Raymond«, bemerkte er. »Ein weiches Herz ist verletzlich.«

Ich murmelte, daß ich gern mit meiner Mutter sprechen würde. *Sie* habe mich nie gehaßt. Es sei alles die Schuld meines Bruders.

»Dann dürfte er ihr Liebling sein«, betonte der Mönch, »wenn sie es zuläßt, daß er sie gegen Euch einnehmen kann.« Diese Bemerkung traf mich, was er sehr wohl erkannte, bis ins Mark, weil ich diese Überzeugung auch schon immer gehegt hatte, und so fügte er hinzu: »Raymond, meine Familie war ein Segen für mich. Mein Vater verübelte mir bereits meine Existenz, denn ich war ein krankes, schwächliches, von Ängsten heimgesuchtes Kind. Meine Brüder verhöhnten mich, und meine Stiefmutter verachtete mich. Ich hatte eine Schwester, die mich liebte, aber Gott holte sie zu sich, als ich noch sehr jung war. Und dafür bin ich dankbar.«

»*Dankbar?*« Ich war zwischen Mitleid und Zorn hin- und hergerissen. »Wie konntet Ihr dankbar sein?«

»Weil Gott, indem er mich dieser Familie beraubte, mir meine wahre Familie gezeigt hat. Im Orden der Prediger fand ich zahlreiche Brüder. Im HErrn fand ich einen Vater – einen Vater, der mich mehr liebt, als einer aus Fleisch und Blut es je könnte. Und weil mein Herz nicht durch die Bande der Liebe zu den Menschen gefesselt war, konnte ich mich uneingeschränkt der göttlichen Liebe zuwenden. Denn Christus sagt: ›Wer aber Vater und Mutter mehr liebet als mich, ist meiner nicht wert.‹«

»Hmm.« Ich fühlte mich gar nicht wohl und hätte am liebsten geschrien, daß Pater Amiel in seiner Vollkommenheit sich nicht vorstellen konnte, daß das Leben für uns, die wir mit einer ganz gewöhnlichen Seele geschlagen waren, sich etwas anders darstellte. Aber ich hielt mich zurück und bemerkte nur, daß ich, da es mir nun einmal fernlag, Mönch zu werden, der Verstoßung durch meine Familie nicht viel abgewinnen könne.

»Wir alle brauchen Liebe«, schloß ich.

»Und Gott liebt uns alle«, entgegnete Pater Amiel.

»Nein!« Jetzt verlor ich doch die Geduld. »Pater, *Euch* liebt er natürlich! Wie auch nicht? Aber mit *mir* ist es eine andere Sache! Ich bin ein Ziegenbock, kein Schaf!«

»Vielleicht seid Ihr ein verlorener Sohn.«

»Unsinn!«

»Ein verlorenes Schaf, aber kein schwarzes.«

»Pater, ich habe ein lasterhaftes Leben geführt! Voll fleischlicher Lüsternheit! Ich bin nicht wie Ihr!«

»Nein. Aber vielleicht wie der Hl. Augustinus.«

Nun mußte ich lachen. Wie der Hl. Augustinus! Ein abartiger Vergleich.

»Pater«, erwiderte ich, »wollt Ihr aus mir etwa einen Mönch machen?«

Ich sprach im Scherz, aber Pater Amiel sah mir mit klaren Augen ins Antlitz und bemerkte ruhig und ernst, daß ich Gott vielleicht näher sei, als ich glaubte.

»*Ich*? Doch gewiß nicht!«

»Aber ja. Ihr habt ein liebendes Herz, Raymond, und die Schrift sagt uns: ›Wer nicht liebet, weiß nichts von Gott, denn Gott ist Liebe.‹ Ihr habt doch in den *Confessiones* des Hl. Augustinus gelesen. Wißt ihr, was der große Mann dort über die Liebe sagt? ›Wer seinen Nächsten liebt, klärt den Blick, denn er wird Gott schauen.‹«

»Aber –«

»Sicher hat Gott Euch nicht ohne Grund ein so zärtlich liebendes Herz geschenkt. Denkt darüber nach, mein Sohn, denkt darüber nach. Mehr sage ich nicht.«

Und er hielt Wort – zumindest für den Rest des Wegs. In mir tobten einander widersprechende Gefühle, während Pater Amiel nachdenklich die Stirn runzelte. Im Gefängnis verlangte er, daß Girolamo di Vico zu ihm gebracht werde, was mit erheblicher Verzögerung geschah, weil der Anwalt der di Vicos erst noch geholt werden mußte. Während wir warteten, befragte Pater Amiel mich über den Schwarzen Hahn. Gebe es da nicht im ersten Stock ein Zimmer? Einen privaten Raum? Mit einem Bett, dessen Rahmen nicht bis zum Boden reiche?

»Ja«, antwortete ich.

»Könnte sich ein Mann meiner Körpergröße darunter verstecken?«

»Ach, Pater.« Verzweiflung erfüllte mich. »Nicht der Schwarze Hahn! Ich kann mich mit Durand nicht in Na Béatricens Schlafzimmer treffen.«

»Warum nicht?«

»Weil … weil ich Na Béatrice um Erlaubnis fragen müßte.«

»Und würde sie Euch diese gewähren?«

»Vielleicht. Aber sie würde eine Gegenleistung verlangen.«

Das sagte ich, glaubte es aber nicht. Béatrice würde bestimmt keine Zahlungen irgendwelcher Art für ihre Gastfreundschaft verlangen. In Wahrheit wußte ich, daß ich mich schämen würde, ihre Zuneigung, die sie mir gegenüber hegte, auszunutzen.

»Dann werde *ich* sie fragen«, verkündete Pater Amiel.

»Bloß das nicht!«

»Wieso?«

»Naja …« Wieso? Weil meine Seele schon bei dem Gedanken daran erzitterte. »Für Euch wird sie nichts tun wollen, Pater. Ich fürchte, sie schätzt Euch nicht sonderlich.«

Leider ließ Pater Amiel sich von diesem Einwand nicht beeindrucken. Gelassen dachte er einen Augenblick lang darüber nach, um ihn dann zu verwerfen.

»Ich werde ihr Geld anbieten«, meinte er schließlich.

»Nein! Pater –«

»Was ist denn?« Er zog die Stirn in Falten. »Was habt Ihr dagegen, Maître Raymond? Ist die Taverne für Euch geheiligtes Terrain, weil Ihr dort Euren Samen vergossen habt?«

Ich wurde rot. »N-nein«, stammelte ich.

»Was also ficht Euch an?«

»Nichts.« Ich strich die Segel. »Laßt mich sie fragen. Ich selbst werde sie darum bitten.«

»Schließlich kann sie ja ablehnen.«

»Ja.«

»Oder von ihrer guten Tat profitieren.«

Das hoffte ich. Zumindest hoffte ich, daß Pater Amiel Na Béatrice, wenn sie sich auf unseren Vorschlag einließ, mit anderen Augen betrachten würde. Aber er ist ein Mönch, überlegte ich. Und Mönche betrachten Frauen nun einmal mit Argwohn.

Nachdenklich schärfte ich meine Federn, als Girolamo endlich eintraf. Er wurde von einem Anwalt begleitet, der so fett war wie Schweineschmalz. Bei meiner Ehre, ein derart tonnengleiches Geschöpf hatte ich noch nie gesehen. Ich glaube, daß Pater Amiel genauso wie ich die Schemel anstarrte und sich fragte, ob zwei von ihnen das Gewicht des Mannes zu tragen vermochten.

Indes war er, trotz seines umfänglichen Leibes, alles andere als langsam. Er stellte sich als Aribert de Saint-Félix vor und wollte sogleich wissen, welche Beschuldigungen gegen seinen Mandanten erhoben worden seien. Nachdem Pater Amiel ihm dies mitgeteilt hatte, erfragte der Anwalt die Namen der Urheber dieser Anschuldigungen. Als er sie hörte, wandte er ein, Bona Claret sei eine unzuverlässige Zeugin, weil die Familie di Vico sie entlassen habe und sie daher einen Groll gegen dieselbe hege.

»Aber sie hat«, warf Pater Amiel ein, »diese Anschuldigungen gegen Euren Mandanten erhoben, bevor man sie entließ.«

»Wer behauptet das?«

»Ich. Es steht in den Protokollen.«

»Dennoch war sie der Familie feindlich gesonnen.«

»Das werdet Ihr nachweisen müssen.«

»Werde ich, werde ich. Und ich werde nachweisen, daß Tibaldo Canigiano Euch nicht verstanden hat, als Ihr ihn befragtet. Pater, dieser Mann versteht weder das Provenzalische noch Latein. Er spricht nur die italische Sprache.«

»Ich habe ihn in seiner eigenen Sprache befragt«, entgegnete Pater Amiel freundlich. »Ich bin des Italischen mächtig.«

»Aber reichen Eure Kenntnisse aus?« wollte Aribert wissen.

»Ich würde einwenden, daß es zwischen Euch und Tibaldo Mißverständnisse gab.«

Pater Amiel betrachtete den Anwalt mit einem leichten Glitzern im Auge. »Mein Notar bei dieser Vernehmung stammte aus Rom«, erläuterte er mit so sanfter Stimme, daß es mich fror. »Wenn Ihr irgendwelche Zweifel an meiner Beherrschung des Italischen habt, solltet Ihr seine Meinung hören.«

»Werde ich. Ich werde ihn als Zeuge laden. Ich werde auch die anderen Diener von Masseo di Vico holen lassen. Sie werden bezeugen, daß Bona Claret die Absicht hatte, ihren Dienstherrn umzubringen.«

»Wie Ihr wünscht.« Pater Amiel wirkte auf seinem Schemel durchaus demütig und bescheiden, was jemanden, der ihn nicht genau kannte, leicht täuschen konnte. »Aber bevor Ihr das tut – bevor Ihr Entlastungszeugen aufruft, sollte Girolamo sich noch einige Gegenstände – unterschiedliche Gegenstände – ansehen, die ich im Haus Eures Mandanten gefunden habe. Auch dabei handelt es sich um Beweismittel gegen ihn und seinen Vater.«

Mit sichtlichem Zögern stimmte der Anwalt zu. Wahrscheinlich wollte er alles kennenlernen, was Pater Amiel gegen die di Vicos an Beweisen gesammelt hatte, um dann alles möglichst wirkungsvoll widerlegen zu können. Also leerte der Dominikaner vor Ariberts mißtrauisch funkelnden Augen seine Tasche mit den Gegenständen, indem er ein Objekt nach dem anderen hervorholte.

»Dies hier«, erklärte er, »sind einige kleine Messer, die ich in Masseos Schlafzimmer gefunden habe. Kleine Messer, Haken und Becher sind Bestandteile hexerischer Handlungen.«

»Es sind auch chirurgische Instrumente«, warf Girolamo ein, der bis dahin im Windschatten von Aribert gesegelt war. Seine Ähnlichkeit mit Emilia war augenfällig: Auch er war klein und dunkelhaarig, hatte volle Lippen und große braune Augen und sprach, wie seine Schwester, sehr ausdrucksvoll. Er dürfte, überlegte ich, ungefähr so alt sein wie ich, vielleicht ein wenig jünger.

»Ihr behauptet also, diese Messer seien chirurgische Instrumente«, forschte Pater Amiel nach.

»Es *sind* chirurgische Instrumente! Das kann Euch jeder sagen.«

»Und das hier? Das ist Blei. Viele Hexenkünstler benutzen Blei, um magische Ringe herzustellen.«

»Und viele Ärzte benutzen es, um Täfelchen daraus zu machen«, gab Girolamo zurück. »Amulette zur Heilung von Krankheiten. *Wißt* Ihr das etwa nicht?«

»Auch dieses Blei dient also einem medizinischen Zweck?«

»Natürlich!«

Pater Amiel nickte. Dann holte er einige Kräuter hervor, nach deren Verwendung er fragte, sowie das Stück Pergament mit der Formel +*ON LONA ONU ONI ONE ONU ONUS ONI ONE ONU*. Girolamo erklärte, daß die Kräuter ein wirksames Mittel gegen Augenerkrankungen darstellten, während die seltsame Inschrift bei Fieber von Nutzen sei. Er sprach mittlerweile ganz unbekümmert und herablassend. Offensichtlich wuchs sein Selbstvertrauen, als er Pater Amiels vorgebliche Beweise für Hexerei Stück für Stück auseinanderpflückte.

Aber als Pater Amiel ihm schließlich eine kleine, silberne Figur in der Gestalt eines Menschen zeigte, wurde Girolamo blaß und verlor sein wichtigtuerisches Gehabe.

»Das wurde in Eures Vaters Haus gefunden«, bemerkte der Mönch. Erneut, wie ich wohl wußte, bediente er sich einer Lüge. Ich schaute auf meine Hände, damit mein Gesicht nichts verriet.

»Diese Figur habe ich noch nie gesehen«, meinte Girolamo mit wenig überzeugender Sorglosigkeit.

»Seid Ihr Euch dessen gewiß?«

»Ganz gewiß.«

»Tibaldo Canigiano hat gesehen, wie Ihr einen ähnlichen Gegenstand in der Hand hieltet.«

»Ich sagte Euch doch, daß ich das Ding noch nie gesehen habe.«

»Schaut genauer hin.« Pater Amiel drehte und wendete die Figur vor Girolamos Augen hin und her. »Nehmt es in die Hand. Untersucht es.«

»Nein.«

»Seht doch, was auf der Stirn geschrieben steht. Ihr dürftet überrascht sein.«

Ein unterdrückter Ausruf ließ mich den Kopf heben. Girolamo starrte das Bildnis an, sprang dann plötzlich auf und riß es Pater Amiel aus der Hand. »Das ist nicht –«

Dann brach er ab.

»Ist nicht was?« bohrte Pater Amiel nach. »Nicht das Bildnis, welches Euer Vater geformt hat?«

»Mein Vater hat niemals so etwas geformt!«

»Ich glaube Euch.«

Wir alle schauten den Dominikaner verblüfft an. Er aber sagte lediglich: »Lest die Inschrift. Lest sie. Dieses Bildnis trägt den Namen Eures Vaters.«

»Was?« Girolamo stand wie zu Stein erstarrt und schaute den Mönch mit aufgerissenen Augen an. Nun nahm Aribert, der sich mit einiger Mühe vom Schemel erhoben hatte, seinem Mandanten die Figur aus den reglosen Fingern und blickte mit zusammengekniffenen Augen auf das grob gestaltete Gesicht.

»*MAS D. VICO*«, las er vor. »*AMAYMON*.«

»Amaymon ist der Name eines Dämons«, erklärte Pater Amiel. »Das Zeichen auf der Brust ist das Symbol des Saturns. Meister Girolamo, mir scheint, jemand wollte Euren Vater umbringen.«

Girolamo fiel der Unterkiefer auf die Brust.

Sein Anwalt runzelte die Stirn. »Mit diesem Ding? Aber wie?«

»Es ist ein Artefakt hexerischer Künste. Bösartiger Künste.«

»Und woher wißt Ihr das?«

»Weil ich bestimmte Bücher gefunden habe, in denen Prozeduren beschrieben werden, die den Einsatz von Bildnissen und Beschwörungsformeln erfordern.« Der Mönch zog nunmehr

Guillaume Moniers Kodex aus der Tasche. »Das hier«, fuhr er fort, »gehörte dem Schatzmeister von Kardinal di Vico. Es ist ein Buch über Nekromantie. Wie Ihr sehen könnt, hat er Glossen hineingeschrieben.«

»Der Schatzmeister?« fragte Girolamo mit schriller Stimme. »Hatte der Schatzmeister meinen Vater mit einem Fluch belegt?«

»In der Tat«, bejahte Pater Amiel unter erneuter Mißachtung der Wahrheit. »Er hatte sich sogar ein tödliches Gift besorgt – es heißt, glaube ich, *zuccum de mapelo* –, starb jedoch, bevor er es anwenden konnte. Euer Vater hat Glück gehabt.« Der Mönch legte die Hände unter dem Kinn zusammen und bedachte Girolamo mit einem bedauernden Blick. »Ihr allerdings nicht.«

»Was meint Ihr damit?«

»Habt Ihr Euch in letzter Zeit krank gefühlt, Girolamo? Spürtet Ihr Übelkeit oder Schwäche?«

»*Was meint Ihr damit*?«

Aber Aribert hatte seine Geistesgegenwart wiedergefunden. »Das geht jetzt alles zu weit«, protestierte er plötzlich. »Das steht im Widerspruch zum korrekten *ordo juris* –«

»Hat der Schatzmeister *mich* mit einem Fluch belegt?« Girolamo beachtete den Anwalt überhaupt nicht. »Mit was für einem Fluch? Was hat er getan?«

»Das, mein Sohn, darf ich leider nicht enthüllen.«

»*Sagt es mir*!«

Pater Amiel schenkte Girolamo einen kühlen Blick. »Ich werde es Euch sagen, wenn Ihr bereit seid, mir die Wahrheit über Eure eigenen sündigen Handlungen mitzuteilen.«

»Girolamo!« Der Anwalt packte seinen Mandanten am Arm. »Sagt nichts!«

»Aber –«

»Ihr braucht nichts zu sagen. Diese Anschuldigungen sind unbegründet. Ich werde Zeugen zu Eurer Entlastung aufrufen, und man wird Euch freilassen.« Aribert schob Girolamo aus dem Raum. »Kommt. Hier ist für Euch nichts mehr zu erreichen. Kommt.«

»Aber –«

»*Kommt*, Girolamo!«

Ich schaute zu Pater Amiel hinüber. Sein Gesicht verriet nichts. »Ich würde Euch raten, Euren Frieden mit Gott zu machen, Girolamo!« rief er, während die Wachen den unglücklichen jungen Mann dem Griff des Anwalts entrissen und ihn in seine dumpfe und dunkle Zelle zurückbrachten. Aribert erhob seine Stimme, um zu protestieren, doch wurde sie leiser und leiser und verlor sich schließlich in den Gängen des Gefängnisses.

Erst als aller Lärm vorüber war, erlaubte mein Gefährte sich ein breites, böses Lächeln.

»Wenn ich kein Mönch wäre«, meinte er, »würde ich um fünfzig *livres tournois* wetten, daß wir Girolamo wiedersehen, noch ehe der Tag zu Ende geht.« Er stand auf und sammelte seine »Beweismittel« wieder in die Ledertasche. »Wie die Dinge jedoch liegen, werde ich Euch nicht zur Sünde des Glücksspiels verleiten können, Maître Raymond. Ihr müßt also nicht dagegenhalten.«

»Das hatte ich auch keineswegs vor, Pater.«

»Aha. Ihr vertraut also meinem Urteilsvermögen?«

»O ja. Außerdem hätte ich Angst, ein Vermögen zu verlieren.«

Der Dominikaner prustete vor Vergnügen. Er war sichtlich bester Laune, als er die Ledertasche über seine Schulter warf und mich bat, alle Dokumente an ihrem Platz zu lassen. Wir wären bald nach dem Mittagessen zurück, um Girolamos Geständnisse zu vernehmen.

Daran zweifelte er nicht.

»Pater«, fragte ich, »wo habt Ihr dieses Bildnis her? Habt Ihr es anfertigen lassen?«

»Allerdings.«

»Wann?«

»Am Samstag.«

»Zu diesem Zweck?«

»Ja, natürlich.« Er schaute mich an. »Zu welchem Zweck denn sonst, Maître Raymond?« Er neckte mich auf eine etwas affektiert-mönchische Weise und fragte mich, ob ich etwa *ihn* für einen Hexenmeister hielte. Vor einiger Zeit noch hätte ich mich auf diese Scherzereien eingelassen und vielleicht einige Mutmaßungen darüber angestellt, wer wohl der Mann sein könne, dessen Leben Pater Amiel zu verkürzen gedenke. Aber meine wachsende Ehrfurcht hinderte mich daran, die frivole kleine Melodie aufzunehmen und ihr ein paar phantasievolle Variationen hinzuzufügen. Ich lächelte nur und hakte die Daumen in den Gürtel.

Und mit keinem Wort bedachte ich die Tugendhaftigkeit seiner Methode, Geständnisse durch falsche Beweise zu erlangen. Ich hatte mir längst abgewöhnt, Pater Amiel in irgendeiner Weise anzuzweifeln.

# ACHTER GESANG

Pater Amiel de Semur war zweifellos ein Mann von großem Scharfsinn. Wie er vorausgesagt hatte, kam Girolamo an diesem Tag noch einmal zu ihm. Aber zuvor trugen sich drei weitere Ereignisse zu, die berichtenswert sind.

Zunächst wurden wir beim Verlassen des Gefängnisses davon in Kenntnis gesetzt, daß der verkrüppelte Schreiber Renaud Lizier verstorben war. Das Leben im Kerker war für ihn zu hart gewesen. Als Pater Amiel dies erfuhr, runzelte er die Stirn, sagte aber nichts. Er schwieg auf dem ganzen Weg zur Priorei, was ich so deutete, daß ihn Gewissensbisse plagten. Auf jeden Fall war meine eigene melancholische Stimmung durch solche unwillkommenen Nachrichten noch weiter verdüstert worden. Ich seufzete, um mit Hiob zu sprechen, bevor ich aß.

Als wir jedoch die Priorei erreichten, bemerkte Pater Amiel mit plötzlicher Wut, daß Renaud Liziers Tod höchst ungelegen sei, woraus sich schließen läßt, daß mein Gefährte durchaus nicht an einem gebrochenen und reumütigen Herzen litt.

Der zweite Vorfall ereignete sich kurz nach diesem Ausbruch, als der Pförtner der Priorei mir einen weiteren Brief von Marguerite de Pasquières überreichte. Weil ich ihn im Refektorium nicht lesen konnte, blieb mir eine höchst unangenehme Verwirrung erspart, denn es dürfte wohl klar sein, daß ein anschwellender Penis an einem Ort, wo dominikanische Mönche ihre Mahlzeit zu verzehren pflegen, äußerst ungehörig wäre. Der Brief war, um es kurz zu sagen (ich finde kein anderes Wort), lüstern. Einfach lüstern. Als ich in meiner Zelle den Inhalt überflog, geriet ich ganz durcheinander, mußte aber zugleich den Witz und die Wortspiele der Dame bewundern. Sie schrieb von einem Mahl, das man mit einem *vi fort* beenden solle, also mit einem »kräftigen Wein« oder auch mit einem »robusten Schwanz«. Sie schrieb, daß *vera nobleza ven a hom de cor franc gentil et debonaire*, und während sie damit sicherlich der Ansicht Ausdruck verlieh, daß wahrer Adel einem Manne zukommt, der ein reines, großmütiges und edles Herz hat, wußte sie natürlich, daß *cor franc* auch »blankes Horn« bedeuten kann.

Sie pries meine Schönheit, sprach sehnsuchtsvoll von meinen verborgenen Eigenschaften und stellte mir eine verlockende »Liebesnacht« in Aussicht. *Kommt und sucht Zuflucht in meinem Kastell, Raymond*, schrieb sie. *Dort drinnen ist es sehr warm.*

Sie beschloß ihren Brief mit den Worten: *Ich glaube, daß Ihr im Besitz eines hübschen Hahns seid, der Euch, mein starker Freund, jeden Morgen mit seinem Krähen weckt. Wie gerne würde ich seinen roten Kamm, seinen schwarzen Schweif und sein glänzendes Auge bewundern. Wollt Ihr ihn nicht hierher, nach Saint-Martin-les-Bains, mitbringen? Ich würde ihn liebkosen, und er dürfte jede Nacht in meiner Kammer verweilen.*

*So es Euch gefällt zu wissen, wie es mir geht, so vernehmt, daß es meinem Körper und meinem Herzen erst dann wieder wohl ergeht, wenn ich von Euch höre. M. P. August MCCCXX.*

Diese leidenschaftliche Ausdrucksweise schockierte mich, erhitzte aber auch meine Sinne. Ebensogut hätte sie in meine Zelle kommen und mein Mittelbein von oben bis unten mit ihrer Zunge streicheln können. Und ich war jung und von fleischlichen Begierden gequält. Außerdem hatte ich des Beischlafs, ach! schon allzu lange nicht mehr genossen.

Wen wundert's, daß ihre Worte meinen Stiel kitzelten. Ich mußte ihn kaum berühren; der arme Bursche lief einfach über, wie eine Kuh, die zu lange nicht gemolken wurde. Zu meinem Entsetzen saß ich, die Hosen heruntergelassen, mit vollen Händen in der Zelle.

Der Geruch, der sich ausbreitete, war vertraut und unverkennbar.

»Oh, verdammt!« rief ich aus. Ich sah mich in der Falle. Bedenkt meine Lage. Es gab nichts, woran ich die Hände hätte abwischen können; nur meine Kleider und die Bettdecke – und die wollte ich unter keinen Umständen besudeln. Aber wo sollte ich mich waschen? Die Mönche benutzten zumeist ein Wasserbekken, das im Innenhof stand, aber schon der Gedanke daran, es mit meinen lustbedingten Ausschüttungen zu verunreinigen, trieb mir den Schweiß auf die Stirn. Und wenn ich zudem noch unterwegs jemandem begegnete? Was sollte ich dann tun? Die Hände hinter dem Rücken verstecken, bis der sich ausbreitende Duft meiner Scham und Schande Mißtrauen erregte?

Aber ich mußte die Hände säubern, um nicht beim Hochziehen der Hose die Kleider zu beflecken. Ich war also gezwungen, den Beweis für meine Sünde mit meinem zweitbesten Umhang zu beseitigen, den ich dann ganz unten in der Truhe versteckte. Aber der Geruch hing immer noch in der Luft. Selbst als ich meine Antwort an Marguerite de Pasquières formuliert hatte (in der ich ihre Einladung mit aller mir zur Verfügung stehenden Schicklichkeit zurückwies), brandmarkte ein eindeutiger Moschusduft mich weiterhin als Sündenknecht. Ich mußte, was mich noch mehr beschämen sollte, die Hände mit parfümiertem Öl einreiben. Denn als ich Pater Amiel in seiner Zelle aufsuchte, um ihn zu fragen, ob jemand meinen Antwortbrief an Marguerites Abgesandten überbringen könne, rümpfte der Mönch die Nase und fragte: »Woher kommt dieser Geruch? Es scheint Lavendel zu sein.« Dann beschnüffelte er die versiegelte Korrespondenz. »Es *ist* Lavendel«, stellte er fest. »Raymond, parfümiert Ihr jetzt Eure Briefe?«

»Nein, Pater.«

»Nicht?«

»Es – es kommt von meinen Händen.«

»Euren Händen?«

»Ich habe sie mit Lavendelöl eingerieben.«

Pater Amiel zog eine Braue hoch und blickte mich sehr aufmerksam an.

»Hängt das vielleicht damit zusammen, daß ich Euch gebeten habe, heute nachmittag Eure Freundin Béatrice Rascas aufzusuchen?«

»Nein, Pater. Nicht im mindesten.«

»Wirklich nicht? Das höre ich gern.«

Vielleicht glaubte er mir. Jedenfalls gab er auf keine Weise zu erkennen, daß er es nicht tat. Aber der Gedanke, daß auch nur der Schatten eines Verdachts auf mich gefallen sein könnte, ließ mir keine Ruhe. Damals wollte ich sein Vertrauen in meine Ehrenhaftigkeit unter allen Umständen erhalten. Ich mußte ihm klarmachen, daß ich nicht die Absicht hatte, Béatrice mit lieblichen Düften und honigsüßen Worten zu umgarnen. Als er sich erhob, um meine Botschaft in die (sicher ganz reinen) Hände eines Laienbruders zu legen, hielt ich ihn mit einem gestammelten Geständnis auf.

»Pater, ich ... ich habe ... gesündigt.«

»Inwiefern?«

»Ich habe das Öl benutzt, um einen ... einen anderen Geruch zu verbergen.«

Er schaute mich fragend an, woraufhin ich erklärte, daß der Brief, den mir der Pförtner überreicht hatte, von einer Frau stammte – einer liebeshungrigen Witwe. »Sie schrieb so lebhaft von ihrem Begehren«, sagte ich, »daß ich – daß ich –«

»Daß Ihr Euch selbst beflecktet«, vollendete Pater Amiel den Satz.

»Ja.«

»In Eurer Zelle.«

»Vergebt mir.«

Er wedelte nachlässig mit der Hand. »Die Sünde fällt auf Euer Haupt«, antwortete er, als sei die Angelegenheit für ihn nicht weiter von Bedeutung. Ich fragte ihn, was ich tun solle; er meinte, wenn ich ein Mönch wäre, würden mir bestimmte Strafen auferlegt. Was für Strafen das seien, fragte ich. Er erwiderte, daß ein Mönch, der seinen Samen verschütte, verschiedene Gebete rezitieren, eine Auspeitschung erdulden und zehn Tage lang bei Wasser und Brot fasten müsse. Da er kein weltlicher Priester sei, könne er mir jedoch nicht sagen, welche Strafen für Laien vorgesehen seien.

»Aber sie müssen sehr schwer sein«, meinte ich demütig. »Wenn man ein keusches und heiliges Kloster besudelt …«

»Gut möglich.«

»Pater, was soll ich tun? Ihr müßt mich bestrafen. Ich möchte nicht, daß diese Sünde auf meiner Seele lastet. Ich möchte, daß Ihr gut von mir denkt.«

Der Mönch blickte mich einen Moment lang an, den Kopf auf die Seite geneigt. Seine Miene wußte ich nicht zu deuten. Schließlich sagte er: »Fünfzig *pater noster*.« Ich war sehr erstaunt.

»Ist das alles?«

»Ihr meint, es sei nicht ausreichend? Dann bestimmt die Zahl selbst. Ich habe keine Einwände.«

»Aber würde Gott sich damit zufriedengeben?«

Mit einem seltsamen kleinen Lächeln fragte Pater Amiel, ob ich die *Confessiones* schon zu Ende gelesen hätte. Ich verneinte.

»Seid Ihr beim zehnten Buch angelangt?«

»Nein, Pater.«

»Dann erlaubt mir, daraus zu zitieren. Der Hl. Augustinus schreibt: ›Noch leben in meinem Gedächtnis, von dem ich schon so häufig sprach, die durch Gewohnheit eingeprägten Bilder von gewissen Handlungen. Auch wenn ich wach bin, drängen sie heran, wiewohl mit geringer Kraft, aber wenn ich schlafe, führen sie mich in Versuchung, sie nicht nur zu genießen, sondern ihnen nachzugeben und zu handeln. Diese gleisnerischen Bilder üben auf meine Seele und meinen Körper eine solche Macht aus, daß ich, schlafend, mich ihnen zu unterwerfen bereit bin, während mich nichts, was ich in der Wirklichkeit des Tages erblicke, dazu verleiten kann. O HErr, mein Gott, bin ich denn im Schlaf nicht ich selbst?‹«

Pater Amiel hielt inne, und mir wurde klar, daß der Hl. Augustinus von nächtlichen Samenergüssen gesprochen hatte. Ich war erstaunt.

»Seht Ihr«, schloß Pater Amiel, »wenn selbst der Hl. Augustinus noch im Alter von lustvollen Erregungen gestört wurde, wie wollt *Ihr* dann diesen Qualen entkommen? Wie könntet *Ihr* Euch dieser Macht entziehen? Das von Euch zu erwarten, Raymond, wäre zuviel verlangt. Gott verlangt es nicht, dessen bin ich mir sicher.«

Also sprach Pater Amiel. Seine Worte beruhigten mich, stimmten mich jedoch auch traurig, weil in ihnen die Annahme mitschwang, daß ich mit der Gabe der Selbstbeherrschung nicht eben reichlich gesegnet wäre. Vielleicht stach mich der Hafer. Denn obwohl ich den Kopf neigte und Pater Amiel versicherte, Marguerites lasziven Annäherungsversuchen widerstanden zu haben, glühte in meinem Kopf ein kleiner, heißer Funken, der mich unterwürfig zu fragen veranlaßte, ob *er* denn schon einmal die Heiligkeit des Klosters befleckt oder, wie der Hl. Augustinus, von Träumen heimgesucht worden sei.

Er fixierte mich mit einem kühlen, unnachgiebigen Blick.

»Was das angeht, mögt Ihr Eure eigenen Schlüsse ziehen«, lautete seine Antwort. Dann schickte er mich zum Schwarzen Hahn, damit ich Na Béatricens Erlaubnis einholte, ihr Schlafzimmer zum Zwecke des Fallenstellens zu benutzen.

Das war, wie Ihr Euch denken könnt, das letzte der drei Ereignisse, von denen ich eingangs sprach.

Ich betrat den Schwarzen Hahn in düsterer Stimmung, nach Lavendelöl riechend und durch meine Selbstkasteiung in unzusammenhängende Gedanken versunken. Dennoch empfing Béatrice mich lächelnd. Es war indes ein besorgtes Lächeln, denn weil ich mir am Morgen nicht das Haar gekämmt und mich seit einigen Tagen nicht mehr rasiert hatte, gab ich wohl eine besonders ungepflegte und traurige Erscheinung ab. Als ich einen Gruß murmelte, legte sie die Hand auf meinen Arm und fragte: »Raymond, ist dir nicht gut?«

Doch, es ginge mir einigermaßen. Aber ich sei gekommen, sie um einen Gefallen zu bitten, und hege Bedenken wegen der Rolle, die ich spielen müsse.

»Brauchst du ein Bett?« flüsterte sie. »Für dich ist hier immer ein Bett frei, mein Freund.«

»Nein. Kein Bett. Ein ganzes Schlafgemach.« Auch ich flüsterte. »Kann ich oben mit dir sprechen?«

Wir standen im Schankraum, wo um diese Zeit noch keine Gäste saßen; nur Sibylle und Madeleine verrichteten ihre alltäglichen Arbeiten. Na Béatrice nahm meine Hand und führte mich nach oben, wo sie mir das Bett zum Sitzen anbot. Ihre Freundlichkeit betrübte mich über die Maßen, denn ich hatte, so dachte ich, diese Zuwendung eigentlich nicht verdient. Vielmehr hatte ich das seltsame Gefühl, sie (obwohl wir einander nie etwas versprochen hatten) verlassen zu haben.

»Béatrice«, sagte ich, »ich muß mich mit einem Mann an einem geheimen Ort treffen, wo niemand uns sehen oder belauschen kann. Das Treffen wird nicht lange dauern. Würdest du mir erlauben, es hier abzuhalten? In diesem Zimmer?«

Jetzt fiel mir auf, daß auch sie nicht allzu gesund wirkte. Sie war, wie ich schon einmal bemerkte, keine schöne Frau; Alter, Nöte und harte Arbeit hatten Falten in ihr Gesicht gegraben. Außerdem verwendete sie nicht allzu viel Zeit auf die Pflege ihres Äußeren; ihr Haar flatterte immer ein wenig ungekämmt um den Kopf, ihr Kleid war manchmal schief geknöpft, ihre Haut ein bißchen schmutzig. Aber sie hatte immer so kräftig und gesund gewirkt, daß ich diese kleinen Mängel übersah. Mir genügten ihre hübschen Augen, ihr strahlendes Lächeln, ihre schlanke Gestalt.

Daran hatte sich auch nichts geändert, aber eine Art von Erschöpfung zeichnete die Falten ihres Halses schärfer und ließ die Wangen hohler und grauer erscheinen. Ihre Augen waren von roten Äderchen durchzogen, und ihr Lächeln schien nicht mehr so strahlend wie sonst.

»Wer ist dieser Mann, den du hier treffen willst? Hast du von ihm etwas zu befürchten?«

»Nein, nein. Ich habe im Grunde gar nichts mit ihm zu tun.« Ich erklärte ihr, daß Pater Amiel alles arrangiert habe und auch selbst, wenngleich verborgen, zugegen sein werde. »Es ist alles sehr geheim«, seufzte ich. »Eine schwierige und heikle Angelegenheit. Aber du wirst, das schwöre ich, darunter nicht zu leiden haben.«

»Und du?«

»Ich?«

»Hast du darunter zu leiden? Du wirkst so ernst und still.«

»Na ja – im Kloster tobt nicht gerade das Leben«, sagte ich lächelnd. »Nicht wie in deiner Taverne. Vielleicht bin ich wie ein Stück Tuch. Vielleicht nehme ich die Farbe der Flüssigkeit an, in die man mich taucht.«

»Aber du *hast* gar keine Farbe«, wandte sie ein. »Du siehst ganz blaß aus.«

»Béatrice, willst du mir helfen? Können wir dein Zimmer benutzen?«

Schließlich stimmte sie zu, wenn auch mit offensichtlichen Befürchtungen. Es war deutlich, daß sie Pater Amiel trotz – oder gerade wegen – seiner Freundschaft zu mir nicht vertraute.

»Wann brauchst du das Zimmer?«

»Vielleicht heute abend. Oder morgen. Ich sage dir rechtzeitig Bescheid.« Ich erhob mich, küßte sie auf die Wange und wurde mit einer engen Umarmung belohnt. Sie roch nach Knoblauch und Rosmarin. Was sie wohl gekocht haben mochte?

»Raymond«, flüsterte sie, »wenn du Hilfe brauchst, bin ich immer für dich da.«

»Ich weiß.«

»Ich vermisse deine Lieder.«

»Ich würde auch gern wieder einmal singen.«

»Wie?« Sie trat einen Schritt zurück. »Darfst du das im Kloster nicht?«

»Nein, soweit ich weiß.«

»Liebster, das ist kein Ort für dich.« Ihre Stimme klang ängstlich. »Du gehörst hierher.«

»Ich kann nicht.«

»Aber –«

»Béatrice, du *weißt*, daß so etwas nicht in Frage kommt.« Ganz vorsichtig schob ich sie beiseite. »Entschuldige mich. Ich muß zurück. Vielleicht braucht man mich.«

Und das war alles, was wir miteinander besprachen. Keine furchtbar quälerische Angelegenheit, sollte man meinen. Nichts, wonach ich traurig oder verwirrt hätte sein müssen. Und doch war ich's und fragte auf dem Weg zur Priorei, was mit meinem Leben passiert war. Ich fühlte mich so niedergedrückt. So zerschlagen. Seit unserem Streit vor fünf Tagen hatte ich von Arnaud nichts mehr gehört. Wie lange würde es noch dauern, bis er nachgab?

Es hatte angefangen zu regnen, und in meiner Zelle herrschte eine entmutigende Kälte. Die anderen Zellen standen leer. Zweifellos waren die Mönche zur Nona in der Kapelle versammelt. Ich suchte den Kreuzgang auf, wo ich mich eine Weile niederließ und zusah, wie die Pfützen größer wurden. Niemand störte mich. Ich hörte den ruhigen und melodischen Gesang der Klosterbrüder, der den Gottesdienst begleitete. Ihre Stimmen, die auf- und niederstiegen, schienen eine einzige nahtlos gewebte Melodie zu intonieren. Auf einen Psalm folgte eine Hymne, darauf zwei Antiphonen, ein Versikel, ein weiterer Psalm, ein Responsorium, eine Litanei. Die Musik war friedvoll wie ein stiller Teich, vollkommen wie die Wege Gottes, sanft wie der Fall eines Rosenblatts. Allmählich zog sie mich zur Kirche hin.

Eine Seitentür stand offen. Sie führte in den Chorraum. Ich schlüpfte hinein, verbarg mich hinter einer Säule und ließ meine Ängste und Qualen vom Widerhall des makellosen Klangs hinwegtragen. Ich lehnte meinen Kopf gegen den kalten Stein und lauschte dem flutenden Sang, bis ich mich in ihm verlor. *Domine labia mea aperies, et os meum annuntiabit laudem tuam ...* Die Schlußgebete ertönten, noch bevor ich wußte, wo ich war; ich erwachte aus meiner Versunkenheit und stolperte in den Kreuzgang, kurz bevor die Mönche die Kirche verließen.

Natürlich hatte Pater Amiel meine Anwesenheit entdeckt. Trotz seiner schlechten Augen entging ihm so gut wie nichts, und ich war gerade in meine Zelle zurückgekehrt, als ein sanftes Klopfen mich zur Tür rief. Ich öffnete sie, und Pater Amiel schenkte mir ein sehr gewinnendes und wohlwollendes Lächeln.

»Wolltet Ihr mich sprechen?« fragte er. »Ich habe Euch in der Kirche bemerkt.«

»Ich – ich hörte der Musik zu.« Ich kam mir albern vor und kratzte meine stoppelige Wange. »Sie hat mir geholfen.«

»Dann solltet Ihr öfter zum Gottesdienst kommen. Ihr seid unser Gast – bestimmt würde niemand etwas gegen Eure Anwesenheit einzuwenden haben.« Plötzlich drehte Pater Amiel sich um und zupfte einen Mönch, der gerade vorbeiging, am Ärmel. Die beiden unterhielten sich mit Handbewegungen. Dann stellte Pater Amiel mir »unseren Kantor, Pater Damien« vor. Er hatte, wie sich herausstellte, die Gesänge intoniert, die mir so nahegegangen waren. Er leitete den Chor und hatte eine wunderbare Sammlung von Notationen angelegt, die in der Bibliothek aufbewahrt wurde.

»Auch Raymond ist ein Musiker«, bemerkte Pater Amiel. »Er spielt die Viola und hat eine gute Stimme.«

»Aha.« Pater Damien nickte. Er war alt und weißhaarig und seine Haut so durchscheinend wie nasses Pergament. »Die Viola. Ein bezauberndes Instrument. Sehr ungezwungen.«

»Ja.«

»Morgen ist der Festtag des Hl. Dominikus«, fuhr der Kantor fort. »Wir feiern ihn im allgemeinen mit einigen heiligen Tänzen. Ihr könntet, wenn Ihr wollt, Zither und Laute begleiten.«

»Vielleicht«, murmelte ich und fühlte mich unter den Blicken dieser beiden bleichen Mönche etwas unbehaglich. »Aber da ich meine Kunst seit einiger Zeit nicht mehr ausgeübt habe, ist mein Spiel, fürchte ich, nicht gut genug.«

»Ach?« meinte Pater Damien, und Pater Amiel sagte: »Ihr könnt Euer Instrument hier gerne benutzen, wenn alle beim Gottesdienst sind.«

»Ich selbst übe mich auf der Zither im Garten«, bemerkte Pater Damien. »Ihr könnt Euch gern dazugesellen. ›Laßt sie Sein Lob singen mit Zimbel und Harfe.‹ Gott auf diese Weise zu dienen, ist eine unserer größten Segnungen.«

»In der Tat«, fiel Pater Amiel ein. »›Singt Ihm zu, singt Ihm Psalmen zu: Erzählt von all seinen wunderbaren Werken.‹«

Amen, dachte ich. Sind zwei Mönche zusammen, werden sie unfehlbar eine Litanei anstimmen. Ich suchte nach einem Responsorium – einem weiteren musikalischen Zitat aus der Heiligen Schrift –, als ein Laienbruder angekeucht kam.

Girolamo war bereit, noch einmal mit Pater Amiel zu sprechen.

# NEUNTER GESANG

Er war bereit, und er kam ohne seinen Anwalt. Er schien zu einer Entscheidung gekommen zu sein und wollte sie ohne Einmischung Ariberts in die Tat umsetzen. Er sagte, er habe kürzlich scharfe Schmerzen in den Eingeweiden verspürt, deren Ursachen ihm, trotz seiner medizinischen Bildung, verborgen geblieben seien. Seit dem Gespräch mit Pater Amiel plage ihn die Sorge, daß diese Schmerzen Resultat einer geheimen und bösartigen Handlung sein könnten.

»Wäre es möglich …?« stammelte er, beträchtlich schwitzend. »Das heißt, wenn ein Zauberbann bewirkt wurde …«

»Erzählt mir Eure Geschichte«, erwiderte Pater Amiel, »und ich erzähle Euch die meine.«

»Wenn ich wüßte, was mir angetan worden ist, könnte ich die Auswirkungen rückgängig machen, indem ich mich an die richtigen Autoritäten wende und …«

»Das stimmt.«

»Ich bin zu jung, um dahinzusiechen, Pater!«

Der arme Kerl war ganz außer sich vor Angst, was der Dominikaner, zielstrebig wie immer, sofort zu seinem Vorteil ausnutzte. Er befahl Girolamo, auf die Heilige Schrift zu schwören, und erhielt daraufhin von ihm einen vollständigen und wahrheitsgetreuen Bericht über seine und seines Vaters Missetaten. Wie Tibaldo bezeugte er, an den von Bona Claret beobachteten Vorgängen teilgenommen zu haben. Das Wasser sei mit dem Blut des Schatzmeisters vermischt worden. Das Blut wiederum hätten sie aus einem Taschentuch des Kardinals gewonnen, mit dem Pater Guillaume eine stark blutende Nase gereinigt hatte. Dieses mit Blut versetzte Wasser hätten er und sein Vater zu sich genommen und dabei bestimmte Beschwörungsformeln rezitiert. Das sollte bewirken, daß von da an der Tod allmählich den Schatzmeister zu sich nehmen würde. Sie hätten vor diesem Ritual gefastet und sich neun Tage lang des Sexualverkehrs enthalten und sich dann rasiert und gewaschen und in weiße Gewänder gehüllt, um zur Tat zu schreiten.

»Aber wir müssen etwas vergessen haben«, schloß Girolamo, »weil Pater Guillaume zwar vom Tod hinweggenommen wurde, aber nicht durch eine Krankheit.«

»Es lag nicht in Eurer Absicht, daß er kastriert wurde?«

»Nein! Es sollte aussehen wie ... wie ein Eingriff Gottes. Wie ein natürlicher Tod.«

»Habt Ihr bei diesem Ritual Satan angerufen?«

»Aber nein, Pater. Wir baten Gott um seinen Beistand, nicht Satan.«

»War Pater Antonio dabei?«

»Nein, Pater.«

»Aber er *war* zugegen, als Ihr das von Tibaldo beschriebene silberne Bildnis berührtet?«

»Ja, das stimmt.«

»Erzählt mir von diesem Bildnis.«

Girolamo zufolge war es etwa so groß gewesen wie ein Mittelfinger. Bis auf den Kopf, der hohl war, habe es aus massivem Silber bestanden. Auf der Stirn sei als einziger Name »Guillaume Monier« eingraviert worden.

»Und es befand sich in Pater Antonios Obhut?«

»Ja, Pater. Er brachte es mit zu uns, nachdem er es neun Nächte lang dem Rauch ausgesetzt hatte. Von meinem Vater wollte er ein bestimmtes Giftkraut haben, um den Kopf damit zu füllen.

Dann nahm er die Figur wieder mit, um Beschwörungsformeln darüber zu sprechen –«

»Zweiundsiebzig Nächte lang?«

»Ja. Und danach gab er sie meinem Vater zurück. Der sollte sie nun jede Nacht auf ein Feuer stellen, bis der Schatzmeister seinem Siechtum erlegen wäre.« Nachdem er dies alles mit zitternder Stimme berichtet hatte, brach es plötzlich aus Girolamo heraus: »Er sollte nicht kastriert sterben! Irgend etwas ist schiefgegangen! Pater, mit was für einem Fluch hat er mich belegt? Muß *ich* jetzt dahinsiechen?«

»Vielleicht. Im Gefängnis kommt so etwas häufig vor. Sagt mir – wer hatte die Idee, den Schatzmeister mit Hexenkünsten anzugreifen? Euer Vater? Ihr selbst?«

»Das hat nichts mit mir zu tun!« jammerte der Angeklagte. »Mein Vater wollte es so! Ach, er kann einem das Leben zur Hölle machen! Fragt meine Mutter! Was sollte ich denn tun? Mich ihm widersetzen? Wären wir doch bloß nie hierhergekommen!«

»Hat Euer Vater Pater Antonio nach dem ersten fehlgeschlagenen Versuch um Rat gefragt?«

»Ja.«

»Hat Pater Antonio bei seinen teuflischen Riten jemals Weihwasser, geweihte Hostien oder andere geweihte Gegenstände benutzt?«

»Nein. Also, ich weiß es nicht ... Pater, welcher Fluch lastet auf mir? Bitte, ich muß es wissen!«

Nach einer kurzen Pause stützte Pater Amiel das Kinn auf seine gefalteten Hände, kniff die Augen zusammen und sagte mit verändertem Tonfall: »Mein Sohn, ich weiß nur dies – Guillaume Monier wollte mit seinem Fluch erreichen, daß Ihr ins Gefängnis geworfen werdet. Offensichtlich war sein Plan erfolgreich, nicht wahr?«

Dieser schamlose, hinterhältige Fuchs! Ich hielt den Atem an, und Girolamo saß offenen Munds da, als habe ihn der Schlag getroffen. Als die Wachmänner ihn fortbrachten, stolperte er aus der Zelle wie ein Trunkener.

»Ach – Girolamo?« rief Pater Amiel hinterdrein. »Seid Ihr jemals einem Ritter aus Saint-Gilles namens Etienne de Puy begegnet? Einem Mann, der mit Guillaume Monier im Rechtsstreit gelegen hatte?«

Nach einem Moment benommenen Nachdenkens schüttelte der Angeklagte den Kopf. Damit schien Pater Amiel zufrieden, der nun verlangte, daß ihm Masseo di Vico vorgeführt werde. Girolamo wurde mit einer Handbewegung entlassen.

Während man Masseos Anwalt holte, ließ Pater Amiel mich eine Vorladung für den Kaplan des Kardinals, Pater Antonio de' Lazzari, niederschreiben.

»Ich lasse den Priester noch heute abend verhaften«, bemerkte der Mönch wie im Selbstgespräch. »Allerdings werde ich ihn wohl erst morgen vernehmen können. Nein! Auch morgen noch nicht. Da ist ja das Fest des Hl. Dominikus. Vielleicht am Tag darauf. Überdies könnte eine Nacht im Gefängnis Pater Antonios Zunge lockern.« Er wandte sich mir zu. »Ich muß nach dem Gespräch mit Masseo zur Komplet. Wenn Ihr Zeit habt, solltet Ihr Durand Rouiard aufsuchen und das Treffen mit ihm vereinbaren. Oder habt Ihr noch einen Einwand?«

Mein Herz drehte und wand sich in der Brust, aber mir fiel kein überzeugender Einwand ein.

»Nein, Pater«, murmelte ich.

»Gut. Und wenn es heute nicht mehr klappt, dann morgen früh. Ich nehme an, daß Ihr im Gegensatz zu mir nicht den ganzen Tag am Gottesdienst teilnehmen werdet?«

»Nein, Pater.«

»Nein. Das wäre auch unwahrscheinlich. Aber Ihr müßt uns zur Messe mit Eurer Anwesenheit beehren, mein Sohn – das wird nämlich eine wunderschöne und freudevolle Feier. Voller Farben und Musik.«

»Und mit heiligen Tänzen?«

»Und mit heiligen Tänzen. Prozessionen. Ein großes Fest. Mit vielen berühmten Besuchern. Ihr werdet nicht enttäuscht sein, kann ich Euch versichern.«

Ich versuchte, mir Pater Amiel als gemessen sich wiegenden Tänzer vorzustellen, aber es gelang mir nicht. »Werdet auch Ihr am Tanz teilnehmen?« forschte ich.

Er schüttelte den Kopf. »Ich nicht«, entgegnete er. »Das ist das Vorrecht unserer jüngeren Brüder. Aber genug jetzt – das ist alles eitel Geschwätz. ›Je mehr man redet, desto mehr sündigt man.‹ Wir wollen die Vorladung fertigstellen, ehe Masseo di Vico kommt.«

Er kam bald darauf, begleitet von dem uns bekannten wohlbeleibten Anwalt. Masseo war nicht groß, aber massig. Er hatte O-Beine, breite Schultern und ein trotziges Kinn, das sich allmählich in den Hängebacken fortgeschrittenen Alters verlor. Abgesehen vom kahlen Schädel war Masseo noch stärker behaart als ich. Man konnte verstehen, warum seine Frau und sein Sohn sich vor ihm fürchteten.

Niemals zuvor war ich einem Mann begegnet, der für die Heilkunst so offensichtlich ungeeignet schien.

Noch bevor Pater Amiel ein Wort sagen konnte, bellte er schon in einem mit starkem Akzent versetzten Provenzalisch: »Wenn Ihr glaubt, mich kirre machen zu können, indem Ihr mich einsperrt, seid Ihr ein Narr. Ich habe einflußreiche Freunde, die mir jeden Wunsch erfullen. Sie werden Euch das Genick brechen, Pater.«

»Ähmm … Meister Masseo?« Der Anwalt flüsterte seinem Mandanten etwas ins Ohr (zweifellos, um ihn vor weiteren Ausbrüchen dieser Art zu warnen), woraufhin der Angeklagte ein ganz schrecklich finsteres Gesicht zog. Sein Anblick war derart bedrohlich, daß ich beinahe Angst um Pater Amiel bekam. Aber der Mönch zählte in aller Seelenruhe die Verbrechen auf, derer Masseo beschuldigt wurde. Noch bevor er damit fertig war, brach der Arzt auch schon in heftige Proteste aus.

»Das sind Lügen!« schrie er. »Alles Lügen!«

»Bitte«, unterbrach ihn Aribert, »laßt mich an Eurer Stelle reden.«

»Aber –«

»Meister Masseo! Ihr habt mich doch dafür in Dienst genommen! Wollt Ihr Euer Geld zum Fenster hinauswerfen?«

Das wollte der Arzt offensichtlich nicht, denn er beruhigte sich, und Pater Amiel konnte in seinem Katalog fortfahren. Als er jedoch Girolamos Behauptungen erwähnte, ließen Masseo und Aribert gleichermaßen Rufe ungläubigen Erstaunens vernehmen.

»Ihr lügt!« hielt der Anwalt dem Mönch vor.

»Ich lüge nicht«, erwiderte dieser.

»Girolamo hat so etwas nie gesagt!«

»Doch. Aber Ihr wart dabei nicht zugegen.«

»Ihr habt ihn *ohne meine Anwesenheit* befragt?«

»Er wünschte es selbst.«

»Unsinn!«

Wortlos nahm Pater Amiel meine Transkription von Girolamos Aussage und schob sie über den Tisch. Während Masseo mit rötlich angelaufenem Gesicht und erstickter Stimme Einwände von sich gab, untersuchte der Anwalt das Dokument oberflächlich, ehe er es beiseite legte.

»Das hat nichts zu bedeuten«, meinte er.

»Im Gegenteil.«

»Girolamo hat es nicht unterzeichnet.«

»Das wird er noch.«

»Nein, das wird er *nicht*. Weil ich vorher mit ihm spreche.«

»Und ich auch!« röhrte Masseo. »Diese kleine Schlange!«

»Bevor Ihr das tut«, unterbrach Pater Amiel die beiden, »solltet Ihr, Meister Masseo, eine Sache bedenken. Selbst ohne Girolamos Zeugnis habe ich genügend Beweise gegen Euch, um die Verhöre fortzuführen. Und wenn ich das tue, wird Euer Anwalt viele Zeugen zu Eurer Verteidigung aufrufen. Vielleicht wird er sogar Anklage gegen *mich* erheben. Der Prozeß wird sehr, sehr lange dauern. Doch ehe all diese Tage vergehen, solltet Ihr bedenken, daß ein vom Heiligen Vater höchstselbst ernanntes Konsistorium gerade jetzt die Frage erörtert, ob alle Fälle von Hexerei demnächst von der Inquisition ketzerischer Verderbtheit untersucht werden.«

Masseo runzelte die Stirn. »Wie?« fragte er ungeduldig. »Wovon redet Ihr überhaupt?«

»Er droht Euch«, warf Aribert ein. »Achtet nicht darauf.«

»*Droht* mir?«

»Im Augenblick«, fuhr Pater Amiel so gelassen fort, daß ich ihn bewunderte, »entspricht Euer Verfahren dem gewöhnlichen *ordo juris*, weil die gegen Euch erhobenen Anschuldigungen nicht auf offenkundige Ketzerei hindeuten: Ihr habt, wie es scheint, keine Dämonen beschworen, keine Opfer dargebracht, keine Götzen angebetet und Leib und Blut Jesu Christi nicht für ruchlose Rituale mißbraucht. Hättet Ihr irgend etwas von diesen Dingen getan, säßet Ihr jetzt vor einem Inquisitor ketzerischer Verderbtheit.«

Der Mönch wies des weiteren darauf hin, daß Masseo dem *ordo juris* zufolge das Recht auf anwaltlichen Beistand genieße, die Namen von Anklägern und Zeugen wissen dürfe und davon ausgehen könne, daß selbst bei einer harten Bestrafung – Tod, Gefängnis oder Konfiszierung des Vermögens – Frau und Tochter nichts zu befürchten hätten. Die Familie werde nicht zerstört.

»Aber bedenkt, was geschieht, wenn der Heilige Vater verfügt, daß alle Hexenmeister als Ketzer zu behandeln sind. Dann darf Euch kein Anwalt mehr zu Hilfe kommen, und all Eure Kinder und Enkel sind Gejagte des Heiligen Amtes. Und wenn Ihr zu einer langjährigen Kerkerhaft verurteilt werdet und im Kerker sterbt, ohne die Haft ganz abgesessen zu haben, werden Eure Nachfahren Strafe zahlen müssen, und man wird ihr Eigentum beschlagnahmen um der Erfüllung des Urteils willen.«

»Bedenkt all dies, Meister Masseo«, schloß der Mönch. »Bedenkt es, bevor Ihr irgendwelche weiteren Entscheidungen fällt. Denkt an Eure Familie. Trefft eine vernünftige Wahl.«

Ich konnte sehen, daß Pater Amiels Worte ins Schwarze gezielt – und getroffen – hatten. Unter den gesenkten Brauen flakkerten die Augen des Arztes und warfen unsichere Blicke. Aribert suchte ihn zu beruhigen.

»Ihr seid unschuldig«, meinte der Anwalt. »Daher wird man Euch auch nicht bestrafen.«

»Jeden Tag werden Unschuldige gehängt«, gab Masseo zurück. Er wandte sich jetzt direkt an Pater Amiel. Was die Strafe für Hexerei sei, fragte er.

»Das hängt von den Umständen ab«, erwiderte der Mönch. »Vor zwei Jahren wurde Bruder Bernard Délicieux aus dem Languedoc wegen des Besitzes magischer Bücher zu lebenslänglichem Gefängnis verurteilt. Vor drei Jahren befand man Bischof Hugues Geraud für schuldig des Mordversuchs am Heiligen Vater, den er mit Giften und Wachsbildnissen hatte umbringen wollen. Er wurde nackt mit den Füßen an den Schweif eines Pferdes gebunden und durch die Straßen von Avignon zum Hinrichtungsplatz geschleift, wo man ihm die Haut vom Leibe riß und schließlich verbrannte. Vielleicht erinnert Ihr Euch noch an den Vorfall.«

Masseo schluckte hörbar.

»Andererseits«, fuhr Pater Amiel fort, »waren das bedeutende Leute mit bedeutenden Feinden von tadellosem Ruf. Pater Guillaume Monier dagegen war ein Mann höchst zweifelhaften Charakters. In meinem Besitz befindet sich ein Buch über Nekromantie, das vordem ihm gehörte. Ich habe Beweise dafür, daß er ein Hexenmeister und Sodomit war. Ich glaube, man kann nachweisen, daß Ihr, Meister Masseo, Euch nur gegen Moniers Hexereien verteidigt habt – mit Hilfe Pater Antonios, der dabei möglicherweise Euer Anleiter gewesen ist. Ich muß mich fragen: Wenn ein Priester Euch zu diesen Hexenkünsten angestiftet hat, warum solltet Ihr, als gehorsamer Sohn der Kirche, Euch seinen Anweisungen verschließen?«

Diesen Worten folgte ein nachdenkliches Schweigen. Masseo zupfte an der Oberlippe. Aribert kratzte seinen enormen Bauch.

»Ihr könnt nicht wissen, was das Konsistorium empfehlen wird«, bemerkte der Anwalt schließlich.

»Nein«, stimmte Pater Amiel zu. »Das kann ich nicht.«

»Es *könnte* auch sein, daß es nicht empfiehlt, Hexerei als Ketzerei zu behandeln.«

»Richtig.« Pater Amiel neigte den Kopf. »Aber ich weiß, daß der Verwendung von Figuren und Bildnissen besondere Aufmerksamkeit gewidmet wird, weil der Heilige Vater wohl der Ansicht ist, daß Bildnisse an sich bereits Beweise für eine teuflische und ketzerische Tätigkeit sind.«

»Ich bin kein Ketzer!« rief der Arzt. »Ich bin ein guter Christ!«

»Das wird das Konsistorium entscheiden«, meinte Pater Amiel.

»Aber Ihr selbst habt doch gesagt, daß ich nichts offenkundig Ketzerisches gemacht hätte. Das habt Ihr selbst gesagt!«

»Äh ... mmm. Womit mein Mandant natürlich meint, daß nichts von dem, was er *angeblich* getan haben soll, ketzerisch war.« Aribert starrte den Arzt unfreundlich an. »Wenn Ihr meine Zeugen hören wollt, Pater, kann ich sie sofort kommen lassen.«

Er zählte die Namen der Zeugen auf. Bei den meisten handelte es sich um Freunde oder Nachbarn des Angeklagten, um Leute, die bestätigen würden, daß Bona Claret während ihrer Zeit als Dienerin ihre Abneigung gegen Masseo di Vico bekundet hatte. Ein anderer Zeuge stammte aus der Romagna. Er war Dichter und Doktor des kanonischen Rechts und wollte die Aufzeichnungen von Tibaldos Aussagen prüfen, um zu sehen, ob der vertrauenswürdigste Diener des Arztes Pater Amiels Fragen in irgendeiner Weise mißverstanden hatte.

Und schließlich wollte Aribert noch andere Ärzte, darunter einen berühmten Lehrer, hinzuziehen, die erklären sollten, warum für die Ungebildeten Medizin und Hexerei so schwer auseinanderzuhalten sind.

»Wer mit derlei Dingen nicht vertraut ist«, deklamierte Aribert gewichtig, »kann oftmals zwischen echter Medizin und ungesetzlichen Hexenkünsten nicht unterscheiden. Wie sollte er zum Beispiel die Gewohnheit der Frauen aus Salerno beurteilen, die, um Fehlgeburten zu verhindern, poröse Steine an einer Kette um den Hals tragen? Das könnte wie Hexerei aussehen, ist aber in Wirklichkeit, wie meine Zeugen beweisen werden, ein medizinisches Vorbeugemittel.« Er holte tief Luft und fügte dann hinzu: »Ich werde damit beweisen, daß die Handlungen meines Mandanten falsch verstanden und interpretiert worden sind, wie es oftmals der Fall ist, wenn ein einfaches und ungebildetes Auge gelehrte und komplizierte Verfahrensweisen erblickt.«

Man muß zugeben, daß der Anwalt tapfer, beredsam und logisch argumentierte. Hinzu kam noch sein Körpergewicht. Als er so dastand, auf Pater Amiel hinabschaute und seine kleine Rede hielt, fand ich ihn stark und überzeugend.

Der Mönch hörte gesenkten Blicks zu und blieb ganz unbewegt. Nachdem Aribert geendet hatte, fragte er lediglich: »Wie viele Zeugen wollt Ihr kommen lassen?«

»Es werden neun Zeugen sein.«

»Neun. Ich verstehe. Und wahrscheinlich muß man noch weitere hinzuziehen.« Pater Amiel schaute zu Aribert auf und fügte hinzu: »Morgen ist der Festtag des Hl. Dominikus, so daß ich mich erst am Donnerstag wieder mit dem Fall befassen kann. Bei dieser Anzahl Zeugen und dem bevorstehenden Sonntag wird das Ganze bis in die nächste Woche dauern.« Er reckte das Kinn. »Sollte das Konsistorium in der Zwischenzeit seine Entscheidung fällen, könnte Euer Fall, Meister Masseo, natürlich gleich an das Heilige Amt weitergereicht werden. Was das bedeutet, habe ich bereits gesagt.«

Der Arzt blickte finster drein. »Ich bin unschuldig«, gab er zurück. »Soll ich gestehen, was ich nicht tat, nur um dem Heiligen Amt zu entgehen?«

»Ich bitte Euch, an Eure Tochter zu denken«, meinte Pater Amiel. »Wenn das Heilige Amt eingreift, wird sie ihre Aussteuer nicht retten können, denn das Heilige Amt ist, wie Ihr wißt, unersättlich. Und wer würde die Tochter eines Ketzers heiraten wollen? Ketzerei ist nicht nur ein großes Verbrechen, sondern zieht wie kein anderes die ganze Familie in Mitleidenschaft. Sie ist ein Makel, der vererbt wird. Die Kinder Eures Sohnes würden niemals öffentliche Ämter bekleiden dürfen.« Der Mönch erhob sich plötzlich. »Ich möchte Euch bitten, die Zukunft Eurer Kinder und Enkelkinder ins Auge zu fassen und dabei zu berücksichtigen, daß ich selbst Euch für fehlgeleitet halte. Provoziert und fehlgeleitet. Das werde ich bei der Beurteilung berücksichtigen.«

»Wenn Ihr alle Zeugen gehört und alle Beweise gesehen habt«, unterbrach Aribert ihn tapfer, »werdet Ihr einsehen, daß er unschuldig ist und nicht fehlgeleitet.«

»Wenn er unschuldig *ist*«, entgegnete Pater Amiel, »werde ich ihn auch so beurteilen.« Er ging zur Tür, öffnete sie und rief die Wachen herbei. »Ich muß schon bald zur Komplet«, erklärte er, zu Aribert gewandt. »Die Vernehmung geht also erst am Donnerstag morgen weiter – *falls* das Konsistorium bis dahin keine entsprechende Entscheidung gefällt hat. Ihr solltet Eure Zeugen parat haben, Maître Aribert.«

»Werde ich. Und ich werde mit Meister Girolamo sprechen.«

»Natürlich.« Würdevoll neigte Pater Amiel den Kopf. »Das ist doch Euer Recht.«

Aribert wälzte seinen gewaltigen Körper in den Gang, während Masseo noch eine letzte Frage stellte.

»Wer ist in dieses ... dieses Konsistorium berufen worden?«

Pater Amiel nannte ihm die Namen von fünf Bischöfen, zwei Ordensgenerälen und drei Theologieprofessoren. Woraufhin der

Arzt das Gesicht verzog und, auf einem Daumennagel herumbeißend, aus dem Zimmer schlurfte.

»Pater?« fragte ich, nachdem die Tür sich hinter ihm geschlossen hatte.

»Hmmm?«

»Und wann *fällt* das Konsistorium seine Entscheidung?«

Der Mönch gähnte auf seine jähe, katzenähnliche Art. »Ach, das kann jeden Tag geschehen. Wenn Masseo klug ist, liefert er sich meiner Gnade aus – denn das Heilige Amt kennt keine. Er kann durchaus schon morgen dem Inquisitor vorgeführt werden. Unwahrscheinlich ist das nicht.«

Zumindest diesmal hatte er also nicht gelogen.

# Zehnter Gesang

Nicht an diesem Abend ging ich zu Durand Rouiard, sondern erst am nächsten Tag.

Die Nacht verbrachte ich weitgehend schlaflos, so sehr fürchtete ich die vor mir liegende Aufgabe. Nicht weil ich, in Laster und Verderbtheit verstrickt, davor zurückgescheut hätte, ein paar Lügen zu äußern, sondern weil ich daran zweifelte, sie überzeugend genug vortragen zu können. Außerdem fragte ich mich: Was ist, wenn der Sekretär dir die Stirn bietet? Wenn er dir kühl ins Auge blickt und behauptet »Da liegt Ihr falsch« oder »Tut, was Ihr wollt«? Wie kannst du damit umgehen?

Am Morgen erhob ich mich etwas früher als gewöhnlich, um der Messe beizuwohnen. Es war, wie Pater Amiel versprochen hatte, ein prächtiges und bewegendes Schauspiel. Das Kirchenschiff war mit seidenen Vorhängen und großen Wachskerzen geschmückt, die so schwer parfümiert waren, daß mir ganz schwindlig wurde. Der Altar schimmerte mit seinen goldenen und silbernen Ornamenten, und die Musik war für mich die reinste Freude. Jeder *conductus* der Tänze und Prozessionen wurde mit großem Schwung auf Trommel, Psalter, Zither und Laute gespielt, bisweilen war auch ein Tamburin dabei. Ich klopfte mit dem Fuß den Rhythmus, als zahlreiche Mönche, deren weiße Kuttenärmel wie Taubenflügel auf und nieder schwebten, mit gemessenen Schritten in Takt und Formation das Kirchenschiff durchquerten. Es gab sogar einen Reigen – er war kurz und wurde zurückhaltend ausgeführt, aber es war ein Reigen.

Die geröteten Wangen und leuchtenden Augen der Tänzer verrieten mir ihre Freude an diesem Ereignis, doch konnte ich nicht sagen, ob sie spiritueller Befriedigung oder dem freien Spiel der sonst in ihrem Gebrauch so eingeschränkten Glieder entsprang.

Allerdings vermied ich es, die Hostie zu mir zu nehmen, und hätte mich auch, wenn ich dazu aufgefordert worden wäre, geweigert, denn ich fühlte mich nicht wirklich lauter und rein. Statt dessen blieb ich unbeachtet im Schatten, bis Pater Amiel nach dem Ende des tänzerischen Teils der Festivitäten im Kreuzgang auf mich zukam.

»Ihr seht ja richtig feierlich aus«, meinte er und befühlte den Seidensaum meines purpurfarbenen Sonntagsumhangs. Um uns herum schnatterten und zwitscherten die Mönche wie Vögel, weil für diesen Tag die Klosterregeln aufgehoben waren. »Der Hl. Dominikus dürfte angesichts solchen Reichtums erfreut sein.«

Ich wußte nicht so recht, wie seine Bemerkung gemeint war, weil er in trockenem Ton sprach, und sagte daher nur: »Es war ganz wundervoll, Pater.«

»Wundervoll. Ja. Man staunt und wundert sich, nicht wahr? Aber Ihr solltet diese Kleider ablegen, bevor Ihr zu Durand Rouiard geht, mein Sohn. Festliche Sachen passen nicht zu einem Mann, der vor Liebeskummer fast stirbt.«

»Pater …« Ich zögerte, und er blinzelte zu mir herauf.

»Was ist denn?«

»Pater, könnte ich um einen Gefallen bitten? Wißt Ihr, die Aufgabe, die Ihr mir gestellt habt, beunruhigt mich …«

»Sie muß ausgeführt werden, Raymond.«

»Aber ja doch! Natürlich! Ich weiß. Aber wenn ich mich mit ein wenig Wein wappnen könnte –«

»Aha.«

»Nur ein bißchen, Pater. Ein Tröpfchen genügt.«

»Dann geht.« Er sprach mit Nachsicht. »Geht in die Küche und sagt Bruder Pierre, daß Ihr von mir kommt. Er wird Euch den Wein geben.«

»Danke, Pater, danke.«

Als ich in Richtung Küche ging, rief er mir nach: »Vergeßt nicht, die Kleider abzulegen, mein Sohn!« Ich aber fragte mich, flüchtig amüsiert, was wohl die anderen Brüder von dieser Empfehlung halten mochten. Denn sie hatte unleugbar einen leicht indezenten Beigeschmack.

Pater Amiels Name verschaffte mir den gewünschten Wein; der Laienbruder, der mir die kleine Flasche reichte, war auf vielfältige Weise abgelenkt und mußte sich um die Küchenjungen kümmern, die nach Geflügel, Gebäck und Kräutern und tausend anderen Dingen fragten. Immerhin würden nachher zwei Bischöfe, ein Kardinal und vier Ritter im Refektorium das Brot brechen. In der allgemeinen Aufregung konnte ich mir unbemerkt eine Handvoll Honigmandeln einverleiben.

Dann zog ich mich um und machte mich auf den Weg zu Durand Rouiard.

Ich hatte die leise Hoffnung gehegt, daß er vielleicht auch am Fest des Hl. Dominikus teilnehmen würde, doch saß er zu meiner Enttäuschung an seinem Pult im Petitionsamt. Von seiner Sorgfalt und Unauffälligkeit habe ich schon gesprochen, hierin glich er Pater Amiel, war aber größer und schwerer und hatte gröber geschnittene Züge, kleinere Augen und eine olivfarbene Haut. Seine Hände waren ziemlich groß und seine Schultern nach vorn gebeugt. Wie zu erwarten, beherrschte er jenen unendliche Langeweile und völlige Interesselosigkeit signalisierenden Blick, mit dem ein päpstlicher Beamter sich Bittstellern aus dem Laienvolk zuwendet, in absoluter Vollkommenheit.

Da ich selbst ein solcher Laienmensch war, empfing ich diesen Blick, nachdem ich lange genug in seiner Nähe herumgelungert hatte, um sein Temperament ein bißchen anzufachen.

»Ja?« meinte er.

»Pater Durand Rouiard?«

»Ja.«

»Pater, ich habe ein Problem, das nur Ihr lösen könnt.«

Ein müder Seufzer, eine hochgezogne Augenbraue.

»Wenn Ihr eine Petition sucht«, sagte er in der tonlosen Stimme dessen, der einen schon recht abgenutzten Ratschlag erteilt, »müßt Ihr zuerst im *Liber de vacantibus* nachschlagen –«

»Nein, Pater. Es geht nicht um eine Petition. Es geht um ein Buch – ein sehr gefährliches Buch –, das früher einmal Pater Guillaume gehört hat.«

Durand runzelte die Stirn. Dann erbleichte er. Dann fragte er: »Wovon redet Ihr eigentlich?«

Ich legte meinen Mund an sein Ohr und erzählte ihm leise, daß sich das Buch im Besitz Pater Amiels befinde und daß der Dominikaner (ein früherer Inquisitor ketzerischer Verderbtheit) im Augenblick darum bemüht sei, jene Männer ausfindig zu machen, die Randglossen in das Buch geschrieben hätten. Durands Schrift habe er noch nicht erkannt; und wenn Durand bereit sei, mir zu helfen, würde ich Pater Amiel nicht mitteilen, was ich wüßte.

Während ich so flüsterte, hoffte ich, Durand würde mein wie rasend klopfendes Herz nicht bemerken und nicht den Schweiß, der den Haaransatz feucht machte.

»Ihr – Ihr –«, stammelte er, einer zusammenhängenden Antwort unfähig. Das nutzte ich zu meinem Vorteil aus und forderte ihn auf, mich heute abend im Schwarzen Hahn zu treffen. Und noch ehe er sich sammeln und bevor meine Glaubwürdigkeit durch ein falsch klingendes Wort gefährdet werden konnte, machte ich mich davon. Ich floh (anders kann man es nicht nennen) aus dem Zimmer, dem Gebäude, der Straße. Ich bog in eine Gasse ein und mischte mich unter die Leute. Erst als ich mich außer Reichweite glaubte, fiel mir ein: Und wenn Pater Amiel nun heute abend beschäftigt ist?

Entsetzt hielt ich inne. Würde das Fest des Hl. Dominikus sich über das Abendgebet hinaus erstrecken? Würde Pater Amiel durch seine religiösen Pflichten davon abgehalten sein, sich unter Na Béatricens Bett zu verstecken? Verzweifelt kasteite ich mich wegen meiner Dummheit und Gedankenlosigkeit. Warum hatte ich nicht überlegt, ehe ich mein Narrenmaul auftat? Ich hätte mich in den Hintern treten können. Statt dessen schlug ich mir einige Male vor die Stirn, sehr zur Verwunderung der Vorübergehenden. Einen Moment lang spielte ich mit dem Gedanken, zu Durand zurückzukehren und ihm ein neues Datum zu geben, verwarf die Idee jedoch sofort wieder. Das Risiko war zu groß. Er könnte Einwände erheben, Bedenken geltend machen, mich ausfragen wollen. Ich durfte den einen Fehler nicht noch durch einen zweiten vergrößern.

Nein, nein: Ich mußte mit eingeklemmtem Schwanz zur Priorei zurückkehren, Pater Amiel von meinem Versagen in Kenntnis setzen und sein Urteil abwarten.

Ach, ich hätte töten können, um an Wein zu gelangen. Meine Seele sehnte sich nach dem Schwarzen Hahn. Aber ich widerstand dem Drang, unter Béatricens Röcke zu schlüpfen, denn dann wäre ich nicht nur ein Narr, sondern auch ein Feigling gewesen. Statt dessen kehrte ich – und das war, täuscht Euch da nicht, sehr mutig – zur Priorei zurück, wo es mir gelang, mit Pater Amiel zu sprechen, als wir darauf warteten, uns vor dem Festmahl die Hände waschen zu können.

»Pater«, sagte ich und stellte mich neben ihn. Er wandte mir ein Lächeln zu.

»Raymond!« Um uns herum summte der ganze Kreuzgang von leisen Stimmen, als der Bischof von Avignon – ein Neffe des Papstes – reich gekleidet und majestätischen Schritts ins Refektorium Einzug hielt. »Wie ist es Euch ergangen?«

»Ähm – recht gut.«

»Das höre ich gern.«

»Es ist nur so –«

»Was?«

»Na ja ...« Ich mußte schlucken, bevor ich weiterreden konnte. »Ich habe Durand gesagt, er solle mich heute nacht treffen.«

Pater Amiels Augenbrauen schossen aufeinander zu.

»*Heute nacht?*«

»Ist das ... ist das ungünstig?«

Der Mönch wandte den Blick ab. Er sog den Atem ein und kaute auf der Unterlippe herum. Schließlich brachte er ein paar Worte heraus, denen Ungläubigkeit und unterdrückter Ärger deutlich anzuhören waren. »Es dürfte Eurer Aufmerksamkeit, Raymond, entgangen sein, daß heute das Fest des Hl. Dominikus ist.«

»Aber heute nacht –«

»Heut nacht werden Gebete gesprochen und Nachtwachen abgehalten.«

»Pater, vergebt mir.«

»Pst. Laßt mich nachdenken.«

»Wenn ich zu Durand zurück–«

»*Psst.*«

Er legte eine Hand an die Stirn und überlegte. Ich schämte mich gewaltig und starrte auf meine Stiefelspitzen. Niemand sonst sprach mit mir, niemand blickte mich an. Allmählich war ich davon überzeugt, daß die übrige Gemeinschaft instruiert worden war, mit mir nur zu reden, wenn ein Superior darum bat oder ich jemand anderem eine Frage stellte.

»Ich kann die Priorei nicht verlassen«, verkündete Pater Amiel schließlich. »Es geht nicht. Es wäre nicht akzeptabel.« Zu meinem Erstaunen stampfte er mit dem Fuß auf – für einen Dominikaner doch wohl eine kindische und vulgäre Art, seiner Enttäuschung Ausdruck zu verleihen. »Wir werden es anders machen. Die Laienbrüder müssen bei der Komplet nicht zugegen sein; ich schicke also einen von ihnen zum Schwarzen Hahn. Er wird Euer Gespräch mit Durand Rouiard belauschen, und danach werde ich mit Hilfe eurer beider Aussagen ein Geständnis bekommen.« Der Mönch blickte mir erneut ins Gesicht und sprach mit frostiger Stimme: »Wartet auf meine Anweisungen. Ihr müßt beide möglichst früh in der Taverne sein, damit Durand Euch nicht bei den Vorbereitungen überrascht. Wenn Ihr in der Zelle bleibt, weiß ich, wo ich Euch finden kann. Verstanden?«

»Ja, Pater.«

»Gut.«

»Pater –«

Aber er war schon fort und hatte sich seinen Brüdern angeschlossen, die das Refektorium betraten. Ich, völlig zerknirscht, folgte ihm mit einer kleineren Ansammlung weniger hochrangiger Gäste: ein paar Knappen, ein zu Besuch weilender Priester, ein weiterer Notar, ein Kaufmann, der für seine großzügigen Spenden an die Priorei geehrt wurde. Obwohl wir nicht in der Nähe der Ritter und Bischöfe saßen, verlangte die Etikette, daß uns direkt nach ihnen aufgetragen werde, und so dürfte sich niemand zurückgesetzt gefühlt haben. Warum auch? Es war ein geradezu königliches Mahl. Während wir sonst schweigend aßen und einem Mönch zuhörten, der aus der Heiligen Schrift oder einem frommen Kommentar vorlas, wurde an diesem Tag die Harfe gespielt, und die hohen Gäste tauschten Bemerkungen mit dem Prior, seinem Stellvertreter und anderen Mönchen aus den oberen Rängen der Hierarchie aus, wozu auch Pater Amiel gehörte.

Das Essen war hervorragend; es gab geröstete Ente, Fasan und Taube, gesalzenen Hering und Thunfisch, mit Kastanien gefüllte Gans, Knoblauchwurst, weiße Bohnen, Kohl in Buttersauce, Himbeeren, Weichkäse, Lauchtorte, Gewürzkuchen, Brot, Nüsse, und genügend Wein, um ganz Avignon betrunken zu machen. Ich jedoch bekam, außer dem Wein, kaum etwas herunter. Ich war ganz krank vor Seelenelend. In meinem schäbigen braunen Flanellumhang unter lauter bunten Seidengewändern muß ich wohl recht verloren gewirkt haben, denn der mir gegenübersitzende Knappe, ein lustiger Bursche mit kastanienfarbnem Haar, bot mir des öfteren, lächelnd und aufmunternd nickend, von den vorzüglichen Gerichten an, die unter normalen Umständen mein Herz hätten höher schlagen und meinen Mund wässern lassen.

Aber ach! Nichts konnte mich aufheitern, nicht einmal die Gans. Seit Tagen lauerte in mir ein undeutliches Gefühl der Verzweiflung, das sich jetzt in eine dicke, schwarze Wolke, ja, einen undurchdringlichen Nebel verwandelt hatte, der mein Herz umhüllte. Ich nagte an der Wurst, kaute an der Gans. Nachdem endlich der Kardinal und die Bischöfe Gott für unser segensreiches Mahl gedankt hatten, floh ich vor den fettglänzenden Gesichtern der Klosterbrüder in meine Zelle, um auf Pater Amiel zu warten.

Er kam nach dem Vespergebet, begleitet von einem Laienbruder namens Enguerrand. Ich war unterdessen eingedöst, und als er klopfte, fiel ich beim Erwachen vom Bett und schürfte mir das Knie auf. Unordentlich, triefäugig und schmerzverzerrt, muß ich Bruder Enguerrand höchst seltsam vorgekommen sein; vielleicht auch hatte Pater Amiel ihm von meinem Versagen berichtet – jedenfalls starrte er mich mit eulengroßen Augen an. Er war alt und vertrocknet, mit einem harten, zerfurchten, wettergegerbten Gesicht voller Pockennarben, dunkler Haut und schwieligen Händen. Sein Wams war ihm zu groß, und der scharlachfarbene, seidengefütterte Umhang seinem Rang nicht angemessen. Offensichtlich hatte er eine Art Verkleidung angelegt, denn Laienbrüder trugen normalerweise einfache Gewänder nach Art der mönchischen Kutten.

»Bruder Enguerrand hat ein ausgezeichnetes Gedächtnis«, erklärte Pater Amiel. »Er wird Euch zur Taverne begleiten, Maître Raymond, und sich in dem Zimmer verbergen, wo Euer Treffen mit Durand Rouiard geplant ist. Seht zu, daß Durand nichts davon mitbekommt. Erörtert mit ihm einfach Euer Begehren, laßt ihn die Rituale beschreiben, die er für Euch ausführen soll, und laßt ihn dann gehen. Ich werde ihn dann später befragen.«

»Ja, Pater.«

»Ihr macht Euch jetzt besser auf den Weg. Ich werde morgen früh mit Euch sprechen. Denkt bitte daran, Durand nach den Einzelheiten des Zauberbanns zu fragen, den er bewirken will. Je mehr er ins Detail geht, desto erfreuter werde ich sein.« Er nickte Enguerrand zu. »Danke, Bruder. Ich bin dir sehr dankbar.«

»Pater ...«, hob ich an.

»Was ist?«

Der Mönch fixierte mich mit einem Blick, der bar jeder Gefühlsregung war. Ich hatte nicht den Mut, fortzufahren.

»Nichts«, sagte ich, woraufhin er sich umdrehte und die Zelle verließ.

Ich kann gar nicht sagen, wie trostlos ich mich fühlte. Ich hätte mir das Gesicht mit Asche beschmieren und wie eine Schlange Staub fressen können und damit doch kaum gezeigt, wie unwert ich mir vorkam. Ich wollte mich zu Pater Amiels Füßen niederwerfen. Ich wollte Entschuldigungen stammeln und ihm einen freundlichen Blick entlocken.

Aber da Bruder Enguerrand mich beobachtete, konnte ich nichts von alle dem tun. Ich konnte nur die Kleider in Ordnung bringen, mit den Fingern durchs Haar fahren und mit federnden Schritten in Richtung Schwarzer Hahn marschieren, als würde mir Enguerrands schweigende, düstergesichtige Begleitung nichts ausmachen.

Was nun folgt, ist die traurige Geschichte meiner bodenlosen Schande.

Ach, meine Freundinnen, ich bin ein Wurm, kein Mann. Ihr werdet den Kopf schütteln und Euch abwenden und mich für einen Narren, einen Trunkenbold, einen Weichling, einen Lustmolch halten. Und damit habt Ihr recht. Hört nun, was im Schwarzen Hahn geschah.

Der Schankraum war vom ohrenbetäubenden Lärm glücklicher Zecher erfüllt. Unter ihnen saß Othon, schon recht gut eingetunkt in seine Lieblingsmarinade; er erblickte mich und rief einen erfreuten Gruß herüber und erhob sich sogar, leicht schwankend.

Aber Na Béatrice war als erste bei mir.

»Raymond!« sagte sie, und: »Wer ist denn das?«

»Das ist Enguerrand.« Ich senkte meine Stimme. »*Bruder* Enguerrand.«

»Oh.« Mit verändertem Gesichtsausdruck betrachtete sie den Laienbruder, der ihren Blick mit unbewegter Miene erwiderte.

»Das Treffen findet heute abend statt«, murmelte ich. »Bruder Enguerrand wird das Versteck benötigen ...«

»Ach ja! Ja, kommt mit.« Sie führte uns nach oben in ihr Schlafzimmer, das mit Weingebinden und Mehlsäcken vollgestellt war. Ich wies Bruder Enguerrand an, sich unter dem Bett zu verbergen, und muß zugeben, daß ich froh war, als sein düsteres, lederbraunes Gesicht aus meinem Blickfeld verschwand. Dann fragte Béatrice, ob ich lieber hier oben bleiben oder unten warten wolle. Ich zögerte.

Eigentlich hatte ich keine Lust, meine Gesellschaft Leuten aufzuzwingen, die sie ablehnten. Andererseits war die Aussicht, im Schlafzimmer Bruder Enguerrands bedrohliche, wenn auch unsichtbare Anwesenheit zu ertragen, auch nicht allzu verlokkend.

»Vielleicht ...« Ich zögerte. »Vielleicht sollte ich nach unten gehen. Falls mein Besucher sich vor dem Lärm ängstigt.«

»Ja«, meinte Béatrice. »Komm nach unten. Du kannst in der Küche warten.«

»In der Küche. Natürlich. Ich kann in der Küche warten.«

»Komm mit.«

Wie Ihr seht, hatte ich die besten Absichten. Aber als ich das untere Ende der Treppe erreicht hatte, stürzte Othon auf mich zu und bestand darauf, daß ich mit ihm trinke. Er erinnerte mich daran, daß er meine Zeche zahlen werde. Er bemerkte, daß meine Nase fast verheilt sei und daß meine Freunde mich bereits vermißt hätten. Ich weiß nicht, welche Freunde er damit meinte (vielleicht nur sich selbst), aber seine Worte waren Balsam für meine unglückliche, sich verschmäht fühlende Seele. Unschlüssig stand ich da.

»Komm!« bellte er. »Dieser Zwist hat die Luft schon zu lange verpestet. Gaillard! Raymond! Versöhnungskuß!«

In diesem Augenblick machte ein unglückseliger Zuschauer einen derben Witz über Gaillards Küsse, woraufhin Othon ihn umstandslos angriff, so daß Gaillard und ich uns Aug in Aug gegenüber fanden. Verlegen lächelte ich ihn an. Unsicher lächelte er zurück. Dann fragte er mich, mit einer kaum spürbaren Feindseligkeit, wo ich jetzt wohne.

»Ich habe gehört, daß dein Bruder dein Zimmer wieder belegt hat«, fügte er hinzu, noch bevor ich antworten konnte.

»Was?« fragte ich, ohne etwas zu begreifen. »Was meinst du damit?«

»Ja, ich hab's auch gehört«, warf Bernard ein. »Er soll dafür einen Studenten gefunden haben – einen Medizinstudenten.«

»Für *mein Zimmer*?«

»Wurde gesagt.«

»Aber – aber –«

»Ach, vergiß deinen Bruder.« Nachdem er dem Witzbold ein paar verpaßt hatte, kehrte Othon erfrischt und leutselig zu mir zurück. »Das ist nur ein mieser Furz. Vergiß ihn. Vergiß den Mönch. Hier gehörst du hin, Raymond. Setz dich. Laß es dir gutgehn. Mach dir keine Sorgen. Am Ende müssen wir alle sterben.«

Verwirrt und zutiefst betrübt sah ich mich um. Der Schankraum war ein Meer von offenen Mündern und verschwitzten Gesichtern. Die Luft war zum Schneiden dick von Rauch und Weingeruch.

Aber dann sagte Gaillard: »Du bist doch noch kein Mönch, oder?« und alle brachen in Gelächter aus, schlugen mir auf den Rücken und packten mich an den Schultern und machten einen

Platz frei. Ein mit Wein gefüllter Kelch wurde mir in die Hand gedrückt. Othon wies auf die Narben, die er in meinem Gesicht hinterlassen hatte, und versicherte, daß ich dadurch stärker und tapferer wirke. Angesichts meiner Verletzungen flüsterte Gaillard mir zu, daß auch er zu leiden gehabt hätte. Aber da ich nach alldem immer noch treu zu Othon stünde, würde auch er an der Bruderschaft der Becher festhalten und unsere Freundschaft bewahren.

»Trink aus, Raymond! Trink aus!« rief Othon. Gehorsam leerte ich den Kelch in einem Zug, wischte mir den Mund ab, und verlangte, unter dem Beifallsgeheul meiner Kumpanen, einen weiteren Becher Wein.

Schon bald war ich sturzbetrunken.

Zu meiner Verteidigung will ich anführen, daß ich den ganzen Tag auf den Beinen gewesen war. Am Morgen hatte ich bereits das Fläschchen geleert und beim Festessen große Mengen starken Weins zu mir genommen, ohne viel zu essen. Als ich nun noch mehr von dem gesegneten Trank die Kehle hinuntergoß, ließ die Wirkung nicht lange auf sich warten. Ich fühlte mich glücklich. Ich fühlte mich geliebt. Ich trank, und ich sang ein paar Lieder und rezitierte lüsterne Verse über Mönche und Nonnen und den Heiligen Speer und erntete viel Gelächter. Dann unterhielt uns Othon mit einem Bericht über seine Versuche, für Marie Mignard einen ehrbaren Ehemann aufzutreiben, und auch das rief ungezügelte Begeisterung hervor. Sogar Béatrice setzte sich zu uns. (Wahrscheinlich war sie überglücklich, mich in der gewohnten Umgebung zu sehen.) Sie schalt uns mit mütterlicher Heftigkeit und vollführte einen Zaubertrick mit einer Bohne. Der Abend wurde immer heiterer. Zwei Männer ließen ihre Hosen fallen und fochten einen obszönen »Schwertkampf« aus. Ich belustigte die Gesellschaft mit einem höchst unfeinen Lied, mit dem man die Damenwelt auf amüsante Weise verunsichern kann.

»Ein ganz steifer Eh'mann ist er«, trällerte ich, »ein schwanzsteiler Sämann ist er, ein glotzgeiler Spähmann ist er, ein fotzreifer Stehmann ist er … oh.« Durand Rouiard hatte den Saal betreten. Er trug einen schweren Umhang und eine Kapuze. Als ich seiner gewahr wurde, geriet ich in Wut; ich wollte mein Lied nicht unterbrechen. »Hau ab!« schrie ich. »Béatrice! Schmeiß ihn raus!«

»Bist du sicher?«

»Ja, ja!«

»Aber –«

»Mach schon! Ich will ihn nicht sehen!«

Wie meine Seele dem Staub sich verschwistert! Könnt Ihr so etwas glauben? Ohne Nachdenken, ohne Zögern, ohne auch nur die Spur eines Zweifels verwarf ich den einzigen Grund für meine Anwesenheit im Schwarzen Hahn. Aber damit war mein sündhaftes Verhalten noch lange nicht an sein Ende gelangt, denn nachdem Durand fort war, begab ich mich in einen Zustand der Trunkenheit, wo Umnachtung herrscht und Zeit ohne Bedeutung ist.

Ich selbst bekam, kurz gesagt, nicht mehr mit, was in jener Nacht noch geschah.

Später erfuhr ich, daß ich die Mönche verächtlich als eine Rasse saftloser Eunuchen bezeichnet hätte. Dann überschüttete ich Béatrice mit Zärtlichkeiten, während sie mich irgendwann an den noch immer in ihrem Zimmer versteckten Laienbruder erinnerte. In meinem berauschten Zustand wollte ich nun die Rolle des empörten Liebhabers spielen. Ich wankte nach oben, zog Bruder Enguerrand unter dem Bett hervor und beschimpfte ihn. Er habe wohl vor, die Ehre einer Dame zu besudeln! Ha! Er wolle wohl Na Béatrice mit seinem Schrumpfglied im Schlaf überraschen! Er sei kein wahrer Mann!

Nachdem ich ihn mit einem Tritt die Treppe hinuntergejagt hatte, nahm ich Béatrice in die Arme, warf mich auf sie, und wir stürzten aufs Bett. Aber der übermäßige Weingenuß forderte seinen Tribut. Wie Ihr wißt, hat jeder Mann zwei Köpfe, und derjenige, welcher bisweilen aus den Hosen herausschaut, ist dem betäubenden Einfluß des Alkohols genauso ausgesetzt wie der andere, der den Hut trägt.

Es gelang mir also nicht, uns Befriedigung zu verschaffen. Vielmehr sank ich bald in den Schlaf und durfte freundlicherweise bis zum späten Morgen im Bett bleiben. Mein einziger Trost ist, daß ich nicht die Laken meiner Gastgeberin vollkotzte. Wenigstens in dieser einen Hinsicht zeigte ich Selbstbeherrschung.

Ich war versoffen. Ich war unerträglich. Ich schnarchte die ganze Nacht und (daran zweifle ich nicht) entledigte mich mit großem Gedonner vieler Ladungen übelriechender Luft. Ich schwitzte und schwatzte im Schlaf. Ich stöhnte. Und lange nachdem Na Béatrice aufgestanden war, um ihr Tagewerk zu beginnen, wachte ich auf und wußte, daß ich mit einer einzigen Ausschweifung mein Leben gänzlich und unwiderruflich zerstört hatte.

# ELFTER GESANG

Sicher hatte Bruder Enguerrand in der Priorei Pater Amiel bereits einen detaillierten Bericht über meine Verfehlungen geliefert, der den Dominikaner, wie mir klar wurde, furchtbar gekränkt haben mußte, denn mittlerweile war der Morgen schon weit fortgeschritten, ohne daß Pater Amiel erschienen war, um mich abzuholen.

Er hat dich verlassen, Raymond, dachte ich. Du bist jetzt endgültig in Ungnade gefallen.

Ich lag da, krank am Körper, wund am Herzen, unfähig, meine Lage in irgendeiner Weise vernünftig zu bedenken. Mein Kopf schmerzte zum Zerspringen. Mein Mund war trocken wie eine abgestreifte Schlangenhaut, die Augen brannten, und mir war speiübel. Deshalb stand ich endlich auf und mußte die Treppe schneller hinabeilen als mir lieb war, denn ich wollte mich erst hinter Na Béatricens Misthaufen übergeben.

Hier entledigte ich mich aller Widerwärtigkeiten, die der Magen zu bieten hatte und fiel dann zu Boden wie ein nasser Lumpen. Ich seufzte und stöhnte und flehte Gott um Beistand an. Ich wälzte mich im Schmutz wie ein Schwein. Als ich mich endlich wieder einigermaßen bewegen konnte, kroch ich auf allen vieren Richtung Küche und zog mich am Türpfosten hoch. So konnte ich mich aufrecht halten, bis Na Béatrice mich sah und eintreten hieß.

Sie war sehr freundlich. Sie ließ mich am Herd sitzen, reichte mir einen stärkenden Aufguß und legte ein feuchtes Tuch auf meine Stirn. Sie tadelte mich nicht, sondern bemerkte nur mit leicht vorwurfsvollem Ton: »Wenn du glücklicher wärst, Raymond, würdest du dich nicht so töricht benehmen.« Und auch das klang eher traurig als ungeduldig.

Ich bat sie, viele Male, um Vergebung. Ich schimpfte mich einen Schurken, einen Wüstling, einen Trunkenbold, einen Saukerl. Schließlich mußte sie lachen. »Du klingst wie ein Mönch«, meinte sie. Jeder Mann, der ein bißchen Mark in den Knochen habe, würde ab und zu einen über den Durst trinken. »Ich habe schon viele Zecher erlebt und weiß, welchen Mist sie machen können. Du bist bei weitem nicht der Schlimmste.« Sie hätte sich zudem sehr darüber amüsiert, wie ich mit Bruder Enguerrand umgegangen sei. An seinen Blick würde sie sich noch lange erinnern. »Du hast ihm gesagt, da er ein Sodomit sei, würde er nichts Interessantes zu sehen bekommen, wenn er bliebe.« Sie schnaubte vor Vergnügen, während ich das Gesicht in den Händen vergrub.

»Gott sei mir gnädig«, stöhnte ich. »Gott sei mir gnädig, denn ich bin hoffnungslos verloren.«

»Unsinn.«

»Pater Amiel wird das alles zu hören bekommen.«

»Und wenn schon.«

»Er wird mich verachten.«

»Gut«, meinte Béatrice. »Dann geht es dir so wie uns anderen, denn ich glaube, daß er alle Menschen verachtet.«

»Aber meine Arbeit, Béatrice! Was soll ich nur tun?«

»Du bleibst hier«, munterte sie mich auf. »Du findest andere Arbeit. Du lachst mit deinen Freunden, trinkst ohne Reue und freust dich über deinen Witz, dein hübsches Gesicht und eine Frau, die deine Gesellschaft schätzt. Es gibt keinen Grund, unglücklich zu sein, Raymond. Warum nur bist du so besorgt?« Sie tätschelte mir die Wange. »Liebster, du bist noch jung. Ich bin älter und kenne dich genau. Ich weiß, was gut für dich ist.«

Ungeduldig schüttelte ich den Kopf. »Mich sinnlos betrinken?« protestierte ich. »Wäre das gut für mich?«

»Nein. Natürlich nicht.«

»Aber was würde ich sonst tun, wenn ich hier lebte?«

»Raymond –«

»Oh, ich bin ein solcher Schwächling!« Ich erhob mich und taumelte umher, innerlich aufgewühlt. Ich stieß gegen Schemel und Blasebälge und Körbe voller Holz. »Ich kann doch nicht hierbleiben. Wer würde einen Notar beschäftigen, der in einer Taverne wohnt? Was wird Pater Amiel denken? Ach, verflucht sei der Tag meiner Geburt! Ich muß ... ich kann doch nicht ... er wird schon *alles* erfahren haben!«

Dennoch kam ich zu dem Schluß, daß ich ihm unter die Augen treten müsse. Ich mußte zur Priorei und sein Urteil über mich ergehen lassen, sonst wäre ich schlimmer als ein Feigling – außerdem würde er mich wahrscheinlich erwarten. Er benötigte meine Dienste zumindest so lange, bis er sich einen anderen Notar besorgt hatte. Wenn ich es nicht schaffte, ihn reuevoll um Vergebung zu bitten, würde ich mich dazu verurteilen, nicht einmal seiner Mißbilligung würdig zu sein.

Das sagte ich mir immer wieder, bis ich wieder etwas Mut gefaßt hatte, so schwankend und flüchtig er auch sein mochte. Dann drückte ich der widerstrebenden Béatrice die einzige mir verbliebene Münze in die Hand, wusch mein Gesicht, kämmte die Haare und begab mich zur Priorei.

Doch in der Priorei war er, wie man mir mitteilte, nicht zu finden.

Als ich das hörte, wußte ich, daß er einen anderen Notar in Dienst genommen hatte. Ich war so niedergeschlagen, daß ich mein Vorhaben am liebsten aufgegeben hätte. Immerhin fiel mir ein, daß er mich bereits zweimal für kurze Zeit ersetzt hatte (einmal wegen Krankheit, zum anderen aufgrund meiner mangelnden Kenntnis der italischen Sprache), und dieser Gedanke gab mir ein wenig Kraft. Es war zwar unwahrscheinlich, aber vielleicht doch nicht ganz unmöglich, daß Pater Amiel nur für diesen Morgen Ersatz gesucht hatte, weil er wußte, wie es mir nach einer ausschweifenden Nacht ergehen mochte. Schließlich hatte er oftmals meine Fähigkeiten gepriesen und die Mängel anderer Notare gerügt. Er würde doch sicherlich, um die *inquisitio* vorantreiben zu können, seine augenblicklichen Gefühle mir gegenüber hintanstellen?

Dann wieder fiel mir ein, daß ich seine Untersuchung durch Durand Rouiards Rausschmiß behindert hatte, und das Herz sank mir in die Hose. Dieses Versagen würde er mir nie verzeihen, dachte ich. Niemals.

Dennoch ging ich zum Gefängnis hinüber. Dennoch bat ich, nachdem mir gesagt worden war, daß Pater Amiel gerade Masseo di Vico verhöre, um Einlaß. Mit zitternden Knien erklomm ich die Treppe. Demütig wartete ich neben den zwei Wachmännern, die mir wissende Blicke zuwarfen und meinten, ich würde einen ziemlich durchgezogenen Eindruck machen.

»Eure Augen sind rot«, sagte einer. »Rot wie Weintrauben.«

»Zweifellos«, antwortete ich.

»Spät geworden letzte Nacht?«

»Ja.«

»Soll ich Euch anmelden?«

»Nein!« Pater Amiel würde es als schwere Sünde betrachten, wenn ich seine Befragung unterbräche. »Nein, laßt mich hier warten. Ich werde warten.«

Und ich wartete. Ich wartete sehr, sehr lange. Obwohl mein Kopf schmerzte und mein Magen unheilverkündend grollte, wartete ich, bis Pater Amiel seine Vernehmung beendet hatte. Und als Masseo endlich, mit einem Gesicht rot wie Burgunder und tränenüberströmt, die Zelle verließ, nickte ich einem der Wachmänner zu, der daraufhin seinen Kopf durch die Tür steckte und verkündete: »Raymond Maillot ist da, Pater. Wollt Ihr mit ihm sprechen?«

Pause. Mein Herz schlug bis zum Hals.

»Er mag eintreten«, hörte ich Pater Amiel antworten. Ich gehorchte und fand mich vis-à-vis Pierre-Bernard Aubert, dem tauben alten Notar mit den fünfzehn Kindern. Seine Anwesenheit hätte mir Hoffnung geben können (denn ungeachtet meiner Sünden war ich auf jeden Fall die bessere Wahl), wenn Pater Amiels ausdrucksloser Blick mein Herz nicht bis zum Bersten mit Schande und Qual erfüllt hätte.

»Pater, ich bin gekommen, mich zu entschuldigen«, stammelte ich. »Ich bitte um nichts – verdiene nichts – was ich tat, ist unentschuldbar –«

»Maître Pierre-Bernard«, unterbrach mich der Dominikaner. »Ich danke Euch für Eure Dienste. Sie waren mir sehr willkommen, werden jetzt aber nicht mehr benötigt. Hier.« Er zog eine Handvoll Münzen aus seiner Geldkatze. »Ich denke, das ist ein angemessenes Entgelt.«

Ungläubig sah ich, wie Pierre-Bernard (großzügig) bezahlt und entlassen wurde. Nachdem er gegangen war, bemerkte Pater Amiel, daß Masseo di Vico, zweifellos aus Furcht vor dem Heiligen Amt, die Aussagen seines Sohnes bestätigt habe. Der Arzt hatte gestanden, Akte von Hexerei verübt zu haben, jedoch bestritten, für die Kastration Guillaume Moniers verantwortlich zu sein. Ebenso stritt er ab, mit irgendeinem Mitglied des schatzmeisterlichen Haushalts oder mit dem Ritter Etienne de Puy in Verbindung gestanden zu haben.

Nun mußte nur noch der Kaplan des Kardinals, Pater Antonio, vernommen werden.

»Pater Antonio ist stolz auf seinen Wissensschatz und seine Kenntnis des kanonischen Rechts«, hob der Mönch hervor. »Folglich hat er auf einen Anwalt verzichtet und will sich vor diesem Tribunal selbst verteidigen. Zweifellos hat er mit Unterstützung seiner Freunde im Haushalt des Kardinals Hilfsappelle an alle möglichen einflußreichen Leute gerichtet. Bis jetzt jedoch habe ich noch keinen Protestbrief von einer Person bekommen, die in der Lage wäre, meine Untersuchung zu behindern.« Er blickte auf (denn bis jetzt hatte er die losen Seiten von Pierre-Bernards unbeholfener Transkription geordnet) und wandte sich mir zu: »Ihr könnt Platz nehmen, Maître Raymond. Der Angeklagte wird in Kürze hier erscheinen.«

»Pater –«

»Natürlich erwarte ich, daß Ihr mir eine fertige Version von Maître Bernards Protokoll liefert. Ich hoffe nur, daß Ihr seine Verkürzungen lesen könnt.«

Der Dominikaner sprach mit ruhiger und kalter Stimme, wie zu einem Fremden. Er mied nicht meinen Blick, doch entbehrte der seine jeglicher Wärme; sein Gesichtsausdruck verriet nichts außer einer gewissen Geistesabwesenheit. Verwirrt fragte ich mich, ob er so tun wolle, als sei alles wie bisher, um mich zugleich durch den Entzug seines Interesses und seiner Zuneigung zu bestrafen. Würde ich von nun an neben einem Eisblock arbeiten müssen?

»Pater«, sprach ich hastig, »ich habe in jeder Hinsicht versagt, und es tut mir leid. Ich bin – ich bin verzweifelt. Ich würde alles tun, *alles* –«

»Genug.« Er war kurz angebunden. »Bis auf weiteres könnt Ihr in der Priorei bleiben. Aber ich möchte Euch dringend bitten, Euch so schnell wie möglich nach einer anderen Unterkunft umzusehen. Für ein klösterliches Leben scheint Ihr nicht geeignet zu sein.«

»Pater, wenn Ihr wollt, gehe ich noch heute – heute abend –«

»Was immer Ihr für das beste haltet.«

»Pater, vergebt mir! Bitte!«

»Euch ist vergeben, Maître Raymond. Wäre es anders, hätte ich Euch nicht in meinem Dienst belassen. Nun also – sagt mir, ob die Transkription leserlich ist. Lest sie mir vor. Ich habe den Verdacht, daß Maître Pierre-Bernard in seiner Langsamkeit es unterlassen hat, einige höchst wichtige Beobachtungen zu notieren.«

Hatte ich eine andere Wahl? Ich hatte keine. Ich mußte den Befehlen gehorchen, trotz meiner trübsinnigen Gemütslage. Es kam mir nicht so vor, als sei mir vergeben worden, denn warum verhielt Pater Amiel sich dann so kühl und abweisend? War es möglich, daß Vergebung ohne ein Lächeln, sanfte Worte oder wenigstens einen freundschaftlichen Blick gewährt wurde?

Zweifellos verdiente ich keine gütigen Ermahnungen oder väterlichen Vorwürfe. Zweifellos durfte ich froh sein, meine Arbeit verrichten zu dürfen. Dennoch wartete ich auf ein Wort des Trostes. Der Nachsicht. Der Milde. Ich wartete auf seinen Zuspruch.

Indes war mein Sehnen nach einer solchen Großzügigkeit des Herzens vergebens. Pater Amiel blieb formell und distanziert, und als Pater Antonio eintraf, ignorierte er meine Anwesenheit ganz. Ich hätte ebensogut ein Möbelstück sein können. Aber auch der Priester würdigte mich keines Blicks, und wohl aus diesem Grunde war er mir sofort unsympathisch. Er war von schlanker Gestalt und hatte einen stolzen Blick; seine feinen, ebenmäßigen Gesichtszüge verliehen ihm ein jugendliches Aussehen, das näherer Betrachtung indes nicht standhielt. Seine Nase war lang, sein Mund klein, seine Augen von blasser Farbe unter schwer herabhängenden Lidern. Er sprach mit leicht zischender, dünner Stimme, aber voller Selbstsicherheit. Er schwor den Eid wie ein wahrer Sohn der Kirche – das heißt, so melodisch, als intoniere er ein Gebet – und ließ sich mit der Anmut dessen, der nichts zu fürchten hat, auf dem Schemel nieder.

Er sah, ich weiß nicht, warum, beeindruckend aus und wirkte ein wenig wie eine Schlange, nicht unbedingt kräftig, aber gefährlich. Neben seiner etwas überzüchteten Erscheinung sah Pater Amiel noch kleiner und unbedeutender aus als sonst.

Aber auch er war ruhig und gefaßt, als er die gegen Pater Antonio erhobenen Anschuldigungen verlas.

»Diese Anschuldigungen sind falsch«, erklärte der Priester, als Pater Amiel fertig war. »Masseo di Vico und sein Sohn haben mir das aus Bösartigkeit unterstellt. Sie lehnen alle Kleriker ab, die auf Kardinal di Vico einigen Einfluß ausgeübt haben. Sie hassen mich genauso, wie sie Guillaume Monier haßten – und es gibt im Haushalt des Kardinals Männer, die das bezeugen können.«

»Tatsächlich?« Pater Amiel schien unbeeindruckt. »Dann haltet Ihr Euch für unschuldig?«

»Das tue ich.«

»Obwohl Tibaldo Canigiano Euch als Teilnehmer an einem Akt der Hexerei identifiziert hat?«

»Wenn Ihr Euch mit der Geschichte des besagten Dieners beschäftigt, Bruder, werdet Ihr entdecken, daß seine Angehörigen seit alters her auf dem Gut einer Familie gearbeitet haben, die mit der meinigen verfeindet war.« Durch seine subtile Betonung schien der Priester andeuten zu wollen, daß er von einem bescheidenen französischen Klosterbruder keine tiefer gehenden Kenntnisse politischer Querelen in der Provinz Romagna erwarte. »Wenn Ihr es wünscht, kann ich Euch die Zusammenhänge von meinem Onkel erklären lassen. Ich fürchte, daß der Zwist so alt wie unbedeutend ist, und obwohl ich selbst mich nie eingemischt habe, gibt es auf beiden Seiten viele, die ihn immer noch betreiben.«

Pater Amiel runzelte die Stirn und dachte nach. Dann verlangte er von Pater Antonio eine detaillierte Darstellung dieser Fehde und ließ sich auch eine Liste von Namen, Daten und Orten zusammenstellen. Nachdem jedoch seine Forderungen erfüllt waren, schob er die Informationen ebenso leichthin beiseite, wie sie gegeben worden waren.

»Wenn es nur um eine Aussage ginge, ließe ich mich überzeugen. Aber ich habe Beweise, Bruder – handfeste Beweise –, daß Ihr Nekromantie betreibt.«

»Ach ja?« Der Priester hob eine Augenbraue. Mit ruhiger Stimme fragte er: »Und was wären das für Beweise?«

»Es handelt sich um ein Buch. Ein Buch über Hexerei, das in Eurem Besitz gefunden wurde.« Pater Amiel zog Michael Scotus' *Liber introductorius* aus seiner Tasche. »Dieses Buch, Bruder. Erkennt Ihr es?«

Pater Antonio streckte die Hand aus. »Ihr müßt es mir schon geben«, meinte er. »Der Kardinal hat es binden lassen. Ich kenne nicht alle seine Bücher, obwohl ich für ihre Bindung verantwortlich war.« Nachdem er den Band sorgfältig untersucht hatte, nickte er und reichte ihn Pater Amiel zurück. »Ja, ich glaube, ich erinnere mich. Ich hatte es kurz vor dem Tod des Kardinals binden lassen und ihm noch nicht wiedergegeben.«

»Ihr wollt sagen, daß dieser Band dem *Kardinal* gehörte?«

»Allerdings.«

»Obwohl er in Eurer Büchertruhe gefunden wurde?«

»Bruder, seht Euch das Wappen an. Seht Euch die Inschrift auf dem Deckblatt an. Wie viele andere Bücher in meiner Truhe, ist – oder war – dieses Buch Eigentum des Kardinals. Ehe die Bücher zum Binder gehen oder wenn sie von dort zurückkommen, bewahre ich sie zeitweilig in der Truhe auf.«

In der nun folgenden Pause konnte ich es mir nicht verkneifen, zu Pater Amiel hinüberzuschauen. Als er sich zu mir wandte und mich aufforderte, das Buch zu überprüfen, sah ich, daß sein Blick hart und dunkel war. Man kann sich vorstellen, mit welchem Widerstreben ich ihm mitteilte, daß Pater Antonio die Wahrheit gesagt hatte.

Das Buch war tatsächlich mit dem Wappen des Kardinals gestempelt und trug auf dem Deckblatt einen weiteren Beweis für die Identität des Besitzers. (Würde der Mönch mir vorhalten, ihn nicht eher darauf hingewiesen zu haben?)

»Ihr würdet also behaupten, daß dieses Buch nicht Euch gehört«, bemerkte Pater Amiel schließlich mit tonloser, trockener Stimme.

»Das ist richtig«, entgegnete Pater Antonio.

»Gibt es einen Beweis dafür, daß es Eigentum des Kardinals war?«

»Pater, wie ich schon sagte, trägt es sein Wappen –«

»Das hat nichts zu bedeuten. Ihr selbst sagtet, daß es zu Euren Aufgaben gehörte, die Bücher binden zu lassen. Wenn Ihr nun eines der Euren beigemengt hättet, wäre das bemerkt worden? Sicherlich nicht vom Kardinal.«

»Warum, Pater, sollte ich so etwas tun?«

»Um die Tatsache zu verschleiern, daß Ihr Euch mit Hexerei beschäftigt.«

»Unsinn.«

»Keinesfalls. Wozu sollte der Kardinal eine Abschrift vom *Liber introductorius* benötigen?«

»Wozu sollte ich sie benötigen?«

»Weil Ihr ein Hexer seid.«

»Beweist es.«

Die beiden starrten einander an. Schließlich verschränkte Pater Amiel die Arme und sagte: »In Eurer Büchertruhe fand sich auch Gratians *Decretum*. Sicher habt Ihr anhand dieses Buchs das Kirchenrecht studiert.«

»Das habe ich.«

»Dann kennt Ihr natürlich auch Gratians sechsundzwanzigste *causa*?«

»Natürlich.«

»Worin er zum Beschluß des zwölften *capitulum* der fünften *quaestio* bemerkt, daß ›all jene, die am Götzenkult teilnehmen, von der Gemeinschaft der Gläubigen zu trennen sind‹.«

»Ich erinnere mich daran.«

»Stimmt Ihr mit Gratians Folgerungen überein?«

Pater Antonio zögerte. »Damit bin ich im Augenblick nicht ganz vertraut«, meinte er schließlich.

»Sie betreffen einen Priester, der von seinem Bischof exkommuniziert wurde, weil er ein unbußfertiger Magier und Wahrsager war«, führte Pater Amiel aus. »Der Hl. Paulus wird zitiert: ›Wenn ein Bruder als Hurer oder Geizhals oder Götzenanbeter gilt, so brecht mit ihm nicht das Brot.‹ Gratian setzt Magier – also Götzenanbeter – jenen gleich, die Unzucht treiben. Würdet Ihr damit übereinstimmen?«

Erneut schien Pater Antonio nachzudenken, ehe er das Wort

ergriff. »Ihr müßtet Eure Termini klarer definieren«, bemerkte er dann. »Ein Götzenanbeter betreibt Idolatrie und ist somit, laut der Definition von Isidor, ein Ketzer oder Häretiker, weil *haeresis* von dem Wort für ›Entscheidung‹ abstammt. Ein Götzenanbeter zieht sich freiwillig aus der Kirche zurück und verehrt Idole, was die Heilige Schrift verbietet. Im Augenblick aber gibt es heftige Auseinandersetzungen darum, ob jegliche Magie oder Hexerei als häretisch gelten muß. Papst Alexander IV. hat in seinem Dekret *Quod super nonullis* –«

»Ich bin mit Papst Alexanders Dekret vertraut!« unterbrach ihn Pater Amiel mit, wie mir schien, überaus scharfem Tonfall. Der Kaplan räusperte sich.

»Dann dürftet auch Ihr der Ansicht sein, daß die Frage, ob alle Magier Götzenanbeter sind, sehr heikel ist.«

»Und was ist Eure Ansicht?« forschte Pater Amiel.

»Meine Ansicht steht in Übereinstimmung mit den kirchlichen Autoritäten.«

»Aber mit *welchen* Autoritäten?« Pater Amiel beugte sich nach vorne; ich spürte, wie er auf dem Schemel das Gewicht verlagerte. »Wie Ihr sagtet, hat Papst Alexander Fälle von Wahrsagerei und Hexerei, die auf offensichtliche Häresie hindeuten, von solchen unterschieden, die es nicht tun. Wohingegen Johannes von Salisbury in seinem *Policratius* zwölf Typen von Magiern unterschied, von denen er alle – selbst die Traumdeuter – der Untreue gegenüber dem wahren Glauben bezichtigte. Er berief sich dabei auf die Gesetze Mosis, wo es heißt: ›Auch sollt ihr keinerlei Zauberei treiben.‹«

»Es ist keine Frage«, erwiderte Pater Antonio, »daß viele Akte von Hexerei, wie etwa die Dämonenbeschwörung, offenkundig häretisch sind. Aber wo demütigen und hoffnungsvollen Geistes natürliche Kräfte für das Gute eingesetzt werden, ohne daß man auf Götzenanbetung zurückgreift, läßt sich bezweifeln, daß solche Akte dem wahren Glauben entgegengesetzt sind.«

»Natürliche Kräfte?« Pater Amiel klang leicht amüsiert. »Welche natürlichen Kräfte? Thomas von Aquin hat festgestellt, daß alle Magier ihre Wirksamkeit nicht von himmlischen Körpern, noch von bedeutungsträchtigen Worten oder Handlungen, noch von ihren eigenen Fähigkeiten herleiten, sondern von einer geistigen Substanz, die, der Logik der Vernunft zufolge, weder gut noch lobenswert ist.«

»Sicher«, räumte Pater Antonio ein. »Der Hl. Augustinus jedoch wies darauf hin, daß bestimmte natürliche Kräfte – bestimmte ›Samen‹, die es in der natürlichen Welt gibt – die Verwandlung von Materie bewirken, ob sie nun von Dämonen benutzt werden oder nicht. Sie bewirken zum Beispiel die Verwandlung bestimmter Dinge in Schlangen oder Frösche, die durch Fäulnis hervorgerufen werden kann. Obwohl Verwandlungen dieser Art die menschliche Kraft und Erfahrung übersteigen, können sie von Menschen ohne die Hilfe von Dämonen bewirkt werden.«

»Aber wie kann das sein? Wie könnte eine solche Verwandlung auf Geheiß eines Magiers bewirkt werden, wenn nicht durch gesprochene Formeln? Um übernatürliche Wirkungen hervorzurufen, muß ein Zauberbann in Kraft gesetzt werden, und Worte haben, wie unser *Doctor angelicus* erklärt, nur dann Macht, wenn sie von einem Geist, einem *intellectus*, oder von dem Geist, an den sie sich richten, ihre Kraft empfangen. Und wenn es Menschen gibt, die aus ihrer eigenen Kraft heraus Dinge durch Worte, die ihre Gedanken ausdrücken, verwandeln können, dann sind es keine Menschen, sondern Angehörige einer anderen Spezies.«

»So mancher Zauberbann wird ohne Worte in Kraft gesetzt«, wandte Pater Antonio ein.

»Ja«, gab der Dominikaner zurück. »Manche werden durch Zeichen vollzogen, die eine andere Form von Worten darstellen, oder durch Handlungen, die wie Zeichen sind. Habt Ihr den *Doctor angelicus* nicht gelesen, mein Freund?«

»Das habe ich sehr wohl.« Pater Antonio wirkte gekränkt.

»Aber es ließe sich das Argument vorbringen, daß Thomas' Einwände gegen die ›geistige Substanz‹ unvollständig sind. Vielleicht richtet sich jede Magie an einen *intellectus*. Vielleicht muß ein Magier, selbst wenn er sich natürlicher Kräfte bedient, an eine übergeordnete geistige Substanz appellieren, um die von ihm angestrebte Verwandlung herbeizuführen. Aber muß diese Substanz notwendigerweise böse sein? Wenn der Magier ein gutes Leben führt, sich nicht von Niedertracht leiten läßt, keine Verbrechen begeht – zum Beispiel keine Kinder opfert –, nicht dem sündhaften fleischlichen Verkehr das Wort redet und die Menschen nicht vom Pfad der Vernunft abbringt, sondern die Bösen bestraft und das Gute befördert, warum sollte dann die geistige Substanz, die ihm dabei hilft, kein Engel des Lichts sein?«

Pater Amiel gab einen kleinen Seufzer des Zweifels von sich, der echt oder vorgetäuscht sein mochte. Als er antwortete, klang sein Tonfall herablassend und bedauernd.

»Bruder«, sagte er, »der Hl. Augustinus lehrt uns folgendes: ›Wenn Magier das tun, was heilige Männer tun, so tun sie es aus einem anderen Grund und zu einem anderen Zweck.‹«

»Und wenn Magier und Heiliger ein und dieselbe Person sind?«

»Das ist unmöglich.«

»Warum? Wodurch unterscheidet sich ein Wunder von einem Akt der Magie?«

»Ein Wunder wird von Gott vollbracht!«

»Genau. Von einer geistigen Substanz, die vollkommen tugendhaft ist.«

»Bruder, meint Ihr etwa, ein Mensch könne Gott befehlen?« Pater Amiels Erstaunen war für meinen Geschmack etwas dick aufgetragen. »Das ist eine häretische Auffassung!«

»Das weiß ich!« entgegnete der Angeklagte scharf. »So habe ich es auch nicht gemeint! Gottes Wille ist allmächtig; kein Mensch noch Geist kann ihm befehlen. Wenn also ein Magier Gutes bewirken will, tut er dies vermittels des göttlichen Willens. Er wird von Gott bewegt, das Falsche zu richten, indem er zum Beispiel Beschwörungen ausspricht, die den Willen Gottes nicht *regieren*, sondern wie ein Gebet oder eine Fürbitte sind und den Glauben des Magiers an die göttliche Allmacht bezeugen.«

Es folgte ein langes Schweigen, und ich konnte mich ein wenig ausruhen. Ich war ganz außer Atem; der Wortwechsel mit seinen schwierigen Ausdrücken und vielschichtigen Ideen hatte mein Begriffsvermögen überstiegen. Endlich schüttelte Pater Amiel den Kopf und bemerkte, Pater Antonios Argumentation sei gewunden, nicht überzeugend und fehlerhaft.

»Ein Gebet ist ein Gebet«, sagte er. »Es ist keine Beschwörung. Es wird nicht gesprochen, um magische Wirkungen hervorzurufen.«

»Dennoch beten Menschen, daß ein Wunder geschehen möge«, erwiderte der Priester. »Und manchmal gewährt Gott ihnen, worum sie beten.«

»Bruder, Ihr bewegt Euch auf schlüpfrigem Grund.«

»Ich mache nur einen Diskussionsvorschlag.«

»Vielleicht solltet Ihr dergleichen denen überlassen, die hierin über bessere Kenntnisse verfügen.«

»Meint Ihr vielleicht die vom Heiligen Vater in das Konsistorium berufenen Bischöfe?« Was Pater Antonio von ihnen hielt, verriet sein Ton nur allzu deutlich. »Ich glaube, daß ich aufgrund meines Wissens ebenso das Recht habe, über dies Problem zu diskutieren wie sie.«

»Tatsächlich? Und auf welche Autorität beruft Ihr Euch dabei?«

»Auf die des Gratian, der in der zwanzigsten seiner *Distinctiones* erklärt: ›Wenn Kommentatoren der Heiligen Schrift in ihren Kenntnissen Bischöfe übertreffen, sind sie in Fragen der Auslegung als höher einzuschätzen denn jene.‹«

»Aber Gratian bezog sich auf Kommentatoren wie Hieronymus und Augustinus!«

»Ganz und gar nicht. Er sprach allgemein, nicht nur von den Bischöfen seiner Zeit, sondern auch von allen anderen, und deshalb auch von Gelehrten und Kommentatoren anderer Zeiten …«

Meine Freundinnen, es ist sehr schwer, den Verlauf dieses Diskurses aus dem Gedächtnis wiederzugeben. Er war so lang und berührte so viele Themen, daß ich ihn nur zusammenfassen kann. Die beiden Männer diskutierten über kirchlichen Gehorsam und zitierten dabei so unterschiedliche Quellen wie den Hl. Bernhard von Clairvaux, Giles von Rom und die Dekrete des Vierten Lateranischen Konzils. Von da aus gelangten sie ganz selbstverständlich zu jener Häresie, die von bestimmten Franziskanern, die sie »Minoriten« nannten, vertreten wird; sie sprachen über die Bedeutung der heiligen Armut (von der sie gleichlautende Ansichten hegten) und die Macht des Papstes, über die sie etwas unterschiedlicher, jeweils auf sichere Autoritäten gestützter, Meinung waren, und zitierten den Hl. Matthias, den Hl. Lucius und den Hl. Petrus und viele neuere Gelehrte und Prälaten. Pater Amiel warf Pater Antonio Hochmut vor und ein Rückgrat, so biegsam wie das einer Hyäne; er solle, spottete der Dominikaner, vielleicht besser auf den Hl. Paulus hören, der uns dazu auffordere, daß »niemand sich um seinen Lohn für freiwillige Demut betrügen lassen solle, indem er, eitel und aufgebläht von seinem irdischen Verstand, Bereiche zu betreten suche, die er nie zuvor gesehen hat«. Pater Antonio gab zurück, daß Pater Amiel als Dominikaner um die Sünde geistigen Hochmuts wissen müsse. Sie zankten sich über die Tugend des Gehorsams und ob diese im allgemeinen eher bei Mönchen oder bei Priestern zu finden sei. Pater Amiel hielt dem Kaplan vor, er gehorche nur seinen eigenen Begierden und Vorurteilen; Pater Antonio hielt dem Mönch vor, er gehe von falschen Annahmen aus. Pater Amiel wies darauf hin, daß Pater Antonio als ein seinem Superior treu ergebener und absolut gehorsamer Mann bei der Ausübung von Hexerei den Anweisungen des Kardinals gefolgt sein müsse. War es so gewesen? Hatte Pater Antonio seine Handlungen ausgeführt, weil der *Kardinal* (den man nicht mehr fragen konnte) es gewünscht hatte? In diesem Fall hätte der Kaplan für seinen Gehorsam Nachsicht verdient.

Durch solche Methoden ließ sich Pater Antonio jedoch kein Geständnis entlocken.

»Ich habe niemals aus irgendeinem Grund einen Akt der Hexerei vollführt«, entgegnete er, »weder mit noch ohne Wissen des Kardinals.«

»Vielleicht hatte der Kardinal vor Guillaume Monier Angst. Vielleicht hatte er bemerkt, daß der Schatzmeister selbst die Schwarze Kunst betrieb, und wollte, statt ihm offen entgegenzutreten, ihn durch geheime und unheilige Mittel besiegen.«

»Vielleicht. Wenn es so war, habe ich davon nichts gewußt.«

»Ihr wußtet nicht, daß Guillaume Monier selbst Hexerei betrieb?«

»Nein.«

»Wenn Ihr es erfahren hättet, was hättet Ihr getan?«

Pater Antonio lächelte schlau. »Ich hätte mich meinem Superior anvertraut und seine Anweisungen abgewartet.«

Es gab eine Pause, während der Pater Amiel offensichtlich seinen Angriffsplan überdachte. Erschöpft war er jedenfalls nicht, denn als ich das Schweigen nutzte, um darauf hinzuweisen, daß der Tag schon weit fortgeschritten sei, meine Hände schmerzten und ich vor Hunger fast umfiele, runzelte er ungeduldig die Stirn.

»Ich bin noch nicht fertig«, sagte er.

»Aber Pater, ich kann einfach nicht mehr schreiben …«

»Dann ruht Euch aus. Ich werde etwas zu essen kommen lassen. Wir können hier essen.«

»Hier?« Ich fing den Blick des Angeklagten auf und blickte schnell in eine andere Richtung. »Ihr meint – in diesem Raum?«

»Habt Ihr irgendwelche Einwände?« fragte der Mönch kalt.

»Nein! Nein.«

»Dann wartet. Ich bin gleich wieder zurück.« Der Mönch ging zur Tür, drehte sich aber, bevor er das Zimmer verließ, noch einmal um und wies mich an: »Sprecht nicht mit dem Gefangenen. Wenn Ihr das versucht, werde ich es hören.«

Pater Antonio lächelte, als ich demütig nickte. Danach saßen wir wie zwei Schachspieler einander schweigend gegenüber, zwischen uns ein ozeanisches Mißtrauen.

Es war für uns beide der Beginn einer langen, langen Schicksalsprüfung.

# ZWÖLFTER GESANG

Ihr werdet wahrscheinlich die Wahrheit meiner Worte bestreiten, aber ich versichere Euch, daß ich ein aufrichtiger Zeuge der nun folgenden Geschehnisse war und nicht die Absicht habe, Euch über einen Willensakt zu täuschen, der nicht von mir ausging und mir keinerlei Ruhm verschafft. Pater Antonio nämlich wurde, fast ohne Pause, zwei Tage und zwei Nächte lang befragt. Und das schwöre ich aufs Evangelium, denn ich war dabei und habe es mit angesehen.

Am ersten Tag wurde die Vernehmung nach einer aus Brot und Wasser bestehenden Mahlzeit mit einer Erörterung über das Wesen von Dämonen fortgesetzt. Pater Amiel fragte, ob Pater Antonio eine Erklärung für den Tod von Guillaume Monier habe, was der Priester verneinte. Gefragt, ob er mit Theorien über den Mord vertraut sei, führte er jene Mutmaßung über *incubi* und *succubi* an, die Pater Amiel bereits von Bruder Guibert, dem *frater de bulla*, gehört hatte. Ob er diese Erklärung für wahrscheinlich halte? Pater Antonio spreizte die Hände.

»Wer kann das sagen? Über Dämonen weiß ich nicht sehr viel.«

Dennoch gelang es Pater Amiel mit einigen geschickten Manövern, den Kaplan in ein Gespräch über Wesen, Zweck, Beschaffenheit und Macht von »Oriens, Maymon, Paymon, Egm und die fünfundzwanzig Heerscharen minderer Geister« zu verstricken. Pater Antonio begriff zwar, wie ich glaube, daß es für ihn besser wäre, den Besitz von Kenntnissen über ein so heikles Thema abzustreiten, war aber auf der anderen Seite zu stolz, vor Pater Amiel den Unwissenden zu spielen, weil er von seiner intellektuellen Eitelkeit hingerissen wurde. Pater Amiel nämlich gab sich überlegen und belehrte den Kaplan, als handle es sich um einen Novizen, wodurch er den Angeklagten schließlich zu der Aussage verleitete, daß er von den Ansichten des *Doctor angelicus* über dämonische Angriffe, Hexenzauber und das Wesen des Bösen ausgezeichnet unterrichtet sei. Von einem Seitenhieb Pater Amiels aufgebracht, bestritt der Kaplan sogar die Behauptung des Aquinaten, daß Exorzismen nicht immer ein wirksames Mittel sind, um Dämonen auszutreiben.

»Dieses Argument ist ungenau«, bemerkte er. »Exorzismen können dann fehlschlagen, *wenn die Formeln und Vorschriften nicht genau beachtet werden.* Viele Priester sind für eine solche Aufgabe nicht richtig ausgebildet. Ich habe sehr viele Exorzismen durchgeführt, und alle haben sich als erfolgreich erwiesen.«

»Also *seid* Ihr im Besitz genauer Kenntnisse über das Wesen von Dämonen?« hakte Pater Amiel nach, woraufhin Pater Antonio die Stirn runzelte.

»Ich besitze genaue Kenntnisse über das Wesen des Exorzismus«, gab er zurück. »Wenn man einen Dämon exorziert, muß man nicht nur mit dem Wesen des betreffenden Geistes, sondern auch mit den Riten, die ihn austreiben sollen, voll und ganz vertraut sein. Man muß die richtige Verwendung von Salz, Weihrauch, Salböl und Weihwasser kennen. Man muß die vorgeschriebenen Gebete und Anrufungen rezitieren können. Wenn keine Fehler gemacht werden, verläßt der unreine Geist den Körper.«

»Aber wenn der göttliche Wille eine Fortsetzung dieser Strafe vorsieht?« wandte Pater Amiel ein. »Thomas von Aquin behauptet, daß Angriffe von Dämonen bisweilen eine Bestrafung für den Menschen darstellen und darum von Gott gesandt sind.

Also werden die bösen Geister doch wohl auch durch Gottes Befehl ausgetrieben und nicht durch die richtige Anwendung von Riten und Beschwörungen?«

»Diese Riten und Beschwörungen stammen von Gottes eigener heiliger und apostolischer Kirche, Bruder. Wenn man sich nicht an sie hält, wie kann man da hoffen, Gottes Wohlgefallen zu erlangen?«

Einen Moment lang schien Pater Amiel darüber nachzudenken. Dann sagte er: »Also meint Ihr, daß Gottes Handlungen in einem gewissen Maß durch die Könnerschaft des Priesters beeinflußt werden, der ein solches Ritual durchführt?«

»Keineswegs. Wenn eine Messe auf unvollständige oder anders ungeeignete Weise abgehalten wird, bleibt der Heilige Geist ihr fern. Würdet Ihr daraus schließen, daß Gott durch die Könnerschaft des Priesters beeinflußt wird? Doch wohl nicht.«

»Dann stimmt Ihr mit Thomas von Aquin darin überein, daß Dämonen von Gott beherrscht werden und nicht vom Menschen, seid aber der Auffassung, daß in bestimmten Fällen ein Dämon nur dann von Gott beherrscht wird, wenn der Mensch sich an die richtigen Riten und Beschwörungen hält?«

»In gewisser Weise. Womit ich nicht die häretische Meinung vertrete, daß der Charakter eines Priesters die Gültigkeit der von ihm vollzogenen Riten beeinflußt.«

»Dennoch spricht aus Eurer Haltung keine Demut, Bruder. Außerdem scheint Ihr mir einen, wenn ich so sagen darf, außerordentlichen starken Glauben an die strenge Beachtung von Verfahrensregeln zu hegen.«

Und so ging es weiter. Sie stritten über die Besessenheit durch Dämonen, die Macht der Engel, die Deutung von Träumen. Sie diskutierten über Guillaume Moniers Vorliebe für Knaben und den Rang der Sodomie in der Hierarchie der Sünden. Pater Antonio bestritt, vor dem Tod des Schatzmeisters etwas über dessen sexuelle Orientierung gewußt und ihn selbst im gegenteiligen Fall nicht als Kandidaten für den Tod durch Schwarze Magie eingestuft zu haben. Dann, während eines langen und langweiligen Dialogs über Buße und Reue, legte ich die Feder nieder und sagte: »Pater?«

Beide blickten mich an.

»Pater, es ist spät. Sehr spät. Die Glocken läuten zur Komplet.«

»Ich bin mir dessen bewußt«, entgegnete er sehr kühl.

»Wollt Ihr fortfahren?«

»Bis ich zufrieden bin.«

»Aber Pater, ich kann nicht mehr schreiben! Mir tut alles weh!«

»Dann seid Ihr fürs erste von Eurer Pflicht entbunden«, antwortete Pater Amiel. »Sagt den Wachen, daß Pierre-Bernard Aubert herkommen soll. Ich habe dafür gesorgt, daß er Euch ersetzt, während Ihr Euch ausruht.«

»Während ich mich ausruhe?« Ihr könnt Euch vorstellen, wie verblüfft ich war. »Aber Pater, wie – wie lange –?«

»Falls notwendig, die ganze Nacht.«

»Ha!« rief Pater Antonio aus. »Glaubt Ihr wirklich, Bruder, daß ich mich durch Ermüdung zu einem falschen Geständnis hinreißen lasse? Ich werde bestimmt nicht der erste sein, der hier erschöpft zu Boden sinkt. Mein Leben besteht seit langem aus Nachtwachen und Gebeten.«

Pater Amiel lächelte spöttisch. Zweifellos hielt er als Dominikanermönch weltliche Priester bestenfalls für Anfänger in der Kunst des Wachens.

»Dann werden wir uns zum Gebet zusammentun und um Erleuchtung bitten«, murmelte er. »Danke, Maître Raymond. Sofern Ihr keine anderen Anweisungen erhaltet, erwarte ich Euch morgen früh an diesem Ort zur gewohnten Stunde.«

»Und jetzt? Kann ich zurück – ich meine – ich will sagen, meine Zelle im Kloster –«

»Ist immer noch die Eure. Danke. Guten Abend.«

So machte ich mich auf den Weg zur Priorei und meinem

schmalen Bett, das ich jedoch erst aufsuchte, nachdem ich in der Küche ein bißchen Brot und Käse zu mir genommen hatte. Ich fühlte mich leicht benommen; meine Gedanken taumelten unruhig dahin wie Blätter im Wind. Ich wollte ihnen entkommen, denn ich war der Quälerei müde. Doch selbst im Schlaf rang ich mit Verzweiflung und Verwirrung und seltsamen Visionen, in denen mein toter Vater durch den Einfluß eines tonsurierten Dämons mit gelben Augen wieder zum Leben erweckt schien.

Als ich aufwachte, fühlte ich mich geistig erschöpft, schleppte mich aber zum Gefängnis. Doch als ich mich der Zelle näherte, in der Pater Amiel seine *inquisitio* durchführte, spürte ich etwas wie heißen Schrecken in mir aufsteigen, denn ich vernahm Laute, die nach Kichern klangen. Niemand blickte auf, als ich die Tür öffnete. Pater Antonio hielt sich, vornübergebeugt, den Bauch; Pater Amiel schwankte auf dem Schemel hin und her und wischte sich die Tränen aus den Augen. Die beiden lachten sich die Seele aus dem Leib.

Lachten, ja. Ich glaubte, meinen Sinnen nicht zu trauen.

»Ach – ach, ist das komisch«, keuchte der Dominikaner. »*Sagt* es einfach, und dann können wir schlafen gehen.«

»Wie Kardinal Orsini zur Nonne sagte«, fiel Pater Antonio ein, was zu einem weiteren Heiterkeitsausbruch führte.

Ich schaute den Notar an. Es war nicht Pierre-Bernard Aubert, sondern jemand, den ich noch nie gesehen hatte. Er beobachtete den Mönch und den Priester mit verwirrter Miene; als er mich sah, richtete er die Augen zum Himmel und zuckte mit den Schultern, als wollte er sagen: »Von mir könnt Ihr keine Erklärung erwarten.«

Dann fiel Pater Amiels Blick auf mich, und sein Lachen schwand.

»Aha«, sagte er. »Da seid Ihr ja. Maître Gentile, Ihr könnt gehen. Maître Raymond, Ihr werdet mit der Transkription auf einem neuen Blatt Pergament beginnen. Wie Ihr seht, geht die Vernehmung weiter.«

»Vergeblich«, bemerkte Pater Antonio in einem seltsamen Tonfall, den man fast für jovial hätte halten können, wenn er nicht zugleich so schwülstig gewesen wäre. »Ihr werdet mich nicht zerbrechen, Bruder.«

»Zerbrechen werde ich Euch nicht, o nein. Ich verabscheue körperliche Gewalt. Nun denn – wenn ich mich recht erinnere, diskutierten wir die Frage, ob die Abartigkeit im fleischlichen Begehren unvermeidlich zur Abartigkeit im Denken führt. Vielleicht ist Euch nicht bewußt, daß die gewöhnlich als Katharer oder Albigenser bezeichneten Häretiker der Auffassung sind, Kopulation sei Sünde, weil sie Kinder hervorbringt. Dieser Irrglaube beruht auf dem Argument, daß unsere Welt das Reich des Satans ist. Wer also Kinder zeugt und zur Welt bringt, verdammt eine Seele zur Qual irdischer Gefangenschaft.

Würdet Ihr nicht der Folgerung zustimmen, daß solche Lehren auf direkte Weise zur Bevorzugung einer bestimmten Form des fleischlichen Verkehrs führen – nämlich der Sodomie, bei der keine Kinder gezeugt werden?«

Seufzend machte ich mich an die Ausübung meiner Pflicht. Dieser zweite Tag war anders als der erste. Die Atmosphäre war geladen, es gab viele scharfe Wortwechsel, erhitzte Ausbrüche, unpassendes Gelächter. Der Verlauf der Befragung wand sich durch viele seltsame und nutzlose Nebenwege; die beiden diskutierten über das Gedächtnis, Krankheiten, den Ort des Penis in Gottes Schöpfung. Pater Antonio erzählte seine Lebensgeschichte und wurde beschuldigt, die Männer, in deren Dienst er gestanden hatte, verachtet zu haben. Wieder flammte ein heißer Streit über Gehorsamkeit und Demut auf, der durch das mittägliche Mahl, das wieder aus Brot und Wasser bestand, gedämpft wurde. Mittlerweile war Pater Amiel bleich wie der Tod, aber abgesehen von einer leichten Neigung, in Augenblicken äußerster Irritation sein Gegenüber anzufahren, zeigte er keine Symptome von Müdigkeit.

Pater Antonio war heiser geworden und trank beträchtliche

Mengen an Wasser. Einmal mußte er aus der Zelle geführt werden, um sich zu erleichtern. Während er fort war, wandte ich mich an Pater Amiel und fragte: »Pater, brauchen wir all dies Material? Könnte ich nicht nach meinem Ermessen –«

»Nein.«

»Aber –«

»Es darf nichts fehlen. Nichts. Sein Eigendünkel ist sagenhaft – er hat seinen Geist verderbt. Mit jedem seiner Worte verurteilt er sich selbst.«

»Tatsächlich?« Ich warf dem Mönch einen zweifelnden Blick zu und fragte mich, ob nicht sein eigener Geist dabei war, ihn in die Irre zu führen. Schlaflose Nächte können die Kräfte der Vernunft auslaugen. »Pater, Ihr müßt doch sehr müde sein –«

»Das geht Euch nichts an, Maître Raymond.«

Vielleicht sprach er so scharf, weil er wirklich ermattet war, aber sein Tonfall traf mich wie ein Peitschenhieb. Wütend und gekränkt schrak ich zurück und sagte mir, daß eine solche Behandlung, auch wenn ich sie verdient haben mochte, eines Gottesmannes unwürdig sei. Eine Zeitlang arbeitete ich mürrisch vor mich hin und hegte gegen ihn eine kleinlaute Art von Groll. Warum soll ich diesen ganzen Unsinn aufschreiben, dachte ich. Er hat mit dem Fall doch gar nichts zu tun. Ich bedauerte meine unglückselige Lage und dürstete nach einem Schluck Wein.

Dann auf einmal wurde mir bewußt, daß sich der Streit zwischen Pater Amiel und Pater Antonio um eine andere Sache drehte.

Die beiden Männer hatten über den Hl. Dominikus und seine frühen Gefolgsleute gesprochen. Diese Dominikaner waren mit den Angriffen von Dämonen offensichtlich vertraut gewesen. Die ersten Brüder des Klosters von St. Jacques in Paris litten unter allen möglichen wollüstigen Visionen, so daß sie nachts aufeinander Obacht geben mußten. Viele waren vom Teufel besessen; manche wurden verrückt. In seinem Kommentar zu dieser diabolischen Verfolgung bemerkte Pater Antonio hinterlistig, daß die Dominikaner von teuflischen Heimsuchungen ebenso geplagt waren wie andere Menschen, ja, daß sie diese sogar in besonderem Maße auf sich gezogen hätten. Pater Amiel wiederum wies darauf hin, daß ihre ungewöhnliche Frömmigkeit den Zorn Satans so stark erregt hätte; diese Brüder seien keine Sünder, sondern Märtyrer gewesen.

»Aber einige wurden doch auch für ihre Sünden bestraft, oder nicht?« wandte der Priester ein. »Wenn ich mich recht erinnere, hat Satan einmal dem Hl. Dominikus eine Liste mit allen Sünden der Ordensbrüder unter die Nase gehalten –«

»Es waren ganz wenige«, unterbrach Pater Amiel ihn scharf. »Satan bekämpfte den Hl. Dominikus mit allen ihm zur Verfügung stehenden Waffen. Es war ein Versuch, den Heiligen zu entmutigen – und er schlug fehl.«

»Mithin haben die Ordensbrüder die Verfolgung wegen ihrer Frömmigkeit auf sich gezogen und nicht wegen ihrer Bosheit?«

»Natürlich.«

»Und genau darum seid ihr Dominikaner heute nicht mehr dämonischen Angriffen ausgesetzt.«

Es war ein genau berechneter Hieb, und er saß. Als ich zu Pater Amiel hinübersah und bemerkte, wie er Augen und Mund zusammenkniff, konnte ich ein Lächeln kaum unterdrücken. Wäre er nicht so müde gewesen, hätte diese Unverschämtheit wohl kaum den festen Schild seiner Gleichmut durchbohren können. So jedoch ließ sich das Ausmaß seiner Verletztheit an der Bösartigkeit seines darauffolgenden Angriffs auf die Sitten der weltlichen Kleriker ablesen, bei dem er sich vor allem auf Sodomie, Hexerei, Simonie, Vetternwirtschaft und die abartigen fleischlichen Gelüste der Italiener bezog.

Irgendwie war es ihm gelungen, dieselben Informationen über die geschlechtlichen Vollzugsriten der Lombarden zu erlangen, die Othon mir vor einigen Monaten mitgeteilt hatte. Die lombardischen Männer, so war es mir von ihm zugetragen worden, würden ihre Frauen besteigen wie Hengste ihre Stuten. Pater

Amiel ging noch weiter und leitete aus dieser Bevorzugung einer bestimmten Stellung die Behauptung ab, daß die Lombarden entweder äußerst häßlich seien und daher Angst hätten, ihren Frauen ins Gesicht zu sehen, oder daß ihre natürliche Neigung dem Begatten von Hunden oder anderen Männern galt.

Sodann bewies er durch Schriftexegese, daß die Römer traditionell Sodomiten gewesen seien, und zitierte zu diesem Behuf die Bemerkung des Hl. Paulus (in seinem Brief an die Römer) über Männer, die »zueinander in Wollust entflammt sind«. Er machte das sehr geschickt, indem er sich immer wieder auf den Satz bezog: »Denn es steht in der Macht Gottes, jeden zu erlösen, der da glaubet, zuerst den Juden und dann auch den Griechen.« Des weiteren zitierte er eine ganze Anzahl klassischer Autoren, während Pater Antonio mit allerlei widersprüchlichen Anspielungen aus den Erzählungen der Griechen und Römer gegen ihn haderte und dabei Ganymed gegen Venus, Narziß gegen Apollo und Tiresias gegen Romulus antreten ließ.

Schließlich wurde die Auseinandersetzung so hitzig, daß Pater Antonio wutentbrannt seinen Schemel packte und einen Schlag gegen Pater Amiel führte. Der Dominikaner, am Kopf getroffen, stürzte, während ich die Wachmänner zu Hilfe rief. Ich war durch den zunehmend schärfer werdenden Ton zwar immer mehr beunruhigt worden, hatte aber keineswegs einen Ausbruch von Gewalttätigkeit erwartet. So war ich erschrocken und verwirrt und wußte nicht, ob ich nun Pater Antonio angreifen oder mich um Pater Amiel kümmern sollte.

Zum Glück hatte sich der Priester mit dem einen Schlag begnügt und beschimpfte nun den am Boden liegenden Dominikaner, als die Wachen hereinstürzten. Ich stammelte eine Erklärung; der Kaplan versuchte, sich gegen den rauhen Zugriff der Söldner zu wehren; Pater Amiel richtete sich auf, betäubt und erschüttert, aus der Schläfe rann Blut.

Ich preßte das Tuch auf seine Wunde, das er mir erst vor wenigen Tagen gegeben hatte.

»Pater?« fragte ich. »Könnt Ihr mich hören?«

»Ja.«

»Könnt Ihr sehen? Ist Euch schwindlig?«

»Natürlich kann ich sehen!« Er kam mühsam auf die Beine. »Mein Kopf ist gestreift worden, sonst nichts.« Er sprach atemlos, er keuchte und ächzte, aber seine Rede floß wie sonst auch. »Helft mir auf. Ihr da! Wachen! Laßt den Gefangenen los!«

»Pater!« beschwor ich ihn. »Ihr solltet Euch hinlegen!«

»Nichts da.«

»Ihr blutet.«

»Das geht vorbei.«

»Pater, Ihr könnt nicht weitermachen!«

»Ich kann und werde weitermachen.« An allen Gliedern zitternd, beugte er sich zum umgestürzten Schemel nieder. Ich mußte ihn packen, sonst wäre er erneut gefallen. Er hatte wahrlich die Knochen eines Hühnchens, zart und fast fleischlos. Als ich sein Handgelenk ergriff, spürte ich den Puls rasen.

Dann stieß er mich weg und wusch sich das Gesicht mit dem Wasser aus dem Krug.

»Ihr könnt gehen«, befahl er den Wachmännern.

»Aber Pater –«

»Ihr könnt gehen! Maître Raymond, Ihr gebt Pater Antonio seinen Schemel wieder. Bruder Antonio, wie war Eure Beziehung zu Guillaume Monier? Kanntet Ihr irgendwelche Mitglieder seines Haushalts?«

Ich schwöre Euch, dieser Mann war unbezwingbar. Während er mit einer Hand das Blut stillte, fuhr er fort, den Angeklagten mit trockener, ruhiger Stimme zu befragen, als sei nichts geschehen. Die Stunden gingen dahin, doch er wankte nicht, und das erfüllte mich mit Ehrfurcht. Ich dachte an die schütteren Knochen, die seinen mageren Körper aufrecht hielten, und bewunderte seine Stärke. Ich sah, wie seine Gesichtsfarbe von bleich nach grau hinüberwechselte, und spürte Ehrerbietung. Ich dachte: Sein Geist ist unauslöschlich. Sein Wille ist unbesiegbar. Er ist groß, und ich bin nichts. Was könnte ich gewinnen, wenn ich ihm grollte? Er wird sich immer durchsetzen, und ich muß mich seinen Urteilen unterwerfen. Vielleicht kann ich so seine Achtung zurückgewinnen.

Das dachte ich – oder besser: Mein Herz riet es mir. Mein Zorn war verflogen. Meine Wertschätzung für Pater Amiel lebte wieder auf. Erneut sehnte ich mich nach seiner Anerkennung und schrieb verbissen, bis die Handgelenke vor Schmerz brannten. Ich wollte keine und sei's noch so kurze Pause verlangen, aus Angst, von ihm als weichlich und unwürdig angesehen zu werden.

Doch als die Glocken zur Komplet läuteten, konnte ich nicht mehr. Ich schrieb zu langsam, mein Rücken tat weh, meine Finger waren so steif, daß ich sie, wenn ich die Feder weglegte, nur mit der anderen Hand wieder gerade biegen konnte. Besiegt, bat ich darum, von meiner Pflicht entbunden zu werden, als auch schon Pierre-Bernard Aubert kam, um mich abzulösen.

Pater Amiel verabschiedete sich nicht von mir. Als ich ging, war er mit Pater Antonio in einen Dialog über den Heiligen Geist vertieft und schien mein Fortgehen nicht zu bemerken. Das stimmte mich sehr traurig, denn ich sehnte mich nach Aufmerksamkeit wie ein Kind.

Wie David bat ich meinen HErrn, sich zu mir zu wenden. Und mein Geist war überwältigt, wie der Asafs.

Auf dem Weg nach draußen wurde ich von verschiedenen Wachen angesprochen, die wissen wollten, ob die Befragung weiterginge. Hielt sich der Priester noch aufrecht? Zeigte Pater Amiel Anzeichen eines bevorstehenden Zusammenbruchs? Allmählich wurde mir klar, daß das Gefängnispersonal Wetten abgeschlossen hatte auf den Ausgang des Disputs zwischen Pater Amiel und Pater Antonio. Es herrschte eine durchaus aufgeregte Atmosphäre.

Zu meiner Überraschung fand ich in der Priorei eine ähnliche Stimmung unterdrückter Unruhe vor.

»Pater Amiel macht immer noch weiter?« fragte der Pförtner, als er mich einließ. Ich bekannte, daß dem so sei, und wurde daraufhin zum Domkapitel geschickt, wo man mich warten hieß. Nach einiger Zeit kamen zwei Klosterbrüder auf mich zu, deren einer den anderen als Prior Hubert vorstellte. Natürlich verneigte ich mich tief. Prior Hubert lächelte freundlich und fragte, ob ich mich in meiner Zelle wohl fühlte. Er war ein hochgewachsener Mann mit frischer Gesichtsfarbe, einer heiteren Miene, einer wohlklingenden Stimme und Augen, die wie schwarze Knöpfe glänzten.

»Oh – o ja, Pater«, stammelte ich. »Sehr wohl.«

»Bruder Amiel hat von Euch mit großer Bewunderung gesprochen. Er hat mir erzählt, daß Ihr die Kunst des beidhändigen Schreibens beherrscht. Stimmt das?«

»Ja, Pater.«

»Natürlich müßt Ihr trotz dieser Begabung sehr müde sein«, meinte der Prior und senkte den Blick. Jetzt erst bemerkte ich, daß ich die ganze Zeit meine schmerzenden Handgelenke gerieben hatte. Ich stimmte ihm errötend zu.

»Es war ein langer Tag«, sagte ich.

»Und es wird eine lange Nacht?«

»Vielleicht. Für Pater Amiel.«

»Er macht weiter?«

»Ja, Pater.«

»Glaubt Ihr, daß er morgen früh mit der Befragung fertig ist?«

»Pater, ich – ich kann es nicht sagen.«

Der Prior nickte. Dann fragte er mich, wie oft Pater Amiel bei seiner Arbeit Pausen einlegen würde – wie oft er essen, trinken, seine Blase entleeren und den ihm zugewiesenen Raum verlassen würde. Rezitierte er Gebete? Zog er sich bisweilen in eine Ecke zurück, um Zwiesprache mit Gott zu halten?

Ich antwortete, so gut ich es vermochte, ungeachtet meiner Schmerzen. Schließlich schien Pater Hubert zufrieden zu sein. Er sagte mir, daß die Brüder in der Nacht für Pater Amiel beten würden, und forderte mich mit freundlichem Nachdruck auf, mir in der Küche etwas zu essen geben zu lassen.

»Wie verhält sich Pater Amiel?« forschte der Prior, bevor er sich zum Gehen wandte. »Werden die Befragungen ruhig oder auf ungestüme und heftige Weise durchgeführt?«

»Ach, Pater Amiel ist immer die Ruhe selbst. Immer. Es liegt in seinem Wesen, glaube ich.«

»Tatsächlich?« Der Prior blickte mich einen Moment lang aufmerksam an, bevor er nickte und davonschritt.

Ich aber folgte seinem Rat und ließ mir in der Küche etwas zu essen geben.

# Dreizehnter Gesang

In der Nacht hatte ich einen äußerst seltsamen Traum. Ich träumte, daß der Schmerz in meinen Händen (den ich sogar im Schlaf noch spürte) nicht von exzessiver Schreibarbeit, sondern von Gott herrührte. Ich träumte, daß meine Hände die Stigmata trügen. Als ich durch den Klang von Glokken erwachte, war es dunkel und der Morgen noch nicht gekommen. Die Mönche wurden wohl zur Matutin gerufen.

Ich hörte sie an meiner Tür vorbeischlurfen. Schlüsselgeklirr. Hustengeräusche. Schon bald war alles wieder ruhig, aber ich konnte nicht mehr schlafen. Unbestimmte Furcht erfüllte mich. Ich wollte mit Pater Amiel sprechen. Nur er konnte meinen Traum erklären und mit lindernden Worten Öl auf die wogenden Wellen meiner Seele gießen. War er noch im Gefängnis oder schon zurückgekehrt?

Ich mußte es einfach wissen.

Ich warf die Decke zur Seite und tapste auf den Flur. Der Vollmond schien in Pater Amiels Zelle. Das Bett war leer, die Laken unberührt. Hatte er sie glattgezogen, bevor er zur Frühmesse gegangen war? Niemand anderer hatte es getan – aber war Pater Amiel nicht in allen Dingen außergewöhnlich?

Also ging ich zur Kirche hinüber, um zu sehen, ob er dort war.

Oft habe ich gedacht, daß Gott, wenn Er spricht, dies durch Musik tut. Vielleicht ist das ein ketzerischer Gedanke, wer weiß? Zweifellos würden viele gelahrte Theologen ihn mit Zitaten aus der Heiligen Schrift widerlegen. Aber wenn ich höre, wie die Messe gesungen wird, wenn ich die Psalmen vernehme oder, durch einen glücklichen Zufall, meine Ohren sich vom wundersamen Klang polyphoner Gesänge betören lassen – dann überkommt mich tiefe Dankbarkeit für Gottes Gnade, dann spüre ich Seine unendliche Liebe. Muß nicht die heilige Musik in ihrer Schönheit, Reinheit und spirituellen Vollkommenheit eine göttliche Gabe sein? Und muß nicht, wenn man dergestalt Gottes Stimme in einer von Polyhymnia inspirierten Melodie vernimmt, die Seele in Verzückung zu Ihm aufsteigen?

Diese Gefühle belebten mich, als ich den Gesang aus dem Kircheninnern hörte. Die äußere Welt war wie tot: dunkel, schweigsam, kalt, reglos; alle Augen geschlossen, alle Stimmen stumm. Dort drinnen aber fiel der Schein zahlloser Kerzen auf Gold und Glas, warme Steine und schwere Seide, während die Brüder in dichtgeschlossenen Reihen wie ein Engelschor sangen. Ach, wie durfte ich nur hoffen, auf meiner einfachen Viola die Vollkommenheit jener Musik jemals nachahmen zu können? Jede Note war ein Schritt in einem fließenden Tanz, einem Spiel zwischen zwei Reihen von Tänzern, die die Luft mit lebhaften und wunderbar miteinander verwobenen Mustern erfüllten. Jede Note war ein kristallener Tropfen in einem lichtfunkelnden Wasserfall. Jede Note war ein Faden, an dem meine Seele sich in den Äther emporschwang, um sich dort, in einem Chor von Freuden und Wundern und Lobgesängen, mit anderen Geistern zu vereinen.

Aus der Tiefe meines Elends war ich plötzlich, und leider nur allzu kurz, heraus- und hingerissen worden. Für einen Augenblick schlug mein Herz im Einklang mit den Herzen der singenden Mönche; ich begriff, warum sie sich mitten in der Nacht versammelt hatten, während die übrige Welt, taub und blind für Gottes Werke, ihren tierhaften Schlaf schlief. *Psalter und Harfe, wacht auf: Auch ich will mich früh erheben. Ich will Dich preisen, o HErr, vor allen Völkern, und Dir ein Loblied singen vor allen Nationen.* Ich erkannte, daß die Frühmette keine Pflicht war, sondern ein Privileg, keine Zeit des Leidens, sondern eine Gabe, eine Freude, ein Glück. Ich erkannte, daß nichts erhebender ist, als Gott zu loben im Gesang, der bindet und löst, der füllt und leert und die Seele in goldenes Licht hüllt. Vielleicht, ich weiß es nicht, ist dieses Licht die göttliche Liebe. Ich kann nur sagen, daß ich mich, und sei's für eine noch so kurze Zeit, nicht mehr verworfen fühlte, sondern wie einer der Steine, aus denen die Wand, an der ich lehnte, erbaut war; ich fühlte mich dem Chor zugehörig, ich fühlte mich als geliebter Sohn der Kirche.

Dann verklang die Motette, und es begann ein Sprechgesang, und ich war in meiner dunklen Ecke wieder allein, fern der Gemeinschaft der Auserwählten Gottes.

Pater Amiel befand sich nicht unter ihnen, und so kehrte ich noch vor dem Ende des Gottesdienstes in mein Bett zurück. Doch lag ich wach und dachte nach, während der Mond den Himmel querte, die Sterne verblaßten und die Vögel mit schrillen Stimmen den Morgen begrüßten, bis ihr Chor von dem der Glocken übertönt wurde.

Bei Sonnenaufgang erhob ich mich, wusch mich, kleidete mich an, nahm einige Schlucke Wasser zu mir und ging, wie die Mönche, zur wöchentlichen Rasur. Dann machte ich mich auf den Weg zum Gefängnis. Ich befand mich in einem ungewöhnlichen Geisteszustand. Sollte ich ihn, Euch zur Erbauung, beschreiben, würde ich sagen, daß ich mich nicht mehr wie ich selbst fühlte; es war, als ob ich meinen Körper nicht länger bewohnte. Die schattigen Straßen, die ich durchmaß, schienen dräuend und drohend, aus jedem Hauseingang blickte mir ein ungewisses Schicksal entgegen, jede aus dem Augenwinkel wahrgenommene Gestalt mutete fremdartig an. Auch das Gefängnis war schrecklich anzusehen; die Wachen, so kam's mir vor, grinsten mir aus verzerrten Gesichtern zu. Und oben, im Zimmer, wo Pater Amiel seine *inquisitio* durchführte … ich will Euch mitteilen, was ich gewahr wurde, als ich eintrat.

Pater Amiel stand neben dem kleinen Fenster und betrachtete einen rosafarbenen Streifen am Himmel. Er sang ruhig vor sich hin mit seiner dünnen, reinen, durch Überanstrengung aufgerauhten Stimme. Sein Lied, der als *Miserere* bekannte Psalm, wirkte durch die Heiserkeit in den oberen Registern noch leidensgeneigter als gewöhnlich. »*Sei mir gnädig, o Gott, nach deiner Gnade; tilge meine Vergehen nach der Größe deiner Barmherzigkeit.*« Er drehte sich nicht um, als ich eintrat, schien ganz hingegeben an das Lied und den rötlichen Streifen am Himmel.

Pater Antonio saß auf seinem Schemel, die Ellbogen ruhten auf den Knien, das Gesicht war in den Händen vergraben. »O Gott«, stöhnte er, »so hilf mir doch.« Auch er bemerkte, in tiefe Verzweiflung versunken, mein Kommen nicht.

Nur der Notar, Maître Gentile, blickte auf. Er stand da, die Arme wie schützend um den Oberkörper geschlungen, Federn und Pergament unbenutzt vor ihm auf dem Tisch. Als er mich sah, wich seine ängstliche, von widerstreitenden Gefühlen gezeichnete Miene dem Ausdruck der Erleichterung. Er sprang auf und wollte davonstürzen.

»Wartet«, flüsterte ich und packte ihn am Arm. »Was tut Ihr da?«

»Ich will hier raus.«

»Aber –«

»Laßt mich los.«

Er schüttelte mich ab und verschwand im Flur. Pater Amiel aber sang weiter – »*Siehe, in Schuld bin ich geboren, und in Sünde hat mich meine Mutter empfangen*« –, während Pater Antonio vor sich hin schluchzte.

»Ist das die Liebe Gottes?« krächzte er. »So verflucht zu sein? Verdammt schon bei der Geburt, ohne Aussicht auf Änderung?«

»*Entsündige mich mit Ysop, und ich werde rein sein; wasche mich, und ich werde weißer sein als Schnee.*«

»Ihr könnt es nicht verstehen!« gellte der Priester. »Ihr könnt es nicht begreifen!«

Jäh brach Pater Amiel den Gesang ab. »Ich verstehe es«, sagte er.

»Niemals.«

»Doch.« Als der Mönch sich umdrehte, wurde er meiner gewahr und nickte in Richtung Tisch. Seine Pupillen waren riesig, die Augen von schwarzblauen Ringen umgeben. Er schien eher zu schweben als zu gehen.

Ohne ein Wort schlüpfte ich auf den Schemel. Die Luft im Raum war zum Schneiden; Pater Antonio stank geradezu nach Schweiß. Seine Erschöpfung war auch sonst augenfällig: Die belegte Stimme, die schwerfälligen Bewegungen der steifen Gliedmaßen und die gesträubten Haare kündeten davon. Der Mönch dagegen wirkte wie vertrocknet – ein welkes Blatt, das über den Boden treibt, ziellos, richtungslos. Heiser war auch er, die Lippen aufgesprungen, die Wangen hohl, die Gesichtsfarbe wie der Nebel im traurigen Monat November.

Er sah nicht wie eine Mumie aus, sondern wie die Erinnerung daran – eine schwache, undeutliche Erinnerung.

»Ihr hattet keinen Vater«, erklärte er, zu Pater Antonio gewandt, »aber ich hatte einen Nicht-Vater. Einen Vater, der schwach war, wo er hätte stark, grausam, wo er hätte freundlich, verachtungsvoll, wo er hätte zugeneigt sein müssen.«

»Ihr habt wenigstens einen *Namen*!« schluchzte der Kaplan.

»Einen Namen, der mich betrogen hat. Der von Blut und Schmerz und Angst und Haß besudelt ist. Einen Namen, den ich mit Freuden aufgeben würde.«

»Das sagt Ihr nur, weil Ihr ihn bis an Euer Ende tragen könnt! Er ist Euch eingebrannt! Ich ward durch Ehebruch gezeugt, und das kann nicht ausgelöscht werden! Es ist ein Makel auf meinem Herzen! Ein Makel …«

Pater Antonio wand sich in Weinkrämpfen, und seine Worte wurden unverständlich. Pater Amiel ging auf den Angeklagten zu und legte ihm die Hand auf den gesenkten Kopf.

Ich erinnerte mich an die Situation, in der er mich auf ähnliche Weise berührt hatte. Ich erinnerte mich an den Trost, den diese Geste mir gegeben hatte. Pater Antonio jedoch blieb verzweifelt und schluchzte nur noch heftiger.

»Mein Freund«, flüsterte Pater Amiel mit seiner sanftesten Stimme, »Gott löscht solchen Makel aus.«

»Nein. Nein …«

»›Was meint ihr damit, wenn ihr diesen Spruch hersagt über das Land Israel, der da heißt, die Väter hätten saure Trauben gegessen, und die Kinder knirschen mit den Zähnen? Solange ich lebe, sagt Gott der HErr, sollt ihr nicht Ursach haben, diesen Spruch herzusagen in Israel.‹«

»Ihr wißt nichts! Gar nichts!«

»Ich weiß, daß Gott uns alle liebt.«

»Nicht mich.«

»Doch.«

»… geheimer Makel …«

»›Der Sohn soll nicht die Schande des Vaters tragen‹«, murmelte Pater Amiel. »›Darum will ich über euch urteilen, o Haus Israel, über einen jeden nach seiner Weise, sagt Gott der Herr.‹ Die Sünden Eures Vaters sind nicht Eure Last, Antonio. Nur Eure eigenen Sünden sind ein Makel auf Eurem Herzen – und die Vergebung des HErrn wird ihn tilgen.«

»Ach – ach –«

»›O Gott, mach mein Herze rein.‹« Pater Amiel sprach begütigend wie eine Mutter. »Euer Herz ist verwundet, mein Sohn, und die Wunde eitert – sie ist verderbt durch die Verderbtheit der Sünde. Ihr nährt sie, Ihr wollt sie verborgen halten, aber was könnt Ihr vor dem HErrn verbergen? Er sieht alles. Er weiß alles. ›Der Mensch blickt auf die äußere Gestalt, der HErr aber blicket ins Herz.‹ Bruder, Ihr tragt eine gewaltige Last. Warum schaut Ihr dem Tagesanbruch mit trüben Augen zu? Warum findet Ihr keine Freude an einfachen Dingen? Warum seid Ihr ausgeschlossen aus der Gemeinschaft der Hoffnungsfrohen?«

»Wegen meines Vaters!«

»Wegen Eurer *Sünden*, Antonio. Schaut mich an.« Der Mönch legte seine Hand unter das Kinn des Kaplans und zwang es mit sanfter Gewalt nach oben, bis Pater Antonio den Kopf hob. »Wenn Ihr durch Eures Vaters Sünde gebunden wärt, mein Sohn, was könntet Ihr dann für Eure Erlösung tun? Nichts. Es gäbe keine Hoffnung, denn es gäbe nichts, was Ihr tun könntet.

Aber Ihr dürft ja hoffen, denn es geht um *Eure* Sünden. Und mögen sie auch scharlachrot sein, so werden sie durch einen einfachen Akt der Reue weiß wie Schnee. Euer Herz wird geläutert, Bruder. Eure Seele wird befreit. Ihr kennt die Worte des Apostels Johannes: ›Wenn wir behaupten, ohne Sünde zu sein, betrügen wir uns selbst, und die Wahrheit ist nicht in uns. Wenn wir unsere Sünden bekennen, wird er treu und gerecht unsere Sünden uns vergeben und uns von allem Unrecht reinwaschen.‹ Denkt – denkt doch nur an diese hinreißende Erleichterung! Ihr könnt Gott vertrauen! Ihr könnt Euch Seiner Anwesenheit öffnen! Immer habt Ihr versucht, Eure Zweifel, Eure Qualen, Eure Schuld zu ignorieren, doch haben sie Euch zerfressen wie ein Geschwür. Ich weiß es. Ich spüre es. Und ich bedaure Euch – wie sehr bedaure ich Euch – und sehe schmerzerfüllt, wie Ihr in der Wildnis umherirrt –«

»*Aaach*!« Der Priester stieß einen Laut äußersten Jammers aus. Er warf sich auf die Knie und schlang die Arme um Pater Amiels Hüften. »Möge Gott mir vergeben! Möge Gott mir vergeben!«

»Das wird er.«

»Ich habe gesündigt! Ich bin ein Sünder!«

»Wie wir alle.« Der Mönch stand etwas von mir abgewandt, aber ich konnte sein Profil sehen, als er auf Pater Antonio hinabschaute. Es sah so aus, als kämpfe er dagegen an, von der Umarmung des Kaplans nicht ebenfalls in die Knie gezwungen zu werden. Seine Hände ruhten auf Pater Antonios Kopf und rechter Schulter.

Sein Gesichtsausdruck verriet nichts.

»Ich war so wütend!« stöhnte der Angeklagte. Seine Stimme drang dumpf aus den Falten von Pater Amiels Kutte hervor. »Mein eitler Stolz – er vergiftet alles, wie eine Schlange, die mich umklammert …«

»Armer Antonio.«

»Ich dachte: Es darf doch nicht sein, daß dieser Bauer, dieser ungehobelte Grobian, auf den Kardinal solchen Einfluß ausübt! Auf *meinen* Kardinal. Ich bin zwar ein Bastard, aber in meinen Adern fließt adliges Blut. Und Guillaume Monier war der Sohn eines Schusters …«

Ich erkannte sofort, daß Pater Antonio dabei war, ein Geständnis abzulegen. Darauf hatte Pater Amiel zwei Tage und Nächte hingearbeitet. Als ich aufblickte, sah ich seine Augen auf mich gerichtet. Sie glitzerten hart und ernst.

Gehorsam beugte ich mich wieder über meine Arbeit und schrieb, als hätte meine Feder Flügel.

»… der Mann übte einen schlechten Einfluß aus«, stammelte Pater Antonio. »Er war nur an gemeinen, weltlichen Dingen interessiert, an Edelsteinen und Hunden und Pferden und – und Knaben! Knaben! Ich fragte mich immer, ob es wohl so wäre – ich hoffte – ich fürchtete – und jetzt höre ich von Euch, daß er ein Sodomit war! Ein Hexer! Kein Wunder, daß er dieses Todes starb, das Schwein …«

Ich werde hier nicht alles wiedergeben, was Pater Antonio sagte. Im wesentlichen wich es nicht von den Zeugnissen Masseos und Girolamos ab. Der Priester verfolgte die Absicht, Guillaume Monier auf unspektakuläre Weise dahinsiechen zu lassen. Zu diesem Zweck hatte er bestimmte Bücher studiert und sich bestimmte Rituale angeeignet. Er hatte mit großem Aufwand ein Bildnis aus Holz verfertigt, das er für eine Hohlform benötigte, die dann ihrerseits mit Silber ausgegossen wurde. Das Silber hatte er sich durch Diebstahl beschafft. Masseo hatte es für ihn geschmolzen und Pater Antonio die Figur eigenhändig mit einem Namen versehen. Bei seinen Beschwörungen, die beim Tod des

Schatzmeisters noch nicht abgeschlossen gewesen waren, hatte ihm niemand geholfen.

»Nicht durch meine Handlungen ist er gestorben«, sagte der Priester heiser. »Mein Zauberbann war unvollständig. Zweifellos ist er einem jener teuflischen Geister zum Opfer gefallen, die er für seine niedrigen Bestrebungen einsetzte. Ich hätte wissen müssen, daß er der Hexerei verfallen war! Wie sonst hätte er sich das Vertrauen des Kardinals erschleichen können?«

»Ist Euch irgend jemand – *irgend jemand* – bekannt, der ihn getötet haben könnte?« forschte Pater Amiel. »Der sich auf welche Weise auch immer Zutritt zu seinem Schlafzimmer verschafft haben könnte?«

»Nein.«

»Oder eine Person aus dem Haushalt bestochen –«

»Nein! Ich hab es Euch bereits gesagt!«

»Nun gut. Fahrt fort.«

Pater Antonio wurde dann noch sehr weitschweifig. Er zählte alle Verfehlungen des Schatzmeisters auf, bat um Vergebung für seine eigenen Sünden und bezeugte den äußersten Trübsinn seiner Seele, das Elend seiner Existenz, die Hoffnungslosigkeit seiner Aussichten. Pater Amiel ging ernst und ruhig, mit süßen und trauervollen Worten darauf ein, die den Kaplan bald auf diesen, bald auf jenen Pfad leiteten. Als schließlich alles gestanden worden war, sprach der Mönch ein würdevolles Gebet, löste sich mit sichtlicher Erleichterung aus der Umklammerung, hieß den Angeklagten sich erheben und bat ihn, guter Dinge zu sein.

»Ihr seid mit dem HErrn im Frieden«, meinte er. »Ihr habt Euch von der Sünde gereinigt.«

»Verlaßt mich nicht ...«

»Der HErr wird Euch nicht verlassen.«

»Ich bin so allein!«

»Nicht, wenn Ihr auf den HErrn vertraut.«

»Aber wo ist Er?« klagte Pater Antonio. »Er ist nicht hier!«

»Natürlich ist Er hier. Er west an in unserer Liebe.« Pater

Amiel klopfte dem Priester mit dem Zeigefinger auf die Brust. ›Auf denn, liebet einander, denn die Liebe kommt von Gott, und der da liebt, ist von Gott geboren und erkennt Gott.‹ Geht jetzt und betet. Betet um den Segen der göttlichen Liebe. Sie wird Euch zuteil, das weiß ich.«

»W-wirklich?«

»Aber sicher.« Zögernd trat Pater Amiel ein paar Schritte zurück und rief die Wachmänner. Er trug ihnen auf, den Gefangenen vorsichtig hinwegzuführen und ihn fortan mit Nächstenliebe und Freundlichkeit zu behandeln. Wie man sich vorstellen kann, blickten die Wachmänner einander mit fragenden Blicken an und antworteten mit leicht hämischem Unterton: »Ja, Pater.« »Wenn Ihr es sagt, Pater.«

»Betet für mich!« rief der Priester und griff, als er hinausgebracht wurde, nach Pater Amiels Hand. »Laßt mich nicht im Stich!«

»Bestimmt nicht.«

»Kommt nachher zu mir! Helft mir, das alles durchzustehen! Ich brauche Eure Gebete!«

»Ihr werdet sie bekommen.« Ruhig blickte Pater Amiel den drei Männern nach. Erst als sie verschwunden waren, drehte er sich um, humpelte zu seinem Schemel und sank darauf nieder, als würden ihm die Knie versagen. »Gott sei mir gnädig«, seufzte er und legte den Kopf auf die verschränkten Arme. »Habt Ihr alles mitbekommen?«

»Ja, Pater.«

»Gut.« Es trat eine Pause ein. Ich wollte ihm vorschlagen, daß er etwas essen solle – trinken – ruhen – fühlte mich aber durch sein Verhalten daran gehindert. Ich wollte ihn als Überwinder preisen, aber konnte nicht die richtigen Worte finden. So saß ich da wie ein Narr, bis das lange Schweigen und Pater Amiels schwerer Atem mir verrieten, daß er eingeschlafen war.

Ich wollte ihn nicht wecken, das wäre mir grausam vorgekommen. Darum nahm ich die Feder wieder auf, ordnete die verstreuten Pergamentblätter und begann mit der endgültigen Version des Protokolls. Ich schrieb die Verkürzungen aus und ließ fort, was mir geeignet erschien. Ich änderte hier und da den Wortlaut. Ich arbeitete so geräuschlos wie möglich und ließ meine Feder im Takt von Pater Amiels Schnarchern tanzen, die mich amüsierten, weil sie auf trostreiche Weise zeigten, daß auch er eine, und sei es noch so geringe, menschliche Schwäche besaß.

Ich war mit meiner Aufgabe gerade zu einem Viertel fertig, als das Schnarchen plötzlich abbrach und der Mönch hochfuhr.

»Was –?« keuchte er, und dann: »Bin ich eingeschlafen?«

»Ja, Pater.«

»Ihr hättet mich wecken sollen.«

»Dafür gab es keinen Grund.«

»Was macht Ihr da?«

»Das Protokoll fertigstellen.«

»Ah.« Er gähnte und strich mit der Hand über sein zerknittertes Gesicht. Dann saß er eine Weile da, als ordne er seine Gedanken.

Ich machte mich wieder an die Arbeit, und eine Zeitlang war nichts zu hören außer dem Kratzen der Federspitze auf dem Pergament.

Schließlich murmelte er: »Diese *inquisitio* ist beendet.«

Ich hob den Kopf.

»Die Anschuldigungen gegen Masseo di Vico und seinen Sohn haben sich als gut begründet erwiesen«, fuhr er mit tonloser Stimme fort. »Ob ihre Hexereien den Tod des Schatzmeisters herbeigeführt haben, läßt sich nicht sagen. Den schwer faßbaren Etienne de Puy zu verfolgen, ist nicht meine Sache. Wenn Guillaume Monier durch seine eigenen nekromantischen Versuche zu Tode gekommen ist, bin ich nicht befugt, seine Handlungen zu untersuchen. Es war, könnte man sagen, eine von Gott geschickte Strafe.«

»Aber – aber was ist mit Durand Rouiard?« wandte ich ein,

während mein Herz wie wild schlug. »Was ist mit Pierre-Julien Fauré? Wenn sie nun auch Hexer sind?«

Pater Amiel dachte nach.

»Ich werde darüber mit dem Heiligen Vater sprechen«, meinte er schließlich. »Vielleicht erweitert er den Spielraum meiner Befugnisse. Vielleicht wartet er einfach ab und hofft darauf, daß das Heilige Amt die Macht erhält, sich eines seiner Mitglieder anzunehmen.« Er erhob sich mit steifen Bewegungen und blickte mich ausdruckslos an. »Wenn Ihr mit der noch verbleibenden Arbeit fertig seid, müssen die Protokolle den jeweiligen Zeugen vorgelesen werden. Danach seid Ihr frei und könnt gehen. Ich schulde Euch noch Geld, das Ihr erhaltet, sobald ich die genaue Summe errechnet habe. Natürlich wünsche ich Euch alles Gute. Ihr habt mich auf wirksame und verständige Weise unterstützt. Ich danke Euch.«

Er ging an mir vorbei, zur Tür hinüber. Ich lehnte mich über den Tisch und packte ihn am Ärmel.

»Pater! Wartet!« rief ich aus. »Ich – ich –«

»Selbstverständlich seid Ihr bis auf weiteres noch Gast in der Priorei.« Mit leichtem Stirnrunzeln versuchte er – vergeblich –, sich aus meinem Griff zu lösen. »Aber ich möchte Euch dringend bitten, eine andere Unterkunft zu finden, sobald Ihr wieder Herr Eurer Zeit seid. Maître Raymond, bitte ... Ihr werdet den Stoff zerreißen.«

»Wartet! Hört mir zu! Ich – ich will ...«

Was wollte ich? Meine Freundinnen, ich wollte in seiner Obhut bleiben. Ich hatte Angst davor, wieder in die Welt hineingeworfen zu werden, ohne Freunde, ohne Familie, ohne Besitz und vor allem ohne seine wohlwollend leitende Hand. Sie war für mich unendlich wichtig geworden. Sie war die letzte Planke, die mich in einem tosenden Meer von Lasterhaftigkeit, Verzweiflung, Fremdheit und Einsamkeit über Wasser hielt.

Aber was konnte ich von ihm verlangen? Nichts. Jetzt, wo ich nicht mehr in seinen Diensten stand, gab es für ihn keinen

Grund mehr, mir seine Zeit und Aufmerksamkeit zu widmen, und dies um so mehr, als ich ihn tief enttäuscht hatte. Zwar nannte er mich seinen Sohn, aber ich war es nicht. Zwar schlief ich in der Priorei, aber ich war nicht sein Bruder. Meine Bedürftigkeit war das einzige Band zwischen uns.

Ich dachte bei mir: Er ist das Tor zu meiner Errettung. Dann erinnerte ich mich des Augenblicks der Erleuchtung während der Frühmette und an meinen Traum in der vergangenen Nacht. Und als ich spürte, wie mir der Saum seines Ärmels aus den Fingern gezogen wurde, griff ich fieberhaft nach der einen Idee – der einen Lösung –, die für mich, mochte sie auch schrecklich und einschüchternd und vielleicht gar albern erscheinen, der einzige Weg zu sein schien, der hinausführte. Oder besser: hinein.

»Pater, ich – ich –«

»Was ist denn?« Er klang sehr müde. »Was habt Ihr?«

»Pater, wollt Ihr –? Das heißt ...« Ach, wie fürchtete ich mich davor, die Worte auszusprechen! Nur seine merkliche Ungeduld zwang sie mir aus dem Mund. »Pater, ich möchte Laienbruder werden.«

Er blinzelte. Ich wartete. Keuchend und zitternd ließ ich mich auf den Schemel sinken.

»Ihr wollt Laienbruder werden?« bemerkte er schließlich und dehnte die Worte so lang, daß ich seinen Tonfall mißverstand.

»Ist das nicht möglich?« fragte ich mit sehr leiser Stimme.

»Aber doch. Natürlich. Wenn es wahrlich Euer Wunsch ist.«

»Das ist es! Wahrlich!« Und das war es, wahrlich. In diesem Augenblick sah ich keine Alternative.

»Sehr gut.« Er blickte mir aufmerksam in die Augen. »Ich nehme an, Ihr wollt ein *dominikanischer* Laienbruder werden?«

»Ja. O ja. Wenn Ihr mir dabei helft, Pater? Bitte.«

»Natürlich.« Plötzlich wurde sein Gesicht von einem Lächeln überstrahlt, als wäre das Sonnenlicht durch die Wolken gebrochen. »Ich würde mich geehrt fühlen. Hocherfreut. Raymond, das ist eine höchst willkommene Gabe. Heute ist fürwahr ein

Freudentag.« Er beugte sich nach vorne, legte seine Hände auf meine Schultern und küßte mich auf beide Wangen. »Kommt«, sagte er. »Kommt mit mir. Wir werden essen, und dann werden wir miteinander reden. Wir haben eine Menge zu bereden, nicht wahr? ›Ich werde dir raten und dich lehren, welchen Weg du gehen sollst: mit meinen Augen werde ich dich leiten.‹ Was für ein Segen! Das verlorene Schaf ist in die Herde zurückgekehrt. Lobe den HErrn, o meine Seele, denn ein geliebter Sohn ist von den Mächten der Finsternis erlöst worden.«

Ob das stimmte oder nicht, vermag ich nicht zu sagen. Aber als er (mit ganz ungewohnter Wärme) meine Hand nahm und mich aus dem Raum führte, spürte ich, daß ich ganz sicher von irgend etwas erlöst worden war.

Ich hätte nur gern ein bißchen weniger Angst vor dem gehabt, was auf mich zukam.

# V

# Ballade von der Verführung

# ERSTER GESANG

Meine Freundinnen, schaut Euch die sterbliche Hülle dieses Sünders an. Was erblickt Ihr da? Zunächst und unzweifelhaft: Haare, so viele, daß mit ihnen der Strohsack eines Königs zu stopfen wäre. Eine Nase von riesigen Ausmaßen. Einen Mund für Küsse, eine Stimme fürs Lachen, ein Auge für die Damen. Ohren, die jetzt taub sind für das Gelärm von Kirchenglocken. Hände, auf denen Honig und Wein glänzen. Ungezügelte Füße, die jederzeit gern eine *estampida* tanzen. Und zwischen den Beinen ein mächtiges, unstillbares Sehnen, das stark genug ist, Mauern einzureißen.

Nun sagt – ist diese Gestalt dazu angetan, göttlichen Zwecken zu dienen? Können diese Lippen sich der süßen Haut eines weißen, weichen, weiblichen Busens versagen? Würden diese Lenden mit ihrem unstillbaren Appetit sich mit ein bis zwei kurzen, schamhaft vollzogenen Ausflügen pro Jahr begnügen, weil sie wissen, daß zwar kein Gelübde abgelegt wurde, aber dennoch bestimmte Handlungen für den religiösen Lebenswandel eines dominikanischen Tertiariers als unpassend gelten?

Ihr dürftet das mit Fug und Recht verneinen. Und doch suchte ich, in meinem sechsundzwanzigsten Jahr, eine Art von Zuflucht im Orden der Prediger. Ich beugte das Haupt, legte meinem Gang Fesseln an, sprach mit leiser Stimme und versuchte mein Bestes, jenen munteren Hengst zwischen meinen Beinen zu zügeln. Mit aller mir zu Gebote stehenden Ernsthaftigkeit war ich bestrebt, einen Mönch nachzuahmen, der nicht mehr Saft in sich hat als die hölzernen Statuen, die seine Kirche schmücken. Könnt Ihr Euch das vorstellen? Wahrscheinlich nicht. Und doch war es, ich schwör's, meine Absicht, ein völlig anderer Raymond zu werden, »Gottes eigener Raymond«, wie Pater Amiel sich ausdrückte.

»Ihr müßt wissen«, erzählte er mir, »daß Fastenzeiten, Gebete, Nachtwachen, Bußen nur Mittel zum Zweck sind, nicht aber der Zweck selbst. Vielen Tertiariern scheint es zu genügen, allen vorgeschriebenen Regeln zu folgen. Sie glauben, daß die Geißelungen, die sie sich auferlegen, ihnen die Tür zu den himmlischen Gefilden öffnen. Aber solche und andere Handlungen sind, so wichtig sie sein mögen, nur Werkzeuge, die man benutzen muß, um zu Gott zu gelangen. Und sie helfen Euch, die vielen Schichten der Konkupiszenz, die Eure Seele wie eine Hülle aus Horn umgeben, abzuschmirgeln. Unter diesen Schichten aus Gier, Falschheit, Wollust, Neid, Faulheit – mit welchen Sünden auch immer Ihr behaftet seid – steckt ein anderer, besserer Raymond. Und dieser Raymond wird der Gnade Gottes teilhaftig werden.«

Dergestalt belehrte er mich auf dem Weg zum Kloster. Sein kurzer Schlaf (oder mein frommes Begehren) schien ihm neue Kraft gegeben zu haben, und obwohl er immer noch totenbleich aussah, leuchteten seine Augen. Er sprach mit großer Lebhaftigkeit, bis wir das Refektorium erreicht hatten, wo die erzwungene Stille und ein gutes Mahl ihn wieder schläfrig machten. Er legte sich schlafen und schlief noch, als ich zu Bett ging. Zuvor jedoch verfertigte ich noch einige Endfassungen von Protokollen.

Wieder mit mir allein, fühlte ich mich unsicher. Einerseits bezweifelte ich meine Fähigkeit, Gott so zu dienen, wie ich es versprochen hatte. Andererseits schien Pater Amiels in mich gesetztes Vertrauen zu besagen, daß ich sehr wohl die Kraft dazu besäße – denn der Mönch war ein kluger Mann und kannte mich gut. Wenn er der Meinung sein sollte, daß ich für ein religiöses

Leben ungeeignet oder unwürdig wäre, hätte er mich dann in meinen Absichten bestärkt? Hätte er dann so warm gelächelt? Und meine Ankündigung so froh begrüßt? Nur ein von Zweifeln nicht angenagter Mann konnte mich verlorenes Schaf so bereitwillig in seine Herde aufnehmen.

Während ich weiterarbeitete, versuchte ich mir vorzustellen, wie ich *pater noster* rezitierte, was mir überhaupt nicht gelang. Also bedachte ich Gott mit einem persönlichen Gebet. O HErr, betete ich, bitte sei freundlich zu mir. Ich stecke tief in der Sünde und brauche mehr Hilfe als andere Menschen. Wirst Du den Pfad vor meinen Füßen ebnen und mich von der Straße der Versuchung fernhalten? Mach es mir nicht zu schwer, HErr, sonst habe ich Angst, Dich zu enttäuschen.

Soweit mein Gebet. Aber ich bin ein schamloser und sündiger Flegel, denn selbst wenn mein Gebet zu Ihm aufgestiegen sein sollte, wurde es großzügig ignoriert. Am nächsten Morgen erhielt ich nämlich zwei Botschaften, und die eine von ihnen war mit jener Art von Versuchung überreich gesegnet, der selbst der Hl. Antonius nur schwer hätte widerstehen können.

Pater Amiel brachte mir diese Botschaften. Er betrat meine Zelle, als ich noch im Bett lag. Zum Glück war mein Schlaf nicht von lüsternen Träumen heimgesucht worden. Stellt Euch vor: Man erwacht mit wurfbereitem Speer und findet einen Mönch neben dem Bett! Ein schrecklicher Gedanke.

Aber ich schlief so unschuldig wie ein Neugeborenes und wurde auch gleich wach, als Pater Amiel eintrat, so daß er mich nicht durch lautes Rufen wecken mußte.

»Pater?« murmelte ich schlaftrunken. »Ist es schon spät?«

»Nein, nein.« Er blieb in der Mitte der Zelle stehen. »Aber ich habe hier zwei Briefe, die gestern beim Pförtner abgegeben wurden. Einer ist an Euch gerichtet, der andere ging zunächst an Euren Gemeindepriester. Dieser andere ist ...« – er zögerte – »... von einiger Bedeutung.«

»Warum? Wer hat ihn geschrieben?«

Pater Amiel tat zwei Schritte nach vorn, legte einen versiegelten Umschlag auf mein Bett und entfaltete das Blatt Pergament, das er in der Hand hielt.

»Der Brief stammt von Pater Pierre-Julien Fauré«, sagte er. »Er weist den Bischof von Avignon an, dieses Schreiben an Euren Gemeindepriester zu übergeben, damit besagter Priester Euer Erscheinen vor Pater Pierre-Juliens Tribunal gewährleisten kann.«

»*Was?*«

»Ich habe den Brief natürlich nicht gelesen, aber Euer Gemeindepriester hat den Pförtner vom Inhalt unterrichtet. Vielleicht könntet Ihr ihn mir laut vorlesen?«

Das Licht war dämmrig; ich mußte aufstehen und zum Fenster hinübergehen, um die Schrift entziffern zu können. *Wir weisen Euch an*, las ich da, *Raymond Maillot aus Avignon, den Sohn von Pierre-Arnaud Maillot, von einer dringlichen Vorladung zu unterrichten, der zufolge er am Tag nach dem Fest des Heiligen Kreuzes bezüglich gewisser Dinge inbetreff des katholischen Glaubens vor uns in Lazet in eigener Person erscheinen soll, damit wir von ihm die Wahrheit und seine Bereitschaft erfahren, gemäß den Anforderungen der Vernunft zu antworten und sonstigen Pflichten nachzukommen.*

*Gegeben zum vorerwähnten Ort, am Donnerstag vor dem Fest des Hl. Dominikus, AD MCCCXX. Schickt gesiegelten Brief, um Ausführung der Anweisung zu bestätigen.*

Das mußte ja geschehen, dachte ich bei mir.

»Es ist dies ein sehr merkwürdiger Brief«, bemerkte Pater Amiel und blickte auf seine Fußspitzen. »Zunächst einmal bin ich mir nicht sicher, ob der Inquisitor von Lazet befugt ist, einen Bürger Avignons auf diese Weise vorzuladen. Es wäre, glaube ich, angemessener – und höflicher – gewesen, den Weg über den Inquisitor von Marseilles zu nehmen. Aber das nur nebenbei. Erstaunlich ist, daß Ihr überhaupt die Aufmerksamkeit von Pierre-Julien Fauré erregt habt. Wie hat sich das ergeben, Raymond?«

Ich sagte es ihm. Ich erzählte ihm die ganze Geschichte von Barthélemy, seinem Vetter und seiner späteren Verfolgung. Ich erzählte ihm, welchen Rat ich Barthélemy zu seiner Verteidigung gegeben und daß ich ihn um die Wahrung meiner Anonymität gebeten hatte. Noch während ich sprach, überkam mich ein kaltes Gefühl drohenden Unheils. Natürlich wußte ich, was diese Vorladung bedeutete. Barthélemy mußte mit solchem Nachdruck befragt worden sein, daß er meinen Namen preisgegeben hatte.

Erschauernd fragte ich mich, ob glühende Kohlen zur Verwendung gekommen waren.

»Hmmm«, meinte Pater Amiel, als ich fertig war. Er setzte sich auf das Bett. »Das ist ein unvorhergesehener Umstand. Raymond, Ihr habt sehr töricht gehandelt.«

»Ich weiß.«

»Wenn ich ein Inquisitor ketzerischer Verderbtheit wäre, könnte ich Euch dafür anklagen und verurteilen.«

»Pater, dieser Kerl Fauré –«

»Ist von zweifelhaftem Charakter, ich weiß. Dennoch habt Ihr uns beide in eine sehr schwierige Lage gebracht.«

Er überlegte eine Weile, den Blick zum Boden gerichtet, während ich ihn flehentlich ansah. Natürlich war es unglaublich dumm, ja, geradezu irrsinnig gewesen, Barthélemy zu helfen. Warum hatte ich es überhaupt in Erwägung gezogen? Vielleicht war mir das Ganze in meiner vertrauten Umgebung nicht als besonders bedrohlich vorgekommen, aber hier, inmitten düsterer Korridore, schien das Heilige Amt bedrohlich nahe gerückt.

»Ich muß nachdenken«, sagte Pater Amiel und erhob sich. »Ich werde bald zurückkehren. Ihr solltet in der Zwischenzeit beten.«

»Pater –«

»Bleibt ruhig, Raymond. Wenn ich Euch helfen kann, werde ich es tun.« Obwohl er nicht lächelte, tröstete mich seine warme Stimme ein wenig. »Ach«, fügte er hinzu, kurz bevor er die Zelle verließ und ohne mich anzusehen, »eins wollte ich Euch noch sagen: Normalerweise wird von den Bewohnern der Priorei erwartet, daß sie auch in sehr warmen Nächten zumindest leicht bekleidet schlafen.«

»Oh.« Ich langte nach einer Decke. »Tut mir leid.«

»Es hat nichts zu bedeuten.« Er nickte und ging. Natürlich hatte die schwüle Nacht seiner Vollkommenheit nichts ausgemacht. Wahrscheinlich war er schon so weit wie der Hl. Franziskus, der sich im Feuer wälzen konnte, ohne Schaden zu nehmen.

»Gott sei mir gnädig«, seufzte ich und warf mich wieder aufs Bett. »Wie soll ein Kerl, der so leicht schwitzt wie ich, jemals ins Himmelreich kommen?« Nun aber türmten sich Gedanken an Einkerkerung und Folter drohend vor mir auf, und darum suchte ich Zerstreuung in dem anderen Brief, den Pater Amiel mitgebracht hatte.

Er war, wie Ihr vielleicht schon vermutet habt, von Marguerite de Pasquières. Erneut bat mich die Dame, sie auf Saint-Martin-les-Bains zu besuchen. Erneut machte sie aus ihrem Begehren kein Geheimnis. Aber als weiteres Lockmittel hatte sie einige Bemerkungen hinzugefügt, die mich den Atem anhalten ließen.

Um Euch von Ihnen in Kenntnis zu setzen, zitiere ich hier den ganzen Brief.

*Mein höchstgeliebter Notar – wie wild müßt Ihr die Feder schwingen, wenn Ihr mir keinen Blick aus Euren blitzenden Augen gönnt! Wie muß sich Euer Herz im Dienste eines steingesichtigen Mönchs verhärtet haben! Ist seine Aufgabe so ernst, daß sie Euch mit aller Macht an Euer Schreibpult fesselt? So hört mir gut zu, mein süßer Nachtigallenvogel, denn auch ich kann Euch ein Lied singen. Ich weiß um den Mann, dessen Mörder Ihr sucht, und ich weiß, wie er seine Mannheit verlor. Wenn Ihr zu mir kommt und Eure Feder in mein Tintenfaß tunkt, dann habt Ihr etwas Interessantes zu schreiben.*

*Ich empfehle mich Euch von ganzem Herzen und flehe Euch an, eine Dame, die Euch zärtlich liebt und deren Brust so perlen-*

*weiß ist wie ihr Name, mit größerer Freundlichkeit zu betrachten.*

Dann folgte das Datum und eine Zeichnung, die zwei Vögel Schnabel an Schnabel auf einer Blume darstellte. Was das zu bedeuten hatte, war mir nicht ganz klar.

Ich brütete noch über dem Brief, als Pater Amiel anklopfte und fragte, ob er mich sprechen könne.

»Oh – wartet – einen Moment!« Hastig warf ich mich in Wams und Hosen und kämpfte noch mit deren linkem Bein, als ich ihn bat, hereinzukommen, was er nur mit größter Vorsicht tat. Erst als er sich davon überzeugt hatte, daß ich zumindest teilweise bekleidet war, schloß er mit schnellen, präzisen und einigermaßen lautlosen Bewegungen die Tür hinter sich und kam zu mir herüber, so daß er mit leiser Stimme sprechen konnte.

»Raymond«, sagte er, »ich glaube, daß Eure Vorladung uns von Nutzen sein kann. Sie könnte es uns erlauben, Pierre-Julien Fauré durch die Vermittlung seines Komplizen Durand Rouiard in Augenschein zu nehmen. Wenn sich beweisen läßt, daß Pater Pierre-Julien sich mit Hexerei abgegeben hat, wird er seines Postens enthoben und Euer Name, mein Sohn, in dem dabei entstehenden Tumult untergehen. Zumindest gibt es dann gute Gründe, Eure Verurteilung zu verhindern.«

»Aber –«

»Wartet. Hört mich an. Laßt mich erklären.«

Er setzte sich aufs Bett, hieß mich ebenfalls niedersitzen und entwickelte die Grundzüge seines Plans. Ich solle, sagte er, an Durand Rouiard schreiben und Pater Pierre-Juliens Vorladung beifügen. Das sei ein Beweis für die Wahrheit meiner Geschichte – und daß ich den Sekretär nicht so schnöde abweisen würde wie beim ersten Mal. »Ihr müßt ihm sagen, daß Ihr um Euer Leben fürchtet«, murmelte Pater Amiel. »Ihr müßt ihm sagen, daß Ihr Euch gegen den Inquisitor durch einen Zauberfluch schützen wollt, den Durand ins Werk setzen soll. Wenn Er Euch nicht zu Willen sei, würdet Ihr mir enthüllen, daß seine Schrift Guillaume

Moniers nekromantisches Buch ziert. Betont, daß er sich retten muß. Sagt ihm nicht, daß wir von Pierre-Juliens früherem Besitz des Buches wissen.«

»Und dann –«

»Und dann werdet Ihr Euch mit ihm treffen und mit ihm über den Zauberfluch sprechen, und ich werde alles mit anhören. Und wenn er sich kompromittiert hat, komme ich aus meinem Versteck hervor und zwinge ihn, mir von Pater Pierre-Julien zu berichten.« Pater Amiel lächelte grimmig. »Und mit diesem Bericht werde ich mich an Papst Johannes wenden.«

»Um ihn zu bitten, über den Inquisitor Nachforschungen anzustellen?«

»Natürlich.«

»Und wenn diese Nachforschungen getätigt werden …«

»Dann werden – und müssen – seine Anschuldigungen gegen Euch dem Zweifel unterliegen.«

Ich dachte eine Weile nach. Sicherlich war die Logik dieser Argumentation unanfechtbar. Dennoch dachte ich nur ungern daran, Na Béatrice noch einmal darum bitten zu müssen, uns ihr Schlafzimmer zur Verfügung zu stellen.

»Wo soll Durand mich treffen? Im Schwarzen Hahn?«

»Das liegt an Euch.« Fragend schaute der Mönch mich an. »Wärt Ihr imstande, Euch zu zügeln?«

»Aber ja.«

»Ganz gewiß?«

»Wenn Ihr dabei seid, Pater, hätte ich Angst, mich zu schneuzen.«

Mein Tonfall war vielleicht ein bißchen sarkastisch, was Pater Amiel ein seltsames Lächeln abnötigte. Er tat einen Schritt zurück und schaute mich an.

»Bin ich so einschüchternd, Raymond?«

»Nein, nein.«

»Ich möchte nicht denken müssen, daß Ihr von Furcht geleitet werdet.«

»Es war nur so dahergesagt«, meinte ich und wurde rot. »Ein blöder Scherz.« Ich zog die Stiefel an und versuchte, dem Gespräch eine Wendung zu geben. »Wann, meint Ihr, soll ich Durand treffen?«

»Heute nicht. Am Sonntag darf man so etwas nicht unternehmen.« Pater Amiel blieb sitzen, während ich meinen Gürtel suchte. »Aber morgen abend wäre günstig, wenn Eure Freundin im Schwarzen Hahn keine Einwände hat.«

»Nach dem letzten Mal?« murmelte ich. »Sie hätte das Recht, mich hinauszuwerfen.«

»Raymond, wir können jederzeit eine andere Möglichkeit erwägen. Wenn Euch ein Haus oder eine Scheune zur Verfügung steht –«

»Nein.«

»Oder einer Eurer Freunde hat –«

»Nein.« Freunde? Die hatte ich nicht – ausgenommen Pater Amiel. Ich warf mir den Umhang um die Schultern und befestigte ihn, ohne meinen Gefährten anzublicken. »Es muß wohl der Schwarze Hahn sein«, bemerkte ich. »Es sei denn, Ihr kennt einen geeigneten Ort, Pater.«

»Nur die stillen Winkel in Klöstern und Kapellen. Aber Durand darf keinesfalls vermuten, daß Ihr mit Kirchenleuten auf vertrautem Fuß steht.« Humorvoll fügte der Mönch hinzu: »Da er schon gesehen hat, was für ein verkommenes Subjekt Ihr seid, müßt Ihr diese Rolle unbedingt weiterspielen. Das gibt Euch die Gewähr, daß kein Mann vom Schlage Durands von Euch Sympathie für einen Dominikaner wie mich erwarten würde.«

»Pater«, hob ich an und hielt dann inne. Als ich mir mit dem Kamm durch die Haare fuhr, spürte ich seinen Blick im Nacken. Schließlich brach er das Schweigen.

»Ja?« fragte er aufmunternd.

»Pater, es ist wegen der verkommenen Subjekte ...« Wieder zögerte ich.

»Ihr gehört nicht dazu, mein Sohn.«

»Nein. Ich meine, hoffentlich nicht. Aber der Brief – der andere Brief, den Ihr mir gabt – war ... ähm ... also er stammt –«

»Von der lüsternen Witwe.«

»Ja!« Ich starrte ihn an. »Woher wißt Ihr das?«

»Ich wußte es nicht. Ich habe ein bißchen spekuliert. Ihr scheint mir etwas verwirrt – hat sie wieder so lebhaft von ihren Leidenschaften geschrieben?«

»Ja. Das heißt, nein. Pater, Ihr solltet den Brief lesen. Sie hat uns etwas Wichtiges zu sagen.«

Pater Amiel hob eine Augenbraue. »Tatsächlich?« meinte er trocken. »Nun gut. Wenn Ihr es ratsam findet, die sonntägliche Atmosphäre zu verunreinigen.«

»Pater, es geht um Guillaume Monier. Es geht um seinen Tod.« Ich erklärte dem Dominikaner, daß ich Marguerite einiges über meine Aufgaben mitgeteilt hatte. Ich las ihren Brief vor und sagte dann: »Das alles überrascht mich sehr. Sie lebt in Saint-Martin-les-Bains. Soweit ich weiß, wuchs sie in Saint-Gilles auf. Sollte sie jemals in Avignon gewesen sein, hat sie es mir gegenüber nie erwähnt.« Dann schoß mir ein Gedanke durch den Kopf, und ich sah, daß Pater Amiel etwas Ähnliches eingefallen sein mußte. »Aber sicher«, sagte ich schnell, »Guillaume Monier hat einige Zeit in Saint-Gilles verbracht. Glaubt Ihr –«

»Möglicherweise.«

»Es könnte nur ein Vorwand sein.«

»Damit Ihr sie besucht? Vielleicht.«

Es folgte ein langes Schweigen. Obwohl der Mönch seinen Blick weiterhin auf mich gerichtet hielt, war er sichtlich mit seinen eigenen Gedanken beschäftigt. Dennoch fühlte ich mich zunehmend unbehaglich.

»Ich habe sie nicht ermutigt, Pater. Ich habe ihre Einladung mit entschiedenen Worten abgelehnt.«

»Wie? O ja, sicher.«

»Wenn ich mich nachgiebig gezeigt hätte, wäre sie nicht so hartnäckig geblieben.«

»Nein. Das stimmt.« Plötzlich kam Pater Amiel in die Gegenwart zurück. »Und da sie so hartnäckig geblieben ist«, meinte er lebhaft, »werden wir das zu unserem Vorteil nutzen. Ihr reist nach Saint-Martin-les-Bains und findet heraus, was sie weiß.«

»Wie bitte?«

»Ich werde den Prior von Eurer Reise unterrichten. Wir haben ein paar Pferde übrig, und es gibt immer Klosterbrüder, die sich nach Westen aufmachen. Ich werde dafür sorgen, daß Ihr auf Eurem Weg Gesellschaft habt. Es ist nicht ratsam, allein zu reisen.«

»Aber – aber –« Ich war zutiefst erstaunt. Er mußte doch wissen, daß eine solche Reise mich direkt in Marguerites Bett führen würde. »Pater, warum ladet Ihr sie nicht nach Avignon vor? Warum befragt Ihr sie nicht selbst?«

»Weil dann der Einwand erhoben werden könnte, daß ich meine Befugnisse überschreite«, erwiderte der Mönch. »Außerdem vertraut sie Euch. Zweifellos werdet Ihr dieser Dame die Wahrheit leichter entlocken, als ich es vermöchte. Und wenn sich das, was sie zu sagen hat, als wertvoll erweist, werde ich es an den Marschall weitergeben. Oder an den Heiligen Vater. Wen auch immer es angeht.«

»Aber – aber Pater, ich habe ein Gelübde abgelegt.« Ich war immer noch erstaunt über seine Begriffsstutzigkeit. »Ich habe einen *Eid* geschworen, Pater. Und sie wird wollen, daß ich ihn breche!«

»Vielleicht ist das nicht erforderlich.«

»Aber wenn doch? Wenn sie sich nun weigert, mir etwas zu sagen, sofern ich nicht – wenn ich ihr abschlage – äh –«

»Ihr Begehren zu befriedigen?« Pater Amiel spreizte die Hände und lächelte heiter. »Es ist Gottesarbeit, mein Sohn. Gott wird Euch bestimmt vergeben. *Ich* auf jeden Fall.«

Und damit hatte er seine Bemerkungen zu diesem Thema abgeschlossen. Er schlug mir vor, Avignon am Dienstag zu verlassen. Morgen würde er für ein Pferd, eine Eskorte und Reisegeld sorgen. Wie lange würde ich brauchen, um dorthin zu gelangen? Einen Tag? Zwei Tage?

»Zu Pferd einen Tag.« Ich war von dieser unerwarteten Wendung der Ereignisse noch ganz benommen. »Geld benötige ich nicht.«

»Ein bißchen auf jeden Fall, damit Ihr abgesichert seid, wenn es irgendwelche Schwierigkeiten geben sollte. Reiten könnt Ihr doch, mein Sohn?«

Früher hätte ich wohl gewitzelt, daß die Damen auf mich als einen Meisterreiter setzen würden und ich in mehr Frauensätteln gesessen als er *pater noster* rezitiert hätte. Aber solch loses Geschwätz war schon lange nicht mehr über meine Lippen gekommen.

»Bei mäßigem Trab kann ich mich im Sattel halten«, lautete meine zurückhaltende Antwort. »Aber wenn Marguerite nach einem Tag auf dem Pferderücken von mir noch Galopp erwartet, dürfte sie bitter enttäuscht sein.«

»Wir wollen hoffen und darauf vertrauen, *daß* sie enttäuscht sein wird«, bemerkte Pater Amiel überaus freundlich. »Ihr solltet Euch dieser Aufgabe nicht in der Erwartung widmen, Euer Gelübde zu brechen, sondern in der Erwartung, es einzuhalten. Oder nicht?«

»Oh. Ja. Ähm … natürlich.«

»Ich muß jetzt gehen. Man erwartet mich in der Kirche.« Freundlich zupfte Pater Amiel mir den Brief aus den Fingern. »Unter diesen Umständen sollte ich Euch des Schreibens berauben«, meinte er und barg den Brief in seiner Kutte. »Sonst entflammt es noch Eure Sinne. Ist das Protokoll von Pater Antonios Vernehmung fertig?«

»Noch nicht ganz.«

»Dann macht Ihr das morgen. Ihr solltet am Sonntag nicht arbeiten. ›Sechs Tage sollst du dich plagen und dein Werk tun, aber der siebente Tag gehört dem HErrn, deinem Gott.‹ Habt Ihr die *Confessiones* des Hl. Augustinus durchgelesen?«

»Nein, Pater.«

»Dann lest weiter. Sie werden Euch bei Euren Bemühungen von Nutzen sein. Wir sprechen uns später, mein Sohn; solltet Ihr Trost brauchen, so steht die Kirche Euch immer offen.« Lächelnd schlug er das Kreuz auf meiner Stirn. »Ihr seid unser geliebter Gast, Raymond. Seid ganz ruhig, denn ich bin wie Lot; Ihr müßt Euch nicht fürchten, da Ihr unter mein Dach getreten seid.«

Und damit verließ er mich und nahm Marguerites Brief mit sich.

# ZWEITER GESANG

Am nächsten Tag war ich sehr beschäftigt. Zuerst schrieb ich einen Brief an Marguerite, in dem ich sie von meiner bevorstehenden Ankunft in Kenntnis setzte. Das Schreiben wurde ihrem Abgesandten überreicht, verbunden mit der Anweisung, sich sofort auf den Rückweg zu begeben. (Er mußte offensichtlich gut bezahlt werden – mit klingender Münze oder einer Liebesnacht –, denn sonst würde nicht einmal ein sehr wohlgesonnener Mann über die von Marguerite verlangten Ausflüge Stillschweigen bewahren.) Sodann setzte ich den Brief an Durand Rouiard auf. Pater Amiel diktierte ihn mir. Er verwandte sehr viel Zeit auf die Wortwahl, die er immer wieder korrigierte. Schließlich jedoch war er zufrieden und bat mich, den Brief selbst nachlässig aufs Pergament zu kritzeln, als sei er in großer Eile verfaßt worden. Ich sollte sogar einige Wörter durchstreichen und ein paar Fehler einbauen.

Dann schickte er mich zum Schwarzen Hahn, wo ich Na Béatrice bitten mußte, uns für diesen Abend noch einmal ihr Zimmer zur Verfügung zu stellen.

Ich widmete mich dieser Pflicht mit einer Art von erschöpfter Willfährigkeit. Nachdem ich so viele Tage und Wochen vom Fieber widerstreitender Gefühle geplagt worden war, blickte ich jetzt mit gleichgültigen Augen in die Zukunft. Ich ließ meine Phantasie nicht mehr von Befürchtungen beeinflussen. Das untätige Warten im Kloster erlaubte es mir, nicht den Verfehlungen der Vergangenheit oder den vor mir liegenden Prüfungen nachzusinnen, sondern den Geist im Brackwasser alltäglicher Kleinigkeiten baden zu lassen. Ich dachte über die Hitze und die Fliegen und die Unbequemlichkeit klösterlicher Strohsäcke nach. Ich sinnierte über Pater Amiels Zähne und über gesalzenen Fisch und einen Jungen, den ich gekannt hatte, als ich klein war (er ist schon lange tot), der mir einmal erzählt hatte, daß Schafe oder Ziegen, wenn sie von Männern begattet werden (manche Männer tun so etwas), Ungeheuer gebären.

Ich versuchte, die zahlreichen Sorgen, die mich belagerten, und alles, was damit zusammenhing, zu verdrängen. Folglich dachte ich auch nicht an Na Béatrice, bis die Taverne in Sicht kam. Da fing mein Herz auf einmal an zu rasen, und der Schweiß brach mir aus. Was würde sie sagen? Was würde sie tun?

Düster dachte ich bei mir: Bestimmt wird sie dich wieder fragen, ob du mit ihr leben willst. Die Frau ist verrückt. Ich an ihrer Stelle würde Männern wie mir die Tür weisen. Wir bringen doch nur Schande und Verzweiflung über sie.

Und vielleicht den seltsamen Moment sinnlicher Freude.

Sie stand im Eingang, ins Gespräch mit einer Freundin vertieft. Mich begrüßte sie reserviert, sogar vorsichtig. Ich sagte ihr, ich würde drinnen warten. Im Schankraum saßen zwei mir unbekannte Männer beim Trank. Auch Sibylle sah ich und lehnte ihr Angebot, mir einen Becher Wein zu bringen, ab. Im Nacken spürte ich einen leisen, aber dauerhaften Schmerz.

Schließlich kam Béatrice an meinen Tisch. Sie verschränkte die Arme und sah mich an.

»Was kann ich für dich tun?« fragte sie.

»Béatrice – vergib mir. Ich brauche noch einmal dein Zimmer.«

»Wozu?«

»Nun ja ... aus demselben Grund wie damals. Du weißt schon.« Ich blickte zu den Fremden hinüber, die sich weiterhin angeregt unterhielten. »Diesmal kommt Pater Amiel persönlich«, bemerkte ich leise. »Ich verspreche dir, mich nicht so schändlich zu benehmen wie das letzte Mal.«

»Tatsächlich?« Sie schenkte mir einen respektheischenden Blick aus klaren Augen. »Vorher oder hinterher?«

Ich runzelte verwirrt die Stirn.

»Wie meinst du das?«

»Bevor du gingst, hast du versprochen, mir eine Nachricht zukommen zu lassen. Aber dann bliebst du tagelang verschwunden. Ich hörte nichts von dir. Du hättest ebensogut irgendwelchen Meuchelmördern ins Messer gelaufen sein können oder die Stadt verlassen oder dich in den Fluß gestürzt haben. Du warst *ziemlich durcheinander*, als du gingst, Raymond. Ich habe mir deinetwegen *Sorgen gemacht.*«

»Oh.« Verlegen ritzte ich mit dem Daumennagel Muster in die Tischplatte.

»Du bist jung, mein Freund, aber so jung nun auch wieder nicht.« Plötzlich klang ihre Stimme müde. »Ein sorgloser junger Kerl kann sich so verhalten, und man sieht es ihm nach. Du aber bist ein Mann. Du hättest an mich denken können. Du hättest mir mitteilen können, daß es dir gutgeht.«

»Ja.« Demütig senkte ich den Kopf. »Ja, das hätte ich tun sollen.«

Béatrice seufzte und setzte sich auf die gegenüberliegende Bank. Hautfetzen hingen von ihren Händen herab. Die Fingernägel waren schmutzig und brüchig.

»Dein Mönch«, bemerkte sie, »hat dir also vergeben.«

»Ja. Das hat er.«

»Und du wohnst noch im Kloster?«

»Ja.«

»Und willst den Schlafraum noch einmal benutzen?«

»Wenn es dir gefällt.«

Sie schnaubte verächtlich. »Es gefällt mir überhaupt nicht«, gab sie zurück, »aber ich habe Angst vor deinem Mönch, Raymond. Ich weiß ja nicht, was er macht, wenn ich nein sage.«

»Béatrice, er ist ein guter Mann.«

»Das sagst du.«

»Er ist ein *großer* Mann! Ich habe Größe in ihm entdeckt. Ich glaube, er ist Gott sehr nahe.«

»Ha!«

»Das stimmt!« Ärger wallte in mir auf; ich versuchte, ihn zu unterdrücken. »Du begreifst ihn nicht so wie ich. Er hat mir kluge Ratschläge gegeben –«

»Deine Freunde aufzugeben? Deine Familie zu verlassen? Wirklich sehr kluge Ratschläge!«

»Ich habe meine Familie nicht verlassen! Sie hat mich verstoßen! Und was meine Freunde angeht, sind die Narben, die ihre Freundschaft hinterlassen hat, noch nicht verheilt!« Ich schaute Béatrice ins Gesicht und wies auf meine Nase. »Was hat mir die Freundschaft gebracht, außer durchzechten Nächten und einem bösen Erwachen? Pater Amiel nennt das Vogelleim, der meine Flügel beschwert.«

»Flügel? Was für Flügel?« spottete Béatrice. »Bist du jetzt ein Engel? Du schmeichelst dir selber.«

»Vielleicht.« Ich stand auf. »Dennoch versuche ich, ein besseres Leben zu führen. Nicht das Leben eines Engels, aber … aber das eines Tertiariers.«

»*Was*?«

»Ich möchte Laienbruder werden. Pater Amiel hält es für möglich.«

Na Béatrice augenscheinlich nicht. Völlig verwirrt und mit offenem Mund starrte sie mich an. Ihre beiden Gäste hörten mittlerweile aufmerksam zu.

Ich errötete, weil mir bewußt wurde, daß ich mit geradezu lächerlichem Schwulst gesprochen hatte.

»Es wird nicht einfach sein«, gab ich mit leicht unsicherer Stimme zu, »aber zumindest kann ich mein Los verbessern, wenn ich es versuche.«

»Raymond, bist du durchgedreht?«

»Nein!«

»Liebster, du *bist* kein Tertiarier!«

»Sicher bin ich's noch nicht.«

»Du wirst es niemals sein! Raymond, ich *kenne* dich. Dieser Mönch ist aus anderem Holz geschnitzt.« Sie erhob sich und drückte meine Hand. Sie war nicht mehr boshaft, sondern ernstlich besorgt. »Überleg doch mal. Du bist für ein religiöses Leben nicht geschaffen.«

Verletzt zog ich die Hand weg.

»Du kannst dir darüber kein Urteil erlauben«, fauchte ich. »Pater Amiel ist ein Mönch, und er hält mich für geeignet.«

»Dann hat er unrecht«, entgegnete sie ruhig.

»Weil ich nur fürs Trinken und Vögeln geschaffen bin? Ich danke dir! Dein Vertrauen ist herzerwärmend!«

»Raymond, du legst mir Sachen in den Mund, die ich nicht gesagt habe!« Sie war jetzt ganz durcheinander. »Ich respektiere doch, was du sagst. Aber du bist ein *Mann*. Gott hat dich so geschaffen. Du lachst und singst und – und du liebst, was die Welt dir zu bieten hat. Warum willst du dich unglücklich machen? Gott würde so etwas nicht wollen, das weiß ich.«

»Béatrice«, sagte ich in freundlicherem Ton, weil ich erkannte, daß sie sich wahrhaftig um mich sorgte, »du kannst nicht wissen, was Gott mit mir vorhat. Was meine Seele angeht, so kannst du mir nicht raten. Wie könnte eine Frau überhaupt dergleichen wagen? Wenn ich unglücklich bin, dann deshalb, weil ich Gott suche und Ihn noch nicht gefunden habe. Wir alle sollten Gott suchen. Je größer unsere Sünden, desto mehr brauchen wir Gott. Ich *brauche* Gott. Ich will eingehen in die Freude des HErrn. Willst du mir das verweigern?«

Ich appellierte an ihr Mitgefühl, weckte aber nur Widerwillen. Ihre Miene drückte Abscheu aus.

»Du klingst schon so wie dieser Mönch!« stieß sie hervor. »Ganz genau so!«

»Nun ja … gut. Warum nicht?«

»Raymond, wir sind nicht alle dazu ausersehen, Mönch zu werden! Man kann Gott auch auf andere Weise dienen!«

»Ich will ja gar kein *Mönch* werden«, erwiderte ich. »Habe ich das gesagt? Ich muß ins Kloster zurück. Du kannst mich hier vor Sonnenuntergang erwarten – sofern du noch bereit bist, mir zu helfen. Bist du das?«

Sie nickte.

»Dann laß uns in Frieden auseinandergehen. Ich möchte nicht mit dir streiten. Sei nachsichtig mit mir, wie du es sonst auch immer gewesen bist.« Ich wollte sie auf die Wange küssen, aber sie wandte sich ab, mit Tränen in den Augen. Ich muß bekennen, daß mich das sehr verletzte, hatte ich doch auf ihre weitere Zuneigung vertraut. »Es tut mir leid, daß ich dich enttäuscht habe«, sagte ich. »Das ist eine Angewohnheit von mir, fürchte ich – immer enttäusche ich die Leute. Und was euch angeht ...« Ich drehte mich jäh zu den beiden Männern um, die so eifrig gelauscht hatten und nun aufmerksam in ihre Becher starrten. »Was euch angeht«, knurrte ich, »so könnt ihr gern über alles diskutieren, was ihr hier mitbekommen habt. Fühlt euch bloß nicht behindert durch das, was die Regeln alltäglichen Anstands anbetrifft.«

Ich stürmte nicht gerade aus der Taverne, aber eilte höchst hastig davon. Aufgewühlt war ich, herausgerissen aus dem Zustand der Gleichgültigkeit, den ich im Kloster noch verspürt hatte. Ich wollte schreien und Gott lästern und etwas kaputtschlagen. Stattdessen setzte ich Pater Amiel demütigst davon in Kenntnis, daß sich alles nach Plan entwickele.

Er dankte mir mit warmem und ermutigendem Lächeln. Dann drängte er mich, das Protokoll von Pater Antonios Vernehmung fertigzustellen, damit der Angeklagte es so bald wie möglich bestätigen könne. Natürlich ging ich gleich an die Arbeit und vollendete sie noch am nämlichen Tag. Allerdings blieb keine Zeit mehr, sie dem Kaplan vorzulesen, denn Pater Amiel wollte unbedingt lange vor Durand Rouiard im Schwarzen Hahn eintreffen. Zudem hatte er vor, die Taverne möglichst unbemerkt zu betreten, falls Durand, mißtrauisch gestimmt, die Gäste befragen sollte, bevor er sich nach oben begab.

Ich teilte ihm mit, daß diese Erwartung unrealistisch sei.

»Im Schankraum sind immer Gäste, und die Treppe zum Schlafzimmer ist nur von dort aus zu erreichen. Wenn Ihr Aufsehen vermeiden wollt, solltet Ihr bei Hochbetrieb kommen.«

»Also wenn die Sonne untergeht?«

»Oder etwas früher.«

Er schüttelte den Kopf.

»Wir müssen vor Durand da sein«, beharrte er.

»Das stimmt.«

»Vielleicht könnte ich, um weniger Aufmerksamkeit zu erregen, den Hintereingang benutzen.«

»Vielleicht.«

»Und diese Kleider sind eine äußerst wirksame Verkleidung«, fügte er hinzu und blickte an seiner mageren Gestalt hinunter. »Ich muß den Eindruck von Unterwürfigkeit und Unwissenheit erwecken. In diesem Aufzug wird mich keiner erkennen. Ich glaube, die Sachen sind gut ausgewählt.«

Pater Amiel hatte, auch auf Anraten seiner Brüder in Christo, auf die Kutte verzichtet und statt dessen in der Kleiderkammer der Almoserei gewühlt und dort ein braunes Wams, einen langen braunen Umhang und einen braunen Hut von undefinierbarer Form gefunden. Seine Beine wirkten in der grauen Wollunterhose komisch, ja fast unanständig dürr, wie Zweige. In der düsteren Gewandung wirkte die auch sonst schon bemerkenswerte Blässe seines Gesichts geisterhaft.

»Ihr seht krank aus«, meinte ich, als ich ihn betrachtete. »Diese Kleider lassen Euch krank aussehen.«

»Aber nicht mönchisch?«

»Ein ganz klein wenig vielleicht …«

»Soll ich den Hut weiter ins Gesicht ziehen? So daß die Ohren abstehen?«

»Oha!« Ich mußte lachen. »Pater, Ihr seht aus wie ein Dorftrottel!«

»Auffällig?«

»Ohne Frage.«

»Verwünscht.« Er richtete den Hut und meinte: »Ich will nicht, daß man sich an mich erinnert.«

»So seht Ihr doch eigentlich immer aus, Pater.« Die seltsame Verwandlung, die mit seinem Kleiderwechsel einhergegangen war, gab mir den Mut zu dieser Bemerkung. Mit der Kutte schien er auch seine Würde abgestreift zu haben. Angesichts seiner bemitleidenswerten Schenkel betrachtete ich ihn nicht mehr mit Ehrfurcht, sondern mit einer Art von zärtlichem Bedauern.

Ich dachte bei mir: Er ist Mönch geworden, um diese Beine zu verbergen.

»Wir leben nicht auf dieser Welt, um unsere Umgebung zu verzieren«, bemerkte Pater Amiel mit trockenem Humor. »Das werdet Ihr auch einst erkennen, wenn es mit Eurer Schönheit vorbei ist, Maître Raymond. Ihr meint also, ich würde niemandes Interesse erregen? Gut. Das ist gut. Das war meine Absicht.«

»Wenn Ihr den Blick senkt, die Hände versteckt und leicht schlurfend geht, ist Eure Verkleidung perfekt«, bemerkte ich zuversichtlich. »Ihr solltet noch etwas kauen. Nüsse zum Beispiel. Mönche kauen unterwegs niemals auf etwas herum.«

Also wurden Nüsse herbeigeschafft, und dann brach Pater Amiel zum Schwarzen Hahn auf. Er hatte es für klüger befunden, wenn wir getrennt dort einträfen, um, falls jemand den Eingang zur Taverne beobachtete, keinen Verdacht zu erregen. (Er hielt es für unwahrscheinlich, aber nicht gänzlich unmöglich.) Später erfuhr ich, daß Na Béatrice ihn anfänglich gar nicht erkannte. Seine Verkleidung und sein Gebaren – er hustete und spuckte geräuschvoll auf die Schwelle – ließen ihn wie einen gewöhnlichen Gast allzu vertrauten Schlages erscheinen.

Dann aber gab er sich ihr zu erkennen und wurde nach oben geleitet. Sie tauschten nur wenige Worte aus. Béatrice bekannte hinterher, sie hätte sich durch seine schweigende Präsenz sehr geängstigt gefühlt, obwohl sie beim Anblick seiner Beine spöttisch hätte lächeln müssen. »Er hat die Augen eines Vogels oder einer Eidechse«, sagte sie mir später. »Sie beobachten dich, verraten aber nichts.« Als er unter ihr Bett kroch, hätte er sie an eine Schlange erinnert. »Ich hab mal eine Schlange gesehen. Sie lächelte, ohne zu lächeln, genau wie dein Mönch.«

Er hatte die Sauberkeit ihres Fußbodens gelobt, als wäre er darüber in Erstaunen geraten.

Als ich kurze Zeit später im Schwarzen Hahn ankam, ging ich gleich ins Schlafzimmer hinauf. Obwohl Othon auf Reisen war, fürchtete ich, beträchtliche Mengen Weins trinken zu müssen, wenn ich im Schankraum verweilte. »Durand muß die Überzeugung gewinnen, daß es Euch diesmal ernst ist«, hatte mich Pater Amiel ermahnt. »Da ist es besser, wenn Ihr nicht mit Euren Freunden zecht.«

Also setzte ich mich in Béatricens Zimmer auf jenes Möbelstück, dessen Strohsack mich an so viele glückliche Nächte erinnerte. Ich fühlte mich nicht wohl. Wie sollte ich auch, wo doch Pater Amiel unter dem Bett lauerte. Einerseits bedrängten mich lustvolle Erinnerungen wie leise Düfte von Parfüm, andererseits war ich davon überzeugt, daß es Pater Amiel nicht entgehen dürfte, wenn mein Mittelbein diese Erinnerungen zum Anlaß einer Erhebung nähme.

Als könne er meine Gedanken lesen, bemerkte er plötzlich leise: »Das ist eine seltsame Konstellation, nicht wahr?«

»Was – was meint Ihr damit?« stammelte ich.

»Daß ich gerade unter diesem Bett liege, Raymond.« Seine Stimme klang amüsiert. »Vielleicht solltet Ihr Euch, wenn demnächst ein solches Bett winkt, vorstellen, daß ich darunter liege. Das wird Euch sicherlich davon abhalten, Eure … nun ja … lüsternen Begierden zu stillen.«

Diese Aussicht war zwar schrecklich, ließ mich aber nervös auflachen.

»Laienbrüder sind keine Zölibatäre, Pater«, gab ich zurück.

»Nein. Sie können heiraten. Ist das Eure Absicht, Raymond?«

»Noch nicht.«

»Dann solltet Ihr meinen Rat wohl beherzigen.« Er räusperte sich. »Geht ans Fenster«, fügte er hinzu. »Wenn wir Durands Ankunft nicht bemerken, kann der ganze Plan scheitern.«

»Pater?«

»Ja?«

»Was ist, wenn Ihr einmal husten oder niesen müßt? Oder –«

»Das werde ich nicht«, bemerkte er entschieden. »Ein Mönch lernt Selbstbeherrschung. Habt keine Angst – in all den Jahren meiner klösterlichen Erziehung habe ich zumindest gelernt, Husten und Niesen zu unterdrücken.«

Damit mußte ich mich zufriedengeben. Ich will jedoch gestehen, daß meine Furcht wuchs; schon schlug mein Herz wie wild, und auf der Stirn stand der Schweiß. Ich erhob mich und blickte aus dem Fenster. Es war ein schwüler Sommerabend; vom Himmel hingen Wolken herab. Im Zimmer war es so still, daß ich hören konnte, was unten gesprochen wurde.

»Wir sollten schweigen«, meinte ich, »bis der Lärm im Schankraum größer geworden ist.«

»Sprecht nicht, wenn Ihr am Fenster steht«, erwiderte Pater Amiel. »Vielleicht werdet Ihr beobachtet.«

Also schwiegen wir und warteten. Wir warteten sehr lange. Gaillard kam in die Taverne und sang ein Lied; Bérengar kam und mußte, nachdem er seinen ersten Becher Wein wieder von sich gegeben hatte, gehen. Als er die Straße hinunterschwankte, fiel mir auf, daß eine Gestalt in der Kutte eines Kanonikus an ihm vorüberging. Ich zog mich vom Fenster zurück.

»Er kommt«, flüsterte ich.

»Seid Ihr sicher?«

»Nein. Nicht völlig.«

»Dann wartet. Setzt Euch aufs Bett.«

Ich setzte mich. Aber ach!, mit welcher Angst. Ich nagte an

den Fingerknöcheln und muß wohl schwer geatmet oder mich unruhig bewegt haben, denn plötzlich packte Pater Amiel mich am Fußgelenk.

Ich fuhr auf wie von der Tarantel gebissen.

»Pssst!« zischte er. »Bleibt ruhig! Raymond, Ihr müßt Euch keine Sorgen machen. Ihr seid stark und schlau und mutig. Gott sei mit Euch, mein Sohn. Ich habe völliges Vertrauen zu Euch.«

Unglücklicherweise hatte ich zu mir gar kein Vertrauen. Als die Treppenstufen knarrten, hielt ich den Atem an. Dann steckte Béatrice den Kopf durch die Tür und ich faltete und entfaltete unruhig meine Hände und wußte nicht, wohin mit den blöden Dingern.

»Hier ist Euer Freund, Maître Raymond«, sagte sie ausdruckslos. Woraufhin Durand Rouiard das Zimmer betrat, und meine Ängste schmolzen wie Schnee in der Sonne.

Wenn man, dem Gebot des Augenblicks folgend, handelt, vergißt man alle Furcht.

»Was hat das zu bedeuten?« fragte Durand, während Na Béatrice sich verzog. Er wedelte mit meinem Brief und sah aus, als wäre er nicht besonders gut beisammen. Sein Blick war starr, seine Lippen bebten, seine großen Hände fuchtelten unsicher in der Luft herum. »Warum quält Ihr mich?«

»Das schrieb ich Euch. Und mäßigt bitte Eure Stimme, Pater. Oder sollen die Leute alles mitbekommen?«

Sein Gehorsam erfüllte mich mit jäher, wilder Freude. Denn ich hatte ihm meinen Willen aufgezwungen und damit die ganze Sache in den Griff bekommen.

»Ihr habt Euch an den falschen Mann gewandt«, murmelte er. »Ich weiß nichts von Hexerei oder magischen Büchern.«

»Dann hättet Ihr mich bei Pater Amiel anzeigen sollen.«

»Wie denn? Es gibt da doch Randbemerkungen – nicht von mir, wie ich Euch versichere, aber solche, die meiner Schrift ähnlich sehen –«

»Aber natürlich«, unterbrach ich ihn sarkastisch. Ich war über seine Unschuldsbeteuerungen wirklich empört. Hielt er mich für einen Narren? »Obwohl Ihr mit Guillaume Monier gut bekannt wart, habt Ihr nichts in sein Buch geschrieben. O nein. Aber meint Ihr, daß Pater Amiel Euch glauben wird? Er wird Euch, was immer Ihr getan habt, zum Geständnis *zwingen*. Er war, wie Ihr wißt, Inquisitor ketzerischer Verderbtheit. Ich habe gesehen, wie er verfährt.«

»Gott steh mir bei«, stöhnte Durand.

»Gott wird Euch nicht beistehen«, flüsterte ich. »Nur ich kann Euch helfen.« Plötzlich fühlte ich mich sehr mächtig; es war, als ob Pater Amiel aus mir spräche. »Tut, was ich verlange. Helft mir, Pierre-Julien Fauré zu töten. Verflucht ihn mit zauberischen Kräften, laßt ihn sterben. Ihr wißt doch, wie man so etwas macht.«

»Nein …«

»Natürlich wißt Ihr's! Ihr schriebt doch, daß man Hundeblut an die Wand spritzen muß, um Hexerei abzuwehren, und daß die Galle eines schwarzen Hundes gegen Dämonen hilft! Ihr wißt um solche Sachen! Ihr habt sie in das Buch von Monier geschrieben!«

»Das war nicht meine Schrift. Ich weiß nichts von Hexerei.«

»Dann solltet Ihr Euch möglichst schnell mit ihren Geheimnissen befassen«, zischte ich, »sonst wird Pater Amiel Euch vernichten!«

Durand preßte die gefalteten Hände gegen die Lippen und schien nachzudenken. Unruhig musterte er den Raum.

»Wenn Ihr mich nicht zufriedenstellt«, warnte ich ihn, »wird abgerechnet.«

Immer noch zögerte er.

»Ihr seid ein Narr. Was habe ich zu verlieren?« Und mit diesen Worten öffnete ich die Tür und stellte mich an die Treppe. »Wenn Ihr tatsächlich unschuldig wärt, hättet Ihr meinen Brief Pater Amiel vorgelegt. Das *weiß* ich. Und was hätte ich für Nachteile, wenn ich Euer kleines Geheimnis weitererzählte?«

Immer noch schwieg er. Doch als ich meinen Fuß auf die erste Stufe setzte, hob er die Hand.

»Wartet«, meinte er. »Wartet.«

»Auf was?«

»Ich – ich kann Euch nicht helfen. Wartet! Bleibt doch! Hört mich an. Ich habe keine Bücher.«

Ich zog den Fuß von der Stufe.

»Was meint Ihr damit?«

»Was ich sagte. Ich habe keine Bücher. Ohne Bücher kann ich Euch nicht helfen. Und mir selbst auch nicht.« Er stieß einen kurzen, freudlosen Lacher aus, legte die gefalteten Hände auf den Kopf und verzog das Gesicht wie in Krämpfen. »Ich bin kein Hexenkünstler«, fuhr er leise und mit brüchiger Stimme fort. »Vor Jahren einmal war ich geblendet – ich bin mit der griechischen Sprache vertraut, wißt Ihr – es ist eine seltene Fähigkeit ...«

»Und weiter?«

»Eine, die andere nicht besitzen. Sie kamen zu mir, schmeichelten mir, baten mich um Hilfe. Ich bekam ...« – er spreizte die Hände – »... Geschmack daran. Geschmack, mehr nicht. Ich habe keinen Zauberbann vollführt. Ich habe keine Bücher erworben. Und das alles ist schon lange her – ich erinnere mich kaum noch daran –«

»Und wer erinnert sich sonst noch daran?« fragte ich fordernd. »Wer kann mir helfen, wenn nicht Ihr? Wer sind diese ›anderen‹? Geht zu ihnen! Fragt sie nach ihren Büchern! Warum lacht Ihr?«

»Weil der eine tot und der andere Euer Feind ist!« Durand lachte schrill, mit einem wilden und verzweifelten Unterton, den ich für einen Ausdruck seiner Furcht hielt. »Soll ich den Inquisitor von Lazet um Hilfe bitten? Damit er an seinem eigenen Untergang mitwirkt?«

Ich gab mich überrascht. »So ist das. Hmm.« Ich schritt auf und ab und tat, als würde ich nachdenken. Ich wollte Verwirrung vortäuschen, was schwieriger war, als Ihr vielleicht annehmt.

»Aber selbst wenn Pater Amiel von dem Inquisitor erfährt«, sagte ich schließlich, »könnte ich mich dann sicher fühlen? Nein – es ist besser, wenn er stirbt. Besser für alle.« Ich schaute Durand an. »Ihr müßt ihm ja nicht sagen, daß der Zauber sich gegen *ihn* richten wird. Belügt ihn. Fragt ihn um Rat. Sagt ihm – genau! –, sagt ihm, daß Ihr *mich* töten wollt. Sagt ihm, daß ich damit drohe, Euch bloßzustellen – was habt Ihr denn?« Er kicherte atemlos und verdrehte die Augen. »Was ist Euch? Seid Ihr verrückt geworden?«

»Das ist …« Er wedelte mit den Händen. »Das *ist* verrückt«, stammelte er. »Das ist unglaublich.«

»Und was?«

»Das hier. *Das hier*!« Er warf die Arme in die Luft. »Ich habe es doch schon gemacht, Meister Notar! Ich habe getan, worum Ihr mich eben gebeten habt!«

»Was?«

»Ich habe an den Inquisitor geschrieben! Ich habe ihn um Rat gefragt! Ich habe ihm berichtet, daß Ihr mich bedroht und daß ich Euch durch einen Fluch töten will! Und ich habe sogar *ihm* gedroht! Denn wenn meine Sünden ans Licht kommen, dann mit Gewißheit auch seine!«

Ich runzelte die Stirn.

»Was meint Ihr damit? Wann habt Ihr das getan?«

»Als Ihr das erste Mal zu mir kamt! Ich hatte Angst! Wenn er mir antwortet – und das wird er! –, bekomme ich von ihm alles, was ich wissen muß!« Durand lachte meckernd und fuchtelte mit dem Zeigefinger vor meinem Gesicht herum. »Vielleicht vollführt er den Zauber sogar selbst! Vielleicht seid *Ihr* zum Sterben verdammt, Freundchen! Hmm? Vielleicht bleiben Euch nur noch ein paar Tage! Denn schon bald erhält er meinen Brief. Morgen. Oder am Mittwoch. Und was dann?«

Durands verwegene Rede machte mich nervös. Ich hatte das

Gefühl, ins Hintertreffen geraten zu sein. Ich schwieg, statt zu reden, zog mich zurück, statt anzugreifen. Aber mein plötzlicher Mangel an Mut wurde dadurch ausgeglichen, daß Durand sich schon zur Genüge selbst verurteilt hatte.

Zumindest schien Pater Amiel das zu denken, denn urplötzlich tauchte er unter dem Bett auf und versetzte dem Sekretär einen tödlichen Schrecken.

»Bruder Durand Rouiard? Ich bin Amiel de Semur. Maître Raymond steht in meinen Diensten. Wie Ihr sehen könnt ...« – der Mönch nahm den Hut ab – »... bin ich tatsächlich ein Klosterbruder.«

Durand stand da und sagte kein Wort.

»Ich bin darüber hinaus ein durchaus barmherziger Mensch«, fuhr Pater Amiel mit ruhiger Stimme fort. »Offensichtlich habt Ihr Euch in der Schwarzen Kunst versucht. Zwei Zeugen haben gehört, wie Ihr Euch dazu bekanntet. Ob diese Sache vor dem kirchlichen Gericht oder dem Heiligen Amt verhandelt wird, muß noch entschieden werden – aah!«

Durand stieß den Mönch zur Seite und sprang auf die Tür zu. Aber er war für eine derart hektische Aktivität nicht passend gekleidet. Ohne groß zu überlegen, packte ich ihn am Umhang und riß mit solcher Wucht daran, daß er stolperte und auf den am Boden sitzenden Mönch niederstürzte. Bevor Durand sich wieder erheben konnte, sprang ich ihm auf den Rücken.

Ich bin zwar kein Kämpfer, aber damals war ich jung und kräftig. Durand brach mit einem schluchzenden Aufschrei unter mir zusammen.

Ich sagte ihm, er solle den Mund halten.

»Wie ich bereits sagte«, keuchte Pater Amiel und stand auf, »habt Ihr bekannt, Bruder Durand, ein Hexer zu sein, aber ich glaube, daß Ihr in die Irre geleitet wurdet – und das vor allem von einem Mann, den Bruder in Christo zu nennen, ich mich schäme. Vielleicht kann ich, wenn Ihr reumütig seid, die Tatsachen zu Eurem Vorteil wenden. Ich könnte aufzeichnen lassen, daß Ihr aus freien Stücken zu mir gekommen seid, um für vergangene Sünden Vergebung zu erlangen und mir die Namen derer zu nennen, die ebenfalls geheimen Lastern gefrönt haben. Vielleicht kann ich dem Heiligen Vater sagen, daß Ihr den Brief an Pater Pierre-Julien mit meinem Wissen und aufgrund meiner Anweisungen verfaßt habt.«

Ich kniete noch immer auf Durand, der jetzt ganz ruhig dalag. Den Heiligen Vater belügen? dachte ich bei mir und war erneut aufs tiefste erstaunt.

»Wenn ich Pater Pierre-Juliens Antwort in der Hand halte«, fuhr der Mönch fort, »könnte ich dem Papst empfehlen, Milde walten zu lassen, und Euch erlauben, Eure Buße nicht im Gefängnis, sondern in einem fern von Avignon gelegenen, verschwiegenen Kloster abzuleisten. Das alles könnte ich tun, wenn Ihr mir zu Willen seid.«

Mit großer Anstrengung hob Durand den Kopf.

»Und wie?« keuchte er.

»Indem Ihr die Wahrheit sagt und tut, was ich anordne. Seid Ihr damit einverstanden?«

Durand atmete schwer, antwortete aber nicht.

»Seid Ihr damit einverstanden?« wiederholte der Mönch. Wortlos bedeutete er mir, den Gefangenen freizugeben. Ich stand auf, so daß Durand sich hinsetzen, seine Schulter massieren und ein schmerzverzerrtes Gesicht ziehen konnte.

»Bruder, Ihr habt die Wahl«, meinte Pater Amiel im sanftesten Ton vernünftigen Überredens. »Wenn Ihr Euch widersetzt, lasse ich von der Garnison eine Eskorte kommen, Euch ins Gefängnis werfen und den Papst wissen, daß Ihr ein unbußfertiger Hexer seid. Wenn Ihr Euch verständig verhaltet, könnt Ihr nach Hause zurückkehren und dort abwarten, wie der Heilige Vater über Euer Schicksal entscheidet. Wie entscheidet Ihr Euch?«

Pater Durand riß die Augen auf. »Ihr gestattet mir, von hier wegzugehen?« fragte er ungläubig. »Wenn ich Euch helfe?«

»In der Tat«, erwiderte der Mönch kühl. »Aber glaubt nicht,

daß Ihr mir entkommen könntet. Ich habe, mit Unterstützung des Marschalls, verschiedene Methoden, um Euch daran zu hindern, und wenn Ihr es doch versucht, trifft Euch meine Mißbilligung mit aller Härte.«

Trotz seiner äußeren Erscheinung – seiner unmöglichen Beine, seiner schäbigen Kleider, seiner todbleichen Gesichtsfarbe – wirkte der Mönch völlig überzeugend. Er verströmte eine Atmosphäre der Bedrohlichkeit. Durand schluckte.

»Was – was soll ich denn für Euch tun?«

»Mir die Wahrheit sagen.«

»Worüber?«

»Über Euch selbst. Über Pierre-Julien Fauré. Über Guillaume Monier. Und über das euch allen gemeinsame Interesse an Hexenkünsten.« Als Durand zögerte, fügte Pater Amiel hinzu: »Kommt, habt keine Angst. Dies hier ist keine förmliche Befragung. Nichts wird aufgezeichnet. Wenn Ihr wollt, könnt Ihr später leugnen, daß diese Ereignisse jemals stattgefunden haben. Obwohl ich Euch dergleichen nicht empfehlen würde.«

Durand biß sich auf die Lippen. Er blickte mich an. Er erhob sich, glättete seine Kleider und räusperte sich.

Und dann begann er, mit zitternder, dumpfer Stimme, zu reden.

# Dritter Gesang

Am nächsten Morgen machte ich mich auf den Weg nach Saint-Martin-les-Bains.

Pater Amiel hatte mir das friedfertigste Roß besorgt, das in den Ställen der Priorei zu finden war: eine nicht mehr ganz junge graue Mähre namens Segnitia. Außerdem hatte er Vorkehrungen getroffen, daß ich gleich nach Öffnung der Stadttore auf der Brücke von Saint-Bénézet zu einer Gruppe von Kirchenleuten stoßen würde, die mich bis zu meinem Zielort begleiten sollte. Tatsächlich hatte der Mönch am Tag zuvor (während ich an Pater Antonios Vernehmungsprotokoll feilte) einige schlaue Pläne ausgeheckt, zu denen auch die an den Marschall gerichtete Forderung gehörte, Durand Rouiard am frühen Dienstag morgen zur Matutin in seinem Haus zu verhaften.

Warum das nicht schon hier, im Schwarzen Hahn, geschehen sei, wollte ich wissen, nachdem Durand gegangen war. Pater Amiel erklärte mir die Gründe. Natürlich hätte Na Béatrice die Garnison alarmieren können, während ich Durand festhielt. Aber wenn er nun entkommen wäre?

Es hätte doch, wandte ich ein, eine bewaffnete Eskorte ihn bereits erwarten können. »Aber wir wußten ja nicht«, bemerkte der Mönch, »wann Durand auftauchen würde. Vielleicht wäre er der Eskorte unterwegs begegnet, mißtrauisch geworden und geflohen. Nein – es ist schon besser, daß wir ihn haben gehenlassen.«

»Wird er denn nach Hause gehen?« fragte ich, als wir den Schwarzen Hahn verließen und in die sommerliche Dämmerung hinaustraten. Wachsendes Zwielicht tauchte die Straßen in Schatten. Wir mußten uns beeilen, um noch im Eulenlicht zum Kloster zu gelangen, denn wir hatten keine Fackeln dabei, und die Brise, die gerade die Wolken vertrieb, hätte Lampen oder Kerzen schnell zum Erlöschen gebracht.

Irgendwo vor uns huschte auch Durand seinem Ziel entgegen.

»Ich glaube, daß er nach Hause zurückkehren wird«, meinte Pater Amiel. »Vielleicht sucht er einen anderen Ort auf, um sich zu verstecken. Aber wo kann er sich denn verbergen? In Avignon wohl kaum. Und verlassen kann er die Stadt jetzt, nach Toresschluß, nicht mehr. Morgen früh aber würde die ganze Garnison nach ihm suchen. Wenn er vernünftig ist, nimmt er mein Angebot an und schläft heut nacht in seinem eigenen Bett.« Pater Amiel sprach atemlos, denn wir beschleunigten den Schritt. »Außerdem ist es fast schon dunkel. Wenn er noch in der Stadt umherwandert, kann es ihm schlecht ergehen.«

»Oder uns.«

»Ihr habt recht. Beeilen wir uns, damit Ihr Euch vor der morgigen Reise ausruhen könnt.«

Seltsamerweise schlief ich trotz meiner vielen Sorgen (und ich muß gestehen, daß Durands Brief an Pierre-Julien Fauré mit der Bitte, sich meiner Gesundheit anzunehmen, mich etwas beunruhigte) in dieser Nacht fest und tief und erwachte am Morgen nur widerstrebend. Ich fühlte mich steif und schwerfällig wie nach einem Fieberanfall. Hätte Pater Amiel mich nicht angetrieben, würde ich die Brücke von Saint-Bénézet wohl erst lange nach der Abreise meiner Eskorte erreicht haben. So jedoch traf ich zur vereinbarten Stunde ein und schloß mich, zu meinem Schutz, den anderen an.

Es waren ihrer zehn: der Schatzmeister der Kathedrale zu Albi mitsamt einem Subdiakon und einem Diener, zwei dominikanische Prediger, die nach Uzes wollten, ein Gemeindepriester aus einem abgelegenen Weiler irgendwo in der Montagne Noire, ein päpstlicher Kurier (zum Glück nicht Othon) mit dem Zielort Toulouse sowie drei regulierte Chorherren, die in ebendieser Stadt beheimatet waren und deren Reitkünste noch schlechter waren als meine. Pater Amiel war mit den zwei Dominikanern bekannt; sie hießen Pater Blaise und Pater Thibault und begleiteten mich vom Kloster zur Brücke.

»Es sind Generalprediger«, sagte mir Pater Amiel. »Ich habe ihnen alles über Euch erzählt.«

»Oh.«

»Ich habe Euch *empfohlen* und Eure Fähigkeiten über den grünen Klee gelobt, Raymond.«

Ich grunzte. Wir standen neben den Pferden, während meine zwei Reisegefährten mit einem dritten, ziemlich verschlafen aussehenden Bruder (den ich erkannte, ohne daß mir sein Name einfiel) formelle Abschiedszeremonien zelebrierten. Küsse wurden ausgetauscht, Reiseproviant angeboten und angenommen. Pater Amiel strahlte mich an.

»Seid guten Mutes«, meinte er leise. »Diese Reise wird nicht anstrengend. Sicher wird man Euch auf dem Kastell einen warmen Empfang bereiten. Und vielleicht wißt Ihr morgen schon, wer Guillaume Monier getötet hat.«

Ich gähnte und zog ein ganz unbegeistertes Gesicht.

»Vielleicht«, antwortete ich ohne großen Enthusiasmus, woraufhin Pater Amiel aufmunternd mein Handgelenk drückte.

»Raymond«, murmelte er, »Ihr solltet Vertrauen zu Euch haben. Letzte Nacht habt Ihr Euch ganz hervorragend gehalten. Eure List war meisterhaft. Ihr habt keinen Zweifel gezeigt, keine Schwäche. Ihr hattet Durand jederzeit im Griff. Ich weiß genau, daß Ihr fähig seid, auch dieser lüsternen Witwe die Wahrheit zu entlocken.« Er ließ mich los und gab uns den Rat, die Pferde bis zur Brücke am Zügel zu führen. »Diese Straßen geht man besser zu Fuß«, sagte er.

»Ich weiß.«

»Das Geld habt Ihr?«

»Ja.«

»Dann Gott befohlen. Ich erwarte Euch in zwei oder drei Tagen zurück. Vielleicht habe ich dann eigene Neuigkeiten, die ich Euch berichten kann.«

Seine eigenen Neuigkeiten? Als ich ihn hinter den Klostermauern verschwinden sah, fragte ich mich, was er damit wohl gemeint haben könnte. Pater Antonio würde aufgefordert werden, seine Aussage zu bestätigen, und Durand Rouiard (mittlerweile im Gefängnis) möglicherweise einer formellen Befragung unterzogen. Würde Pater Amiel schon während meiner Abwesenheit den Papst aufsuchen oder bis zu meiner Rückkehr damit warten?

Aber was hieß das: den Papst aufsuchen? Wie machte man so etwas? Trug man in einem riesigen Raum vor einer bewegungslosen Gestalt auf einem erhöhten Thronsessel bis zum Boden gebeugt mit leiser Stimme sein Begehren vor? Wartete man in einem Flur und schoß dann plötzlich nach vorne, um den Heiligen Vater aufzuhalten, der, begleitet von ganzen Horden durcheinanderschwatzender Kleriker, von einer Ratssitzung zur anderen eilte? Klopfte man schüchtern an die Tür zu einer kleinen, dunklen Kammer, um dann von der gereizten Stimme eines alten Mannes hereingebeten zu werden, der mit gebeugtem Rükken, die Feder in der Hand, umgeben von zahllosen Dokumentenstapeln, an seinem Schreibpult stand?

Wie dem auch sein mochte, würde der Heilige Vater über Pater Amiels Entdeckungen nicht erfreut sein. Höchst ungern würde er vernehmen, daß Pater Pierre-Julien Fauré, der sich mit seiner eifrigen Verteidigung des wahren Glaubens dem Papst empfohlen hatte, nun des Versuchs der Dämonenbeschwörung angeklagt wurde. Pater Amiel zufolge teilte er mit Papst Johannes eine tiefe Furcht vor der Hexerei; als sich der Inquisitor in Avignon aufhielt, hatten die beiden Männer mehrfach in angeregtem Gespräch zueinandergefunden. Während jedoch der

Heilige Vater Satans Künste mit Konsistorien, dem Kirchenrecht und magischen Schlangenhäuten bekämpfte, hatte sich Pater Pierre-Julien, fasziniert und abgestoßen zugleich, an die Quelle des Bösen begeben.

Er hatte zeigen wollen, daß ein Dämon durch heilige Gegenstände, heilige Worte und einen klaren Geist besiegt und zum Wohle der Menschheit in Dienst genommen werden kann. Zumindest hatte er das Durand Rouiard erzählt. Er war in den Besitz eines griechischen Textes gelangt, der angeblich Geheimnisse enthielt, mit deren Hilfe ein Dämon gefügig gemacht werden konnte, und hatte Durand, der die Ernsthaftigkeit des Inquisitors nicht bezweifelte, um eine Übersetzung gebeten. Durand wiederum war in den Bann dieses Textes geraten, der ihm alt, geheimnisvoll und mächtig vorkam. Er hatte sich Pater Pierre-Julien und Pater Guillaume Monier angeschlossen und sich mit ihnen Nacht für Nacht an Hexenkünsten versucht. Sie hatten Katzenfell, Hundeblut, magische Kreise, Zauberformeln und Weihwasser verwendet. Drei Monate lang hatten sie sich bemüht, einen Dämon heraufzubeschwören.

Aber es war ihnen nicht gelungen.

»Wodurch bewiesen werden könnte«, hatte Pater Amiel bemerkt, »daß Dämonen von Menschen nicht kontrolliert werden *können*. Wenn man dergleichen überhaupt beweisen muß. Meiner Meinung nach hat Thomas von Aquin das Notwendige dazu gesagt.«

Über all das dachte ich nach, als ich Pater Blaise und Pater Thibault auf dem Weg zur Brücke folgte. Die beiden waren angenehme Gesellschaft und vor allem nicht geschwätzig, was mir zupaß kam, denn ich hatte nicht das Bedürfnis zu reden. Als wir unseren Treffpunkt erreicht hatten, tauschten sie mit den anderen freundliche Begrüßungsworte und stellten mich als »Maître Raymond Maillot, Notar im Dienste des Heiligen Vaters« vor. Ich mußte nur lächeln, nicken und mich verbeugen, und dann bestiegen wir die Pferde, um aufzubrechen.

Allerdings fiel dem Kurier auf, daß meine Steigbügel nicht richtig saßen – ob ich denn wie ein Sack im Sattel hängen wolle? Ich würde mich am liebsten hinlegen, meinte ich, worauf er lachte und die Sache in Ordnung brachte. Schon bald nach unserem Aufbruch wurde deutlich, daß die drei Chorherren aus Toulouse nicht nur unerfahrene Reiter auf schlechten Pferden, sondern auch sehr gesprächig waren und sich lebhaft über die Angelegenheit unterhielten, die sie nach Avignon gebracht hatte. Der Schatzmeister steuerte hin und wieder eine anspruchsvolle Bemerkung bei, die nach einer ehrfürchtigen Pause mit vielen zustimmenden Schmeicheleien bedacht wurde. Die Dominikaner sprachen so leise miteinander, daß man kein Wort verstehen konnte, während der Kurier, der auf den Namen Germain hörte, das wenige, was er sagte, ausschließlich an mich richtete. »Schaut Euch diese Weinberge an«, bemerkte er einmal. »Sie alle gehören der Abtei von Saint-André, die auf dem Mont Andaon liegt. Ich bin dort mal gewesen. Beim Bart des Hl. Joseph, diese Mönche leben besser als unsereiner!« Ein andermal vertraute er mir an: »Ich würde gern woanders leben als in Avignon. Da laufen für meinen Geschmack zu viele Leute mit Tonsuren herum.« Er empfand, wie Othon, nur wenig Sympathien für den Klerus.

Trotz der Unbeholfenheit der Chorherren kamen wir gut voran, denn die Straße war trocken und verlief relativ eben. Da ich hier seit drei Jahren nicht mehr längsgeritten war, bemerkte ich mit Interesse die größeren Veränderungen: Hier war ein neues Feld angelegt worden, dort ein alter Baum umgestürzt, dort ein Pfad, der sich einen staubigen Hügel hinaufwand, tiefer ausgetreten. An den Bäumen reiften die Früchte; Weizen, Gerste und Bohnen waren geerntet worden. Auf der Straße machten hin und wieder Bauern Platz für unsere Kavalkade – ein alter Mann mit einem Korb voller Holz, ein Kind, das ein Schwein vor sich hertrieb, eine junge Frau, deren Hüftschwung mir ins Auge fiel. (»Frauen schätzen Priester«, bemerkte Germain leise, »weil die so gut behängt sind. Und sie wissen ihre Instrumente zu nutzen, ohne Kinder zu zeugen.«) Einmal hielten wir an, um unsere Blasen zu leeren. Unser Mittagsmahl, das wir in den Satteltaschen mitführten, verzehrten wir während des Ritts.

Als die Sonne sich dem Horizont näherte, erreichten wir einen mir vertrauten Kreuzweg. Hier verließ ich meine Begleiter, die nach Uzes, wo sie die Nacht verbringen wollten, noch eine kurze Strecke vor sich hatten. Ich wandte mich nach Norden, in die Berge, und langte schon bald in Saint-Martin-les-Bains an, das im Abendrot erglänzte. Es war, kann ich Euch versichern, ein willkommener Anblick. Nach einem Tag im Sattel hätte ich allerdings auch eine Scheune oder die Hütte eines Aussätzigen mit gleicher Freude begrüßt.

Ich ritt eben lieber Frauen als Pferde.

Saint-Martin-les-Bains ist ein großes, wohlhabendes Dorf, das von einem kleinen Kastell überragt wird. Die schindelgedeckten Häuser drängen sich an einigen Straßen zusammen, die hügelab in die Landstraße einmünden. Unterhalb des Dorfes breiten sich Weingärten und Kornfelder aus; auf den zahlreichen Weiden grasen Maultiere, Kühe und Esel; Schweine suhlen sich in Schlammlöchern; überall wird Gemüse angebaut, und nur die schönen Bäume schienen an Zahl abgenommen zu haben. Die Dorfkirche ist groß und prächtig, der ganze Innenraum mit Malereien verziert, auf dem Friedhof steht eine Kapelle. Es gibt zwei Priester, zwei Brunnen, einen Schuhmacher, einen Weber, einen Schmied, einen Maurer und eine kleine Garnison, bestehend aus wohlgenährten, der Bauernschaft entstammenden Soldaten, die mit Speeren bewaffnet sind.

Die meisten Einwohner traten aus den Häusern, um mich bei meiner Ankunft in Augenschein zu nehmen. Der Vicarius des Priesters entbot mir einen freundlichen Willkommensgruß, während viele seiner Schäfchen uns bis zum *château* begleiteten. Ich will Euch nicht mit einer ausführlichen Beschreibung dieser Anlage langweilen, deren Ausmaße, wie ich schon sagte, eher bescheiden sind. Sie besteht aus einem vierstöckigen Bergfried, der von einer mit halbrunden Wachttürmen bestandenen Außenmauer umgeben ist. Die Befestigung ist also nicht besonders bemerkenswert, dafür aber die Inneneinrichtung, der Marguerites verstorbener Ehemann besondere Aufmerksamkeit widmete. Die Latrinen sind aus Stein gebaut, unter den Fenstern stehen Bänke, es gibt einen großen Kamin, Saal und Privatkapelle sind reich mit Ornamenten verziert. Im Saal sind die Kragsteine, auf denen die acht fächerförmig angeordneten Rippen der Deckenwölbung aufruhen, mit Steinfiguren geschmückt, und in den Mittelpfeiler ist eine Skulptur eingelassen, die den harfespielenden König David zeigt. In der Kapelle blicken Engel von der Decke herab. In fast jedem Raum finden sich Hängelampen, glasierte Krüge, Felle, bemalte Wände und viele Talgkerzen.

Das Kastell ist von außerordentlicher Schönheit, und ich war überaus erfreut, es wiederzusehen. Auf dem Turm wehte die Fahne mit den Farben des Grafen der Provence, und sein Wappen ist über dem Tor eingemeißelt. Dort empfing mich der Haushofmeister, den ich indes nicht kannte; er mußte seinen Posten irgendwann in den letzten Jahren angetreten haben. Er musterte mich von oben bis unten, aber durchaus nicht in feindseliger Manier.

»Ich bringe eine Nachricht für die Dame Marguerite mit«, sagte ich. »Von – äh – Lambert Galand. Aus Avignon.«

»Dem Anwalt?«

»Ja.«

»Sehr wohl.« Er runzelte die Stirn, blieb aber freundlich. Ohne weitere Erklärungen zu verlangen, führte er mich über den Innenhof in den Burgfried und dann eine Wendeltreppe hinauf. Der Geruch dieses Ortes kam mir so vertraut vor wie die Anordnung der Stufen, die hier und da unwillkommene Gäste ins Straucheln bringen konnten.

Im Saal stand Marguerite. Sie sprach mit zwei Frauen, deren eine ihre Schwiegertochter war. Ich hörte das Greinen eines Säuglings und sah die hechelnden Hunde, die bellten, als ich eintrat, jedoch mit ein paar Tritten und scharfen Worten beruhigt wurden.

Marguerite breitete die Arme aus, als sie meiner angesichtig wurde.

»Ist es möglich!« rief sie aus. »Raymond Maillot, nicht wahr?«

»In der Tat«, erwiderte ich und verneigte mich.

»Ihr kommt von Avignon?«

»Von Avignon. Mit einem Brief Lambert Galands.«

»Aha! Ich muß ihn lesen. Aber setzt Euch doch und trinkt etwas Wein und erzählt uns von Euch. Blanche, erinnerst du dich an Maître Raymond? Er kam oft hierher, als er noch bei Lambert Galand wohnte.«

Blanche, die Schwiegertochter, nickte. Sie sah unscheinbar und schmächtig aus; ihr Gesicht erinnerte ich nur noch vage. Die andere Frau war eine Witwe aus dem Dorf, die »ein bißchen Essig« haben wollte. Sie war klein und knorrig und unermüdlich heiter. Die Anwesenheit eines Mannes von Bildung konnte sie nicht einschüchtern, vielmehr spöttelte sie über meinen unsicheren Gang, als ich mich, leicht die Miene verziehend, niedersetzte.

»Ich bin das Reiten nicht gewohnt«, erklärte ich.

»Natürlich nicht«, meinte Marguerite mitfühlend, aber mit einem Glitzern im Auge. Sie war ein bißchen füllig geworden, aber immer noch hübsch. Ihr Haar, von rötlicher Färbung, war dicht und glänzend und auch durch ein seidenes Netz kaum zu bändigen. Haut und Hände schimmerten weich, und ihre schrägen Augen verliehen der ziemlich großen Nase erotische Schönheit.

Besorgt, mich selbst zu verraten, wandte ich den Blick ab.

»Blanche ist zweimal Mutter geworden, seit Ihr das letzte Mal hier wart«, bemerkte Marguerite im Plauderton und brachte mir Wein. »Dieser kleine Mann ist ihr dritter Sohn, und alle Kinder haben überlebt.«

»Gott sei bedankt«, murmelte Blanche.

»Ja, und ein Körnchen Weihrauch«, warf die Alte ein. »Wenn

man Weihrauch mit anderen Kräutern mischt, ist das gut gegen Krankheiten des Kopfes.«

»Guillemette kennt sich da aus«, erklärte Marguerite. »Sie hat die Kinder oft vor dem Tod bewahrt.«

»Mit Gottes Hilfe«, sagte Guillemette. »Nur mit Gottes Hilfe.«

»Natürlich.«

So plätscherte die Unterhaltung noch einige Zeit dahin. Blanche wiegte ihr Kind, Marguerite brachte das Feuer zum Lodern, und Guillemette verriet mir, wie ich den Wolf kurieren könnte, den ich mir geritten hatte. Mich erfaßte eine seltsam angenehme Ruhe, und ich hätte einschlafen können, wären nicht meine schmerzenden Hinterbacken gewesen. Dann aber gesellten sich der Haushofmeister mit Frau und Kindern zu uns, und Blanches Söhne und Blanches Milchamme, und es wurde laut und chaotisch. Diener kamen mit Wein und Brot und einem Tafeltuch (das mir zu Ehren aufgelegt wurde), und es wurde ein bescheidenes, aus Fisch bestehendes Mahl aufgetragen. Beim Essen drehten sich die Gespräche um die Jagd, Kornmühlen, Angelrechte, Grundstücksstreitigkeiten und andere wichtige Themen von lokalem Interesse. Man fragte mich nach Neuigkeiten aus Avignon, wovon ich wenig zu berichten wußte, da mir abgetrennte Genitalien als Stoff zur Unterhaltung unpassend erschienen.

Marguerite, die neben mir saß, wandte sich nur einmal an mich, um mir mitzuteilen, daß Bona Claret bei der reichsten Familie des Dorfes eine Stellung gefunden hätte und offenbar mit ihrem Los zufrieden sei. Ob ich sie während meines Aufenthalts in Saint-Martin-les-Bains besuchen wolle?

»Vielleicht«, entgegnete ich. Besonders heftig war mein Verlangen, sie wiederzusehen, nicht.

»Wenn Ihr das tut«, fuhr Marguerite lebhaft fort, »müßt Ihr mir einen Besuch in meinem Haus abstatten. Es liegt vor den Toren des Kastells. Ihr seid vorhin daran vorbeigekommen.«

»Ach!« bemerkte ich. »Ihr wohnt nicht mehr hier?«

»Nein, hier ist jetzt Blanche die Herrin, und so sollte es auch sein. Ich bin Witwe und lebe für mich allein. Lärm und Geschäftigkeit brauche ich nicht.«

Der Grund dürfte klar sein, dachte ich bei mir, während sie mir aus den Augenwinkeln einen Blick zuwarf. Wie viele Männer wohl in diesem Haus schon zu Gast gewesen sein mochten?

»Ich hätte Euch ja gerne unter meinem Dach einquartiert«, fuhr sie mit einem kleinen, trillernden Lachen fort, »aber solche Gastfreundschaft ziemt sich nicht für eine Witwe.«

»Natürlich nicht.«

»Infolgedessen war Blanche so freundlich, Euch im Zimmer des Grafen unterzubringen. Da wart Ihr damals doch auch einquartiert, nicht wahr?«

Das stimmte. Das Zimmer wurde so genannt, weil der Graf der Provence dort auf seinen Reisen hin und wieder genächtigt hatte. Es befand sich im obersten Stockwerk des Burgfrieds, gleich neben der Privatkapelle, und war mit einem Himmelbett, einer mit Malereien verzierten Truhe und einem geschnitzten Kruzifix ausgestattet. Ferner diente es als Lagerraum für Tuchballen, reparaturbedürftige Stiefel und Fensterscheiben und ähnliche Gegenstände, die sonst nirgendwo unterzubringen waren. Allerdings wurde es nur besonders geehrten Gästen zur Verfügung gestellt.

»Ich bin dafür sehr dankbar«, lautete meine Antwort.

»Ihr findet Euch gewiß zurecht«, meinte Marguerite. »Wo die Latrinen, die Küche und die Stallungen sind, wißt Ihr ja.«

»Aber sicher.«

»Dann fühlt Ihr Euch hier wohl?«

»Nun ja – nicht ganz.« Zum ersten Mal blickte ich ihr direkt in die Augen. »Der Ritt war sehr anstrengend. Meine Muskeln schmerzen, und die abgeschürfte Haut brennt. Ich weiß nicht, ob ich heute nacht gut schlafen werde, obwohl ich sehr müde bin. Morgen dürfte es mir bessergehen.«

Sie nickte. Hatte sie mich verstanden? Hatte ich deutlich gemacht, daß ich in dieser Nacht keinen Eroberungsversuch unternehmen oder dulden wollte?

»Armer Maître Raymond«, lachte sie. »Er leidet, und nur wegen eines Briefes. Wo befindet sich dieser Brief überhaupt? In Eurem Gepäck?«

»Äh ... ja.«

»Dann werde ich ihn jetzt holen. Nein, nein – bleibt Ihr nur hier. Laurent, ist Maître Raymonds Gepäck im Zimmer des Grafen? Ja?«

Marguerite erhob sich und nahm von allen Abschied. Sie küßte die Kinder, lobte den Haushofmeister, trat einen Hund und wünschte mir eine geruhsame Nacht. »Bleibt ein paar Tage hier«, bat sie. »Ich weiß, daß Ihr Euch nach einem langen Ritt erst einmal erholen müßt. Aber besucht mich morgen auf jeden Fall, damit ich Euch mein Geflügel, den Dachboden und die Tenne zeigen kann.«

Dachboden, dachte ich. Sie will's mit mir auf dem Dachboden treiben.

Vielleicht gegen Mittag?

»Laurent, geleitest du Maître Raymond morgen zu meinem Haus? Sonst verläuft er sich am Ende noch. Du wirst dafür mit einem Becher Wein belohnt.«

Nein. Wohl doch nicht der Dachboden. Aber wo dann? Und wann?

»Gute Nacht euch allen. Gute Nacht, Blanche. Gute Nacht, Laurent. Gute Nacht, Maître Raymond.«

Nachdem sie gegangen war, saß ich eine ganze Weile ziemlich verwirrt da. Hatte sie mir etwas mitteilen wollen? Würde sie den Wein von Laurent mit Schlafmitteln versetzen, um dann mit mir der Liebe zu pflegen? Oder wollte sie nur allen zeigen, daß sie an mir in körperlicher Hinsicht nicht interessiert war?

Erst als ich mich auf das gräfliche Zimmer zurückgezogen hatte, begriff ich. Denn in meiner Satteltasche fand ich eine Nachricht, mit Kohle auf ein Stück Pergament geschrieben.

*Warte morgen nacht hier auf mich.*

# VIERTER GESANG

Ach, jammert Ihr, was für eine Qual! Müssen wir denn weiterhin auf diese Liebesnacht warten? Vergebt mir, meine Freundinnen, ich weiß, wie sehr Ihr Euch nach einem Bericht über meine im wahrsten Sinne des Wortes schlüpfrigen Taten verzehrt. Aber wieso meint Ihr überhaupt, daß es einen solchen Bericht geben wird? Hatte nicht Pater Amiel mir dringend geraten, die Witwe mit anderen Mitteln zum Sprechen zu bringen? Natürlich rebellierte mein Gewissen gegen die Vorstellung, die Gastfreundschaft des *châtelains* gröblich zu mißbrauchen, indem ich mit seiner Mutter ins Bett stieg. Und ebensowenig verspürte ich das Bedürfnis, meinen Samen – und meine Ehre – gegen das einzutauschen, was Marguerite zu berichten hätte.

Doch frage ich Euch: Hatte ich eine andere Wahl? Wie sollte ich mit Marguerite unter vier Augen sprechen, wenn ich mich nicht ihrer Aufforderung fügte? Was sonst konnte ich ihr anbieten, um ihr das Geheimnis zu entlocken? Diese und ähnliche Fragen und auch körperliche Schmerzen quälten mich in der Nacht, so daß ich kaum schlief, obwohl das Bett weich und das Kissen parfümiert war.

Am Morgen waren die Muskeln ziemlich steif. Nur mit großer Mühe – und zum Vergnügen aller, die mir begegneten – kam ich die Treppen hinunter. Nach einiger Zeit jedoch floß wieder ein wenig Öl in meinen Gelenken. Ich konnte, begleitet von

Laurents Sohn Phillippe, das Kastell verlassen und mich zu Marguerites Haus begeben. Hier bewunderte ich Dachboden, Geflügel und Tenne und manche anderen Dinge, die mir zur Begutachtung vorgelegt wurden: ein Altartuch, das Marguerite gerade mit Stickereien versah, den Goldring ihres toten Mannes, eine Sammlung schwerer Eisentöpfe, einen elfenbeingerahmten Spiegel, ein glasiertes Waschbecken. Phillippe und mir wurde sehr guter Wein kredenzt, und eine stille alte Frau namens Raymonde trug getrocknete Feigen auf. Sie war Marguerites einzige Dienerin und sehr gut angezogen. Das ist Marguerites Komplizin, dachte ich bei mir.

Nachdem wir unseren Wein ausgetrunken hatten, kehrten Phillippe und ich zum Kastell zurück, um das Mittagessen einzunehmen. Marguerite kam nicht mit. Sie würde, sagte sie, ihre Schwiegertochter am Abend besuchen, nachdem alle anfallenden Arbeiten erledigt waren. Als sie kenntnisreich über Hühnermist, das Hecheln von Hanf und die Lagerung ihrer Käselaibe und Speckseiten sprach, erweckte sie den Eindruck, eine fröhliche und fleißige Tochter der Kirche zu sein – eine jener tugendhaften Frauen, die die Zierde jedes Haushalts sind. Sie sprach mit mir auf zurückhaltende Weise, indem sie die Augen niederschlug und nur von unverfänglichen Dingen wie Dung und Priestern und Steuern redete. Sie trug das Haar bedeckt und war mit einfachen, dunklen Kleidern angetan.

Als wir sie verließen, schickte sie Raymonde zum Wasserholen, während sie Asche aus dem Herd in einen Holzeimer füllte. Alles, was sie tat, wirkte so unschuldig und ehrenwert, daß Gerüchte gar nicht erst aufkommen konnten. Ich fragte mich, ob ich nicht im Irrtum befangen wäre. Hatte Marguerite die Botschaft in meiner Satteltasche hinterlassen? Hatte eine andere Person Gefallen an mir gefunden?

Vielleicht hatte die Witwe es sich anders überlegt und eingesehen, daß eine fleischliche Vereinigung fast unmöglich zu bewerkstelligen sein würde. Wie könnte sie denn nachts in das Kastell gelangen, ohne Aufmerksamkeit zu erregen? Nur ein Sukkubus wäre dazu imstande.

Diese Gedanken beschäftigten mich, als ich am Nachmittag meine Umgebung erkundete. Ich erstieg zunächst die Wehrmauer des Kastells und ging dann über den Innenhof ins Dorf. Es war heiß, aber das schattige Wäldchen lag jenseits eines weiten, sonnenüberglühten Feldes. So blieb ich in Saint-Martin-les-Bains und besuchte zunächst die Stallungen des Kastells, wo ich einige Pferde bewunderte und dadurch die Sympathie des Stallknechts gewann, der zum Glück nicht merkte, daß ich kaum ein Fesselgelenk von einem Huf zu unterscheiden vermag. Dann betrat ich die Kirche, wechselte ein paar freundliche Worte mit dem Oberpriester und vermachte ihm eine Münze von dem Geld, das mir die Priorei mitgegeben hatte. Ich sprach sogar mit Bona Claret, die ich am größeren der beiden Brunnen traf. Unter den neugierigen Blicken von einigen Dutzend Dorfbewohnern, die zweifellos wußten, welche Rolle ich bei ihrem Ortswechsel gespielt hatte.

Wahrscheinlich erwarteten sie von mir einen Beweis meiner Zuneigung für Bona Claret, wurden aber enttäuscht. Ich beließ es bei ein paar kühlen, formellen Bemerkungen und sagte mir (als ich merkte, daß Bona mehr erwartet hatte), es sei gut für ihren Ruf. Nachdem ich mich davon überzeugt hatte, daß sie weder überarbeitet noch unterernährt aussah, verabschiedete ich mich, wünschte ihr viel Glück und ging raschen Schritts zurück zum Kastell.

Ich habe sie seitdem nicht wiedergesehen. Armes Ding; ich hoffe, sie hat mir vergeben, wo immer sie jetzt sein mag. Ich hoffe, sie ist nicht tot oder im Gefängnis, sondern mit einem guten Ehemann verheiratet, der sie weder schlägt noch wie ein Maultier schuften läßt. Aber das ist unwahrscheinlich, denn wer würde eine solche Frau heiraten? Vielleicht ist sie die Frau eines Bauern geworden. Dann hoffe ich, daß er nett und freundlich ist und sie glücklich macht.

Oder ihr zumindest genug zu essen gibt.

Da wir gerade vom Essen reden: Am Abend gab es eingelegten Kohl und Speck, und ich erörterte mit Laurent die Geschäfte meines Vaters, der mit Safran, Ingwer, Zucker, Pfeffer und Gewürznelken gehandelt hatte. Ferner sprachen wir über den Salzhandel und die Einfuhr feiner flämischer Wolle. Das wiederum führte uns zu Tuchen und Stoffen und den Möglichkeiten des Einfärbens. Zu viele Färber, darin waren sich alle einig, entstammten mittlerweile dem Judentum. Überhaupt gab es viel zu viele Juden.

Wir verglichen dann die Qualität von Avignons grünen Stoffen mit der der braunen aus Narbonne. Wir sprachen über Schafswolle, Flachs, Spinnerinnen und Weber. Marguerite saß wieder neben mir und fragte mich bei einer Gelegenheit, ob es wahr sei, daß Purpurfarbe aus zerquetschten Käfern gewonnen würde, plauderte ansonsten aber vorwiegend mit Blanche. Als sie sich verabschiedete, fragte sie, ob ich am nächsten Tag aufbrechen würde, was ich bejahte. Sie gab ihrem Bedauern Ausdruck. »Es war schön, Euch wiederzusehen«, seufzte sie. »Vielleicht kommt Ihr bald einmal wieder. Wenn mein Sohn hier ist.«

»Vielleicht.«

»Dann lebt wohl. Gott mit Euch. Gute Nacht, Blanche, gute Nacht, Laurent ...«

Diese Frau konnte sich meisterhaft verstellen. Daß sie auf eine Nacht voller Sündigkeit spekulierte, war ihrem Benehmen in keiner Weise anzumerken. Oder spekulierte sie gar nicht? Wieder war ich unsicher. Nichtsdestoweniger zog ich mich früh zurück, um für den Fall, daß sie doch käme, meine Taktik zu überdenken. Vielleicht könnte ich ihr Geld anbieten?

Es war immer noch sehr heiß. Trotz der dicken Steinwände und der einen gewissen Luftzug begünstigenden Schießscharten war es im Zimmer des Grafen überaus stickig. Nachdem ich die Tür verriegelt und die Lampe abgesetzt hatte, entledigte ich mich aller meiner Kleider und warf mich aufs Bett.

Das Bett grunzte vernehmlich.

Mein Herz setzte einen Schlag aus.

»Wer – wer ist da?« stotterte ich.

»Raymond?«

»*Marguerite*?«

»Ja. Ich bin's.« Mit einigem Ächzen und knackenden Gelenken schob sie sich unter dem Bett hervor, etwas derangiert, aber mit glitzernden Augen.

»Ich dachte, du wärst nach Hause gegangen«, flüsterte ich, rollte mich auf den Bauch und starrte sie an.

»Dummer Junge«, erwiderte sie. »Hätte ich herkommen können, wenn ich heimgegangen wäre?«

»Und niemand hat dich gesehen? Ich meine, keiner hat etwas bemerkt?«

»Ich verbringe so manche Nacht hier. Ich bleibe im Kastell, wenn die Kinder krank sind oder wenn es mir nicht gutgeht. Warum sollten die Wachen sich Gedanken machen, wenn sie mich nicht fortgehen sehen? Wer überhaupt sollte sich Gedanken machen?« Mit dem Zeigefinger strich sie über meine nackte Flanke. »Nur du machst dir Gedanken darüber, wo eine arme, verlassene Witwe hingeht«, sagte sie, die Lippen wie zum Kuß gespitzt. »Zumindest in *deinem* Herzen, Raymond, habe ich einen Platz gefunden.«

»Ja«, erwiderte ich, beunruhigt. »Natürlich. Aber ich wäre nicht hergekommen, meine Schöne, wenn du mir nicht etwas versprochen hättest.«

»Eine warme Begrüßung?« gurrte sie. Mittlerweile hatte sie sich auf die Knie erhoben, so daß ihr Busen mir gewissermaßen ins Auge blickte. Ihr dunkler *surcot* wurde im Nacken mit Bändern zusammengehalten; darunter trug sie ein dunkelgrünes Gewand mit roten Korallenknöpfen am Ärmelaufschlag. Ob ich die Knöpfe öffnen wolle, fragte sie.

»Meine Liebe«, murmelte ich. »Bevor ich das tue, möchte ich dich fragen, ob du die Wahrheit gesagt hast.«

»Worüber?«

»Über den ermordeten Priester. Du hast ihn in deinem Brief erwähnt.«

»Tat ich das?«

»In der Tat. Du schriebst auch, daß du wüßtest, wie er seine Mannheit verloren hat.«

»Ich werde es dir sagen.« Sie erhob sich und bat mich, die Bänder zu lösen. Da sie mir ihren Rücken zuwandte, wagte ich es, auf die Knie zu kommen und so das Gestrüpp mitsamt der prächtigen Eiche zwischen meinen Beinen zu entblößen. Der *surcot* löste sich von ihren Schultern und fiel zu Boden. Das grüne Gewand dagegen zog sie über ihren Kopf, und als sie aus den voluminösen Stoffmengen auftauchte, trug sie nur noch ein dünnes Unterhemd, das jedes Haar ihres lockigen Vlieses durchscheinen ließ.

Dieser Anblick war höchst verführerisch. Aber als sie nach meinen unteren Regionen greifen wollte, hielt ich ihre Hand fest.

»Warte noch.«

»Ach, Raymond. Wenn du wüßtest, wie lange es her ist, seit ich zum letzten Mal ein so großzügiges Angebot wahrnehmen konnte ...«

»Warte. Erst erzähl mir davon.«

»Wovon?«

»Marguerite!« Ich war schon ganz wirr im Kopf, hatte ich doch seit Wochen kein Auge mehr auf eine nackte Frau werfen können. »Genug mit dem Unsinn! Ich werde dir jeden Wunsch erfüllen, wenn du vorher meine Neugier befriedigst.«

»Aber Raymond, schau noch nur deinen armen Kerl an! Er steht da und bettelt, Raymond! Wie oft hast du ihn in der letzten Zeit eigentlich gefüttert?«

»Faß ihn nicht an«, keuchte ich und wich zurück. »Erst will ich alles wissen.«

Als Antwort ließ Marguerite auch noch das Unterhemd fallen. Ihre Haut war elfenbeinweiß, mit rötlichen und rosafarbenen Schattierungen. Und als sie die Seidenbänder, Eisennadeln und Holzkämme aus ihrem Haar löste, fiel es ihr bis weit über die Schultern herab. Ich konnte mein Verlangen, dieses weiche, weiße Fleisch zu drücken und zu streicheln und zu küssen, kaum bezwingen.

Als sie zu mir aufs Bett kroch, streiften ihre vollen Brüste verlockend ihre Arme.

»Muß ich dich erst noch jagen?« zischte sie mit sichtbarer Erregung.

»Zuerst sag es mir.«

»Komm zu mir.«

»Nein.«

»Aber schau deinen Kleinen doch mal an! Diese Siegessäule ist ein Kompliment für mich!« Wieder streckte sie die Hand aus, doch entkam ich ihr gerade noch unter das Bett, wo meine edlen Teile vor ihrem Zugriff sicher waren.

Pater Amiel wäre stolz auf mich gewesen.

»Bist du ein Mann oder ein Mönch?« knurrte sie. »Wie kannst du so etwas tun?«

»Sag mir die Wahrheit!«

»Dir liegt gar nichts an mir.«

»Doch, Marguerite, und sogar auf herausragende Weise. Aber ich bin nicht der Sklave meiner Lüste. Ich bin stark. Ich kann dir die ganze Nacht lang Befriedigung verschaffen, wenn es sein muß. Aber zuerst muß meine Neugier befriedigt werden.«

Lange Pause. Dann sagte sie: »Hat dir mein Anblick gefallen, als ich meine Kleider fallen ließ, Maître Raymond?«

»Allerdings.«

»Oder bin ich für deinen Geschmack schon etwas zu abgeblüht?«

»Aber nein.« Daß sie so etwas von mir dachte, beunruhigte mich. »Deine Haut ist weiß und köstlich wie Sahne. Mein Mund wässert bereits.«

»Dann iß! Bedien dich!«

»Sobald du mir die Wahrheit gesagt hast.«

Sie seufzte, und das Bett knarrte. »Ich werde dir jetzt eine Sache erzählen«, meinte sie schließlich, »und dann, bevor ich gehe, die andere. Ist das in Ordnung?«

»Warum nicht gleich *beide* Sachen?«

»Weil du mir sonst alle Befriedigung verweigerst!«

»Aber Marguerite!« Ihre Unterstellung empörte mich. »So etwas Schlimmes würde ich niemals tun!«

»Das sagst du. Aber dir liegt nichts an mir, das spüre ich jetzt deutlich.« Ich hörte ein unterdrücktes Schniefen. Ich hörte, wie sie sich vom Bett erhob. Ich sah ihre Füße über den Boden gehen. Als sie ihr Unterhemd aufhob, packte mich die Reue.

»Aber nein«, versuchte ich sie aufzuhalten und wälzte mich aus meinem Versteck. »Nein. Bitte. Natürlich begehre ich dich. Natürlich liegt mir an dir.«

»Das stimmt nicht. Dir liegt nur an meinem Geheimnis. Was solltest du sonst von mir wollen? Ich bin alt und häßlich.« Die Stimme versagte ihr. »Meine besten Tage sind längst vorüber.«

»Unsinn«, protestierte ich. Sie stand da mit gebeugtem Kopf und zusammengefallenen Schultern, und es tat mir weh, daß dieses stolze, üppige Fleisch in Scham und Kummer zu versinken schien. Ich ging zu ihr hinüber und legte ihr den Arm um die Schultern.

Als ich ihren nackten Bauch berührte, stellte sich mein Hengst sofort wieder auf die Hinterbeine.

»Da. Siehst du?« flüsterte ich. »Sag mir, ob ich dich etwa nicht begehre.«

Sie hob das Gesicht.

»Du kamst also her, weil du es wolltest?« murmelte sie.

»Natürlich.«

»Dann küß mich.«

Ich küßte ihre weichen Lippen – und man kann sich vorstellen, was dann geschah. Ich küßte ihre Lippen, ihren Nacken, ihre Nase, ihr Haar, ihre Brüste; ich küßte ihren Bauch und streichelte mit den Händen über ihre Hinterbacken. Ich ließ meine Zunge über ihre Knospen gleiten, während sie meinen Hengst bearbeitete, als wolle sie eine Kuh melken. Nach kurzer Zeit rollten wir auf dem Bett hin und her, und sie ließ zwischen meinen Beinen flinke Finger spielen. Doch bevor ich völlig die Kontrolle verlor, stieß ich sie weg und keuchte: »Sag es!«

»Ich kann nicht.«

»*Sag es.*«

»Ich kann nicht!« Auch sie keuchte. »Raymond, es gibt nichts zu erzählen!«

»Wie?«

»Ich habe gelogen. Ich weiß nichts über diesen Priester. Nichts! Es war eine Lüge – um dich herzulocken …«

Ich glaubte ihr nicht. Irgend etwas in ihrem Tonfall und ihrem Blick machte mich mißtrauisch. Aber ich starb vor Lust, verging vor Begierde, und das wußte sie. Ich fand keine Argumente mehr. So legte ich mich auf den Rücken, während sie sich mit Mund, Zunge und Zähnen von den Knien bis zum Bauch hocharbeitete, um sich dann auf meinem Pfahl niederzulassen.

Darauf folgte ein guter, harter Ritt, oder besser: eine richtige Rammbocksache, die uns beide zu einem wohlgefälligen Höhepunkt führte. Ich muß jedoch sagen, daß es Marguerite, bei all ihren Listen und Tücken, ihren Duftwässern und Wortspielen, ein wenig an Subtilität mangelte. Sie bearbeitete mich, als wäre sie ein Schmied und ich der Amboß; sie entlud sich wie ein Mann. Meine Reitausflüge mit Na Béatrice dagegen waren oft sanft und fließend wie ein Strom, mit kleinen Wirbeln und Schnellen. Die fleischliche Vereinigung mit Marguerite glich eher einer Schlacht voller Schläge und Knüffe, Bisse und Kratzer, Angriffe und Rückzüge. Außerdem war sie unersättlich. Kaum hatte ich meinen Samen vergossen, als sie auch schon nach mehr verlangte.

»Nein«, keuchte ich. »Warte.«

»Mehr!« Sie wühlte in meinem Haar. »Du hast behauptet, du wärest stark.«

»Bin ich, bin ich. Gib mir noch einen Augenblick ...«

Aber selbst das war mir nicht vergönnt. Erneut liebkoste sie mein erschlafftes Instrument, weckte es aus seiner Betäubung, befahl es mit ihrer Zunge zum Aufstand. Nachdem sie das vollbracht hatte, bediente sie sich seiner mit solchem Druck und Nachdruck, als führte sie den Stößel in meinem Mörser. Bei unserer Heiligen Jungfrau, sie war eine rossige Stute! Sie biß mir – ja doch! – in die Brustwarzen, bis ich ihr Widerstand leistete und sie mir unterwarf, woraufhin sie sich an mir festklammerte wie eine Rebe am Gitter.

»Fester!« keuchte sie. »Fester! *Noch* fester!«

Aber ich schwör's Euch, wenn ich noch gewaltsamer vorgegangen wäre, hätte ich ihr ein Loch ins Rückgrat gehämmert.

Wiederum wurden unsere Bemühungen belohnt. Ich kam zum Höhepunkt, jedoch lange nach ihr. Und das ist seltsam, denn Ihr wißt doch, wie es zwischen Mann und Frau zugeht – oder etwa nicht? Gerne erklär ich's Euch. Laßt mich die Vereinigung der Körper mit einem Ritt (natürlich einem Ritt) in glühender Hitze vergleichen, während von ferne ein kühler Teich lockt. Beide, Mann und Frau, sind sehr durstig, aber der Mann reitet mit rücksichtsloser Schnelligkeit und wirft sich ohne weiteres Bedenken mitsamt seiner Kleidung ins Wasser – es sei denn, er ist höflich genug, seine Geschwindigkeit der des anderen Geschlechts anzupassen.

Die Frau nämlich bewegt sich ruhiger und wird nur, wenn der Teich näher rückt, ein bißchen schneller. Wenn sie am Ziel ist, legt sie zuerst ihre Kleidung ab, bevor sie sich dem Wasser hingibt.

So war es, meiner Erfahrung zufolge, bisher immer gewesen. Hier aber war ich immer noch unterwegs, während Marguerite sich schon mit vielen zufriedenen Grunzern und Seufzern im Teich wälzte. Ungeduldig kehrte sie schließlich zu mir zurück und brachte mein Pferd mit Schlägen und Tritten auf Trab, bis es sich schließlich, halb besinnungslos und unter großem Gewieher, in den Teich stürzte.

Keine ganz erfreuliche Erfahrung.

»Noch mal«, drängte sie.

»Nein, nein.«

»Noch mal.«

»Nein. Es geht nicht mehr. Wirklich nicht.«

»Doch.«

»Nein.«

»Komm.«

»*Nein.*«

»Nun gut.« Sie setzte sich auf und langte unter das Bett. Was sie da hervorholte, hatte ich nie zuvor gesehen oder mir auch nur vorstellen können.

Seither habe ich verschiedene gelehrte Laien über diesen Gegenstand befragt und dabei herausgefunden, daß er keine Erfindung von Marguerite war. In seinem *Gottesstaat* erwähnt der Hl. Augustinus, daß die Priesterinnen der Berecynthischen Allmutter ein ähnliches Gerät benutzten. Und in der Schrift eines alten Griechen namens Aristophanes suchen zwei Frauen einen Sattler auf, der für sie auch so ein Meisterstück angefertigt hat.

Marguerites Version war aus Holz. Aus glattgeschmirgeltem, feinpoliertem und guteingeöltem Holz. Der Schaft glänzte wie blanker Marmor, war etwa drei Handspannen lang und an einem Ende abgerundet wie eine Fingerspitze.

Verwirrt starrte ich ihn an.

»Nimm das hier«, meinte Marguerite und hielt es mir unter die Nase.

»Was?«

»Nimm das hier.« Sie stieg aufs Bett zurück und öffnete die Schenkel. »Komm. Mach es jetzt.«

Allmählich fing ich an zu begreifen. Ich glotzte sie an, dann den Gegenstand.

»Jesus Christus«, lästerte ich den göttlichen Namen.

»Raymond! *Tu* es!«

»Nein.«

»Doch!«

»Wie – wie – wo hast du dieses Ding her?« Ich war völlig verblüfft. »Wie konntest du –? Das ist das Werk des Teufels! Marguerite, das ist nicht Rechtens.«

»Warum nicht?« zischte sie mit gedämpfter Stimme. »Was soll eine Witwe denn sonst machen?«

»Aber –«

»Hast du Angst davor? Es ist doch nicht für dich gedacht, Raymond!«

»Ich kann nicht.«

»Bitte. *Bitte.*«

Zögernd führte ich das teuflische Ding entsprechend ihren Anweisungen ein. Sie seufzte und wand sich. »Tiefer! Noch tiefer!«

Aber ich fand die Sache abstoßend und entfernte das Instrument aus der Furche in ihrer feuchten Wiese.

»Nein!« rief sie aus.

»Psst!«

»Raymond, bitte. Bitte!«

»Ich kann nicht.«

»Raymond, mach weiter – und ich werde dir alles erzählen! Die ganze Wahrheit!« Wilden Blicks stierte sie mich an. »Ich weiß, was mit dem Priester geschehen ist. Ich schwöre es!«

»Ach, Marguerite.« Mir wurde heiß und kalt. »Wie kann ich dir glauben? Vorhin war alles noch gelogen –«

»Das stimmte nicht! Bitte – tu es für mich. Dies eine Mal, und dann sag ich dir alles, was ich weiß.«

Meine Freundinnen, ich tat es. Ich nahm dieses Instrument der Lust und ließ es hin und her gleiten, als wollte ich einen Baum zersägen. Mit der Zeit, muß ich gestehen, fand ich Gefallen an meinem Tun, denn Marguerites Dankbarkeit kannte keine Grenzen. Manchmal pausierte ich spielerisch, dann machte ich langsam weiter und genoß die Macht, die ich über sie besaß. Und Macht hatte ich, denn während Marguerite vor Lust fast wahnsinnig wurde, als ich sie langsam zum Höhepunkt brachte, blieb mein Kopf ganz klar.

Doch bevor sie dahinschmolz, hielt ich inne.

»Sag es mir jetzt«, forderte ich sie auf.

»Wa –?«

»Sag mir die Wahrheit.«

»O nein«, stöhnte sie. »Nicht *jetzt.*«

»Jetzt.«

»O bitte ...«

»Die Wahrheit, Marguerite. Und ich bringe dich dorthin, wo du hinwillst.«

Sie zog das Kissen über den Kopf und hielt es fest, während sie wütende Proteste von sich gab. Schließlich sagte sie. »Da gibt es einen lockeren Stein.«

»Wie? Was?«

»Ich kenne das Haus, wo dein ermordeter Priester gewohnt hat«, seufzte sie in das Kissen hinein. »In der Wand des größten Schlafzimmers sitzt ein Stein, der sich bewegen läßt. Schlief er im größten Raum?«

»Ich – ich glaube schon.«

»Dann hast du des Rätsels Lösung.«

Erstaunt richtete ich mich auf.

»Was meinst du damit? Du – woher weißt du das?«

»Ich habe früher in diesem Haus gewohnt. Mit meinem ersten Mann.«

»Deinem *ersten* Mann?«

»Ich habe ihn in Bernards Gegenwart nie erwähnt. Er liebte mich sehr, und der Gedanke, daß einmal ein anderer Mann in meinem Bett gelegen hatte, machte ihn zornig.« Traurig sah sie mich an. »Ach, Raymond, ich brauche wieder einen Ehemann! Einen, der jede Nacht bei mir im Bett liegt!«

Sollte das etwa ein Heiratsangebot sein? Ich ging nicht darauf ein. Statt dessen interessierte ich mich weiter für diesen ersten Ehemann.

»Du hast mit ihm in Guillaume Moniers Haus gewohnt?«

»Ja.«

»Und in der Wand des Schlafzimmers war ein loser Stein? Den man wegziehen und damit Fremde ins Haus lassen konnte?«

»Ja.«

»Und das wurde nie repariert?«

Marguerite lächelte. Dann runzelte sie die Stirn. Dann sagte sie: »Ich habe mein Versprechen gehalten, Raymond. Machst du jetzt bitte weiter?«

Verärgert warf ich den Holzphallus zu Boden.

»Nein«, erwiderte ich. »Erst einmal machst *du* weiter. Wer wußte von diesem Stein? Wozu diente er? Sag es mir.«

»Erst machst du weiter!«

»Nein.«

»Weiter!«

»Nein.«

Im Schachspiel würde man diese Situation ein Patt nennen. Finster starrten wir einander an, und ich verspürte den dringenden Wunsch, ihr ein paar Ohrfeigen zu verpassen. Ich merkte, daß sie alle möglichen Listen und Ränke ausgespielt hatte, um mich ins Bett zu bekommen, ganz so wie die Frauen in den *fabliaux*. (Sicher erinnert Ihr Euch an die Geschichte der jungverheirateten Frau, die es mit ihrem Liebhaber treiben möchte und dem tölpelhaften Ehemann erzählt, sie habe ihre Vagina im elterlichen Haus vergessen. Ein anderer Schwank erzählt von einer Frau aus Orleans, die ihren Liebhaber und ihren guten Ruf rettete, indem sie ihren Ehemann, der sich als Liebhaber verkleidet hatte, zusammenschlagen ließ.) Als ich in jenem Augenblick über meine schimpfliche Lage nachdachte, schien es mir, als hätten die Frauen seit Evas Zeiten die Männer hintergangen. Schließlich konnte nicht einmal Argus, der hundertäugige Riese, Jupiters Konkubine Io daran hindern, Junos eifersüchtiger Bewachung zu entkommen.

Unvermittelt erhob Marguerite sich vom Bett.

»Wo willst du hin?« fragte ich.

»Nach Hause.«

»O nein.« Ich packte sie am Arm. »Vorher erzählst du mir den Rest der Geschichte.«

»Warum sollte ich? Du hast alles verdorben.«

»Wenn ich alles verderben wollte, Marguerite, würde ich deine Schwiegertochter herbeiholen«, antwortete ich mit berechneter Grausamkeit. »Wenn ich alles verderben wollte, würde ich ihr sagen, was wir hier getan haben und was du mir erzählt hast, um mich zu deinem Bettgenossen zu machen. *Das* würde alles verderben.«

Sie wurde blaß.

»Das würdest du nicht tun!« keuchte sie.

»O doch.«

»Und Prügel in Kauf nehmen?«

»Vielleicht. Aber ich genieße den Schutz von Männern hohen Ranges. Wer jedoch wird dich beschützen, Marguerite?«

Sie brach in Tränen aus. Ich aber wünschte mir, ich wäre tausend Meilen von Saint-Martin-les-Bains entfernt. Was tat ich hier? Wie war ich in diese unappetitliche Affäre geraten? Aus irgendeinem Grund dachte ich an Béatrice Rascas und schämte mich ganz entsetzlich.

»Meine Freundin«, bemerkte ich müde und ließ Marguerite los, »als du jenen Brief schriebst, hast du einen furchtbaren Fehler gemacht. Wenn du dich jetzt weigerst, alles zu gestehen, wird der Mönch, in dessen Diensten ich stehe, dich nach Avignon vorladen und dich im Gefängnis befragen. Ist dir das lieber?«

Sie murmelte etwas Unverständliches.

»Was?« Ich beugte mich vor. »Was hast du gesagt?«

»Ehebrecherinnen werden gegeißelt«, krächzte sie. »Sie müssen nackt durch die Straßen laufen, während die Leute sie mit Steinen bewerfen – mit Steinen …« Ein erneuter Tränenausbruch hinderte sie am Weiterreden.

»Du hast also Ehebruch begangen? Der lose Stein – er diente

dazu, deinen Liebhaber einzulassen, ohne daß andere etwas merkten?«

Sie nickte.

»Während dein Mann fort war?«

»Er war doch fortwährend fort!« stöhnte sie. »Ich war gerade sechzehn! Er war alt und liebte eine andere Frau – die Ehefrau eines anderen. Er sagte mir, daß er die Nacht auf seinem Bauernhof verbringen würde, um die Ernte zu überwachen oder den Notar zu konsultieren oder an einer Hochzeit teilzunehmen, aber ich wußte, wo er sich wirklich herumtrieb!« Ihre Stimme kam einem Kreischen gefährlich nahe. »Er hat mich eingesperrt wie sein verdammtes Geld. Hat mich tagelang in meinem Zimmer eingesperrt und mir das Essen bringen lassen, als wäre ich eine Gefangene. Er meinte, Frauen wäre nicht zu trauen, wenn die Ehemänner außer Haus wären!«

»Marguerite, hör mir zu.« Ich befürchtete, ihre Stimme könnte in den unteren Stockwerken gehört werden. »Der Stein. Wer weiß davon?«

»Niemand«, schniefte sie. »Ich hab es selbst gemacht, die ganzen Tage, wo ich eingesperrt war. Ich hab den Mörtel mit einem Messer weggekratzt.«

»Aber dein Liebhaber muß es gewußt haben. Du hast es ihm doch erzählt.«

»Ja. Als ich den Stein freigekratzt hatte, ließ ich ihn ein. Ich stellte immer eine Tasse aufs Fensterbrett, wenn mein Mann weg war. Und wenn mein Liebhaber in der Stadt weilte, ging er am Haus vorbei und schaute nach der Tasse. Stand sie da, kam er des Nachts und flüsterte, so daß ich ihn einließ. Später verliebte er sich in die Enkelin irgendeines Metzgers. In die Nichte eines Bischofs –«

»Wer war er?«

»Ein Ritter aus Saint-Gilles. Ich kannte ihn schon von Kindesbeinen an. Aber ich konnte ihn nicht heiraten, denn er war bereits verlobt.«

»Wie hieß er, Marguerite?«
Finster blickte sie drein.
»Etienne«, murmelte sie zornig. »Etienne de Puy.«

# FÜNFTER GESANG

Etienne de Puy! Dieser Mann mußte für den Tod von Guillaume Monier verantwortlich sein. Er hatte einen Grund, den Schatzmeister zu hassen, weil er im Rechtsstreit um seine überfluteten Ländereien unterlegen war. Er hatte von dem losen Stein in Moniers Schlafzimmer gewußt. Alles war erklärt – bis auf die Entmannung.

Als ich jedoch nachforschte, bestätigte Marguerite, daß Etienne kräftig und heißblütig war und durchaus bereit, Widerstand mit äußerster Gewalt zu brechen. Offenkundig hatte sie keine Bedenken, einen ehemaligen Buhlen mit solchen Äußerungen zu belasten; sie war ohnehin mit ihrer eigenen Notlage beschäftigt genug.

»Ich – ich wollte es dir überhaupt nicht erzählen«, schluchzte sie. »Ach, was soll ich nur tun? Raymond, du mußt mir helfen! Wenn man mich zwingt, auszusagen, kommt alles heraus! Ich werde als Ehebrecherin gebrandmarkt!«

»Nicht unbedingt.« Ich war müde und von Reue erfüllt. »Vielleicht genügt meine Aussage. Wer sollte deinen Namen herausfinden, wenn ich ihn nicht nenne?«

»Etienne wird ihn nennen!«

»Ach ja. Natürlich.« Ich fuhr mir mit den Fingern durchs Haar. »Dann werden wir behaupten, daß du ihn auf Geheiß deines Mannes eingelassen hast. Eine Frau muß ihrem Gatten gehorchen.«

»Was meinst du denn damit?«

»Vielleicht hatte dein Mann abartige Vorlieben. Vielleicht wollte er sich verstecken und dich mit einem anderen Unzucht treiben sehen. Vielleicht war er impotent und konnte dem Ehebett nur noch auf diese Weise Freuden abgewinnen –«

»Mein Mann war nicht impotent!« Empört starrte Marguerite mich an. »Was für ein Unsinn!«

»Vielleicht gab er selbst dir diesen Gegenstand und beobachtete dich, wie du ihn benutztest.« Ich deutete auf den Holzphallus. »Vielleicht wollte er seinen guten Ruf bewahren und verbarg sich, wenn der Ritter zu dir kam, damit dieser sich nicht gestört fühlte.«

»Raymond, das ist obszön. Niemand wird so etwas glauben.«

»Warum nicht? Manche Männer paaren sich mit Schafen. Ist so ein Versteckspiel schlimmer?«

»Ich soll auf die Heilige Schrift schwören, daß ich zu solchen Ausschweifungen verleitet wurde?« fragte sie unter Tränen. »Gott wird mich niederschmettern.«

Ich aber dachte bei mir, daß Gott, da Er sie bislang trotz ihrer Sünden in Ruhe gelassen hatte, ihr wohl auch diese Unwahrheit noch nachsehen würde.

»Marguerite«, seufzte ich, »entweder du lügst, oder du nimmst den Schleier. Wenn du eine Nonne wirst, ist das für dich eine geeignete Strafe. Und keiner wird dich dann nackt durch die Straßen von Avignon jagen.«

»Eine Nonne!« rief sie, zu Tode erschrocken, aus. »Nur das nicht!«

»Willst du lieber öffentlich ausgepeitscht werden? Wenn du in ein Kloster aufgenommen wirst, das Macht und Einfluß besitzt, wird dir nichts geschehen. Schon um seinen eigenen Namen zu schützen, wird der Orden es nicht zulassen, daß man dich verleumdet.«

Meine Freundinnen, Ihr lacht. Ihr findet es amüsant, daß eine Frau wie Marguerite ein Keuschheitsgelübde in Erwägung ziehen sollte – und das aus einem so unedlen Motiv! Vielleicht glaubt Ihr, daß ich mit der Witwe meine Scherze trieb, aber es war mir, das versichere ich Euch, ganz ernst. Immerhin hatte ich an ihrer Bredouille mitgewirkt und gab ihr diesen Rat, weil ich keinen anderen Weg sah, sie zu schützen.

Natürlich war sie widerspenstig. Aber ich hatte genug Zeit, sie zu bereden, denn sie konnte das Zimmer nicht verlassen. Sie hatte geplant, sich bei mir bis zum Morgengrauen aufzuhalten, um dann zu gegebener Stunde unter dem Vorwand, gerade von ihrem Haus gekommen zu sein, den Saal zu betreten. Bis dahin also war es an mir, ihre Befürchtungen und Einwände zu zerstreuen. Vielleicht, so meinte sie, würde sie ja doch nicht zur Vernehmung zitiert – wäre es da sinnvoll, eine unwiderrufliche Entscheidung zu treffen? Ich erklärte ihr, daß sie sich diese Hoffnung aus dem Kopf schlagen könne; selbst wenn Pater Amiel meine Bitten erhören und auf eine Befragung verzichten würde, könnte er ihren Fall immer noch dem Marschall übergeben, auf den ich keinen Einfluß hätte. Ihr Eintritt in ein Kloster würde jedoch als echte Buße verstanden werden. Vielleicht könnte sie sogar einen religiösen Namen annehmen und so nicht mit jener Marguerite de Pasquières identifziert werden, der sich Böses nachsagen ließe.

»Aber ein Kloster!« heulte sie. »Wie soll ich denn bloß ohne Mann auskommen?«

Ich zögerte. »Selbst in Nonnenklöstern«, sagte ich schließlich, »können eigenartige Dinge passieren.« Ich räusperte mich. »Mein Freund Othon zum Beispiel ist ganz scharf auf Nonnen.«

Sie wischte sich die Tränen aus den Augen. »Tatsächlich?«

»Du bist eine Frau, die sich zu helfen weiß, Marguerite«, fuhr ich eilig fort. »Hohe Mauern und Wachen können dich nicht daran hindern, deine Begierden zu befriedigen. Empfehlen würde ich es natürlich nicht, denn du brichst damit dein Gelübde und ziehst furchtbare Strafen auf dich –«

»Das stimmt«, erklärte sie feierlich.

»Du mußt die Entscheidung selbst treffen, ich kann sie dir nicht abnehmen. Bedenke aber dies: Wenn ich morgen nach Avignon zurückkehre, wird deine Geschichte Ende der Woche dem Marschall und vielleicht gar dem Heiligen Vater zu Ohren gekommen sein. Unter diesen Umständen dürftest du Schutz benötigen. Und den findest du auf jeden Fall im Kloster.«

Mit derlei Argumenten und einer lebhaften Beschreibung des Gefängnisses, in dem ich arbeitete, sowie von Pater Amiels alles durchdringendem Scharfblick gelang es mir, sie zu überzeugen. Wir schmiedeten einen Plan. Ich würde, weil ich mich noch nicht reitfähig fühlte, einen weiteren Tag in Saint-Martin-les-Bains verweilen, während Marguerite dem Dorfpriester eine wunderbare Enthüllung machte. Sie sollte ihm erzählen, daß die Heilige Jungfrau ihr im Traum erschienen sei und sie gebeten habe, in ein Kloster zu gehen. Marguerite wollte sich um Aufnahme in den Karmeliterinnenkonvent in Avignon bemühen.

Da sie begütert war, würde man sie nicht abweisen.

»Wir reisen zusammen«, erklärte ich, »aber mit einer Eskorte, damit nicht der Verdacht aufkommt, wir wollten fliehen. Selbst wenn man dich nach unserer Ankunft suchen läßt, wird das Kloster dich nicht freigeben. Nicht, wenn es seine Hand auf dein Haus, dein Geflügel und deine hübschen Sachen legen kann.«

»Ach!« wimmerte Marguerite. »Mein schönes Haus! Meine Kleider!«

»Du mußt das alles aufgeben, sonst warten harte Strafen auf dich.«

Sie war in ihrem Kummer bedauernswert. Eine solche Entscheidung wäre für jeden und jede von uns schrecklich. Nur eine äußerst fromme Frau würde ihre Familie, ihre weltlichen Güter und ihre Nächte der Lust ohne Bedenken und mit Freude aufgeben. Aber schließlich obsiegte mein weiser Rat, und sie war bereit, sich dem Schutz der Kirche anzuvertrauen.

Als der Morgen anbrach, hatte sie sich damit abgefunden, ein neues Leben zu beginnen. Die Tränen waren getrocknet, sie kleidete sich an und versteckte sich erneut unter dem Bett. Ich selbst wartete, bis das Leben im Kastell erwachte, und schleppte mich dann krüppelgleich die Treppen hinunter.

Da ich kein Auge zugetan hatte, konnte ich mit Fug und Recht behaupten, daß meine Nacht nicht eben erholsam gewesen sei, und als ich um einen weiteren Tag der Gastfreundschaft bat, wurde mir der Wunsch nicht abgeschlagen, sondern vielmehr mit solch höflicher Freude begrüßt, daß ich mich schämte. Ich verschluckte mich fast am Honigkuchen, den man mir darreichte und bestand darauf, das zweite Stück einem der Kinder zu überlassen. Meine Schuldgefühle wurden dadurch jedoch nicht vermindert, sondern durch Marguerites plötzliches Erscheinen noch vermehrt. Sie betrat den Saal so sorgfältig zurechtgemacht wie eine Braut am Hochzeitstag. Aber ihre Miene war alles andere als strahlend, und nachdem sie kurz mit Blanche geflüstert hatte, suchten die beiden ein Zimmer im ersten Stock auf.

Von da an war das Kastell bis zum Abend in einem Zustand höchster Aufregung.

Während der allgemeinen Bestürzung, die auf Marguerites Botschaft folgte, hielt ich mich, wie es einem mit der Familie wenig vertrauten Gast geziemt, wohlweislich zurück. Einzig der Dorfpriester begrüßte die Nachricht, war er doch verpflichtet, jeder Frau in ihrer Suche nach Gott zur Seite zu stehen. Aber Guillemette erklärte ihre Freundin für verrückt, der Haushofmeister war beunruhigt, Blanche hielt das Ganze für überstürzt – was würden Marguerites Kinder sagen? Die Enkel waren untröstlich.

Marguerite reagierte listenreich wie immer. Sie täuschte keine Gefühle tiefer Frömmigkeit vor, sondern weinte und schluchzte mit den anderen. Aber sie mußte der Heiligen Jungfrau nun einmal gehorchen – wie Jona, der sich auch nur widerstrebend gefügt hatte. Denn was würde geschehen, wenn sie den Wunsch Mariae nicht erfüllte? Zweifellos etwas Schreckliches.

So bahnte sie sich ihren Weg nach Avignon. Sie war bereit, den Vikarius des Priesters sowie eine Eskorte von Wachleuten mitzunehmen – und, ach ja, auch Raymond Maillot. Im Laufe des Tages vermachte sie viele ihrer Besitztümer Blanche, ihren Enkeln, ihrer Dienerin, ihren Freunden und Freundinnen. Das ganze Dorf betrauerte ihren Entschluß, und alle kamen zusammen, als Marguerite von Haus zu Haus ging, um Abschied zu nehmen. Fragen nach der Heiligen Jungfrau beantwortete sie eher ausweichend. Sie konnte sich nur noch an ein strahlendhelles Licht und eine mildsüße Stimme erinnern. Allerdings war sie bedachtsam genug, längere Zeit in der Kirche zu verweilen, wo sie Gebete rezitierte und der Muttergottes Gaben darbrachte.

Natürlich kostete das alles viel Zeit. Wir hatten am Freitag nach Avignon aufbrechen wollen, aber erst am späten Nachmittag waren die Vorbereitungen abgeschlossen. In der Nacht vor der Abreise teilte Marguerite mit Blanche und den Enkeln das Bett. Ich schlief in meinem Zimmer wie ein Toter und hörte nichts von dem Gewitter, das über Saint-Martin-les-Bains tobte. Ich träumte nicht einmal und fühlte mich doch beim Erwachen miserabel.

Ich dachte bei mir: Du hast ihr Leben ruiniert.

Dann aber rief ich mich selbst zur Ordnung. Schließlich war sie es gewesen, die mich mit gefährlichen Versprechen in ihr Bett gelockt hatte. Überdies war es wohl kaum richtig, daß der Mörder Guillaume Moniers seiner Strafe entgehen sollte. Pater Amiel jedenfalls würde nicht so denken, und Pater Amiel konnte so etwas besser beurteilen als ich.

Mit solchen Überlegungen versuchte ich mein Gewissen zu beruhigen, und dennoch ward ich von Reue ergriffen, als Marguerite am Samstag morgen endgültig adieu sagte. Ich saß gebeugten Hauptes auf meinem Pferd, während ein feiner Nieselregen in den Kragen meines Umhangs tropfte. Ich konnte all die betrübten, regenübergossenen Gesichter und das Weinen der Kinder kaum ertragen. Wie ein Trauerzug bewegten wir uns durch Saint-Martin-les-Bains, und noch als wir den Ort hinter uns gelassen und den Hügel überquert hatten, der uns außer Sichtweite brachte, hörten wir von fern wehklagende Töne.

Arme Marguerite! Sie weinte die ganze Zeit in die Kapuze ihres Mantels, während sich die Wachen über das schlechte Wetter beschwerten und der Vikarius mich mit endlosen Tiraden über päpstliche Steuern langweilte. Die Reise war alles andere als angenehm. Schlammige Straßen und gelegentliche Güsse verschlechterten unsere Laune; wenn wir noch einen Tag gewartet hätten, wären die Wege wahrscheinlich unpassierbar gewesen. Anscheinend betrauerte sogar die Natur Marguerites Aussicht auf ein Leben hinter Klostermauern.

Glücklicherweise dauert selbst die schlimmste Reise nicht ewig. Gerade als ich mich damit abgefunden hatte, daß wir die Nacht im Schutz eines Baumes würden zubringen müssen, tauchte Villeneuve-les-Avignon am Horizont auf, und wir fanden in der Abtei von Saint-André Quartier. Jenseits des Rhôneflusses lag das Ziel unseres Ritts. Wir waren (wie der päpstliche Kurier Germain auf der Hinreise angedeutet hatte) höchst komfortabel untergebracht; die Mönche liehen uns Kleider, in denen wir schlafen konnten, und trockneten unsere nassen Sachen am Herdfeuer ihrer Küche. Wir erhielten ein reichliches Abendbrot und ausgezeichneten Wein, und alle waren höchst erfreut, als sie von Marguerites Vision erfuhren. Natürlich sprachen sie die Witwe nicht darauf an; sie bekam ein Zimmer im Gästehaus, wo ihr eine alte Frau aufwartete, die man extra aus der Ortschaft (die fast die Größe einer Stadt besaß) geholt hatte. Aber als der Almosenier uns Männer höflich zu dem Dormitorium geleitete, fragte er natürlich nach dem Zweck unserer Reise und kommentierte die Antwort mit vielen Ausrufen freudevollen Erstaunens.

Dieser Benediktiner war, wie mir schien, ein einfacher Mensch – ganz anders als die Dominikaner. Ich muß gestehen, daß mich seine Wärme und sein Eifer beschämten. Ihn belügen zu müssen, empfand ich als besonders schändlich, denn es handelte sich im Grunde um Gotteslästerung, und mir fiel ein, daß ich Pater Amiel die Wahrheit würde sagen müssen. Ich konnte ihm nicht ins Gesicht sehen und diese Geschichte über die Heilige Jungfrau erzählen. Das wäre unmöglich.

Der Gedanke an Pater Amiel hielt mich die ganze Nacht wach. Außerdem taten mir erneut alle Muskeln weh, und auch das Schnarchen der Reisegefährten ließ mir keine Ruhe. Am Morgen war ich wieder so steif wie ein Holzklotz, da es jedoch Sonntag war, mußte ich mein Pferd nicht besteigen, denn wenn man in einem Kloster unterkommt, reist man nicht am Tag des HErrn. Statt dessen besuchten wir den Gottesdienst und unterhielten uns danach über die Herstellung von Käse und töteten Küchenschaben und lauschten dem Geprassel des Regens auf dem Dach. Es war ein langweiliger und unproduktiver Tag.

Einmal, zwischen zwei Schauern, ging ich mit Marguerite und dem Vikarius zum Fuß des Hügels hinunter, wo wir zu den Mauern und Türmen von Avignon hinüberblickten. Der Vikarius bemerkte, dort sei er zum Priester geweiht worden. Marguerite bemerkte, es lägen so viele Kähne am Ufer. Ich bemerkte dazu nichts. Meine Kleider waren immer noch etwas feucht und meine Knie so gut wie außer Betrieb. Um uns herum tropfte es von den Bäumen und Dächern. Meine Stiefel waren nicht wasserdicht.

Am nächsten Morgen bestieg ich mein Pferd mit schmerzverzerrter Miene und setzte mich mit einem Aufstöhnen in den Sattel. Marguerite ging es nicht viel besser. Der Vikarius, durch häufige Reisen zu einem in einiger Entfernung von Saint-Martin-les-Bains gelegenen Weiler an das Reiten gewöhnt, war noch recht frisch und wollte uns mit Ausführungen über die Leiden der heiligen und gesegneten Märtyrer der Kirche sowohl ermahnen als auch beleben. Zwischendurch tauschten Marguerite und ich einen Blick tiefen Leids, aber das war auch unsere einzige freimütige Kommunikation während der gesamten Reise.

Glücklicherweise langten wir in Avignon an, ehe ich mich bemüßigt fühlte, dem Vikarius über den Mund zu fahren. Wir kamen zunächst am Turm von Philippe-le-Bel vorbei und überquerten die Brücke Saint-Bénézet, als die Glocken zur Terz läuteten. Es regnete nicht mehr, der Himmel hatte aufgeklart, und ein wäßriges Sonnenlicht umspielte die Stadtmauern. Die arme Marguerite betrachtete die Zinnen mit Besorgnis. Ihr Antlitz war tränenblaß und von Falten durchzogen. Obgleich ich sie bedauerte, war ich von dieser Verwandlung auch erfreut. Ihre bedrückte Miene, die müden Augen und die teigigen Wangen gaben ihr den Ausdruck spirituellen Leidens.

Hätte sie der Äbtissin des Karmeliterinnenklosters ihr gewohntes, lebensglühendes Gesicht gezeigt, wäre die Ernsthaftigkeit ihres Begehrens vielleicht in Zweifel gezogen worden.

»Nun also, Madame«, sagte ich, als wir die Porte du Rocher durchquert hatten, »wißt Ihr, wie Ihr von hier zum Kloster gelangt? Wenn ja, so muß ich Euch verlassen, denn ich werde in der Priorei gebraucht.«

»Oh, aber – aber ...« Marguerite war derart konsterniert, daß so mancher so manches hätte vermuten können. Glücklicherweise faßte der Vikarius ihre Äußerung falsch auf.

»Habt keine Angst«, strahlte er sie an. »Ich bin in dieser Stadt geweiht worden. Ich weiß, wo das Kloster zu finden ist.«

»Dann scheiden sich hier unsere Wege«, erklärte ich so fröhlich wie möglich. »Auf Wiedersehen, Pater. Madame, ich vertraue darauf, daß Ihr findet, was Ihr sucht. Und solltet Ihr jemals Hilfe benötigen, erinnert Euch Eures getreuen Dieners.«

»Ja, das – das werde ich«, stammelte sie. »Aber wo kann ich Euch finden?«

»In der Priorei. Die Klosterbrüder können es Euch sagen.« Da ich irgendeinen Verdacht hinsichtlich der Beziehungen zwischen mir und der Witwe gar nicht erst aufkommen lassen wollte, fiel meine Antwort wohl ein wenig brüsk aus. Jedenfalls füllten sich Marguerites Augen mit Tränen, als ich mich, abschiednehmend, verneigte. Aber Trost konnte ich ihr nicht bieten, und so nickte ich den beiden Wachmännern zu, lächelte und lenkte mein Pferd in eine Seitenstraße, um dem Anblick von Marguerites verzweifelter Miene möglichst schnell zu entrinnen. Ich zitterte am ganzen Leib und hatte das Gefühl, mich übergeben zu müssen. Die reisebedingte Erschöpfung, das durch mein Vorgehen in Saint-Martin-les-Bains hervorgerufene Gefühl der Scham und die Schuld, die mich würgte, weil ich Marguerite im Stich gelassen hatte, erfüllten mich mit schrecklicher Verzweiflung. Als ich in der Priorei anlangte, wollte ich gar nicht wissen, wo Pater Amiel sich aufhielt, sondern begab mich stracks in meine Zelle und ließ mich mit einem tiefen Seufzer auf das Bett fallen.

Hier suchte mich der Mönch einige Zeit später auf, nachdem er seinen religiösen Pflichten nachgekommen war.

»Raymond«, sagte er beim Eintreten, »seid willkommen. Ich habe mir schon Sorgen gemacht.«

Seltsamerweise war ich für einen kurzen Augenblick von seiner unscheinbaren Gestalt überrascht. Während meiner Abwesenheit von der Priorei muß meine Erinnerung ihn größer gemacht haben, als er in Wirklichkeit war. Aber diese Empfindung wurde schnell von einer anderen überlagert: Ich spürte Zorn, gemischt mit Erleichterung.

»Nie wieder«, bemerkte ich abrupt.

Er sah mich an und schwieg.

»Es war eine schreckliche Aufgabe. Eine abscheuliche Tat. So etwas werde ich nie, *nie* wieder machen. Ihr hättet mich nicht darum bitten sollen.«

Er blickte mir einige Herzschläge lang eindringlich ins Gesicht. Dann fragte er: »Was ist geschehen?«

»Oh, habt keine Angst! Ich war erfolgreich! Ich habe die Wahrheit herausgefunden! Etienne de Puy ist der, den Ihr sucht. In der Wand von Guillaume Moniers Schlafzimmer befindet sich ein loser Stein, und Etienne wußte davon. Aber welchen Preis habe ich dafür bezahlt, solches zu erfahren? Wie eine Hure habe ich mich verhalten, Pater, und ich *bin* keine Hure! Ich bin's nicht!«

»Sagt mir, was geschehen ist«, meinte er ruhig.

Und ich sagte es ihm. Ich sagte ihm alles, was ich von Marguerite erfahren hatte, und verschwieg ihm auch nicht, daß sie sich der Gnade der Karmeliterinnen ausgeliefert hatte – daß sie bereute und Nonne werden wollte.

»Wenn Ihr sie befragen wollt«, sagte ich, »oder wenn der Marschall sich ihrer bemächtigen will, muß zuerst die Äbtissin davon in Kenntnis gesetzt werden.«

Obwohl ich diese Bemerkung recht trotzig herausstieß, konnte ich Pater Amiel nicht ins Gesicht sehen. Statt dessen verschränkte ich die Arme und starrte düster meine Kleidertruhe an.

Nach einer Pause forschte Pater Amiel nach: »War das Euer eigener Vorschlag?«

»War was mein eigener Vorschlag?«

»Daß sie in ein Kloster eintreten sollte.«

»Und wenn schon?« Diesmal blickte ich, wenngleich nicht ohne Zittern, zu ihm auf. Trotz meines Zorns suchte ich nach Trost und Hilfe, wollte ich von meinem lastenden Schuldgefühl befreit werden. Und wie immer fürchtete ich Pater Amiels Mißbilligung.

Aber seinem Gesicht war nichts dergleichen abzulesen.

»Wenn es Euer Vorschlag war«, erwiderte er sanft, »bin ich von Eurer Klugheit höchst beeindruckt, Raymond. Im Schutz des Klosters wird sie einer strengen Bestrafung für ihr ehebrecherisches Verhalten sehr wahrscheinlich entgehen.« Er legte den Kopf auf die Seite. »Hat sie aus diesem Grund ihre Sünden gestanden?«

Ich errötete.

»Sie hat gestanden«, gab ich mit fast erstickter Stimme zurück, »weil ich eine Hure war! Weil ich mich niedrig und falsch verhalten habe!«

»Das glaube ich nicht.«

»Aber sicher! Soll ich Eure Ohren mit *meinem* Geständnis besudeln? Was ich tat, war – war verachtenswürdig! Obszön!« Erneut mußte ich seinem Blick ausweichen und murmelte: »Ich verfüge nicht über Eure Kräfte, Pater. Ich muß mich bis zum Boden krümmen, um bei solchen Unternehmungen ans Ziel zu kommen. Und jetzt muß ich für meine Sünden büßen. Es ist sehr …« Meine Stimme versagte. »Es ist sehr schwer«, fügte ich traurig hinzu.

Langes Schweigen. Ich hörte Pater Amiel atmen. Schließlich sagte er: »Vergebt mir.«

Erstaunt blickte ich auf.

»Vergebt mir«, wiederholte er mit gefurchter Stirn und nachdenklicher Miene. »Wollt Ihr mir sagen, daß Ihr gezwungen wart, mit Marguerite de Pasquières fleischliche Beziehungen aufzunehmen?«

Wieder lief eine Hitzewelle über mein Gesicht. »Sehr … sehr schändliche fleischliche Beziehungen«, sagte ich.

»Dann habe ich mich geirrt«, bemerkte Pater Amiel ernst und zerknirscht. »Ich hätte Euch nicht mit dieser Mission beauftragen dürfen. Fälschlicherweise habe ich geglaubt, daß Eure beträchtlichen Verstandeskräfte ausreichen würden, Euch die notwendigen Informationen zu verschaffen, ohne Eure Seele zu gefährden. Vergebt mir. Es war mein Fehler. Meine Sünde.«

Mit sinkendem Mut vernahm ich seine Worte. Offenbar wollte er mir mitteilen, daß ich seine hochgespannten Erwartungen enttäuscht hatte.

»Nun ja – es sieht wohl so aus, daß ich tatsächlich unwürdig bin«, entgegnete ich mit zittriger Stimme und wischte mir zornig die übervolle Nase ab. »Vielleicht solltet Ihr das nächste Mal einen Mönch losschicken.«

»Raymond –«

»Vielleicht solltet Ihr das nächste Mal selber die Sache erledigen!«

»Ach, Raymond.« Er ging auf mich zu, legte mir die linke

Hand auf den Kopf und beugte sich zu mir nieder. »Ich will Euch doch nicht beschuldigen. Ihr seid, wie Ihr selbst sagt, kein Mönch. Sogar der Hl. Antonius hätte diese Aufgabe kaum gelöst, ohne zu sündigen. Die Schuld liegt bei mir. Ich hatte von Euch mehr erwartet als vom halben Klerus in ganz Avignon, weil ich Euch so sehr schätze. Mein Sohn, unwürdig seid Ihr nicht.« Er legte die rechte Hand aufs Herz. »Unwürdig bin ich. Ich habe Euer Vertrauen mißbraucht. Ich habe mein Lamm zu den Wölfen geschickt. Das werde ich nicht wieder tun.«

Diese Worte klangen in meinem Ohr wie himmlische Musik. Es war mir, als habe Pater Amiel eine große Bürde von meinen Schultern genommen und sie auf die seinen geladen. Dennoch plagten mich weiterhin vage und flüchtige Zweifel.

»Marguerite ist kein Wolf«, wandte ich ein.

»Nein? Dann vielleicht ein Leopard. Oder eine Ziege.« (Beide Tiere waren, wie ich wußte, Symbole der Lüsternheit.) »Raymond, sie hat schwerer gesündigt als Ihr, mein Sohn. Sie ist eine Ehebrecherin. Sie ist zügellos und wollüstig. Sie hat aus freiem Willen gesündigt, Ihr dagegen widerstrebend und aus Achtung vor mir. Ist das nicht so?«

»Ich ... vielleicht.«

Obwohl ich saß, mußte er sich nicht weit hinunterbeugen, um mir direkt in die Augen zu sehen. Was er da sah, blieb unklar, denn aus dieser Nähe war mein Gesicht für ihn wohl nicht mehr als ein verschwommener Fleck. Seine Augen jedoch glänzten hell und durchbohrend.

»Ich werde für Euch einen Priester finden«, sagte er gütig, »dem Ihr Euch anvertrauen und den Ihr um Absolution bitten könnt. Wäre ich in der Lage, das selbst zu übernehmen, so würde ich es tun, um Euer Leid zu lindern. Aber verzweifelt nicht, mein Sohn. Alles wird gut, das verspreche ich Euch.« Er nahm die Hand von meinem Kopf und klopfte mir freundschaftlich auf den Arm. »Könnt Ihr mir vergeben?« fragte er mit ganz wehmütiger Stimme. »Könnt Ihr mir noch einmal vertrauen?«

Meine Freundinnen, wie konnte ich ein solches Ansinnen ablehnen? Es schmeichelte meiner Eitelkeit und wärmte mir das Herz. Ich war vor Freude außer mir, weil Pater Amiel mich gleichsam wie einen verlorenen Sohn begrüßte. Mit größter Erleichterung nahm ich zur Kenntnis, daß er die Schuld für mein Verhalten auf sich nahm. Vielleicht würde Gott aus diesem Grund ähnlich großzügig sein. Denn in meinem Geist, müßt Ihr wissen, wurden Pater Amiel und Gott einander immer ähnlicher.

»Natürlich«, murmelte ich. »Natürlich. Ich – es gibt nichts zu vergeben.«

»Wenn es doch nur so wäre! Aber kommt. Eure Reise war anstrengend. Wollt Ihr etwas essen? Wein? Ruhe? Wollt Ihr Euch waschen?«

»Mit warmem Wasser?«

»Ich denke, das wird sich machen lassen. Kommt mit zur Küche. Dort finden wir Essen und Wein und warmes Wasser und alles, was Ihr sonst noch benötigt. Kommt!«

Auf diese Weise sorgte er auf seine ruhige, aber beharrliche Art für mein Wohlergehen. Ich erhob mich vom Bett, folgte ihm über den Klosterhof, ließ mir warmes Wasser und ein Tuch zum Abtrocknen reichen und im Krankensaal von Pater Gabriel einen Breiumschlag für meinen schmerzenden Rücken verpassen, während Pater Amiel mich die ganze Zeit mit Betrachtungen über den gegenwärtigen Stand der Dinge ablenkte. Durand Rouiards Aussage war bestätigt worden. Der Brief, den er von Pierre-Julien Fauré erwartete, war noch nicht eingetroffen. Lothaire Lagarrigue mußte wegen erwiesener Unschuld aus dem Gefängnis entlassen werden, desgleichen Jean Marty und Josserand de Ponte. Aimery de Sorgues und Fulques Fuille hatten sich der Sodomiterei schuldig gemacht, aber das ging Pater Amiel nichts weiter an. Die Verfolgung von Etienne de Puy war unzweifelhaft Sache des Marschalls, aber bevor der Dominikaner ihn davon unterrichtete, mußte er erst noch mit dem Papst über den Fall sprechen.

»Und wo ist Bona Claret?« fragte er mich. »Sie scheint verschwunden zu sein.«

»Sie ist – äh – in Saint-Martin-les-Bains«, erwiderte ich. »Ich habe ihr dort eine Stellung besorgt. Wenn Ihr sie noch einmal herzitieren wollt, ist das nicht weiter schwierig.«

»Natürlich.« Er lächelte. »Mein Sohn, Ihr seid wie der gute Samariter. Wahrlich, Ihr habt ein gütiges Herz!«

Mit derlei Lob, mit Spekulationen und Überlegungen und Geplauder und der Pflege meiner körperlichen Bedürfnisse verging mir der Tag. Erst als ich im Bett lag, allein, im Dunkeln, mit immer noch schmerzenden Muskeln und Sehnen zwischen Nabel und Knien, fiel mir die Frage ein: Was ist mit Marguerite de Pasquières? Was ist mit ihren Leiden?

Als ich erkannte, daß Pater Amiel es wohl nicht für wert hielt, daran auch nur einen Gedanken zu verschwenden, beschlich mich ein leises Gefühl der Unsicherheit.

# Sechster Gesang

Am darauffolgenden Tag machte Pater Amiel sich auf den Weg, um eine Audienz beim Papst zu erbitten, während ich die Stadtmauer erklomm und dort oben auf meiner Viola spielte.

An friedlichen Sommerabenden gehen die Bürger von Avignon gerne auf den Wallanlagen spazieren. Zu anderen Zwecken taugt die Befestigung auch kaum mehr; einst stolz und wehrhaft, beginnt sie nun zu bröckeln und bietet nicht einmal mehr Schutz vor dem Wind. Vielleicht wird der Heilige Stuhl sie – reich genug ist er ja – wieder instand setzen lassen. Bis dahin jedoch muß man, um einen weiten Blick über das Rhônetal zu gewinnen, den Schritt sorgfältig an Rissen und Löchern, losen Steinen und moosigem Untergrund vorbeilenken. Wenn man dann einen der wenigen unbeschädigten Abschnitte erreicht hat, muß man möglicherweise die finsteren Mienen und reichlichen Speichelabsonderungen der Wachleute ertragen, die, nachdem sie festgestellt haben, daß böse Blicke und Spuckereien wirkungslos bleiben, sich sehr laut über Körperausscheidungen, jüdische Begattungsrituale und den Zustand der Leichen, die an der Westmauer hängen, unterhalten.

Wer eine schwache Konstitution hat, läßt sich dadurch vielleicht verscheuchen. Mein Magen jedoch ist nicht so leicht zu beeindrucken. Ich habe viel Zeit unter Männern zugebracht, die so betrunken waren, daß sie, um ihre Blase zu entleeren, nicht einmal die Hosen herunterließen. Ich habe gesehen, wie Verbrecher gehängt und Aussätzige mit solcher Gewalt von den Stadttoren vertrieben wurden, daß sie dabei Finger und Zehen verloren. Folglich achtete ich die Hindernisse, die sich mir in den Weg stellten, gering. Ich umging sie oder kletterte weiter, wenn sich unangenehme Gerüche bemerkbar machten (einige Stellen sind mit Abfällen übersät). Wie Satan, als er Jesu alle Herrlichkeiten der Welt wies, fand ich mich schließlich auf einem Punkt, von wo aus mein Blick über die Brücke von Saint-Bénézet, den Turm Philipps des Schönen und Villeneuve-les-Avignon schweifen konnte. Dort ließ ich mich mit meiner Viola und einem Kanten Brot nieder.

Solltet Ihr, liebe Freundinnen, jemals nach Avignon gelangen, sucht, das rate ich Euch, diesen wunderbaren Ort auf. Von dort aus schimmert der Fluß blau, statt trüb und schmutzigbraun sich dahinzuwälzen. Von dort aus wirkt die Brücke festgebaut und grazil zugleich, und man sieht nicht, wie der Strom an ihren Pfeilern nagt. Von dort aus bilden die Türme, Bäume, Kähne, Weingärten, Dächer und Hügel ein harmonisches Ganzes, das an jenem Morgen wie reingewaschen von allem Staub und Dreck in der Sonne glitzerte.

Von dort aus wirkten die Menschen klein und unscheinbar, ihre Tätigkeiten nahezu bedeutungslos. Ich schaute auf sie nieder und fragte mich, ob Gott wohl so auf die Welt blicken mochte. Vielleicht hatte Pater Amiel recht gehabt – vielleicht waren meine Sorgen nichts als Spreu im Wind. Ein Mensch könnte glücklicher – oder zumindest heiterer – sein, dachte ich, wenn es ihm gelänge, sein Leben (wo nicht gar die ganze Menschheit) so wahrzunehmen wie das Rhônetal von der Stadtmauer aus.

Die Luft dort oben war frisch und der Straßenlärm kaum zu hören. Gelegentlich drang ein Schrei, ein dumpfer Schlag, ein Wellenplätschern an mein Ohr, aber diese Geräusche wurden von der Stille des fast wolkenlosen Himmels aufgesogen. Er war von einem Blau, das nirgendwo sonst zu finden ist, denn keines

Sterblichen Hand vermag es nachzubilden. Gottes Augen, dachte ich, müssen von dieser Farbe sein.

Ich spielte ein paar sanfte Lieder und Melodien, weil ich hoffte, dadurch meinen Geist erheben und meine Gedanken klären zu können. Ich hoffte, daß Pater Amiels Rat – die Stadtmauer zu erklimmen, Gottes Schöpfung zu betrachten und über mein Leben nachzudenken – sich auch diesmal als begründet erweisen würde. Aber die Musik kam mir bedeutungslos vor, dünn und abgerissen; sie verlor sich schnell im Wind. Pater Amiel hatte gesagt: »Laßt Gott in der Stille zu Euch sprechen.« Ich konnte Ihn aber nicht vernehmen, wenn nicht die Stille selbst Seine Sprache war. Mächtig war sie zweifellos: Sie nahm meinem Instrument den Klang, und auch meiner Stimme. Fast schien es mir, als existierte ich nicht mehr. Für einen Augenblick sah ich auf die Welt herab, wie Himmel, Wind und Sonne darauf niederschauen. Ich sah alles, und zugleich sah ich nichts. Die Erde war mir fern, und damit alle Leidenschaften, Liebschaften und Eigenschaften, die mich sonst bestimmten.

Und welche Einsichten gewann ich aus diesem Augenblick? Keine einzige. Geblendet vom Licht, betäubt von der Stille, konnte ich nicht über mein Leben nachdenken, weil es so weit von mir entfernt war. Erst als ich wieder unten war in der Stadt, ausgesetzt ihrem Lärm und ihren Gerüchen – erst als ich wieder spürte, daß ich Raymond Maillot war –, konnte ich meine Gedanken auf die Zukunft richten. Und vielleicht waren diese Gedanken wirklich klarer geworden. Vielleicht hatte mein Ausflug auf die Stadtmauer mich zumindest auf diese Weise erfrischt.

Meine Arbeit für Pater Amiel war, das wußte ich, an ihr Ende gelangt. Da meine Tage als Notar im Dienst der Kirche gezählt waren, mußte ich mir umgehend eine neue Unterkunft suchen. Mit dem mir zustehenden Honorar würde ich zumindest ein Dach über dem Kopf bezahlen können, und mit Pater Amiels Empfehlung sollte es mir gelingen, Arbeit zu finden, anständige Arbeit in einer dauerhaften Stellung, statt der sonst üblichen kleinen Aufträge dann und wann. Würde die Priorei mir etwas anbieten? Wohl kaum, denn dort gab es der Schreiber eher zu viele. Dennoch würde man mich hoffentlich nicht einfach im Stich lassen. Sicher würde Pater Amiel, wenn ich erst Laienbruder geworden war, mir weiterhin seine väterliche Aufmerksamkeit zukommen lassen und mich auch dann beraten und leiten, wenn ich nicht mehr im Kloster lebte und bei ihm arbeitete. Oder?

Ich brauchte Pater Amiel. Meiner Familie beraubt, von meinen Freunden verstoßen, in meinem Beruf durch eine etwas zweifelhafte Reputation behindert, mußte ich mich jetzt gänzlich auf das Wohlwollen des Mönchs verlassen. Ich war, wißt Ihr, niemals stark genug, um mich allein durchs Leben zu schlagen. Wer ist das schon? Nur die Heiligen unter uns, und ich bin, wie schon gesagt, kein Heiliger. Ich bin ein Mensch, wie Gott mich schuf, ein Mann wie Adam. Denn sagte nicht Gott von Adam: »Es ist nicht gut, daß der Mensch allein sei«?

Mit solcherlei Gedanken beschäftigt, kehrte ich in die Priorei zurück. Hier erfuhr ich, daß Pater Amiel offensichtlich noch im Papstpalast weilte. Er kam nicht zum Mittagessen noch zum Vespergottesdienst. Aber kurz vor der Komplet, als ich gerade trübselig meine Federn und Messer zusammenpackte, klopfte es an die Tür.

»Was macht Ihr denn da, Raymond?« fragte er beim Eintreten. »Wollt Ihr uns verlassen?«

Ich schenkte ihm ein schiefes Lächeln.

»Schon bald«, erwiderte ich. »Morgen werde ich mir ein neues Zuhause suchen. Falls – das heißt, wenn Ihr meine Dienste nicht mehr benötigt, Pater.« Ich schaute ihn fragend an. »Die *inquisitio* ist beendet, nicht wahr?«

»Das ist sie. Jedenfalls, soweit es Euch betrifft. Aber überstürzt nichts, Raymond. Ich möchte Euch einen Vorschlag machen, den Ihr vielleicht bedenken wollt.« Zu meiner Überraschung ließ er sich auf dem Bett nieder, was er bisher noch nie getan hatte. Obwohl er müde wirkte, strahlte er eine gewaltige und frohlockende Kraft aus. Vielleicht hatte ihn die geballte Nähe der apostolischen Macht stimuliert. »Wie Ihr wißt«, begann er, »habe ich heute den Heiligen Vater aufgesucht. Natürlich mußte ich sehr lange warten, bis ich vorgelassen wurde. Und während ich wartete, erfuhr ich von einem schon seit langem angekündigten Ereignis, das gestern eingetreten ist: die Entscheidung des vom Heiligen Vater einberufenen Konsistoriums –«

»Zur Einschätzung der Hexerei!« unterbrach ich ihn.

»Genau.«

»Und wie ist die Entscheidung ausgefallen?«

Pater Amiel zögerte und kratzte sich an der Stirn. »Die Entscheidung ist … interessant«, bemerkte er schließlich. »Soweit ich es verstanden habe, widerspricht sie in keiner Hinsicht der Anweisung von Papst Alexander. Sie erweitert nur deren Bestimmungen.«

»Und wie?«

»Nun ja – ich habe diese Frage mit einem der theologischen Berater von Papst Johannes erörtert. Wie ich vorausgesehen hatte, sind Bildnisse und ihre Verwendung zu einer Sache von großer Bedeutung geworden: die Taufe von Bildnissen, ihre Herstellung, die Art und Weise, wie sie einen Zauberer oder eine Hexe an einen Dämon binden (oft fiel der Begriff *striga*). Mittlerweile ist ein aus Wachs oder anderen Stoffen gefertigtes Bildnis mit unheilvoller Bedeutung beladen, während Papst Alexander sich nie auf Bildnisse, sondern nur auf die Anbetung von Götzen bezog.«

»Also hatte Masseo di Vico –«

»– viel Glück, genau. Wäre diese Entscheidung eher getroffen worden, hätte ich seinen Fall dem Heiligen Amt übergeben, sobald mir die Sache mit dem silbernen Bildnis zu Ohren gekommen wäre.« Pater Amiel lächelte. »Bruder Pierre-Julien Fauré«, fügte er sanft hinzu, »wird nicht so viel Glück haben.«

»Aha?« Ich setzte mich ebenfalls aufs Bett. »Wie das?«

»Sein Brief kam heute an.«

»Sein Brief!«

»Natürlich war Pater Durand nicht zu Hause, um ihn zu empfangen. Folglich wurde er, aufgrund meiner Anweisungen, mir persönlich ausgehändigt.«

»Und was stand in dem Brief?«

Pater Amiels Lächeln gerann zu einer grimmigen Grimasse. »Oh, er war voller guter Ratschläge. Vor allem, was die Herstellung von Bildnissen betrifft. Der Inquisitor, muß ich Euch sagen, fürchtete sich sehr. Nicht vor Euch, mein Freund, sondern vor mir. Er hatte große Angst, daß ich herausfinden könnte, was ich tatsächlich bereits herausgefunden hatte – daß nämlich er es war, der Guillaume Monier das Buch über Hexerei gegeben hatte. Er wollte uns beide, mein Sohn, mit Hilfe eines bösen Fluchs töten. Zum Glück jedoch hätte er für diesen Fluch Fingernägelreste oder Haare von uns benötigt, und darum mußte er es riskieren, seine Gedanken dem Pergament anzuvertrauen. Sonst hätte er seine Hexenkünste in Lazet ausführen können, ohne auf Durands Hilfe angewiesen zu sein.« Mit einem Seufzer der Befriedigung faltete der Mönch die Hände wie ein Mann, der seine Aufgabe erledigt hat. »Als ich dem Papst diesen Brief zeigte, wurde er von tiefem Schrecken erfüllt. Und Durands Aussage beseitigte alle noch vorhandenen Zweifel.«

»Also –«

»Also wird der Inquisitor von Frankreich benachrichtigt. Und der Heilige Stuhl wird seinen Einfluß geltend machen. Und ich wäre nicht überrascht, wenn Bruder Pierre-Julien Fauré schon bald aus dem Amt entfernt würde. Auf jeden Fall war der Papst sehr darauf bedacht, daß dies geschehen sollte.« Pater Amiel fixierte mich mit seinem dunklen Blick, kniff die Augen zusammen und legte den Kopf auf die Seite. »Tatsächlich«, fuhr er fort, »hat der Heilige Vater den Vorschlag gemacht, daß *ich* Bruder Pierre-Juliens Nachfolge antreten solle. Allerdings kann das Seine Apostolische Majestät nicht allein entscheiden. Es müssen noch andere gehört werden.«

»Das heißt – Ihr geht nach Lazet?« fragte ich mit einem Gefühl wachsender Beklommenheit.

»Sicherlich würde ich dort leben müssen. Ich wies darauf hin, daß meine Gesundheit, sagen wir, nicht besonders stabil ist. Der Papst erklärte, daß ich im Krankheitsfall den Posten sofort aufgeben könnte.«

»Und werdet Ihr nach Lazet gehen?« Ich war wie vor den Kopf geschlagen.

»Es wäre schwierig, das Angebot abzulehnen. Wenn ich mich den Wünschen des Heiligen Vaters widersetze, könnte seine Mißbilligung mich zu weitaus unangenehmerer Arbeit verdammen.« Pater Amiel berührte mich am Handgelenk. »Angenommen, ich gehe, Raymond, würdet Ihr dann mitkommen?«

»*Ich*?«

»Ihr müßt es nicht. Avignon ist Eure Stadt. Aber wir arbeiten, wie ich meine, sehr gut zusammen. Und es gibt ja nicht mehr viel, was Euch hier hält.«

Ich war so erstaunt, daß ich ihn nur anstarren konnte.

»Die Arbeit des Heiligen Amtes unterscheidet sich im wesentlichen kaum von der Tätigkeit, die Ihr für mich ausgeübt habt«, fuhr der Mönch fort, »nur daß Ihr noch etwas über das Lagern und Wiederauffinden von Aufzeichnungen lernen müßt. Viele der vom Heiligen Amt verfolgten Vergehen ähneln denen, die ich bislang untersucht habe, denn die Definition dessen, was Häresie ist, hat man, wie gesagt, etwas erweitert. Von jetzt an werden mehr Hexenkünstler als bisher das gelbe Kreuz tragen. Der Theologe, mit dem ich sprach, hat rundheraus ›Bildnisse *und andere Dinge*, die Hexer an einen Dämon binden‹, verurteilt. Das heißt, daß Ringe, Spiegel und Arzneifläschchen von nun an verdächtig sind, weil sie oft benutzt werden, um Dämonen ›einzufangen‹. Oftmals werden solche Fälle eine Sache der Interpretation sein.«

»Pater, ich – ich ...« Ich wußte nicht, was ich sagen sollte. Avignon verlassen? Meine Geburtsstadt? »Ihr ehrt mich«, murmelte ich schließlich. »Aber ich habe nie daran gedacht ... es ist so weit weg ...«

»Weit weg? Unsinn! Rom ist weit weg, mein Freund. London ist weit weg.« Er erhob sich und lächelte. »Aber ich verstehe Eure Bedenken. Natürlich müßt Ihr die Entscheidung selbst treffen. Ihr solltet eine Weile darüber nachdenken. Ich will nur sagen, daß ich Eure Unterstützung willkommen heiße – und, das muß ich gestehen, Eure Gesellschaft.« Sein Lächeln wurde breiter. »In diesem Sinne bin ich wahrscheinlich kein guter Klosterbruder, weil ich, allen Empfehlungen zum Trotz, mich lieber mit bestimmten Laien umgebe als mit meinen Brüdern in Christo. *Mea culpa*. Werdet Ihr an der Komplet teilnehmen, Raymond?«

»Wie? Äh – ich – ja.«

»Dann kommt. Laßt uns gemeinsam den Gottesdienst aufsuchen.«

Er war in äußerst aufgeräumter Stimmung, während ich mich fühlte, als hätte ich gerade einen Knüppel auf den Kopf bekommen. Ich mußte mich zusammenreißen, um meine Verstandeskräfte zurückzugewinnen. Zunächst glichen meine Gedanken einem Flickenteppich, dessen Muster erst allmählich erkennbar wurde. Als ich zu Bett ging, rasten mir die Gedanken bei dem Versuch, Vorteile und Nachteile von Pater Amiels Vorschlag abzuwägen, nur so durch den Kopf. Sollte ich mit ihm gehen? Oder hierbleiben? Einerseits müßte ich fast alles zurücklassen, was mir lieb und vertraut war. Andererseits würde der Mönch mich lenken und leiten, und ich wäre im Besitz einer einträglichen Stellung. Unglücklicherweise überkam mich der Schlaf, bevor ich eine Entscheidung treffen konnte – und seltsamerweise spielte nicht meine zwiespältige Lage im Traum eine Rolle, sondern Bona Claret.

Als ich bei Sonnenaufgang erwachte, hörte ich ganz deutlich, wie ihre Stimme in meinem Kopf bestimmte Sätze äußerte. *»Na Munda enthüllte einen Spiegel und sprach drei Worte und blickte in den Spiegel. Sie sagte mir, mein Kamm wäre gestohlen worden* *und läge nicht weit von ihrem Haus in einer Tasche.«* Ich schwöre Euch, es klang so, als ob Bona neben mir in der Zelle stünde und diese Sätze über Na Mundas magische Praktiken spräche, die sie während ihrer Befragung durch Pater Amiel von sich gegeben hatte. Ich erinnerte mich an jedes Wort, jede Pause, jede Betonung. Sie waren wie eine Melodie, die mein Ohr nicht verlassen wollte. Und diese Melodie, ich gesteh's, erfüllte mich mit einem vagen Gefühl der Besorgnis.

Ich stieg aus dem Bett, um den großen Stapel von Vernehmungsprotokollen auf meinem Schreibpult nach Bona Clarets Aussage durchzusehen. Aber das Licht reichte nicht aus, um sie lesen zu können; ich benötigte eine Lampe. So zog ich mich an und ging in die Küche, wo ich mir einen glühenden Holzspan aus dem Feuer holte und etwas Käse und Ziegenmilch besorgte. Käse und Milch verzehrte ich noch an Ort und Stelle, während ich den Holzspan in meine Zelle mitnahm und ihn sorgfältig vor herabfallenden Funken abschirmte, bis ich die Lampe entzündet hatte. Dann löschte ich den Span im Inhalt des Nachttopfes und machte mich an die Arbeit. Ich durchflog die mit flüchtiger Hand geschriebenen Seiten des Protokolls von Bona Clarets erster Vernehmung, bis ich auf die Sätze stieß, die Na Munda Giraud betrafen.

Wie ich erwartet hatte, fand sich das in meinem Traum Gesprochene dort wieder. *Na Munda enthüllte einen Spiegel und sprach drei Worte und blickte in den Spiegel.* In einen Spiegel. Einen Zauberspiegel. Ich dachte über die Schlüsse nach, die aus dieser Bemerkung gezogen werden konnten. Pater Amiel hatte Spiegel, Ringe und Arzneifläschchen als Gegenstände erwähnt, die zum »Einfangen« von Dämonen benutzt würden. Nicht, daß Na Munda dergleichen versucht hätte; zweifellos wurde der Spiegel, wie bei ihren anderen Zauberkunststückchen, ohne Anrufung Gottes oder Satans verwendet. Aber die Möglichkeit, daß Na Mundas Verhalten vom Heiligen Amt untersucht werden würde, ließ sich nicht von der Hand weisen – ich wußte nur allzugut, daß der Tod vor den Inquisitoren ketzerischer Verderbtheit keinen Schutz bot. Tote Ketzer wurden oft genug ausgegraben, ihre Knochen und ihre Häuser den Flammen überantwortet, ihre Kinder enterbt. In Pater Amiels Handbuch hatte ich einen Katalog von Urteilen entdeckt, zu denen auch solche gehörten, die gegen bereits verstorbene Ketzer vollstreckt werden konnten. Dieser Katalog war mit Randbemerkungen zur Beschlagnahme von Eigentum versehen worden. Ergriffen von jäher Furcht, stürzte ich mich auf dieses Handbuch und durchstöberte die dicken Seiten.

Da. Auf dem vergilbten Pergament entdeckte ich eine winzige, fast unleserliche Bemerkung: *Gemäß dem römischen Recht der* majestas *geschieht die Einziehung des Eigentums* ipso facto, *sobald das Verbrechen der Häresie begangen ward. Aus diesem Grund kann kein Häretiker einen Rechtstitel abtreten, und alle von ihm getroffenen Zuweisungen sind nichtig, ungeachtet dessen, wem er das Eigentum übertragen haben mag.*

Ungeachtet dessen, wem er das Eigentum übertragen haben mag. Gebeugt über die vergilbten Seiten, dämmerte mir eine schreckliche Wahrheit auf. Wenn Na Munda Giraud wegen Ketzerei verurteilt werden sollte, wäre auch Bona Claret davon betroffen.

Und Na Béatrice Rascas würde den Schwarzen Hahn verlieren.

*Aus diesem Grund kann kein Häretiker einen Rechtstitel abtreten, und alle von ihm getroffenen Zuweisungen sind nichtig.* Wieder und wieder las ich diese Worte und suchte mir ins Gedächtnis zu rufen, ob Na Munda ihren Zauberspiegel vor oder nach dem Verkauf der Taverne an Béatrice benutzt hatte. Vielleicht hatte Bona diese Wahrsagerei erst nach dem Verkauf beobachtet. Aber war der Spiegel nicht schon vorher für derlei Zwecke benutzt worden? Ich wußte, wie das Heilige Amt verfuhr. Es würde Zeugen aus Na Mundas früherem Leben ausfindig machen. Es würde versuchen, jede Person aufzutreiben, die jemals bei dieser alten Frau und ihren Zaubereien Hilfe gesucht hatte.

Ich blickte auf diese schreckliche Glosse und sagte mir: Niemals darf das Heilige Amt davon erfahren. Aber bald schon würde, wie ich ja gehört hatte, Pater Amiel höchstpersönlich das Heilige Amt sein. Könnte man ihn daran hindern, eine so unbedeutende Sache zu verfolgen?

Vielleicht hatte er das alles längst vergessen. Das war zwar möglich, aber wenig wahrscheinlich. Ich kannte sein bemerkenswertes Gedächtnis. Zudem wußte ich, wie er Bona alle diese Geschichten über Spiegel und Steine und Getreidekörner aus der Nase gezogen hatte. Jede Einzelheit hatte er aufschreiben lassen. Warum, wenn er sie für unwichtig hielt? Vielleicht hatte er gerade deshalb alles gesammelt, um die Sache verfolgen zu können, sobald das Konsistorium eine entsprechende Entscheidung gefällt hatte.

Ich klappte das Handbuch zu und fragte mich, was ich tun sollte. Die Angelegenheit auf sich beruhen lassen? Wenn ich Pater Amiels Aufmerksamkeit darauf lenkte, würde ich vielleicht mehr Schaden als Nutzen bewirken. Doch wenn er sich nun an Na Munda Giraud erinnerte? Wenn er dem Heiligen Amt ihren Namen bereits genannt hatte? Dann war ohnehin alles verloren. Anderenfalls jedoch – wenn er und ich die einzigen waren, die davon wußten – könnte ich vielleicht an seine Gnade und sein Mitgefühl appellieren …

Ich erhob mich und wanderte in der Zelle auf und ab. Noch ist Pater Amiel nicht Inquisitor ketzerischer Verderbtheit, sagte ich mir. Wenn ich so lange warte, bis er diese Stellung innehat, und dann entdecke, daß er Na Munda Giraud gerichtlich belangen will, habe ich dann noch die Möglichkeit, ihn davon abzubringen? Es ist doch seine Pflicht, die Sache zu untersuchen. Aber wenn ich ihn jetzt darauf anspreche, könnte er schwankend werden, weil er die Hoffnung hegt, daß ich ihn nach Lazet begleite. Immerhin hat er selbst einmal für mich gelogen. Und Na

Béatrice hat ihm verschiedentlich geholfen. Und was wäre mit einer Verfolgung von Na Munda gewonnen? Sie ist tot. Ihre Bestrafung liegt in Gottes Hand.

So dachte ich, als ich, aufgewühlt und seufzend und fingernägelkauend, die Zelle durchmaß. Quälte ich mich möglicherweise ganz grundlos? Vielleicht würde Pater Amiel einfach sagen, daß Na Mundas Verwendung eines Spiegels keine Rechtfertigung böte, sie zur Ketzerin zu erklären, sofern es nicht weitere Beweise gäbe. Vielleicht würde er einfach lächeln und mich erneut als guten Samariter bezeichnen. Er konnte durchaus dem Geist der Nachsichtigkeit huldigen.

Aber wenn er das nicht tat? Wenn meine Erinnerungen an Na Mundas magische Tricks in ihm den Entschluß wachriefen, sie zu verurteilen? Ach, ich war innerlich zerrissen. Sollte ich auf Pater Amiels Wohlwollen vertrauen oder stumm bleiben und das Risiko eingehen, daß er die Sache ohne mein Wissen dem Heiligen Amt zur Kenntnis gab?

Schließlich gelangte ich, nach vielen angstvollen Abwägungen, zu dem Entschluß, Pater Amiel auf das Thema anzusprechen. Mir war eingefallen, daß die Transkriptionen seiner *inquisitio* vielen Leuten – dem Marschall, dem Papst oder gar dem Inquisitor von Frankreich – zur Einsichtnahme überlassen werden konnten. Vielleicht zog der eine oder andere von ihnen betreffend Na Munda seine eigenen Schlüsse. Um das zu verhindern, müßte ich aus Bona Clarets Aussage alle Hinweise auf den Zauberspiegel tilgen. Und eben das ging nicht – ich konnte das ausgefertigte Protokoll nur umschreiben oder kürzen, wenn ich dazu Pater Amiels Erlaubnis hatte.

Deshalb ging ich mit klopfendem Herzen zu seiner Zelle und wartete dort auf ihn.

# SIEBTER GESANG

Ich wartete sehr lange. Als der Mönch nach der Terz noch nicht zurückgekehrt war, machte ich mich auf die Suche, auch wenn ich mich in der Priorei nur ungern ohne Begleitung bewegte. Die anderen Klosterbrüder neigten dazu, mich mit gerunzelter Stirn anzustarren, und ich spürte, daß ich in bestimmten Ecken und Winkeln mancher Gebäude nicht unbedingt gern gesehen war. Nachdem ich schließlich einen der Laienbrüder gefragt hatte, erfuhr ich, daß Pater Amiel, nachdem er hinter verschlossenen Türen und im Beisein eines weiteren Mönchs des längeren mit dem Prior geredet hatte, fortgegangen war. Der Pförtner wußte nicht, ob er zum Mittagessen zurück sein würde. Es schien so, als ob Pater Amiels Aktivitäten bei seinen Brüdern in Christo für einige Unruhe sorgten.

Mithin suchte ich wieder meine Zelle auf und überlegte mir, daß ich, was immer auch geschehen würde, nie mehr in einem Kloster leben wollte. (Prioreien sind, wie Abteien, für Mönche geeignet, nicht jedoch für Laien. Jeder Stein scheint finstere Blicke zu werfen; jeder Atemzug ist die Bestrafung für eine Sünde.) Da ich nichts rechtes zu tun hatte, beschäftigte ich mich mit der Frage, ob ich in Avignon bleiben sollte – und die Antwort hing, wie ich wußte, von Pater Amiels Entscheidung betreffend Na Munda Giraud ab. Also zupfte ich auf meiner Viola, versuchte die Höhe der mir zustehenden Honorare auszurechnen, knabberte an den Fingernägeln und schlug die Zeit tot, bis Pater

Amiel in der Ruhepause nach der Sexta in die Priorei zurückkehrte.

Ich vernahm seinen Schritt, sprang auf und öffnete ruckartig die Tür. Er schien verdutzt (denn solch jähe Bewegungen geziemen sich nicht in einer monastischen Gemeinschaft), lächelte aber, als er mich sah, und teilte mir sehr leise mit, daß es Arbeit für mich gäbe.

»Der Papst verlangt eine Abschrift von Durands Aussage«, verkündete er. »Sie soll dem Inquisitor von Frankreich übersandt werden.«

»Ach«, entgegnete ich, »Ihr wart heute morgen beim Papst?«

»Nein, beim Marschall. Der Papst hatte mir eine Botschaft zukommen lassen.« Er betrat seine Zelle und wühlte in den Dokumentenstapeln herum, die an der Wand aufgeschichtet waren. »Könnt Ihr Durands Vernehmungsprotokoll finden, Raymond? Ich muß es hier irgendwo hingelegt haben.«

»Pater –«

»Diese Augen sind ein Fluch.«

»Pater.« Ich mußte jetzt die Gelegenheit beim Schopf packen. »Wird der Inquisitor von Frankreich Durand wegen Ketzerei anklagen?«

»Möglich.«

»Und – was ist mit den anderen?«

Pater Amiel richtete sich auf. »Welche anderen?« forschte er und sah mich an.

»Nun ja«, entgegnete ich, von seinem eindringlichen Blick leicht verunsichert, »die anderen, die Ihr befragt habt. Wird noch jemand von ihnen dem Heiligen Amt als der Ketzerei verdächtig übergeben?«

»Gut möglich.«

»Wer?«

Pause. Der Mönch studierte mein Gesicht, als erwarte er, darin etwas geschrieben zu finden.

»Um wen macht Ihr Euch denn Sorgen, Raymond?« fragte er

schließlich gedehnt. Als ich keine Antwort fand, fuhr er fort: »Euer Freund Gaillard hat nichts zu befürchten.«

»Ach. Das ist gut.«

»Ist es vielleicht Bona Claret, für die Ihr Euch interessiert?«

Ich fuhr mit der Zunge über meine trockenen Lippen und bemerkte, daß Bona keine Ketzerin sei. Woraufhin der Mönch hervorhob, daß sie verschiedentlich eine Hexe um Rat gebeten und diese wiederum einen Spiegel für Wahrsagereien benutzt habe.

»Ihr werdet Euch daran erinnern, daß die Hexe einige Worte äußerte, als sie den Spiegel um Rat fragte«, sagte er. »Wir könnten uns fragen, an wen diese Worte gerichtet waren. So ist allgemein bekannt, daß ein Dämon namens Berith oder Bolfry Fragen über die Vergangenheit, Gegenwart oder Zukunft wahrheitsgetreu beantwortet. Wer weiß? Vielleicht richtete sie ihren Appell an ihn.«

»Aber sie war eine alte Frau!« rief ich aus und dachte zugleich, wie töricht es von mir gewesen war, zu glauben, Pater Amiel hätte die Sache vergessen. Natürlich erinnerte er sich daran, an jedes Wort erinnerte er sich. »Pater, Ihr wißt doch, wie alte Frauen sind. Sie betreiben bäuerische Taschenspielereien. Sie beschwören keine Dämonen.«

»Wie könnt Ihr da so sicher sein?«

»Pater …« Ich fuhr mit den Fingern durch mein Haar und bemerkte seine wachsame Miene. Ich konnte sie nicht deuten. Ich wußte nicht, wie ich meine Bitte vortragen sollte. »Pater, werdet Ihr diese Entscheidung überdenken? Die Hexe – Na Munda – ist tot. Bona Claret ist unwissend und machtlos. Welchen Schaden könnten die beiden noch anrichten?«

»Welchen Schaden sie anrichten können? Raymond, habt Ihr vergessen, daß Ihr von Bona Clarets Menstrualflüssigkeit getrunken habt?« Pater Amiel wirkte leicht amüsiert. »Solche Zaubereien sollten doch wohl nicht ermutigt werden?«

»Nein. Natürlich nicht. Aber vielleicht könntet Ihr selbst mit

Bona sprechen, Pater. Ihr wißt sie zu beeindrucken. Droht ihr, und sie wird es nie wieder tun, das schwöre ich.«

»Raymond, was verlangt Ihr da? Soll ich zum Verberger von Ketzern werden?«

»Aber bis Montag war Na Munda noch gar keine Ketzerin!« Ich hörte, wie meine Stimme überzuschnappen drohte, holte tief Luft und fuhr in ruhigerem, vernünftigerem Tonfall fort: »Pater, wenn es nicht um den Spiegel ginge, wäre Na Munda ein Fall für das zivile oder bischöfliche Gericht. Da sie jedoch tot ist, wäre sie im Grunde gar kein Fall mehr. Nur das Heilige Amt verfolgt solche Dinge bis über das Grab hinaus.«

»Raymond –«

»Und sie hat niemandem Schaden zugefügt, diese Hexe. Ich meine – jedenfalls soweit es uns bekannt ist. Und wenn Ihr Bonas Aussage bestätigt – denn sie muß noch bestätigt werden –, könntet Ihr entdecken, daß das Wort ›Spiegel‹ ein sprachlicher Ausrutscher war.« Bittend streckte ich die Hände aus. Würde er verstehen, was ich meinte? »Vielleicht entdeckt Ihr, daß Bonas Gedächtnis sie im Stich gelassen hat«, sagte ich sanft. »Vielleicht widerruft sie ihre erste Aussage. Wäre das nicht möglich, Pater?«

Pater Amiel zog die Brauen zusammen. Dann seufzte er. Dann sagte er: »Raymond, ich wünschte, ich könnte Euch helfen. Aber eine so gefährliche Unternehmung kann ich nicht riskieren.«

»Sie ist nicht gefährlich. Niemand weiß etwas von Na Munda, außer uns beiden. Und Bona Claret.«

»Und Gott.«

»Gott?« Das war ein Pater Amiels unwürdiges Argument. Ich fegte es beiseite. »Gott hat Na Munda bereits bestraft. Sie ist tot.«

»Bona Claret jedoch nicht.«

»Bona Claret ist unwissend!« Trotz aller guten Vorsätze regte ich mich schon wieder auf. »Sie war ein Kind, als Na Munda sie mit ihren Tricks vertraut machte!«

»Und darum wird ihre Strafe zweifelsohne milde sein«, meinte Pater Amiel und lächelte süßlich. »Raymond, ich weiß, daß Ihr Eure Freundin verschont sehen wollt. Ihr habt, wie ich schon öfter bemerkte, ein weiches Herz. Aber dieses Herz kann Euch in die Irre führen, mein Sohn. Der Hl. Augustinus hat uns gewarnt: ›Liebt, aber achtet darauf, was ihr liebt.‹ Er hat uns ermahnt: ›Wollt ihr wissen, von welcher Art die Liebe ist? Seht, wohin sie euch führt.‹ Die Liebe zu Eurer Freundin, Raymond, führt Euch in Gefahr und Verderb. Also vertraut besser auf Gott; Sein Wille geschehe. Nun denn.« Er wandte sich wieder seinen Dokumenten zu. »Wo habe ich nur dieses Protokoll gelassen?«

Ich schluckte den dringenden Wunsch, »Zum Teufel mit dem Protokoll!« zu rufen, hinunter und blätterte durch ein ganzes Gestöber von Pergamenten, bis ich fand, was der Mönch suchte. Als er es mir in die Hand drückte, ging ich damit jedoch nicht sofort in meine Zelle, sondern preßte es an die Brust und sagte: »Pater, Na Béatrice hat ihre Taverne von Na Munda gekauft.«

»Ja, und?« gab er etwas ungeduldig zurück.

»Wenn Na Munda als Ketzerin verurteilt wird, könnte alles Eigentum, das vormals ihr gehörte, vom Heiligen Amt beschlagnahmt werden.«

»Aha.« Er hob eine Augenbraue. »Ihr sorgt Euch also um das Schicksal von Béatrice?«

»Pater, sie hat Euch geholfen, Durand zu überführen. Sie ist eine gute Frau. Sie hat hart gearbeitet, um das, was sie jetzt besitzt, abzahlen zu können. Was bleibt ihr, wenn sie es verliert?«

Erneut lächelte Pater Amiel. »Was bleibt ihr?« wiederholte er. »Ihre Gesundheit, ihre Tochter, Gott und Eure Freundschaft, Raymond. Es ist für keine Frau gut, eine Taverne zu betreiben. Es ist eine unwürdige Beschäftigung. Glaubt Ihr nicht, daß es für sie zuträglichere Möglichkeiten des Erwerbs gibt? Selbst eine dienende Tätigkeit wäre besser.«

»Nicht für sie. Nicht in ihren Augen.«

»Dann wird sie von ihrer eigenen Konkupiszenz geblendet.«

»Pater …« Ich merkte schon, daß alle Appelle vergebens waren. Béatricens Notlage berührte den Mönch nicht weiter, was mit seiner Einstellung zu Frauen allgemein und zu meiner Freundin im besonderen zusammenhing. Mir konnte er vieles nachsehen, ihr überhaupt nichts.

»Pater, Ihr habt doch ein gutes Herz. Ihr steht Gott so nahe. Könnt Ihr da nicht Gnade walten lassen? Zu mir seid Ihr gnädig gewesen. Immer wieder habt Ihr mir meine Sünden vergeben, wie Christus. Als Petrus Ihn fragte: ›Wie oft darf mein Nächster gegen mich sündigen, daß ich ihm vergebe? Sieben Mal?‹ Und Jesus antwortete: ›Nicht sieben Mal, sage ich dir, sondern sieben mal siebenzig Mal.‹ Ihr seid so gut zu mir gewesen, Pater. Könnt Ihr nicht auch zu Béatrice gut sein? Bitte. Um meinetwillen.«

Pater Amiel schüttelte den Kopf. »Viele Dinge, Raymond, würde ich um Euretwillen tun, dies aber nicht. Es ist zu schwierig.«

»Ist es nicht!«

»Doch.«

»Aber Ihr habt doch schon einmal gelogen! Als ich Euch bat, Na Rixendes Ehemann die Unwahrheit zu sagen, da habt Ihr es getan!«

»Das tat ich damals Eures Seelenheils wegen, Raymond.« Plötzlich war Pater Amiels Tonfall um einiges kühler geworden. »Ihr verspracht mir, Euch der Unzucht zu enthalten, und ich log, damit Ihr Euer Versprechen halten konntet. Die Wahrheit hätte niemandem genutzt.«

»Und auch in diesem Fall nutzt sie niemandem!«

»Raymond, sie wird uns beiden nützen. Wißt Ihr, was passiert, wenn man entdeckt, daß wir eine Ketzerin verborgen haben?«

»Man wird es nicht entdecken!«

»So leid es mir tut, aber das ist keinesfalls sicher. Würdet Ihr jetzt bitte diese Aussage abschreiben? Der Heilige Vater will sie so schnell wie möglich in Händen halten.« Als ich, hochroten

Gesichts und sprachlos, dastand, trat er zu mir und berührte meine Hand. »Kommt«, sagte er. »Seid nicht zornig auf mich. Ich bin um Eure Sicherheit besorgt, Raymond. Ketzerei zu verbergen und zu begünstigen, ist ein schreckliches Verbrechen.«

»Warum schützt Ihr dann *mich*?« fragte ich herausfordernd. »Pater Pierre-Julien hat mir gerade wegen dieses Vergehens eine Vorladung geschickt. Dennoch behauptet Ihr, daß ich mit Eurer Hilfe vor Verfolgung sicher sei. Ich habe einem Ketzer Ratschläge erteilt, Pater. Ist das etwa harmloser, als wenn ich eine Hexe aufgesucht hätte?«

Der Mönch kniff die Augen zusammen. Seine Miene schien sich zu verhärten. »Was wollt Ihr damit sagen? Ich wiederhole: Es geht mir um Eure Sicherheit, Raymond.«

»Pater, ich bin bereit, jedes mögliche Risiko einzugehen!«

»Seid Ihr das? Nun gut, ich nicht.« Er runzelte die Stirn. »Ihr könntet daran denken, in welcher Lage *ich* mich befinde. Aber vielleicht würdet Ihr mich bereitwillig opfern, um Bona Claret zu helfen? Zweifellos schätzt Ihr sie weit mehr als mich.«

»Wie? Aber nein!« Hastig beteuerte ich, daß ich ihn verehrte – daß ich sein ergebener Diener sei –, daß er mir viel mehr bedeute als Bona Claret. »Aber Pater, Ihr müßt doch einsehen, daß wir kein Risiko eingehen. Wer würde es bemerken, wenn ich ihre Aussage ein bißchen veränderte? Wer?«

»Vergebt mir, aber das geht nicht.«

»Aber *warum* nicht?«

»Weil mein Gewissen es mir nicht erlaubt.«

»Euer Gewissen!« Ich weinte fast vor Zorn und Enttäuschung. »Ihr habt doch schon so häufig gelogen! Bei den Befragungen! Ich habe es selbst gehört!«

»Um des höheren Gutes willen.«

»Pater, *bitte.* Habe ich Euch nicht treu gedient? Habe ich nicht hart für Euch gearbeitet? Habe ich nicht für Euch gelogen? Habe ich mich für Euch nicht sogar Ausschweifungen hingegeben?«

»Und in Dankbarkeit, Raymond, werde ich versuchen, Euch vor dem Heiligen Amt zu schützen«, erwiderte Pater Amiel. »Weil ich weiß, daß Pater Pierre-Juliens Urteil fehlerhaft ist, glaube ich, daß der Mann, der Euch um Hilfe bat, möglicherweise kein Ketzer ist.« Er tippte mit dem Zeigefinger auf das Dokument, das ich immer noch an die Brust gepreßt hielt. »Werdet Ihr jetzt freundlicherweise diese Sache zu Ende bringen? Der Heilige Vater ist ein ungeduldiger Mann.«

Regungslos stand ich da und suchte verzweifelt nach einem anderen Weg, Pater Amiels Herz zu erweichen. Wie konnte er sich nur meinen Überredungsversuchen verschließen? Er war doch immer so freundlich gewesen! So nachsichtig!

»Pater«, sagte ich, am ganzen Körper zitternd, »wenn Na Béatrice aus der Taverne vertrieben wird, kann ich nicht mit Euch nach Lazet gehen. Ich kann diese Frau nicht einfach ihrem Schicksal überlassen.«

Ich zuckte vor seinem Blick zurück, weil ich nicht wußte, was jetzt kommen würde. Vorwürfe? Schmähungen? Aber sein Gesichtsausdruck überzog sich nur mit einer leichten Melancholie; er neigte den Kopf und murmelte: »So sei es denn.« Dann schaute er mich wieder an und fügte hinzu: »Ihr werdet mir fehlen.«

Erneut verschlug es mir die Sprache.

»Natürlich müßt Ihr Euren eigenen Weg im Leben finden«, fuhr er fort. »Ich bin nicht Euer Vater; ich kann Euch nicht sagen, was Ihr zu tun und zu lassen habt. Aber Raymond, Ihr seid ein so vielversprechender Mann. Eure Gaben glänzen wie Silber im Sonnenlicht. Ihr dürft diesen Glanz nicht stumpf werden lassen. Ihr dürft Eure Perlen nicht vor die Säue werfen. Sucht Euch eine verdienstvollere Aufgabe. Vertraut auf Gott.« Plötzlich hob er die Hand und tätschelte meine Wange, als wäre ich ein Kind. »Ich werde für Euch beten«, sagte er freundlich. »Ich werde oft an Euch denken. Fürchtet Euch nicht vor dem Heiligen Amt – ich werde dafür sorgen, daß Ihr nicht in Schwierigkeiten geratet.« Seine Hand wanderte zu den Pergamenten mit der Aussage von Durand. »Wenn Ihr wollt, kann ich jemand anderen mit der Abschrift beauftragen. Vielleicht ... nun, vielleicht käme es Euch gelegen, mir nicht länger verpflichtet zu sein.«

Feurige Kohlen, meine Freundinnen, feurige Kohlen. Jedes Wort brannte in meinem Herzen wie ein Tropfen flüssigen Bleis. Obwohl ich sogar versucht hatte, ihm zu drohen, schien er mir nichts übelzunehmen, sondern lobte mich und versprach mir seinen Schutz und sein fortgesetztes Wohlwollen. Und dennoch hatte er mich ohne den geringsten Einspruch gehen lassen!

Ich würde meine Zunge verschluckt haben, um meine Bemerkung ungeschehen zu machen.

»Natürlich will ich ... will ich Euch verpflichtet sein«, stammelte ich und wußte kaum, was ich sagte. »Aber vielleicht würdet Ihr die Dienste eines Mönchs vorziehen – eines Schreibers –«

»Keineswegs.«

»Vielleicht seid Ihr *froh*, wenn ich gehe.«

»Keineswegs.« Er sprach ganz ruhig. »Wie ich schon sagte, möchte ich Euch bei mir behalten.«

»Aber warum versucht Ihr es dann nicht wenigstens? Warum erfüllt Ihr mir nicht diesen einen Wunsch? Pater, Ihr *zwingt* mich, Euch zu verlassen. Ich möchte ja bei Euch bleiben, aber so kann ich es nicht!«

»Ach, Raymond.« Er zog die Blätter mit Durands Aussage aus meinen Händen, legte sie aufs Bett und brachte mich – ganz zwanglos – dazu, mich daneben zu setzen. Dann nahm er meine Hände in die seinen, beugte sich ein wenig herab und blickte mir in die Augen. »Hört mir zu«, sagte er. »Ich möchte Euch helfen. Ich möchte Euch so gern helfen. Aber diese Angelegenheit entzieht sich meiner Kontrolle. Der Heilige Vater hat eine Entscheidung getroffen. Ich selbst habe ein Gehorsamkeitsgelübde abgelegt. Bona Claret hat bestimmte Tatsachen bezeugt. Und Ihr, Raymond – seid Ihr kein Sohn der Kirche? Sucht Ihr nicht nach der göttlichen Liebe? Denkt ein wenig nach. Überlegt, was Ihr da fordert. Es besteht die Möglichkeit, daß Ihr nicht nur unser beider Leben, sondern auch Euer Seelenheil in Gefahr bringt.« Er drückte meine Finger. »Ich möchte Euch nicht verlieren, Raymond, und ich möchte Euch gerade deshalb nicht verlieren, weil sonst Sünde, Schande und Zerstörung Euch bedrohen. Bitte – denkt noch einmal nach, und wenn nicht um Euretwillen, so um meinetwillen. Ich kann Euch gar nicht sagen, wie sehr es mich schmerzen würde, wenn Ihr wieder in den Sumpf gerietet, aus dem Ihr errettet wurdet. Ihr seid die Fackel, die ich aus dem Feuer geholt habe. Ihr seid das Schaf, das in den Pferch zurückgekehrt ist. Ihr seid mein verlorener Sohn, Raymond. Wie habe ich mich Eurer gerühmt! Und nun wendet Ihr Euch ab? Verletzt mich, indem Ihr Euch selber Wunden zufügt? Lieber wollte ich verbrennen, als so etwas mit ansehen zu müssen. Es wäre ein großer Verlust. Ein sehr, sehr großer Verlust.«

Welche Beredsamkeit! Wie fuhren seine Worte mir in die Seele! Natürlich schmolz ich bei dieser Rhetorik dahin wie Wachs vor dem Feuer, kraftlos, saftlos, marklos. Mit tränenfeuchten Augen versicherte ich ihm, daß ich ihn nicht enttäuschen würde. Daß ich eifrig darauf bedacht sei, Gott zu finden. Daß ich, selbstverständlich, alles tun würde, was er sagte, und ihn nie verletzen wolle.

»Ihr werdet also diese Aussage abschreiben?«

»Ja, Pater.«

»Und mit mir nach Lazet gehen?«

»Ja, Pater.«

»Gut.« Er ließ mich los, legte mir den Stapel Pergamente in den Schoß und mahnte mich, den Heiligen Vater nicht warten zu lassen. »So schnell es geht, mein Sohn. Bringt es mir, wenn Ihr fertig seid. Ich werde Euch noch einen Begleitbrief diktieren.«

Ich stimmte mit einer Verbeugung zu, weil ich nicht den Mut hatte, mich zu äußern. Dann stolperte ich, von Gefühlen überwältigt, davon. Sein liebevoller Ton hatte wie Wein auf mich gewirkt – mein Herz gewärmt und die Gedanken durcheinandergebracht. Erst als ich, in meine Zelle zurückgekehrt, die

Schreibgeräte vorbereitet und ein neues Stück Pergament mit Linien versehen hatte, verflog die betäubende Wärme seiner Schmeicheleien allmählich und machte einem rastlosen Gefühl der Angst Platz.

Natürlich war er mein guter und wohlwollender Hirte. Natürlich mußte er unsere Sicherheit und die Wünsche des Papstes und sein eigenes Gewissen berücksichtigen. Aber ich war Na Béatrice ebenso verbunden, und wenn sie ihre Taverne verlöre, würde ich mir das nie verzeihen. Niemals.

Während ich über dem Geschreibsel des Notars brütete, der mit der Transkription von Durand Rouiards Aussage betraut worden war (den Fehlern nach zu urteilen, mußte es sich um Pierre-Bernard Aubert gehandelt haben), lenkten mich Träumereien ab, so daß ich oftmals innehielt, die Feder über dem Papier schweben ließ und mit leeren Augen in die Ferne starrte. Ich dachte an Bona. Ich dachte an Béatrice. Ich dachte an den glücklichen Zufall, daß Bonas Aussage noch nicht bestätigt worden war.

Nachdem ich drei Seiten abgeschrieben hatte, fiel mir plötzlich eine Möglichkeit ein, die mich den Atem anhalten ließ. Einen Moment lang zögerte ich. Dann ließ ich alles stehen und liegen und huschte über den Gang zu Pater Amiels Zelle.

Ich klopfte, und er hieß mich eintreten, doch klang seine Stimme nicht eben gnädig.

»Ja?« fragte er, nachdem er mit raschem Blick gesehen hatte, daß ich keine Pergamente dabeihatte.

»Pater, wenn ich noch einen Vorschlag machen dürfte …«

»Zu Eurer Arbeit?« Sein Ton war gereizt.

»Nein«, erwiderte ich. »Zu Bona Claret.« Da ich die Sache nicht im Korridor erörtern wollte, nutzte ich meine Körpergröße, um mich gegen Pater Amiel durchzusetzen. Ich zwängte mich durch die Tür und brachte ihn so dazu, ein paar Schritte zurückzutreten. »Pater«, sagte ich leise, »Bonas Aussagen sind noch nicht bestätigt worden. Wenn sie leugnen sollte, jemals das

Wort ›Spiegel‹ benutzt zu haben, gäbe es für Euch doch gar keine Notwendigkeit, ihren Namen dem Heiligen Amt mitzuteilen. Und dann könnte man Euch auch nichts nachweisen.«

»Raymond –«

»Natürlich dürftet Ihr nichts unternehmen, bis die Bestätigung vorliegt – und darum müßt Ihr Bona nach Avignon zitieren. Ihr könntet mich schicken, um die Vorladung zu überbringen. Darin liegt doch nichts Unrechtes. Und wenn sie später das Wort ›Spiegel‹ zurückzieht, träfe Euch keinerlei Schuld –«

»Kommt nicht in Frage.«

»Aber –«

»*Nein.*« Sein Gesicht blieb ausdruckslos, aber seine Stimme war schneidend. »Raymond, solche Diskussionen sind fruchtlos. Und ich hatte Euch gebeten, einen dringenden Auftrag zu erledigen.«

»Pater –«

»Beendet, was Ihr angefangen habt. Bitte. Wenn die Abschrift fertig ist, werde ich Euren Vorschlag anhören. Aber erst dann. Ist das klar?«

Wie ein gezücktes Schwert schüchterte mich seine drohende Mißbilligung ein. Immer wieder schreckte ich davor zurück, mochte ich auch, wie jetzt, noch so ärgerlich sein. Als ich an die Arbeit zurückkehrte, gingen mir die kalten Worte, mit denen er mich fortgeschickt hatte, nicht aus dem Kopf. Warum hatte er mich vorher noch so warm getröstet? Warum hörte er mich nicht an, wenn er so viel von mir hielt? Konnte der Papst nicht noch ein bißchen länger warten? Pater Amiel konnte es offenbar nicht.

Dennoch wollte ich meine Fähigkeiten unter Beweis stellen und gab mir viel Mühe, eine Abschrift von Durands Aussage zu verfassen, die besser war als das Original. Zu diesem Zweck ordnete ich den Text übersichtlicher, korrigierte Fehler, berichtigte unbeholfene grammatische Konstruktionen und benutzte farbige Tinten, um bestimmte Namen hervorzuheben. Als ich fertig war, schmerzten mir Finger und Augen, und Pater Amiel war beim Abendgottesdienst.

Ich hätte in meiner Zelle auf ihn warten können – oder in seiner. Aber ich konnte nicht untätig herumsitzen. Also ging ich im Innenhof auf und ab, bis die Klosterbrüder ihre Ritualien beendet hatten. Sobald der Gesang verklungen war, bezog ich an der Kirchentür Stellung, das Vernehmungsprotokoll fest in Händen haltend. Und an der Kirchentür entdeckte mich Pater Amiel, als er im schwindenden Licht des Tags nach draußen trat.

Er war, glaube ich, erstaunt, denn er verhielt den Schritt, was den Mönchen hinter ihm einige Ungelegenheit verursachte. Jedoch faßte er sich mit der gewohnten Schnelligkeit. Einen Augenblick lang flatterten seine Hände wie weiße Schmetterlinge durch die Luft und drückten wohl eine Entschuldigung oder Erklärung aus. Dann verließ er den unaufhaltsamen Gänsemarsch der Mönche, die unbeirrt weiterzogen, ohne uns einen Blick zuzuwerfen.

Ich wußte, daß ich hier nicht sprechen durfte, und wies daher auf die Dokumente, die ich bei mir trug. Pater Amiel nickte und streckte die Hand aus, woraufhin ich einen Schritt zurücktrat und den Kopf schüttelte. Ich machte eine Geste, die anzeigen sollte, daß ich den Wunsch hatte, mich mit ihm zu unterhalten. Im Dämmerlicht war seine Miene besonders schwer zu deuten; die Augen waren tiefschwarz, der Mund im Schatten kaum zu erkennen. Er schien kurz nachzudenken, nickte dann erneut und führte mich zum *scriptorium*, wo noch einige Lampen brannten.

Das *scriptorium*, ein großer Raum neben dem Kapitelhaus, enthielt, sorgfältig in Schränken und Truhen gelagert, die beneidenswerte Büchersammlung der Priorei. Die hohen Fenster waren verglast, die Luft roch nach alten, zerfallenden Manuskripten. Auf allen Schreibpulten fanden sich Federn, Tintenfässer, Lineale, Wachs, Kohle, Messer und Bimssteine; die Lampen wurden regelmäßig mit Öl gefüllt. Bei schlechtem Wetter konnte man hier den Lehrer der Priorei – Bruder Adhemar – finden, der etwa ein Dutzend Studenten der Theologie unterrichtete und mit ihnen disputierte. Auch nachts, hatte Pater Amiel mir einmal erzählt, wurde das *scriptorium* von einigen dieser Studenten oder von anderen Klosterbrüdern (die Predigten, Briefe oder Diskurse verfaßten) genutzt, um, statt zu schlafen, bestimmte Texte zu studieren.

An jenem Abend jedoch war der Raum leer; auch der Bibliothekarius hatte ihn verlassen. Pater Amiel, der sich munterer als je zuvor bewegte, steuerte auf ein Schreibpult zu und legte seine Hand auf die mit Tintenflecken übersäte Platte.

»Hier«, sagte er, »könnt Ihr meinen Begleitbrief niederschreiben, Raymond, ohne die anderen Brüder zu stören. Es ist nur eine kurze Mitteilung.«

»Pater –«

»Dann kann ich beide Dokumente dem Pförtner geben, damit er sie gleich morgen früh abschickt.«

»Pater, wollt Ihr mich jetzt anhören?«

Er linste in die Tintenfässer, deren einige leer zu sein schienen. »Sofern es sich um Euren Vorschlag handelt«, entgegnete er, »kann ich Euch nur sagen, daß ich ihn erwogen und verworfen habe. Wenn Ihr Bona Claret die Vorladung überbringt, könnten später Fragen gestellt werden.«

»Aber wenn ich sagen würde, daß ich nach Saint-Martin-les-Bains ginge, um dort Angelegenheiten für Marguerite de Pasquières zu regeln –«

»Nein.«

»Gut, dann kommt Bona nach Avignon«, fuhr ich hastig fort, »und wartet im Gefängnis zusammen mit mir auf Eure Ankunft –«

»Nein.«

»Pater, *wer würde es herausfinden*?«

Er nahm ein Tintenfaß auf, wog es in der Hand, drehte es um und setzte es mit einem Grunzer nieder. »Raymond«, bemerkte er, »würdet Ihr unter Eid lügen?«

»Ich – ich –«

»Wenn ja, so würdet Ihr Euer Seelenheil gefährden. Wenn nein, so würde irgend jemand die Wahrheit herausfinden. Hier ist Tinte. Ich werde Pergament holen.«

Während er fortging, bekämpfte ich ein Verlangen, das mich oft überkommt, wenn ich einem eigensinnigen Kind gegenüberstehe: Ich wollte den Mönch hochheben, schütteln und zur Kapitulation zwingen. Kleine, zarte Gestalten, die mit außergewöhnlicher Widerspenstigkeit ausgestattet sind, wecken nun mal in mir diesen Wunsch. Darum kann ich verstehen, weshalb Othon Leute verprügelt, die sich ihm widersetzen. Weil er selbst so groß ist, müssen ihm alle Leute in Avignon wie eigensinnige Kinder vorkommen.

Aber ich wußte natürlich, daß Pater Amiel durch solche Maßnahmen nicht von seinem Willen abzubringen sein würde. Darum ballte ich, schwer atmend, die Fäuste und erwog, welche Möglichkeiten mir noch blieben.

»Hier«, sagte er, als er wieder neben mir auftauchte. Er hatte eine Rolle Velinpapier mitgebracht. »Das ist bereits liniert. Ich werde dem Bibliothekarius morgen früh sagen, daß kein Pergament mehr aufzutreiben war.«

»Pater, wartet. Bevor wir damit anfangen –«

»Was wollt Ihr?« fragte er bissig. »Was ist denn jetzt noch?«

»Pater, Ihr sagtet vorhin, daß Ihr für mich gelogen hättet, damit ich der Unzucht entsage.«

»Ja. Und ich will nicht weiter darüber diskutieren.«

»Aber –«

»Raymond, es ist *ziemlich spät*. Ich möchte diesen Brief geschrieben haben, bevor wir zu Bett gehen – bevor es zur Matutin läutet!«

»Ja. Natürlich.« Meine Stimme zitterte vor Zorn, Angst und Sorge. »Aber zuerst muß ich Euch noch eine Sache fragen.«

»*Nein*. Das Thema ist *beendet*, Raymond. Es gibt nichts mehr zu sagen.«

»Doch.«

»Nicht für mich.«

»Pater, Ihr habt versprochen, mich anzuhören, nachdem ich meine Arbeit getan habe.«

»Das tat ich.«

»Das tatet Ihr *nicht*! Ihr habt Euch geweigert!«

»Weil Ihr, mein Freund, von diesen Frauen besessen seid. Ihr denkt mit Euren *virilia*, Raymond. Denkt mit dem Kopf, und Ihr werdet sehen, daß Euer Wunsch unmöglich erfüllt werden kann.«

Hätte ein anderer mir diese Beleidigung an den Kopf geworfen, wäre ich aus der Haut gefahren. So aber spürte ich nur, wie das Blut in meine Wangen schoß, und ich stotterte das erste hervor, was mir in den Sinn kam.

»Eure Vorurteile machen Euch blind!« rief ich. »Ihr achtet Béatrice nicht, darum seid Ihr so ungerecht.«

»Raymond, werdet Ihr jetzt diesen Brief schreiben?«

»Nein! Erst, wenn Ihr mich anhört!«

Mit dünnen Lippen und einem wie aus Flintstein gehauenen Gesicht fixierte er mich. Sein Blick war scharf und hart. »Dann werde ich mir woanders Hilfe holen«, bemerkte er und drehte auf dem Absatz um. Ich aber war nicht bereit, ihn gehen zu lassen. Ich packte ihn am Arm.

»Wartet doch«, keuchte ich.

»Laßt mich los.«

»Pater, ich denke nicht mit den Lenden, das schwöre ich Euch –«

»*Laßt mich los.*« Seine Worte trafen mich wie ein Peitschenschlag; sie brannten wie Eis. Er versuchte sich loszureißen, hatte aber nicht die Kraft dazu. Heute weiß ich, daß er äußerst zornig gewesen sein muß. Ein so kleiner und schwacher Mensch wie er muß einfach gereizt reagieren, wenn er körperlicher Gewalt ausgesetzt wird. Zweifellos war Pater Amiel früher des öfteren auf diese Weise gedemütigt worden. Ich hätte das wissen müssen, als ich spürte, wie sein Arm sich spannte, wie seine Miene erstarrte und seine blassen Wangen sich röteten. Aber weil er in meiner Gegenwart noch nie die Fassung verloren hatte, erkannte ich nicht das Ausmaß seiner Wut.

Statt dessen flehte ich weiter diesen Mann an, um dessen Gunst ich immer gebuhlt hatte – den ruhigen, zurückhaltenden, klugen, geistreichen, unerschütterlichen, bisweilen boshaften, oft heldenhaften, für gewöhnlich nachsichtigen und insgesamt schätzenswerten Mann, der (was ich damals noch nicht begriff) mittlerweile mein ganzes Leben kontrollierte. Ob dieser Mann jemals wirklich existiert hat, weiß ich nicht. Aber ich glaubte ihn hinter der augenblicklichen Fassade von Groll und Wut, die er mir zeigte, immer noch zu spüren und flehte ihn darum mit Worten an, die sich zwar überstürzten, aber doch gewählt waren, um zu überzeugen und nicht zu erzwingen.

»Pater«, sagte ich, »Ihr habt für mich gelogen, damit ich ein Keuschheitsgelübde ablegte. Was kann ich Euch jetzt geben, damit Ihr noch einmal für mich lügt?«

»Was Ihr mir geben könnt?« Pater Amiel spuckte die Frage geradezu aus. Und dann muß er, während er sich wütend in meinem Griff wand, das Gesicht von tiefster Verachtung verzerrt, für einen Moment die Selbstbeherrschung völlig verloren haben. »*Nichts* könnt Ihr mir geben, was ich Euch nicht schon *genommen* hätte!«

Kaum war die Bemerkung dem Mund entflohen, als er seinen Irrtum auch schon einsah. Mit großen Augen starrte er mich an, und selbst sein Atem setzte für kurze Zeit aus. Aber eben nur für kurze Zeit. Gleich darauf hatte er alle Ansprüche auf meine Loyalität und Wertschätzung aufgegeben. Er schnaubte, zog die Schultern hoch, senkte die Lider und brachte ein gequältes, freudloses halbes Lächeln hervor. Sein Seitenblick schien zu sagen: Schade, aber nicht zu ändern. Ich habe einen Fehler gemacht und muß die Verluste jetzt so gering wie möglich halten.

Ich jedoch war zutiefst erschrocken – nicht so sehr wegen seiner Bemerkung, sondern weil sie von einem Blick äußerster Verachtung begleitet wurde, der keine Spur von Respekt und Zuneigung enthielt, keinen Hinweis darauf, daß ich als Freund oder wenigstens als würdiger Gegner betrachtet wurde. Es war ein Blick, den ich einer Fliege in meiner Suppe oder einem Häufchen Hundekot auf der Straße widmen würde. Es war ein Blick bar jedes gemeinschaftlichen Gefühls.

»Was – was meint Ihr damit?« stammelte ich und ließ ihn los.

»Ach, das ist alles zwecklos.« Er zog das Protokoll aus meinen plötzlich erschlafften Fingern. »Ihr habt Eure Wahl getroffen.«

»Was habt Ihr getan?« Unsägliches dämmerte mir. *Nichts könnt Ihr mir geben, was ich Euch nicht schon genommen hätte.* Jäh schaute ich der Wahrheit ins Antlitz. Ich war meiner Liebsten, meiner Freunde, meiner Familie, meines Zuhauses beraubt worden – sogar des Vertrauens in alles, was ich sonst gedacht, gefühlt, getan hatte –, und einzig und allein, weil Pater Amiel, dem meine Seele nichts bedeutete, von einem seltsamen, perversen, durch nichts zu rechtfertigenden Verlangen besessen war, mich vereinsamt und verloren zu sehen. Beraubt.

Ich muß allerdings zugeben, daß ich dies im Moment der Erleuchtung doch höchst vage verspürte. Ich ahnte Böswilligkeit – oder zumindest fehlende Gutmütigkeit. Er war, das merkte ich, müde und ungeduldig und neigte zum Hohn. Und er war, das ließ sich nicht leugnen, zornig. Zorn aber hatte auch mich ergriffen, mit der Gewalt und Geschwindigkeit einer Lawine.

»Was sagt Ihr da?« fragte ich fordernd.

»Ihr habt Eure Wahl getroffen. Tut, was Ihr wollt.«

»*Kommt zurück.*«

Er hielt inne und wandte sich um. »Wenn Ihr mich noch einmal festhaltet«, zischte er, »lasse ich Euch auspeitschen.«

»Erklärt Euch!«

»Ach, warum sollte ich Euch etwas erklären? Warum sollte ich mich um Euch *bekümmern*? Ihr seid unverbesserlich. Hartnäckig. Ich habe Euch meine ganze Aufmerksamkeit gewidmet, aber Ihr bleibt ein Rüde, der läufigen Hündinnen nachschnüffelt. Für das Höhere habt Ihr keinen Sinn.« Er winkte mit der Hand, die auf einmal nicht mehr zart und elegant wirkte, sondern brüchig und klauenhaft. »Geht. Verlaßt uns. Hebt Euch hinfort. Sucht Eure Kneipenfrau auf. Aber bedenkt dies, Maître Raymond. Ihr glaubt wahrscheinlich, daß Ihr Euer früheres Leben wiederaufnehmen und Euch wie ein König über Eure niederen Kumpanen erheben könnt, und Euren Witz und Eure Schönheit und Eure musikalischen Fähigkeiten dem rauschenden Beifall dieser Leute darbieten könnt. Aber diese Tage sind vorbei, mein Freund. Alle Eure Gaben kommen von Gott. Sie gehören nicht Euch, und Ihr könnt nicht frei über sie verfügen, und wenn Ihr Euch weigert, sie in Seinen Dienst zu stellen, werdet Ihr dafür büßen. Und dafür werde ich sorgen!«

Das waren die letzten Worte, die ich von ihm hörte. Ich fand darauf keine Antwort und sah ihm nur zu, wie er verschwand. Er muß sehr schnell reagiert haben (vielleicht auch waren meine Reaktionen durch den Schock langsamer geworden), denn ich hatte kaum meine Zelle betreten, als auch schon der Pförtner mit zwei kräftigen Laienbrüdern erschien, um mich aus der Priorei zu werfen. Meine Einwände wurden ignoriert, aber ich könne, wie mir versichert wurde, meine Besitztümer jederzeit abholen.

Aber in einer Hinsicht, das muß ich doch stolz vermelden, war ich schneller als er. Obwohl Pater Amiel schnell wie der Blitz mich hatte hinauswerfen lassen, war ich flink genug gewesen, unter meinem Wams jene eine Seite aus Bona Clarets Protokoll zu verbergen, die auf meinem Schreibpult gelegen hatte.

Als ich im Schwarzen Hahn angekommen war, setzte ich, sobald ich die Schwelle überschritten hatte, diese Seite in Brand. Und dann zerstörte ich mit einem Feuerhaken die verkohlten Reste, bis nichts mehr von dem lesbar war, was darauf geschrieben stand.

# VI

# BALLADE VON DER BEFRIEDIGUNG

# ERSTER (UND LETZTER) GESANG

Meine Freundinnen, Ihr seht in mir einen glücklichen Menschen. Wie? Ihr protestiert? Bei allem, woran ich glaube, ich spreche nicht ironisch. Mein Tisch kann die Speisen kaum fassen. Mein Bett ächzt unter liebender Gesellschaft. Ich trinke nach Wunsch und auf Kosten meiner Frau. Mein Sohn ist gesund, gleicht mir aber ansonsten um kein Haar. Kann ein Mann noch mehr verlangen?

Gewiß, man hat mir das Recht genommen, als öffentlicher Notar zu arbeiten. Aber soll ich mich über den Verlust dieser Bürde beklagen? Notare sind fortwährend über Pergamente gebeugt und kritzeln Buchstaben und Wörter, während das Leben verrinnt und die Ehefrauen sich mit Männern vergnügen, die Kraft und Mut und Freiheit besitzen und wohlausgebildete Muskeln – mit Männern, die das Sonnenlicht nicht scheuen und nicht an ständig wachsende Aktenstöße gekettet sind. Einst verbrachte ich meine Tage damit, über Verträgen und Protokollen und Petitionen und gar (o Stumpfsinn!) Texten zu brüten, die ich für Studenten abschreiben mußte. Jetzt verdiene ich meinen Unterhalt, indem ich Lieder singe und Wein ausschenke und mit meinem fröhlichen Witz und meinem hübschen Äußeren dafür sorge, daß meine Freunde auch weiterhin dieses illustre Haus als Stammgäste beehren.

Was sagt Ihr da? Nun gut, das mag so sein. Vielleicht stößt mein Äußeres mehr Leute ab, als es anzieht. Jeder Mensch altert, doch könnt Ihr mir glauben, wenn ich Euch sage, daß ich vor Zeiten überaus ansehnlich war. (Jedenfalls haben die Damen mir solches versichert.) Vor Zeiten war mein Haar dichter und schwarz wie die Nacht; vor Zeiten war mein Bauch weniger umfänglich und meine Zähne eine wahre Pracht. Aber warum den Verlust von ein bißchen Haar und ein paar Zähnen beklagen? Warum sich grämen wegen einiger Narben hier und dort? Im Glanz meiner Jugend wurde ich von den Frauen geradezu verfolgt; sie umschwirrten meine Schönheit wie Motten das Licht. Deshalb benahm ich mich wie ein wildes Tier, nahm auf die Heiligkeit der Ehe so wenig Rücksicht wie auf die Lehren Gottes, verstreute meinen Samen in alle Himmelsrichtungen und bezahlte den Preis für meine Lüsternheit. Jetzt, da meine Schönheit dahinwelkt, bin ich nicht mehr versucht, den streunenden Kater zu spielen. Ich bin mit meinem Los glücklich und zufrieden und freue mich darüber, daß meine liebe Frau den Anblick meiner erschlaffenden Muskeln, ergrauenden Haare, vernarbten Schenkel und des fehlenden Fingers erträgt.

Ihr könntet mich fragen: Spürst du keine Bitterkeit, wo du doch neun lange Jahre so sehr gelitten hast? Meine Freundinnen, ich bin dankbar, daß diese Jahre mich nicht zerstören konnten. Viele sind im Gefängnis gestorben, unter ihnen auch Barthélemy. Viele haben ihre Seele verloren, auch wenn der Körper überlebte. Ich hatte Glück. Ich blieb am Leben und kam frei. Wahrlich, Gottes Segen ward mir zuteil. Zwar wurde ich ungerechterweise von einem Mann verfolgt, der, nachdem er zum Inquisitor ketzerischer Verderbtheit in Lazet berufen worden war, entschlossen schien, mich aus Gottes Schöpfung zu tilgen. Er überließ meinen Fall seinem Vikarius, doch war es ganz ohne Zweifel sein Einfluß, der mich schließlich ins Gefängnis brachte. Aber da war ich schon verlobt. Da hatte ich bereits einer Frau die Ehe versprochen, die mich nie im Stich ließ; die – wiewohl ihrer Taverne beraubt – hart arbeitete, um mich während meiner Haft mit Nahrung und Kleidung zu versorgen und mir nach Lazet folgte, damit sie mich besuchen und trösten und mir Eier und frisches Brot und an bestimmten Festtagen Kuchen bringen konnte, der mit richtigem Zucker gebacken worden war. Mußte ich das nicht als Segen empfinden? Und war es nicht auch ein Segen, daß der Gefängnisaufseher, ein überaus bestechlicher Mann, gegen bare Zahlung mich bereitwillig von meinen Fesseln befreite und mir statt der Einzelhaft des *murus strictus* die Freiheit gewährte, mich in jenem Teil des Gefängnisses aufhalten zu dürfen, wo die Insassen ungehindert miteinander verkehren können?

Dank Béatrice ertrug ich die Leiden des Kerkers, ohne das Leben oder den Verstand zu verlieren. Zwar wurde meine Gesundheit allmählich untergraben – aber ist das nicht auch der Fluch des heranrückenden Alters? Immerhin bin ich noch kräftig genug, meine liebe Frau glücklich zu machen. Wohingegen Pater Amiel de Semur, der keine Qualen kannte, außer denen seines Gewissens (sofern er eines besaß), schon vor langer Zeit einem jener vielen Gebrechen erlegen ist, die ihn sein Leben lang plagten. Er starb, wie ich glaube, kurz nachdem er seinen Posten als Inquisitor aufgegeben hatte; und seine Ketzerverfolgung war so eifrig gewesen, daß er Lazet ein schier aus den Nähten platzendes Gefängnis hinterließ. Glücklicherweise war sein Nachfolger ein jovialer Bursche, der ein einnehmendes Wesen und einen Funken Verstand besaß. Er erkannte, daß das Gefängnis völlig überbelegt war, und milderte, um diesem Übel beizukommen, die Strafen vieler Insassen ab. Dieses kluge und barmherzige Vorgehen bewahrte mich vor dem Schicksal eines lebenden Toten; ich zahlte ihm fünfzig *livres tournois* und versprach, drei recht anstrengende Pilgerfahrten zu unternehmen, und gewann so nach neun langen Jahren meine Freiheit zurück – oder sollte ich besser sagen, daß Béatrice sie mir zurückgewann? Ihr gehörten die Münzen, die in die Hand des Inquisitors wanderten. Sie hatte das ihr verbliebene Eigentum klug genutzt, ihre Nächte mit dem Krempeln von Wolle zugebracht und ihre Tage darauf verwendet, ein gemietetes Haus in eine Taverne von bestem Ruf zu verwandeln. Sie hatte für ihre hübsche Tochter einen wohlhabenden Mann und liebevollen Gatten gefunden, der ein Pferd, ein Haus und eine spendierfreudige Geldkatze sein eigen nannte. Und sie hatte schließlich dafür gesorgt, daß es mir bei meinem Pilgerdasein an nichts fehlte. Und niemals fragte sie, welche Missetaten ich auf meinen bemerkenswerten Reisen begangen hatte, sondern hieß mich jedesmal mit einem herzlichen Lächeln und einem warmen Bett willkommen.

Ich belohnte sie dafür mit meinem Namen – sicherlich eine höchst armselige Belohnung. Aber was sonst hätte ich ihr bieten können? Nur meine immerwährende Ergebenheit. Was für ein wunderbares Geschenk ist Béatrice für mich gewesen! Wie freimütig hat sie mir alles verziehen: mein kleinliches Verhalten, meine Dummheit, meine Schwäche, meine Undankbarkeit! Wieviel Klugheit hat sie bei jeder sich bietenden Gelegenheit bewiesen, indem sie von mir lediglich forderte, daß ich mir selbst, ihr und unserem Sohn treu bleiben solle! Wer, wenn nicht sie, hätte einen Boten nach Saint-Martin-les-Bains geschickt, um Bona Claret vor Pater Amiels Absichten zu warnen? (Was leider nichts nützte; obwohl Bona floh, fand er sie und zwang sie, ihre ursprüngliche Aussage zu bestätigen.) Wer, wenn nicht sie, hätte sich an meinen Bruder Arnaud gewandt, um dann erfahren zu müssen, daß er schon zwei Tage nach unserem Streit im Schwarzen Hahn bei der Priorei vorgesprochen hatte, um den Riß zu kitten? Aber man hatte ihn fortgeschickt und ihm gesagt, daß ich ihn weder sehen noch sprechen wolle.

Offenbar war Pater Amiel fest entschlossen gewesen, mich von all meinen weltlichen Bindungen abzusondern.

Gerne werdet Ihr hören, daß ich mich, trotz seiner böswilligen Vorkehrungen, mit meiner Familie aussöhnen konnte, bevor die Haft uns auseinanderriß. Glücklicherweise verfügte ich über kein Eigentum noch Erbteil, das man hätte beschlagnahmen können – und weil ich in Lazet vor Gericht gestellt wurde, blieb die mit meiner Verurteilung verbundene Schande begrenzt. Dennoch ist durch mein Schicksal die Familie Maillot entehrt worden, und seit meiner Einkerkerung ist die Verbindung zwischen uns mehr oder weniger abgerissen. Meine Mutter (Gott hab' sie selig) ist tot, und Alazais und ihre Kinder haben mich ohnehin nie geliebt. Für sie ist es ein Trost, daß Lazet, mein jetziger Heimatort, so weit weg ist. Sollte ich jemals nach Avignon zurückkehren, wären sie darüber alles andere als entzückt.

Arnaud hingegen würde sich vielleicht freuen. Obwohl er nur selten schreibt, und dann nur, um mich zu schelten, weiß ich, daß er tief in seinem Herzen gerne an seinen Bruder denkt. Ich weiß es, weil er mich am Tag meiner Abreise aus Avignon, als die Zukunft düster und das Schluchzen meiner Mutter herzzerreißend war, beiseite nahm und mir Geld zusteckte. »Alles, was ich dir geben kann«, murmelte er mit Tränen in den Augen. Dann verfluchte er mich und blickte mich finster an und umarmte mich, daß ich meine Rippen krachen hörte. Ich liebe Arnaud. Obwohl es für uns besser ist, getrennt voneinander zu leben, liebe ich ihn.

Unser beider Bruder Adhemar dagegen hat in meinem Herzen keinen Platz. In all diesen Jahren habe ich nichts von ihm gehört. Nicht einmal meine Inhaftierung konnte ihn dazu bringen, sich für mich zu verwenden. Mag er in seinem Kloster verfaulen und der Liebe Gottes nicht teilhaftig werden. Denn er ist schlimmer als Pater Amiel.

Was den Dominikaner anbetrifft, so denke ich oft an ihn und frage mich, warum er so darauf aus war, mich von meiner Familie zu trennen. Welche Motive bewegten ihn? Warum hatte er gerade mich ausgesucht? Béatrice hat dazu ihre eigene Meinung. Nachdem ich ihr von Anfang bis Ende alles erzählt habe, was zwischen mir und dem Mönch vorgefallen war, glaubt sie, er sei durch Neid zu seinem Verhalten getrieben worden. Als er den Schwarzen Hahn zum ersten Mal betreten und mich erblickt hätte, wie ich auf dem Tisch stand und einem begeisterten Publikum Tränen des Lachens und Weinens entlockte, sei er von Eifersucht gepackt worden. Ich war, sagt Béatrice, jung und hübsch und voller Leben, er dagegen klein und mickrig und unansehnlich, und das muß ihm gewaltig zu schaffen gemacht haben.

Aber ob das die ganze Wahrheit ist? Ich bin mir da nicht so sicher. Béatrice meint, er habe nicht mein Leben verändern, sondern mich vernichten wollen. Wie kann das sein? Zweifellos hatte er gelernt, seine Gefühle zu verbergen. Aber wenn er mich so sehr haßte, warum hat er mich dann so lange an seiner Seite sehen wollen?

Vielleicht bin ich ein Eitelkeitsmonster. Vielleicht ragt meine Dünkelhaftigkeit bis in den Himmel. Aber ich bin davon überzeugt, daß Pater Amiel mich mochte und mich vor dem bewahren wollte, was er als Weg in den Abgrund sah. Ihr könnt sagen, daß er damit unrecht hatte – und sicherlich waren einige seiner Handlungen höchst unbedacht. Aber war er so durchaus im Unrecht? Dank seiner Einflußnahme will ich heute nicht mehr mit jeder Frau Unzucht treiben, die mir mit den Hüften etwas vorwackelt. Ich treibe mich nicht mehr mit lärmenden Zechkumpanen herum, schleiche mich nicht mehr in Nonnenklöster ein und werde auch nicht mehr bei jeder sich bietenden Gelegenheit zusammengeschlagen. Ich bin vielleicht kein unbedingt *respektabler* Mann, aber während der langen Nächte im Gefängnis entdeckte ich, wer ich wirklich bin und was ich eigentlich vom Leben will. Zweifellos lag es nicht in Pater Amiels Absicht, daß ich meine »Gaben« (wie er es nannte) an Euch, meine Freundinnen, verschleudere; er schätzte nicht den Besuch von Tavernen und das Singen zweideutiger Lieder. Zweifellos wollte er einen Raymond, der nüchterne Auffassung mit frommem Betragen und demütigem Geist verband. Als er jedoch erfahren mußte, daß meine Bindung an Béatrice fest und dauerhaft war und noch seinen einschmeichelndsten Überredungskünsten widerstand, wuchs seine Enttäuschung ins Maßlose. Er war kein Mann, der eine Niederlage auf die leichte Schulter nahm. Da er von sich eine überaus hohe Meinung hegte, fühlte er sich tief verletzt, als jemand, dem er so viel Aufmerksamkeit gewidmet hatte, auch nur daran zu denken wagte, ihm Widerstand entgegenzusetzen.

Darum war all sein Bestreben darauf gerichtet gewesen, mich wie eine Küchenschabe zu zertreten. Und ich, oh!, ich haßte ihn dafür! Zweifelt nicht daran. Viele meiner Gefängnisnächte brachte ich mit Rachegedanken zu. Ich stellte mir vor, wie ich meine Hände um seinen Hals legte, wie seine dürren Hühnerknochen unter meinem unnachgiebigen Griff zerbrachen und sein Blut auf die weiße Wolle seiner Kutte tropfte, während seine Finger langsam steif und kalt wurden. Ich stellte mir vor, wie ich in seine Zelle schlich und ihn mit seinem eigenen Kissen erstickte – so wie Etienne de Puy es mit Guillaume Monier getan hatte. Die Nächte des Ritters dürften mit ähnlichen Rachegelüsten erfüllt gewesen sein. Als Etienne entdeckte, daß Guillaume aller Wahrscheinlichkeit nach ein Sodomit war (was er von Gaillards Bruder, der ebenfalls in einem *château* bei Saint-Gilles lebte, erfahren haben dürfte), muß sein Vergeltungsdurst ins Unermeßliche gewachsen sein. Wie man mir zutrug, hat Etienne vor dem Gericht zugegeben, die schatzmeisterlichen Genitalien entfernt und, als letzte Geste der Verachtung, seinem Hund zum Fraß vorgeworfen zu haben. Das überraschte mich nicht, denn mir fiel später ein, daß Etienne de Puy jener Milord Etienne gewesen sein könnte, mit dem ich am Vorabend des Mordes an Guillaume Monier im Schwarzen Hahn gezecht hatte. Er war in seinen Bemerkungen damals, wie Ihr Euch vielleicht entsinnt, von ziemlich brutaler Offenheit gewesen.

Vielleicht hatte er ebenso brutal gehandelt.

Ich muß nicht eigens erwähnen, daß ich niemals so weit gegangen wäre wie Etienne de Puy. Ich hätte Pater Amiel seine Genitalien gelassen, und überdies besitze ich keinen Hund, an den ich sie verfüttern könnte.

Aber ich schwöre Euch, auf dem Höhepunkt meines Zorns hätte ich ihm am liebsten die Augen ausgerissen und in seinen Mund gestopft.

Mittlerweile jedoch habe ich ihm vergeben. Warum auch nicht? Er ist tot, und ich lebe. Er war kränklich und verkümmert, ich bin gesund und gut gewachsen. Er hatte keine Frau, keine Kinder, keine Mutter, keine Freunde. Obwohl er so gern von seiner »wahren Familie« – von den Brüdern, die mit ihm aßen, sangen und beteten – sprach, bin ich davon überzeugt, daß er einsam war. Und wundert es Euch, wenn Ihr die Verachtung bedenkt, mit der er die übrige Welt betrachtete?

Ob er in der Liebe Christi ruht, vermag ich nicht zu beurteilen. Vielleicht ist es so, denn Gottes Liebe ist unendlich, und selbst Pater Amiel dürfte seinen Schöpfer doch wohl nicht für ein minderwertiges Wesen gehalten haben, oder? Aber vielleicht muß er im Fegefeuer Buße tun für seine Sünden. Vielleicht wäscht er dort, was ich mir gerne vorstelle, Sodomiten, Dienstmädchen und Tavernenbesitzerinnen die Füße. Zweifellos wird er dort eines Tages mir die Füße waschen, während ein Dämon meinen wackeren Mannesstab mit Nadeln und heißen Zangen zwickt. Denn ich bin sicher, daß die Länge meines Aufenthalts im Purgatorium genau der Anzahl jener Gelegenheiten entspricht, zu denen ich diesen eifrigen Hund von der Leine ließ.

Aber jetzt ist er ein alter Hund, der gern neben dem Herd liegt und natürlich auch im ehelichen Bett. Ab und zu hebt er den Kopf, nimmt Witterung auf und wedelt mit dem Schwanz; doch ist er alles in allem sehr gehorsam.

Und ich? Wie schon gesagt: Ich habe entdeckt, wer ich bin und was ich eigentlich vom Leben will. Ich bin Raymond Maillot, ein von Gott gesegneter Mann, ein alternder Troubadour, ein fügsamer Gatte, ein gescheiterter Tertiarier, ein frommer Sünder, ein Mensch, der verehrt wird und verachtet, ein Exilant, ein Bürger, ein mäßiger Trinker, ein bewunderungswürdiger Faulpelz, ein besserer Vater als der Sohn, der ich war. Und was ich eigentlich vom Leben will, ist dies: diesen Wein, diese Viola, dieses Feuer, diese Bank, diese Frau, diesen langen Sommerabend und Eure Gesellschaft, meine Freunde und Freundinnen

– Eure kluge, aufmerksame, schmeichelhafte, großzügige, freudige (doch nicht lärmende), gänzlich befriedigende Gesellschaft.

Ach ja – und ich möchte, daß die junge Dame im roten Kleid mir später hinter den Misthaufen folgt, wo ich ihr gern etwas zeigte, das ganz außergewöhnliche Proportionen besitzt.

# Dramatis Personae

Raymond Maillot: *Notar und Sänger*
Na Béatrice Rascas: *Wirtin im »Schwarzen Hahn«; Freundin und Geliebte von Raymond Maillot*

Pater Amiel de Semur: *Dominikaner, vom Papst beauftragt mit der Untersuchung des Mords an*

Guillaume Monier: *ehemals Schatzmeister von*
Gentile di Vico: *Kardinal in Avignon*

Lothaire Lagarrigue: *Notar des Kardinals*
Pater Antonio: *Kaplan des Kardinals*

Masseo di Vico: *Bruder und Leibarzt des Kardinals, Vater von*
Girolamo di Vico *und*
Emilia di Vico

Arnaud: *Bruder von Raymond Maillot*
Alazais: *Ehefrau von Arnaud*
Jeanne: *eine Kusine von Alazais*

Othon: *päpstlicher Kurier*
Bérengar: *Knappe im Amt der* bullatores
Gaillard: *Knappe von Kardinal di Vico*
} *Freunde und Zechkumpanen von Raymond Maillot*

Bernard: *ein Kerzengießer*

Barthélemy: *ein Tertiarier; Mandant von Raymond Maillot*
Isoard Calverie: *ein Vetter von Barthélemy*

Bona Claret: *Dienstmädchen im Hause Masseo di Vicos*
Na Munda Giraud: *ihre ehemalige Lehrherrin*

Marguerite de Pasquières: *adlige Witwe, Geliebte von Raymond Maillot*
Rixende Levieux: *verheiratet, Geliebte von Raymond Maillot*
Guiraud: *ihr Bote*

Jean Mignard: *ein zorniger Mann aus Valence*
Marie Mignard: *seine Tochter*

| | |
|---|---|
| Fulques Fuille<br>Aimery de Sorgues<br>Josserand de Ponte<br>Renaud Lizier | } *Schreiber im Hause Guillaume Moniers* |

Jean Marty: *Pförtner im Hause Guillaume Moniers*

Gilles Arasse: *ein Augustinernovize*
Pater Cornelius: *sein Anleiter*

Arnaud de Trian: *Justizmarschall von Avignon*
Durand Rouiard: *Leiter des Amtes für Petitionen*
Lambert Galand: *ein Notar; befreundet mit Raymond Maillot*
Pierre Bernard Aubert: *ein alter Notar*
Sanché Cervel: *ein Buchbinder aus Marseille*
Etienne de Puy: *ein Ritter aus Saint-Gilles*

Pater Pierre-Julien Fauré: *Inquisitor der ketzerischen Verderbtheit in Lazet*
Johannes XXII.: *Papst mit einem Interesse für Hexenkünste*

# Glossarium

*Abälard und Heloïse*: Eine der berühmtesten Liebesgeschichten des Mittelalters. Der Theologe und Philosoph Petrus Abaelardus (frz. Pierre Abélard; 1079–1142) verliebte sich 1118 in die ihm zum Privatunterricht anvertraute Héloïse (um 1098–1164), die Nichte des Pariser Kanonikus Fulbert. Sie heirateten heimlich, nachdem Héloïse einen Sohn geboren hatte. Der erzürnte Kanonikus ließ Abälard überfallen und kastrieren. Héloïse zog sich in ein Kloster zurück. Abälard berichtet davon in seiner Autobiographie *Historia mea calamitatum* (»Geschichte meiner Leiden«). Der Briefwechsel zwischen ihm und seiner Geliebten gilt mittlerweile als fingiert.

*accusatio, denunciatio, inquisitio*: Drei für den geistlichen Prozeß des Mittelalters übliche Verfahren der Anklageerhebung. Bei der *accusatio* (»Anklage«) gab es einen Ankläger, der sich für verantwortlich erklärte und im Fall des Freispruchs schadenersatzpflichtig war. Bei der *denunciatio* (»Denunziation, Anschuldigung«) handelte ein offizieller Beamter, indem er den Gerichtshof zusammenrief und um die Einleitung eines Strafverfahrens gegen Personen bat, die ihm als Übeltäter genannt worden waren. Bei der *inquisitio* (»Befragung«) ließ ein bischöflicher Richter den Beschuldigten vorladen und ggf. inhaftieren. Der Verdächtige wurde dann, nachdem ihm die Beschuldigung mitgeteilt wurde, verhört. Er konnte Entlastungszeugen benennen und sich durch einen Anwalt verteidigen lassen. Im Gegensatz dazu hatte der Beschuldigte im eigentlichen, gegen die Ketzer verwendeten Verfahren der Inquisition eine erheblich schlechtere rechtliche Stellung.

*Andreas Capellanus*: Lateinischer Name für André Le Chapelain; französischer Autor, der um

1185 das *Liber de arte honeste amandi et reprobatione inhonesti amoris* (»Buch über die Kunst der höflichen und die Verwerfung der unhöflichen Liebe«) verfaßte, das im 13. Jh. ins Französische übersetzt wurde. Es beeinflußte den *Roman de la rose* von Guillaume de Lorris.

*Anselm von Canterbury*: Theologe und Philosoph (1034–1109); Schöpfer des ontologischen Gottesbeweises. In *Cur Deus Homo* (um 1098) zeigt er die Notwendigkeit der Menschwerdung Gottes. Daß Anselms auch stilistisch anspruchsvolle Gedankenführung Raymond Maillot relativ unverständlich bleiben mußte, kann nicht verwundern.

*Augustinus*: Aurelius Augustinus (354–430); Kirchenvater, Theologe und Philosoph. Ab 390 Bischof von Hippo Regius in Nordafrika. Eine der großen Gestalten der Spätantike, die den Aufstieg des Christentums maßgeblich beeinflußten. In den *Confessiones* schildert er seinen sozialen und geistigen, von vielen Irrwegen geprägten Werdegang. Sein Hauptwerk – *De civitate Dei* (»Vom Gottesstaat«) – beschreibt die Geschichte der Menschheit zwischen verlorenem Paradies und christlicher Jenseitsverheißung.

*Berecynthische Allmutter*: Hieß eigentlich »Kybele«; ihren Kult erwähnt *Augustinus* im zweiten Buch (Kap. 4) seines »Gottesstaats«. Sie war eine aus Kleinasien stammende Fruchtbarkeitsgöttin, die u. a. in Rom (»Magna Mater«) mit orgiastischen Festen gefeiert wurde. Von einem hölzernen Phallus oder ähnlichen Instrumenten ist bei Augustinus allerdings keine Rede.

*Bernhard von Clairvaux*: Theologe (1090–1153), gehörte dem Zisterzienserorden an, den er zu hoher Blüte führte. Gegen *Abälard* und andere rationalistisch ausgerichtete Gelehrte seiner Zeit setzte er auf die Bedeutung der mystischen Versenkung und Kontemplation.

*Boëthius*: Pater Amiel meint hier sicherlich den römischen Staatsmann und Philosophen (um 480–524), der die logischen Schriften des Aristoteles übersetzte und kommentierte und durch sein im Kerker verfaßtes Buch *De consolatione philosophiae* (»Trost der Philosophie«) bekannt wurde.

*Bonaventura*: Theologe und Philosoph (ca. 1221–1274), General des Franziskanerordens; bekämpfte als neuplatonisch inspirierter Mystiker den Aristotelismus. 1482 heiliggesprochen.

*bullatores* oder *fratres de bulla*: im älteren Sinn: des Lesens und Schreibens unkundige Mönche, welche die Aufgabe hatten, das Siegel an einer päpstlichen Urkunde zu befestigen. Im neueren Sinn: Mönche, die prüfen, ob eine Urkunde den erforderlichen Kanzleivermerk aufweist und die die Taxe festsetzen.

*Disticha Catonis*: Eine Spruchsammlung moralischen Inhalts, abgefaßt in hexametrischen Zweizeilern. Seit dem 6. Jh. n. Chr. bis zur Renaissance eines der meistgelesenen Bücher; im Mittelalter Schullektüre.

*Doctor angelicus*: »Engelgleicher Gelehrter«, Bezeichnung für Thomas von Aquin (1225/26–1274), einen der einflußreichsten Theologen und Philosophen des Hochmittelalters; für die katholische Philosophie bis ins 20. Jh. von großer Bedeutung (Thomismus).

*Domine labia mea …*: HErr, öffne meine Lippen, und mein Mund wird Dein Lob verkünden.

*Familiaren*: »Vertraute«; Personen, die u. a. als Diener, Boten, Spione oder Soldaten – oder eben, wie Raymond Maillot als Notar – im Dienst eines Inquisitors standen.

*Galenus,* oder Galen (129–199 oder 216): einer der bedeutendsten Mediziner-Philosophen der Spätantike, dessen Lehren bis zur Renaissance großen Einfluß ausübten. Insbesondere die von Hippokrates übernommene »Säftelehre« galt als Interpretationsmodell für geistig-körperliche Gesundheit und Krankheit: Ideal ist ein Zustand, bei dem im menschlichen Körper die vier Säfte – Schleim (*phlegma*), Blut (*sanguis*), gelbe Galle (*chole*) und schwarze Galle (*melaina chole*) – in ausgewogenem Maß vorhanden sind. Überwiegt ein Saft, so haben wir es mit bestimmten Temperamenten zu tun: dem Phlegmatiker, dem Sanguiniker, dem Choleriker oder dem Melancholiker.

*Ganymed*: Ein trojanischer Königssohn; wird der Sage nach von den Göttern (oder vom Adler des Zeus) geraubt, um als »Schönster der Sterblichen« dem Göttervater als Mundschenk zu dienen. Wurde später zum Symbol der Knabenliebe.

*Gratian*: Italienischer Theologe und Kanonist (Ende des 11. Jh.–1160). Um 1140 kompilierte er eine Sammlung von Texten zum Kirchenrecht, das *Decretum Gratiani*. Er wurde damit zum »Vater der Kanonistik«.

*Infirmarius*: Arzt und Krankenpfleger in einem Kloster.

*Johannes von Salisbury*: Theologe und Philosoph (1115/20–1180), Bischof von Chartres; stark beeinflußt von den Lehren *Abälards*. Seine Werke, darunter der *Policraticus*, lehnten sich an antike Lehren vom »guten«, d. h. gesetzestreuen Herrscher an.

*Katharer*: Vermutl. von gr. »katharoi«, »die Reinen«, frz. »les cathares«. Davon abgeleitet ist der Ausdruck »Ketzer«. Vom frühen 12. bis zum späten 13. Jh. die am weitesten verbreitete häretische Bewegung, mit Einfluß in Norditalien, Südfrankreich, Brabant und, in Deutschland, Köln. Blütezeit zwischen 1150 und 1250. In Südfrankreich starke Verfolgung durch Kreuzzug (ab 1209) und Inquisition. Die K. halten die irdische Welt für eine Schöpfung des Teufels. Ziel des menschlichen Lebens ist folglich die Befreiung von der Welt, die Rückkehr der Seele in den Himmel. Der Gedanke einer leiblichen Auferstehung wird abgelehnt. Verworfen wird ferner die Sexualität, auch die eheliche, ebenso der Genuß von Speisen, die durch Zeugung entstanden sind (Fleisch, Eier usw.). Die Anhänger des Katharismus gliedern sich in *credentes* (frz. *croyants*), also einfache Gläubige, und *perfecti* oder »Vollkommene«, die die Priesterschaft bilden. Einfluß erlangte der Katharismus im Zuge der Armutsbewegungen, die Reichtum, Verschwendungssucht und erstarrte Hierarchien der offiziellen Kirche kritisierten.

*Komplet*: s. *Stundengebet*.

*Laudes*: s. *Stundengebet*.

*livres tournois:* In Tours gemünztes Geld, später königliche Währung.

*Manticora*: Auch »Mantichora«. Fabelwesen mit dem Kopf eines Menschen, dem Körper eines Löwen und dem Schwanz eines Drachens oder Skorpions. Das griechische Wort ist mglw. iranischen Ursprungs, wo es »Menschenfresser« bedeutete. Im Mittelalter war die M. ein Sinnbild für den Teufel.

*Michael Scotus*: Übersetzer und Gelehrter schottischer oder irischer Abstammung (ca. 1175–ca. 1235). Arbeitete am Hofe Kaiser Friedrichs II. Verfügte über Kenntnisse in Medizin und Astronomie/Astrologie, übersetzte naturphilosophische Schriften des Aristoteles und arabische Philosophen.

*Nona*: s. *Stundengebet*.

*Petrus Lombardus*: Pierre Lombard, frz. Theologe (um 1100–1160). Sein vierbändiges Werk *Sententiarum libri IV*, eine gigantische Zitatensammlung, wurde zum einflußreichsten theologischen Text des Mittelalters.

*Prim*: s. *Stundengebet.*

*ratiocinatio*: Denkprozeß, der durch vernünftig-logisches Schließen bestimmt ist.

*Schuldkapitel*: Versammlung der Mönche eines Klosters, bei dem Verfehlungen bekundet, Selbstkritik geübt und Bußen verhängt wurden.

*Sexta*: s. *Stundengebet.*

*Simonie*: Handel mit geistlichen Ämtern. War nach dem katholischen Kirchenrecht verboten, vor allem im Mittelalter jedoch üblich.

*Solözismus*: Verstoß gegen die Regeln von Grammatik, Syntax oder Orthographie.

*Stundengebet*: Der klösterliche Tag der Mönche war durch Gebete eingeteilt, die zu bestimmten Stunden abgehalten wurden. Zur damaligen Zeit lautete die Reihenfolge: Matutin (oder Frühmette) zur Mitternacht; Laudes am frühen Morgen; Prim bei Arbeitsbeginn; Terz zur 3. Stunde; Sexta zur 6. Stunde; Nona zur 9. Stunde; Vesper am Abend, Komplet (Nachtgebet) vor der Nachtruhe.

*summarie et de plano sine strepitu ...*: juristische Formel; die Aufforderung, summarisch, ohne äußere Hinderungen und ohne Rücksichtnahme auf juristische Klauseln oder Berufungsmöglichkeiten vorzugehen.

*Superior*: Leiter eines Klosters oder einer anderen kirchl. Organisation; hier im Sinne von »Vorgesetzter«.

*Supponitur quod intendimus*: »Hinzugefügt wird, was wir beabsichtigen.«

*Tertiarier*: »Dritter Orden«; nach dem katholischen Kirchenrecht Laien, die unter einer Ordensregel, aber nicht in Klöstern leben, im Gegensatz zu den »Ersten Orden« der männlichen und den »Zweiten Orden« der weiblichen Klostergemeinschaften. Zu den bekanntesten Tertiariern gehören die Franziskaner.

*Vesper*: s. *Stundengebet.*

*Vollkommene*: Lat. »perfecti«, frz. »parfaits«; die Führungsschicht der *Katharer.*

JULIAN RATHBONE
Die KÖNIGE von ALBION
oder die abenteuerliche Reise
eines indischen Prinzen nach England
zur Zeit der Rosenkriege
Roman
EUROPA
VERLAG